MARX&ENGELS

马克思主义的
自我反思与创新

许全兴◎著

人民出版社

责任编辑：孔　欢
封面设计：王欢欢
版式设计：严淑芬

图书在版编目（CIP）数据

马克思主义的自我反思与创新／许全兴　著 . — 北京：人民出版社，2019.2
（2024.4 重印）
ISBN 978 - 7 - 01 - 020407 - 9

I.①马…　II.①许…　III.①马克思主义 - 研究　IV.① A81

中国版本图书馆 CIP 数据核字（2019）第 029611 号

马克思主义的自我反思与创新
MAKESIZHUYI DE ZIWO FANSI YU CHUANGXIN

许全兴　著

人民出版社 出版发行
（100706　北京市东城区隆福寺街 99 号）

北京新华印刷有限公司印刷　新华书店经销

2019 年 2 月第 1 版　2024 年 4 月北京第 2 次印刷
开本：710 毫米 ×1000 毫米 1/16　印张：34.25
字数：561 千字　印数：3,001–4,000 册

ISBN 978 - 7 - 01 - 020407 - 9　定价：99.00 元

邮购地址 100706　北京市东城区隆福寺街 99 号
人民东方图书销售中心　电话（010）65250042　65289539

目 录

上 编 马克思主义的自我反思研究

中 编 邓小平理论研究

下 编 当代中国马克思主义创新研究

作者告白

本书主要是笔者二十多年来有关马克思主义自我反思与创新研究的论文集。

马克思主义是马克思恩格斯总结工人运动经验和人类文明成果的结晶，是工人阶级和被压迫人民谋求阶级解放和人类解放的精神武器。马克思主义不是僵死的教条，而是科学，需要以科学的态度对待它。

马克思主义的生命力在于同各国具体的实际相结合。它同世间一切事物发展一样，不是直线的，有高潮、胜利，也有低潮危机、挫折甚至暂时的失败。马克思主义在俄国、苏联的胜利和失败，是 20 世纪的重大历史事件之一。马克思主义在中国的发展也有曲折、危机和失败，但最终取得了革命、建设和改革的伟大胜利，改变了中国的面貌，并极大地影响了人类历史的发展。这更是 20 世纪的重大历史事件之一。今天，在世界范围内，马克思主义虽然处于低潮，但它依然是推动人类社会发展的强大精神力量。以科学的态度对待马克思主义，实事求是地总结、反思马克思主义发展的经验与教训，始终是萦绕于笔者脑中的重要问题之一。

马克思主义在其发展过程中无论是高潮、胜利，还是低潮、失败，均有主观与客观的诸多复杂因素。因此，对它历史经验与教训的反思总结也可从多方面、多视角进行。笔者主要从事马克思主义哲学的教学与研究，因此主要是从哲学的视角反思总结马克思主义发展的经验与教训，从宏观上探求马克思主义发展的规律。这是本书的主题。

本书立足当代中国和世界的现实，直面舆论界、理论界和学术界存在的问题，有着鲜明的针对性和现实性。本书的题目就显示了这一点。笔者对所论问题力图做到理论性、学术性与现实性的统一，希冀有益于推进马克思主义的研究和当代中国马克思主义的创新与发展。

本书所论观点仅是一家之言，不足之处真诚欢迎读者批评争鸣。

2017 年 1 月 15 日

引 言
反思马克思主义的三种不同视角

马克思主义是一百七十年前由马克思恩格斯总结工人运动经验和人类文明成果而创立的学说。它科学地揭示了自然界、人类社会和人的思维发展的最一般的规律，为工人阶级和被压迫人民谋求阶级解放和人类解放提供了最锐利的精神武器。

马克思主义的生命力在于同各国具体的实际相结合。它的发展同世间一切事物发展一样，不是直线的，有高潮、胜利，也有低潮、危机、挫折甚至暂时的失败。马克思主义在俄国、苏联的胜利和失败，是 20 世纪的重大历史事件。马克思主义在中国的发展也有曲折、危机和失败，但最终取得了革命、建设和改革的伟大胜利，根本改变了具有五千余年悠久历史，且占人类总人口五分之一的东方大国的面貌，极大地影响了人类历史的进程。马克思主义在中国的发展和胜利是人类历史的奇迹，这更是 20 世纪以来的重大历史事件。

毋庸讳言，在世界范围内，马克思主义还处于低潮，没有走出低谷，但它依然具有强大的生命力，是推动人类社会发展的强大精神力量。

马克思主义不是僵死的教条，而是科学，需要以科学的态度对待它。以科学的态度对待马克思主义，实事求是地反思、总结马克思主义发展的经验与教训，这对继续推进马克思主义和中国特色社会主义的发展至关重要。

如何反思？

马克思主义不同于一般书斋中的学说，而是工人阶级及其政党的世界观。马克思主义发展的历史同工人阶级和广大人民的解放事业息息相关，同国际共产主义运动，尤其是同社会主义的实践息息相关。因此，对马克思主义的反思本质上是对马克思主义指导下的实践的反思。这就要坚持理论与实际相统一的原则，具体地、历史地、辩证地对待马克思主义指导下的历史实际，切忌主观地、片面地肯定一切或否定一切，切忌从美好的主观愿望出发，做纯概念的分析和演绎。反思的出发点、反思的基础是社会实践，必须坚持实践是检验真理的唯一标准，不能以"唯上、唯书"为是。

由于研究者对马克思主义的理解不同和所处的社会环境的不同，因而对马克思主义反思的视角也就不同。据笔者大略的了解，远的不说，从1956年苏共二十大起，对马克思主义的反思大致有三种视角：

第一种着眼于人、人道主义，主要是对斯大林时期的阶级斗争扩大化错误和对自由、民主、人权等忽视错误的批判，认为人道主义是马克思列宁主义的核心，共产主义是人道主义的最高体现。这种反思走向极端，将马克思主义人道主义化。这种观点在原苏联东欧社会主义国家和西方发达资本主义国家中占主导[①]。

第二种从阶级斗争观点进行反思，认为无产阶级革命和无产阶级专政理论是马克思主义的精髓，1956年的波匈事件是阶级斗争没有搞好，赫鲁晓夫丢了刀子，搞修正主义，为此开始批修正主义。这种反思以毛泽东为代表，在实践上发展到以阶级斗争为纲，搞"文化大革命"。在国际上，针对马克思主义人道主义化倾向，法国的阿尔都塞则提出，人道主义是一种意识形态，成熟的马克思主义并非意识形态，而是一种科学，是否定人道主义的科学理论。为此，他批判人道主义，与主张"马克思主义是人道主义"的学者展开论战。

第三种则是实事求是的观点，从主客观相互关系上进行反思总结。这本是毛泽东在民主革命时期就提出的实事求是的思想路线。在此思想路线指导下，中国革命取得了伟大的胜利。遗憾的是在1957年以后，他本人背离了自己倡导的正确思想路线，跌了跤，社会主义事业出现了危机和严重曲折。邓小平在"文化大革命"结束后进行反思、总结，拨乱反正，恢

---

① 第二次世界大战结束后，在法、德等国存在主义兴起。存在主义是一种人道主义。苏共二十大后，萨特等人力图用存在主义去"结合"和"补充"马克思主义，形成了"存在主义马克思主义"。

复和发展了毛泽东的实事求是思想路线，对马克思主义、科学社会主义做
出新的解说，强调马克思主义、科学社会主义必须切合中国实际，由此使
中国社会主义走出了谷底，进入了一个新的历史时期。

　　对马克思主义的反思是一个国际性的话题，世界各国的马克思主义
者，或马克思主义同情者和研究者都在依据所处不同的社会现实，从不同
的视角进行反思。因此，对马克思主义反思的研究需要有国际视野。很遗
憾，笔者及我国学术界对国际上的反思知之甚少①。

　　中国的马克思主义者自然应立足当代中国和世界的实际，用第三种观
点反思马克思主义发展中的经验教训，为坚持和发展当代中国马克思主义
提供有益的启示和借鉴。

一、正确对待马克思主义发展中的胜利与失败

　　20 世纪 80 年代末 90 年代初，苏联东欧发生剧变，共产党丧失政权，
社会主义制度不复存在，马克思主义从占统治地位的官方的意识形态宝座
上跌落下来，成为被批判的对象。西方资产阶级曾一度得意忘形，诳言
"马克思主义死亡了"、"社会主义彻底失败了"、"资本主义的自由民主取
得了彻底的胜利"、"20 世纪是马克思主义彻底失败的世纪"，反马克思主
义声浪甚嚣尘上，马克思主义处于低潮。受国际思潮的影响，在我国也有
少数人妄言，"十月革命道路，科学社会主义，马克思列宁主义，在中国
人民心目中，一齐破产了。""20 世纪是共产主义运动勃兴和失败的世纪"。
也有些人认为，20 世纪是革命的世纪，十月革命，中国革命，但都搞错
了，革命带来了灾难，妄称要"告别革命"，并以各种方式，时而公开、
时而隐蔽地批判马克思主义。

　　从苏联东欧的剧变得出"马克思主义死亡了"的结论显然是一种没有

---

①　美国马萨诸塞大学出版了《马克思主义反思》杂志（1988 年创刊，有人译为《马克
　　思主义再思考》、《重思马克思主义》），并且每四年开一次国际马克思主义学者的学术
　　讨论，参会者有时多达两千余人，以我国著名的马克思主义哲学家陶德麟教授为团长
　　的武汉大学代表团曾参加 2000 年的大会。俞可平主编的《全球化时代的"马克思主
　　义"——九十年代国外马克思主义新论选编》一书可作为我们进行反思研究的参考。

历史眼光的短见。从人类历史长河看，20世纪决不是马克思主义失败的世纪，而是取得伟大胜利的世纪。在一个半世纪之前，在马克思主义诞生之初，只有马克思、恩格斯两个人，响应者寥寥无几。马克思主义被当时的所谓"聪明的庸人带着嘲笑的神情"，"看作狂人的呓语，看作几个孤单的宗派分子的秘密学说"①。俄国十月社会主义革命的胜利，使社会主义由一种学说、理想转变为现实，开辟了人类历史的新纪元。十月革命的胜利极大地推动了马克思主义在全世界的传播。社会主义苏联是第二次世界大战反对法西斯主义的主力，为人类文明做出了重大贡献。第二次世界大战后，社会主义由原先的一国胜利变成多国胜利，形成了社会主义阵营，社会主义国家的人口占世界总人口的三分之一。到80年代，社会主义国家工业总产值占到世界工业总产值的五分之二，国民收入占到世界国民收入总额的三分之一。尼克松承认："极权共产主义在本世纪初只不过是地下阴谋组织"，而现在（1988年）"却统治着全世界人口的百分之三十五以上。""20世纪意义最重大的发展并不是殖民主义的终结或民主的进军，而是极权共产主义的增长"②。中国革命的胜利，极大地鼓舞了广大的亚、非、拉人民的民族解放运动，大大地加速了世界殖民主义体系的崩溃。社会主义在20世纪50—60年代享有盛誉，成为引领人类社会发展的潮流，亚、非、拉一些民族主义政党和国家也纷纷挂起社会主义的名号③。

还应指出一个往往被人忽略的事实：战后西方资本主义的发展同社会主义的一度辉煌不无关系。第一，社会主义在苏联、中国的胜利，从外部强烈地刺激了资本主义的发展，激发起它内部的活力。第二，资本主义国家吸取、借鉴了社会主义国家的优点、长处（如经济的计划性、福利制度

---

① 恩格斯：《关于共产主义者同盟的历史》（1885年10月8日），《马克思恩格斯选集》第4卷，人民出版社1995年版，第209页。

② ［美］理查德·尼克松：《1999：不战而胜》，谭朝洁等译，中国人民公安大学出版社1988年版，第6页。

③ 高放主编的《当代世界社会主义新论》提供资料：在亚非拉地区的民族主义政党提出以社会主义为目标的有100多个，其中执政的、宣布以社会主义为奋斗目标的党曾经多达39个之多。这些民族主义政党执政的国家在国名上都加上"社会主义"的字眼。书中具体列出了39个国家的国名。详见云南人民出版社1998年版，第12—13页。该书第470页又写道："据统计，在亚非拉民族独立国家中曾有50多个国家执政的民族主义政党宣称实行社会主义或以社会主义为目标（共产主义政党执政的除外）。"

等），以缓和国内的阶级矛盾、社会矛盾。西方的某些有识之士不无道理地指出，西方资本主义有今天，一定意义上得益于马克思主义，要感谢马克思对资本主义的批判。

在 20 世纪初，马克思主义的传播主要还限于欧洲、北美洲的资本主义国家，而到了今天，则普及于整个世界。马克思主义在有 13 亿人口的东方大国——中国的胜利与发展，这是它的创始人所没有想到的。总之，虽然就世界范围而言，马克思主义在今天处于低潮，但它仍然是影响当代社会发展的最重要的精神力量，仍然是代表着人类社会发展方向的科学思想体系。

我们在驳斥"马克思主义死亡了"一类谬论时也应如实承认：在马克思主义与反马克思主义的斗争中，马克思主义遭到了失败，当然，这是暂时的失败。我们队伍中的有些同志却不这样认识。他们认为，苏联东欧剧变，不是马克思主义的失败，而是修正主义的破产。他们的主要理由是：苏联解体，苏共下台，主要是由戈尔巴乔夫的修正主义路线造成的，苏联崩溃的账只能记在修正主义身上，不应由马克思主义负责。这些话有一定的道理。确实，戈尔巴乔夫扮演了苏共和苏联社会主义制度送葬人的角色。在苏联解体后，戈尔巴乔夫遭到苏联广大人民群众的唾弃、鄙视是很自然的[1]。但若把苏联崩溃的主要原因归罪于戈尔巴乔夫的修正主义，那就欠妥了，把复杂的原因简单化了。

也有的学者认为，苏联东欧剧变是被扭曲了马克思主义的失败，而不是马克思主义的失败。这些话同样有一定的道理。确实，列宁之后，斯大林有离开马克思列宁主义的地方；斯大林之后，赫鲁晓夫、勃列日涅夫背离了马克思列宁主义。苏联的崩溃，有很深的历史缘由，同斯大林、赫鲁晓夫、勃列日涅夫不无关系，是苏联共产党逐渐地离开马克思列宁主义的

---

① 苏联解体前的部长会议主席雷日科夫称苏联的解体是"一个大国的悲剧"，为此他用 10 年时间写了《大国悲剧——苏联解体的前因后果》，新华出版社 2010 年版。普京在 2014 年 4 月 25 日发表的"国情咨文"中指出："苏联解体是 20 世纪地缘政治的最大的灾难，对俄罗斯人民来说是一个悲剧。"在苏联解体 25 年后，曾经摘得奥斯卡最佳外语片奖的俄罗斯著名导演米哈尔科夫呼吁从国家层面认定苏联总统戈尔巴乔夫、俄罗斯首任总统叶利钦当年推行的政策为犯罪。俄罗斯《晨报》网站 2016 年 2 月 19 日报道。参见《参考消息》2016 年 2 月 21 日。

结果。可是，我们应承认苏联共产党是马克思列宁主义政党，苏联是世界上第一个社会主义国家。剧变后苏联共产党和社会主义制度不复存在，马克思列宁主义不再是占统治地位的意识形态，信仰马克思列宁主义的人数急剧减少，这难道还不是马克思主义在同反马克思主义（包括资产阶级思想、修正主义、教条主义）的斗争中吃了败仗？这难道还不是社会主义在同资本主义较量中吃了败仗？若不承认这一点，岂不等于认为，在列宁之后的数十年间，苏联没有马克思列宁主义，没有社会主义。这显然是不符合历史实际的。我们要如实地承认，苏联东欧剧变是马克思主义、社会主义在实践上的惨重失败。我们只有承认这种失败（再强调一次，这是暂时的失败，而不是彻底的失败，不是死亡），才能从马克思主义自身反思失败的原因，从中吸取教训，以免重蹈覆辙。把马克思主义在实践中的失败归之于教条主义、修正主义或其他反马克思主义，那是最简便的了。但这种总结无补于马克思主义自身的发展。两军相争，有胜有负，这是正常的。世界上没有常胜将军。那种以为马克思主义在发展过程中只能胜利、不能失败、不会有失败的思想是一种教条。事实上，一个半世纪以来，马克思主义在发展过程中既有过辉煌的胜利，也有过停滞、挫折、危机和失败。

从总结历史经验看，我们在一个很长的时期里，只承认有胜利，不承认有失败；过分夸大了胜利，把一时的胜利看成是永久的胜利、最终的胜利。1936 年斯大林宣布苏联已建成社会主义，资本主义复辟的根源已铲除，提出向共产主义过渡的任务。1957 年，在十月革命四十周年之际，苏联发射了世界第一颗人造卫星。社会主义国家的十二个共产党和工人党、全世界六十四个共产党和工人党云集莫斯科开会，庆祝胜利。毛泽东在会上讲：世界形势到了一个转折点，不是西风压倒东风，而是东风压倒西风。赫鲁晓夫提出在十五年内苏联在主要工农业产品的产量上赶上或超过美国。毛泽东则提出在十五年内中国在主要工业品的产量方面赶上或超过英国。1958 年，中国个别地方出现过跑步进入共产主义的急性病，共产风刮遍农村。1961 年，苏共二十二大提出到 1980 年初步建成共产主义社会。总之，对形势的估计和对未来计划都过于乐观，严重脱离了实际，低估了建设社会主义任务的艰难性、复杂性、曲折性和长期性。其实，这时胜利中正潜伏着危机。可是，在那时的马克思主义"辞典"中，危机是资本主义的产物，只有资本主义社会、资产阶级政党、资产阶级意识形态、机会主义才会有危机，共产党、社会主义国家和马克思主义在发展中不存在危机，谁要承认马克思主义、社会主义发生危机，谁就是对马克思主义、社会主义失去了信心，是异端。

其实，马克思主义在发展过程中存在着危机，这是一个毋庸置疑的客观事实。远的且不说，1948年，斯大林指责铁托搞民族主义，视为异端，把铁托革出教门。这是一次危机。苏共二十大、波兰和匈牙利事件均是危机的显示。从20世纪50年代后期开始，中苏两党发生分歧、争论，先是内部吵架，之后发展为公开的笔墨官司，进而发展到国家关系破裂，边界开枪开炮，发生武装冲突。世界上两个最大的共产党的争论，影响到世界各国共产党的分裂，这无疑是严重危机。从我们党来讲，1959年的庐山会议对彭德怀等同志的错误批判，"大跃进"、人民公社化运动所造成的严重的后果，十年"文化大革命"内乱，亦无不都是党内危机、社会危机。在这个问题上，我们不能玩文字把戏，说这是党内斗争，发展中的曲折，不是危机。

马克思主义者应正视存在危机的这一客观事实。考茨基在纪念马克思逝世20周年时写过《马克思主义的三次危机》，认为马克思主义是在高潮、危机、高潮的周期中发展的，现在正处于第三次危机的结尾①。列宁是承认马克思主义在发展过程中有危机的。但与考茨基不同，他认为现在正处于"深重危机"之中。他说："正因为马克思主义不是死的教条，不是什么一成不变的学说，而是活的行动指南，所以它就不能不反映社会生活中的异常剧烈变化。这种变化的反映就是深刻的瓦解、混乱、各种各样的动摇，总而言之，就是马克思主义运动内部的极端严重的内部危机。""对这种危机引起的问题避而不谈是不行的。"②

从理论上讲，一种理论、学说在发展过程中出现危机是不足为怪的。发展是在矛盾中进行的。矛盾分两大类：一类是理论与实践之间的矛盾；另一类是理论内部的矛盾，理论家内部的矛盾。这两类矛盾交织在一起，如果能得到及时解决，就不致发生冲突，爆发危机。若处理不及时或不妥

---

① 考茨基：《马克思主义的三次危机》(1903年)，载《国际共运史研究资料》第3辑，人民出版社1981年版。

② 列宁：《论马克思主义历史发展中的几个特点》(1911年1月5日)，载《列宁选集》第2卷，人民出版社1995年版，第281、282页。

当，矛盾就会激化，发生危机。而当危机被克服了，理论、学说也就发展了。所以在一定意义上讲，危机与发展是并存的，相反相成的。发展中潜伏着危机，危机则是进一步发展的前兆。无论是自然科学的发展，还是社会科学的发展均是如此。汉字"危机"二字包含发展辩证法，危中有机。

在对待危机的态度上，资产阶级思想家、政治家比我们好些。他们不讳言危机。他们不仅承认经济危机，而且承认政治危机、思想危机、精神危机，以致整个社会危机。他们承认危机，并不认为资本主义完蛋了，没有前途了，而是千方百计力求摆脱危机，挽救资本主义。尼采讲："重新估价一切价值"，承认"眼下我们整个欧洲文化正在走向灾难"。斯宾格勒写了一部《西方的没落》。丹尼尔·贝尔写了《资本主义文化矛盾》。布热津斯基的《大失控与大混乱》讲了美国当前社会存在的债务、缺乏工业竞争、贪婪的富有阶级、日益加深的种族和贫困问题、大规模的毒品文化的流行、日益弥漫的精神空虚感等二十个问题。尼克松的《超越和平》一书也讲到美国面临的危机，声称"一切精神危机已影响到美国的各个社会阶层"。资本主义存在危机，这是事实。资产阶级敢于正视这一点，千方百计想办法克服危机，这也许正是资本主义在一定限度内不断地保持活力发展的一个原因。危机有着预警的作用。承认危机，揭露危机，这并不会导致自我毁灭。讳言危机，倒会导致严重的危机，以致自我毁灭。

我们也常讲"居安思危"，但不能仅仅停留在口头上，而是要落实到行动上。我们至今没有一本用马克思主义的观点来剖析马克思主义、社会主义发展过程中出现危机的书。是到了该正视我们自己发展过程中会出现危机的时候了①。马克思主义按其本质来说，是批判的和革命的。这

---

① 我们的邻居越南共产党似乎比较务实，敢于正视危机。2016 年 1 月，越共中央理论委员会秘书长阮日通在越共十二大前谈"越南革新事业 30 年来的成就与不足"时指出：1994 年越共七大中期会议提到的四大危机（即经济落后危机、国际竞争危机、党内腐败危机、和平演变危机）依然存在，其中，敌对势力"和平演变"危机日益突显，党内出现"自我演变"、"自我转化"等现象，部分干部、党员和人民对党、政府的信任度略有下滑。"造成上述不足之处，既有客观原因，又有主观原因，而主观原因最为突出。"转引自《参考消息》驻河内记者章建华、乐艳娜、闫建华撰写的《越共十二大召开 越南革新开放之路走向何方》，《参考消息》2016 年 1 月 21 日。

种批判和革命，不仅是对敌人，而且也包括对自己，自我批判和自我革命，辩证的自我否定。我们要树立"危机意识"，高扬马克思主义自我批判精神。从斯大林时代开始，苏联理论界形成了"讲发展的传统"，谁当权，谁就创造性发展马克思主义，一直讲到戈尔巴乔夫的"新思维"，讲到苏共垮台，苏联解体。此教训值得每一位马克思主义者认真反思。

胜利与失败、发展与危机是两种互相对立、互相依存、互相渗透、互相转化的社会现象。失败了，认真总结经验，发愤图强，团结一心，失败就会转化为胜利。失败是胜利之母、成功之母。胜利了，骄傲了，懈怠了，胜利就会转化为失败，胜利是失败之母。我们党有渡过难关的本领，而胜利却容易骄傲。"小胜即骄傲，大胜更骄傲，一次又一次吃亏，如何避免此病，实在值得注意。"①谦虚谨慎，甘当学生，慎言发展，取得了一个又一个伟大胜利。1956 年之后，骄傲了，轻言发展，个人迷信盛行，其严重后果无须在此赘述。令人遗憾的是由苏联传入的"讲发展的坏传统"依然存在，理论界、舆论界的诸多人比着写"颂圣文"，甚至出现过一篇报告有 50 多个新提法、新发展的鼓吹文章，马克思主义的实事求是学风荡然无存。

我们应清醒地认识到，在今后很长的一个历史时期里，少则一百年，多则几百年，在经济、科技、军事、文化、教育等方面，资本主义对社会主义具有优势的局面将继续存在。马克思主义的胜利，社会主义的胜利，都带有暂时的性质，而不是最终的，不要轻易说最终的胜利。应十分清醒地认识到，在我们党内，甚至在党的干部和理论队伍中，真正坚定相信马克思主义的并不占多数。党的十八大以来，廉政建设和反腐斗争取得重大进展，深得党心民心，同时也反映出党内存在问题的极端严重性、危险性。弄得不好，党变质，国变色，以至于资本主义复辟都是可能的，对此不能掉以轻心。作这样的估计，只有好处，没有坏处。

我们对马克思主义、社会主义充满信心，前途是光明的，但道路是曲折的，要准备迎接难以预料的困难与挑战。

---

① 毛泽东:《致郭沫若》(1944 年 11 月 21 日)，载《毛泽东书信选集》，人民出版社 1983 年版，第 241 页。

二、正确理解马克思主义精髓

马克思主义在其发展过程中出现矛盾、斗争和危机，出现挫折、失败，原因是十分复杂的。资本主义社会所能容纳的生产力尚未全部发挥出来，资本主义还没有到腐朽、垂死的阶段，资本主义在发展过程中出现了新情况，新矛盾，这些正是马克思主义在发展过程中出现矛盾、危机的深层次的社会原因。此外，还有认识上的原因，理论要正确反映社会生活的发展、反映实践的发展是不容易的，不可能不犯错误。当然也有理论上的原因，即对什么是马克思主义不完全清楚。由于对什么是马克思主义不完全清楚，因此出现了马克思主义、教条主义、修正主义的严重混淆，发生马克思主义内部不同意见者之间互相指责对方为非马克思主义或反马克思主义。

邓小平在总结我们党的历史经验教训时指出："我们总结了几十年搞社会主义的经验。社会主义是什么，马克思主义是什么，过去我们并没有完全搞清楚。"① 又说："在'文化大革命'的十年中，什么叫社会主义，没有搞清楚，什么叫马克思主义，也没有搞清楚。现在，我们坚持马克思主义、列宁主义和毛泽东思想。从经验教训中，我们已经了解到什么是马克思主义。"② 邓小平上述总结，高度概括而又十分深刻。毛泽东是要坚持搞马克思主义，反对搞修正主义、教条主义的，是要坚持搞社会主义、反对搞资本主义的。这是确定无疑的。可是，他对什么是马克思主义，什么是社会主义，在新的历史条件下怎样才算真正坚持马克思主义，真正坚持社会主义，有时并不十分清楚。正因为不十分清楚，结果导致把自己的战友、接班人打成修正主义者、走资本主义道路的当权派，搞"文化大革命"，发动群众把自己亲手建立起来的党和国家的机构打烂、重建。邓小平有两次被当作"走资派"而打倒的经历，才使他有可能提出犯错误的理论原因是，什么是马克思主义没有完全搞清楚，什么是社会主义没有完全

---

① 邓小平：《改革是中国发展生产力的必由之路》（1985 年 8 月 28 日），载《邓小平文选》第 3 卷，人民出版社 1993 年版，第 137 页。

② 邓小平在会见埃塞俄比亚总统门格图斯时的谈话（1988 年 6 月 22 日），转引自《邓小平哲学思想（摘编）》，中共中央党校出版社 1993 年版，第 20 页。

搞清楚。没有"三落三起"这样经历的人是提不出这样的问题的。

那么什么是马克思主义呢？马克思主义是由马克思和恩格斯创立的无产阶级的科学思想体系，其使命是指导无产阶级和广大群众消灭资本主义、实现共产主义。马克思主义是人类所创造的优秀成果的继承和发展，其最主要的组成部分有哲学、政治经济学和科学社会主义，而哲学则是理论基础。马克思主义不是教条，而是行动的指南，它随着实践的发展而发展。这些对于每一个想当马克思主义者的人来讲都是清楚的，这是一方面。另一方面，对它的精髓、本质，则有时清楚，有时不够清楚。

马克思主义博大精深，内容十分丰富。马克思主义在其自身发展过程中因不同时期所面临的社会环境和任务的不同而把某些内容提到首位。马克思恩格斯在创立自己学说时强调的是它的科学世界观和方法论，它的革命的批判精神。面对机械照搬照抄马克思的话而自命为马克思主义者的幼稚追随者，马克思则戏称自己不是"马克思主义者"。恩格斯在晚年继续多次强调这一点，并指出："马克思主义的整个世界观不是教条，而是方法。它提供的不是现成的教条，而是进一步研究的出发点和供这种研究使用的方法。"[1] 他还说过："俄国人，不仅是俄国人，不要生搬马克思和我的话，而要根据自己的情况像马克思那样去思考问题，只有在这个意义上，'马克思主义者'这个词才有存在的理由。"[2] 列宁继承了这一思想，一再强调"马克思主义学说不是教条，而是行动的指南"，并明确提出："马克思主义的精髓，马克思主义的活的灵魂：对具体情况作具体分析。"[3] 毛泽东在反对教条主义斗争中强调马克思主义必须与本国具体实际相结合，强调列宁的"具体情况具体分析是马克思主义的活的灵魂"的名言，强调实事求是、反对主观主义。从这方面讲，列宁、毛泽东对马克思主义精髓的理解和把握是准确的、明确的，从而取得其理论上的发展和实践上的胜利。

但有时则对马克思主义精髓的把握并不准确，发生了偏离。列宁生活

---

① 恩格斯：《致威·桑巴特》（1895年3月11日），载《马克思恩格斯选集》第4卷，人民出版社1995年版，第742—743页。

② 阿·沃登：《和恩格斯的谈话》，载《智慧的明灯》，人民出版社1983年版，第91页。

③ 列宁：《〈共产主义〉》（1920年6月12日），载《列宁选集》第4卷，人民出版社2012年版，第213页。

在帝国主义和无产阶级革命的时代。因此，马克思主义学说中无产阶级革命和无产阶级专政理论很自然地凸显出来了。列宁在同第二国际修正主义斗争中尤其强调无产阶级专政理论。他指出："阶级斗争不是由马克思而是由资产阶级在马克思以前创立的，一般说来是资产阶级可以接受的。谁要是仅仅承认阶级斗争，那他还不是马克思主义者……只有承认阶级斗争，同时也承认无产阶级专政的人，才是马克思主义者。马克思主义者同平庸的小资产者（以及大资产者）之间的最深刻的区别就在这里。必须用这块试金石来检验是否真正理解和承认马克思主义。"①列宁有时也把无产阶级革命和无产阶级专政的理论称为"马克思主义的活的灵魂"②。列宁的这些思想对建国后的毛泽东及中国共产党人发生了重大影响。

中国共产党人是在激烈的阶级斗争和民族斗争中接受马克思主义的。因此，阶级斗争学说成了中国共产党人首先接受的重要内容。毛泽东在回忆自己青年时代接受马克思主义时说："我在1920年，第一次看了考茨基著的《阶级斗争》，陈望道翻译的《共产党宣言》，和一个英国人作的《社会主义史》，我才知道人类自有史以来就有阶级斗争，阶级斗争是社会发展的原动力，初步地得到了认识问题的方法论。可是这些书上，并没有中国的湖南、湖北，也没有中国的蒋介石和陈独秀。我只取了四个字：'阶级斗争'，老老实实地来开始研究实际的阶级斗争。"③毛泽东没有照搬外国的阶级斗争理论，而只是把它作为研究问题的方法论。这是他高出教条主义者之处。但从上述话中也可以看出阶级斗争在毛泽东思想中所占的位置。1939年，他在延安的一个集会上讲："马克思主义的道理千条万绪，归根结底，就是一句话：'造反有理'。……根据这个道理，于是就反抗，就斗争，就干社会主义。"建国以后，经济建设应成为党和国家工作的中心，但阶级斗争理论仍然在毛泽东头脑中占据着主要位置。在与苏联共产党的争论中，我们党把无产阶级革命和无产阶级专政理论看成是"马克思

---

① 列宁：《国家与革命》（1917年8—9月），载《列宁选集》第3卷，人民出版社1995年版，第139页。

② 列宁：《第二国际的破产》（1915年5—6月），载《列宁选集》第2卷，人民出版社1995年版，第469页。

③ 毛泽东：《关于农村调查》（1941年9月13日），载《毛泽东文集》第2卷，人民出版社1993年版，第379页。

列宁主义的精髓"①，把承认不承认无产阶级专政看成是区分马克思主义还是修正主义的试金石。这种思想的进一步发展则形成了"无产阶级专政条件下继续革命理论"，把党和国家的工作重心放在阶级斗争上，忽视了发展生产力这个最根本的任务，偏离了马克思主义的基本理论。

"文化大革命"结束后，邓小平在拨乱反正、批评"两个凡是"过程中，先是提出完整准确地掌握和运用毛泽东思想，进而提出实事求是毛泽东思想的精髓，是马克思主义的精髓。他一再讲：过去我们搞革命所取得的一切胜利，是靠实事求是，现在我们搞现代化建设，搞改革开放，同样要靠实事求是。实事求是是马克思主义的精髓，要提倡这个，不要提倡本本②。"实事求是是马克思主义的精髓"的论断与恩格斯的"我们的学说不是教条，而是行动的指南"的经典公式、列宁的"马克思主义的精髓，马克思主义的活的灵魂：对具体情况作具体分析"的名言是一脉相承的。"实事求是是马克思主义的精髓"论断是邓小平对中国革命和建设的经验教训以及整个国际共产主义运动的经验教训反思的结晶，是他本人"三落三起"人生经历的感悟。"实事求是是马克思主义的精髓"论断的提出，为我们学习和运用马克思主义指明了方向。

邓小平讲的"实事求是"具有丰富的理论内涵，即马克思主义的辩证唯物主义和历史唯物主义，对此我们切不可作简单化、庸俗化的理解。以毛泽东为代表的中国共产党人在领导中国革命的实践中将辩证唯物主义和历史唯物主义理论转化实事求是的思想路线，其核心观点为实事求是、群众路线和独立自主。在改革开放的新时期，邓小平坚持和发展了实事求是的思想路线，从而使马克思主义、社会主义转危为机，恢复和激活了马克思主义的强大生命力。

我们在强调实事求是是马克思主义的精髓，纠正无产阶级专政下继续革命理论错误时决不能忽视无产阶级专政理论，忽视现实存在的阶级斗

---

① 人民日报编辑部、红旗杂志编辑部的文章《关于赫鲁晓夫的假共产主义及其在世界历史上的教训》（九评苏共中央的公开信）的第一句话为："无产阶级革命和无产阶级专政的学说，是马克思列宁主义的精髓。"《关于国际共产主义运动总路线的论战》，人民出版社1965年版，第387页。

② 邓小平：《在武昌、深圳、珠海、上海等地的谈话要点》（1992年1月18日—2月11日），载《邓小平文选》第3卷，人民出版社1993年版，第382页。

争。阶级斗争理论虽不是马克思提出的，但它决不是马克思主义可有可无的个别原理，而是马克思主义的理论基础。阶级观点和阶级分析方法是马克思主义研究历史、研究现实的基本观点和方法，离开了它就不可能在纷繁复杂、扑朔迷离的社会现象中发现其本质和规律，就不可能制定正确的无产阶级斗争的战略和策略。无产阶级专政理论虽不是"马克思列宁主义的精髓"，但确实是马克思主义的主要部分，也确实是马克思主义与修正主义争论的焦点。以上这些是马克思、恩格斯和列宁反复讲到的。在今天，口头上承认阶级斗争和无产阶级专政的人，不一定是马克思主义者，但否认阶级斗争和无产阶级专政的人，则一定不是马克思主义者。

阶级的存在是同生产发展的一定历史阶段相联系的。它只有在生产力和科学技术高度发展、私有制消灭和社会全体成员道德水准的极大提高时才会消失。当今社会（无论是中国，还是外国）距消灭阶级的社会条件还有很长很长的路要走。社会主义的历史和现实，无可辩驳地证明仍然存在着阶级、阶级斗争，存在着社会主义与资本主义两条道路的斗争，存在着资本主义复辟的危险性，不认识这些会犯根本性的大错误。邓小平说得好："为了实现现代化，我们必须坚持社会主义道路，坚持无产阶级专政，坚持共产党的领导，坚持马列主义、毛泽东思想。""如果动摇了这四项原则中的任何一项，那就动摇了整个社会主义事业，整个现代化建设事业。"①他又说："在整个改革开放过程中，必须始终注意坚持四项基本原则。""依靠无产阶级专政保卫社会主义制度，这是马克思主义的一个基本观点。""对人民实行民主，对敌人实行专政，这就是人民民主专政。运用人民民主专政的力量，巩固人民的政权是正义的事情，没有输理的地方。"②我们的党章和宪法均写明："由于国内的因素和国际的影响，阶级斗争还在一定范围内长期存在，在某种条件下还有可能激化，但已不是主要矛盾。"

我们党和邓小平的上述思想是对国际国内社会主义历史经验的总结。斯大林在初步实现了工业化、农业集体化后就急忙宣布在苏联剥削阶级已

---

① 邓小平:《坚持四项基本原则》（1979 年 3 月 30 日），载《邓小平文选》第 2 卷，人民出版社 1994 年版，第 173 页。

② 邓小平:《在武昌、深圳、珠海、上海等地的谈话要点》（1992 年 1 月 18 日—2 月 11 日），载《邓小平文选》第 3 卷，人民出版社 1993 年版，第 379 页。

消灭，资本主义复辟的危险性已不存在，社会主义已建成，工人、农民及知识分子在道义上政治上的一致是社会发展的动力。他甚至认为，苏联已进入逐步向共产主义社会过渡的新时期。斯大林一方面在理论上不承认苏联社会存在着阶级、阶级矛盾，另一方面在实践上又严重混淆了敌我矛盾和人民内部矛盾，把大量的党内矛盾和人民内部矛盾视为敌我矛盾，把不同意见者视为间谍、暗害者、外国代理人和卖国贼加以整肃，导致肃反严重扩大化，破坏了民主、法制，并出现了大量的非人道现象。苏共二十大后，在平反斯大林时期的冤假错案和纠正不讲自由、民主、人道、人权等理论错误时，苏共领导人和苏联理论界却走向另一极端，大肆鼓吹人道主义，鼓吹"一切为了人，为了人的幸福"、"和平、劳动、自由、平等、博爱和幸福"、"全民党、全民国家"和"没有武器、没有军队、没有战争"等脱离了苏联及世界现实的空洞口号，将马克思主义人道主义化。这股思潮最终演变为戈尔巴乔夫的以"全人类共同利益高于一切"为核心的"新思维"，导致苏联解体、苏共垮台，给人民带来悲剧[①]。苏联和东欧理论界数十年不讲阶级斗争，不讲无产阶级专政，不讲防止资本主义复辟，不讲警惕帝国主义和平演变[②]。苏共垮台、苏联解体以后，俄罗斯理论界

[①]　布热津斯基在《大失败——二十世纪共产主义的兴亡》一书中预言："克里姆林宫出现一位修正主义的总书记所造成的影响是巨大的"，"会加速共产主义的政治崩溃和理论失败"，军事科学出版社 1989 年版，第 76、77 页。

[②]　波兰著名哲学家，而且是以研究人的哲学和人道主义著称的哲学家沙夫在《马克思主义在今天的意义》一文中曾批评否认"阶级、阶级斗争、社会革命"理论的错误。他在文中突出了马克思主义哲学的意义，其中说到，虽然关于"阶级、阶级斗争、社会革命"的内容是如马克思自己在致魏德迈信中所说，他只是以特有的方式发展了复辟时期的法国历史学家的理论，但它"确实是马克思主义社会科学的重要组成部分"，"那些今天否认阶级、阶级斗争这些科学概念的价值的人，是想把社会科学不仅扯回到马克思主义以前的水平，而且想使它落后于法国革命后的资产阶级历史学家和社会学家所达到的水平。这种损害科学的政治图谋甚至在非马克思主义阵营的学者那里也遭到反对。"沙夫引证了非马克思主义者、法国历史学泰斗尔南·布罗代尔在纪念马克思逝世一百周年时在法国《世界报》上发表的文章。这位年鉴派的第二代传人认为，如果不借助马克思主义的方法论，他在历史研究中就不会取得成果。沙夫把历史唯物主义视为马克思主义的精髓，"它能（比其他流派更好地）促进解决与我们这个时代的实践密切相关的热点问题。"参见俞可平主编：《全球时代的"马克思主义"——九十年代国外马克思主义新论选编》，中央编译出版社 1998 年版，第 62—64 页。

很少有人从阶级斗争、无产阶级专政视角反思马克思列宁主义，总结苏共历史及马克思主义发展史。

在很长的时期里，马克思主义者比较重视世界观、方法论，忽视了价值观，忽视了自由，甚至在理论教育和舆论宣传中讳言自由。在纪念中国共产党建党80周年时，党的领导人讲到了共产主义社会是"每个人自由而全面发展的社会"。由此开始，有些人又走向另一极端，竭力夸大"自由人联合体"思想在马克思主义体系中的地位。有的人把《共产党宣言》的核心思想归结为"自由人联合体"。有的人把"自由人联合体"思想视为"马克思主义的真正核心和实质"、"马克思主义的最高命题"。也有人把"以人为本"、人本主义称为统领马克思主义创始人著作"全部内容的活的灵魂"。针对上述两种倾向，笔者写过《竞自由——毛泽东自由思想散论》、《〈共产党宣言〉的价值指向》、《马克思哲学对德国古典哲学自由精神的继承和发展》等论文阐述马克思主义的自由观，说明了"自由人联合体"思想的理论来源。马克思恩格斯不仅吸取和改造了德国古典哲学的辩证法、唯物论思想，而且还吸取和改造了德国古典哲学的自由思想（这一点通常为马克思主义哲学史家所忽略），《共产党宣言》中关于"每个人的自由发展是一切人的自由发展的条件"的表述及"自由人联合体"的概念来自于德国古典哲学。马克思恩格斯的贡献在于把"自由人联合体"的思想置于唯物史观的基础上，科学地阐明了实现"自由人联合体"的条件和途径。

苏联东欧剧变和当代中国的社会现实告诉我们，阶级斗争虽不是社会主要矛盾，切不可重犯以阶级斗争为纲的错误，但也不可走向另一极端，忘记在整个社会主义初级阶段仍然存在着阶级、阶级斗争和两条道路的斗争，忘记无产阶级专政（即人民民主专政），丧失防止资本主义复辟的警惕性。阶级斗争熄灭理论同阶级斗争扩大化理论一样都是错误的。劳动与资本的关系已是当代中国社会最基本的社会关系。必须以实事求是的科学态度，对我国现阶段的社会结构、阶级与阶层状况、阶级关系和阶级斗争做全面的、客观的、深入的调查研究，分析阶级斗争的新形态、新特点，提出正确处理阶级关系的新对策，实现公私兼顾、劳资互利、城乡协调，以充分调动各阶级、阶层的积极因素，化消极因素为积极因素，促进社会的各阶级、阶层的和谐发展。

经历了胜利、曲折、危机后，马克思主义、社会主义在中国与苏联出现了不同的命运，其原因自然是十分复杂，是国内与国际、现实与历史、客观与主观、必然与偶然等诸多因素综合作用的结果，切不可简单化。在诸多的主观原因中，其中有一条似乎是能成立的，即是否真正理解和把握了马克思主义精髓，是否形成了一条正确的思想路线。经历十年动荡的"文化大革命"后，中共和邓小平靠什么拨乱反正，使马克思主义、社会主义在中国走出了低谷、危机，恢复了生机和活力？答案是如邓小平多次所讲的，靠实事求是。实事求是亦是邓小平理论的精髓，是中国共产党人在新时期不断夺取中国特色社会主义事业伟大胜利的一大法宝。苏共则不同，它在纠正斯大林错误时却未能从主客观的关系上总结经验教训，拨乱反正，而是从抽象的人道主义出发，逐步将马克思主义人道主义化，从而形成了完全脱离苏联及世界实际的戈尔巴乔夫的"新思维"和人道的民主的社会主义，其结果只能是导致实践上的失败和理论上的破产。值得注意的是，受西方人道主义思潮的影响，西方马克思主义学者和原苏东国家的学者大都从人道主义立场、视角而很少有人从主客观关系去反思历史剧变，进一步将马克思主义人道主义化。这是笔者对马克思主义在中国与苏联出现了不同的命运的哲学反思和总结。

什么是马克思主义，这是马克思主义诞生后就存在的一个争论问题。对作为马克思主义精髓的实事求是与无产阶级专政理论、人道主义理论三者之间关系的讨论与争论仍将继续进行。我们今天对什么是马克思主义认识比起前人要前进了，但我们的认识毕竟受到现阶段中国特殊条件的局限，别的国家的研究者怎么看什么是马克思主义、怎么看中国马克思主义，这是可以讨论的。总之，只要马克思主义存在一天，对什么是马克思主义的反思与争论就不会完结。马克思主义正是在这种反思与争论中发展。

三、正确对待当代西方资本主义文明

马克思主义是与资产阶级相对立的无产阶级的意识形态。从它诞生之日起，资产阶级就千方百计地想消灭它，而且一次又一次宣称它已被驳倒、被消灭。因此，马克思主义要生存、发展，就必须同资产阶级意识形态作斗争，必须始终坚持党性原则。抹杀、淡化马克思主义与资产阶级意识形态之间的对立和斗争是完全错误的。放弃斗争、批判，只能为资本主义所吞没，导致自我毁灭。这是一方面。

另一方面，马克思主义并不是离开人类文明大道而产生的，相反，它吸取和继承了人类优秀文明成果，是德国古典哲学、英国古典政治经济学和法英空想社会主义学说的直接继承和发展。马克思恩格斯的老师是黑格尔、费尔巴哈，是资产阶级哲学家、经济学家、思想家。马克思主义产生后，它继续有批判吸取人类优秀文明成果的任务，继续有向它的对立面学习的任务。列宁在批判无产阶级文化派时说过："马克思主义这一革命的无产阶级的思想体系赢得了世界历史性的意义，是因为它并没有抛弃资产阶级时代最宝贵的成就，相反却吸收并改造了两千多年来人类思想和文化发展中一切有价值的东西。"① 列宁在批判现代资产阶级哲学时坚持党性原则，对形形色色的唯心主义和形而上学进行彻底批判，坚持和发展马克思主义哲学，这无疑应加以充分肯定。但也应承认，列宁有些话说得过于绝对，有片面性。如他说，马赫、彭加勒一类自然科学教授们，"虽然在化学、历史、物理学等专门领域内能够写出极有价值的著作，可是一旦谈到哲学问题的时候，他们中间**任何一个人所说的任何一句话都不可相信**。"他又说，哲学、经济学是一门党性的科学，"经济学教授们不过是资产阶级手下的有学问的帮办；而哲学教授们不过是神学家手下的有学问的帮办。"② 正是受这一思想影响，在很长的一个历史时期里马克思主义者对马克思主义产生后的西方资产阶级哲学社会科学采取全盘否定的态度。斯大林则更加极端，连对为马克思、恩格斯和列宁所充分肯定的黑格尔哲学也简单地斥之为"对法国革命和法国唯物主义的'贵族反动'。"③ 如毛泽东

---

① 列宁：《关于无产阶级文化》（1920年10月），载《列宁选集》第4卷，人民出版社1995年版，第298页。

② 列宁：《唯物主义和经验批判主义》（1908年2—10月），载《列宁选集》第2卷，人民出版社1995年版，第234—235页。尽管列宁紧接着说："无论在哲学上或经济学上，马克思主义者的任务就是要善于汲取和改造这些'帮办'所获得的成就，并且要善于消除它们的反动倾向，善于贯彻自己的路线，同敌视我们的各种力量和阶级的整个路线作斗争。"但实际起影响作用的是前面的思想。

③ 敦尼克主编：《哲学史》第6卷上册，生活·读书·新知三联书店1982年版，第466页。

所说，"作这样一个结论，就把德国唯心主义哲学全盘否定了。"① 斯大林否定黑格尔辩证法的结果，走向形而上学，导致否认矛盾是社会主义社会发展动力，社会主义无矛盾论盛行。这是苏联社会主义模式僵化的一个深层的思想理论根源。

受列宁、斯大林上述看法的影响，许多马克思主义者把马克思主义产生以后的现代西方资产阶级哲学社会科学都看作是错误的，甚至是腐朽的、反动的，对它们只讲批判、否定，不讲学习吸取，结果把自己限制在狭小的圈子里，与现代西方资本主义世界创造的文明相隔绝，自我封闭，久而久之，导致自身僵化、教条化，失去活力，落后于时代。这是一个深刻的教训②。

这里有一个如何对待马克思主义产生以后的现代西方资产阶级哲学社会科学和西方资本主义文明的问题。

哲学社会科学有着鲜明的党性、阶级性。资产阶级哲学社会科学是资本主义经济政治的反映，并为其服务，与马克思主义尖锐对立。资本主义社会存在着严重的文化危机、精神危机，存在着大量腐朽的、反动的东西。这些是事实，不应否认。但这是问题的一个方面。问题的另一方面是，西方资本主义国家在经济、科技、教育、军事等方面处于世界领先地位，比我们发达得多，这是我们应承认的。同时，我们还认识到的，资本主义社会所创造的制度文明、精神文明，同物质文明一样，决不能把它看成仅仅是资产阶级创造的，其中也凝结了西方无产阶级和广大人民群众的心血，是无产阶级和广大人民群众长期斗争的结果。它们是人类社会发展到现阶段的产物，是人类的共同财富。西方的哲学社会科学，西方的资本

---

① 毛泽东:《在省市自治区党委书记会议上的讲话》(1957年1月27日)，载《毛泽东选集》第5卷，人民出版社1977年版，第347页。

② 苏联科学院哲学研究所编著的教科书《马克思主义哲学原理》(1958年版)和《马克思列宁主义哲学原理》(1982年第6版)在最后均有"现代资产阶级哲学和社会学批判"的内容，对现代资产阶级哲学和社会学的主要流派进行了介绍、批判，这对读者不能说没有意义。但从倾向看则是全盘批判、否定，未能有所吸取。在一段时期里苏联哲学界否定摩尔根遗传学、形式逻辑和数理逻辑、控制论、社会学等。苏联的这种倾向对我国亦有一定影响。举一个例子，艾思奇主编的《辩证唯物主义历史唯物主义》把"哲学上的种种新流派，艺术上的抽象绘画、摇摆舞、电子音乐等"都当作资产阶级"腐朽事物的新表现"，人民出版社1962年版，第133页。

主义文化，仍然有我们值得汲取和借鉴的文明成果。西方哲学社会科学家中的不少人敢于正视和揭露资本主义社会存在的矛盾、危机，并提出相应的理论和对策。他们对社会现代化进程过程中出现的问题、矛盾和危机的分析，对现代化生产和管理规律的研究具有普遍的意义，其中许多并不都具有意识形态的性质。至于他们的科学技术成果及对此所做的哲学概括，更是我们必须学习的。

事实上，自马克思主义产生以来，西方资产阶级哲学社会科学有很大的发展，产生了许多新的学科（如数理逻辑、科学哲学、价值哲学、思维科学、诸多流派的经济学、社会学、未来学、生态学、管理科学、科学学、创造学等），在许多方面极大地推进了人类对自然和社会的认识，推动了哲学社会科学的发展。就哲学而言，叔本华、尼采的唯意志论，总体上是错误的，片面夸大了意志的作用。但它也包含有部分的、片面的真理，即看到了意志在改造世界中巨大的作用。而对意志，我们马克思主义者却没有研究，我们的哲学教科书中没有正面讲意志的内容。对直觉也是如此。长期以来我们把直觉当作神秘主义加以批判，讲认识论从来不讲直觉，对柏格森的直觉论，对西方的直觉主义采取全盘否定的错误态度。其实，直觉思维是一种创新性思维，科学中的许多原创性成果来自直觉。它与逻辑思维、形象思维一起成为人类三种相互补充的基本思维形式。又如实用主义，总体上是唯心主义的，是为美国大资产阶级服务的，但其中也有值得借鉴吸取之内容。它注重效果、实践，强调真理的相对性，反对一成不变的教条；认为世界是一篇未完成的草稿，注重创新、冒险；等等。实用主义是美国的国家哲学，美国社会的发展不能说同实用主义没有关系。实用主义的积极的、合理的因素无疑值得我们吸取借鉴。

我们应摒弃近代以来"体"与"用"分离的思维方式，摒弃"西方物质文明比我们发达，我们精神文明优越于西方"的陈腐观念。我们常说，马克思主义、毛泽东思想和邓小平理论是我们国家的精神支柱和精神动力，那么支撑和推动美国等发达国家的经济、科技、教育、军事乃至整个社会发展的精神支柱和精神动力是什么？能说支撑和推动这些国家的精神支柱和精神动力都是腐朽的？这些发达国家的精神支柱和精神动力是否有值得我们吸取和借鉴之处呢？我们反对迷信资本主义制度及其精神文化，但也决不能简单地用"腐朽反动"一词加以全盘否定。

对没有经过发达资本主义历史阶段的落后国家建设社会主义，如马克思所说的，必须要"占有资本主义制度所创造的一切积极成果"①。我们应老老实实的承认，我国在经济、科学、技术、教育、军事等诸多方面，在社会整体的发展水平方面，远不如西方发达国家。当代科学技术革命蓬勃发展，科学技术成果日新月异。我们要赶上发达资本主义国家，就必须不断地吸取和借鉴资本主义的文明成果。我们不能仅仅学其"用"，而且要批判地学其"体"。马克思所说的"一切积极成果"，不仅是物质文明的成果，也应包括制度文明和精神文明的成果。

在马克思主义者队伍里，对吸取和继承资本主义所创造的物质文明成果，不会有争论，但对吸取和继承资本主义的制度文明和精神文明的成果，意见就不那么一致了。长期以来我们讲得多的是资金、生产设备、科学技术、管理方法、具体规章制度等引进，而较少讲在制度文明和精神文明层面的学习和借鉴。在很长的时间里，在制度文明和精神文明方面，我们更多地是注意到社会主义与资本主义之间对立的一面，而忽视了它们之间的联系、继承的一面。社会主义的制度文明和精神文明既不是从天上掉下来的，也不是在空地上建立的，而是在批判地吸取和继承资本主义的制度文明和精神文明的基础上建立的。我国没有经历资本主义的历史阶段，因此，在今天离开了借鉴和吸取西方资本主义的制度文明和精神文明，我们就无法建立起社会主义的制度文明和精神文明。我们亟须大胆吸取和借鉴当代西方资本主义的文明成果②。

邓小平提出改革开放，大胆吸取人类文明成果，引进了市场机制，搞市场经济，利用资本。由计划经济到市场经济是一大突破。马、恩、列、斯都没有讲过，相反，他们讲的都是公有制、计划经济。发展非公有制经济和引入市场经济机制，中国经济发展出现了新的局面，社会主义出现了新的生机和活力。

---

① 马克思：《给维·伊·查苏利奇的复信》（1881 年 2 月底至 3 月初），载《马克思恩格斯选集》第 3 卷，人民出版社 1995 年版，第 769 页。

② 详见拙文：《大胆吸取和借鉴当代西方文明——兼论文化交往的一个规律》，《中共中央党校学报》1999 年第 2 期。

改革开放三十多年来，政治体制改革也有很大的进展，政治民主化和公民的自由度有很大的提高。但也要承认，无论是党的体制，还是国家体制，基本的架构还是从苏联搬过来的。政治体制改革滞后是不争的事实。如何改？能不能吸取西方制度文明成果？从理论上讲应是不成问题的。因为人民民主同资产阶级的民主既是对立的，但又是同一的，应吸取和改造资产阶级民主政治形式，完善人民民主制度。这里涉及上层建筑有没有继承性的问题。无产阶级必须打碎资产阶级国家机器，但这决不是说，无产阶级专政可以在空地上建立，它需要在打碎资产阶级国家机器的同时，改造和利用资产阶级的上层建筑。有关上层建筑的继承性问题，至今很少有人讲，值得研究。

恩格斯认为，民主共和国是资产阶级统治的最后形式，"我们的党和工人阶级只有在民主共和国这种形式下才能取得统治。民主共和国，甚至是无产阶级专政的特殊形式，法国大革命已经证明了这一点。"① 他又说："共和国是无产阶级将来进行统治的现成的政治形式。"② 恩格斯同时强调，共和国只是"政治形式"，关键在实质、内容，是哪一阶级在掌握政权。毛泽东提出要区分国体与政体。西方三权鼎立是政体，而不是国体，是为防止官员擅权、腐败的一种监督体制。权力不监督、不制衡，必然发生腐败，甚至变质。三权鼎立的制度自然有办事效率不高等弊端，但近现代历史表明，在如何实行监督问题上，它不失为是一种较为有效的制度，至今尚未有一种比它更好的替代形式，有可借鉴之处。

1956年，毛泽东曾指出：斯大林严重破坏法制这样的事件，在英、法、美这样的国家不可能发生。他认为，资产阶级民主，特别是初期，有那么一些办法，比我们现在的办法更进步一些。我们比那个时候不是更进步了，而是更退步的（请注意此话——引者注）。刘少奇赞成毛泽东的意见，认为资产阶级的有些制度也可以参考，当然不能完全照办③。周恩

---

① 恩格斯：《1891年社会民主党纲领草案批判》（1891年6月），载《马克思恩格斯选集》第4卷，人民出版社1995年版，第412页。

② 恩格斯：《致保·拉法格》（1894年3月6日），载《马克思恩格斯选集》第4卷，人民出版社1995年版，第734页。

③ 刘少奇：《要防止领导人员特殊化》（1956年11月10日），《党的文献》1988年第5期。

来也说:"资本主义国家制度我们不能学,那是剥削阶级专政的制度,但是,西方议会的某些形式和方法还是可以学习的,这能够使我们从不同方面发现问题。"① 令人遗憾的是,这些可贵的思想未能继续下去。我国的人民代表大会制度是与国体相连的制度,民主集中制是党和国家的重要组织制度,它们是适合中国特点的,决不能否定。但应当承认,我们并没有解决高度集权问题和监督问题,亟须进行制度的改革,以防止由"社会公仆"变为"社会主人",防止出现"贵族阶层"和遏制腐败的滋长蔓延。

资产阶级极端个人主义、享乐主义,我们要坚决反对。以个人为本位的价值观是建立在资本主义私有制的基础上的,它与建立在社会主义公有制为基础上的以社会为本位的价值观是相对立的。但资产阶级价值观中的自主、自由、平等、民主、法治、效率、竞争、创新、冒险等观念可为我们批判地吸取和借鉴。倘若社会主义的价值观拒绝接受这些合理的因素,那它就很难同传统的以社会为本位的价值观划清界限。我国传统的以社会为本位的价值观是以否定个人利益、牺牲个性自由为条件的价值观。社会主义的以社会为本位的价值观是建立在尊重个性自由基础上的个体与社会有机统一的价值观。社会主义的价值观是对资本主义价值观的辩证扬弃,而不是全盘否定。

总之,正确对待资本主义文明是落后国家建设社会主义所遇到的重大的基本理论问题之一。马克思主义要发展,既要同资产阶级意识形态作斗争,同时又要善于吸收现代资产阶级所创造的一切有价值的东西。邓小平强调对外开放,吸收人类创造的一切有价值的成果,强调要"面向现代化,面向世界,面向未来",这是非常对的。今天,吸取全人类创造的一切有价值的文明成果,最主要的是吸取当代西方资本主义社会创造的文明成果,拒绝它们就自甘落后。西方资产阶级对我国实行"西化"、"分化",对此我们必须提高警惕,采取各种措施,抵制他们的意识形态的渗透;同时又要善于向自己的敌人学习,大胆地吸收西方资本主义的一切文明成果。这两者必须同时注意到。

---

① 周恩来:《专政要继续,民主要扩大》(1956 年 7 月 21 日),载《周恩来选集》下卷,人民出版社 1984 年版,第 208 页。

四、正确处理与本国传统文化的关系

从人类各民族、国家的文化交往发展史看，任何一种外来文化要在本民族、国家生根、开花结果需要本土化、民族化，亦即是在适应本民族、国家的经济、政治和社会生活的同时，还要与本民族、国家的历史文化相融合，从而从内容到形式具有本民族、国家的特点。这是人类文化交往发展的一个规律。马克思主义——作为现时代人类最先进文化的传播与发展也不能例外。因此，正确处理马克思主义与本土的传统文化的关系，是直接关系到马克思主义自身能否顺利发展的大问题。

马克思主义同各国的具体实际相结合包含两个方面的含义：一是与各国现实的实际，即各国现实的经济、政治、文化的现状和革命运动相结合；二是与各国的历史实际，即各国的历史文化相结合，从而形成具有各国特点的具体的马克思主义。在这两方面的结合中，虽然前者是主要的、基础性的，但后者也是十分重要的，不可或缺的。

产生于西方的马克思主义并未在西方取得实践上的胜利，而倒是在东方落后的中国，经受了各种考验，顶住了各种压力和冲击（包括苏东剧变的强大冲击），取得了一个又一个的胜利。这种奇迹的发生有诸多复杂的国内外因素，其中重要的一条是，中国是一个具有五千余年悠久历史文化的大国。最好的种子、种苗在贫瘠的荒漠中也难于长成参天大树，而是需要适宜生长的优良土壤。中国悠久的历史文化为世界最先进的文化——马克思主义在中国的生根、开花和结果提供了丰厚肥沃的文化土壤。要把这一客观的有利条件变为现实，则需要有主观条件，即既能正确把握马克思主义精髓又要熟谙中国历史文化的马克思主义者。以毛泽东为代表的马克思主义者不仅善于把马克思主义与中国现实的革命实践相结合，而且善于把马克思主义与具有悠久历史的文化实际相结合，从而形成中国马克思主义——毛泽东思想，指导革命和建设取得胜利。

毛泽东不仅是一位马克思主义的革命家、军事家，而且还是"一个精通中国旧学的学者，他博览群书，对哲学和历史有深入的研究"。这不是中国人对毛泽东的赞语，而是美国记者斯诺在1936年采访后得出的结论[①]。1990 年编辑出版的《毛泽东早期文稿》及毛泽东的一生都充分证实了斯诺的上述结论并非是溢美之词。毛泽东在青年时就深刻地认识到"读历史是智慧的事"[②] 更可贵的是，在文化问题上，受恩师杨昌济的影响，青年毛泽东既反对复古主义，又反对全盘西化，努力"将中外古今的学说剌取精华"，以做到东西文化的互补融合。在成长为马克思主义者之后，他善于从丰富的历史文化中吸取民族智慧，继承民族精神，用以补充、丰富和发展马克思主义，指导中国革命。

如前所述，马克思主义是总结了人类文明成果的产物，但从思想来源讲，马克思恩格斯对中国的哲学、历史文化了解不多，他们的理论主要是西方文明的总结和概括，并没有包括中国的历史文化。英国著名中国科学技术发展史专家李约瑟的"辩证唯物主义渊源于中国"的观点并不符合历史实际[③]。马克思主义作为先进文化从西方来到具有悠久历史的古老文明的中国，一方面要与中国革命实际相结合，适合中国革命的需要；另一方面，则要向中国文化学习，批判地吸取其精华，使自己具有中国内容、中国作风和中国气派。中国共产党人是中华民族的先进分子，血管中流淌着中华民族的血液，受惠于中国传统文化的滋养，因此，有责任将中华文明优秀成果融入马克思主义，借以补充、丰富和发展马克思主义。

渊博的历史文化学识使毛泽东认识到，外来文化必须本土化，具有民族形式，以适合本国民众的心理。早在 1926 年，他在广州农民运动讲课时就指出："洪秀全起兵时，反对孔教，提倡天主教，不迎合中国人的心理。曾国藩即利用这种手段，扑灭了他。这是洪秀全的手段错了。"[④] 1937 年 3 月，他代表中共中央撰写的《祭黄帝陵文》，从思想到文采都充分表

---

① 〔美〕斯诺：《西行漫记》，董乐山译，生活·读书·新知三联书店 1979 年版，第 65 页。

② 毛泽东：《致蔡和森等的信》（1920 年 12 月 1 日），载《毛泽东书信选集》，人民出版社 1983 年版，第 7 页。

③ 李约瑟的观点是对欧洲哲学史误读的结果。他认为，在莱布尼茨之前，欧洲没有辩证法，欧洲的辩证法是由耶稣会士从中国传入的，经过马克思主义者们的一番科学化形成了辩证唯物主义。详见拙文：《对李约瑟的"辩证唯物主义渊源于中国"的评析》，刊《高校理论战线》2007 年第 11 期。收入《百年中国哲学革命》，人民出版社 2015 年版。

④ 毛泽东：《中国农民问题》（1926 年 6 月），载《广州农民运动讲习所资料选编》，人民出版社 1987 年版，第 195 页。

现了中国共产党人是中华民族的优秀子孙，是数千年来中华民族的优秀传统的真正继承者和发扬者。1938 年 10 月，他在中共六届六中全会上号召全党开展以研究理论、研究历史和研究现状为内容的学习运动，并明确提出马克思主义中国化的任务。他在阐述研究历史时指出，我们这个民族有数千年的历史，有它的特点，有它的许多珍贵品。我们是马克思主义的历史主义者，不应割断历史，要继承"从孔夫子到孙中山"的这一份珍贵历史遗产，这对于指导当前的伟大运动是有帮助的。针对党内的教条主义，他提出："马克思主义中国化，使之在每一表现中带着中国的特性，即是说，按照中国的特点用它，成为全党亟待了解并亟须解决的问题。"[1]毛泽东是在阐述研究历史时提出"马克思主义中国化"的问题，这就充分表明，继承珍贵历史遗产是马克思主义中国化的必不可缺的重要内涵。在整风运动开始时，针对党内轻视研究历史的倾向，他尖锐地指出："不论是近百年的和古代的中国史，在许多党员的心目中还是漆黑一团。许多马列主义的学者言必称希腊，只会记诵马、恩、列、斯的成语，对自己的祖宗，则对不住，忘记了。"[2]毛泽东的这些话告诉我们，作为一个中国的马克思主义者不能仅仅只读马克思主义的书，懂得马克思主义，还要学习中国的历史，懂得中国的历史。倘若只会背诵经典作家的语录，不懂得中国的历史，那就是忘记了自己的祖宗。他再次号召全党在研究理论、研究现状的同时要研究历史，并把三者结合起来，克服主观主义。他本人是这三者结合的典范。

毛泽东思想中有些内容并非来自马克思主义，而是来自中华民族的优秀传统文化。如中国共产党人之所以能抵制斯大林和共产国际在中国革命上的错误主张，之所以能在革命胜利后打破以美国为首的帝国主义对我国的侵略、封锁和干涉，之所以能顶住苏联大党主义和大国主义，独立自主地领导革命和建设，不加入"大家庭"，主要是靠中华民族的独立自主、

---

[1] 毛泽东：《中国共产党在民族战争中的地位》（1938 年 10 月 14 日），转引自解放社编：《整风文献》（订正版），中原新华书店 1949 年版，第 289 页。参见《毛泽东选集》第 2 卷，人民出版社 1995 年版，第 533—534 页。

[2] 毛泽东：《改造我们的学习》（1941 年 5 月 19 日），转引自解放社编：《整风文献》（订正版），中原新华书店 1949 年版，第 289 页。收入《毛泽东选集》删去了"只会记诵马、恩、列、斯的成语"。

自强不息的民族精神。

在民主革命时期，中国共产党长期分散在农村活动，其党员主要来之于农民，要把这样的党建设成无产阶级政党，难得很啊！在许多外国人（包括共产国际的一些领导人）看来，这简直是不可能的。也有人认为，中国的马克思主义，并不是真正的马克思主义，而是农民马克思主义。但以毛泽东为代表的中国共产党人硬是将以农民为主要成分的党建设成为一个无产阶级政党，并领导革命和建设取得伟大胜利。其中奥秘何在？除了有正确路线外，很重要一条是靠中国共产党特有的党性修养，注重党内无产阶级思想与非无产阶级思想的斗争，注重改造主观世界。而这一条正是对中国传统文化重视"修身"的继承和改造。

由此可见，马克思主义在中国胜利奇迹的发生是同中国是一个具有悠久历史文化的国家密切相连的，是同中国的马克思主义者善于从自己丰富的历史文化中汲取智慧分不开的。中国历史文化是毛泽东思想的不可或缺的重要来源。毛泽东思想是马克思主义基本理论、中国现实实际和中国优秀历史文化三者结合的产物。它既是中国共产党人集体智慧的总结，也是中华民族智慧的结晶。

由于马克思主义经典作家讲的是马克思主义理论与各国的具体实践相结合，没有讲过马克思主义理论与各国的历史文化相结合；也由于毛泽东和中共其他领导人及中共文件经常讲的也是马克思主义普遍真理与中国具体实践相结合。党中央文件在界定"毛泽东思想"概念时也不提中国历史文化[①]。因此，我国的理论界、学术界一般也只讲马克思主义普遍真理与中国具体实践相结合，很少讲马克思主义理论与中国历史文化相结合[②]。在很长一段时期里，理论宣传中不讲马克思主义中国化，有的研究者甚至认为"马克思主义中国化"是"毛泽东思想"科学概念形成过程中的一种

---

①　据笔者所查，《中共中央关于共产国际执委主席团提议解散共产国际的决定》（1943 年 5 月 26 日）中曾明确讲到马克思主义与中国革命的实践、中国历史、中国文化深相结合起来。但此思想长期未能引起理论界、学术界的重视。

②　很少，不是没有。青年哲学家、毛泽东的秘书和培元在《论新哲学的特性与新哲学的中国化》（1941 年 6 月 28 日）一文中依据毛泽东在中共中央六中全会上关于中国化问题的讲话明确指出：新哲学中国化的本质"在于辩证唯物主义普遍原理与中国的具体的革命实践的结合，与中国的历史实际结合"。

"不够准确的说法"①。进入 21 世纪，党的领导人、理论界和学术界开始大讲"马克思主义中国化"，但"中国化"内涵只限于马克思主义普遍真理与中国具体实践相结合。直到 2005 年教育部印发的有关"马克思主义中国化研究"专业介绍中依然只讲同中国具体实践相结合，只字不提同中国历史文化相结合。针对这种情形，笔者撰写了《全面准确地理解马克思主义中国化的内涵》、《对现行"毛泽东思想"概念界定的补充》、《中国的马克思主义者不能忘记自己的中国"祖宗"》②等文，从历史、理论到现实阐明"马克思主义理论与中国历史文化相结合"是马克思主义中国化不可或缺的重要内涵，论述了中国的马克思主义者除了马列"老祖宗"外还有中国自己的"老祖宗"。两个"老祖宗"都不能丢，丢了要亡党亡国。

现今，我国理论界、学术界绝大多数人都已承认马克思主义与中国历史文化相结合的必要，但在如何理解结合和怎样进行结合上，则有不同的见解和做法。

较为流行的理解是：马克思主义是人类智慧的结晶，其中包含了中华民族的智慧。因此，马克思主义与中国历史文化的结合主要是用丰富的中国思想资料来证明马克思主义原理具有普遍真理性，说明马克思主义与中国历史文化有一致性，证明中国化马克思主义有其历史渊源，以帮助读者理解中国化马克思主义，提高读者的民族自尊心、自信心和自豪感。教育部有关部门组织编著的《中国哲学与辩证唯物主义》（1998 年）一书具有代表性。这种理解和做法，具有一定的合理性，是一种浅层次的、通俗化的初步结合。但这种理解和做法，实质上是把博大精深的中国历史文化当成马克思主义普遍真理的"注释和证明"。因而从根本上讲，这种理解和做法并未能正确把握马克思主义与中国历史文化相结合的实质。

马克思主义与中国历史文化相结合应是：立足当代中国和世界的现

---

① 中共中央文献研究室《国外研究毛泽东思想资料选辑》编辑组为施拉姆的《毛泽东的思想》中译本写的《编者的话》，中央文献出版社 1990 年版，第 4 页。

② 此三文分别刊于《毛泽东邓小平理论研究》2006 年第 4 期、《湘潭大学学报》2006 年第 6 期、《理论视野》2008 年第 12 期。收入《从历史衡量毛泽东》，湘潭大学出版社 2010 年版。

实，以马克思主义为指导，对中国历史文化进行科学的总结和概括，用中国历史文化中的珍贵品，丰富和发展马克思主义，并以此指导中国革命、建设和改革开放的实践。如果说，马克思、恩格斯、列宁的马克思主义主要是欧洲文明的总结和概括，那么中国马克思主义应当是在马克思主义的基础上对数千年中国文明的总结和概括。

中华民族的文化是一个博大精深的多层次、多方面的复合体。因此，马克思主义与中国历史文化相结合也可在不同层次、不同方面进行。就层次而言则有：民族精神（文化精神），民族传统，历史经验，文化诸方面的具体内容，神话传说、成语典故、民间谚语等思想资料。就文化的诸方面而言则有：哲学、政治、经济、军事、教育、历史、文学艺术等等。中华民族传统文化蕴藏着无数的珍宝，有待我们以新的方法和新的视野去发掘、梳理、提炼，对其中的概念、范畴和原理、思想加以批判和改造，并赋予新的内涵和新的形态。

民族精神是一个民族的灵魂和命脉。马克思主义中国化从文化层面上讲最根本的、最深层的是与民族精神的结合。这种结合决非是对中国古代思想资料的简单的引证和外在的拼接，而应是使马克思主义的基本精神与中华民族的民族精神融为一体，使前者内化成为中华民族的灵魂，赋予民族精神以新的活力和新的内容。这里有一个"中华民族的民族精神是什么"的问题。中华民族的民族精神是活生生的、发展着的，其内涵既广且深，决非是用一两个命题和论断所能概括的。计其主要的则有：独立自主、维护统一的爱国精神；自尊自信、自强不息的奋斗精神；与时俱进、日新变革的创新精神；崇真求实、经世致用的实事求是精神；天下为公、公而忘私的精神；协和万邦、爱好和平的精神等等。这些精神互相渗透，其中最核心的则是独立自主、自强不息的主体精神。正是这种主体精神才使中华民族能战胜千难万险，绵延不绝，开拓创新，屹立于世界东方，为人类做出贡献。毛泽东思想和中国特色社会主义理论充分地吸取和发展了这些精神。

就哲学方面而言，中国化的成果则不尽如人意。现今的马克思主义哲学教科书，虽然十分注重吸取毛泽东思想和中国特色社会主义理论的成果，但从内容到体系仍未能摆脱外来的影响。中国化的马克思主义哲学教科书决不仅仅是在论述马克思主义哲学原理时引用中国古代哲学的某些思想资料，而是要在立足当代中国和世界的基础上，对中国传统哲学做出总结和概括，从内容到体系均有中国特点。青年学生读了我们的哲学教科书，要能从中领悟到中国哲学精神，体认到中华民族的智慧和灵魂。要做到这一点，则需要我们的哲学家下一番苦功夫，研究和把握中国哲学的精华，并使之与马克思主义哲学的精神融为一体①。

在强调马克思主义与中国传统文化相结合时，一定要对传统文化作具体分析，要十分警惕中国传统文化消极因素的渗入。

中国传统文化既有精华、优良传统，也有糟粕、不良传统，而事实上精华与糟粕、优良传统与不良传统往往交错在一起，往往是一个问题的两面。实事求是、经世致用，这是中国传统文化的优良传统，但其中也蕴含着对理性、理论思维的忽视，而这种不足至今仍继续存在，直接影响着基础理论的研究和创新。提倡天下为公、公而忘私、国而忘家，这是中国最重要的传统美德，永远需要继承和发扬。但是，它又有忽视以至于抹杀了个人利益、个性自由的明显缺陷。中国古代以德治国，重视道德教化的作用，但又包含明显的片面性，轻视物质利益，以人治代替法治。中国传统优良道德要继承和弘扬，但它毕竟是农业社会、专制制度下的道德，而非现代社会的道德，因而不可盲目全盘肯定。

中国没有经历发达资本主义阶段，几千年根深蒂固的封建基础没有经过资本主义铁犁的翻耕。因此，在社会主义初级阶段，反对封建旧文化中消极因素将是一个长期的、艰巨的历史任务，对此不能低估。专制主义、家长制、一言堂、官贵民贱、官本位、等级制、强同斥异、无个性自由、崇古尊圣、注经解经、因循守旧、夷夏之辨等封建的坏传统在社会生活的各个方面均不同程度地普遍存在着。在国学热、尊孔热的今天，在大力提倡继承中国传统文化珍贵遗产的时候，我们应有一个冷静的清醒的头脑，避免一种倾向掩盖另一种倾向，避免崇古尊圣习惯势力的复起，反对厚古薄今、以古非今。在提倡马克思主义与中国传统文化相结合时，一定要十分警惕中国传统文化消极因素的渗入。

---

① 详见拙文：《马克思主义哲学与中国哲学相结合的思考》，《南京大学学报》2006 年第 3 期。收入《百年中国哲学革命》，人民出版社 2015 年版。

五、正确处理马克思主义内部的矛看

历史上任何一种学说，必然会发生分化，在不同的历史时期，不同的民族、国家、地区，形成不同的学派。这是学说发展的一个规律，与马克思主义的关于社会存在与社会意识理论相一致。

《韩非子·显学》记载，中国的儒家，在孔子死后形成子张之儒、子思之儒、颜氏之儒、孟氏之儒、漆雕开之儒、仲良之儒、孙氏之儒、乐正之儒等八派。墨家在创始人墨翟之后则分成三派：相里氏之墨、相夫氏之墨、邓陵氏之墨。随着社会的变迁发展，在漫长的封建社会，不同时期的儒家有着明显的各自的特点，两汉经学，宋明理学，清代朴学。印度的佛教，传到中国、朝鲜、日本、泰国、缅甸等国，形成具有不同特点的不同国度的佛教。即使在中国，佛教也有许多宗派。基督教、伊斯兰教在历史发展过程中都无不形成许多派别。在外国，教派内部的纷争十分激烈，甚至发生宗教战争。总之，任何学说，有分化才有发展，固守原有教条，只有僵化、消亡。马克思主义的发展也不例外。

马克思主义作为一种学说，一种意识形态，同样也会发生分化。不分化倒是件怪事。它会在不同的国家，同一国家的不同时期，因社会基础的不同，必然形成不同的形态。这不是坏事，而是好事。同一时代、同一国家、同一阶级和政治派别的人，由于个人的经历、知识结构、价值取向、兴趣爱好、个人性格等等的不同，对同一文本的理解、释义也有差别，甚至完全相反。即使同一个人读同一本经典（如《共产党宣言》）由于读书的环境不同，心得体会也不同。这是因为对文本的解释渗透着解释者个人的思想。这是由主体性引起的所谓"仁者见仁，智者见智"。当然这种"异"是同中之异。这种"异"并不否认文本本身具有客观的含义。夸大解释主体的能动性，否认被解释对象的客观性会导致唯心主义、相对主义。不承认解释主体的能动性，把某一种解释奉为唯一的、绝对的，这就是绝对主义、独断论、机械论。从马克思主义发展史看，对马克思主义经典文本解释上主要倾向是绝对主义、独断主义。把自己的解释视为唯一正确的马克思主义，把不同的解释则视为离开了马克思主义，甚至视为异端，由此引起对文本理解上的争论，严重的发展到互相指责、攻击，我指责你为修正主义，你指责我为教条主义。至于对马克思主义理论的实际运用上那更会出现不同的做法和见解。真理是客观的，但其具体形态则是多样的。真理的运用，解决实际问题的具体方案、方法是多种的，可以好中选优，具有相对性。不能认为我的方案、方法是唯一的、最好的，别的方案、方法都是错误的，更不能把不同具体方案、方法之争简单地上升为路线之争、主义之争。

人类社会自进入现代以来呈加速度向前发展，日新月异。马克思主义必须与时俱进，否则就会落后于时代，脱离实践，为人民所抛弃。马克思主义在发展过程中既会出现以坚持和保卫马克思主义为名的教条主义，也会出现借口依据新的情况，以创新和发展为名的修正主义。教条主义者把马克思主义当作宗教一样的教条，当作包治百病的药方。他们只知背诵马克思主义的字句，机械照搬它的具体的结论，而不懂得它是科学的世界观、方法论和价值观，不懂得它的精髓，不能将它与各国具体实际相结合，使之具体化。教条主义从形式上看忠于马克思主义，捍卫马克思主义纯洁性，但如毛泽东所说，教条主义"卫"不了"道"，本质上是反马克思主义的，只能导致革命和建设的挫折和失败。中国共产党吃尽了教条主义的苦。马克思主义是教条主义的敌人，但在其发展过程中却出现了被教条化的现象，为什么？值得反思。对此，笔者曾写过《马克思主义为何被教条化》等文①，以供同仁思考。

与教条主义不同，修正主义则抓住客观世界发展中某些新的情况、新的问题，以一些片面的、表面的、一时的、非本质的现象为依据，修正、否定马克思主义的基本原理，否定马克思主义的革命精神。有时会出现这样的情况，同一个人，在有些问题上持修正主义倾向，而在另一些问题上则持教条主义倾向。也有些人从教条主义向修正主义，苏联就由教条主义逐渐演变为修正主义。笔者认为，无论是教条主义，还是修正主义，都是马克思主义发展过程中出现的错误思想。对错误思想自然要进行批判，分

---

① 刊《毛泽东哲学思想研究》1993年第2期；人大复印资料《马克思主义列宁主义研究》1993年第7期；收入《马克思主义哲学与党的思想路线研究》，中共中央党校出版社2005年版。《打倒奴隶思想，埋葬教条主义》，刊《湘潭大学学报》2005年第4期。收入《从历史衡量毛泽东》，湘潭大学出版社2010年版。

清理论是非，不能迁就、调和。但错误思想刚出现时，在没有形成完整的、系统的观点和体系时，不要轻易扣上教条主义、修正主义的帽子，扣上反马克思主义的帽子。对它们的批判更不同于对外部的、敌对思想的批判。

马克思主义，作为一种学说，在其发展过程中必然有不同的学派，进行自由争鸣，批判与反批判。但在争论、批判时要讲道理，与人为善，遵循"团结——批评——团结"的公式，不能以势压人，更切忌用行政力量支持一派，反对另一派。一时争论不清的，可以求同存异，但不能搞小圈子，搞宗派，搞分裂活动。不要以百分之百的马克思主义者自居。有的人马克思主义学得好些，运用得好些，马克思主义多一点，有百分之九十，百分之八十。有的人学得一般，有百分之五十至百分之六十的马克思主义。有的人差些，只有百分之十至百分之二十的马克思主义①。从历史上看，自封为"百分之百的马克思主义者"的人，他的马克思主义却要大打折扣。"物之不齐，物之情也。"（《孟子·滕文公上》）要克服纯而又纯的思想，克服把马克思主义看成是绝对真理体系的形而上学。马克思主义内部不可能只有一种声音，那种纯而又纯、舆论一律的思想本身就违背了客观规律，违背了马克思主义，其结果只能严重阻碍马克思主义的发展，窒息发展马克思主义的生机和活力。

如何处理共产党内部的马克思主义发展中的矛盾与斗争？在共产党内，马克思主义与教条主义、修正主义的矛盾是属于党内思想理论矛盾，不能等同于党内政治路线的矛盾和分歧，更不是革命与反革命的敌我矛盾。在历史上有两种错误倾向：一种是采取调和、折中的态度，结果导致错误的思想泛滥，最后自己也倒向错误思潮一边。考茨基、普列汉诺夫即是代表，最终导致第二国际破产。另一种是采取简单的、粗暴的态度，把自己奉为正宗，把一切不同的见解视为异端，利用行政手段，残酷斗争，无情打击。斯大林即是代表。斯大林之后，苏共的领导人继续奉行这种做法。赫鲁晓夫全盘否定斯大林，把自己打扮成为百分之百的马克思列宁主义者，自吹创造性地发展了马克思列宁主义。勃列日涅夫把赫鲁晓夫说成

---

① 　参见毛泽东：《在莫斯科共产党和工人党代表会议上的讲话》（1957 年 11 月 18 日）。他说，有百分之百的马克思主义，有百分之九十的马克思主义……有的人只有百分之十、百分之二十的马克思主义。载《毛泽东文集》第 7 卷，人民出版社 1999 年版，第 331—332 页。

主观主义，违反了列宁主义，而把自己说成是真正的列宁主义者，创造性地发展了列宁主义。在十月革命后不久，苏共就渐渐形成了"唯我独尊"、"唯我独马"的坏传统，要各国共产党听从苏共、听从斯大林。在学术领域中亦是如此。20 世纪 60 年代中期，东德的哲学工作者编了一本不同于苏联的大学哲学教科书，后苏联提出干涉，东德只好取消有自己特点的教科书，重新恢复苏联式的哲学体系。

毛泽东是教条主义的敌人，是在同教条主义斗争中走过来的。他是国际共产主义运动史和马克思主义发展史上公开明确反对"独此一家别无分店"的这种"唯我独马"的第一人[①]。十分遗憾的是，在晚年，他在批判修正主义时却走向了"唯我独马"、"唯我独革"的极端，甚至把不同于自己观点的同志、战友指斥为"一群反共、反人民的反革命分子"、"反革命修正主义分子"[②]。这不仅严重混淆了学术问题与政治问题，而且还严重混淆了两类不同性质的矛盾，导致在实践上错误发动"文化大革命"。

马克思主义内部发生分化、争论，那么如何判断谁是马克思主义，谁是非马克思主义呢？在历史上，学派内部发生争论，争论双方往往以学派创始者的言论、思想作为判定谁是谁非的标准，判定谁是正统谁是异端的标准。在我国儒家有"道统说"，"以孔子之是非为是非"。唐朝韩愈认为，孟子以后，儒家道统中断了，到了他才接上。近现代，康有为、戴季陶等人则认为在孔孟之后，只有自己才接上了儒家道统，而他人皆不得儒家的真谛。作为科学理论的马克思主义则不同，它把社会实践当作认识的基础和动力、检验真理的唯一标准。一个理论观点，是不是马克思主义，是不是真理，应由社会实践来检验，而不能拿经典作家的言论来衡量，更不能把自己视为"百分之百的马克思主义"、"最新的马克思主义"，把不合于己者视为异端。要抛弃"道统"的观念，不要去争什么"正统"、"正宗"，而是努力使自己的理论、学说符合自己所处时代、民族、国家的实际，解决自己国家的革命和建设的问题。"道统"观念对中国影响很深。有的研究者（尤其是有的文本研究者）很自负，认为前人都误读了马克

---

① 毛泽东：《关于第八届中央委员会的选举问题》（1956 年 9 月 10 日），载《毛泽东文集》第 7 卷，人民出版社 1999 年版，第 106 页。

② 参见毛泽东对《中国共产党中央委员会通知》（1966 年 5 月 16 日，又称《五一六通知》）的修改，载《建国以来毛泽东文稿》第 12 册，人民出版社 1998 年版，第 41、43 页。

思，甚至恩格斯都成了修正主义者，更不用说列宁和其他人，只有到了他才真正读懂了马克思，领会了马克思的"真经"（本义）。其实，从阐释学看，他的读解，只是无数读解中的一种，有的甚至很可能只是拾人牙慧而已，充当了洋人的贩卒（如把马克思与恩格斯对立起来的人）。

马克思主义是改造世界的思想武器，它的生命力在于同各国具体实际相结合。离开本国实际和时代特征来谈马克思主义，就没有意义。一个国家的党是不是坚持了马克思主义，要由这个国家的党和人民去判断。邓小平在总结国际共产主义运动争论的教训时说："我们的错误不是在个别观点，个别观点上谁对谁错很难讲。应该说，我们的许多观点现在看还是很正确的。我们的真正错误是根据自己的经验和实践来论断和评价国际共运的是非，因此有些东西不符合唯物主义和辩证法的原则。主要是这个问题。至于这个观点、那个观点，都可以争论。"[①] 这是就国际间发生分歧、争论而得出的一个重要教训。

在党内、国内发生争论，谁是谁非的最终判定者同样只能是社会实践。一个理论的形成需要经历由实践到理论、再由理论到实践反复多次才能完成。领袖、政党和阶级都会犯错误。领袖人物的言论，党的决议，正确与否，要由社会实践来检验。但"唯上、唯书"而不"唯实"的唯心主义思维方式根深蒂固，不易根除。实践是具体的，而理论则是普遍的。因此，实践对理论的检验是一个历史过程，只有在历史过程中才能验证理论是否符合客观实际，是否反映客观规律，是否具有真理性。把未经实践检验过的言论、决议宣布为毋庸置疑的真理是违背马克思主义认识论的基本精神的。作为一个理论工作者，坚持马克思主义不动摇，最根本的是坚持实践理论不动摇，要把功夫下在理论与实践的结合上，下在研究新情况、解决新问题上，而不是放在对本本的解释上和制造新名词上，更不能离开实践去鼓吹什么新观点、新境界、新飞跃和新阶段。

理论是否创新、发展，既不是自封，更不靠自吹，而是靠实践，看是否真正解决问题。解决了实际问题，就是有发展。说得最多，讲得最好，没有解决问题，也就没有发展。如关于党的建设问题，改革开放以来，历

---

① 邓小平会见澳大利亚共产党（马列）主席希尔和夫人时的谈话（1983 年 11 月 6 日），
　载《邓小平思想年谱（1975—1997）》，中央文献出版社 1998 年版，第 272 页。

任党中央领导同志对此发表了无数讲话、谈话，党中央也做出几个决议，理论工作者们鼓吹如何发展了党建理论，从文字上看都对。本人对党建理论无有研究，对是否发展了党建理论不敢论列。党的基本理论、基本路线是正确的，已为实践所证明（自然尚须完善、发展），这必须肯定。但是，若看看我们的党风政风，看看党的现状，对所谓党建理论的发展就难以信服。为什么？因为党内腐败问题，不仅没有解决问题，反而愈演愈烈，有些方面破了"纪录"，以致形成当前全党全国忧心如焚的局面。问题出在何处？值得深刻反思。恐怕需要解放思想，换一种思路，反思历史经验，借鉴外国经验，集中全党智慧，才能从根本上解决问题。

六、为继续破解在落后国家建设社会主义的这一世纪性的历史难题而开拓创新

马克思主义的发展在不同时期、不同国家有不同的重点，世界各国的马克思主义都可以为发展马克思主义做出自己的贡献。但从世界范围看，马克思主义的发展又是不平衡的，发展的重点会有变化。在 20 世纪第一个 20 年，世界历史处于战争和革命时代，如何进行革命，成了马克思主义发展的主题。俄国十月社会主义革命的胜利是马克思列宁主义在实践上的胜利，社会主义开始由理论转化为现实，开创了人类历史新纪元。从此开始，如何建设社会主义成为世界马克思主义发展的主题。马克思主义在中国的发展和中国革命的胜利同马克思主义在俄国的胜利和社会主义在苏联的成功实践是分不开的。第二次世界大战结束后，社会主义的实践由一国发展为多国，形成了社会主义阵营。世界马克思主义的命运与社会主义国家（尤其是苏联和中国两个大国）的社会主义事业的兴衰成败更是息息相关。因此，如何从理论与实践的结合上解决在这些国家建设社会主义的问题便成了十月革命后世界马克思主义发展的主题，也是人类社会发展的一道跨世纪的历史难题。

为什么说在苏联、中国等国家建设社会主义是一道跨世纪的人类社会发展的难题？这是因为按照马克思主义的一般原理，社会主义社会是在发展了资本主义社会基础上建立的，社会主义革命首先在发达资本主义国

家取得胜利，但现实历史的发展却不同，由于特殊的国际和国内条件，苏联、中国等没有完成现代化的相对落后的国家走上社会主义道路。第二国际和俄国孟什维克的理论家们以俄国生产力落后为由，提出社会主义"早产论"，反对十月社会主义革命。列宁以辩证的历史的唯物论为武器驳斥了以庸俗生产力论为理论基础的"早产论"。在斯大林的领导下，苏联人民在极其困难的条件下，在较短的时间内初步实现社会主义现代化，将俄国由一个欧洲落后的国家变成欧洲第一强国、世界第二大国。社会主义苏联是第二次世界大战反对法西斯战争的主力，为人类文明发展做出了重要贡献。"早产论"似乎止息了。

社会主义作为一种新的社会制度，缺乏经验，不能不犯有错误，付出代价。我国社会主义事业发生了"大跃进"、人民公社化运动和"文化大革命"的严重曲折。"文化大革命"结束后，我国有些人重新提出"早产论"，认为社会主义搞早了，要退回去补资本主义的课。此论在受到批判后一度沉寂下来。苏联东欧剧变，社会主义在这些国家遭到失败，历史走了回头路。在国际反马克思主义、反社会主义浪潮高涨时，国内"早产论"又一次复起。有人说：对俄国十月革命的评价，列宁与考茨基有根本分歧。"历史证明考茨基当时的那些见解，是正确的。经济发展、社会发展，有它自己的规律，并不是人们主观意志想怎么发展便怎么发展。"必须恢复马克思的"无论哪一个社会形态，在它所能容纳的全部生产力发挥出来以前，是决不会灭亡的；而新的更高的生产关系，在它的物质存在条件在旧社会的胎胞里成熟以前，是决不会出现的"[1] 这一原理，必须补资本主义这一课。可见，"早产论"是为了否定我国社会主义改造、社会主义革命和社会主义建设的历史，为了倒退回去，搞资本主义。"早产论"有一定的市场，得到一些人的呼应。因此，从理论上弄清像中国这样的落后国家能不能搞社会主义，怎么搞社会主义，具有重要的理论价值和现实意义。为此笔者写作了《社会主义的"早产"与历史唯物主义——兼论人在历史选择中的决定作用》[2]。

---

[1]　马克思：《〈政治经济学批判〉序言》(1859 年 1 月)，载《马克思恩格斯选集》第 2 卷，人民出版社 1995 年版，第 33 页。

[2]　刊陶德麟主编：《马克思主义哲学研究 014（总第 14 卷）》，湖北人民出版社 2014 年版。

拙文承认在没有完成现代化的落后国家搞社会主义确实是"早产"，但在当时特殊的国际国内的条件下有其历史理由，并不违背历史唯物主义基本原理和人类社会发展规律，是正确的历史选择。"早产儿"容易夭折，但决不是注定活不成。"早产儿"先天不足，但可以后天调养，使之健康茁壮，成人成才。同样，"早产"的社会主义也非注定要失败。苏联在资本主义世界包围中，经过千辛万苦，艰难曲折，终于在较短的时间内实现了社会主义现代化（自然是初步的、低水平的现代化）。苏联社会主义建设的成就在当时受到普遍赞誉，给世界无产阶级、被压迫民族的解放斗争以极大鼓舞，促进了马克思主义的传播[1]。社会主义苏联是第二次世界大战反法西斯战争的主力，为人类免遭法西斯蹂躏奴役做出了不可磨灭的历史贡献。因此，决不能因资本主义在苏联的复辟，历史走了回头路，就否定十月革命的伟大意义，否定社会主义苏联（俄罗斯）对整个人类历史发展所做的伟大贡献。

我国走上社会主义道路同样是由国内外历史条件决定的。没有第一次世界大战和十月革命的胜利，没有第二次世界大战和抗日战争的胜利，就没有中国革命的胜利和胜利后走社会主义道路。只有社会主义能救中国，只有社会主义能发展中国，这是近代以来的历史、尤其是新中国成立以来

---

[1] 1932年陈独秀因宣传共产主义、反对国民党反动统治而为当局逮捕，次年以危害国民罪判有期徒刑13年，褫夺公权15年。陈不服判决，在法庭上抗辩。自撰《辩诉状》，公开申述、宣传自己组织中国共产党的缘由、共产党的终极目的和中国共产党的当前任务，痛斥国民党独裁、专制、卖国行径，义正辞严，大义凛然，为自己无罪辩护。其中在阐述共产党的终极目的时说：共产主义生产制，是比资本主义更高度发展的生产制。"此一种生产制，决非予等之空想。经济落后之俄国，已有初步试验，而获得初步成功。全世界所有资本主义生产制的国家无不陷于经济恐慌的深渊，独苏俄日即繁荣。此一新的生产制之明效大验，众人之所周知也。"转引自强重华等编：《陈独秀被捕资料汇编》，河南人民出版社1982年版，第213页。此时的陈独秀反对斯大林和共产国际、反对中共中央，已被中共中央开除出党，离开了中国革命的主潮。这就更证明苏联社会主义建设取得的成就及其意义。在此还可举资产阶级哲学家冯友兰在访苏后的观感一例。1934年冯友兰在游历英法各国后访问参观了苏联（共一个月又七天之久），"对社会主义发生了好感"，对学术思想发生了影响。他回国后在北京大学发表题为"新三统五德"，借题发挥，讲了他所理解的唯物史观。国民党当局以为冯友兰赤化了，将冯逮捕。参见蔡仲德：《冯友兰先生年谱初编》，河南人民出版社1994年版，第140—141、145、146页。

的历史证明了的。尽管我们发生过曲折，干过一些今天看来是荒唐的蠢事，但与印度、巴西等第三世界国家相比较，社会主义制度的优越性仍是无可争辩的。2008年发生世界性金融危机，唯社会主义中国这边风景独好，且出手拯救了某些资本主义国家的金融业免遭破产。新中国成立以来的65年，我国社会发生了有史以来最深刻的、最全面的和最伟大的翻天覆地的变革，我国的国民生产总值居世界第二。新中国取得的辉煌成就令世界惊叹！

凡事总有两个方面。我们取得了前所未有、引以自豪的业绩，同时也存在着前所未有的、令人堪忧的问题。有哪些问题？笔者不是研究政治学、社会学的，故对此无有调查与梳理。这里不妨引用在新中国60周年庆典后《人民日报》旗下的《人民论坛》杂志进行的"盛世危言：未来十年十个最严峻挑战"问卷调查的结果。该调查显示，未来十年十个最严峻挑战依次为：（1）"腐败问题突破民众承受底线"（82.3%的受访者选择了此项，以下仅标注百分比）；（2）"贫富差距拉大，分配不公激化社会矛盾"（80.6%）；（3）"基层干群冲突"（63.2%）；（4）"高房价与低收入的矛盾"（62.8%）；（5）"诚信危机，道德失范"（61.7%）；（6）"民主政治改革低于公众预期"（52.3%）；（7）"环境污染，生态破坏"（51.6%）；（8）"老龄化矛盾凸显，老无所依，老无所养"（44.1%）；（9）"大学毕业生就业更加困难，诱发不稳定因素"（43.4%）；（10）"主流价值观边缘化危机"（36.3%）①。

这一中国社会"未来十年十个最严峻挑战"只是社会问卷调查的一种结果，自然可以对它持有异议。但笔者认为，6年来中国社会发展证实了这十个方面的严峻挑战（自然排序会有变化）确实是当代中国社会存在的主要问题，其中有些问题不仅没有向解决方面好转，而是继续朝着向严重方面恶化，难以遏制。像腐败问题、两极分化问题、政治体制改革滞后问题、干群矛盾尖锐问题、社会道德严重失范问题、信仰危机和主流意识形态边缘化问题、生态危机问题等并非是近十几年才出现的新问题，而是改革开放以来久而未能解决且日益严重的老问题。这些社会问题与社会主义的本质是相悖的，也与广大人民群众的根本利益相冲突。广大人民群众企

---

① 详见《"未来十年十个最严峻挑战"问卷调查》，《人民论坛》2009年第24期。

盼尽早尽快解决这些问题。

我们的实践是在理论指导下的有领导有计划的自觉行动。因此,实践上的问题往往是理论上问题的显现,而实践上问题的解决则有赖于理论问题的解决。上述问题是落后国家社会主义现代化过程中难以避免的难题,但问题发展到如此严重,不能不说这同中国特色社会主义的理论、制度和方针存在着某些不完善和缺陷有关。

受我国生产力和科学文化发展水平的制约,我国正处于并将长期处于社会主义初级阶段。由此决定我国只能建立以公有制为主体,多种所有制经济共同发展的基本经济制度;只能实行以按劳分配为主体,多种分配方式并存的分配制度;只能实行市场经济制度,使市场在资源配置中起决定性作用与充分发挥政府作用两者相结合;只能一部分地区、一部分人先富裕起来,逐步消灭贫困,最后达到共同富裕。以上理论和制度已为实践证明是正确的。这是一方面。另一方面,社会主义制度与市场经济如何相结合在理论和实践中并没有完全解决。经过改革开放30多年的实践表明,资本、私有制、市场经济等在社会生活诸多方面的积极作用得到了充分显现,连反对它们的人也不得不承认这一点;与此同时,它们的消极的负面作用也表现得淋漓尽致,连竭力鼓吹它们的人也不得不认为问题之严重令人吃惊,甚至认为今日中国搞的是权贵资本主义、专制资本主义。可以说,劳动与资本的关系已是当代中国社会最基本的关系。前面讲到的十大问题,追根溯源均直接或间接同劳动与资本关系相关。

劳动与资本的关系是一种客观的存在,我们不能闭眼不看事实,只讲劳动关系,而讳言劳资关系。如何正确认识和处理劳动与资本关系是直接涉及中国特色社会主义的基础理论和基本实践的大问题,是一个极其敏感的难题,也可以说是一个世纪性的难题。有些研究者认为:"社会主义在借助资本的力量获得富强之后,会不会输掉她作为赌注的社会主义'灵魂'呢?毫不夸张,21世纪中国最大的危机就是资本原教旨主义走上神台,获得支配其他领域的最高优先性。"① 当然,这仅是一家之言,但值得

---

① 鄢一龙、白钢、章永乐、欧树军、何建宇:《21世纪中国面临的危机》,《书摘》2016年第2期首篇,摘自《大道之行:中国共产党与中国社会主义》,中国人民大学出版社2015年版。

重视。

当代中国的资本是社会主义社会的资本，与资本主义社会的资本既有共同的一面，又有特殊的一面。资本就其本性而言，是与社会主义根本相对立的。社会主义就是要消灭资本，消灭剥削，但现实是在社会主义初级阶段还需要资本，还允许剥削，资本积极的历史作用还未终结。资本的逻辑与社会主义逻辑是相对立的。对这一难题，我们既不能用传统的理论去解释和处理，也不能用西方的只从现象上去解释和处理，更不能采取不承认主义。如何解决社会主义国家驾驭好资本这一世纪性的难题，需要理论家拿出探索勇气和求实精神，深入社会，做广泛、系统、周密的调查研究，认真总结自己的经验，虚心借鉴国外的经验；需要学术界、理论界和政治界的共同努力，展开自由讨论与争鸣，以达到凝聚全党和全国人民的智慧。邓小平曾指出：改革开放，会带来消极影响，会有风险，甚至出现偏离社会主义方向的情况，但我们社会主义国家机器是强有力的。"国家机器就会出面干预，把它纠正过来。"① 今天的现实，要求代表人民的国家运用法制、制度等上层建筑和依靠群众这两手驾驭好资本，管好资本，既充分发挥资本的积极因素，让资本在参与世界市场的竞争中有利可图，保护资本的合法经营和收益，又要限制资本的负面作用，保护劳动者的利益，让资本为社会主义服务。

从人类历史的大视野看，社会主义在实践中，我们现在仍处于初级阶段，更长的路还在后面。人的认识受历史条件的制约，不能超越历史。因此，我们对社会主义规律的认识只能是初步的，这并不是我们笨，更不是不自信，而是受中国特殊历史条件的制约。对什么是社会主义的认识是一个相当长期的历史过程。今天，我们对它的认识比起前人是大大前进了，但仍须继续深入和发展，还会犯这样那样的错误，还会发生这样那样的危机、曲折。"后之视今，犹今之视昔。"在这类问题上要有自知之明，千万不要以为真理都在自己手里。只有当社会主义社会作为一种历史形态结束之时，人们对它的认识与争论也许可告一段落。但即使到那时，历史学家仍可能将继续争论什么是社会主义，犹如奴隶社会、封建社会早已成为历

---

① 邓小平：《改革是中国发展生产力的必由之路》（1985年8月28日），载《邓小平文选》第3卷，人民出版社1993年版，第139页。

史，但对什么是奴隶社会、封建社会，中国存在不存在奴隶社会，历史学家们至今仍争论不休。

笔者不赞成梁漱溟在《东西文化及其哲学》中提出的"世界未来文化就是中国文化的复兴"，"就是走孔子的路向"。也不赞成某些名流学者在世纪之交高调的所谓"三十年河东，三十年河西"，21 世纪靠中国古代的"天人合一救世"。但笔者认为，中国革命胜利后，如毛泽东所言，"现在世界的注意力正在逐渐地转向东方"①，"马克思主义主流到了中国"②。毛泽东有这种自觉是可贵的，缺点是没有认识到在"一'穷'二'白'"的落后国家建设社会主义是一件无比艰难、复杂、曲折和长期的历史任务，犯了急性病和自大症，受到了历史的惩罚，有切肤之痛。苏东剧变后，在世界马克思主义、社会主义顶住世界资本主义、反马克思主义的横向逆袭时，并由失败、危机走向恢复、发展的艰难的历程中，中国马克思主义者、中国共产党人无疑承担着历史赋予的特殊重任。"只要中国社会主义不倒，社会主义在世界将始终站得住。"③鉴于历史经验，邓小平讲："巩固和发展社会主义制度，还需要一个很长的历史阶段，需要我们几代人、十几代人，甚至几十代人坚持不懈地努力奋斗，决不能掉以轻心。"④习近平同志在十八届中央纪委二次全会上说："我们国家无论在体制、制度上，还是在所走的道路和今天所面临的前所未有的境遇，都与苏联有着相似或者相近乃至相同的地方。弄好了，能走出一片艳阳天；弄不好，苏联的昨天就是我们的明天。"⑤习近平同志的这些话犹如警钟，应当长鸣。对存在问题的严重性估计不足，尤其是对党变质、国变色的可能性、危险性失去警惕，是极其危险的。

---

① 毛泽东：《同音乐工作者的谈话》（1956 年 8 月 24 日），载《毛泽东文集》第 7 卷，人民出版社 1999 年版，第 77 页。

② 毛泽东：《在成都会议上的讲话提纲》（1958 年 3 月 22 日），载《建国以来毛泽东文稿》第 7 册，人民出版社 1992 年版，第 117 页。

③ 邓小平：《坚持社会主义，防止和平演变》（1989 年 11 月 23 日），载《邓小平文选》第 3 卷，人民出版社 1993 年版，第 346 页。

④ 邓小平：《在武昌、深圳、珠海、上海等地的谈话要点》（1992 年 1 月 18 日—2 月 11 日），载《邓小平文选》第 3 卷，人民出版社 1993 年版，第 379—380 页。

⑤ 引自《中国共产党转型必要性、必然性和紧迫性》，人民网—人民论坛 2013 年 8 月 26 日。

　　榜样的力量是无穷的。当中国特色社会主义在物质文明、制度文明、精神文明、社会文明和生态文明等诸方面全面赶上、超过西方发达资本主义之时，当社会主义制度对资本主义制度的优越性全面显示、东风真正的压倒了西风之时，马克思主义、社会主义将再次成为引领整个人类社会发展的灯塔，而西方资本主义将进入最后阶段，并以自己的方式走向社会主义，届时人类新的历史阶段才会来临。基于对人类社会发展规律的认识，我们对此充满了信心。但若刚刚取得一些成绩，就沾沾自喜，自吹自擂，急于走向世界，推销自己，此心态则不可取。

　　总之，我们应发愤图强，埋头苦干，谦虚谨慎，破解人类历史上的跨世纪难题，以事实、实践向世人显示我们搞的是中国特色社会主义，而不是中国特色资本主义，向世人证明马克思主义具有强大的生命力和社会主义制度具有无比优越性。做好了，中国就能走向世界，而世界也会走向中国，向中国学习，甚至以中国为榜样。做好了，中国就能对人类做出比之前更伟大的贡献。

　　〔附注：在 1998 年，笔者曾以《马克思主义自我反思》为题在中央党校作为选听讲座课讲过（印发 8 千字讲稿）。同年《求是学刊》第 4 期刊发，《高等学校文科学报文摘》转载。此后此题一直继续在脑中翻腾、思考。2016 年趁给马克思主义博士生讲课之机，重新撰写了《马克思主义的自我反思与创新》，篇幅也大为增加，希请同仁批评指正。〕

　　（以《关于马克思主义理论创新的几个问题》为题刊陶德麟主编：《马克思主义哲学研究》2017 年第 1 卷，湖北人民出版社 2017 年版）

上 编 马克思主义的自我反思研究

马克思主义为何被教条化

一、问题的提出

在 20 世纪 80 年代与 90 年代之交，国际社会主义事业遭到严重的挫折。先是东欧剧变，第二次世界大战后建立起的社会主义国家演变为资本主义国家。继之，由列宁创立的有 93 年历史的苏联共产党在一声令下中被解散、取缔，有 74 年历史的世界上第一个社会主义国家苏联犹如摩天大厦忽喇喇倾倒似地解体。事变发展之速出乎人们的意料之外。这是连资产阶级政治家也没有料到的。西方资产阶级曾预言：到 2017 年，即十月革命一百周年时，莫斯科的红场已改为"自由广场"，列宁的陵墓已改为一个地下停车场入口，克里姆林宫正在举办一个总结共产主义运动的展览，展览的标题是："百年虚度——五千万冤魂"①。苏东剧变之后，西方帝

---

① 转引自布热津斯基：《大失败——二十世纪共产主义的兴亡》，军事科学出版社 1989 年版，第 287 页。

国主义国家兴高采烈，以为马克思主义死亡了，社会主义失败了。这当然是根据历史发展中出现的暂时曲折而得出的一种短见。与此同时，一切真正的马克思主义者和关心人类进步事业的人都在思索：苏东剧变原因何在？

原因无疑是多方面的、复杂的，有外因，也有内因。就外因而言：一是西方帝国主义推行"和平演变"战略；二是第二次世界大战后世界资本主义国家的经济获得了一个相对稳定的发展与繁荣，在同社会主义国家的经济竞赛中占有明显的优势。在剧变过程中，西方资产阶级使足了力气，大肆进行活动，因此前一原因较为人们所注意、强调。其实，后一原因更为重要。西方帝国主义之所以神气活现，"和平演变"战略之所以能得手，凭借的是它在经济、科技、军事等方面的优势。帝国主义的"和平演变"战略是以实力政策为基础的。

就内因而言：主要是执政的共产党自身出了问题。这是最根本的。共产党自身的问题也很复杂，既有近因，也有远因，而且各国也不尽相同。近因是，领导集团改革方针上的错误，屈服于帝国主义和国内反社会主义势力的压力，右倾、投降、叛卖。远因是，长期的教条主义，思想僵化，体制过时，经济比例严重失调，民族矛盾尖锐，官僚主义，特权腐败，脱离群众，生产力受到严重束缚，广大人民群众的物质文化生活需要得不到满足，从而导致全面的社会危机。远因中自然也还有1956年以后右的修正主义思想的滋长、蔓延，但远因中主要是教条主义。有的个别国家则完全是由于领导者顽固地坚持"左"的教条主义而葬送了社会主义和党。列宁说过，无政府主义是对机会主义的惩罚。我们同样可以说，修正主义是对教条主义的一种惩罚。教条主义走向反面，全盘否定社会主义，搞资本主义。

在一段时间内，我国的理论界比较多地注意剧变的外因、近因，而忽视了内因、远因；比较多地注意右的修正主义，而忽视了"左"的教条主义。笔者认为，教条主义是国际社会主义事业出现严重曲折的一个内在原因，值得我们去认真研究。

在当前，教条主义仍是妨碍我国改革开放、加快进行社会主义现代化建设的主要思想障碍。

与苏联、东欧情况根本不同，我国的社会主义现代化事业在建设中国特色社会主义理论和党的"一个中心、两个基本点"的基本路线指导下正蒸蒸日上，生机勃勃，取得了举世瞩目的成就，但这个形势的取得来之不易。我国社会主义现代化事业曾出现过严重曲折，国民经济曾一度接近崩溃的边缘。出现这种曲折，原因很复杂，有客观的社会历史原因，有经验不足，有国际形势的变化，有指导思想上的失误。从思想方法上讲，既有经验主义，又有教条主义。就教条主义而言，既有对马克思主义某些论断的教条主义的理解，又有个人崇拜，将自己的经验、理论绝对化、教条化。党的十一届三中全会后，在邓小平同志的领导下，拨乱反正，解放思想，实事求是，改革开放，我国社会主义现代化事业进入一个新的历史时期。但是，长期以来形成的"左"的教条主义传统是不可能一下子消除的，它一直时隐时现地在干扰着社会主义现代化事业的进行。邓小平同志讲："中国要警惕右，但主要是防止'左'。"可谓一语中的。无论是"左"，还是右，在思想方法上都带有教条主义的特征。"左"，是不顾中国的历史与现实，照搬本本，墨守已经过时的或本来就不正确的观念、经验、怀疑、否定当前的改革开放。右，同样也是不顾中国的历史与现实，盲目照搬西方资本主义国家模式，搞资本主义。当前的主要思想障碍是"左"的、对马克思主义的教条化倾向。因此，批评教条主义，弄清马克思主义为何被教条化，在当前有一定的现实意义。

二、马克思主义是教条主义的敌人

教条，本指宗教的信条。教条具有盲从、独断、绝对、唯一的特性。教会要求信徒盲目地、无条件地、绝对地信奉和遵守教条。教会把信徒对教条的任何怀疑、异议、背离视为异端，加以谴责、判罪，直到处死。教条主义是从"教条"一词中引申出来的。凡是将某种学理变成类似宗教教条的做法，或用宗教徒对待宗教信条的态度来对待某种学理，就称之为教条主义。

教条主义是同迷信、盲从、武断、专制联系在一起的，而同理性、科学、民主相对立。马克思主义是科学，是无产阶级的思想体系。它同宗教、教条主义是根本对立的。马克思主义从创立时起就竖起了反对教条主义的旗帜。

1843 年，马克思在致卢格的信中指出："到目前为止，一切谜语的答案都在哲学家的写字台里，愚昧的凡俗世界只需张开嘴来接受绝对科学的烤松鸡就得了。"马克思所要创立的新思潮却与此相反，"新思潮的优点就恰恰在于我们不想教条式地预料未来，而只是希望在批判旧世界中发现新世界。""所以我不主张我们竖起任何教条主义的旗帜。"① 恩格斯在 1847 年指出："共产主义不是学说，而是运动。它不是从原则出发，而是从事实出发。"② 马克思恩格斯合著的《共产党宣言》写道："共产党人的理论原理，决不是以这个或那个世界改革家所发明或发现的思想、原则为根据的。这些原理不过是现存的阶级斗争、我们眼前的历史运动的真实关系的一般表述。"③ 马克思恩格斯反对把他们的学说当作到处可套用的教条，并指出，他们提出的原理随时随地都要以当时的历史条件为转移。

从 19 世纪 80 年代后半期起，国际共产主义运动中开始出现将马克思主义教条化的倾向。针对这一教条化倾向，恩格斯在许多通信中反复说明："我们的理论不是教条，而是对包含着一连串互相衔接的阶段的那种发展过程的阐明。"④"我们的理论是发展的理论，而不是必须背得烂熟并机械地加以重复的教条。"⑤ 他批评一些人并不懂得马克思主义，"而用学理主义和教条主义的态度去对待它，认为只要把它背得烂熟，就足以满足一切需要。对他们来说，这是教条，而不是行动的指南。"⑥"有些自命为正统的马克思主义者的人，把我们运动的思想变成必须背熟的僵死教

① 马克思:《摘自"德法年鉴"的书信》(1843 年 9 月)，载《马克思恩格斯全集》第 1 卷，人民出版社 1956 年版，第 416 页。
② 恩格斯:《共产主义者和卡尔·海因岑》(1947 年 9—10 月)，载《马克思恩格斯选集》第 1 卷，人民出版社 1995 年版，第 210—211 页。
③ 马克思、恩格斯:《共产党宣言》(1947 年 12 月—1948 年 1 月)，载《马克思恩格斯选集》第 1 卷，人民出版社 1995 年版，第 285 页。
④ 恩格斯:《致弗·凯利-威士涅威茨基夫人》(1886 年 12 月 28 日)，载《马克思恩格斯选集》第 4 卷，人民出版社 1995 年版，第 680 页。
⑤ 恩格斯:《致弗·凯利-威士涅威茨基夫人》(1887 年 1 月 27 日)，载《马克思恩格斯选集》第 4 卷，人民出版社 1995 年版，第 681 页。
⑥ 恩格斯:《致弗·阿·左尔格》(1886 年 11 月 29 日)，载《马克思恩格斯选集》第 4 卷，人民出版社 1995 年版，第 677 页。

条，——这些人不论在我们这里，还是在你们那里，都是一个**纯粹的宗派**，这很值得注意。"①针对学术研究中的教条主义现象，恩格斯在晚年的通信中不止一次地说："如果不把唯物主义方法当作研究历史的指南，而把它当作现成的公式，按照它来剪裁各种历史事实，那它就会转变为自己的对立物。"②"马克思主义的整个世界观不是教义，而是方法。它提供的不是现成的教条，而是进一步研究的出发点和供这种研究**使用**的方法。"③马克思恩格斯反对教条主义的言论远不止这些。令人遗憾的是，时至今日，马克思主义发展史研究者们对这些论述并不十分重视。

恩格斯逝世后，第二国际修正主义者打着反对教条主义的旗帜，阉割马克思主义的革命灵魂。列宁同第二国际修正主义进行了无情的斗争。但他在批判修正主义时并没有忽视反对教条主义。他指出："恩格斯在谈到他本人和他那位著名的朋友时说过：我们的学说不是教条，而是行动的指南。这个经典性的论点异常鲜明有力地强调了马克思主义的往往被人忽视的那一面。而忽视那一面，就会把马克思主义变成一种片面的、畸形的、僵死的东西，就会抽掉马克思主义的活的灵魂，就会破坏它的根本的理论基础——辩证法，即关于包罗万象和充满矛盾的历史发展学说。"④他还揭露第二国际机会主义者用孤立地、片面地引证马克思主义的词句来为自己背叛工人阶级事业的罪恶做辩护的卑劣手法。在十月革命后，列宁更是反对一切从本本出发、到书本中去找答案的思想方法，强调应从实际出发，尊重群众的首创精神。他说："对俄国说来，根据书本争论社会主义纲领的时代也已经过去了，我深信已经一去不复返了。今天，只能根据经验来谈论社会主义。"⑤又说："现在一切都在于实践，现在已经到

① 恩格斯：《致弗·阿·左尔格》（1891年6月10日），载《马克思恩格斯全集》第38卷，人民出版社1972年版，第106页。
② 恩格斯：《致保·恩斯特》（1890年6月5日），载《马克思恩格斯选集》第4卷，人民出版社1995年版，第688页。
③ 恩格斯：《致威·桑巴特》（1895年3月11日），载《马克思恩格斯选集》第4卷，人民出版社1995年版，第742—743页。
④ 列宁：《论马克思主义历史发展中的几个特点》（1910年12月23日），载《列宁选集》第2卷，人民出版社1995年版，第278页。
⑤ 列宁：《在俄苏维埃第五次代表大会上关于人民委员会工作的报告》（1918年7月5日），载《列宁全集》第34卷，人民出版社1985年版，第466页。

了这样一个历史关头：理论在变为实践，理论由实践赋予活力，由实践来修正，由实践来检验。"①列宁十分喜欢引用歌德的名作《浮士德》中的话："我的朋友，理论是灰色的，而生活之树是常青的。"在十月革命后，列宁依据实际情况，不断修正建设社会主义的政策、办法，最后由战时共产主义转变为新经济政策。列宁反对教条主义，也没有把自己的理论变成教条。

列宁逝世后，在斯大林时代，教条主义盛行。但我们也不要由此简单地推论：斯大林本人在理论上提倡教条主义。事实上，斯大林也有许多反对教条主义的精辟论述。还在 1920 年，他就指出：有两派马克思主义者。"第一派通常只限于表面上承认马克思主义，堂皇地标榜马克思主义。他们不善于或不愿意探究马克思主义的实质，不善于或不愿意实现马克思主义，把马克思主义的革命的活的原理变成毫无意思的死的公式。他们的活动不是以经验、以考虑实际工作为基础，而是以摘引马克思的词句为基础。他们不是从分析活的现实，而是从类比和历史比拟中求得指示和指令。言行不一——这就是这一派的主要毛病。""第二派恰巧相反，他们把问题的重心从表面上承认马克思主义转到实行和实现马克思主义。规定适合环境的实现马克思主义的方法和手段，环境改变时就改变这些方法和手段，——这一派主要就是把自己的注意力放在这方面……他们的活动不是凭借引证和格言，而是凭借实践经验，依据经验来检查自己的每一个步骤，用自己的错误来教育自己并教导别人建设新生活。"②《联共（布）党史简明教程》结束语的第二条，进一步发挥了上述思想，阐明"马克思列宁主义理论不是教条，而是行动的指南"。直到 1950 年，在关于语言学问题讨论中他还批评教条主义。他说："书呆子和死啃书本的人把马克思主义、马克思主义的结论和公式看作教条的汇集，这些教条是不顾社会发展条件的变化，而'永远'不变的。他们以为，如果他们把这些结论和公式都背熟了，并把它们胡乱地引证一番，那么他们就能解决任何问题，因为他们指望背熟了的结论和公式对于一切时代和国家、对于

---

① 列宁：《怎样组织竞赛？》（1917 年 12 月 24—27 日），载《列宁选集》第 3 卷，人民出版社 1995 年版，第 381 页。

② 斯大林：《列宁是俄国共产党的组织者和领袖》（1920 年 4 月 23 日），载《斯大林选集》上卷，人民出版社 1979 年版，第 129—130 页。

实际生活中的一切场合都是适用的。"马克思主义是科学，是在发展着和完备着的。"马克思主义不承认绝对适应于一切时代和时期的不变的结论和公式。马克思主义是一切教条主义的敌人。"①斯大林的这些论述无疑是正确的。

斯大林本人对马克思、恩格斯和列宁的著作不抱教条主义的态度。1934年，斯大林公开指出：恩格斯的《俄国沙皇政府的对外政策》一文对俄国沙皇政府外交政策原因的分析和当时欧洲局势及其前景的估计是不正确的。因此，恩格斯的这篇论文不宜在党的刊物《布尔什维克》上发表，但可以在历史杂志上刊载②。斯大林还说过："不对那些著名权威人士的过时了的原理和见解进行批判的分析，就不能前进，就不能推进科学。不仅对于军事权威人士是如此，对于马克思主义的经典作家也是如此。"接着他指出，恩格斯有一次说过，在1812年时期的俄国统帅中巴克莱·德·托利将军是唯一值得注意的一个统帅。恩格斯错了，因为库图佐夫作为统帅来说，无可争辩地要比巴克莱·德·托利高明得多。但就在我们这时代，也可能有人口沫飞溅地坚持恩格斯这一错误见解③。斯大林对列宁也不是盲目迷信、言听计从的，他有自己的看法，以至于有时引起列宁及夫人克鲁普斯卡娅的不快。他对列宁的《哲学笔记》不够重视，认为只不过是笔记而已。不重视《哲学笔记》当然不对，这是他背离辩证法的一个原因。但从中也可看出：他本人并不是用教条主义的态度来对待列宁的言论。

斯大林没有用教条主义态度来对待马克思主义，可是在他在世时，他的言论却成了教条，教条主义盛极一时。这是一个值得深思的现象。

斯大林的教条主义影响了中国共产党，给中国革命造成了严重损失。毛泽东对斯大林的教条主义做了抵制，对中国共产党内的教条主义做了不懈斗争。他对教条主义的危害、表现、本质、根源及纠正的办法等均有大

---

① 斯大林：《马克思主义和语言学问题》（1950年7月28日），载《斯大林选集》下卷，人民出版社1979年版，第538页。
② 详见斯大林：《论恩格斯的"俄国沙皇政府的对外政策"一文》（1934年7月19日），载《斯大林文选》下卷，人民出版社1977年版，第656—662页。
③ 斯大林：《给拉辛同志的复信》（1946年2月23日），载《斯大林文选》下卷，人民出版社1977年版，第457页。

量的精辟论述。他与前人不同之处还在于他从哲学上深刻地揭露了教条主义的认识论根源。毛泽东的论述为理论界所熟知，在此不必赘述。这里只想说一点：1956年苏共二十大后，毛泽东对斯大林教条主义的分析和后来他思想上的变化。

斯大林可以批评别人的教条主义，但在他活着时，别人却不敢批评他的教条主义。错误是客观存在的。别人不批，非不知也，是不敢也。在他去世后，很快就有人提出了批评。斯大林是1953年3月5日逝世的。4月，苏联的宣传对斯大林的提法有了一些改变。7月，这种改变已十分明显。在评论工业化、农业集体化、文化革命、卫国战争等方面的成就时，不再像以前那样夸大斯大林的作用，而是强调群众的功绩，强调党的集体领导。在以往，斯大林和列宁并提，甚至比列宁提得更多。这时强调的是"斯大林是列宁的继承者"。在宣传中开始反个人崇拜，批教条主义。1953年12月，我国驻苏使馆研究室搞了两个材料：《苏联宣传工作的几个问题》和《苏联共产党反对宣传工作中的教条主义》。1954年3月，驻苏大使张闻天向中共中央办公厅报送了题为《苏联宣传中对斯大林提法的改变》的报告。毛泽东对这三个材料十分重视，称之为反对个人崇拜、反对教条主义的"重要文件"，批示印发给中共中央委员、候补委员和有关负责同志阅读。

苏共二十大，揭开了斯大林的盖子，启开了国际共产主义运动中思想解放的闸门。毛泽东对苏共二十大批斯大林，一则以喜，一则以惧。但开头（至少在匈牙利事件之前）是以喜为主。毛泽东虽然不赞成赫鲁晓夫全盘否定斯大林，不赞成突然袭击的方式，但总的来说他还是肯定批判斯大林的，认为搬掉了石头，揭了盖子，解放了思想。他指出，斯大林的错误是教条主义性质的，我们应当从中吸取教训，开展反对教条主义的斗争。他在修改《关于无产阶级专政的历史经验》时加写道："我们有不少的研究工作者至今仍然带着教条主义的习气，把自己的思想束缚在一条绳子上，缺乏独立思考的能力和创造的精神，也在某些方面受了对于斯大林个人崇拜的影响。"也正是在这一段时间里，毛泽东提出"双百"方针。"双百"方针的提出和对教条主义的批评，使得我国思想界、学术界、文艺界、科学界空前活跃，出现了新的气象。

苏共二十大后，国际反动势力利用斯大林问题掀起了反共反苏浪潮，继之又出现了波兰的波兹南事件、匈牙利事件。国际共产主义运动内部，在批评斯大林错误的时候，也出现了一些偏激情绪、过头的言论，出现了右的错误。1956 年 12 月发表的《再论无产阶级专政的历史经验》主要批评右的修正主义。文章虽然没有点明修正主义是国际共产主义运动的主要危险，但意思已很清楚。

1957 年春，围绕着正确处理人民内部矛盾问题，毛泽东在党内外的重要会议和座谈会上发表了一系列讲话、谈话。在 5 月以前，他既批教条主义，也批修正主义，但重点则是批教条主义。他一再说明：现在阶级斗争已基本结束，由革命转向建设，由人与人开战转到向自然界开战。他批评许多人不了解这一变化，仍然沿用过去搞阶级斗争的一套办法来处理人民内部矛盾，批评一些人对"双百"方针顾虑重重。他认为，现在不是放得过多，而是放得不够，鼓励大家放。"整风"开始后，极少数人借"整风"之机反对社会主义，反对共产党的领导。毛泽东过分夸大了极少数人的力量，犯了阶级斗争扩大化的错误。到了 1957 年 5 月中旬，他认为现在的主要危险是修正主义。在此以后，毛泽东虽然也讲过反对教条主义（如在 1958 年一个文件的批示中写道："打倒奴隶思想，埋葬教条主义"，反对照抄照搬外国经验），但从总体上看，他主要是在反修正主义。从 20 世纪 60 年代起，反修防修成了他的头等大事，最后导致发动"文化大革命"。把修正主义作为主要危险的判断显然是不符合当时实际的，其灾难性的后果就证明了这一判断的错误。

毛泽东在 1957 年以后的思想是复杂的，一方面他继续坚持独立自主的原则，想寻找一条适合中国特点的社会主义道路，顶住了苏联的大国沙文主义和苏共的大党主义。另一方面，他虽然是教条主义的敌人，抵制了斯大林的教条主义错误，但他毕竟也是这一时期过来的人，他的思想不可能完全摆脱时代的束缚。1956 年后，他想打破苏联框框，走自己的路，可实际上，在经济、政治体制的根本方面依然与苏联斯大林模式一样。他把许多并非是修正主义的东西视之为修正主义，把许多并非是资本主义的东西视之为资本主义，就明显地反映出他对马克思主义某些论断的教条主义的理解。

同斯大林一样，毛泽东可以批斯大林的个人崇拜，可以批别人的教条主义，但他却把自己的言论变成了教条，欣赏对他自己的个人崇拜。他实际上把自己当作判别是马克思主义还是修正主义的判教者。在此，我们不妨套用杜牧在《阿房宫赋》末尾的话说：斯大林不暇自哀，而毛泽东哀之；毛泽东哀之而不鉴之，亦使后人而复哀后人也。

三、马克思主义为何被教条化

马克思主义是同教条主义根本对立的，是教条主义的敌人。马克思、恩格斯、列宁、斯大林、毛泽东都有许多反对教条主义的论述。斯大林、毛泽东从他们的思想、气质看，决非是因循守旧之辈，但从 20 世纪 20 年代末开始，确实出现了马克思主义被教条化的严重倾向，在一个较长时期里，教条主义盛行。这是为什么？这里有复杂的原因。

第一，认识方面的原因。

人类的认识有连续性、继承性。科学的认识离不开原有的概念、范畴、理论、经验。认识的过程，既是在实践的基础上由未知到已知的过程，知得少到知得多的过程，又是以已知去认识未知，从而获得新知的过程。客观现实是不断发展的，可作为人类认识工具的概念、范畴、原理却有相对独立性、固定性。正是这一点，在认识过程中，已有的概念、范畴、原理具有两重性：它既是获得新知的出发点与不可缺少的工具，又可能成为获得新知的某种障碍与束缚。这种情况不论是在对自然界的认识中还是在对社会的认识中都存在。

法国生理学家贝尔纳（1813—1878）说过："构成我们学习最大障碍的是已知的东西，而不是未知的东西。"《科学研究的艺术》一书作者、自然科学家贝弗里奇（1908—2006）在引了贝尔纳的话后说："所有从事创造性研究工作的人都面临这一难题。"贝弗里奇还引了英国大诗人拜伦（1788—1824）和著名剧作家兼评论家萧伯纳（1856—1950）等人的话。拜伦说："要有独到之见必须多思少读。但这是不可能的，因为在学会思考前势必先已阅读。"萧伯纳则说："读书使人迂腐。"有的发明家认为，阅读传统教科书会使人墨守成规，而摆脱成规和解决这个问题本身一样费劲。贝弗里奇也说："已有的一大堆知识使得头脑更难想象出新颖独创的见解。""内行几乎总是对革新的思想抱着怀疑的态度，这正说明已有的知识成了障碍。"① 这主要是对自然科学研究说的。

对社会的认识更有这种情况。孟子曰："尽信《书》，则不如无《书》。"（《孟子·尽心下》）毛泽东多次引用过此话。他还说过，明朝搞得好的只有明太祖、明成祖两个皇帝，一个不识字，一个识字不多。到了嘉靖年间知识分子当权，反而不行了，就出了内乱。梁武帝、李后主文化多了反而亡了国。梁武帝早年不错，以后书念多了就不行了，饿死在台城。可见书念多了要害死人。毛泽东又说，书不一定读得太多，马克思主义的书要读，也不能读得太多，读十几本就行了。读了要消化。读多了，又不能消化，也可能走向反面，成为书呆子，成为教条主义者、修正主义者。

无论是贝弗里奇，还是毛泽东，这样写，这样说，自然不是一般地反对读书，不是提倡蒙昧主义、愚民政策，而是说：一，书要读，但要有一个度，并非越多越好，满脑子的书本知识，弄不好很可能会束缚人的思想；二，要批判地读书，力求保持独立思考的能力，避免因循守旧，被书本牵着鼻子走；三，书读多了，又不能消化，变成书呆子，越读越蠢。

作为一个马克思主义者，一般说来很难对马克思主义、对无产阶级的领袖人物持批判的态度。在长时期里，马克思主义者尽是读马克思主义的书，很少读甚至不读其他的书。这种情况，马克思主义势必被教条化，转变成它自身进一步发展的障碍。

实践是检验真理的唯一标准，这是毫无疑义的，但在实际的认识过程中，人们首先是根据已有的经验、知识、理论对所遇到的问题做出反映，做出肯定还是怀疑、否定的判断，从而决定采取赞同还是保留、排斥的态度。正是这种情况使得有人主张以圣人之言或已有真理作为判别是非、真伪的标准。从心理学上讲，人们习惯于对赞成的东西取认同的心理，而对否定的东西取排斥的、抗拒的心理。因此，真理在一开始往往得不到多数人的承认，往往被视为谬误、毒草。马克思主义者头脑中有一大堆马克思主义的概念、理论，因此，在遇到事物（包括理论、政策、行动等在内）时首先自然而然地用自己头脑中已有的概念、理论去衡量它，鉴别它，判定它是符合马克思主义，还是不符合马克思主义。

---

① ［英］贝弗里奇：《科学研究的艺术》，陈捷译，科学出版社1984年版，第2—3页。

这种情况，很容易导致不是依据社会实践而是依据已有的马克思主义本本来判别是非、真伪。

第二，思想方面的原因。

教条主义最重要的特征是理论脱离实际。理论的生命力在于同实践密切相联。脱离实践、脱离群众，活生生的理论势必转化为僵死的教条。斯大林在理论上、口头上一直反教条主义，但在晚年，他脱离群众、脱离实践，导致思想僵化，不能正确认识和处理社会主义社会的各种矛盾，不去改革不适合生产力发展的生产关系和上层建筑，结果导致苏联社会的政治、经济等各项制度凝固化。毛泽东亦有类似的情况。他是教条主义的反对者，但由于他晚年脱离实践、脱离群众，他仍然把马克思主义的某些原理、论断教条化。

理论变为教条，同思想上的骄傲自满、绝对化有关。人类对世界的认识过程是一个由相对真理走向绝对真理的无止境的过程。认识过程是相对与绝对的辩证统一。当人们把认识中的相对性加以夸大、绝对化，就会导致相对主义、不可知论。而当人们把认识中的绝对性加以夸大、绝对化，就会导致绝对主义、独断论，把一定历史条件下取得的认识当作万古不变的教条，堵塞了认识进一步发展之路。因此，在科学研究中如何对待已有的认识是一个十分重要的问题。在认识史上，新创立的学派在开始时往往生气勃勃，但由于创立者过分夸大自己的功绩，或他的后继者过分推崇本学派的创始人，结果学派就变得保守、僵化，最后消失。历史上某一学派消失的最根本原因在社会方面，但从学派自身来讲，与保守、僵化、封闭不无关系。"人怕出名，猪怕壮。"有了名，不思进取，个人是这样，学派也是这样。

马克思恩格斯创立马克思主义，在人类历史上有伟大的贡献，但他们对自己的理论有清醒的认识。他们坚决反对终极真理的说法。恩格斯说："我们还差不多处于人类历史的开端，而将来会纠正我们的错误的后代，大概比我们有可能经常以极为轻视的态度纠正其认识错误的前代要多得多。"[1] 他们也反对对他们的歌功颂德。列宁在帝国主义时代发展了马克

---

① 恩格斯:《反杜林论》，载《马克思恩格斯选集》第3卷，人民出版社1995年版，第426页。

思主义，但他本人并没有讲如何发展马克思主义。到了斯大林时代就不同了。在理论宣传中不仅讲列宁如何发展了马克思主义，而且也大讲斯大林如何发展了列宁主义，讲"新阶段"、"顶峰"。在斯大林活着的时候，有人讲斯大林如何发展，别的人就不好说没有发展，更不好说斯大林的理论、政策未必都正确。结果是，歌功颂德的调子比着唱，越唱越高。苏共二十大，批了斯大林，但讲发展的传统并没有中断。赫鲁晓夫时代讲赫鲁晓夫如何创造性地发展马克思列宁主义。勃列日涅夫时代讲勃列日涅夫如何创造性地发展马克思列宁主义。戈尔巴乔夫当政，讲戈尔巴乔夫的"新思维"又如何创造性地发展了马克思列宁主义。最后的结局是众所周知的。

我们党在这方面也有经验教训。在 20 世纪 40 年代，提出"毛泽东思想"概念，这是中国革命发展的结果和需要。毛泽东本人头脑清醒，认为自己的思想体系还不够成熟，不宜当作体系去鼓吹，也不赞成"毛泽东主义"的说法。中共七大，将毛泽东思想写进党章，规定为党的指导思想。毛泽东在中共七大预备会议上讲：他只是代表，功劳不应归之于他个人，毛泽东思想是集体智慧的结晶。他又说：他自己也犯了许多错误。我们大家都是从半殖民地社会出来的人，只有这样多的知识，这样多的一点本领。他兢兢业业，谦虚谨慎，警惕历史上因胜利而犯骄傲自大招致失败的错误，结果取得了抗日战争和解放战争的胜利。新中国成立之初，继续保持戒骄戒躁的作风。他提出不再使用"毛泽东思想"，不赞成将他与外国人并提，建议在中共八大党章中不再写"毛泽东思想"。谦虚谨慎的结果是，国民经济得到迅速恢复和发展，社会主义改造提前完成。在一个胜利接着一个胜利面前，毛泽东骄傲了，急躁了。在 1958 年，他讲：我们说的、做的超过了马克思，超过了列宁；辩证法在我国有很大发展。他自己这样讲，理论宣传中则讲得更凶。"大跃进"、人民公社化运动都是创造性的发展，谁说半个"不"字，就是右倾机会主义。"文化大革命"时期，更是史无前例，林彪一伙趁机搞"造神运动"，鼓吹："顶峰"、"一句顶一万句"、"最高最活"、"第三里程碑"。毛泽东成了神，毛泽东的言论成了宗教教条。其结果亦是人所共知。没有讲"发展"，倒是在理论和实践上真正发展了，大讲"发展"，反倒出现了大的曲折。这种历史辩证法值得我们反思。

马克思主义是科学，它必然随着实践的发展而发展，不应迷信马克思、恩格斯、列宁，要有创新、发展的勇气。后来者居上，我们今天的理论与实践确实大大超过了马克思、列宁，这是一方面。另一方面，我们也不能自吹自擂，自己讲自己如何发展，即使真的发展了，也要讲得适当。讲多了，讲过了，只能有碍于理论和实践的进一步发展。正确对待已取得的科学成果是科学进一步发展的必要条件。试设想：要是生物学家整天讲的是达尔文如何创立进化论，在生物学中作了革命的变革，那很可能就没有现代的遗传学说、基因工程。生物学是如此，其他自然科学也是如此，马克思主义也是如此。

第三，社会方面的原因。

教条与迷信相联系。马克思主义被教条化与个人崇拜密切相关。杰出人物在历史上有着伟大的作用。杰出人物受到人们的崇敬是一种正常的社会现象。但这种崇敬过了头，就会转变成对个人的盲目迷信与崇拜。个人崇拜的结果：一是把被崇拜的对象神化，说成是决定历史命运的、万能的、全知的神；二是广大的崇拜者消泯了自我，窒息了创造历史的主动性、积极性。对无产阶级领袖人物的个人崇拜必然导致把马克思主义教条化。因为谁也不能说领袖人物有缺点，会犯错误。谁要是说了，那就是冒犯了领袖，大逆不道，轻则受到冷遇，重则受到处罚、坐牢以至杀头。个人崇拜是过去人类社会长期留下的腐朽的遗产，是可怕的根深蒂固的习惯势力。在我们这样的国家很难在短时期里拔除。

教条与专制相依为命。在封建社会教条为封建专制制度服务。马克思主义被教条化与共产党内民主集中制不健全有关。无产阶级政党为了战胜自己的敌人需要有铁的纪律和高度的集中，但这种铁的纪律应同生动活泼的自由相联系，高度的集中应同高度的民主相结合。离开民主的集中，没有自由的纪律势必造成专制，使思想僵化，把领导人的言论当作必须遵照执行的圣旨。在民主和法制不健全的情况下，很容易使马克思主义变成僵死的教条，变成替现行政治服务的奴婢。长期以来，一再批评理论脱离实际，要求理论工作者研究实际问题，但还是有相当多的人尽量回避现实问题。原因是多方面的，笔者认为从客观上讲：民主空气不够是最重要的原因。因为在民主与法制不健全时，理论工作者真的联系起实际，独立地提出自己的见解，往往得不到好的结果。在 1958 年，一部分理论工作者在农村调查研究后对人民公社化运动提出异议，结果被打成右倾机会主义。此类事可以说举不胜举。

在无产阶级没有取得政权的时候，马克思主义被统治阶级视为毒草，遭打击。马克思主义只能以真理的光辉吸引人，征服人心。在那时，谁搞教条主义，只能变成无前途的狭小的宗派。在无产阶级取得政权的情况下，马克思主义成了指导思想，有了政权，这为普及、发展马克思主义提供了有利条件。但有了政权，也容易产生一种不好的倾向：即不是用真理的力量和实践的成果使人心悦诚服地接受马克思主义，而是力图用政权的力量，强迫人们接受马克思主义，谁要是对当时流行的某些马克思主义观点提出异议，谁就被扣上反马克思主义或右派的帽子。马克思主义不能自发产生，要靠灌输，但这种灌输应是循循善诱的，充分说理的，而不能靠政权力量强迫命令。强制的结果，适得其反，群众不仅不接受，反而引起反感，马克思主义也变成了宗教信条。有时看来是接受了，其实只是形式。"文化大革命"时期的"天天读"、"活学活用"等就是证明。

第四，历史方面的原因。

在我国，马克思主义被教条化还与中国封建社会中经学传统有关。自汉武帝"罢黜百家，独尊儒术"后，在中国漫长的两千多年的封建社会里，除个别的短时间外，以孔子为代表的儒家学说成了官方的意识形态。孔子成了最大的权威者，"非圣即违法"。学术研究只是注经解经，以孔子之是非为是非，统治阶级以八股取士，把孔夫子的那一套当作宗教教条强迫人民接受。五四新文化运动激烈反对老八股、老教条，使人们获得一次思想上的解放。经过五四新文化运动，孔子的权威被打倒了，但旧的教条主义传统却并没有根绝，而且影响到马克思主义。这一点，毛泽东在《反对党八股》一文中作了透彻的说明。建国以后，社会经济、政治发生了根本的变化，但经学传统依然残存。"文化大革命"中，林彪、陈伯达公开号召"大家都当董仲舒"。即使在今天，迷信、盲从和注经解经的恶劣传统仍随处可见。

总之，马克思主义被教条化的因素是复杂的。在以上诸因素中，笔者以为社会方面的原因最为重要。

四、如何防止马克思主义教条化

根据上述分析和国际国内的历史经验，为了防止马克思主义教条化应注意以下几点。

第一，用科学的、唯物辩证的态度来对待马克思主义。马克思主义决不是宗教教条，而是行动的指南，是随着社会的发展而不断地发展的。马克思主义的精髓就是实事求是，按照世界本来面目认识世界，改造世界。学习马克思主义最本质的是学习马克思主义的立场、观点和方法，学习科学的世界观和方法论。与历史上的学派、宗教不同，衡量真假马克思主义的标准不是已有的马克思主义的具体理论、原则，而是亿万人民群众的社会实践和科学实验。马克思主义具有历史性，是发展着的理论。马克思主义的本质是批判的、革命的。马克思主义的发展，如同其他一切事物的发展一样，是通过不断地自我否定实现的。马克思主义者应具有自我批判意识，应树立起自我批判的旗帜，以防止马克思主义的教条化。

第二，坚持一切从实际出发，实事求是，尊重实践，尊重群众的首创精神。从书本到书本只能是教条主义，从书本中决不能找到解决革命和建设的现成方案。有关革命和建设的正确的理论、路线、方针和政策，只能来之于亿万群众的实践，来之于系统而周密的调查研究，来之于对实践经验的科学总结。冲破教条最有力的武器不是伟人，而是群众；不是理论，而是实践。1927年第一次大革命失败后，毛泽东上井冈山是逼出来的。"文化大革命"结束后农村家庭联产承包责任制是逼出来的，是农民为求生存的创造。邓小平领导的改革开放，也是逼出来的，不这样，只有死路一条。马克思主义本身也是逼出来的，是"逼上梁山"。这里重要的是要切实地贯彻执行群众路线，善于总结经验。只要尊重实践，尊重群众的创造，善于不断总结经验，就能避免教条主义和修正主义。

第三，健全民主与法制，保障思想自由，切实贯彻"双百"方针。政治民主，思想自由，学术争鸣，是反对教条主义、繁荣学术的一个重要前提。五四时期的新人物在反对旧教条时反复宣传这一点。陈独秀讲："人间万事，恒以相竞而兴，专占而萎败。"中国古代，九流并美，百家争鸣。

自汉武帝"废黜百家，独尊儒术"以来，"不独神州学术不放光辉，即孔学亦以独尊之故，而日形衰落也。"[①]李大钊在反对文化专制主义时说："是非以辩析而愈明。果其是也，固当使人得是以明非；即其非也，亦当使人得非以察是。"因此应"察其是，勿拒其非，纵喜其同，莫禁其异"[②]。真理要通过反复辩论获得，"最后象定之辞，勿得轻用，终极评判之语，勿得漫加"[③]。胡适也讲："哲学的发达全靠'异端'群起，百川竞流。一到了'别黑白定一尊'的时候，一家专制，罢黜百家；名为'尊'这一家，其实这一家少了四周围的敌手与批评家，就如同刀子少了磨刀石，不久就要锈了，不久就要钝了。"[④]鉴于历史的经验与教训，毛泽东在1957年提出"百花齐放，百家争鸣"的方针。他指出："马克思主义者不应该害怕任何人批评。相反，马克思主义者就是要在人们的批评中间，就是要在斗争的风雨中间，锻炼自己，发展自己，扩大自己的阵地。"[⑤]他指出：有的人为党为国，忠心耿耿，文章则不堪领教，用教条主义的态度是卫不了"道"的。他认为，党内不同意见的争论是打破教条主义的有效办法之一。而要真正实行"双百"方针，就离不开一个良好的宽松的政治环境，离不开健全的民主与法制。

第四，坚持不懈地反对个人崇拜。李大钊在反对迷信古人、崇拜孔子时说过：迷信古人、崇拜孔子的结果，许多有才华的人，只知有孔子，而不知有自我，"日惟鞠躬尽礼、局促趋承于败宇荒墟、残骸枯骨之前，而黯然无复生气"。除膜拜之外，"不复知尚有国民之新使命也；风经诂典而外，不复知尚有国民之新理想也"[⑥]。对古人的崇拜是如此，对无产阶级领

---

① 陈独秀：《答常乃惪（古文与孔教）》（1917年2月1日），载《陈独秀文章选编》（上），生活·读书·新知三联书店1984年版，第177页。

② 李大钊：《宪法与思想自由》（1916年12月10日），载《李大钊文集》（上），人民出版社1984年版，第248页。

③ 李大钊：《民彝与政治》（1916年5月15日），载《李大钊文集》（上），人民出版社1984年版，第172页。

④ 胡适：《中国哲学史大纲》（上），商务印书馆1987年影印版，第395页。

⑤ 毛泽东：《关于正确处理人民内部矛盾的问题》（1957年2月27日），载《毛泽东文集》第7卷，人民出版社1979年版，第232页。

⑥ 李大钊：《民彝与政治》（1916年5月15日），载《李大钊文集》（上），人民出版社1984年版，第161页。

袖的崇拜也是如此。结果，以领袖人物的言论为是非之标准。领袖人物没有讲的，不能讲，不敢讲。理论研究工作完全成了对领袖人物言论的解释与鼓吹，且美其名曰：理论联系实际。如前所述，个人崇拜是一种顽固的习惯势力，而现今的中国社会还有个人崇拜存在的条件，因此，反对个人崇拜将是一个长期的任务。

第五，作为研究者个人而言，不应将自己的知识局限于马克思主义范围之内，而应广泛涉猎各种知识，包括研究反马克思主义的理论。一个学派，一个学者，若拘泥于一家一派之言，必然是路子越走越窄。梁启超在总结中国近三百年学术史时说：明朝以八股取士，一般士子，除了永乐皇帝钦定的《性理大全》外，几乎一书不读，学术界本身，就像贫血症的人衰弱得可怜①。贝弗里奇也说："成功的科学家往往是兴趣广泛的人。他们的独创精神可能来自他们的博学。""多样化会使人观点新鲜，而过于长时间钻研一个狭窄的领域则易使人愚钝。因此，阅读不应局限于正在研究的问题，也不应局限于自己的科学领域，实在说甚至不应拘于科学本身。"②

要做一个马克思主义者自然要研读马克思主义的书，但若仅仅只读马克思主义的书，那他就是一个得了贫血症的教条主义者。毛泽东针对教条主义者读书窄的毛病，提倡读一点反面东西。他说："我们有些共产党员、共产党的知识分子的缺点，恰恰是对于反面的东西知道得太少。读了几本马克思的书，就那么照着讲，比较单调。讲话，写文章，缺乏说服力。你不研究反面的东西，就驳不倒它。马克思、恩格斯、列宁都不是这样。他们努力学习和研究当代的和历史上的各种东西"③。马克思主义是一个开放的体系，它必须广泛汲取历史上的和当代的人类文明成果。广泛涉猎各种知识，读一点反马克思主义的东西，可以防止思想僵化，有利于打破教条主义。

第六，反对马克思主义教条化，必须有为真理而献身的无私无畏的精神。即使在自然科学领域里，新的发现、新的发明在一开头往往不为

---

① 梁启超：《中国近三百年学术史》，天津古籍出版社 2003 年版，第 3 页。

② ［英］贝弗里奇：《科学研究的艺术》，陈捷译，科学出版社 1984 年版，第 4 页。

③ 毛泽东：《在省市自治区党委书记会议上的讲话》（1957 年 1 月 27 日），载《毛泽东文集》第 7 卷，人民出版社 1999 年版，第 193 页。

多数人承认而遭受打击。贝弗里奇指出："伟大科学家对人类的贡献只得到迫害作为报酬，这在过去是司空见惯的事。"①"伟大的发现家之所以遭到迫害，部分是由于这种对新设想的抗拒心理，部分是由于冒犯了权威，侵犯了精神上和物质上的既得利益。"②自然科学尚且如此，社会科学则更有过之而无不及。社会主义国家的历史表明，谁要是打破马克思主义某些过时的原理，纠正领袖人物某些错误的理论和政策，作出理论上和实践上的创新，谁就往往遭非议，甚至被视为离经叛道，视为搞修正主义，遭打击、迫害。相反，在高度集权的体制下，照着本本讲，做注经解经的工作，倒是红得发紫，官运亨通。反对教条主义，有新的创造、发展，则有冒异端之嫌。所以，一个私心很重的人是很难反教条主义的。

在马克思主义发展过程中，会出现对马克思主义的不同理解与解释。也会有人在保卫马克思主义、反对修正主义的旗帜下搞教条主义。也会有人在创造性地发展马克思主义、反对教条主义的旗帜下搞修正主义。对于马克思主义发展过程中各国共产党之间出现的分歧应通过内部的讨论、辩论协商解决。切忌动辄扣帽子，指责对方为"教条主义"、"修正主义"。究竟谁是真正的马克思主义者，不靠自封，而由社会实践来检验。有一点倒是要注意的：在反对一种错误倾向时，要警惕防止被掩盖着的另一种倾向，在反对教条主义时要防止修正主义，在反对修正主义时要防止教条主义，不要走极端。从中国共产党的历史和现状看，教条主义倾向则是主要危险。

邓小平同志在1992年视察南方时讲：实事求是是马克思主义的精髓。要提倡这个，不要提倡本本。我们改革开放的成功，不是靠本本，而是靠实践，靠实事求是。过去我们打仗靠这个，现在搞建设，搞改革，也靠这个。我们讲了一辈子马克思主义，其实马克思主义并不玄奥。马克思主义是很朴实的东西，很朴实的道理③。邓小平同志这些话很平常、朴实，却凝结了中国革命和建设最宝贵的经验。坚持一切从实际出发，实事求是，

① ［英］贝弗里奇：《科学研究的艺术》，陈捷译，科学出版社1984年版，第118页。
② ［英］贝弗里奇：《科学研究的艺术》，陈捷译，科学出版社1984年版，第124页。
③ 邓小平：《在武昌、深圳、珠海、上海等地的谈话要点》（1991年1月28日—2月18日），载《邓小平文选》第3卷，人民出版社1993年版，第382页。

不断总结经验，就能做到理论和实际的统一，防止教条主义和修正主义，保证我国的社会主义现代化事业永远生机勃勃地前进。

（刊《毛泽东哲学思想研究》1993年第2期；人大复印资料《马克思主义列宁主义研究》1993年第7期；收入《马克思主义哲学与党的思想路线研究》，中共中央党校出版社2005年版）

把握精髓，坚持和发展马克思主义

——恩格斯逝世百周年纪念感言

今年 8 月 5 日是马克思主义的两创始人之一、无产阶级的伟大导师恩格斯逝世百周年。纪念伟大导师有多种方式。笔者以为在马克思主义经历了严重挫折而至今仍处于低潮（就全世界而言）的时候，最好的纪念莫过于认真总结一个半世纪以来，尤其是近百年以来马克思主义发展的经验教训，进一步弄清什么是马克思主义，牢牢把握马克思主义的精髓，在新的历史条件下坚持和发展马克思主义。

一、马克思主义不是教条，而是方法

马克思主义自 19 世纪 40 年代中期诞生起至 20 世纪 50 年代中期的百余年间，虽然曾出现过第二国际修正主义，但总起来说，发展迅速，磅礴于世界，功业显赫，辉煌于东方，在占世界人口总数三分之一的国家取得了胜利，极大地推动和影响了人类历史的进程。但从 20 世纪 50 年代后期开始，马克思主义内部发生了严重的分裂、危机。中苏两党先是打笔墨官司，之后发展到政治、经济、军事、科技和文化等国家关系的全面破裂，甚至发生局部的边界武装冲突。中苏两党的论战不仅导致国际共产主义运动的分裂，而且也影响到两党自身的发展，各自酿成苦酒，造成了始料不及的恶果。值得庆幸的是，与苏联崩溃不同，中国在邓小平的领导下，拨乱反正，找到了建设有中国特色社会主义的新路，使社会主义现代化事业走出了困境，呈现出蓬勃生机和活力。

马克思主义发展过程中出现的危机、曲折，原因是复杂的、多方面的。从理论上讲，如邓小平所言，这与对什么是马克思主义、什么是社会主义没有完全搞清楚有关。为了进一步搞清什么是马克思主义，在恩格斯逝世百周年之际，我们有必要重温一下恩格斯的有关教导。

1893 年春夏之交，耄耋之年的恩格斯在同来访的俄国革命民主主义者阿·沃登谈话时说，俄国人——不仅是俄国人——不要生搬马克思和我的话，而要根据自己的情况像马克思那样去思考问题，只有在这个意义上，"马克思主义者"这个词才有存在的理由①。这段文字出于恩格斯逝世 12 年之后的回忆文章。但这是可信的，因为它与恩格斯晚年通信中的思想是相一致的。

在恩格斯的晚年时期，美国和英国的社会主义运动中出现了教条主义、宗派主义。针对这种错误，恩格斯在不少通信中指出："德国人（按·指在美国的德国人）一点不懂得把他们的理论变成能推动美国群众的杠杆；他们大部分连自己也不懂得这种理论，而用学理主义和教条主义的态度去对待它，认为只要把它背得烂熟，就足以应付一切。对他们来说，这是教条，而不是行动的指南。"②他又说："有些自命为正统的马克思主义者的人，把我们运动的思想变成必须背熟的僵死教条，——这些人不论在我们这里，还是在你们那里都是一个**纯粹的宗派**，这很值得注意。"③

教条主义不仅在实际的工人运动中存在，而且还表观在学术研究上。当时德国的一些大学生、青年作家，读了点马克思主义的书，就到处搬用马克思主义的词句，贴标签，以此来代替对具体历史事件的艰苦研究。针对这种情况，恩格斯指出："如果不把唯物主义方法当作研究历史的指南，而把它当作现成的公式，按照它来剪裁各种历史事实，那末它就会转变为自己的对立物。"④在临终前数月，他又说："马克思的整个世界观不是教

---

① 阿·沃登：《和恩格斯的谈话》，载《智慧的明灯》，人民出版社 1983 年版，第 91 页。

② 恩格斯：《致弗·阿·左尔格》（1886 年 11 月 29 日），载《马克思恩格斯选集》第 4 卷，人民出版社 1995 年版，第 677 页。又参见同书第 680、681 页。

③ 恩格斯：《致弗·阿·左尔格》（1891 年 6 月 10 日），载《马克思恩格斯全集》第 38 卷，人民出版社 1972 年版，第 106 页，还可参见《马克思恩格斯全集》第 39 卷，人民出版社 1974 年版，第 326—327 页。

④ 恩格斯：《致保·恩斯特》（1890 年 6 月 5 日），载《马克思恩格斯选集》第 4 卷，人民出版社 1995 年版，第 688 页。

义，而是方法。它提供的不是现成的教条，而是进一步研究的出发点和供这种研究使用的方法。"①

在 19 世纪 70 年代末，法国的一些进步青年（包括马克思的女婿龙格和拉法格）在读了一些马克思主义书后就自命为"马克思主义者"，而实际上，他们并不真正懂得马克思主义，并没有摆脱蒲鲁东主义或巴枯宁主义的影响。对于这样的马克思主义，马克思曾说过："我只知道我自己不是马克思主义者。"恩格斯晚年在德国党内遇到相类似的"马克思主义者"，为此，他在一些通信中引用马克思的"我只知道我自己不是马克思主义者"的话来回敬那些自命不凡的"马克思主义者"②。

恩格斯同阿·沃登的谈话和上述通信对什么是马克思主义、什么是马克思主义者作了最为简洁明了的回答。他告诉我们：马克思主义的真谛、精髓是它的世界观、方法论，真正的马克思主义者不在于是否引用马克思主义的词句、结论，而是要像马克思那样去思考、研究和解决各种理论问题和实际问题。学习马克思主义主要是学习它的立场、观点和方法，即学习它的科学世界观和方法论。

恩格斯逝世后，列宁在思想理论战线上所面临的主要任务是反对第二国际修正主义。列宁真正掌握了马克思主义的精髓。他指出："恩格斯在谈到他本人和他那位著名的朋友时说过：我们的学说不是教条，而是行动的指南。这个经典性的论点异常鲜明有力地强调了马克思主义的往往被人忽视的那一方面。而忽视那一方面，就会把马克思主义变成一种片面的、畸形的、僵死的东西，就会抽掉马克思主义的活的灵魂，就会破坏它的根本的理论基础——辩证法即关于包罗万象和充满矛盾的历史发展的学说。"③在十月革命后，他又一再强调"我们的学说不是教条，而是行动的指南"这一经典公式。他在批评共产国际中存在的"左"派幼稚病时

---

①　恩格斯：《致威·桑巴特》（1895 年 3 月 11 日），载《马克思恩格斯选集》第 4 卷，人民出版社 1995 年版，第 742—743 页。

②　恩格斯：《致康·施米特》（1890 年 8 月 5 日），载《马克思恩格斯选集》第 4 卷，人民出版社 1995 年版，第 691 页。又参见《致保·拉法格》（1890 年 8 月 5 日），载《马克思恩格斯选集》第 4 卷，人民出版社 1995 年版，书第 695 页。

③　列宁：《论马克思主义历史发展中的几个特点》（1910 年 12 月 23 日），载《列宁选集》第 2 卷，人民出版社 2012 年版，第 278 页。

提出："马克思主义的精髓，马克思主义的活的灵魂：对具体情况作具体分析。"①

笔者在此引用恩格斯及列宁的话似乎显得有些"教条主义"的气息。但这样做是必要的。第一，这对于理解什么是马克思主义、怎样做马克思主义者不是毫无裨益的。第二，为了引起理论界的同行们注重反对教条主义的研究。长期以来，在马克思主义发展史的研究中人们较多地注意恩格斯晚年反对机会主义的斗争，而忽视他反对教条主义的斗争，较多地注意列宁反对第二国际修正主义的斗争，而忽视他反对教条主义的斗争。马克思主义被教条化是马克思主义发展过程中出现危机、挫折的一个重要内因。因此，在今天认真总结反对教条主义斗争的经验是极有意义的。

鉴于国内外社会主义的历史经验，邓小平指出："什么叫社会主义，什么叫马克思主义？我们过去对这个问题的认识不是完全清醒的。"②又说："多年来，存在一个对马克思主义、社会主义的理解问题。""马克思去世以后一百多年，究竟发生了什么变化，在变化的条件下，如何认识和发展马克思主义，没有搞清楚。"③邓小平不仅提出了问题，而且回答了问题。他说："马克思主义的真理颠扑不破。实事求是是马克思主义的精髓。要提倡这个，不要提倡本本。""我读的书并不多，就是一条，相信毛主席讲的实事求是。过去我们打仗靠这个，现在搞建设、搞改革也靠这个。"④邓小平所讲的"实事求是"包含了辩证唯物主义和历史唯物主义全部内容，凝结了国内外革命和建设的正反两方面的经验，含义丰富而深刻，切不可作简单化的理解。邓小平提出的"实事求是是马克思主义的精髓"的论断同恩格斯的"我们的学说不是教条，而是行动的指南"

① 列宁：《〈共产主义〉》（1920年6月12日），载《列宁选集》第4卷，人民出版社2012年版，第213页。

② 邓小平：《建设有中国特色的社会主义》（1984年6月30日），载《邓小平文选》第3卷，人民出版社1993年版，第63页。

③ 邓小平：《结束过去，开辟未来》（1989年5月16日），载《邓小平文选》第3卷，人民出版社1993年版，第291页。

④ 邓小平：《在武昌、深圳、珠海、上海等地的谈话要点》（1992年1月18日—2月11日），载《邓小平文选》第3卷，人民出版社1993年版，第382页。

的经典公式、列宁的"马克思主义的精髓，马克思主义的活的灵魂：对具体情况作具体分析"的名言是一脉相承的。"精髓"论断的提出及其强调，对我们进一步弄清什么是马克思主义、怎样坚持和发展马克思主义有重大意义。

二、注重辩证法的研究

阿·沃登的回忆文章还说道："恩格斯给哲学下的定义是，哲学是关于思维的学说，他说其余的一切说法都只有历史上的意义，早就成为陈词滥调了。"[①]恩格斯的这一哲学定义与他在《反杜林论》、《费尔巴哈论》中所下的定义是一致的。他在《反杜林论》中指出：现代唯物主义本质上都是辩证的，而且不再需要任何凌驾于其他科学之上的哲学了。"在以往的全部哲学中还仍旧独立存在的，就只有有关思维及其规律的学说——形式逻辑和辩证法。其他一切都归到关于自然和历史的实证科学中去了。"[②]对恩格斯的这一哲学定义，国内外学术界有着不同的理解和评价。在此我们不作论列。这里只想指出，从这一哲学定义中可以看出恩格斯（马克思也一样）是多么重视辩证法的研究啊！

更为值得注意的是，阿·沃登的文章提供了这样的信息：恩格斯认为，当时的任何人，说得更确切些，"不论考茨基，或是伯恩施坦"都对黑格尔"不感兴趣"[③]。而在恩格斯看来，对黑格尔"感兴趣"是十分重要的。因为只有懂得黑格尔的辩证法才能真正懂得马克思的学说。恩格斯的上述看法，可以帮助我们了解为什么他在致康·施米特的信中说"不读黑格尔的著作，当然不行，而且还需要时间来消化，先读《哲学全书》的

---

① 阿·沃登：《和恩格斯的谈话》，载《智慧的明灯》，人民出版社1983年版，第97页。

② 恩格斯：《反杜林论》，载《马克思恩格斯选集》第3卷，人民出版社1995年版，第364页。又可参见《路德维希·费尔巴哈和德国古典哲学的总结》，同上书第4卷，第257页。恩格斯对哲学的定义明显地受德国古典哲学，尤其是黑格尔哲学的影响。恩格斯所说的辩证法，亦即大写字母的逻辑学——辩证逻辑，亦即广义上的认识论。从中国哲学来看，哲学不仅是世界观、方法论，而且也是人生观，包含做人的道理。

③ 阿·沃登：《和恩格斯的谈话》，载《智慧的明灯》，人民出版社1983年版，第94页。

《小逻辑》是很好的办法"①；可以帮助我们了解为什么当时的马克思主义者在理解生产力与生产关系、经济基础与上层建筑的相互关系上缺乏辩证法，陷入机械论；可以帮助我们去剖析伯恩施坦、考茨基等人怎样跌入修正主义的哲学泥潭。

恩格斯关于伯恩施坦、考茨基等人对黑格尔"不感兴趣"的评判是十分中肯的。恩格斯去世后不久，伯恩施坦就公开攻击黑格尔，攻击辩证法。他认为："黑格尔辩证法是马克思学说中叛卖性因素，是妨碍对事物进行任何推理正确的考察的陷阱。"②伯恩施坦虽然攻击黑格尔的辩证法，其实他既不懂得黑格尔辩证法的精华，也不懂得马克思辩证法的实质。在伯恩施坦看来，辩证法不是认识的武器，而是推论和证明的工具。他认为，马克思学说中的一些政治结论是借助辩证法推论出来的。伯恩施坦不懂得辩证法，自然也就不能懂得马克思主义的实质，就不能透过纷繁复杂的社会现象，认识新时代的本质和特点，而为一时的现象所迷惑。

列宁是马克思恩格斯学说的真正继承者。在第一次世界大战期间，他认真研读黑格尔的哲学著作，尤其是《逻辑学》。他在读书笔记中写道："马克思把黑格尔的辩证法的合理形式运用于政治经济学。""**要义**：不钻研和不理解黑格尔的**全部**逻辑学，就不能完全理解马克思的《资本论》，特别是它的第1章。因此，半个世纪以来，没有一个马克思主义者是理解马克思的！！""马克思主义者们（在20世纪初）对判康德主义者和休谟主义者进行批判，按照费尔巴哈的方式（和按照毕希纳的多于按照黑格尔方式）。"③他尖锐地指出："普列汉诺夫关于哲学（辩证法）大约写了近1000页。其中**关于**大逻辑，**关于**它、**它的**思想（即作为哲学科学的辩证法**本身**）却没有说什么！！"④他还批评普列汉诺夫等人不懂得对立

---

① 恩格斯：《致康·施米特》（1891年11月1日），载《马克思恩格斯选集》第4卷，人民出版社1995年版，第712页。

② 伯恩施坦：《社会主义的前提和社会民主党的任务》，生活·读书·新知三联书店1965年版，第75页。

③ 列宁：《黑格尔〈逻辑学〉一书摘要》，载《列宁全集》第55卷，人民出版社1990年版，第150—151页。

④ 列宁：《黑格尔〈哲学史讲演录〉一书摘要》，载《列宁全集》第55卷，人民出版社1990年版，第236页。

统一规律不仅是客观世界的根本规律，而且也是认识的根本规律，不懂得"辩证法**也就是**（黑格尔和）马克思主义的认识论"①。列宁的上述批评也许过于激烈，用词不够确切，但基本思想是正确的，击中了包括考茨基、普列汉诺夫在内的 20 世纪初马克思主义者的要害。列宁的批评与恩格斯的看法是不谋而合的。列宁能在帝国主义和无产阶级革命的时代发展马克思主义，这同他钻研黑格尔和马克思的辩证法，掌握科学的世界观和方法论分不开。

伯恩施坦、考茨基等人陷入修正主义泥潭同他们不重视、不懂得马克思（和黑格尔）的辩证法有关。那么，马克思主义、社会主义在苏联和东欧的暂时失败是否也同不懂得马克思（和黑格尔）的辩证法有关呢？这是需要研究的。苏联崩溃的重要原因之一是僵化了的高度集中的经济政治体制严重地束缚了生产力的发展和民主政治的实现，使社会主义的优越性不能充分发挥，不能满足广大人民群众日益增长的物质文化需要，最后导致了全面的严重的社会危机。僵化了的高度集中的经济政治体制是从斯大林时代延续下来的。斯大林建立这种体制有一定的合理性，在那时起了积极作用，不可一笔抹杀，应作具体的历史的分析。但斯大林在思想上有形而上学。他既不重视列宁在《哲学笔记》中的许多精辟见解，更以轻蔑的态度对待黑格尔哲学。他不承认社会主义社会生产力与生产关系之间、经济基础和上层建筑之间仍然存在着矛盾，不承认正是这些矛盾推动社会主义社会的前进。在这种无矛盾论的指导下，苏联社会的生产关系和上层建筑日益僵化。

1955 年后，苏联虽然批评了斯大林的个人崇拜、教条主义和形而上学，也试图进行改革，但并没有从根本上触动由斯大林时代延续下来的高度集中的经济政治体制。马克思主义、社会主义在苏联的暂时失效，在某种意义上可以说是过时了的僵化的、高度集中的经济政治体制的破产，是形而上学的破产。当然这只是事情的一个方面。

事情的另一个方面是，戈尔巴乔夫的"新思维"直接葬送了苏共和苏联社会主义。1985 年戈尔巴乔夫上台执政。戈氏上台后力倡改革。改革是苏联社会的内在要求。搞改革并没有错。问题是怎么改革，用什么思想

---

① 列宁：《谈谈辩证法问题》，载《列宁全集》第 55 卷，人民出版社 1990 年版，第 305、308 页。

指导改革。戈氏提出"新思维"作为改革的指导思想。戈氏的"新思维"一出笼，就获得各方面的喝彩。那什么是戈氏的"新思维"呢？用他自己的话说："新思维的核心：是承认全人类的价值高于一切，更确切地说，是承认人类的生存高于一切。"①戈氏屈服于外国帝国主义和国内反社会主义势力的压力，步步退让，直至宣布苏共解散，断送了世界上第一个社会主义国家。苏联的崩溃宣告了"新思维"的破产。戈氏"新思维"的出现不是偶然的。它是苏共二十大后出现的右的修正主义思潮逐步滋长、蔓延的结果。从赫鲁晓夫的"没有战争、没有武器、没有军队"的"三无世界"理论到戈尔巴乔夫的"人类的生存高于一切"的"新思维"，贯穿其间的是企图调和矛盾的形而上学和抽象的人道主义。

辩证法在我国的情况又如何呢？应当承认，毛泽东是辩证法的大师。1956年以后，他对斯大林的形而上学进行了尖锐的批评。他强调用对立统一规律观察社会主义社会。他在党内外的一些会议上和在同少数人的谈话时讲了许多尊重唯物论、尊重辩证法、尊重人民群众的话。在晚年，他的悲剧在于，他自以为坚持和发展了马克思主义，而实际上却背离了马克思主义；自以为坚持了唯物论辩证法，而实际上陷入了严重的唯心论形而上学。造成这种悲剧的原因是多方面的，从哲学上讲，其中之一是他对辩证法的理解过于简单化、公式化，对对立统一规律的理解过于简单化、公式化。这种简单化、公式化的理解导致思想上的主观性、片面性、绝对化。造成悲剧的另一原因是，他思想上的经验主义。他强调尊重实践，尊重群众，这完全正确。但他对实践如何转化为理论、感性认识如何上升为理性认识，对辩证思维在认识过程中的作用，缺乏深入细致的研究。经验主义导致主观与客观相分离，陷入主观主义。要做到实事求是，不仅要坚持唯物论，还要坚持辩证法。实事求是是唯物论与辩证法的统一。

恩格斯说得好："一个民族要想登上科学的高峰，究竟是不能离开理论思维的。"他又说："蔑视辩证法是不能不受惩罚的。"②无论从马克思主

---

① ［苏］戈尔巴乔夫：《改革与新思维》，苏群译，新华出版社1987年版，第184页。

② 恩格斯：《自然辩证法》，载《马克思恩格斯选集》第4卷，人民出版社1995年版，第285、300页。

义发展的正反两方面经验看，还是从社会正发生的深刻变革和科学技术革命的迅速发展看；无论从当前我国理论界的现状看，还是从广大干部的思维方式看，我们都应十分重视辩证法的研究，包括对黑格尔辩证法的研究。改革开放以来，我国哲学界比较重视主体性问题、人的问题、价值问题、文化哲学问题等的研究，并取得了巨大的进展，这是应充分肯定的。但对辩证思维的研究则很不够。这种状况亟须改变。我们要牢记上面所引的恩格斯的两句话，否则就要受到历史的惩罚，就不可能使中华民族站在时代的高峰，跻身于世界先进民族之林。

三、解放思想，实事求是，建设有中国特色社会主义

社会主义在苏联和东欧失败之后，"马克思主义已经死亡"，"马克思主义已经过时"的诳言曾在西方世界嚣张于一时。但马克思主义是人类智慧的结晶，科学的真理。它决不会因人们对它理解和应用上的失误而失去其真理的光辉，也不会因它的敌人宣布它的"死亡"而消失。今日西方资本主义社会阶级矛盾相对缓和，暂时无发生革命的可能，处于和平发展时期，与此相应的是革命的马克思主义确实处于低潮，但它没有死亡。只要资本主义制度存在一天，只要无产阶级没有获得彻底解放，马克思主义就不会过时、消失。西方资产阶级学者中的一些有识之士也承认马克思主义中有永恒价值的东西，是打不倒的。有的学者发出"回到马克思"的呼声。可以预言，一旦西方世界出现如同 20 世纪初期和 30 年代那样的大危机，马克思主义就必然会再度出现高潮。至于资本主义世界的卫道士们仍在肆无忌惮地攻击马克思主义，宣布它给 20 世纪人类所带来的"不幸"，这只能从反面证明：马克思主义的幽灵仍在威胁着资本主义制度的生存。马克思主义、社会主义在苏联和东欧的失败，这是事实。马克思主义、社会主义在中国取得了成功，这同样是事实。我们应对马克思主义、社会主义充满必胜的信念。

马克思主义包括哲学、经济学、科学社会主义、历史学、文化学、军事学等诸多方面，各国的情况也很不一样，因此，各国如何坚持和发展马克思主义也不可能一样。就我国而言，在当前及今后一个相当长的时期内

最根本的、最紧迫的任务是把社会主义现代化事业搞好，建设有中国特色的社会主义。我们的理论研究都必须围绕这一中心任务进行。是不是坚持和发展马克思主义，不能自封，不能靠宣传，而是由实践评判，群众来回答。只有当我们把物质文明建设和精神文明建设都搞得好好的，广大人民群众亲身感受到社会主义的优越性时，我们才能理直气壮地讲，我们坚持和发展了马克思主义。否则，你讲坚持和发展了马克思主义，人民群众心里并不服。

邓小平的建设有中国特色社会主义理论是在总结我国社会主义胜利和挫折的历史经验并借鉴其他国家社会主义兴衰成效历史经验的基础上逐步形成和发展起来的。它第一次比较系统地初步回答了中国如何建设社会主义的一系列基本问题，继承和发展了马克思主义、毛泽东思想，是当代中国的马克思主义。它是中国共产党人和中华民族智慧的结晶，是付出了巨大的代价而得来的，我们对它必须倍加珍惜，任何轻视、贬低它的意义和作用都是极端错误的；我们只能在此基础上前进。同时，我们又必须清醒地认识到，今日中国毕竟还处于社会主义的初级阶段，我们的理论不能不受这种客观社会条件的制约，我们虽然取得了举世瞩目的成就，但也面临着很多困难和问题。我们对社会主义社会的规律，有些已认识了，有些则还没有认识。我们面前还有一个很大的必然王国。我们还不能说已经成功地解决了如何巩固和发展社会主义的问题。总之，我们取得了伟大的成就，前途是光明的，但问题不少，困难很多，道路是曲折的。

实事求是是马克思主义、毛泽东思想的精髓，也是建设有中国特色社会主义理论的精髓。我们面临的问题，有些是久而未解决的老问题，如经济建设中的急于求成、农业问题、搞好国有大中型企业问题、党风问题、社会主义精神文明建设问题等；有些则是随着改革开放深入而出现的新问题，如东西部地区经济发展不平衡加剧的问题、个人收入和财产差距日益扩大而导致的两极分化问题、通货膨胀问题等。这些问题如何解决，从现有的本本上是找不到答案的，需要靠全党同志在建设有中国特色社会主义理论和党的基本路线的指引下，进一步解放思想，大胆地试，大胆地闯，在实践中不断地总结经验，对的就坚持，错的就及时纠正，不断地开拓创新。率由旧章，墨守成规，满足已有的经验，是不可能从根本上解决当前所面临的各种矛盾、问题和困难的。解放思想无止境，解放思想的任务仍很重。解放思想，实事求是是我们永远必须遵循的思想路线，是保证我们党永葆蓬勃生机的法宝，也是马克思主义、毛泽东思想和建设有中国特色社会主义理论具有强大生命力的源泉。

（刊《光明日报》1995 年 8 月 3 日）

百年社会主义的哲学反思

引言　应重视从哲学上反思百年社会主义

一百年前，在俄国共产党和列宁的领导下，俄国人民取得了十月社会主义革命的伟大胜利，开创了人类历史新纪元，社会主义由一种科学理论开始转化为实践，建设了一个人类历史上未曾有过的新社会。

一百年来，社会主义在艰难曲折中前行，既有过辉煌的胜利，也发生过严重的曲折，甚至连十月革命的故乡苏联也发生了资本主义复辟的历史悲剧。短视的西方资产阶级右派因而引发了一阵短暂的狂喜。他们得意忘形地妄言马克思主义死亡了、社会主义终结了。但有着十三亿人口的东方大国——中国的社会主义事业不仅没有像西方舆论界所希望的那样发生多米诺骨牌效应而倒塌，相反却取得令世界惊叹的人类奇迹，依然屹立于世界东方。苏联东欧剧变，历史走了回头路，社会主义在这些国家暂时失败了，这是令人痛心疾首的事实。但从人类总的历史进程来看，十月革命以来的百年仍是社会主义取得伟大胜利的百年。二十世纪决不是某些人所说是社会主义失败的世纪，而是社会主义胜利的世纪，苏联东欧剧变不过是社会主义新制度代替资本主义旧制度的历史过程中发生的暂时曲折，并不能改变社会主义代替资本主义的历史发展趋势。这是我们在纪念十月革命一百周年、反思社会主义百年历史时所持的基本立场、基本态度和基本观点。

马克思主义、社会主义在苏联的胜利与失败，是二十世纪的重大的世纪性的历史事件。自 1991 年苏共垮台、苏联解体以来的 26 年，国内外有关记述、解释、评论、反思和总结这一历史事件的文章和著作难以计数。因研究者的立场、观点、方法、境遇、经历、专业、视角、兴趣等等的不同而所得的结论自然也各不相同，一人一说，众说纷纭。有的研究者综合我国学术的研究文献，将苏联解体的原因分析概括为"人道的、民主的社会主义"的"错误路线说"（与此相近的有"葬送说"、"意识形态说"）、"和平演变说"、"斯大林模式说"、"上层领导集团自决说"、"经济落后说"、"军备竞赛拖垮说"、"民族矛盾说"、"必然结果说"等 25 种观点[1]。有位研究者选编了《苏联解体之争》一书，将"当前中外围绕苏联解体原因"归纳为"两种截然不同的观点"：一种观点认为，主要是由于戈尔巴乔夫领导集团背叛了马克思主义、共产主义理想和信念，极力推行"人道的民主的社会主义"，从而将苏联引向资本主义复辟，最终导致苏联解体；另一种观点认为，苏联解体的原因不应由戈尔巴乔夫领导集团承担责任，其根本原因是苏联的社会主义制度不能适应时代的要求，不能代表人类进步的历史方向，必然要遭到历史的抛弃。该研究者还列出其他观点作为第三方[2]。美国研究苏联问题著名学者大卫·科茨将对苏联解体的不同解释归纳为五种：计划经济的突然中止说；戈尔巴乔夫引入选举制度说；以美国为首的西方颠覆说；军备竞赛拖垮说；少数民族问题说。他对这五种解释都不同意，主张因苏共上层出了问题而解体，即"上层领导集团自决说"[3]。

笔者不从事政治学、社会学、历史学和社会主义史的研究，对上述观点无有深入了解，难以置评。但笔者发现，在论及苏共垮台、苏联解体这一重大历史事件时，鲜有学者从哲学视角加以审察论析。如列宁创建的共产党为何由马克思列宁主义为指导逐渐演变由人道的民主的社会主义为指导？又如，苏联的社会主义制度为何不能适应时代的要求、脱离人民而为历史、为人民所抛弃？再又如，旧中国经济、政治、文化等方面比沙皇俄国还落后，中国革命是俄国十月革命的继续，在怎样建设社会主义方

①　刘邦凡：《论苏联解体的原因与我党执政风险的治理》，《科学社会主义》2011 年第 5 期。

②　陈爱茹编：《苏联解体之争》前言，中国社会科学出版社 2013 年版，第 1—2 页。

③　大卫·科茨：《如何看待社会主义的过去、现在与未来》，《理论视野》2017 年第 7 期。又见《来自上层的革命——苏联体制的终结》，中国人民大学出版社 2008 年版。

面，苏联曾是我们的老师，老师没有能走出社会主义的困境遭致失败，而学生却开创了新路，走出了困境，使社会主义焕发了蓬勃生机，其中奥秘在哪里？

对上述问题的追问，实质上是一个更为深入的哲学问题。故笔者在纪念十月社会主义革命一百周年时尝试从哲学视角做一点思考，为解苏共垮台、苏联解体之谜作一点补充，并对推进当代中国特色社会主义事业提供有益的借鉴。

一、百年社会主义哲学反思所持的基本观点

苏共垮台、苏联解体，是多种因素综合的结果，任何用一两个因素都难以说明。从哲学上看，苏共垮台、苏联解体既有内因，也有外因，以内因为主；既有现实因，又有历史因，而以现实因为主；既有客观原因，又有主观原因，而以主观原因为主。其中的每一类原因，又非单一因素，而是包含诸多互相制约的多种复杂因素。

笔者虽然一直关注、思考这一跨世纪的问题，近几个月又阅读有关这一问题的国内外数十本书，但自知才疏学浅，不可能对上述诸多原因及复杂关系做出全面论析，现仅从主观与客观的关系上对主观因素做一简要说明。

有的论者依据马克思在《政治经济学批判》的序言中对"两个决不会"的论述（即"无论哪一个社会形态，在它所能容纳的全部生产力发挥出来以前，是决不会灭亡的；而新的更高的生产关系，在它的物质存在条件在旧社会的胎胞里成熟以前，是决不会出现的。"①），得出这样的结论：对俄国十月革命的评价，列宁与考茨基有根本分歧。考茨基认为，俄国十月革命胜利，是诞生了一个"怪胎"！这个怪胎，诞生在这个落后的俄国，是不可能长久生存的、发育的。历史证明考茨基当时的那些见解是正确的，列宁错了。必须恢复马克思"两个决不会"这一原理。依这种观点，

---

① 马克思：《〈政治经济学批判〉序言》（1859 年 1 月），载《马克思恩格斯选集》第 2 卷，人民出版社 1995 年版，第 33 页。

社会主义失败、苏联解体是必然的，中国也应退回去搞资本主义。针对上述"早产论"，笔者撰有《社会主义的"早产"与历史唯物主义——兼论人在历史选择中的决定作用》①。论文依据对马克思主义社会基本矛盾理论的唯物而辩证的理解，依据列宁、斯大林、毛泽东的基本思想和苏联、中国等社会主义的实践，批判庸俗生产力，批判"早产论"。

在没有经过发达资本主义阶段的落后国家建设社会主义确实面临着（如列宁所承认的）物质文化条件"还没有发展到可以实行社会主义的客观前提"的问题。但第一次世界大战激化了资本主义世界的矛盾，催生了革命的爆发。列宁正是抓住了"战争引起革命、革命制止战争"这一千载难逢的历史机遇，先用革命手段夺得政权，为发展生产力和物质文化提供前提条件，然后再利用新的上层建筑和新的生产关系，促进生产力和物质文化的发展。列宁批评考茨基、普列汉诺夫、苏汉诺夫一类人对马克思主义的理解迁腐到了极点，对马克思主义中具有决定意义的革命辩证法一窍不通。他指出："我们为什么不能首先用革命手段取得达到这个一定水平的前提，然后在工农政权和苏维埃制度的基础上赶上别国人民呢？"②毛泽东在总结人类社会发展规律时进一步指出："生产关系的革命，是生产力的一定发展所引起的。但是，生产力的大发展，总是在生产关系改变以后。"又说："一切革命的历史证明，并不是先有充分发展了的新生产力，然后再改造落后的生产关系，而是首先要造成舆论，进行革命，夺得政权，才有可能消灭旧的生产关系。消灭了旧的生产关系，确立了新的生产关系，这样就为新的生产力发展开辟了道路。"③列宁、毛泽东的上述思想是对马克思的社会基本矛盾理论的补充和发展。

总之，马克思主义主张的是辩证的历史的唯物主义，反对形形色色的唯心主义和形而上学。我们反对主观主义地看问题，主张一切从实际出发，主观与客观相一致，理论与实际相结合，在实践中检验真理、发展真理；反对形而上学的机械决定论，主张当客观因素具备了变化的可能性

---

① 刊陶德麟主编：《马克思主义哲学研究 2014（总第 14 卷）》，湖北人民出版社 2014 年版。

② 列宁：《论我国革命》（1923 年 1 月），载《列宁选集》第 4 卷，人民出版社 1995 年版，第 775—777 页。

③ 毛泽东：《读苏联〈政治经济学教科书〉的谈话》（1959 年 12 月—1960 年 1 月），载《毛泽东文集》第 8 卷，人民出版社 1999 年版，第 132 页。

时，人的主观能动性在客观可能性转化为现实性时具有决定的意义，应当充分发挥符合客观规律和客观实际的自觉能动性。百年社会主义胜利的实践证明辩证的历史的唯物主义是科学的真理。这是笔者在反思百年社会主义经验教训所持的基本哲学观点。

二、百年社会主义哲学反思应取实事求是的科学态度

社会主义实践是在马克思主义政党领导下的实践。因而对百年社会主义的反思，实际上是对在马克思主义指导下的百年社会主义的实践的反思。这就有一个以实事求是的科学态度对待马克思主义的理论和实践的问题，亦即用"不唯上、不唯书、只唯实"的态度对待马克思主义的理论与实践。

实事求是地对待马克思和恩格斯的社会主义理论。马克思和恩格斯只是依据辩证的历史的唯物主义理论揭示了人类社会发展的一般规律，分析了社会主义代替资本主义的必然趋势，并依据对当时欧美资本主义社会基本矛盾的分析，提出了未来新社会的若干设想。但他们从来没有为后来者制定实施社会主义的时间表及具体道路和蓝图。这是他们与空想社会主义者的一个显著不同之处。

实事求是地对待社会主义的历史。社会主义在不同社会历史条件下的具体实践中必然会有不同的特点，会发生某种变异，也会遇到种种困难和问题，会犯这样或那样的错误。真正的社会主义者只能在不断地总结经验教训，不断地自我反思、自我批判中纠错、完善和发展社会主义的理论和实践，全盘肯定或否定自己的理论和实践都不可取。

历史表明，对建设社会主义的历史取实事求是的科学分析态度不是一件容易的事。作为执政党往往容易夸大自己所取得的成就，而忽视存在的问题、所犯的错误。苏联在斯大林时期，过分夸大了取得的成绩、胜利，而对存在的问题、缺点和错误的认识则很不够，结果直接导致对苏联社会所处的历史阶段认识上的错误，急于向共产主义过渡，由此引出在社会主义建设的路线、方针和政策上的一系列错误。赫鲁晓夫，尤其是戈尔巴乔夫，在纠正斯大林时期的缺点、错误时则走向另一极端，夸大了斯大林时期的问题、错误，甚至采取历史虚无主义态度，全盘否定成绩，抹黑、丑

化这一时期的历史。全盘否定斯大林，实即全盘否定斯大林领导苏联人民取得的伟大成就，全盘否定苏共的历史，最后必然导致否定社会主义、否定马克思主义、否定共产党，其结果只能是苏共垮台、苏联解体，资本主义复辟，受到历史的惩罚。在受到灾难性的惩罚后，俄罗斯人民才醒悟到斯大林虽然犯有严重的错误，但不能丑化他，不能全盘否定他。斯大林是有功于俄罗斯现代化、使落后的俄罗斯变成欧洲第一强国的领袖人物。在这一点上，第二次世界大战时任英国首相的丘吉尔在 1959 年对斯大林的评价比当时的诸多人更为客观、公正些①。

建设社会主义的实践是在理论指导下的实践。实践上的错误反映了理论上的局限性、不完善以至错误。当然，实践上的错误是理论运用过程中的错误，并不等于理论上的错误，对此要进行具体地分析。实践上的成功和错误都是宝贵财富，都要认真总结，尤其是错误的，甚至是失败的教训。因为，正面经验能告诉我们社会主义是什么，应怎么做；反面教训则能告诉我们社会主义不是什么，不应怎么做。只有有了正反两方面的经验，我们对社会主义的认识才是全面的、深刻的。这需要一个历史过程，不能苛求于探索者、先行者。

实事求是地对待当代的社会主义的实践及理论。我们今天对社会主义的反思，自然应立足于今天的社会主义实践和今天的认识。这是毫无疑义的。我们今天对社会主义的理解和认识，比起我们的先辈来讲，已大大地前进了，这是必须肯定的。但能否说，我们今天对什么是社会主义、如何建设社会主义已完全搞清楚了？恐怕不能。否则怎能解释现实中存在的种种矛盾和问题呢？我们正处于并将长期处于社会主义初级阶段，不仅今天不能说已完全搞清楚了，即使几十年甚至上百年后也不能说已完全搞清楚了。因此，我们要以实事求是的科学态度来对待今天的理论和实践，决不能陶醉于今天的成就和胜利，盲目自信和自大，更不能认为我们今天的社会主义理论和实践已是终极性的成果。"后之视今，

---

① 1959 年 12 月 21 日（恰逢斯大林 80 周年诞辰日），丘吉尔在英国议会发表的演说中说："斯大林是个卓越的人物，令我们残酷的时代敬仰，他在其中奉献了一生。"斯大林是"经受岁月艰难考验时领导俄罗斯的一位天才，是不屈不挠的统帅。他接手的是用犁耕地的俄罗斯，留下的是原子装备的俄罗斯。无论我们说他什么，历史和人民不会忘记这样的人物"。

亦犹今之视昔也。"（王羲之《兰亭集序》）社会主义依然在探索中、实践中、创新中，急不得啊！

三、实事求是思想路线是赢得社会主义胜利的法宝

人类实践经验和辩证唯物主义告诉我们："人们要想得工作的胜利即得到预想的结果，一定要使自己的思想合于客观外界的规律性，如果不合，就会在实践中失败。"[①]这是毛泽东在中国革命实践中，尤其是在中国革命战争的实践中得出的科学结论。人们做任何事情，无论是成功还是失败，均有复杂的因素。在客观条件具备变化发展的条件卜，主观符合客观、主观的努力则对事业的成败具有决定的意义。

（一）从社会主义在苏联由胜利到失败的比较看实事求是思想路线的意义

俄国是军事封建帝国主义，搞社会主义的客观条件虽然不充分，但在列宁、斯大林领导下社会主义取得了胜利，而在经赫鲁晓夫、勃列日涅夫、戈尔巴乔夫之后却遭到失败、出现了历史的大倒退，这是为什么？

列宁在帝国主义时代分析了帝国主义的矛盾和特征，揭示了帝国主义政治经济发展不平衡的绝对规律，提出社会主义可以在一国或数国首先获得胜利的理论，改变了马克思恩格斯的社会主义革命在主要资本主义国家同时胜利的结论，并取得十月社会主义革命的胜利。苏联人民在十月革命后战胜了英、法、美、日等十四个帝国主义国家的武装干涉，取得国内战争的胜利，建立了世界上第一个社会主义国家。国内战争结束后，列宁从实际出发，及时由战时共产主义政策转变到新经济政策，改变了脱离实际、超越历史阶段的直接向共产主义过渡的做法，实行粮食税，取代余粮收集制；允许私人自由贸易，恢复商品货币关系；允许私人小工业企业

---

① 毛泽东：《实践论》（1937年7月），载《毛泽东选集》第1卷，人民出版社1991年版，第284页。

发展；实行租让制、租赁制等国家资本主义，利用资本主义，建设社会主
义；国有企业进行经济核算，实行按劳分配和物质奖励；提倡合作制，引
导农民通过合作社走向社会主义；全力发展生产力，发展现代化大工业，
创造比资本主义更高的劳动生产率；坚持和巩固无产阶级专政，加强党的
建设和政权建设等。与书本上的社会主义相比，列宁承认，"我们对社会
主义的整个看法根本改变了"[①]。十月革命后，针对国际共运中"左"的幼
稚病，列宁强调马克思主义要与各国具体实际相结合，指出："马克思主
义的精髓，马克思主义的活的灵魂：对具体情况作具体分析。"[②] 正是基于
对马克思主义精髓的理解和运用，列宁在如何建设社会主义问题上强调从
俄国实际出发，根据实践经验来谈论社会主义、建设社会主义，从而根本
改变按照书本来建设社会主义的观念。

列宁逝世后，斯大林在极其艰难困苦的条件下，继承列宁的事业，
沿着列宁开辟的道路，领导苏联人民，在短时间内独立自主地实现了社
会主义工业化、农业集体化，使落后的俄国变成欧洲第一强国、世界第
二大国，并在第二次世界大战期间，成为反对德、日、意法西斯主义的
主力，取得了卫国战争的伟大胜利和世界反法西斯战争的胜利，为人类
免于法西斯主义奴役做出了伟大贡献。作为世界上第一个社会主义国家，
无先例可循，一切在探索、试验中前进，自然存在着诸多问题，犯有这
样那样的错误，但与当时处于严重危机的资本主义世界相比，苏联社会
主义制度的优越性是显而易见的[③]。社会主义在苏联取得伟大胜利是不争

---

① 列宁：《论合作社》（1923 年 1 月），载《列宁选集》第 4 卷，人民出版社 1995 年版，
第 773 页。

② 列宁：《〈共产主义〉》（1920 年 6 月 12 日），载《列宁选集》第 4 卷，人民出版社 2012
年版，第 213 页。

③ 陈独秀在 1934 年国民党狱中写的《辩诉状》中说：共产主义在经济学上是一种比资本
主义更高度发展的生产制，犹之资本主义较高于封建生产制也。"此一种生产制，决
非予等之空想。经济落后之俄国，已有初步试验，而获得初步成功。全世界所有资本
主义生产制的国家无不陷于经济恐慌的深渊，独苏俄日即繁荣。此一新的生产制之明
效大验，众人之所周知也。"（引自强重华、王树棣等编：《陈独秀被捕资料汇编》，河
南人民出版社 1982 年版，第 213 页）要知道，此时的陈独秀已离开了中国共产党，成
为中国托派首领，对斯大林和联共持反对的态度。陈独秀上述对苏联社会主义优越性
"明效大验"的肯定更具有客观性。

的历史事实。

斯大林去世后，尤其是从 1956 年苏共二十大以后，苏共开始纠正斯大林时期的错误，平反冤假错案，重视物质利益原则，在政治、经济、思想文化等方面试图改革高度集权的体制，以有利社会主义的发展和社会进步。但赫鲁晓夫对苏联国情的认识依然循着斯大林时期的成见，对斯大林时期形成的体制并没有根本触动，且急于向共产主义过渡。赫鲁晓夫在思想方法方面存在着严重的主观主义和唯意志论，在 1961 年苏共二十二大上宣布要在 1980 年初步建成共产主义，完全脱离了客观实际，超越了历史阶段。这是一个方面。另一方面，赫鲁晓夫在纠正斯大林时期忽视民主、自由、人权、人道和阶级斗争严重扩大化的错误时，又走向另一极端，抛弃了阶级斗争和无产阶级专政理论，提出"没有军队、没有武器、没有战争"的"三无世界"空想和"全民党、全民国家"的修正主义理论，将马克思主义人道主义化。

继赫鲁晓夫时期之后的勃列日涅夫时期，改革处于停滞状态，僵化的体制严重制约苏联的发展；长期以来存在的特权阶层演变为特权阶级①；意识形态领域中马克思主义的人道主义化进一步发展，逐渐取得主导地位。在 1985 年戈尔巴乔夫上台时，苏联社会已潜伏着严重的危机，改革迫在眉睫。改革是走出困境的唯一出路。问题是如何改？以什么指导思想改？向何处改？戈尔巴乔夫任苏共总书记时 54 岁，改变了苏共长期以来老年执政甚至病夫执政的窘境。党和人民对他寄予希望。

---

① 大卫·科茨和弗雷德·威尔在《来自上层的革命——苏联体制的终结》一书认为："在20 世纪 80 年代，绝大多数党国精英都是追求名利和地位的人"，这些人认为在资本主义制度下可以生活得更好（引自中国人民大学出版社 2008 年版，第 117—118 页）。该书引用美国的苏联问题专家卡尔伯格（Kullberg Judith S.）在 1991 年 6 月对苏联精英分子（涵盖了上中政府官员）的意识形态的随机抽样调查：76.7%的人主张支持资本主义，12.3%的人支持民主社会主义，只有 9.6%划为共产主义者（《来自上层的革命——苏联体制的终结》，中国人民大学出版社 2008 年版，第 121 页）。"苏联垮台以后两年，苏联 15 个加盟共和国中的 11 个，他们的首领都是苏联共产党的最高领导，其中五人曾是苏联共产党政治局委员。"（《来自上层的革命——苏联体制的终结》，中国人民大学出版社 2008 年版，第 117 页）"叶利钦总统身边的 75%的领导人均来自苏联精英阶层。"（《来自上层的革命——苏联体制的终结》，中国人民大学出版社 2008 年版，第131 页）

戈尔巴乔夫是在苏共二十大后非斯大林化时代成长起来的，在指导思想上深受国内外抽象人道主义思潮的影响，又屈服于西方帝国主义的压力，逐渐离开了马克思列宁主义。他先提出以"全人类共同利益高于一切"为核心的"新思维"，随后又提出"人道的民主的社会主义"，并以此作为改革的指导思想和政治纲领。以"全人类共同利益高于一切"为核心的"新思维"和"人道的民主的社会主义"在言辞上很好听，似乎也很有道理，谁能反对全人类共同利益？谁能不赞成社会主义需要自由、民主、人道、人权？但戈尔巴乔夫的这一套理论完全脱离了当代世界和苏联社会的实际，完全背弃了马克思列宁主义的阶级斗争和无产阶级专政理论。戈尔巴乔夫领导的改革，放弃了马克思列宁主义的指导和共产党的领导，背离社会主义道路，最终酿成苏共垮台、苏联解体的苦果①。苏共垮台、苏联解体是"20 世纪地缘政治的最大的灾难"，对俄罗斯人民来说是一个悲剧（普京语）。

经历过艰难曲折、付出了巨大代价、取得过辉煌的苏共和苏联，在戈尔巴乔夫掌权 6 年后的短短时间就自行解散、分崩离析，这不仅是赫鲁晓夫、勃列日涅夫们所没有想到的，也是连戈尔巴乔夫上任苏共总书记时也未曾料到的！甚至像布热津斯基这样的极右的资产阶级政治家也没有想到苏共垮台、苏联解体来得如此之快，不到预料的百年时间②。社会主义在苏联由胜利到失败原因何在？虽然国内外有种种解释，从哲学

---

① 在斯大林逝世后的 20 世纪 60—90 年代，苏联人道主义思潮的主要代表人物是哲学家、人学家 N.T. 弗罗洛夫（1929—1999）。弗罗洛夫 1953 年毕业于莫斯科大学哲学系，后获哲学博士，升任教授。从 1968 年起，先后担任《哲学问题》、《共产党人》和《真理报》主编，1987 年任戈尔巴乔夫助手，1989—1990 年任苏共中央书记处书记，1990—1991 年任苏共政治局委员，1991 年组建世界上独一无二的"人学研究所"，自任所长。弗罗洛夫自认为，他的人道主义理论为戈尔巴乔夫的"新思维"和人道的民主的社会主义提供了理论基础，对苏联的改革产生过重要影响。"戈尔巴乔夫领导的改革，离开生产力的发展奢谈人道主义和社会民主，是不可能不失败的。因为苏联改革的基本设想是建立在对自由的追求的空想之上。""苏联改革的失败，从哲学的角度看，弗罗洛夫本人有着直接的责任。"引自安启念：《俄罗斯向何处去——苏联解体后的俄罗斯哲学》，中国人民大学出版社 2003 年版，第 221—241 页。

② 参见布热津斯基：《大失败：二十世纪共产主义的兴亡》，军事科学出版社 1989 年版，第 287 页。

上进行比较反思看，最根本的是苏联共产党出了问题，主观脱离了客观，思想路线、政治路线完全脱离了苏联和世界的实际。这值得一切研究者深思。

（二）从社会主义在中国的胜利与在苏联的失败的比较看实事求是思想路线的意义

在落后国家建设社会主义，这是一道跨世纪的历史难题。苏共搞了74年没有能跨过世纪而垮台。旧中国就经济、政治、科学、文化等基础条件而言，远不如十月革命前的俄罗斯。中国革命以俄为师，是十月革命的继续。但后起的学生——中国共产党人，不仅在民主革命方面突破了西方革命首先在城市取得胜利的传统框框，创造性地开辟了以农村包围城市的道路而取得了伟大胜利；紧接着又在社会主义革命、建设和改革开放上开辟了新路，虽然其中经历过严重的曲折，付出了沉重的代价，但最终走出了困境，取得巨大成绩，创造了令世界瞩目的奇迹。为什么马克思主义、社会主义在中俄两国出现截然不同的命运？原因何在？比较研究有助于找到最深刻的答案。

经过长期思考，笔者认为，最根本的原因是中国共产党在革命、建设和改革开放过程中正确理解和运用马克思主义的精髓，在总结实践经验基础上，吸取中国传统文化优秀成果，形成了具有中国特点的实事求是的思想路线。重视思想理论建设，重视思想路线教育，是中国共产党的一个显著特点，也是中国共产党的一个显著的优点。相比之下，苏共在列宁逝世后，不重视思想理论建设，没有能形成实事求是的思想路线，更谈不到思想路线教育。正是中共与苏共两者在这方面的不同导致两党的不同命运。

中国共产党重视思想理论的建设和思想路线教育是同它的领导人毛泽东密切相连的。毛泽东在青年学生时就酷爱哲学，有一颗哲学头脑，提出"改造中国，宜从改造哲学、伦理学入手"和"普及哲学"等主张。成为马克思主义者之后，他继续喜爱哲学，重视哲学的学习、研究和运用。他在把马克思列宁主义普遍真理与中国具体实际结合过程中，善于从哲学上思考中国革命问题，分析中国社会矛盾的特点和中国革命的特点，从而冲破了"城市中心"的框框，开辟了以农村包围城市、武装夺取全国政权的道路。他善于从主客观的关系上总结中国革命的经验教训，批判主观主义，形成了一切从实际出发、调查研究、在实践中检验真理和发展真理的实事求是思想路线，并从哲学上进行概括总结，产生了《实践论》和《矛盾论》。《实践论》和《矛盾论》是马克思主义哲学、中国革命经验和中国优秀传统哲学三者结合的成果，发展了马克思主义认识论和辩证法，是马克思主义哲学中国化的典范，为党的实事求是的思想路线奠定了理论基础。《实践论》和《矛盾论》的重要贡献之一是将马克思主义哲学化为共产党的实事求是的思想路线。

毛泽东明确提出哲学是领导干部的必修课，把学哲学、用哲学放在思想理论建设首位。在延安整风运动中，他亲自领导和组织干部学哲学、用哲学，克服思想上的主观主义，从而在根本上提高了全党的马克思列宁主义理论水平，统一了全党的思想，纠正了错误路线。延安整风运动实际上是一次学习唯物论辩证法、批判唯心论形而上学的哲学运动，许多干部终身受益，产生了深远的影响。经毛泽东的提倡，学哲学、用哲学成了中国共产党的优良传统，哲学成了全党的事业和整个民族的事业。正是在实事求是的思想路线的指引下，我们取得了新民主主义革命和社会主义改造、社会主义建设的伟大胜利。

在社会主义时期，毛泽东仍注意从主客观关系上、从哲学上总结苏联和我国建设社会主义的历史经验。苏共二十大后，他认为，苏联许多批评斯大林错误的文章没有提到或很少提到"主观犯错误"、"思想不对头"。他从为，斯大林犯错误就是"他的主观跟客观实际不相符"[①]。他指出，斯大林犯错误，从思想上、哲学上讲是部分地、严重地离开唯物论辩证法，搞了唯心论形而上学，否认社会主义社会存在矛盾，要么这样，要么那样。毛泽东的这些论述是深刻的。斯大林思想上的主观主义、社会主义社会无矛盾论确实是导致苏联体制僵化的哲学根源。

毛泽东认为赫鲁晓夫对斯大林的批评，破除了对斯大林和苏联的迷信，解放了思想，有值得肯定的积极的一方面；另一方面，赫鲁晓夫则

---

① 毛泽东:《增强党的团结，继承党的传统》(1956 年 8 月 30 日)，载《毛泽东文集》第 7 卷，人民出版社 1999 年版，第 89—90 页。

既丢了马列主义的根本原则，又没有抓住斯大林错误的主要之点。他指出："苏联文件不重视理论，没有理论兴趣，不讲哲学，文法也不对，光说些事务上的事。……不讲这些东西，于革命事业不利。"①只要翻阅一下苏共党建理论著作就可知毛泽东的批评是符合实际的②。他又认为，赫鲁晓夫们很幼稚，他们不懂马列主义，易受帝国主义的欺骗。赫鲁晓夫的宇宙观是实用主义，他缺乏章法，只要有利，随遇而变③。赫鲁晓夫把"一切为了人，为了人的幸福"、"和平、劳动、自由、平等、博爱和幸福"等抽象的、空泛的口号作为奋斗的目标和纲领。对此，毛泽东说，在苏联党的干部队伍中有一个特殊的阶层，他们有权、有势、有钱。赫鲁晓夫代表了社会主义社会中的高薪阶层。"这个高薪阶层对低薪阶层毫无人道主义，而赫鲁晓夫却大讲人道主义。其实，现在苏联社会是很不公正的、很不人道的，两极分化，贫富悬殊已经出现了。"赫鲁晓夫讲的全民党是一种欺骗。"所以说赫鲁晓夫的思想是一个唯心主义的、实用主义的、或者说是主观唯心主义的。"④苏东剧变后，国内外很少有从主观与客观关系上反思，从主观与客观是否一致上反思。西方资产阶级右派（如布热津斯基）把马克思主义、共产主义看成是无法实现的乌托邦，这当然是一种无知的歪曲和偏见。但他们确实在某种程度上指出苏联共产党在实践上脱离了现实，陷入"强制性的乌托邦"，从而最终导致悲剧、失败⑤。

---

① 毛泽东：《在南宁会议上的讲话提纲》（1958 年 1 月 16 日），《建国以来毛泽东文稿》第 7 册，中央文献出版社 1992 年版，第 16—18 页。

② 笔者在撰写《学习毛泽东党的理论建设三题》［刊《湘潭大学学报（哲学社会科学版）》2010 年第 5 期，又收入《从历史衡量毛泽东》，湘潭大学出版社 2010 年版］一文时曾查阅了中央党校图书馆有关苏联从 30 年代到 80 年代的党建理论著作，其中有斯列波夫主编的《党的建设研究提纲》（30 年代）、《苏联共产党的建设论文集》（第一、二集，50 年代初）、苏共中央马克思列宁主义研究院集体编写的《社会主义国家党的建设》（80 年代）等。

③ 毛泽东：《关于国际形势的讲话提纲》（1959 年 12 月），《建国以来毛泽东文稿》第 8 册，中央文献出版社 1993 年版，第 601 页。

④ 毛泽东在 1961 年 9 月 19 日中共中央常委会讨论《苏共纲领草案》会上的讲话，转引自吴冷西：《十年论战》，中央文献出版社 1995 年版，第 463、464 页。

⑤ 参见布热津斯基：《大失控与大混乱》第一部分第三章，中国社会科学出版社 1994 年版。

作为马克思主义、毛泽东思想精髓的实事求是说起来容易，做起来很难。客观世界是不断变化的、发展的。在这件事上做到了实事求是，不等于在另一件事上一定能做到实事求是。过去做到了实事求是，不等于今天、明天一定能做到实事求是。如上所述，毛泽东从世界观、方法论上批评斯大林、赫鲁晓夫的错误，但他面对一连串的胜利，在1957年后骄傲了，急躁了，对解决落后国家建设社会主义这一跨世纪的历史难题的艰难性、复杂性、曲折性和长期性认识很不够，于是出现了一面大讲学哲学，大讲唯物主义，大讲辩证法，而另一面在实践中，唯心主义盛行，形而上学猖獗，跌了跤，社会主义大试验出现了严重曲折。

值得庆幸的、也是与苏共不同的是，在毛泽东思想的哺育下，党内形成了一批具有哲学修养的治党、治国和治军的领导干部。在毛泽东逝世后，邓小平、陈云等正是用毛泽东的哲学思想，即毛泽东一贯倡导的实事求是思想来纠正毛泽东晚年的错误。他们明确而坚定地肯定和维护毛泽东的伟大历史地位和毛泽东思想的指导意义。他们继承了学哲学、用哲学的优良传统，提出全党要学马克思主义哲学，重点是学毛泽东的《实践论》《矛盾论》等哲学著作。陈云说，毛泽东亲自三次给他讲要学哲学，他学习后受益很大。根据自己的切身体验，他指出："在党内，在干部中，在青年中，提倡学哲学有根本的意义。现在我们的干部中很多人不懂得哲学，很需要从思想方法、工作方法上提高一步。只有掌握马克思主义哲学，思想上、工作上才能真正提高。"[1] 邓小平十分赞成陈云的意见，指出："历史决议中关于毛泽东同志对马克思主义哲学的贡献，要写得更丰富，更充实。结束语中也要加上提倡学习哲学的意思。"[2] 根据邓小平、陈云的意见，《关于建国以来党的若干历史问题的决议》专门写了"毛泽东思想的活的灵魂"，论述了实事求是、群众路线和独立自主的思想，充分肯定毛泽东对发展马克思主义哲学所做出的贡献。在此后，邓小平结合改革开放的实践一再说明，实事求是，是马克思主义

---

[1]　陈云：《对起草〈关于建国以来党的若干历史问题的决议〉的几点意见》（1981年3月），《陈云文选》第3卷，人民出版社1995年版，第285页。

[2]　邓小平：《对起草〈关于建国以来党的若干历史问题的决议〉的几点意见》（1981年4月），《邓小平文选》第2卷，人民出版社1994年版，第304页。

的精髓，是毛泽东思想的精髓，中国革命、建设和改革开放就是靠实求是。在改革开放新时期的《中国共产党章程》始终明确指出："党的思想路线是一切从实际出发，理论联系实际，实事求是，在实践中检验真理和发展真理。"

正是在解放思想、实事求是思想路线指引下，我们党不仅纠正了毛泽东晚年的错误，冲破了过时的、传统的社会主义观念、体制，而且大胆试验，开拓创新，不断总结新经验，形成了中国特色社会主义的理论，开辟了中国特色社会主义的道路，使社会主义走出困境，走向新的复兴和胜利。也正是在解放思想、实事求是思想路线指引下，中国共产党在新的伟大时代，与时俱进，不断推进马克思主义的中国化、时代化和大众化，形成了邓小平理论、"三个代表"重要思想、科学发展观和习近平新时代中国特色社会主义思想，丰富和发展了马克思主义、毛泽东思想。

总之，解放思想、实事求是，是马克思主义的精髓、毛泽东思想的精髓、中国特色社会主义理论的精髓，是中国共产党不断夺取胜利的法宝，是创造中国奇迹的哲学奥秘。

四、发扬学哲学、用哲学的好传统，夺取新的伟大胜利

鉴于对全面实现社会主义现代化任务的艰难性、复杂性、曲折性和长期性的认识，笔者从 20 世纪 90 年代起就认为，中国特色社会主义要经历一个正、反、合的辩证发展过程。党的十八大以来，中国特色社会主义已进入"合"的新阶段①。党的十九大正式宣告我国进入中国特色社会主义新时代，形成了习近平新时代中国特色社会主义思想。

我们靠解放思想、实事求是赢得中国革命、建设和改革开放的伟大胜利。贯穿于毛泽东思想、邓小平理论、"三个代表"重要思想和科学发展

---

① 详见拙文：《着眼于理论的新发展进行比较》，《中国人民大学学报》2000 年第 5 期；《中国特色社会主义的"正反合"》，《毛泽东思想研究》2014 年第 4 期。

的灵魂和精髓是解放思想、实事求是。习近平新时代中国特色社会主义思想的灵魂和精髓依然是解放思想、实事求是，依然是马克思主义哲学——辩证唯物主义和历史唯物主义。

党的十八大以来，以习近平同志为核心的党中央继承和弘扬我们党重视学哲学、用哲学的优良传统。习近平同志指出："马克思主义哲学深刻揭示了客观世界特别是人类社会发展的一般规律，在当今时代依然有着强大的生命力，依然是指导我们共产党人前进的强大思想武器。我们党自成立起就高度重视在思想上建党，其中十分重要的一条就是用马克思主义哲学教育和武装全党。学哲学、用哲学是我们党的一个好传统。"为此，他两次主持中央政治局集体学习历史唯物主义和辩证唯物主义，"目的是推动我们对马克思主义哲学有更全面、更完整的了解。"他指出：为了实现"两个一百年"的奋斗目标，必须不断地接受马克思主义哲学的滋养，更加自觉地坚持和运用辩证唯物主义的世界观和方法论。增强辩证思维、战略思维能力，努力提高解决我国改革开放发展基本问题的能力。学习历史唯物主义基本原理和方法论，更好地认识国情，更好地认识党和国家事业发展形势，更好地认识历史规律，更加能动地推进工作，不断总结经验，不断实现理论创新和实践创新，发展 21 世纪马克思主义。他又指出：党的各级领导干部特别是高级干部，要原原本本学习和研读经典著作，努力把马克思主义哲学作为自己的看家本领，坚定理想信念，坚定正确政治方向，提高战略思维能力、综合决策能力和驾驭全局能力，团结带领人民不断书写改革开放新篇章①。

马克思主义哲学是科学的世界观、方法论和价值观，是人类智慧的结晶。一个领导干部的理论修养、领导能力、意志品格、精神境界和建功立业如何，同他的哲学修养、能否自觉地学哲学、用哲学关系极大。习近平同志重视哲学的学习运用是一贯的。他自觉继承和弘扬毛泽东倡导的学哲学、用哲学优良传统。这是他能从地方到中央，成为总书记和人民领袖的一个内在的本质性因素。他在任福建省领导时

---

① 详见《推动全党学习和掌握历史唯物主义，更好地认识规律更加能动地推进工作》，《人民日报》2013 年 12 月 5 日；《坚持运用辩证唯物主义世界观方法论，提高解决我国改革发展基本问题本领》，《人民日报》2015 年 1 月 25 日。

在《中共福建省委党校学报》（2001年第9期）上发表《略论〈关于费尔巴哈的提纲〉的时代意义》的论文，指出："哲学的根本任务是改造世界，马克思主义哲学为我们提供了认识世界和改造世界的强大武器。""在新世纪的社会主义改革和建设征程中，面对发展社会主义市场经济中的许多新情况、新问题，我们仍然要坚持马克思主义哲学为指导，努力认识和探索社会主义市场经济发展的内在规律，不断改革创新、开拓前进。"他在担任浙江省领导时在《哲学研究》（2006年第4期）上发表《与时俱进的浙江精神》，论说在坚持和发展"自强不息、坚韧不拔、勇于创新、讲求实效"的浙江精神的同时，要与时俱进地培育和弘扬"求真务实、诚信和谐、开放图强"的精神。这两篇论文，表明习近平同志善于自觉地运用马克思主义哲学指导工作，总结实践经验，不断创新奋进。他在《浙江日报》"之江新语"专栏上发表的短论（后编辑成《之江新语》一书）每篇平均不到900字，但论事析理，既生动活泼、简洁易懂，又富有哲理，意蕴深刻，是在领导工作中学哲学、用哲学的理论成果，从一个方面为领导干部学哲学、用哲学提供了范例。

党的十七大后，习近平同志到中央工作后兼任中央党校校长。他在中央党校开学典礼的多次讲话中反复阐明读书学习的重要意义，读马列经典著作的重要意义，读马克思主义哲学著作、尤其是读毛泽东的《实践论》《矛盾论》等哲学著作的重要意义。他指出：《实践论》《矛盾论》是毛泽东哲学思想的代表性著作，"对中国革命的历史经验作出哲学总结，丰富和发展了马克思主义的认识论和辩证法"。《实践论》《矛盾论》为党的实事求是思想路线奠定了理论基础。在它们之后的中国革命的理论和实践在一定意义上讲可以看成是对它们的运用、发展和证明。《实践论》《矛盾论》是中国共产党人赢得伟大胜利的法宝。在党的十九大前夕，在纪念《实践论》《矛盾论》发表80周年之际，习近平同志又一次提出全党领导干部学习《实践论》《矛盾论》，发扬学哲学、用哲学的优良传统，要求将学哲学、用哲学常态化。这对提高增强党的执政本领，夺取新时代中国特色社会主义胜利有着重要意义。

党的十九大，既是一次团结胜利、充满自信的大会，谋划未来、鼓舞奋进的大会；又是一次不忘初心、牢记使命的大会，居安思危、戒骄戒躁的大会。习近平新时代中国特色社会主义思想是坚持解放思想、实事求是、与时俱进、求真务实思想路线所取得的重大理论创新成果。习近平同志在大会上所做的报告贯穿了唯物辩证法精神。他指出，我们党创造了一个又一个彪炳史册的人间奇迹。今天我们比历史上任何时期都更接近、更有信心和能力实现中华民族伟大复兴的目标。但他紧接着又说："行者百里半九十。中华民族伟大复兴，绝不是轻轻松松、敲锣打鼓就能实现的。全党必须准备付出更为艰巨、更为艰苦的努力。""社会是在矛盾运动中前进的，有矛盾就会有斗争。"全党必须进行具有许多新的历史特点的伟大斗争，"要充分认识这场伟大斗争的长期性、复杂性、艰巨性，发扬斗争精神，提高斗争本领，不断夺取伟大斗争新胜利。"党的十八大以来，从严治党，正风肃纪，反腐惩恶，取得了压倒性胜利，深得党心民心。但党内存在的思想不纯、组织不纯、作风不纯等突出性问题尚未得到根本解决。要深刻认识党面临的"四大考验"和"四大危险"。"全面从严治党永远在路上"。习近平同志在结束报告时又指出："全党一定要保持艰苦奋斗、戒骄戒躁的作风，以时不我待、只争朝夕的精神，奋力走好新时代的长征路。"[1]我们要全面理解和贯彻十九大精神，在充分肯定取得伟大成就、对未来具有充满必胜信心的同时，更要有完成肩负历史使命的居安思危的忧患意识，更要有永远务必保持戒骄戒躁和艰苦奋斗作风的自觉、自省、自警。

客观世界与人类实践的发展一刻也不会停止，永无止境，因此主观与客观、理论与实践的统一是具体的、历史的。今天统一了，但随着客观、实践的发展，明天就需要重新统一。"坚持实事求是不是一劳永逸的，在一个时间一个地点做到了实事求是，并不等于在另外的时间另外的地点也能做到实事求是。"[2]因此，实事求是要年年讲、月月

---

① 习近平：《决胜全面建成小康社会 夺取新时代中国特色社会主义伟大胜利》（2017年10月18日），《中国共产党第十九次全国代表大会文件汇编》，人民出版社2017年版，第1、2、12、13、49、56页。"四大考验"：即"执政考验"、"改革开放考验"、"市场经济考验"和"外部环境考验"。"四大危险"：即"精神懈怠危险"、"能力不足危险"、"脱离群众危险"和"消极腐败危险"。

② 习近平：《坚持和运用好毛泽东思想活的灵魂》（2013年12月26日），《习近平谈治国理政》，外文出版社2017年版，第26页。

讲、天天讲。要在实践中大胆地试、大胆地闯，不断认识新情况，解决新问题，不断总结经验，不断推进理论创新和实践创新。一个正确的认识需要经过实践、认识、再实践、再认识的反复多次才能完成。对落后国家建设社会主义规律的认识需要一百年乃至数百年的时间，短了是不行的，急不得，久久为功①。要经常反思我们的理论、路线、纲领、方略、规划、方案和办法是否符合当今世界和中国实际，是否符合客观规律，是否真有道理，而不只是美好的、善良的、主观的愿望。要在实践中自觉地检验、修正和完善已有的理论、路线、纲领、方略、规划、方案和办法。

为贯彻落实好党的十九大精神，我们要积极响应习近平同志的号召，发扬学哲学、用哲学的好传统，要更全面、更完整地学习和理解马克思主义哲学、尤其是毛泽东哲学，坚决反对以实用主义、教条主义的态度对待马克思主义。学哲学、用哲学要紧密结合工作实际和思想实际，化理论为方法，化理论为德性，知行合一，在改造客观世界和主观世界上下功夫，防止思想上的主观性、片面性和表面性，防止绝对化、简单化和庸俗化。

---

① 经历过曲折后的毛泽东多次指出：对于社会主义建设客观规律的认识有一个历史过程，中国要赶上和超过世界上最先进的国家，没有一百多年的时间是不行的（毛泽东：《在扩大的中央工作会议上的讲话》（1962年1月30日），载《毛泽东文集》第8卷，人民出版社1999年版，第301—302页）。他又指出：巩固和发展社会主义需要很长时间，"几十年内是不行的，需要一百年到几百年的时间才能成功。在时间问题上，与其准备短些，宁可准备长些；在工作问题上，与其看得容易些，宁可看得困难些，这样想，这样做，较为有益，而较少受害。"（中共中央文献研究室编：《毛泽东年谱（1949—1976）》第5卷，人民出版社2013年版，第370—371页）邓小平在经历改革开放、苏联东欧剧变后也说："垮起来很容易，建设就很难。""依靠无产阶级专政保卫社会主义制度，这是马克思主义的一个基本观点……我们搞社会主义才几十年，还处在初级阶段。巩固和发展社会主义制度，还需要我们几代人、十几代人甚至几十代人坚持不懈地努力奋斗，决不能掉以轻心。"（邓小平：《在武昌、深圳、珠海、上海等地的谈话要点》（1992年1月18日—2月21日），《邓小平文选》第3卷，人民出版社1993年版，第379—380页）在党的十八大后，习近平同志曾说："我们国家无论在体制、制度上，还是在所走的道路和今天所面临的前所未有的境遇，都与苏联有着相似或者相近乃至相同的地方。弄好了，能走出一片艳阳天；弄不好，苏联的昨天就是我们的明天。"（习近平同志在党的十八届中央纪委二次全会上的讲话。引自人民网—人民论坛2013年8月26日《中国共产党转型的必要性、必然性和紧迫性》）

要吸取历史上一面大讲唯物主义、大讲辩证法而实际上却唯心主义盛行、形而上学猖獗的深刻教训。要克服传统的根深蒂固的"唯上、唯书、不唯实"的唯心主义思维方式，坚持"不唯上、不唯书、只唯实"的唯物主义思维方式。要增强贯彻执行实事求是的思想路线的自觉性，以不断夺取中国特色社会主义的新胜利。

（刊《观察与思考》2018 年第 1 期）

《共产党宣言》的价值指向

　　《共产党宣言》是马克思主义理论宝库中最重要、最著名、影响最大的经典文献，是全世界无产阶级的"圣经"。它的基本精神至今仍在鼓舞着、推动着全世界无产阶级及其政党为推翻旧世界、创造新世界而进行的伟大斗争。

　　在世纪之交重读《共产党宣言》，不禁使笔者想起恩格斯在逝世前一年回答意大利社会党人朱泽培·卡内帕提出的关于未来社会主义新纪元基本思想的一段题词。1894 年 1 月 3 日，朱泽培·卡内帕请求恩格斯为 1894 年 3 月起在日内瓦出版的周刊《新纪元》找一段题词，用简短的字句来表述未来的社会主义纪元的基本思想，以别于但丁曾说的"一些人统治，另一些人受苦难"的旧纪元。恩格斯是这样答复的："我打算从马克思的著作中给您寻找一行您所要求的题词。马克思是当代唯一能够和伟大的佛罗伦萨人相提并论的社会主义者。但是，除了从《共产党宣言》中摘出下列一段话外，我再也找不出合适的了：'代替那存在着阶级和阶级对立的资产阶级旧社会的，将是这样一个联合体，在那里，每个人的自由发展是一切人的自由发展的条件'。"①

　　恩格斯把《共产党宣言》中的"每个人的自由发展是一切人的自由发展的条件"作为未来社会主义新纪元基本思想的题词，这决非偶然。因为马克思和他始终把"人的自由而全面发展"看成是他们为之奋斗的共产主

---

① 　恩格斯：《致朱泽培·卡内帕》（1844 年 1 月 9 日），载《马克思恩格斯全集》第 39 卷，人民出版社 1974 年版，第 189 页。

义社会的价值目标，是无产阶级和人类解放的价值目标。

在青年学生时代，作为革命民主主义者的马克思，倾心于自由。他说："哲学研究的首要基础是勇敢的自由精神。"①他的博士论文赞扬伊壁鸠鲁的原子偏斜运动说，反对机械论和宿命论。在《莱茵报》时期，他为出版自由而同普鲁士专制制度进行了不妥协的斗争。在《1844年经济学哲学手稿》中，他提出了异化劳动理论。他认为，"人的自由的自觉活动"是人的本质，资本主义社会导致人的异化。他提出通过共产主义，消灭私有制，实现"对人的本质的真正占有"，达到人的本质的复归。在《德意志意识形态》中，马克思恩格斯把人的自由发展学说建立在唯物史观基础上，他们指出："无产者为了实现自己的个性，就应当消灭他们迄今面临的生存条件。"在未来的自由人的共同体中，"各个人都是作为个人参加的。它是各个人的这样一种联合（自然是以当时发达的生产力为前提的），这种联合把个人的自由发展和运动的条件置于他们的控制之下。"②他们又说：未来的共产主义社会是"个人的独创的和自由的发展不再是一句空话的唯一的社会"。生产力的高度发展、私有制的消灭与个人的自由发展是互为条件的。"私有制只有在个人得到全面发展的条件下才能消灭，因为现存的交往形式和生产力是全面的，所以只有全面发展的个人才可能占有它们，即才可能使它们变成自己的自由的生产活动。"③恩格斯在《共产主义原理》中说："根据共产主义原则组织起来的社会，将使自己的成员能够全面发挥他们的得到全面发展的才能。"④

资产阶级诬蔑共产党人要消灭个性和自由，马克思恩格斯在《共产党宣言》中对此进行了驳斥。他们指出：在资本主义社会，只有资产者有个

① 马克思：《关于伊壁鸠鲁哲学的笔记》（1839年），载《马克思恩格斯全集》第40卷，人民出版社1982年，第112页。
② 马克思恩格斯：《德意志意识形态》（1845年秋—1846年5月），载《马克思恩格斯选集》第1卷，人民出版社1995年版，第121页。
③ 马克思恩格斯：《德意志意识形态》，载《马克思恩格斯全集》第3卷，人民出版社1960年版，第516页。
④ 恩格斯：《共产主义原理》（1847年），载《马克思恩格斯选集》第1卷，人民出版社2012年版，第308页。

性和独立性，无产者没有个性和独立性。共产党所消灭的不外是资产者的个性和独立性。在未来的共产主义社会，不仅不否定个性、自由，相反它真正使人能得到自由的全面发展。本文开头所引的"每个人的自由发展是一切人的自由发展的条件"名言以最精练、明确、易懂的语言表达了这一点。这一名言是马克思恩格斯以往关于人的自由发展思想的升华，表达了《共产党宣言》的价值指向。

在《共产党宣言》之后，马克思恩格斯在不少著作中继续谈到未来社会人的自由发展问题。马克思在《经济学手稿》（1857—1858 年）以人的发展状况为侧重点来阐发人类历史发展的一般趋势，他指出："人的依赖关系是最初的社会形态"，"以物的依赖性为基础的人的独立性是第二大形态"，"建立在个人全面发展和他们共同的社会生产能力成为他们的社会财富这一基础上的自由个性，是第三个阶段。"① 他还指出，随着劳动生产率的大大提高，必要劳动的时间缩短，可自由支配使个人得到充分发展的时间增加，而个人的充分发展又作为最大的生产力反作用于劳动生产力。在《资本论》第 1 卷中，马克思顺便提到未来更高级的社会是"以每个人的全面而自由的发展为基本原则的社会"。② 恩格斯在《反杜林论》等著作中对自由有许多精辟的论述，在此不一一列举。这里只想引用经恩格斯修正过的《对英国北方社会主义联盟纲领的修正》中的一段话："我们的目的是要建立社会主义制度，这种制度将给所有的人提供健康而有益的工作，给所有的人提供充裕的物质生活和闲暇时间，给所有的人提供真正的充分的自由。"③ 恩格斯认可的这一论述再一次说明，自由是社会主义制度中不可缺少的重要内容。

笔者讲以上一些话（其中不少是为研究者所熟悉的）旨在说明，"人的自由而全面发展"是《共产党宣言》及整个马克思主义所追求的无产阶级解放和人类解放的价值目标。

---

① 马克思：《经济学手稿》（1857—1858 年），载《马克思恩格斯全集》第 46 卷（上），人民出版社 1979 年版，第 104 页。

② 马克思：《资本论》第 1 卷，载《马克思恩格斯全集》第 23 卷，人民出版社 1972 年版，第 649 页。

③ 恩格斯：《对英国北方社会主义联盟纲领的修正》（1887 年 6 月），载《马克思恩格斯全集》第 21 卷，人民出版社 1965 年版，第 570 页。

　　遗憾的是，在马克思恩格斯之后的马克思主义者，在很长的时期里对"人的自由而全面发展"学说未能引起足够的重视。造成这种情形有其客观的和主观的原因。人们对《共产党宣言》基本思想（以及整个马克思主义）的理解、掌握和应用受到他们所处的社会历史条件、所面临的任务、个人的知识结构和兴趣的制约。不同国家的人对《共产党宣言》会有不同的理解，即使是同一个人在不同时期读《共产党宣言》也会有不同的体会。列宁生活在帝国主义和无产阶级革命时代，当时的俄国正处于世界革命的中心，因此，他所关注的重点是阶级斗争、无产阶级革命和无产阶级专政，是破坏旧世界，他批判的主要对象是右的修正主义。这种客观的形势和任务使得列宁对个性、"人的自由而全面发展"等问题谈得较少（说完全没有则不符合实际）。列宁在同第二国际修正主义斗争中深刻地揭露了资产阶级民主、自由的虚伪性，而较少从正面阐述民主、自由对社会主义的意义。俄国是一个军事封建帝国主义国家，缺乏民主和自由传统，这种状况也会影响到俄国马克思主义者对马克思主义中的民主、自由思想的理解和把握。列宁逝世后，斯大林及苏联的理论工作者很少讲民主、自由和个性，不把民主、自由看成是无产阶级解放和人类解放的价值目标，在实践上导致民主、法制不健全，个人专断盛行，公民的个人权益受到侵害，个人的自由受到不应有的限制。

　　中国的先进分子是在激烈的阶级斗争中接受马克思主义的，关注的重点很自然是阶级斗争和革命。毛泽东在1941年讲的下面一段话具有代表性："记得我在1920年，第一次看了考茨基著的《阶级斗争》，陈望道翻译的《共产党宣言》，和一个英国人作的《社会主义史》，我才知道人类自有史以来就有阶级斗争，阶级斗争是社会发展的原动力，初步地得到认识问题的方法论。"从马克思主义中，"我只取了它四个字：'阶级斗争'。"[①]从俄国（苏联）传来的马克思主义基本上不讲民主、自由、个性。老师不讲，学生也不讲。因此，在较长时期里，中国的马克思主义教科书、通俗读物较少讲民主、自由、个性（早期马克思主义者中李大钊曾明

---

① 毛泽东：《关于农村调查》（1941年9月13日），《毛泽东文集》第2卷，人民出版社1993年版，第378—379页。

确讲过"社会主义是保护自由、增加自由者",但影响有限)。

虽然毛泽东从马克思主义那里只取了"阶级斗争",但他把"阶级斗争"与争民主、争自由、解放个性联系起来。在40年代,社会上一些人指责共产党只讲党性,忽视、抑制个性,消灭个性。针对这种责难,毛泽东在个性、个性解放方面发表过不少精辟的论述。他说:"被束缚的个性如不得解放,就没有民主主义,也没有社会主义。"① 在中共七大,他讲:"没有几万万人民的个性的解放和个性的发展","没有一个由共产党领导的新式的资产阶级性质的彻底的民主革命,要想在殖民地半殖民地半封建的废墟上建立起社会主义来,那只是完全的空想。"② 他又说:关于发展人民的"人格、独立性和自由"的问题,"马克思主义在《共产党宣言》里讲得很清楚,他说:'每个人的自由发展是一切人的自由发展的条件。'不能设想每个人不能发展,而社会有发展,同样不能设想我们党有党性,而每个党员没有个性,都是木头,一百二十万党员就是一百二十万块木头。"③ 在民主革命时期,在党的领导人中,在马克思主义者中,像毛泽东这样讲个性解放的实属罕见。在民主革命时期,毛泽东把民主、自由既看成是动员、组织广大人民参加反帝反封建革命的必要条件,又看成是革命所追求的基本目标之一。在中共七大上,他提出,打败日本侵略者后将建设一个"独立的、自由的、民主的、统一的、富强的新中国"。他在1947年的新年祝词中提出:"自由的阳光一定要照遍祖国的大地。"遗憾的是新中国成立后,我们再也没有把自由、民主看成党和人民所争取的基本目标之一。

改革开放以来,没有民主化就没有社会主义现代化,这已成为国人的共识。现在无人再敢公开菲薄民主化。自由则不同了。在有些人眼里,"自由"是一个被批判的贬义词,唯恐避之不及。中国需要民主,中国同样需要自由。政治的民主化需要人的自由,市场经济的发展需要人的自

---

① 毛泽东:《给秦邦宪的信》(1944年8月31日),载《毛泽东文集》第3卷,人民出版社1996年版,第208页。

② 毛泽东:《论联合政府》(1945年4月24日),载《毛泽东选集》第3卷,人民出版社1991年版,第1060页。

③ 毛泽东:《在中国共产党第七次全国代表大会上的结论》(1945年5月31日),《毛泽东文集》第3卷,人民出版社1996年版,第416页。

由，知识创新、制度创新、科技创新需要人的自由，解放思想、实事求
是，最充分地发挥每个人的主动性、积极性、创造性需要人的自由。随着
社会的现代化、市场化、民主化的发展，自由问题将日益凸显出来。今天
有必要开展一个新的个性解放运动。正因为如此，我们要很好地学习、宣
传《共产党宣言》中关于"人的自由而全面发展"的思想。我们所要建立
的理想社会，不仅是富强的、民主的、文明的，而且是自由的，是个性能
得到自由而全面发展的社会。

（刊《理论前沿》2001 年第 1 期；收入北京大学马克思主义文献中心
编：《共产党宣言与全球化》，北京大学出版社 2001 年版）

“人的自由而全面发展”与现代性

本届“马克思哲学论坛”的主题是“马克思哲学与当代中国现代性建构”。马克思哲学虽然距今已有一百多年，但它的辩证的历史的唯物主义基本思想并没有过时，它仍是今天工人阶级和广大人民群众认识世界和改造世界的科学世界观、价值观和人生观，依然有着强大的生命力。马克思哲学与当代中国现代性建构之间的具体关联是多方面的，包含有丰富的内容。从哲学上讲，自由是现代性价值的根本指向，是当代中国现代性建构的重要内容。因此，马克思的关于“人的自由而全面发展”思想与当代中国现代性建构有着直接的相关性。正确理解和运用马克思关于“人的自由而全面发展”思想的精神实质，对当代中国现代性的建构，自觉地推动中国人的现代化，促进中国的改革，加快中国的社会主义现代化建设具有重要的意义。

一、“人的自由而全面发展”思想的溯源

马克思恩格斯在《共产党宣言》中明确提出：“代替那存在着阶级和阶级对立的资产阶级旧社会的，将是这样一个联合体，在那里，每个人的自由发展是一切人的自由发展的条件。”① 他们在尔后的许多著作中进一步

---

① 马克思恩格斯：《共产党宣言》，载《马克思恩格斯选集》第 1 卷，人民出版社 1995 年版，第 294 页。

阐明了未来的共产主义社会是"以每个人的全面而自由的发展为基本原则的社会"①。恩格斯在晚年曾用前面所引的《共产党宣言》的那段名言来表述未来社会主义新纪元的基本思想,以区别于但丁说过的"一些人统治,一些人受苦难"的旧纪元②。"每个人的自由而全面发展"、"自由人的联合体"是马克思恩格斯为之奋斗的共产主义理想的价值目标,是无产阶级和人类解放的价值指向。这一点正是马克思主义为当代进步思想家、哲学家所吸引的重要缘由之所在。

现在的问题是"人的自由而全面发展"与现代性有何关系。为了说明和把握两者的关系,也为了正确理解马克思的"人的自由而全面发展"思想的精神实质,有必要对马克思的"人的自由而全面发展"思想作理论上的溯源。

自由是一个古老的概念,是数千年来人类梦寐以求的理想境界。可以说,人从脱离动物界成为人的那时起,就具有不同于一般动物的特殊的自觉能动性,获得了最初的一点自由。随着生产力的发展,文化的进步,人的主体性、自觉能动性的不断增强,人的自由也在不断扩大。人类的历史从某种意义上讲是不断挣脱自然束缚和社会束缚的历史,是争自由的历史。但人类普遍自觉地争自由确实是近代以来的事,是同资本主义生产方式的产生、发展有关,是同反对封建专制制度有关。在 17 世纪英国资产阶级革命时期,霍布斯、弥尔顿、洛克等思想家、哲学家就提出,人是生而平等自由的,每个人自己要自由,就必须使别人也有自由。谁要是侵犯了别人的自由,那他就会失去自己的自由。因此,在社会里,自由决不是任性,决不是自己想干什么就干什么,而是必须遵循法律,受法律约束。自由是在他所受约束的法律许可范围内,可以自由地遵循他的自由意志。

自由成为一个响亮的战斗口号,是在法国大革命时期。卢梭的自由思想最具有代表性,影响也最大。卢梭提出:"人是生而自由的,但却无往不在枷锁中。""人所共有的自由,乃是人性的产物。""每个人都是生而自由、平等"。人们生活在社会中,如何才能做到保障每个人的自由?卢梭

---

① 马克思:《资本论》第 1 卷,载《马克思恩格斯全集》第 23 卷,人民出版社 1972 年版,第 243 页。

② 恩格斯:《致朱泽培·卡内帕》(1894 年 1 月 9 日),载《马克思恩格斯全集》第 39 卷,人民出版社 1974 年版,第 189 页。

是社会契约论者，主张通过订立某种社会契约来实现。他说："'要寻找出一种结合形式，使它能以全部共同的力量来卫护和保障每个结合者的人身和财富，并且由于这一结合而使每一个与全体相联合的个人又只不过是在服从自己本人，并且仍然像以往一样地自由。'这就是社会契约所要解决的根本问题。"① 卢梭的这一论述，表达了他想通过契约的形式来建立自由人的联合体的设想，这当然是一种空想。卢梭的思想在法国产生了巨大的革命作用。1789 年法国国民议会通过的《人权和公民权利宣言》的第一条就是"人们生来是、而且始终是自由平等的"。第四条则规定："自由就是指有权从事一切无害于他人的行为。"自由既受到法律的保障，又受到法律的限制。

德国的资本主义经济比同期的法国落后，因而德国的资产阶级比法国的要软弱，但它追求、向往自由的愿望却是相同的。德国哲学是法国革命在理论上的反映，体现了对自由精神的追求。康德推崇卢梭，崇尚自由。他同样认为，自由是每个人与生俱来的权利，人的意志是绝对自由的。他自认为他的哲学"能替一切人恢复其为人的共同权利"②。他把自由看成自己哲学"整个体系的拱顶石"，他说：自由是"我们所知的道德法则的条件"，"假使没有自由，那么道德法则就不会在我们内心找到"③。康德是先验论者，主张理性为道德立法。为解决人与人之间在道德实践上的矛盾，解决人与人之间在自由上的矛盾，他提出了这样的道德律："你应当这样地行动：使你的行为的准则通过你的意志成为普遍的自然法则。"④ 他提出了"人是目的而不是手段"的著名命题。康德提出的道德律反映了德国资产阶级的软弱性。

费希特从右边批判康德，取消了物自体，更强调自我的作用，走向主观唯心主义的唯我论。他继承和发展了康德重视自由的思想。自由"是费希特全部哲学的出发点、前提、核心和最终目的。费希特本人明确表示：'我的体系是第一个关于自由的体系'；'我的体系自始至终只是对自由概

---

① 卢梭：《社会契约论》，商务印书馆 1996 年版，第 8、9、23 页。

② 转引自诺曼·康蒲·斯密：《康德〈纯粹理性批判〉解义》，商务印书馆 1961 年版，第 39 页。

③ 康德：《实践理性批判》，商务印书馆 1999 年版，第 2 页。

④ 康德：《道德形而上学原理》，上海人民出版社 1986 年版，第 73 页。

念的一种分析'"①。如何解决自我与他我在自由问题上的矛盾？费希特提出了不同于康德的设想："只有假定一切自由存在物都必然抱有同样的目的，这个矛盾才能解决，道德规律的自相一致才能恢复；这样一来，一个自由存在物的合乎目的的做法对于所有其他自由存在物就会同时也是合乎目的的，一个自由存在物的解放就会同时也是所有其他自由存在物的解放。"他又说：理性必定是独立的。除了借助于一切个体的形式自由，决不存在任何（实质）独立性。"一切个体的形式自由是全部理性的一切因果性的唯一条件。"②费希特所追求的理想社会同样是自由人的联合体。费希特尤其强调人的主体能动性，强调行动，反对只说不做。他说："我寄希望于行动"，"行动！行动！——这是我们的生存目的。"③费希特自由思想影响甚大。黑格尔指出："自由是理性的特征，它是扬弃一切限制本身的东西，是费希特体系的至高无上者。"他还从费希特那里认识到："人们与他人结成的共同体从根本上说，必定不是被看做对真正的个体自由的限制，而是被看做这种自由的扩展。最高的共同体就是最高的自由。"④

　　黑格尔是德国古典哲学的集大成者。他是客观唯心主义者，把人的精神绝对化、客观化，当成世界的本体，把自然界、人类社会看成是精神的外化。受法国大革命的影响，黑格尔崇拜法兰西的理性和自由，他十分赞赏卢梭天赋人权、自由平等的主张。他把自由抬高到前所未有的高度，将自由规定为绝对精神的内在本质。直至晚年，他仍追求自由，向往自由。在历史哲学讲演中，他说："'精神'的实体或'本质'就是'自由'。""'精神'的一切属性都从'自由'而得成立"。"一切都是为着取得'自由'的手段"，"一切都是在追求'自由'和产生'自由'"，"'自由'是'精神'的唯一真理"。"'精神'——人之所为人的本质——是自由的"。黑格尔把人类历史看做是精神发展的历史，也是自由发展的历史。他视自由为推动历史前进的动力，历史发展的最终目的。他说，"整个世

① 郭大为：《费希特伦理学思想研究》，中国社会科学出版社 2003 年版，第 75—76 页。
② 费希特：《伦理学体系》，中国社会科学出版社 1995 年版，第 232、234 页。
③ 费希特：《论学者的使命　人的使命》，商务印书馆 1984 年版，第 57 页。
④ 黑格尔：《费希特与谢林哲学体系的差别》，载《黑格尔著作集》第 2 卷，莱美因河畔法兰克福，1970 年，第 82 页。转引自郭大为：《费希特伦理学思想研究》，中国社会科学出版社 2003 年版，第 240—241 页。

界的最后目的"，"就是当做那种自由的现实"。①他认为，自由是一个历史过程。世界历史不过是自由观念的发展。东方人只知道是一个人（专制君主）的是自由的，希腊罗马人只知道少数人是自由的，日耳曼人首先知道，人类之为人类是自由的，人人是自由的。他还认为，自由本身包含有绝对的必然性，因此它必然展现为世界历史，最终实现自己。他所希望建立的最终的理想社会是人人自由的社会。他指出，人类天性是自由的，但自由并不是无限制、约束的天然状态，自由需要法律和道德。法律是"精神"的客观性，体现了精神的意志自由。他由此得出了十分保守的结论：只有服从法律，意志才有自由，国家是自由的实现。黑格尔正确认识到，自由与必然不是绝对对立、排斥的，自由本身包含有必然，自由是对必然的认识，自由要靠知识和意志的无穷训练才可以找出和获得。总之，从客观唯心主义出发，黑格尔把自由看成是精神的本质，世界历史追求的目的，"现代世界是以主观性的自由为其原则的"②。他晚年仍说："自由精神的旗帜"，"就是我们现在所拥护的、我们现在所擎举的"。③这表明，政治上保守的黑格尔始终向往自由，坚持自由精神。

黑格尔逝世后，青年黑格尔派发展了黑格尔思想中革命的方面，开展了一次新的资产阶级思想解放运动。青年黑格尔派继承前人的自由传统，反对封建专制主义。赫斯认为，法国革命是自由行动的开端，德国的宗教改革则是精神自由的开端。他力求把德、法、英三国的自由有机地结合起来。他说："精神的自由行为，是现代一切企图出发点和归宿的核心。"他本人的行动哲学只是"以自由为行动的基础"的斯宾诺莎伦理学的一个新发展，"费希特为这个演进奠定了第一块基石"④。他认为："人的本质，这一独特物，他所以同动物的区别，恰好在于他的自由的、独立于任何外在强迫的活动。"他把社会主义理解为自由与平等的统一，社会主义社会是"自由共同体"。他还提出了由必然状态向自由王国的转化。赫斯的"自

---

① 黑格尔：《历史哲学》，生活·读书·新知三联书店 1956 年版，第 55、56、58 页。
② 黑格尔：《法哲学原理》，商务印书馆 1995 年版，第 291 页。
③ 黑格尔：《历史哲学》，生活·读书·新知三联书店 1956 年版，第 464 页。
④ 转引自黄楠森、庄福龄主编：《马克思主义哲学史教学资料选编》上册，北京大学出版社 1984 年版，第 159 页。

由共同体"的思想对马克思有直接的重大影响①。

马克思关于"人的自由而全面发展"思想的另一个重要理论来源是圣西门、傅立叶、欧文等人的空想社会主义思想。正当资产阶级启蒙思想家在高扬理性原则，讴歌自由精神时，英、法资本主义社会内部固有的贫富的对立、人的片面发展、道德的堕落等弊病日益暴露，理性王国遭到破产，自由王国并非自由。在19世纪初，圣西门、傅立叶、欧文等人对资本主义进行了揭露和批判。在人的发展问题上，他们的重点已不只是要求一般的政治、思想、言论等自由，而是要求消除贫困和人的片面的畸形发展。圣西门认为，"真正的自由，在于尽量广泛地和毫无障碍地发展人们在世俗方面或精神方面有利于集体的才能。"②他认识到："自由的基础就是实业"，"自由只能随着实业而扩大，只能通过实业而加强"。他还认为："一个民族，若想获得自由，光爱自由是不够的，它还应掌握自由的科学。"③关于傅立叶和欧文，恩格斯曾有精当的论述："空想主义者已经充分地了解分工所造成的结果，了解一方面是工人的畸形发展，另一方面是劳动活动本身的畸形发展……欧文和傅立叶都要求消灭城市和乡村之间的对立，作为消灭整个旧的分工的第一个基本条件……根据这两个空想主义者的意见，每个社会成员都既从事农业，又从事工业……每个人尽可能多地调换工种，并且要求相应地训练青年从事尽可能全面的技术活动。在他们两人看来，人应当通过全面的实践活动获得全面的发展"④。他们还十分重视通过教育与生产劳动相结合的途径来培养全面发展的人。空想社会主义者关于人的全面发展思想对马克思恩格斯有直接的重要影响。

从上面十分简略的追溯中可以看出，自由原则是现代世界的基本原

---

① 赫斯：《哲学与社会主义文集》，W. 门克编辑，德文版，1980年，第228、258、223—224页。转引自侯才：《青年黑格尔派与马克思早期思想的发展》，中国社会科学出版社1944年版，第201、191、196—197页及有关部分。

② 圣西门：《论实业体系》，载《圣西门选集》第1卷，商务印书馆1979年版，第256页的注释3。

③ 圣西门：《三个时代·结论》，载《圣西门选集》第1卷，商务印书馆1979年版，第182、183页。

④ 恩格斯：《反杜林论》，载《马克思恩格斯选集》第3卷，人民出版社2012年版，第680页。

则，自由精神是现代世界的基本精神。自由人的联合体是卢梭、康德、费希特、黑格尔和空想社会主义者们所追求的理想社会。①

崇尚自由是德国古典哲学的传统。作为革命民主主义者的青年马克思深受自由传统的熏陶，认为"自由是全部精神存在的类的本质"②。他热烈地追求自由民主，激烈地反对专制主义。马克思在转变成共产主义者后深刻地分析了资本主义社会导致人的异化，摧残人性。他尖锐地揭露了资本主义社会自由、民主的阶级实质和虚伪性。但是，他在批判资产阶级自由时并不否定它的历史进步性，更不一般地全盘否定自由。相反，他继承和发展了自由精神，认为"人的类特性恰恰就是自由的自觉的活动"③。他进而在唯物史观的基础上科学地论证了未来共产主义社会是自由人的联合体。我们虽不能断定《共产党宣言》中的"每个人的自由发展是一切人的自由发展的条件"的表述与费希特《伦理学体系》中的"一个自由存在物的解放就会同时也是所有其他自由存在物的解放"和"一切个体的形式自由是全部理性的一切因果性的唯一条件"的论述是否有直接的关联，但我们完全有理由可以认为，马克思的"自由人的联合体"和"每个人的自由发展是一切人的自由发展的条件"的思想，同德国古典哲学崇尚人的自由传统、追求建立"自由人的联合体"的理想是一脉相承的。迄今为止，我们在论及马克思恩格斯与德国古典哲学的关系时只注意到他们对辩证法和唯物论的继承和吸取，而忽视了他们对自由传统的继承和发展。上述的溯源表明，自由精神是现代性价值的基本内容，马克思哲学是德国古典哲学及整个西方哲学崇尚自由传统的真正继承者。

---

① "人及其自由和全面发展的可能性的问题，是布鲁诺、培根、笛卡尔和斯宾诺莎的先进哲学思想的中心问题。"参见〔苏〕M. 彼得罗相的《马克思主义与人道主义》，苏联《哲学问题》杂志 1955 年第 3 期，《学习译丛》1955 年第 9 期。袁贵仁、韩庆祥著的《论人的全面发展》一书中有"马克思主义以前人的全面发展思想"、"当代西方哲学中的人的全面发展思想"的简要论述。

② 马克思：《第六届莱茵省议会的辩论》，载《马克思恩格斯全集》第 1 卷，人民出版社 1956 年版，第 67 页。

③ 马克思：《1844 年经济学哲学手稿》，载《马克思恩格斯全集》第 42 卷，人民出版社 1979 年版，第 96 页。

二、"人的自由而全面发展"的思想在马克思主义中的地位

马克思恩格斯十分看重"人的自由而全面发展"思想，把它视为建构未来共产主义社会的基本原则。他们为无产阶级和全人类的解放奋斗终身。自由精神贯穿于马克思恩格斯思想的始终。但在他们逝世后，"人的自由而全面发展"思想没有引起后继者们足够的重视，自由精神更是被忽略。俄国马克思主义者普列汉诺夫和列宁主要是从自由与必然的关系论自由，很少像马克思那样从人的历史发展来论人的自由发展。这主要是同当时的时代特点和思想理论的争论有关。列宁生活在战争与革命的时代，面临的是如何进行无产阶级革命和在革命胜利后如何建立、巩固无产阶级专政的问题。列宁在同第二国际修正主义斗争中主要是揭露和批判资产阶级自由、民主、平等的虚伪性，强调自由、民主、平等的阶级性。列宁较少从正面论及未来共产主义社会中关于"人的自由而全面发展"的问题。继列宁之后，斯大林对无产阶级专政和社会主义条件下阶级斗争的理解上有片面性，他很少讲个人的自由、民主，在实践上犯有阶级斗争扩大的严重错误，发生了许多违反人道的事。出现这种情况，也同俄国是一个缺乏自由、民主传统的国家有关。俄国的读解者由于自身缺乏自由的思想文化因子，因而也就很容易忽视马克思哲学中的自由思想。

斯大林逝世后，尤其是在 1956 年苏共二十大批判斯大林之后，苏联领导人和理论界转向重视人，重视自由、民主，重视人道主义。这无疑是对过去失误的一种纠正。但在纠"左"过程中，逐渐出现了另一种倾向。赫鲁晓夫反复鼓吹，共产主义理想是和平、劳动、自由、平等、博爱和幸福，共产主义思想体系是最人道的思想体系，并提出了"一切为了人，为了人的幸福"的口号。1961 年苏共二十二大通过的苏共纲领中明确写道："党的'一切为了人，为了人的幸福'的口号将充分实现。"苏联理论家极力宣扬赫鲁晓夫的"一切为了人，为了人的幸福"的口号。他们纷纷注释说："一切为了人，为了人的幸福，这就是共产主义人道主

义的真髓、共产主义的目的、共产主义纲领的实质。"劳动、自由、平等、博爱和幸福，"这些共产主义原则和理想是马克思列宁主义世界观的灵魂和实质"。在 20 世纪 60—80 年代，人的问题成为苏联哲学界讨论的热点以至中心，人学思想有很大发展，但抽象的人性论和抽象的人道主义得到蔓延和滋长，出现了将马克思主义人道主义化的倾向。以"全人类共同利益高于一切"为核心的戈尔巴乔夫"新思维"正是这一倾向发展的最后结果①。苏共垮台、苏联解体，宣告了戈尔巴乔夫"新思维"的破产。苏联在人的问题上的"左"右两方面的教训值得我们认真总结和记取。

我国的马克思主义主要是从苏联传入的。在 20 世纪上半叶，苏联很少讲人，讲人的自由而全面的发展，讲自由、民主，中国的马克思主义理论界自然也就很少有人讲这些。倒是毛泽东有过一些精辟的话。受五四自由、民主精神的浸染，作为民主主义者的青年毛泽东，崇尚个性自由，提倡个性解放。在转变成马克思主义者后，他在唯物史观的基础上继续批判封建专制主义对个性的摧残，继续提倡个性自由。"万类霜天竞自由"（《沁园春·长沙》）的诗句反映了他向往自由的心境。在延安时期，针对一些人责难共产党忽视或压制个性的言论，毛泽东则说："被束缚的个性如不得解放，就没有民主主义，也没有社会主义。"②他在中共七大上多次讲个性解放、个性自由。他在引了《共产党宣言》中"每个人的自由发展是一切人的自由发展的条件"的话后指出："不能设想每个人不能发展，而社会有发展，同样不能设想我们党有党性，而每个党员没有个性，都是木头，一百二十万党员就是一百二十万块木

---

① 弗罗洛夫是苏联时期人道主义思潮最著名的代表人物，先后任《哲学问题》、《共产党人》、《真理报》的主编，戈尔巴乔夫的助理、苏共中央书记处书记、苏共中央政治局委员。他的抽象人道主义对戈尔巴乔夫的改革有重大影响。他自认为，戈尔巴乔夫的人道的、民主的社会主义和"新思维"是他炮制的。安启念的《俄罗斯向何处去——苏联解体后的俄罗斯哲学》（中国人民大学出版社 2003 年版）用一章来论述弗罗洛夫与戈尔巴乔夫及苏联改革的关系。安启念把弗罗洛夫的抽象人道主义"视为苏联改革失败的深层原因"显然过分夸大了抽象人道主义的作用，但确实应看到抽象人道主义是苏共指导思想背离马克思主义的重要因素。
② 毛泽东：《给秦邦宪的信》（1944 年 8 月 31 日），载《毛泽东文集》第 3 卷，人民出版社 1996 年版，第 208 页。

头。"① 毛泽东把自由、民主不仅看成是手段，更看成是目的。中共七大提出要建设一个"独立的、自由的、民主的、统一的、富强的新中国"。共产党领导人民争自由、争民主。毛泽东在 1947 年的《新年祝词》的最后写道："在不久的将来，自由的阳光一定要照遍祖国的大地。"②"自由的阳光一定要照遍祖国的大地"，此话说得多好啊！新中国的成立，中国人从此站立起来了，成了国家的主人③。遗憾的是在 1957 年后，毛泽东改变了对自由、民主的看法，只讲自由、民主是手段，反对把它们再当作目的。在实践中，他重犯了斯大林的阶级斗争扩大化错误，直至发动"文化大革命"，严重破坏了民主、法制，侵犯了相当一部分人的自由、民主和人权。

"文化大革命"结束后，人们痛定思痛，总结教训。从政治上讲，民主、法制得到了重视。没有民主就没有社会主义，没有民主化就没有社会主义现代化，这已成为国人的共识。今天已无人敢公开菲薄民主化。然而自由化依然是一个贬词，对自由，一些人唯恐避之不及。自由是民主的前提和基础，没有自由的民主是形式上的民主，甚至可以说是假民主。没有自由，同样就没有社会主义。可有的洋洋数十万言的论民主的大作，却无有论及自由，无有论及民主与自由的关系。在讲人的发展时，时下许多人只讲推进人的全面发展是社会主义初级阶段的本质要求，而回避提推进人的自由发展同样是社会主义初级阶段的本质要求。

我国理论界、学术界在 20 世纪 80 年代出现的人道主义、异化研究热，到 90 年代，则发展为人学研究热。今天人学已成为一门显学。然而在人学研究热中，对自由、个性解放也鲜有论及。有的学者认为，"张扬个性"的提法不科学。许多时文只讲人的全面发展，而很少论及人的

---

① 毛泽东:《在中国共产党第七次全国代表大会上的结论》(1945 年 5 月 31 日)，载《毛泽东文集》第 3 卷，人民出版社 1996 年版，第 416 页。

② 毛泽东:《新年祝词》(1947 年 1 月 1 日)，载《毛泽东文集》第 4 卷，人民出版社 1996 年版，第 211 页。

③ 当然，要所有中国人真正站起来，成为国家的主人，并非只是在革命胜利时宣告一下就能做到的，而是一个历史过程。这不仅需要有比较完备的法律、制度作保证，更需要中国人具备独立自主人格和当家作主的能力，要不断提高政治思想和科学文化素质。在这方面，我们缺乏应有的认识。

自由发展。有的学者在为这种状况辩护时竟说，今天我们不是讲自由少了，而是讲自由多了。这说明，理论界、学术界在谈论人的自由问题上认识并不一致，许多人仍然顾虑重重。最大的顾虑是怕同资产阶级自由化划不清界限，怕中国的社会主义被西方资产阶级化了过去。这种顾虑不是没有一点道理。自由、民主都是具体的、历史的，有鲜明的阶级性。西方资产阶级把自由、民主看成是资产阶级的专利，他们极力攻击社会主义不自由、不民主，攻击无产阶级专政是独裁政权、极权主义。西方资产阶级政治家、思想家确实想用他们的自由来化掉社会主义，对此我们应有高度的警惕。其实，他们不仅想用他们的自由来化掉社会主义，而且也想用他们的民主来化掉社会主义。我们不怕他们用民主来化掉社会主义，为什么要怕他们用自由来化掉社会主义呢？其实，发展自由、民主都是社会主义的本质要求。从理论上讲，社会主义的自由、民主是绝大多数人的自由、民主，要高于资本主义的少数富人的自由、民主。我们应像讲民主一样理直气壮地讲自由，积极宣传马克思主义的自由观，划清马克思主义自由观与资产阶级自由观、无政府主义自由观的界限。

自"人的全面发展"、"以人为本"写进党的文件和领导人讲话以来，报刊杂志上刊载论及"人的自由而全面发展"的文章比以往有所增加。长期被人忽视的这一重要思想得到理论界的重视，这自然是令人欣喜的。但在纠正轻视、忽视"人的自由而全面发展"思想的倾向时，有的文章的一些提法似乎尚可斟酌。如"追求每个人自由而全面的发展，是马克思主义真正的核心和实质"[1]。又如，"一切人的自由而全面发展"是"马克思主义的最高命题"。"以人为本"和"人的自由而全面的发展"是同一命题的不同表述[2]。再如，"以人为本是我们时代的哲学，是我们这个时代精神的精华。"人本主义或以人为本是统领马克思主义创始人著作"全部内容的活的灵魂"[3]。这些新的提法、观点涉及什么是马克思主义，什么是马克思主义的基础、核心、实质和灵魂，怎样区分马克思主义与非马克思主

---

① 孙富林：《关于理解和认识马克思主义的几个问题》，《毛泽东邓小平理论研究》2004年第1期。

② 俞可平：《马克思主义的最高命题》，《理论动态》第1634期，2004年5月10日。

③ 何祚麻、段若非：《关于以人为本的对话》，《当代思潮》2004年第2期。

义（尤其是人本主义）等重大原则问题。

如前所述，从思想史看，"自由人的联合体"的思想（或"人的自由而全面发展"的思想），并非是马克思的首次独创，更非马克思主义独有。在马克思以前，一些先进的思想家、哲学家一直在追求和研究人的自由，把未来的理想社会看成是自由人的联合体。但他们有关人的自由思想是建立在抽象人性论的唯心历史观基础上的，具有空想的性质。马克思在这方面的主要贡献是：以唯物史观为武器，对资本主义社会的自由作了具体的、历史的分析，深刻地揭露了资本主义自由的实质和历史局限性；通过对现代资本主义社会生产力、科学技术、文化教育、生产关系和整个社会的分析，科学地阐明了代替那存在着阶级和阶级对立的资本主义旧社会是自由人的联合体，全面地论述了实现每个人的自由而全面发展的条件、途径。由于唯物史观的创立，"自由人的联合体"的思想由空想变为科学。谁不承认自由人的联合体的价值理想，不承认人的价值、人的自由，不赞成"以人为本"，那他就不是马克思主义者，这无疑是对的。但从历史和现实看，仅仅承认这些，那他未必一定是马克思主义者，这同样是对的。因为对自由人的联合体，对人的自由而全面的发展，对"以人为本"，可以有以唯物史观为指导的马克思主义的理解，也可以有在唯心史观基础上的非马克思主义的人本主义的理解。

那么，"人的自由而全面发展"的思想在马克思主义思想体系中究竟处于怎样的地位呢？ 2000 年 10 月，北京大学马克思主义文献中心召开"《共产党宣言》与全球化"的学术讨论会。笔者向会议提交了《〈共产党宣言〉的价值指向》的论文并做了发言①。论文引用了《共产党宣言》中"每个人的自由发展是一切人的自由发展的条件"的名言和马克思恩格斯的其他有关人的自由而全面发展的论述。针对在很长的时期里"人的自由而全面发展"的思想没有得到应有的重视这一点，论文强调说明：马克思和恩格斯始终把"人的自由而全面发展"看成是他们为之奋斗的共产主义社会的价值目标，是无产阶级和人类解放的价值目标；当代中国，随着社会的现代化、市场化、民主化的发展，自由问题将日

---

① 该论文发表在 2001 年第 1 期的《理论前沿》上，又收入会议论文集《〈共产党宣言〉与全球化》，北京大学出版社 2001 年版。

益凸显。

任何真理都有它的限度，将它说得过火就会走向反面。通观马克思恩格斯有关"人的自由而全面发展"的主要论述，我们不难发现，"人的自由而全面发展"的思想是他们科学思想体系的重要组成部分，"人的自由而全面发展"是未来共产主义社会的价值理想，因此，忽视"人的自由而全面发展"思想的重要意义是错误的。然而，马克思的"人的自由而全面发展"的思想是建立在唯物史观基础上的，在马克思主义思想体系中，有比"人的自由而全面发展"思想更为重要的内容，因而过分抬高它在马克思主义中的地位同样是不妥的。

三、"人的自由而全面发展"思想的现实意义

从前面的"人的自由而全面发展"思想的溯源中可看出，马克思的"人的自由而全面发展"思想的实质是重视人的自由发展。它充分体现了现代世界的时代精神——自由精神。马克思把资本主义的自由思想提升为共产主义的自由思想，使之成为科学的自由理论。从这一点讲，马克思的自由思想既是现代的，又超越了现代。今天，尽管人们对自由的理解依然是多样的，甚至有的是根本对立的，但都承认自由的必要和价值，承认自由对经济、社会和人的发展具有首要意义。1948年签署的《世界人权宣言》指出："人的自由是人权和人类发展的共同目标和共同动力。"联合国开发计划署编著的《2000年人类发展报告》指出："所有文明的标志是对人的尊严和自由赋予的尊重。"[1]1998年诺贝尔经济学奖获得者阿马蒂亚·森的《以自由看待发展》一书的基本观点是"自由既是发展的首要目的，又是发展的主要手段"[2]。自马克思去世以来，有难以计数的文章和著作在论说自由，其中有些论著在一些问题上也确实比马克思有所前进，但就其整体的科学性、深刻性而言，它们都还未能超

---

[1] 联合国开发计划署:《2000年人类发展报告》，中国财政经济出版社2000年版，第1页。

[2] 阿马蒂亚·森:《以自由看待发展》，中国人民大学出版社2002年版，序第24页、正文第7页。

越马克思。马克思的自由理论仍代表着当代的时代精神，居于现时代精神的制高点。

每个人的自由而全面的发展是人类发展的理想目标。只有到了共产主义社会，生产力的高度发达、旧式分工已消失、私有制和阶级已消灭、教育和科学的高度发展、劳动不再是人的负担而是成为人的第一需要的时候，每个人的自由而全面的发展才能实现。今天，我们还处于社会主义初级阶段，离共产主义社会还有很长很长的历史过程。我们今天的社会还远远谈不到人的自由而全面发展的问题。因此，在今天大谈人的自由而全面的发展，犹如在今天大谈共产主义社会一样，显然是不切实际的。这也是笔者不赞成过分抬高"人的自由而全面发展"的思想在马克思主义体系中的地位的缘由之一。因为真正的马克思主义都是具体的、历史的，离开具体的历史条件来谈马克思主义科学体系中某些内容的重要意义、谈论区分马克思主义与非马克思主义的标准是无意义的。

那么，在今天，"人的自由而全面发展"的思想是否仅仅只是一个价值理想而无现实意义？当然不是。理想对现实有巨大的鼓舞作用、引导作用。"人的自由而全面发展"是一个历史过程，我们的一切努力、奋斗，都是为了实现这个理想。今天，我们发展生产力，发展教育、科学、文化，发展体育卫生事业，改革束缚人的发展的各种社会关系和制度，进行物质文明、制度文明（政治文明只是其中之一）、精神文明的建设，都是为了不断满足社会成员日益增长的物质文化生活的需求，不断提高人的各种素质，不断促进人的解放和人的发展，不断扩大人的自由，都是为着实现"人的自由而全面发展"的理想。我们今天的理论与实践从总体上讲要有利于人的解放与发展，要与共产主义的价值目标相一致。

马克思的"人的自由而全面发展"思想所体现的对个人自由的重视这一点对处于社会主义初级阶段的当代中国社会具有重要现实意义。中国社会经历了新民主主义革命和社会主义革命，初步建立起社会主义基本制度，进行了社会主义现代化建设和改革开放，中国人的物质文化生活有了前所未有的提高，整个社会发生了翻天覆地的变化，这是一个毋庸置疑的事实。但由于我国原是一个有着两千多年封建专制主义历史的国家，生产力、科学技术、教育文化不发达，市场经济没有得到充分发展，缺乏自由、民主传统，因此，时至今日，国民的独立自主人格并没有得到普遍确立，奴性思想仍普遍地不同程度地存在着[1]。我们的不少领导干部，想问题，办事情，往往"唯书"、"唯上"而不"唯实"，对上级领导的话，不管正确与否，盲目执行。我们的许多理论工作者，同样习惯于"唯书、唯上"的思维方式，囿于注经、解经，有的甚至明知不对，也还跟着鼓吹，以至于闹出大笑话。个人崇拜之所以能搞起来，教条主义之所以屡批屡犯，家长制之所以长盛不衰，固然有体制上的原因，但最基本的则是国民缺乏独立自主性，党内存有奴隶性。现在有一种倾向，在论到个人崇拜、教条主义、家长制等现象存在时，人们往往只讲体制上的原因，忽视主体自身的原因，这显然是不妥的。体制固然重要，但体制的存在是同人的存在直接相关的。有什么样的人就有什么样的体制。体制上的缺陷是人自身缺陷的反映。一百多年前，梁启超曾说过："中国数千年之腐败，其祸极于今日，推其大原，皆必自奴隶性来；不除此性，中国万不能立于世界万国之间。而自由云者，正使人自知其本性，而不受箝制于他人，今日非施此药，万不能愈此病。"[2]梁启超此话虽然过于极端，但其精神对今天医治我们普遍存在着的奴隶性仍然有益。由于中国旧的传统根深蒂固，鲁迅曾说过，"我们极容易变成奴隶，而且变成了之后，还万分喜欢。"[3]根治思想上的奴性，需要国民自身的觉醒，既要维护自己独立自主的人格和尊严，也要尊重他人的独立自主的人格和尊严，要鄙薄奴性。毛泽东指出：

---

[1] 1988年冬，胡耀邦对当时的湖南省教育厅厅长说，"回顾一生，有两件事难以原谅自己"。第一件是1959年庐山会议批彭老总，明知彭老总讲的是对的，心里很矛盾，但因相信上边，也举了手。第二件是在党的八届十二中全会上，知道说少奇同志是"内奸"的材料不可靠，但又抱着"夫复何言"和"不得已"的态度，"勉强举了手"。胡耀邦在分析了"不得不举手"的客观原因之后，又检讨了主观原因："存在一种奴化意识。在奴隶社会中，大多数是'奴隶'，极少数是'奴隶主'，也有少数是'奴才'。过去到现在，这种奴化思想都是有的，程度不同而已。"（《瞭望》周刊，2000年6月19日，第25期）在中共领导人中，对自己身上奴化思想进行自我批判，胡耀邦并非第一人。早在延安整风时，周恩来在检讨自己犯错误原因时讲到，受社会和家庭的影响，自己身上存在着"党内奴性、软弱性"。

[2] 梁启超：《致康有为书》（1900年4月29日），载《梁启超文集》，北京燕山出版社1997年版，第689页。

[3] 鲁迅：《灯下漫笔》（1925年4月29日），载《鲁迅全集》第1卷，人民文学出版社1981年版，第211页。

"自由是人民争来的，不是什么人恩赐的。"① 他又说："打倒奴隶思想，埋葬教条主义。"② 我们缺乏西方人"不自由、毋宁死"的争自由的精神，总希望由上面恩赐雨露阳光，给我们自由。从这一点讲，当代中国社会仍需要开展一个新的个性解放运动。

中国社会正处于由农业社会向工业社会和信息社会、由计划经济向市场经济转变的大变革之中。社会主义市场经济的发展要求劳动力的自由流动和劳动力市场的建立。工业化、信息化的发展，经济结构、产业结构的不断调整，城乡二元结构的打破，广大农民进入城镇，进入第二、三产业，这就要求给人更大的自主性、流动性、选择性。工业化、现代化、信息化、市场化的发展，随之要求民主化的发展。而民主以自由为前提。民主化的发展必然要求人的自由与之同步发展。创新是人类进步不竭的动力。创新需要个性自由。一个社会、一个民族、一个国家、一个团体的创新力，同这个社会、民族、国家、团体内的人的自由度密切相关。专制制度扼杀创新力，自由民主制度则有利于激活创新力。因此，当代中国社会不仅需要民主，更需要自由；不仅需要人的全面发展，更需要人的自由发展。

从理论上讲，我们的自由是社会主义的自由，是占人口绝大多数人的自由，而不是资本主义的自由、少数有钱人的自由，但在社会主义市场经济条件下，在私营经济和个体经济大量存在的条件下，在有相当数量的人还没有解决温饱、没有解决就业的情况下，如何在实践上真正做到这一点，是一个难解的历史课题。由于我国经济、政治、文化发展的不平衡和社会阶层的分化，因而处于不同阶层的人们对自由的要求也是各不相同的。我们不能脱离当代中国社会的现实来谈人的自由和人的发展。

总之，社会是由个人组成，社会的活力取决于个人的活力，社会的发展最终取决于个人的发展，而社会发展的首要的也是最终的目的，是为了人的自由发展。我们所要建立的社会主义现代化国家，不仅是富强的、民主的、文明的，而且是自由的。自由是当代中国现代性建构的价值指向，

① 毛泽东：《论联合政府》（1945年4月24日），载《毛泽东选集》第3卷，人民出版社1991年版，第1070页。
② 毛泽东：《关于向军委会议印发李富春第二个五年计划要点报告的批语》（1958年6月17日），载《建国以来毛泽东文稿》第7册，中央文献出版社1992年版，第273页。

经济、政治、思想、文化，乃至家庭等社会生活的各个领域、一切方面都需要灌注自由精神，都需要人的自我觉醒和独立自主人格的确立。

（刊《江苏社会科学》2005年第1期；人大复印资料《哲学原理》2005年第5期；收入赵剑英、庞元正主编：《马克思哲学与中国现代性建构》，载《马克思哲学论坛文丛》第4卷，社会科学文献出版社2006年版）

马克思哲学对德国古典哲学自由精神的继承和发展

迄今为止，国内外马克思主义者在论及马克思主义哲学与德国古典哲学关系时，绝大多数都只说到马克思恩格斯对黑格尔的辩证法和费尔巴哈的唯物主义的吸取和改造，而很少有人（甚至可以说基本上没有人）提到他们对德国古典哲学自由精神的继承和发展。由于这种忽视，导致到对马克思主义基本精神理解上的偏颇和社会主义实践上的某些失误。正确认识马克思主义哲学与德国古典哲学自由精神之间的关系，这对正确理解马克思主义关于"人的自由而全面发展"思想乃至整个马克思主义的基本精神至关重要，对当前我国的社会主义现代化事业也有现实意义。

一、从"自由人的联合体"说起

马克思主义哲学是德国古典哲学的继承者。按照传统的说法，马克思主义哲学主要继承了黑格尔的辩证法和费尔巴哈的唯物主义。这无疑是对的，但今天看来，这传统的观点有点不够。这种看法忽略了价值观。从价值视角看，马克思主义哲学除了继承德国古典哲学的辩证法和唯物主义之外，还继承了德国古典哲学的自由精神。为了说明这一点，须从马克思主义关于"自由人的联合体"说起。

马克思恩格斯在《共产党宣言》中明确提出："代替那存在着阶级和阶级对立的资产阶级旧社会的，将是这样一个联合体，在那里，每个人的自由发展是一切人的自由发展的条件。"① 马克思恩格斯这一关于自由人的联合体的思想决不是一时的、偶然的想法,而是酝酿已久的成熟的理论结论。在《德意志意识形态》中,他们已深刻地指出,在未来的共产主义社会,交往和生产力普遍发展到相当高度,私有制和分工已消灭,个人的独创的和自由的发展不再是一句空话。他们认为,只有在真实的集体条件下,各个个人才能在自己的联合中并通过这种联合获得自由。恩格斯在晚年曾用前面所引的《共产党宣言》的那段名言来表述未来社会主义新纪元的基本思想,以区别于但丁说过的"一些人统治,一些人受苦难"的旧纪元②。十分清楚,马克思恩格斯始终重视"自由人的联合体"的思想。"人的自由而全面发展"、"自由人的联合体"是马克思恩格斯为之奋斗的共产主义理想的价值目标,是无产阶级和人类解放的价值指向。"自由人的联合体"的思想并不是马克思主义科学思想体系中的个别原理、个别结论,而是它的基本思想。"自由人的联合体"思想的基本精神贯彻于马克思主义的许多方面。

但在他们逝世后,"人的自由而全面发展"思想没有引起后继者们足够的重视。俄国马克思主义者普列汉诺夫主要是从自由与必然的关系论述自由,很少像马克思那样从人的历史发展来论人的自由而全面的发展。普列汉诺夫对马克思主义的思想来源有专门的论著(如《论一元论历史观之发展》)。他以大量的史料说明,马克思主义是现代科学思想发展合乎逻辑的产物,是人类先进思想的继续和完成。普列汉诺夫注重的是唯物主义、辩证法和人性论,忽视了马克思主义中的价值论,忽视了有关自由人的联合体的思想及其内含的自由精神,因此,他也就不会去追溯自由人的联合体思想的渊源。他在论述马克思主义哲学同德国古典哲学关系时只强调了马克思恩格斯对黑格尔唯心辩证法的批判改造和对费尔巴哈唯物主义的吸取发展,而没有涉及马克思主义哲学与德国古典哲学自由精神之间的继承的关系。1902年,列宁曾把"人的自由而全面发展"写进了俄国社

---

① 马克思恩格斯:《共产党宣言》,载《马克思恩格斯选集》第 1 卷,人民出版社 1995 年版,第 294 页。

② 恩格斯:《致朱泽培·卡内帕》(1894 年 1 月 9 日),载《马克思恩格斯全集》第 39 卷,人民出版社 1974 年版,第 189 页。

会民主党纲领①。列宁生活在革命的时代，他在同第二国际修正主义斗争中主要是揭露和批判资产阶级自由、民主、平等的虚伪性，强调自由、民主、平等的阶级性，强调阶级斗争和无产阶级专政，而较少从正面论及未来共产主义社会中关于"人的自由而全面发展"的问题。他在说明德国古典哲学是马克思主义主要来源时，讲的也是对黑格尔的辩证法和费尔巴哈的唯物主义的继承和发展，而没有提到德国古典哲学自由精神。

列宁和普列汉诺夫的理论对俄国及世界各国的马克思主义者产生了广泛而深远的影响。在他们之后的很长的历史时期里，许多马克思主义者照例不谈人的自由而全面发展的思想及其内含的自由精神，当然也更不会去追溯这一思想的渊源，去论述马克思主义哲学与德国古典哲学自由精神有何关系②。因此，人们普遍认为，自由人的联合体的思想是马克思恩格斯的独创。以至今天有的论者认为，"追求每个人自由而全面的发展，是马克思主义真正的核心和实质"③。"一切人的自由而全面发展是马克思主义的最高命题"，"以人为本"和"人的自由而全面发展"是同一命题的不同表述④。"以人为本是我们时代的哲学，是我们这个时代精神的精华。"人本主义或以人为本是统领马克思主义创始人著作"全部内容的活的灵魂"。⑤

---

① 列宁：《俄国社会民主党纲领草案》，载《列宁全集》第 6 卷，人民出版社 1986 年版，第 193 页。

② 在马克思主义发展史上有一个人注意到马克思的自由人的联合体思想与德国古典哲学家康德伦理思想之间的联系，那就是德国的马克思主义者梅林。恩格斯逝世后，德国新康德主义首领柯亨提出，康德的伦理学奠定了社会主义基础，康德是德国社会主义的真正创始者。梅林对新康德主义进行了批判，但他也承认，《共产党宣言》中所说的自由人的联合体的理想社会，"按其意义说来，这和康德伦理学的一个主要观点是完全相同的。"（《新康德主义者们》（1900 年 4 月 11 日），载《保卫马克思》，人民出版社 1982 年版，第 113 页）梅林所说的康德伦理学的主要论点是指"人是目的，而不是手段"。当然，梅林指出，马克思是依据唯物史观的经济发展进行论证的，而康德则不是。由于对新康德主义和第二国际修正主义的批判，梅林的这一思想没有引起注意，因而也更谈不到去进一步研究马克思主义哲学与德国古典哲学自由传统之间的联系。

③ 孙富林：《关于理解和认识马克思主义的几个问题》，《毛泽东邓小平理论研究》2004 年第 1 期。

④ 俞可平：《马克思主义的最高命题》，《理论动态》第 1634 期，2004 年 5 月 10 日。

⑤ 何祚庥、段若非：《关于"以人为本"的对话》，《当代思潮》2004 年第 2 期。

近年来，笔者在学习研究中发现，马克思恩格斯关于"人的自由而全面发展"的思想直接来源于德国古典哲学，往上可溯源到英法近代哲学。而且，这种思想史上溯源对正确全面理解马克思主义的"人的自由而全面发展"的思想有重要意义。

二、德国古典哲学的自由传统

自由是一个古老的概念，是数千年来人类梦寐以求的理想境界。可以说，人从脱离动物界成为人的那时起，就具有不同于一般动物的特殊的自觉能动性，获得了最初的 点自由。随着生产力的发展，文化的进步，人的主体性、自觉能动性的不断增强，人的自由也在不断扩大。自由是历史的、具体的。人类的历史从某种意义上讲是不断挣脱自然束缚和社会束缚的历史，是争自由的历史。古希腊哲学家苏格拉底认为，"哲学家的职责在于使灵魂脱离肉体而获得自由和独立"[①]。伊壁鸠鲁、卢克莱修哲学中的原子偏离说表达了自由的倾向。但人类普遍自觉地争自由确实是近代以来的事，是同资本主义生产方式的产生、发展有关，是同反对封建专制制度的资产阶级革命有关。在 17 世纪英国资产阶级革命时期，霍布斯、弥尔顿、洛克等思想家、哲学家提出，人是生而平等自由的，每个人自己要自由，就必须使别人也有自由。谁要是侵犯了别人的自由，那他就会失去自己的自由。因此，在社会里，自由决不是任性，决不是自己想干什么就干什么，而是必须遵循法律，受法律约束。自由是在他所受约束的法律许可范围内，可以自由地遵循他的意志。马克思称洛克是新兴资产阶级的代表、"自由思想的始祖"。

自由成为一个响亮的战斗口号，是在法国大革命时期。卢梭的自由思想最具有代表性，影响也最大。卢梭提出："人是生而自由的，但却无往不在枷锁中。""人所共有的自由，乃是人性的产物。""每个人都是生而自由、平等"。人们生活在社会中，如何才能做到保障每个人的自由？卢梭是社会契约论者，主张通过订立某种社会契约来实现。他说："'要寻找出

---

① 《苏格拉底的最后日子——柏拉图对话集》，上海三联书店 1996 年第 2 次印，第 130 页。

一种结合形式，使它能以全部共同的力量来卫护和保障每个结合者的人身和财富，并且由于这一结合而使每一个与全体相联合的个人又只不过是在服从自己本人，并且仍然像以往一样地自由.'这就是社会契约所要解决的根本问题。"①卢梭的这一论述，表达了他想通过契约的形式来建立"自由人的联合体"的设想，这当然是一种空想。卢梭的思想在法国产生了巨大的革命作用。"不自由，毋宁死"成为鼓舞人们反对封建专制主义、争取独立和自由的一个战斗口号。1789 年法国国民议会通过的《人权和公民权利宣言》的第一条就是"人们生来是而且始终是自由平等的"。第四条则规定："自由就是指有权从事一切无害于他人的行为。"自由既受到法律的保障，又受到法律的限制。自由打上了鲜明的资产阶级印记。

德国的资本主义经济比同期的法国落后，因而德国的资产阶级比法国的要软弱，但它追求、向往自由的愿望却是相同的。德国哲学是法国革命在理论上的反映，体现了对自由精神的追求。康德推崇卢梭，崇尚自由。他同样认为，自由是每个人与生俱来的权利，人的意志是绝对自由的。他自认为他的哲学"能替一切人恢复其为人的共同权利"②。他把自由看成自己哲学"整个体系的拱顶石"，他说：自由是"我们所知的道德法则的条件"，"假使没有自由，那么道德法则就不会在我们内心找到"③。康德是先验论者，主张理性为道德立法。为解决人与人之间在道德实践上的矛盾，解决人与人之间在自由上的矛盾，他提出了这样的道德律："你应当这样地行动：使你的行为的准则通过你的意志成为普遍的自然法则。"④他提出了"人是目的，而不是手段"的著名命题。康德提出的道德律反映了德国资产阶级的软弱性。

费希特从右边批判康德，取消了物自体，更强调自我的作用，走向主观唯心主义的唯我论。他继承和发展了康德重视自由的思想。自由"是费希特全部哲学的出发点、前提、核心和最终目的。费希特本人明确表示：'我的体系是第一个关于自由的体系'；'我的体系自始至终只是对自由概

---

① 卢梭:《社会契约论》，商务印书馆 1996 年版，第 8、9、23 页。

② 转引自诺曼·康蒲·斯密:《康德〈纯粹理性批判〉解义》，商务印书馆 1961 年版，第 39 页。

③ 康德:《实践理性批判》，商务印书馆 1999 年版，第 2 页。

④ 康德:《道德形而上学原理》，上海人民出版社 1986 年版，第 73 页。

念的一种分析'"①。如何解决自我与他我在自由问题上的矛盾？费希特提出了不同于康德的设想："只有假定一切自由存在物都必然抱有同样的目的，这个矛盾才能解决，道德规律的自相一致才能恢复；这样一来，一个自由存在物的合乎目的做法对于所有其他自由存在物就会同时也是合乎目的的，一个自由存在物的解放就会同时也是所有其他自由存在物的解放。"他又说：理性必定是独立的。除了借助于一切个体的形式自由，决不存在任何（实质）独立性。"一切个体的形式自由是全部理性的一切因果性的唯一条件。"②费希特所追求的理想社会同样是自由人的联合体。费希特尤其强调人的主体能动性，强调行动，反对只说不做。他说："我寄希望于行动"，"行动！行动！——这是我们的生存目的。"③费希特自由思想影响甚大。黑格尔指出，"自由是理性的特征，它是扬弃一切限制本身的东西，是费希特体系的至高无上者。"他还从费希特那里认识到："人们与他人结成的共同体从根本上说，必定不是被看作对真正的个体自由的限制，而是被看做这种自由的扩展。最高的共同体就是最高的自由。"④

黑格尔是德国古典哲学的集大成者。他是客观唯心主义者，把人的精神绝对化、客观化，当成世界的本体，把自然界、人类社会看成是精神的外化。受法国大革命的影响，黑格尔崇拜法兰西的理性和自由，他十分赞赏卢梭天赋人权、自由、平等的主张。他把自由抬高到前所未有的高度，将自由规定为绝对精神的内在本质。直至晚年，他仍追求自由，向往自由。在历史哲学讲演中，他说："'精神'的实体或'本质'就是'自由'。""'精神'的一切属性都从'自由'而得成立"，"一切都是为着取得'自由'的手段"，"一切都是在追求'自由'和产生'自由'"，"'自由'是'精神'的唯一真理"，"'精神'——人之所以为人的本质——是自由的"。黑格尔把人类历史看作是精神发展的历史，也是自由发展的历史。他视自由为推动历史前进的动力，历史发展的最终目的。他说，"整个世界的

---

① 郭大为：《费希特伦理学思想研究》，中国社会科学出版社 2003 年版，第 75—76 页。

② 费希特：《伦理学体系》，中国社会科学出版社 1995 年版，第 232、234 页。

③ 费希特：《论学者的使命人的使命》，商务印书馆 1984 年版，第 57 页。

④ 黑格尔：《费希特与谢林哲学体系的差别》，载《黑格尔著作集》第 2 卷，第 82 页。转引自郭大为：《费希特伦理学思想研究》，中国社会科学出版社 2003 年版，第 240—241 页。

最后目的"，"就是当做那种自由的现实"。①他认为，自由是一个历史过程。东方人只知道一个人（专制君主）是自由的，古希腊罗马人只知道少数人是自由的，日耳曼人首先知道，人类之为人类是自由的，人人是自由的。世界历史不过是自由观念的发展。他还认为，自由本身包含有绝对的必然性，因此它必然展现为世界历史，最终实现自己。他所希望建立的最终的理想社会是人人自由的社会。他指出，人类天性是自由的，但自由并不是无限制、约束的天然状态，自由需要法律和道德。法律是"精神"的客观性，体现了精神的意志自由。他由此得出了十分保守的结论：只有服从法律，意志才有自由，国家是自由的实现。黑格尔正确认识到，自由与必然不是绝对对立、排斥的，自由是对必然的认识，自由要靠知识和意志的无穷训练才可以找出和获得。总之，从客观唯心主义出发，黑格尔把自由看成是精神的本质，世界历史追求的目的，"现代世界是以主观性的自由为其原则的"②。他晚年仍说："自由精神的旗帜"，"就是我们现在所拥护的、我们现在所擎举的"。③这表明，政治上保守的黑格尔始终向往自由，坚持自由精神，把自由人的联合体视为人类追求的最终的理想社会。

黑格尔逝世后，青年黑格尔派发展了黑格尔思想中革命的方面，开展了一个新的资产阶级思想解放运动。青年黑格尔派继承前人的自由传统，反对封建专制主义。赫斯认为，法国革命是自由行动的开端，德国的宗教改革则是精神自由的开端。他力图把德、法、英三国的自由有机地结合起来。他说："精神的自由行为，是现代一切企图出发点和归宿的核心。"他本人的行动哲学只是"以自由为行动的基础"的斯宾诺莎伦理学的一个新发展，"费希特为这个演进奠定了第一块基石"④。他认为："人的本质，这一独特物，他所以同动物的区别，恰好在于他的自由的、独立于任何外在强迫的活动。"他把社会主义理解为自由与平等的统一，社会主义社会是"自由共同体"。他还提出了由必然状态向自由王国的转化。赫斯的"自

① 黑格尔：《历史哲学》，生活·读书·新知三联书店1956年版，第55、56、58页。
② 黑格尔：《法哲学原理》，商务印书馆1995年版，第291页。
③ 黑格尔：《历史哲学》，生活·读书·新知三联书店1956年版，第464页。
④ 引自黄楠森、庄福龄主编：《马克思主义哲学史教学资料选编》上册，北京大学出版社1984年版，第159页。

由共同体”的思想对马克思有直接的重大影响①。

从上面十分简略的追溯中可以看出，自由原则是现代世界的基本原则，自由精神是现代世界的时代精神。崇尚自由，追求自由人的联合体，是德国古典哲学的传统。

三、马克思对德国古典哲学自由精神的继承和发展

人是社会的产物，人的思想直接受所处社会环境、社会思潮的影响，这对一个青年人来说尤其是这样。青年时代的马克思，参与青年黑格尔运动，深受启蒙思想的熏陶和黑格尔主义的影响，是 位激进的革命民主主义者。他热烈地追求民主自由，反对封建专制主义。还在学生时代，他就自觉地意识到，“哲学研究的首要基础是勇敢的自由精神”②。他倾心于古代哲学家伊壁鸠鲁的原子偏斜观点，赞扬伊壁鸠鲁关于精神自由和独立的主张。他用充满着战斗的激情的文字写道：“哲学，只要它还有一滴血在它那个要征服世界的、绝对自由的心脏跳动着，它就永远用伊壁鸠鲁的话向他的反对者宣称：‘渎神的人并不是那抛弃众人所崇拜的众神的人，而是同意众人关于众神的意见的人。’”他赞赏普罗米修斯的“我宁肯被缚在崖石上，也不愿作宙斯的忠顺奴仆”的不屈的自由精神。他说：“普罗米修斯是哲学日历中最高尚的圣者和殉道者。”③事实上，马克思本人就是一生为人类自由和人类解放英勇奋斗的普罗米修斯式的斗士。

马克思在大学毕业、走向社会后的第一次战斗是反对普鲁士政府的书报检查制度，捍卫出版自由和言论自由。他向普鲁士当局指出：“你们赞美大自然悦人心目的千变万化和无穷无尽的丰富宝藏，你们并不要求玫

① 赫斯：《哲学与社会主义文集》，第228、258、223—224页。转引自侯才：《青年黑格尔派与马克思早期思想的发展》，中国社会科学出版社1994年版，第201、191、196—197页及有关部分。

② 马克思：《关于伊壁鸠鲁哲学的笔记》，载《马克思恩格斯全集》第40卷，人民出版社1982年版，第112页。

③ 马克思：《德谟克利特的自然哲学和伊壁鸠鲁自然哲学的差别》，载《马克思恩格斯全集》第40卷，人民出版社1982年版，第189、190页。

瑰花和紫罗兰散发出同样的芳香，但你们为什么却要世界上最丰富的东西——精神只能有一种存在形式呢？""每一滴露水在太阳的照耀下都闪着无穷无尽的色彩。但是精神的太阳，无论它照耀着多少个体，无论它照耀着什么事物，却只准产生一种色彩，就是官方的色彩。"①他要求废除书报检查制度。这时他使用的思想武器是黑格尔的精神自由。他指出，自由，"是人的本质"，"是全部精神存在的类本质，因而也就是出版物的类本质"。他进而提出，"法律不是压制自由的手段"，"法典就是人民的圣经"，"出版法就是出版自由在立法上的认可"。"自由出版物是人民精神的慧眼，是人民自我责任的体现，……是人民用来观察自己的一面精神上的镜子"。②在国家问题上，这一时期的马克思同样受黑格尔影响。他认为，"国家应建立在自由理性的基础上"，国家概念要符合实现理性自由，不实现理性自由的国家就是坏国家，哲学所要求的国家是符合人性的国家。与黑格尔一样，他把国家了解为"自由人的联合体"。③他对封建专制制度深恶痛绝。他激愤地说："专制制度的唯一原则就是轻视人类，使人不成其为人"。"专制制度必然具有兽性，并且和人性是不相容的。"他猛烈抨击普鲁士专制制度。他认为，专制制度之所以能存在，是由于德国人不觉悟，是庸人。"庸人是构成君主制的材料，而君主不过是庸人之王而已"。他指出，只有丢下这个世界的基础，才能"过渡到民主的人类世界"。他还提出，"必须唤醒这些人的自尊心，即对自由的要求"，才能使社会"成为一个人们为了达到崇高目的而团结在一起的同盟，成为一个民主的国家"。④为此，他竖起了批判的旗帜，对现存的一切进行无情的批判，揭露旧世界，以唤醒人的自觉，实现人的解放，建立自由人的联合体。

① 马克思：《评普鲁士最近的书报检查令》，载《马克思恩格斯全集》第1卷，人民出版社1956年版，第7页。
② 马克思：《第六届莱茵省议会的辩论》，载《马克思恩格斯全集》第1卷，人民出版社1956年版，第67、71、74—75页。
③ 马克思：《第179号"科伦日报"社论》，载《马克思恩格斯全集》第1卷，人民出版社1956年版，第127、118页。
④ 马克思：《摘自"德法年鉴"的书信》，载《马克思恩格斯全集》第1卷，人民出版社1956年版，第411、412、414、409页。

正是在对人的自由、人的解放的强烈追求的推动下，马克思由革命民主主义者向共产主义者转变，由唯心主义者向唯物主义者转变，最终创立新的辩证的历史的唯物主义哲学和科学社会主义。在《论犹太人问题》中，马克思批评布鲁诺·鲍威尔把犹太人的解放归结为宗教的解放和把政治解放同人类解放混淆的错误。他在肯定资产阶级革命反对封建主义的积极作用时，指出了资产阶级自由、人权的局限性。他说，法国资产阶级革命所确立的自由、人权，"不是建立在人与人结合起来的基础上，而是建立在人与人分离的基础上"。"这种自由使每个人不是把别人看做自己自由的实现，而是看做自己自由的限制"。[①] 这种自由、人权在实际应用上就是私有财产这一人权，就是自私自利的权利。这种社会与马克思所追求的自由人的联合休大相径庭。因此，他认为，资产阶级的政治解放还不是人类解放。

马克思继续前进，由政治领域进入经济领域探讨人的解放。他在《1844 年经济学哲学手稿》中提出了劳动异化理论，对共产主义作了初步论证。他指出，"人的类特性恰恰是自由的自觉的活动"，这种人的自由的自觉活动就是人的劳动。人正是通过自觉的有意识的劳动，在改造对象世界中，实现、确证自己的本质，证明自己是类存在物。生产生活就是类生活。但是在现实的资本主义社会中，劳动发生了异化，"把自我活动、自由活动贬低为手段"，反过来成为支配、统治、压迫劳动者自身的工具，导致人同人的异化，一部分人对另一部人的统治。在这一著作中，马克思对异化劳动与私有制的关系还没有完全厘清。他认为，私有财产是异化劳动的产物，又是劳动借以外化的一种手段和这一外化的实现。他把人类历史过程归结为劳动异化和扬弃这异化的过程，也是人性由异化到复归的过程。他提出，共产主义是私有财产即人的自我异化的积极扬弃，是通过人并且为了人而对人的本质的真正占有，是"人和自然界之间、人和人之间的矛盾的真正解决，是存在和本质、对象化和自我确证、自由和必然、个体和类之间的斗争的真正解决"。在共产主义社会，由于对私有财产的积极扬弃，"人以一种全面的方式，也就是说，作为一个完整的人，占有自

---

① 马克思:《论犹太人问题》，载《马克思恩格斯全集》第 1 卷，人民出版社 1956 年版，第 438 页。

己的全面的本质"①，人得到彻底的解放，可以自由而全面发展。《1844年经济学哲学手稿》是马克思创立新的学说过程中的重要一环，但它还没有完全摆脱费尔巴哈人本主义的影响。

《德意志意识形态》是马克思恩格斯第一次较为全面阐述他们所创立的新的历史唯物主义和科学社会主义的著作。在这一著作中，他们在历史唯物主义的基础上科学地论证了未来共产主义社会是自由人的联合体。资产阶级责难共产党人要消灭个人自由、消灭个性。在《共产党宣言》中，他们在驳斥这种责难时说："在资本主义社会里，资本具有独立性和个性，而活动着的个人却没有独立性和个性。"他们深刻揭露资产阶级所宣扬的自由、个性的实质，指出："在现今的资产阶级生产关系的范围内，所谓自由就是自由贸易，自由买卖。""你们所理解的个性，不外是资产者、资产阶级私有者。这样的个性确实应当被消灭"。② 他们批判、揭露资产阶级个性、自由的实质，不是要否定一般的个性、自由，恰恰相反，是要通过社会革命，发展生产力，发展教育和科学，消灭私有制，消灭阶级，使个性获得真正的自由发展，建立起新的"自由人的联合体"，以代替存在着阶级和阶级对立的资产阶级旧社会。这就是本文一开头就引的那段名言。在《共产党宣言》之后，他们在《资本论》、《反杜林论》、《经济学手稿》和其他的许多著作中进一步阐明了未来的共产主义社会是"以每个人的全面而自由的发展为基本原则的社会"③，人类社会最终要实现"建立在个人全面发展和他们共同的社会生产能力成为他们的社会财富这一基础上的自由个性"④。

我们尚难断定《共产党宣言》的"每个人的自由发展是一切人的自由发展的条件"的表述与费希特《伦理学体系》中的"一个自由存在物的解

---

① 马克思：《1844年经济学哲学手稿》，载《马克思恩格斯全集》第42卷，人民出版社1979年版，第96、97、120、123页。

② 马克思恩格斯：《共产党宣言》，载《马克思恩格斯选集》第1卷，人民出版社1995年版，第287、288页。

③ 马克思：《资本论》第1卷，载《马克思恩格斯全集》第23卷，人民出版社1972年版，第649页。

④ 马克思：《经济学手稿》，载《马克思恩格斯全集》第46卷（上），人民出版社1979年版，第104页。

放就会同时也是所有其他自由存在物的解放"和"一切个体的形式自由是全部理性的一切因果性的唯一条件"的论述是否有直接的关联（有的学者认为两者有直接的关联），但我们完全有理由可以认为，马克思的"自由人的联合体"、"每个人的自由发展是一切人的自由发展的条件"的思想，同德国古典哲学崇尚人的自由传统、追求建立自由人的联合体的理想是一脉相承的。马克思主义哲学继承了德国古典哲学及整个西方哲学崇尚自由传统。从这一点讲，自由人的联合体思想并非是马克思的独创。因此，"人的自由而全面发展是马克思主义的最高命题"，"追求每个人自由而全面的发展是马克思主义真正的核心和实质"等说法是大可商榷的。

马克思以前的哲学家、思想家有关人的自由而全面发展的思想是建立在人是生而自由的抽象人性论的基础上的。他们所追求自由人的联合体的美好理想具有空想的性质。马克思的功绩是将这一人类美好的理想建立在历史唯物主义基础上，说明这一理想是人类社会发展到现代的一种必然趋势，使之由空想变成科学。他从物质生产和现实的社会关系出发，对资本主义社会的自由作了具体的、历史的分析，深刻地揭露了资本主义自由的实质和历史局限性；精辟地阐明了代替那存在着阶级和阶级对立的资本主义旧社会是自由人的联合体；全面地论述了实现每个人的自由而全面发展的条件和途径，指出人类由必然王国进入自由王国是一个历史过程。

从前面的人的自由而全面发展思想的溯源中可看出，马克思的"人的自由而全面发展"思想的实质是重视人的自由发展。它充分体现了现代世界的时代精神——自由精神。马克思的自由思想既是现代的，又超越了现代。今天，尽管人们对自由的理解依然是多样的，甚至有的是根本对立的，但都承认自由的必要和价值，承认自由对经济、社会和人的发展具有首要意义。自马克思去世以来，有难以计数的文章和著作在论说自由，其中有些论著在一些问题上也确实比马克思有所前进，但就其整体的科学性、深刻性而言，它们都还未能超越马克思。马克思的自由理论仍代表着当代的时代精神，居于现时代精神的制高点。

每个人的自由而全面的发展是人类发展的理想目标。只有到了共产主义社会，生产力的高度发达、旧式分工已消失、私有制和阶级已消灭、教育和科学的高度发展、劳动不再是人的负担而是成为人的第一需要、人的自由支配时间大大增加的时候，这一理想才能实现。今天，我们还处于社会主义初级阶段，离共产主义社会还有很长很长的历史过程，还谈不到人的自由而全面发展的问题。然而，人的自由而全面发展思想所内含的自由精神对我们今天具有重大的实践意义。人的全面发展是社会主义的本质要求。就当代中国社会现实而言，确立完全独立自主的人格更具有迫切性。可现在许多文章和著作，在讲人的发展时比较多的是讲人的全面发展，较少讲甚至不讲人的自由发展，这显然不符合马克思主义的基本精神。其实，自由精神是马克思主义的基本精神。自由是当代中国现代性建构的价值指向。我国经济、政治、思想、文化，乃至家庭等社会生活的各个领域都需要灌注自由精神，都需要人的自我觉醒和独立自主人格的确立。如同理直气壮地宣传民主一样，我们也要理直气壮地宣传自由。讲自由，不等于自由主义，更不等于资产阶级自由化。我们要注意划清马克思主义自由观同资产阶级自由观、小资产阶级自由观的界限，反对资产阶级自由化和小资产阶级的无政府主义。

社会是由个人组成，社会的活力取决于个人的活力，社会的发展最终取决于个人的发展，而社会发展的首要的也是最终的目的，是为了人的自由发展。我们讲解放思想，实质上是解放人，充分发挥每个人的聪明才智和积极性、主动性、创造性。我们发展生产力，发展教育、科学、文化，发展体育卫生事业，改革束缚人的发展的各种社会关系和制度，进行物质文明、制度文明（政治文明只是其中之一）、精神文明的建设，都是为了不断满足社会成员日益增长的物质文化生活的需求，不断提高人的各种素质，不断促进人的解放和人的发展，不断扩大人的自由，都是为着实现人的自由而全面发展的理想。我们所要建立的社会主义现代化国家，不仅是富强的、民主的、文明的，而且是自由的。这是马克思主义"人的自由而全面发展"思想在当代中国的现实意义。

（刊《中共中央党校学报》2005 年第 3 期;《新华文摘》2005 年第 23 期转载）

马克思主义哲学对象之我见

　　自 20 世纪 50 年代中期起，马克思主义哲学就酝酿着自我变革。哲学体系的变革，首先遇到的问题是马克思主义哲学研究的对象问题。对对象理解的不同，构造出的体系自然也就不同。对此问题，国内外学者众说纷纭，争论激烈，专门论述的文章数以百计。然归纳起来，大致有六种观点：（1）自然、社会和思维发展的最普遍的规律；（2）思维与存在的关系；（3）人与世界的关系；（4）人类社会发展的一般规律；（5）人；（6）人的实践活动。笔者认为，这六种见解，虽然均有片面真理，但都不够准确。有的失之过于笼统，体现不出哲学，尤其是马克思主义哲学对象的特点；有的失之过窄，只是马克思主义哲学研究的一个方面。任何科学都以客观规律为研究对象。哲学要成为科学，亦不能例外。以笔者之愚见，马克思主义哲学研究的对象应是人类认识世界和改造世界的最普遍的规律。

一、实践观点是马克思主义哲学首要的基本的观点

　　哲学是一门古老的历史科学。哲学研究的对象是历史地变化着的。时代不同，哲学家所持的立场、观点不同，对哲学对象的看法也就不同，很难有一个古今中外哲学家共同承认的哲学研究对象。这是许多论者的共识。论者们的另一个共识是：尽管对哲学研究的对象"仁者见仁，智者见智"，但又都认为哲学是智慧之学，哲学所研究的不是具体

的科学知识，而是有关自然、社会、精神、人等根本性的问题，因此，凡是有关这方面的研究都可算作哲学研究，凡是有关这方面的论著都可视为哲学著作。在西方，到了近现代，思维与存在的关系逐渐明晰化，哲学家们主要是围绕着这一关系展开自己的研究。客观唯心主义者黑格尔以理念为研究对象。唯物主义者费尔巴哈则把人和自然界作为唯一研究对象。马克思恩格斯批判地继承了黑格尔和费尔巴哈的哲学，创立了辩证的历史的唯物主义，在人类哲学史上引起了革命性变革。从他们创立新哲学的过程看，引起哲学革命之最根本点是由于把社会实践引入哲学。科学实践观的确立就把唯物主义贯彻到社会领域，将唯心主义从最后的避难所中驱逐出去。因此，实践观点不仅是马克思主义认识论的首要的、基本的观点，而且也是整个马克思主义哲学首要的、基本的观点。如果说马克思主义以前的哲学最基本的范畴有两个——思维与存在，那么马克思主义哲学最基本的范畴有三个——思维、存在和实践。实践既是思维与存在关系的基础，又是联结两者的中介、桥梁。

思维与存在的关系问题是哲学的基本问题。承认这一点，就等于承认哲学研究的对象是思维与存在的关系（或思维与存在的关系及其矛盾运动规律）。有的论者坚定地捍卫"思维与存在的关系是哲学的基本问题"的思想，却不承认思维与存在的关系是哲学研究的对象。这在逻辑上是说不通的。有人也许会说，既然承认思维与存在的关系是哲学研究的对象，那么，能否认为它亦是马克思主义哲学研究的对象呢？可以的。但这样的规定过于一般，体现不出马克思主义哲学的特点。如前所说，与旧哲学不同，马克思主义哲学是在实践基础上解决思维与存在的关系。它认为：在实践的基础上存在可以转化为思维（即物质可以变精神），思维可以转化为存在（即精神可以变物质）。前者即是认识世界，后者即是改造世界。思维与存在的关系在马克思主义哲学中就具体化为认识世界和改造世界的关系。因此，把认识世界和改造世界的最普遍的规律看成是马克思主义哲学研究的对象是恰当的。它充分体现了马克思主义哲学的特点。

二、马克思主义哲学不仅要研究如何认识世界，
更要研究如何改造世界

如何理解"哲学家们只是用不同的方式解释世界，而问题在于改变世界"这一马克思的名言？最流行的看法是，马克思的这一名言强调了实践的革命意义，强调了改造世界比解释世界更重要。这无疑是对的。但笔者以为，若仅仅限于此则很不够，还未能把握马克思这一名言的根本含义。

在马克思以前，并非所有哲学家都是躲在象牙塔里的远离尘世的学者。事实上，有许多哲学家积极参加改变现实的政治斗争和思想斗争。18世纪法国大革命时期的哲学家、思想家尤为突出。狄德罗在一定程度上认识到了实践的革命意义，提出哲学家应把思想和行动结合起来。但在西方，在马克思以前，哲学家们（不管是唯物主义者还是唯心主义者）只研究如何认识世界，不研究如何改造世界。他们的研究仅囿于认识领域，而未能进入到实践领域。马克思的名言正是击中了以往哲学家的这一缺点。

认识世界与改造世界是密不可分的。人类只能在改造世界过程中认识世界，又只能在认识世界过程中改造世界。离开了改造客观世界的实践不可能科学地揭示认识世界的规律。马克思的哲学是实践唯物主义。马克思的上述名言，要求哲学家们不仅要研究如何认识世界，更重要的是要研究如何改造世界。因此，把认识世界和改造世界的最普遍的规律作为马克思主义哲学研究的对象更符合马克思的初衷。

在马克思恩格斯之后，普列汉诺夫不重视实践，不能彻底划清马克思的认识论与费尔巴哈的认识论的界限。列宁则比较重视实践，强调实践观点是认识论的首要的基本的观点。在十月革命后，他又指出："现在一切都在于实践，现在已经到了这样一个历史关头：理论在变为实践，理论由实践赋予活力，由实践来修正，由实践来检验。"[①]列宁之后，斯大林又不

---

① 列宁：《怎样组织竞赛？》（1917 年 12 月 24—27 日），载《列宁选集》第 3 卷，人民出版社 1995 年版，第 381 页。

重视实践。他的《论辩证唯物论和历史唯物论》小册子的重大缺陷之一是不讲实践。斯大林的教条主义以及苏联社会主义模式的僵化同这一缺陷有着内在的联系。毛泽东在反对教条主义斗争中注重实践，他把讲认识论的著作冠以《实践论》的标题是很有见地的。建国以后，我国的哲学教科书在认识论部分充分地吸收了《实践论》，突出了实践在认识中的地位和作用，这是值得肯定的。但仍有不足，许多教科书仅把实践看成认识论的范畴，这种缺点到 20 世纪 80 年代尚未纠正。1987 年《中国大百科全书·哲学卷》继续把实践放在认识论部分加以阐述。

马克思主义哲学不仅要研究认识世界的规律，更重要的是要研究改造世界的规律。可长期以来我们恰恰对改造世界规律的研究很不够，甚至可以说，我们的哲学研究基本上囿于解释世界。在论述哲学是什么，世界观是什么时，我们的哲学教科书一般都是这样说的："哲学是关于世界观和方法论的学问。""所谓世界观，就是人们对于包括自然界、社会和人的精神世界在内的整个世界的一般看法和根本观点，诸如世界的本质是什么，是物质还是精神；世界是怎样存在的，是运动变化的还是静止不变的；世界上各种事物和现象之间的关系如何，是相互联系还是各自孤立的；事物的运动变化和相互联系是杂乱无章的还是合乎规律的；人自身的本质是什么，人在世界中处于什么地位；人们能不能认识世界和改造世界以及怎样认识世界和改造世界，等等。"这些十分熟悉的论述当然不错。但仔细想想，又感到有问题。论述中列举的哲学研究问题除最后一点外其余均是"世界是什么"的问题。"世界是什么"，当然要研究，不过这是属于"解释世界"的范畴。上述的论述至少表明：时至今日，我国哲学界对"怎样改造世界"的问题依然不够重视。

也许有人会说，世界观与方法论是一致的，掌握了世界发展的普遍规律，也就掌握了改造世界的一般方法。这是对的。马克思主义哲学的方法论不仅是认识世界的方法论，而且也是改造世界的方法论。毛泽东、邓小平讲的要"照辩证法办事"就充分体现了这一点。但"怎么做"与"是什么"毕竟是两个问题。改造世界规律有其特殊性，必须加以具体研究。当代社会所面临的许多重大问题也要求我们去探讨实践规律，以减少实践过程中的盲目性。比如，社会主义运动的严重挫折要求我们去研究科学理论转化为实践的条件、复杂过程及规律。又比如，发展必然要付出代价，发展的代价问题日益为学术界和一般世人所关注。发展代价的根源在于实践本身的两重性。以往，我们对实践的正面效应比较注意，而对它的负面效应却有所忽略。再比如，我们对实践是检验真理的标准比较重视，而对如何评估实践本身（尤其是对社会实践和现代化科技成果的后果）则很少研究。总之，在当代，马克思主义哲学研究的重点应由以往的"世界是什么"（"解释世界"）转移到"人类怎么做"（"改造世界"）上来。

三、本体论和历史唯物论依然有其地位

也许有人会说，把认识世界和改造世界的普遍规律作为哲学研究的对象，岂不取消了本体论。回答是否定的。根据世界观、认识论和逻辑学三者同一的原理，要研究认识世界和改造世界的普遍规律，首先要研究认识的客体和改造的客体，即研究客观世界存在的一般形式及其普遍的发展规律，亦即传统意义上的本体论。不过，它不是马克思主义哲学研究的重点。因为尽管本体论很重要，尽管本体论要随着科学的发展而发展，尽管在本体论上唯物主义与唯心主义、辩证法与形而上学的斗争将继续存在，但从哲学发展史看，把它作为研究的重点已经成为过去。取消本体论是完全错误的。马克思主义哲学要研究本体论，但重点不在此。

也许有人会说，把认识世界和改造世界的普遍规律作为哲学研究的对象，岂不取消了历史唯物主义。回答同样是不会的。因为要研究认识世界和改造世界的普遍规律，不仅要研究认识和改造的客体，而且还必须研究认识和改造的主体。唯心主义把自我、绝对、神当作认识的主体。旧唯物主义把抽象的个人当作认识的主体。马克思主义哲学则认为，认识（以及改造）世界的主体是具体的历史的人，是群众、阶级、政党、集团，是社会。因此，对认识主体和改造主体的研究，就是对人的存在形式及其最普遍的发展规律的研究，亦即历史唯物主义。那么能否把人看成是马克思主义哲学研究的对象呢？不能。第一，人是一个复杂的有机体，许多自然科学和社会科学均从自己特定的角度去研究人，揭示人的某一方面的规律。哲学只是从思维与存在关系的角度去揭示人的存在形式及其最普遍的发展规律。第二，哲学不仅研究认识世界和改造世界的主体，还研究认识

和改造的客体，以及主客体之间的关系。

在分别研究了认识和改造的客体、主体之后，方可进入对客体与主体相互关系及其矛盾运动规律的研究。这是哲学研究中最为复杂的部分。哲学在当代的发展主要也在这部分。遗憾的是马克思主义哲学工作者对这方面的研究很不够。许多人仍把自己的精力耗费在一些早已解决了的老问题的争论和注释上，削弱了对最新问题的关注。

根据以上看法，笔者以为马克思主义哲学的体系可分三大篇：客体篇；主体篇；主客体统一篇。这三篇不是孤立的，而是互相渗透的；也不是并列的，而是一个比一个具体，一个比一个丰富，是一个肯定、否定、否定之否定的过程。这样的体系较好地体现了逻辑与历史的一致性。

四、从思维与存在的关系上去研究人与世界的关系

中国古代哲学家、思想家十分重视天人关系的研究（司马迁称之为"究天人之际"）。贯彻于马克思的《关于费尔巴哈的提纲》的也是人与世界的关系。但在很长的时间里，马克思主义哲学教科书几乎不讲人与世界的关系。苏联 1981 年出版的《马克思列宁主义哲学原理》（费·瓦·康士坦丁诺夫主编）一书在论述哲学对象时只字未涉及人与世界的关系。20世纪 80 年代以来，随着人口问题、资源问题、环境问题日趋严重，人与世界的关系愈来愈突现出来了。国内外的一些教科书在谈到哲学的对象时也愈来愈涉及这一问题。苏联 1988 年出版的《哲学原理》（斯比尔金著，该书手稿曾获全苏高等院校大学生教科书竞赛奖）一书写道："哲学以揭示人和世界的相互关系为目的"，哲学是"对人与世界的本质关系的解释的反思"。我国教科书把人与世界的关系列入哲学研究的对象也是近几年的事。

哲学要研究人与世界的关系。但倘若将人与世界的关系当作哲学研究的对象那就失之过于笼统。因为人与世界的关系极为复杂，其中包含着不同层次、不同方面的许许多多关系。这许许多多的关系构成不同学科的研究对象。哲学只是从思维与存在的关系上去研究人与世界的关系。换句话说，哲学是研究人与世界关系中最本质的最基本的关系——思维与存在的

关系。人与世界的关系最根本的可归结为认识世界和改造世界两大方面。人类研究哲学的目的就是为了掌握认识世界和改造世界的规律，从而能正确地认识世界和改造世界，不断地获得自由、扩大自由。

哲学是人类智慧的结晶。哲学是一门反思的学问。这是许多论者都承认的。但有许多人把哲学的反思仅局限于认识领域，认为"哲学是人类精神的反思"，"哲学是对于认识的认识"。马克思主义以前的哲学家，由于不了解实践的意义，因而把哲学的反思局限于认识领域是很自然的。笔者认为，人类的智慧不仅表现在认识世界上，更重要的是表现在改造世界上。可以说，实践成果是人类智慧最终表现。因此，马克思主义哲学的反思不仅包括认识领域，而且包括实践（现实的及历史的实践）领域。从历史上看，推动哲学家们前进的最基本动力不是思想，而是社会实践，即生产斗争、阶级斗争和科学试验。哲学家们的新思想从根本上来讲是来自现实生活，来自个人的经验和感悟。马克思主义哲学的产生不仅是对认识史反思的产物，更重要的是对当时社会实践经验的科学总结和概括。

总之，马克思主义哲学应以认识世界和改造世界的最普遍的规律为研究对象。马克思主义哲学应是人类认识世界和改造世界智慧的总结和概括。

（刊《理论前沿》1996 年第 6 期；人大复印资料《哲学原理》1996 年第 10 期；收入中共中央党校哲学教研部编：《当代哲学前沿问题探索》，中共中央党校出版社 1996 年版；又收入 1995 年 10 月在南京召开的纪念《关于费尔巴哈的提纲》和《德意志意识形态》150 周年学术讨论会论文集《马克思主义实践论与邓小平理论的哲学基础》，南京大学出版社 1998 年版）

坚持辩证物质本体论的当代意义

一、马克思主义的辩证物质本体论受到严重的挑战

20 世纪初，西方资产阶级哲学利用自然科学革命的新成果，鼓吹"物质消失了"，否认客观真理，拒斥"本体论"。列宁对这股否认物质本体论的唯心主义思潮进行了批判，捍卫和发展了马克思主义哲学。列宁逝世后，虽然西方马克思主义者中的某些人否认自然辩证法，否认物质本体论，试图用实践本体论来代替物质本体论，但在正统的马克思主义者中影响甚微。

"文化大革命"结束后，我国哲学工作者在反思历史经验时，对苏联传入的哲学教科书体系进行了批判性的审视，强调实践观点不仅是马克思主义认识论的首要的和基本的观点，而且也是整个马克思主义哲学首要的和基本的观点。在纠正忽视实践论倾向过程中，有的同志提出要以实践本体论、实践一元论来代替物质本体论，也有的同志干脆取消本体论，主张"超越论"。在"本体论"的讨论中，相当多的研究者指斥物质本体论从脱离人的现实生活的抽象物质出发，因而无法认识和把握现实。有的同志在用实践论去诠释马克思哲学时竟然得出回到康德的"抛弃知识，为信仰开拓地盘"的结论。在现时，只有少数人仍然主张物质本体论。

2000 年夏，我评阅过一篇有关中国现代哲学史上科学与玄学论战的博士论文。论文涉及马克思主义哲学本体论的观点实在难以苟同。论文认为："物质决定论，本质上是一种机械唯物论"；"按照马克思的实践论，

唯一的客观实在或者客观存在不是所谓'物质'，而应是人的实践活动"；在马克思看来，"不以人的意志为转移的纯粹客观存在"是"不存在的"，"只有实践或者生活才是唯一的实在，因而并不存在所谓的'客观真理'"，"科学的定律都是一种'假设'"；"客观实在"不仅科学无法证明，哲学无法证明，实践也无法证明，它不过是一种"预设"，一种"信念"。论文的作者是某大学哲学系从事中国哲学史的颇有才气的青年教师。上述的这些观点，并非是他个人的独创。这篇博士论文从一个侧面反映出否认物质本体论的思潮已有相当大的影响。马克思主义的辩证物质本体论正面临严重的挑战。每一个马克思主义哲学工作者都应重视这种挑战。

二、马克思的哲学革命是在唯物主义基础上的革命

笔者认为，否认马克思主义辩证物质本体论的观点同片面理解马克思的哲学革命有关。

马克思主义哲学的诞生是人类哲学史上的一次大革命，这是马克思主义者都承认的。长期以来，哲学教科书对马克思主义哲学革命主要理解为：使哲学获得了科学性，成为科学的世界观和方法论，作为"科学之科学"的哲学就此终结；把唯物主义和辩证法高度结合起来，把辩证唯物的自然观和历史观高度统一起来，克服了旧唯物主义的机械性、形而上学性和不彻底性；是无产阶级的哲学，不同于历史上的剥削阶级哲学，其使命是不仅在于解释世界，更重要的在于改造世界，实现无产阶级和全人类的解放，等等。这种理解，不无道理，但不够深刻，没有点出马克思主义哲学革命的实质。经过"实践是检验真理的唯一标准"的大讨论，我国多数哲学工作者认为，科学实践观的创立是马克思主义哲学革命的实质所在，实践范畴不仅是认识论的范畴，而且也是整个马克思主义哲学的基本的范畴之一，从苏联传入的哲学教科书体系未能很好体现这一点，亟须进行改造和变革。有的同志为了强调实践观点在马克思主义哲学中的地位和作用，主张用"实践唯物主义"来称谓马克思主义哲学，也有同志不赞成将实践观点上升为整个马克思主义哲学首要的和基本的观点。笔者赞同实践观点是整个马克思主义哲学首要的和基本的观点。笔者认为："实践理论

的凸现是时代的需要"，"科学的实践理论是马克思主义哲学同一切旧哲学的根本区别之所在"，"真正坚持马克思主义不动摇，最根本的是坚持实践理论不动摇"①。

任何真理，如果把它说得过火，加以夸大，就会变成谬误，充分重视实践论是必要的，但如果用实践本体论来代替物质本体论则大可商榷。因为实践是主观见之于客观的物质活动，是主体与客体的中介，实践不是本体，更不是整个世界的本原。用实践本体论来取代物质本体论的人，只注意了马克思哲学革命的实质是科学实践观的创立这一点，只注意了科学实践观是马克思哲学同旧唯物主义和唯心主义根本区别之所在这一点，而没有注意或忽视了马克思的哲学革命是在唯物主义基础上进行的，进行革命的目的和结果，不是离开了唯物主义，而是把唯物主义贯彻到底，形成新的唯物主义。

马克思在《1844年经济学哲学手稿》中说："没有自然界，没有感性的外部世界，工人什么也不能创造。""感性（见费尔巴哈）必须是一切科学的基础……只有从自然界出发，才是现实的科学。"②他的《关于费尔巴哈的提纲》的第一条鲜明地划清了新哲学同旧唯物主义和唯心主义的界限，该提纲的第七条则鲜明地用新唯物主义同旧唯物主义相对立。马克思恩格斯合著的《德意志意识形态》"费尔巴哈"章的副标题为"唯物主义观点和唯心主义观点的对立"，该书全书则贯串着彻底的唯物主义（即历史唯物主义）对形形色色唯心主义的批判。确实，马克思的哲学既克服了旧唯物主义的片面性，又克服了唯心主义的片面性，同时又吸取了两者的长处，超越了两者的对立。但马克思的哲学即新唯物主义，并没有超越"唯物主义和唯心主义的对立"，更没有消解这种对立。事实上整个哲学史表明，并将继续表明，唯物主义和唯心主义对立是永远存在的，直到人类社会、人类的认识终结为止。

如果我们不否认马克思的哲学是"新唯物主义"，不否认马克思是一个唯物主义者，那么我们就得承认，马克思哲学的本体论就是物质本体

① 见拙作《实践新论》，载《毛泽东与中国二十世纪哲学革命》第五编第6章，当代中国出版社1998年版，第626、628、636、637页。

② 马克思：《1844年经济学哲学手稿》，载《马克思恩格斯全集》第42卷，人民出版社1979年版，第92、128页。

论。因为，做一个唯物主义者的起码要求是承认外部的物质世界是不以人的意志为转移的客观存在，即主张物质为世界的本体、本原。笔者认为，物质概念是一切唯物主义体系的基石，主张唯物主义与主张物质本体论是一回事。在马克思主义哲学体系中，虽然实践概念的内涵比物质概念更丰富、更高级，但物质概念比实践概念更为基础、更为根本。科学的实践论是建立在物质论的基础上的。唯心主义否认物质世界，因而如马克思所说，它只是抽象地发展了能动性，并不真正知道实践活动及其革命意义。马克思主义者在讲实践论之前，首先要讲物质论，这样才能同唯心主义的实践论划清界限。一切唯物主义都以物质为本体。正因为如此，实践唯物主义的积极倡导者萧前教授在《实践唯物主义研究》一书的"序言"中坚决地、明确地声明：实践唯物主义，"首先是唯物主义。它坚持物质本体论，物质一元论。它认为，实践只改变物质存在的形式，实践并不能创造一切。因而，它坚决反对实践一元论或实践本体论，它是实践的唯物主义，并非实践主义"①。当然马克思主义的物质本体论不同于以往唯物主义的物质本体论，它克服了旧物质本体论的机械性、形而上学性、直观性和不彻底性。它在社会生活中具体表现为生产力本体论。把马克思主义的物质论歪曲为机械物质论，不过是现代资产阶级哲学家攻击马克思主义哲学惯用的伎俩，对此我们应有清醒的认识。为了便于同旧唯物主义相区别，我们不妨把马克思主义的物质本体论称为"辩证物质本体论"。这种"辩证物质本体论"要不断地吸取和总结自然科学和社会科学的最新成果以丰富、发展自己。辩证物质本体论与实践论内在地相一致。

三、对马克思主义哲学体系的理解不能回避恩格斯及列宁

马克思恩格斯进行哲学革命的重点是放在克服费尔巴哈旧唯物主义的

---

① 萧前：《〈实践唯物主义研究〉序》，萧前、李淮春、杨耕主编：《实践唯物主义研究》，中国人民大学出版社 1996 年版，第 1 页。又见《萧前文集》，中国人民大学出版社 2004 年版，第 587 页。

机械性、形而上学性、直观性和不彻底性上，放在对历史唯物主义基本原理的阐述上，而较少顾及辩证唯物主义。这种情形导致有的人产生误解，以为马克思没有哲学，需要用资产阶级哲学来补充它。这种误解直至延续到现在。至今我国有的同志仍在说："马克思的全部哲学就是历史唯物主义"，"马克思从未提出历史唯物主义以外的任何其他的哲学理论"。这显然是一种严重的误解。因为马克思恩格斯在19世纪40年代的哲学革命只是建立新哲学的开始，而不是终结。他们的哲学思想在尔后的实践中不断地得到丰富、发展。西方马克思主义者片面抬高马克思的早期思想，不谈或贬低马克思以后发展了的、成熟了的思想，把青年马克思与中老年马克思对立起来，其目的是把马克思主义人道主义化，阉割其革命的精神。我们应与此划清界限，要把马克思的思想看成是一个活的发展着的整体加以研究。

马克思主义哲学主要是由马克思创立的，但马克思一生的主要精力是运用自己的科学世界观研究政治经济学。他在《〈政治经济学批判〉序言》、《资本论》第1卷的"序"和"跋"中曾十分简洁而精辟地论述自己的世界观和方法论。他多次谈到要写唯物辩证法的小册子，但因种种原因未能如愿以偿。马克思未能为自己的哲学思想作出较为系统的全面的阐述。对马克思主义哲学系统而全面阐述的任务是由恩格斯来承担和完成的。这主要集中在《反杜林论》、《费尔巴哈论》和《自然辩证法》三本著作中。列宁在《马克思主义的三个来源和三个组成部分》一文中谈到马克思主义哲学时说："在恩格斯的著作《路德维希·费尔巴哈》和《反杜林论》里最明确最详尽地阐述了他们的观点，这两部著作同《共产党宣言》一样，都是每个觉悟工人必读的书籍。"[①]因此，我们在理解和把握马克思主义哲学思想时必须把恩格斯的著作与马克思的著作同等对待。我国现时的有些研究者在阐述马克思主义哲学时主要是引证马克思的早期著作《1844年经济学哲学手稿》、《关于费尔巴哈的提纲》和《德意志意识形态》，而很少顾及恩格斯的上述著作，我认为这种做法值得商榷。

某些西方"马克思学"的研究者和西方马克思主义者极力将马克思与恩格斯对立起来，甚至制造"恩格斯反对马克思"的神话。他们认为，在

---

① 列宁：《马克思主义的三个来源和三个组成部分》（1913年3月），载《列宁选集》第3卷，人民出版社1995年版，第310页。

马克思那里只有历史唯物主义，没有自然辩证法和辩证唯物主义，自然辩证法、辩证唯物主义是由恩格斯创立的，是恩格斯对马克思的"修正"和"背叛"。这种"对立论"，不仅贬低了恩格斯对创立马克思主义哲学的贡献，而且严重曲解了马克思主义哲学的基本精神和思想。从总体上讲，我国学术界对这种"对立论"持批判的态度。笔者赞同这种批判。

马克思和恩格斯由于出身、经历、爱好、个性、具体的研究工作和革命任务的不同，他们的思想各有自己的特色，在有些问题的认识上也会有差异，这是很自然的、正常的。用科学的态度研究他们两人思想的个性特色、各自贡献以及他们之间的同异是可以的，也是有益的。但他们的思想（包括哲学思想）在基本的、主要的方面是完全一致的。这是一个最基本的历史事实。他们俩为无产阶级和全人类的解放，为共同的学说、理想、信念和事业，和衷共济、风雨同舟、并肩战斗数十年，直至生命停止。"他们的关系"，如列宁所说，"超过了古人关于人类友谊的一切最动人的传说"①。

这里仅就《反杜林论》谈一点他们两人的哲学思想的关系。马克思完全支持恩格斯对杜林的批判。在批判过程中，他们之间也经常交换意见，"政治经济学编"的《〈批判史〉论述》是由马克思撰写的。该书出版后，马克思给予很高的评价说："这本书对于正确理解德国社会主义是很重要的。"②恩格斯在《反杜林论》1885年版的"序"中说：本书是"对马克思和我所主张的辩证方法和共产主义世界观的比较连贯的阐述"，"本书所阐述的世界观，绝大部分是由马克思确立和阐发的，而只有极小的部分是属于我的，所以，我的这部著作不可能在他不了解的情况下完成，这在我们相互之间是不言而喻的。在付印之前，我曾把全部原稿念给他听，而且经济学那一编的第十章《〈批判史〉论述》就是由马克思写的……"③因此我们有充分的理由认为，《反杜林论》阐述的思想是他们两人共同的思想，《反杜林论》在一定程度上表达了他们对新的世界观的理论体系的看法。

---

① 列宁：《弗里德里希·恩格斯》（1895年9月7日），载《列宁选集》第1卷，人民出版社1995年版，第95页。

② 马克思：《致摩里茨·考夫曼》（1878年10月3日），载《马克思恩格斯全集》第34卷，人民出版社1972年版，第322页。

③ 恩格斯：《反杜林论》1885年版"序"，载《马克思恩格斯选集》第3卷，人民出版社1995年版，第347页。

对恩格斯的《费尔巴哈论》和《自然辩证法》我们也应作如是观。笔者以为，离开恩格斯的《反杜林论》、《费尔巴哈论》和《自然辩证法》就不可能完整、准确地理解马克思主义哲学的实质、精髓、体系及基本内容。理解马克思的哲学不能仅仅限于读解马克思的哲学著作，而且要读解恩格斯的哲学著作。就哲学思想而言，孤立地读解马克思，不可能真正读懂马克思，不可能完整、准确地理解马克思主义哲学。笔者认为，任何一个没有偏见的人在读了恩格斯的上述三本哲学著作后都不得不承认，马克思主义哲学坚决主张：世界的统一性在物质性，唯物辩证法是关于自然、人类社会和思维的运动和发展的普遍规律的科学，马克思主义哲学的本体论是辩证物质本体论。

值得注意的是，时下的有些研究者在大量引证现代西方哲学家萨特、海德格尔等人对马克思的读解时，却闭口不谈恩格斯。这里就发生了一个十分简单的似乎又是被许多人忽略了的问题：是马克思的亲密战友恩格斯对马克思哲学思想的阐述更符合马克思的本意呢？还是数十年甚至近百年后的现代西方资产阶级哲学家对马克思的读解更符合马克思的本意呢？是马克思主义哲学的创始人之一的恩格斯对马克思主义哲学的阐述更马克思些呢？还是我们今天的哲学家对马克思主义哲学的解释更马克思些呢？笔者提出这样的发问决不是否认今天有重新读解马克思、恩格斯的必要，决不是要制造对马克思和恩格斯的个人崇拜，更不是反对读解者去读出自己的新见，而是希望读解者多一点客观性、全面性、整体性，少一点主观随意性，希望读解者不要把自己的思想挂在马克思或恩格斯的名义下。

马克思主义不是教条，它随时代的发展而发展。在当代理解和把握马克思主义哲学时不仅不能避开恩格斯，而且也不能避开列宁。列宁的《唯物主义和经验批判主义》、《哲学笔记》等著作，凝结着时代精神的精华，为发展马克思主义哲学作出了重大贡献。虽然它们也有时代的局限性，未必句句是真理，但它们的基本思想至今仍未过时，对我们今天坚持发展马克思主义哲学有着重大意义。根据列宁关于物质概念、哲学党性原则、辩证唯物主义和历史唯物主义是一块整钢、对立统一规律是辩证法的核心和实质、"辩证法、认识论、逻辑学三者同一"等方面的论述，我们完全可以得出如下结论：马克思主义哲学的本体论只能是辩证物质本体论。

四、坚持辩证物质本体论的当代意义

本体论是什么？哲学界歧见甚大。这里采用《中国大百科全书·哲学卷》的观点：在西方哲学中，"本体论"是"指关于存在及其本质和规律的学说"。按照这种见解，马克思主义哲学本体论不仅要研究世界的物质性及其存在的形式，而且还要研究物质世界运动发展变化最一般的规律。这就是说，马克思主义哲学的本体论实质就是唯物辩证法。从这方面讲，我们把马克思主义哲学的本体论称之为"辩证物质本体论"是恰当的，是名副其实的。

根据上述看法，笔者还认为，否认了辩证物质本体论，实质上是否认了唯物辩证法，从而也就抛弃了马克思主义的革命精神和活的灵魂，也就无所谓马克思主义哲学。西方某些研究者否认物质本体论的目的正是这样。我国的有些学者公开地或拐弯抹角地否认我们周围的世界是不以人的意志为转移的客观存在，否认有整个世界发展的一般规律或普遍规律，从而也就这样或那样地否认了唯物辩证法，否认了马克思主义哲学的世界观和方法论的功能。在今天，坚持辩证物质本体论与坚持唯物辩证法是统一的。

坚持辩证物质本体论，不仅有着重要的理论意义，而且有着直接的实践意义。党的实事求是的思想路线是马克思主义哲学在我国的运用和发展。邓小平说："马克思、恩格斯创立了辩证唯物主义和历史唯物主义的思想路线，毛泽东同志用中国语言概括为'实事求是'四个大字。"思想路线内容极为丰富，但它的首要理论前提是承认"实事"和"是"，即承认"客观存在着的一切事物"和"客观事物内部的规律性"。思想路线之所以重要，就是因为我们周围的世界是不以人的意志为转移的客观存在，人们要想得到工作的胜利，要想取得预想的结果，就一定要使自己的思想合乎外界的规律性，就一定要做到主观与客观相一致。主观与客观相脱离，工作就会失败。这是人类经过几千年的无数次实践得出来的科学结论。物质和精神、存在和思维的关系问题，看起来是一个形而上学的思辨问题，其实也是实际工作中和日常生活中的基本问题。学习哲学，很重要的一点就是要分清什么是唯物主义，什么是唯心主义，在工作和生活中尽量克服唯心主义、主观主义。如果否认了世界的物质性和规律性，那就没有什么实事求是的思想路线可言，势必导致唯心主义和主观主义的大泛滥，给社会主义事业带来严重的损失。那种以为承认物质本体论就是从"抽象物质"出发，势必导致哲学脱离现实生活的观点是不能成立的，因为这不符合马克思主义哲学发展的历史。

辩证物质本体论为科学的人生观提供了坚实的理论基础。在很长的时期里，马克思主义者只注重哲学的世界观、方法论功能，而很少讲它也是人生观，教导人们如何做人。现在人生问题凸现出来了，人生观得到了重视。有的同志似乎又走到另一极端，认为哲学的使命、功能只是为人提供一种终极关怀。笔者认为，哲学教人如何做人，提高人的境界，给人生提供指南，只是哲学的功能之一，而不是全部。哲学的最基本的内容和最主要的功能始终是世界观、方法论。人是世界的一部分，人生观要以世界观为基础。人生观需要本体论。没有本体论的人生观是无根底的人生观。不仅唯物主义者这么看，唯心主义者也这么看。冯友兰认为，哲学是人生的反思，哲学的功能、使命是提高人的境界。但他讲哲学，却从本体论讲起，从他的"理世界"讲起。熊十力则明确批判取消本体论的观点，认为不承认宇宙有本体，"人生在实际上说便等若空华了"。为此，他为自己的新唯识论构造了"本心论"。总之，世界观决定人生观。有什么样的世界观，就有什么样的人生观。离开科学的世界观作指导，就很难有正确的人生理想、信念和正确的价值观、生死观，甚至有可能走上邪路。一些人相信"法轮功"，甚至痴迷"法轮功"就是一个很好的例证。共产主义人生观是建立在对社会发展客观规律、个人与社会的关系、个人的作用等这样一些重大问题的科学认识基础之上的。否定了社会发展客观规律性也就等于否定了共产主义理想、信念，否定了共产主义人生观。

哲学是时代的产物。时代不同，哲学研究的重点也不同。哲学不仅有时代性，而且还有民族性。民族不同，哲学研究的重点也会有不同。本体论问题在古代、中世纪是哲学研究的重点。近代以来它已让位于认识论。到了马克思时代，认识论让位于实践论。在当代中国，本体论虽不是研究重点，但仍然是我们需要关注的一个基本问题。我们要善于用自然科学、社会科学和社会实践的新成果不断地丰富、发展辩证物质本体论。

（刊《高校理论战线》2002 年第 8 期）

完整准确地理解马克思

近几年来，"回到马克思"、"走近马克思"、"重读马克思"等提法不时见诸报端，有关这方面的新著不断问世，但也出现了一些值得注意的情况。如有的同志在读解马克思哲学时得出马克思不承认有客观的物质世界存在，不承认有普遍的客观规律。也有的同志用西方哲学来读解马克思，得出回到康德的"抛弃知识，为信仰开拓地盘"的结论。还有的同志在诠释马克思哲学时认为马克思从未提出过历史唯物主义以外的其他任何哲学，辩证唯物主义是恩格斯误读马克思的产物。这就有一个如何读解马克思的问题。我不赞成"回到马克思"的提法。我认为，在当前读解马克思时至少要注意以下三点。

首先，应把马克思的著作放在一定的历史过程中来读。马克思并不是天生的马克思主义者，马克思的思想有一个形成、发展和成熟的过程。他的《1844年经济学哲学手稿》是世界观转变过程中的重要著作，对理解马克思后来的思想也有重要的意义，我们应加以重视。但该书并没有完全摆脱费尔巴哈人本唯物主义的影响，不能把它看作完成哲学革命的著作。他的《关于费尔巴哈的提纲》和《德意志意识形态》主要是为了克服费尔巴哈旧唯物主义的形而上学性、直观性和不彻底性。他在这两部著作中深刻地阐述了科学的实践观。科学实践观的创立实现了哲学革命，既克服了唯心主义的片面性，又克服了旧唯物主义的片面性。马克思哲学革命的重点是阐述历史唯物主义，而较少涉及辩证唯物主义。这种情况导致有些人产生误解，以为马克思只有历史唯物主义而没有辩证唯物主义。其实不然，马克思的哲学革命是在唯物主义基础上的革命，其结果不是离开唯物主义，而是把唯物主义贯彻到底，创立新的辩证的历史的唯物主义。马克思并没有超越唯物主义与唯心主义的对立，他鲜明地把自己的哲学称为新唯物主义。作为一个唯物主义者马克思并没有否认客观物质世界的存在，而是坚决地承认自然界的优先地位。西方马克思主义者片面抬高马克思早期著作，不谈或贬低马克思以后发展了的思想，把青年马克思同中老年马克思对立起来，目的是把马克思主义人道主义化，阉割其革命的精神。我们要完整地读解马克思哲学，就不能只读他的早期著作。

马克思主义哲学主要是由马克思创立的，但马克思一生的主要精力是运用自己的科学世界观研究政治经济学和指导实际的革命运动。马克思的思想是一个内容丰富的科学体系，其基础则是哲学。我们要完整、准确地理解马克思哲学，除读他的哲学著作外还要读他的政治经济学著作和科学社会主义著作以及大量的书信。马克思在给恩格斯和狄慈根的信中曾分别谈到，在他有时间的时候，他要写辩证法的小册子，把黑格尔所发现的，但同时又加以神秘化的方法中所存在的合理的东西阐述一番。但因种种原因，他未能如愿以偿。任何一个不为偏见所蒙蔽的人，在读了马克思的主要著作后都不会否认，马克思主张存在着不以人的意志为转移的普遍的客观规律，不会否认马克思有唯物辩证法思想。

其次，要完整、准确地理解马克思主义哲学，不仅要读马克思的著作，而且还要读马克思的亲密战友恩格斯的哲学著作。马克思未能为自己的哲学思想作出比较系统的阐述。对马克思主义哲学较为系统而全面阐述的任务是由恩格斯来承担和完成的。这主要集中在《反杜林论》、《费尔巴哈论》和《自然辩证法》三本著作中。马克思和恩格斯的哲学思想在基本的方面是完全一致的，是很难分开的。马克思完全支持恩格斯对杜林的批判。《反杜林论》政治经济学编第十章《〈批判史〉论述》是由马克思撰写的。该书在付印前，恩格斯曾把全部原稿念给马克思听。因此，我们可以把《反杜林论》看成是他们两人共同的著作。某些西方学者极力把恩格斯与马克思对立起来，制造恩格斯反对马克思的神话。这种对立论不仅贬低了恩格斯对创立马克思主义哲学的重大贡献，而且严重歪曲了马克思主义哲学的基本精神。我们坚决反对这种对立论，更不能循着它的思路去读解马克思。试想否认了唯物辩证法，是否还能有马克思主义，还能有历史唯物主义。在读解马克思哲学时，我们不妨问一问：是马克思主义哲学的创始人之一的恩格斯对马克思哲学的阐述更符合马克思主义呢？还是现代西方学者对马克思哲学的解释更符合马克思主义呢？这是任何一个马克思主义者应当深思的问题。

再次，要对历史经验和当代现实有一个正确的把握。马克思的文本和思想已是一种客观的历史存在，后人在读解它时因读解者的主观状况不同而有所不同，这正是所谓"仁者见仁，智者见智"。出现不同的读解，这是必然的，也有助于学说本身的发展。每一个读解者都是基于自己对历史和现实的理解去读解文本。有的同志在反思国内外社会主义历史经验与教训时认为，社会主义发展过程中出现的严重失误同错误理解马克思主义哲学有关。有的同志认为，承认物质本体论，承认有不以人的意志为转移的客观规律，承认唯物辩证法的规律，必然导致独断主义、教条主义。有的同志认为，从抽象的物质本体出发，人们就无法认识和把握现实。这些同志带着这样的认识去重读马克思，就出现本文开头所说的误读。我以为，社会主义发展过程中出现的失误确实同教条主义有关，同在哲学上忽视实践论、忽视生产力论、忽视对个人的重视等有关。从苏联传入的哲学教科书体系亟须加以改造和变革。但我认为，社会主义发展过程中的失误同承认物质本体论无关，同唯物辩证法无关。我们的失误恰恰是由于违背辩证唯物主义和历史唯物主义的结果，是离开了实事求是思想路线的结果。可以设想，否认了物质本体论，否认了唯物辩证法，否认了客观规律性，还会有党的实事求是的思想路线吗？我们读解马克思最根本的是要理解和掌握它的精髓和科学体系，而不能拘泥于它的个别原理和结论，片面地摘取它的某些字句。马克思主义的基本原理并没有过时，马克思不能丢。我们在读解马克思时要尽可能减少一些主观随意性，多一些客观性，力求完整、准确地理解马克思。

（刊《理论视野》2003 年第 1 期；人大复印资料《马克思主义、列宁主义研究》2003 年第 3 期）

历史地看待马克思主义哲学

在19世纪40年代中叶，马克思和恩格斯共同创立了马克思主义哲学，为无产阶级提供了科学的世界观、方法论和价值观。一个半多世纪来，马克思主义哲学在其发展的历程中，既有辉煌的胜利，也有挫折和失败。正确总结、反思马克思主义哲学发展的历史是进一步发展马克思主义哲学的重要前提条件之一。回顾历史，不难发现，什么是马克思主义哲学？这是马克思主义哲学发展中经常遇到的问题。对这一问题的回答是多种多样的，其中主要有：辩证唯物主义和历史唯物主义；辩证唯物主义；历史唯物主义；实践唯物主义；实践哲学；人道主义；人学；实践的唯人主义；辩证的、历史的、人道的、实践的唯物主义等，真可谓见仁见智，莫衷一是。

那么马克思主义哲学究竟有没有最基本的质的规定性呢？怎样理解才算比较符合马克思主义哲学创始人的基本思想呢？怎样评判某种哲学是否是马克思主义哲学呢？对什么是马克思主义哲学及这些问题的回答，是直接关系到马克思主义哲学如何发展的大问题。笔者认为，每一个想成为马克思主义哲学家的人都应认真思考这些问题，努力正确回答这些问题。笔者还认为，马克思主义哲学是发展着的活的哲学，必须具体地、历史地看待马克思主义哲学，切忌教条地、抽象地看待马克思主义哲学。

一、马克思恩格斯进行了哲学革命，创立了新唯物主义，但没有为自己的哲学思想构造理论体系

马克思恩格斯首先是革命家，他们不是关在书斋里的学者，也不是大

学教授。他们是在参加无产阶级革命实践运动过程中，实现了由革命民主主义者向共产主义者的转变，并进行哲学革命，创立了不同于唯心主义和旧唯物主义的新唯物主义哲学，为无产阶级提供了认识世界和改造世界的科学世界观、方法论和价值观。马克思主义哲学本质是革命的、批判的，不是教条。他们的哲学思想有一个从不成熟到成熟、从不完善到逐步完善的过程。他们虽然没有为自己的哲学思想构造理论体系，但他们哲学的"辩证的历史的唯物主义"性质这一点是极其鲜明的。

马克思恩格斯的哲学革命是直接针对费尔巴哈的旧唯物主义和当时德国流行的布鲁诺·鲍威尔等人的历史唯心主义，其实质是科学实践观的建立。他们把实践，最基本的是物质资料的生产，当成人类社会存在发展的基础和基本动力，当成理解人类社会发展和人自身发展的钥匙。科学实践理论的建立既同唯心主义划清了界限，又同旧唯物主义划清了界限，在人类哲学思想发展史上第一次把哲学置于科学的基础上。根据当时德国哲学的状况和自己哲学思想发展的现实，他们重点批评的是费尔巴哈的旧唯物主义和布鲁诺·鲍威尔等人的历史唯心主义，着重阐述的是历史唯物主义理论。历史唯物主义是马克思一生中两大发现之一。马克思对哲学世界观中更为一般的基础的唯物主义、辩证法少有论述。这是事实，但决不能由此就认为马克思除了历史唯物主义之外，没有别的任何哲学思想，更不能认为他的哲学革命超越了唯物主义与唯心主义的对立。

马克思恩格斯的哲学革命是在费尔巴哈唯物主义基础上进行的，是为了推进唯物主义，纠正费尔巴哈唯物主义的形而上学性和不彻底性。他们鲜明地把自己的哲学称为"新唯物主义"、"实践的唯物主义"。马克思的《1844年经济学哲学手稿》是他哲学世界观转变过程中的著作，还没有摆脱费尔巴哈的人本主义。《关于费尔巴哈的提纲》是新世界观的萌芽，《德意志意识形态》是对新世界观的初步阐述。西方某些学者提出回到马克思，实际上是回到青年马克思，制造中老年成熟的马克思与青年马克思的对立，目的是要把马克思主义人道主义化，阉割马克思主义哲学的革命精神。国内有些研究者仅仅限于马克思早期著作《1844年经济学哲学手稿》来讲马克思哲学，认为马克思哲学就是人道主义哲学，是超越了唯物主义与唯心主义的类哲学，或是实践哲学。这显然是不妥的，并不符合马克思哲学革命的本义和实质。

　　1848 年革命后，马克思主要精力是研究政治经济学，写作《资本论》。虽然他在致恩格斯（1858 年 1 月 14 日）和狄慈根（1868 年 5 月 9 日）的信中都说到写辩证法小册子的意愿，但最终并没有写出。这是事实，但由此就否认马克思没有辩证唯物主义思想，则不符合历史实际。其实，他不止一次地公开申明，他的辩证法是建立在唯物主义基础上的，自然界、人类社会和人的思想中普遍存在着对立统一。从马克思的基本著作看，唯物辩证法是政治经济学、科学社会主义和历史唯物主义的方法论。不懂得唯物辩证法不可能真正懂得马克思的《资本论》，不可能理解马克思的全部学说。马克思哲学就其性质而言，无疑是辩证的、历史的唯物主义。第二国际的一些人，因马克思没有写出论述辩证唯物主义的专门论著就认为马克思没有哲学，那是一种形式的、肤浅的错误看法。受西方学者的影响，我国有些学者无视基本的历史事实，认为马克思的唯物辩证法仅仅是主体与客体、人与存在之间的实践辩证法，或主观的一种思维方式。他们认为，马克思摒弃了本体论，马克思哲学是后形而上学的哲学，当然也就没有客观辩证法。

　　因分工不同，对马克思主义哲学全面的阐述是由恩格斯在《反杜林论》、《自然辩证法》、《路德维希·费尔巴哈和德国古典哲学的终结》和晚年的有关历史唯物主义通信等中实现的。恩格斯在《反杜林论》中批判杜林时有意识地对辩证唯物主义、历史唯物主义的基本原理进行了较为系统的阐述。《反杜林论》应看成是马克思恩格斯共同的思想，至少是马克思可的，肯定了的。这不仅因为马克思撰写了《〈批判史〉论述》一章，而且还在于他听读了原稿全文，公开充分肯定这部著作。恩格斯的《费尔巴哈论》精辟地论述了马克思主义哲学的产生、发展过程和革命变革，深刻地阐明了马克思主义哲学的基本思想。虽然恩格斯自己讲，马克思主义哲学主要是马克思创立的，但我认为，倘若没有恩格斯"在一定程度上的独立参加这一理论的创立，特别是对这一理论的阐发"，那就没有现今的马克思主义哲学。马克思与恩格斯共同创立了马克思主义哲学。因此，不能把恩格斯仅仅理解为马克思哲学第一个读解人（所谓"以恩解马"），而应把他看成是马克思主义哲学的创立者，更不应把辩证唯物主义看成是恩格斯一人的思想。讲马克思主义哲学创立，不能只讲马克思，不讲恩格斯。在论马克思主义哲学的创立时要充分顾及恩格斯，充分肯定恩格斯在这方面的功绩。

马克思与恩格斯两人结成了人类有史以来最伟大的友谊。他们志同道合，为了无产阶级和全人类的解放事业无私地献出了一生。他们因分工不同，两人研究的领域、重点有所不同。他们因各自的家庭、文化背景、个性、兴趣、爱好、知识构成等不同，对同一问题的认识会有差异，这是很自然的。但他们两人的政治立场、理想信仰、基本理论和主要思想是完全一致的，是密不可分、融为一体的。不管出于什么动机，西方某些学者制造马克思与恩格斯的对立，把恩格斯说成是第一个修正马克思思想的修正主义者的观点和做法，完全违背了上述的这样一个最基本的无可争辩的历史事实，因而是十分错误的，也是极端有害的。我们对此应持鲜明的反对态度。令人遗憾的是我们的有些研究者或多或少地受其影响，以不同的形式在重复他们的某些错误观点。

二、辩证唯物主义和历史唯物主义体系的形成

马克思恩格斯没有为自己的哲学思想构造逻辑体系，这是事实。这为他们的后继者对他们哲学思想做出不同的解释提供了较大的自由度。即便如此，他们哲学的基本内容是辩证唯物主义、历史唯物主义这一点则是十分清楚的。把具有丰富内容的马克思主义哲学构成一个相对完整的理论体系是在20世纪30年代的苏联。当时的苏联哲学家综合了马克思、恩格斯、列宁的哲学思想，构建了辩证唯物主义和历史唯物主义体系。这一体系的形成、产生有一个过程，是适应时代需要的产物。

马克思主义不是教条，而是发展着的科学。它的生命力在于同实际相结合，随着实践的需要而发展。它同其他学说一样，在其发展中必然会有分化。在1895年恩格斯逝世之后，国际共产主义运动中出了第二国际修正主义。修正主义思潮的出现有其深刻的社会的原因。一是资本主义由自由竞争向垄断过渡，主要资本主义国家生产力迅速发展，经济相对繁荣，资本主义进一步民主化，阶级矛盾和社会矛盾相对缓和。二是发生了自然科学革命，放射性元素的发现，原子可分，量子力学、相对论提出，认识的相对性突现出来。一部分自然科学家因不懂辩证法，认为物质消失了，

唯物主义被驳倒了，物理学发生了"危机"。三是第二国际的理论家哲学认识水平"都是非常之低"。伯恩施坦认为，"黑格尔辩证法是马克思学说中的叛卖性因素，是妨碍对事物进行任何推理正确的考察的陷阱。"① 他公开提出用康德哲学来取代辩证法。考茨基认为："马克思没有宣布任何哲学，而是宣布了所有哲学的终结。""我并不把马克思主义理解为任何哲学，而是把它理解为一种实验科学，即一种特殊的社会观。"② 第二国际修正主义否认马克思主义有哲学，企图用资产阶级哲学（如新康德主义、马赫主义）来"补充"马克思主义。

在反对第二国际修正主义的斗争中，先是普列汉诺夫，继之列宁，他们两人都对辩证唯物主义、历史唯物主义做了多方面的、大量的阐述和发挥。普列汉诺夫的主要贡献是对历史唯物主义的发展。他的主要缺点是对实践论和对立统一规律重视不够。这也是他在后来跌入机会主义泥坑的重要原因之一。列宁的最重要的贡献则是在辩证唯物主义，尤其是在《哲学笔记》中对辩证法的精辟论述。他对实践论和人的能动性思想也有很好的说明和发挥。他对人的问题、价值问题论述不多，这是不足。普列汉诺夫和列宁哲学思想这方面的特点是与他们所面临的任务密切相关。他们主要是根据思想斗争的任务进行批判和著述，他们没有去写哲学教科书，没有去构造完整的马克思主义哲学的体系。

马克思主义哲学内容丰富，包含有本体论、认识论、辩证法、历史观、价值论、道德学、逻辑学等，在其发展过程的不同时期因形势和任务的不同而有不同的重点，时而把这一方面的问题突出出来，时而又把另一方面的问题摆到首位。列宁指出，马克思和恩格斯的学说，是从费尔巴哈那里产生出来的，因此，他们特别强调的是历史唯物主义和辩证法，而不是一般唯物主义。列宁认为，到了 20 世纪初，认识论问题突出出来了，所以他在《唯物主义和经验批判主义》一书中，重点批判唯心主义，阐述辩证唯物主义认识论。而到了第一次世界大战时期，辩证法问题上升到第一位，他在《哲学笔记》中着重批判否认矛盾、调和矛盾的形而上学和折

① 伯恩施坦：《社会主义的前提和社会民主党的任务》，生活·读书·新知三联书店 1973年版，第 75 页。

② 转引自［南］普·弗兰尼茨基：《马克思主义史》（上），生活·读书·新知三联书店 1963 年版，第 205 页。

衷主义，阐述以对立统一规律为核心的辩证法。针对割裂辩证唯物主义和历史唯物主义的错误，列宁曾鲜明地指出，马克思主义哲学是由辩证唯物主义和历史唯物主义铸成的一块整钢，其中决不可去掉任何一个基本前提，任何一个重要部分，不然就会离开客观真理，就会落入资产阶级反动谬论的怀抱。

十月革命后，俄国米宁等人公开主张以科学代替哲学，要抛弃哲学，甚至认为本体论、哲学是资产阶级的东西。在 20 世纪 20 年代，苏联哲学界研究的重点是历史唯物主义。这一时期，马克思主义者对马克思主义哲学体系的理解也是多种多样的，无统一的看法。较为流行的观点是：马克思主义哲学是历史唯物主义。曾被列宁称为"党的最可贵和最大的理论家"布哈林所著的《历史唯物主义理论——马克思主义社会学通俗教材》（1922 年出版）具有代表性。这本著作把辩证唯物主义作为历史唯物主义方法论放在第三章加以论述。这种观点也影响到日本、中国。在十月革命后的一段时间里，日本著名马克思主义者河上肇在介绍马克思主义主要组成部分时只讲了历史唯物主义、政治经济学和科学社会主义，而没有讲到辩证唯物主义（河上肇在自传中曾做过自我批评，到 20 年代中期就改正了这一缺点）。在 20 年代，中国的马克思主义者在一段时间里，主要也是宣传唯物史观，而很少论及辩证唯物主义。直到 1926 年前后，瞿秋白才明确认为马克思主义科学体系由辩证唯物主义哲学（或马克思主义的宇宙观）、历史唯物论、政治经济学和科学社会主义四部分组成。瞿秋白的这种理解虽然纠正了我国年轻马克思主义者对忽视辩证唯物主义的缺点，但同时又包含着把辩证唯物主义与历史唯物主义机械割裂的错误。

20 世纪 30 年代初，苏联在批判德波林之后，为满足大学教学需要，哲学工作者集体编写哲学教科书，其影响较大者有《辩证法唯物论教程》（1931 年，西洛可夫、爱森堡等著，由李达、雷仲坚译成中文）、《辩证唯物主义和历史唯物主义》（1934 年，米丁、拉里察维基等著，由沈志远译成中文）。苏联哲学工作者依据的主要是恩格斯、列宁的著作，而较少引马克思的话，尤其是辩证唯物主义部分。他们注重哲学与政治、理论与实践的密切结合，注重俄国革命和建设经验的哲学总结，注重列宁对马克思主义哲学的新发展，注重对辩证的核心——对立统一规律和辩证法、认识论、逻辑学三者同一等问题的阐述。这些著作体系较为系统完整，内容较为丰富创新，著者在阐释马克思、恩格斯、列宁的哲学思想时提出了一些新的概念、新的论点，如内因与外因、矛盾特殊性、主要矛盾和主要矛盾方面，比起苏联 20 年代的著作是大大地前进了。当然今天看来也有许多不足，最主要有：一是把辩证唯物主义和历史唯物主义两部分机械分开；二是对实践论还不够重视；三是对价值问题、人的问题，尤其是人的自由全面发展问题被忽视了；四是对哲学与政治、理论与实践的关系简单化；五是把形式逻辑当作形而上学加以批判；六是把一些不是哲学的内容（如科学社会主义）也写进了教科书，等等。黑格尔在《小逻辑》"导言"中说："哲学若没有体系，就不能成为科学"[①]。黑格尔是一个过分重视体系的人，但他的上述说法无疑包含有真理性。一门学科是否形成相对稳定的体系是该学科是否成熟的重要标志。苏联哲学家把经典作家有关哲学的分散论述条理化、系统化，构成一个逻辑体系，并结合历史和现实加以阐述并发挥。这在马克思主义哲学发展史上是一大进步，值得肯定。上面提到的两本哲学教科书和《新哲学大纲》（1935 年，苏联大百科全书"辩证唯物主义"条目，由艾思奇、郑里易译成中文）代表了这一时期马克思主义哲学的新水平。这三本书对中国哲学界影响很大，是 20 世纪 30—40 年代中国哲学界宣传马克思主义哲学的主要蓝本，也是毛泽东在抗大讲授哲学、写作《实践论》、《矛盾论》时的主要参考书。

1938 年，斯大林为《苏联共产党（布）历史简明教程》第四章第二节撰写了《论辩证唯物主义和历史唯物主义》。斯大林的这一著作大大简化了教科书的内容，与哲学教科书相比是一个退步，在一些重要方面离开了列宁的思想。但对斯大林的哲学也不能全盘否定。斯大林通俗而简明地阐述了唯物主义、辩证法和历史唯物主义的最一般的基本原理，对传播辩证唯物主义和历史唯物主义有贡献。斯大林在理论上确有严重的缺陷，主要是：把世界观与方法论机械分开；把辩证唯物主义与历史唯物主义机械分开；不讲实践论；不重视对立统一规律，只讲对立面之间的斗争性而否认它们之间有同一性；不讲经济基础与上层建筑这一对矛盾；否认社会主义社会生产力与生产关系之间存在矛盾等等。斯大林哲学在苏联定于一尊，影响很大。苏联哲学界根据斯大林的著作重新编撰教科书，新的教科

---

① 黑格尔：《小逻辑》，商务印书馆 1980 年版，第 56 页。

书抛弃了原来的许多好的内容。斯大林的哲学思想对中国哲学界的影响则不大，他的小册子出来后，中国哲学界仍主要是依据马克思、恩格斯、列宁和毛泽东的著作讲哲学，很少有人搬斯大林的体系和观点，主要参考的还是苏联学者们编著的30年代前期的哲学教科书。现在我国不少人不加区分地把斯大林哲学与苏联30年代前期哲学教科书两者等同看待是不妥的。

在十月革命后，20世纪20—30年代，意大利的葛兰西、匈牙利的卢卡奇、德国的柯尔施等在批判第二国际机械论倾向时，突出了实践，突出了人的能动性，强调了意识的革命作用，对马克思主义哲学做了不同于普列汉诺夫、列宁和苏联哲学家们的新解释。但他们也有片面性，否认物质本休论，否认自然辩证法，在一些重大问题上陷入唯心主义。受教条主义的影响，在很长的时期里，马克思主义者把他们视为异端，对他们持全盘否定态度。今天看来，这显然是不对的。

纵观20世纪马克思主义哲学发展史，我们不能不承认，在恩格斯逝世后，列宁、普列汉诺夫、苏联30年代哲学、中国的毛泽东哲学代表了20世纪马克思主义哲学发展的主流。辩证唯物主义和历史唯物主义教科书体系不仅在苏联，而且在其他国家的马克思主义哲学界也产生了巨大的影响。这一体系曾长期主导着中国的马克思主义哲学。受教条主义的影响，在很长时期里，马克思主义者只承认主流形态，而对非主流形态采取简单全盘否定的态度。"文化大革命"结束以来，我国哲学界在反思历史经验教训时对这一体系提出了批判，并形成众多的对马克思主义哲学的新解释，结束了哲学体系上"大一统"的局面，推动了马克思主义哲学的发展。在对苏联辩证唯物主义和历史唯物主义教科书哲学批判中，有的学者采取了非历史的态度，全盘否定其理论价值和历史作用，认为它完全误解了马克思哲学，违背了马克思哲学，导致独断论、教条主义和专制主义。我们是历史主义者，我们不能对历史采取虚无主义态度，不能割断历史。我们在纠正一种片面性时，要防止另一种片面性，即只承认非主流形态，否定主流形态。事实上，卢卡奇晚年（1967年）在《历史与阶级意识》的新版序言中对自己的错误进行了自我批评，承认辩证唯物主义，承认对恩格斯的批评的不当。今天，要发展马克思主义哲学，不仅不能越过恩格斯、普列汉诺夫、列宁、毛泽东，而且也不能撇开苏联哲学。有的人全盘否定苏联哲学教科书其实质是要否定恩格斯、列宁的哲学思想，否定唯物主义和辩证法。

三、马克思主义哲学需要自我革命

笔者提出要历史地评价辩证唯物主义和历史唯物主义体系，决不是要固守这一体系。与时俱进是马克思主义的本性，教条主义是反马克思主义的，教条主义只能窒息马克思主义哲学。当前，无论中国还是世界，都正处于深刻的革命性大变革时期。科学技术革命迅猛发展，由此推动了生产力革命，引起生产方式、工作方式、交往方式、生活方式、思维方式和价值观念的深刻变革。这种深刻的变革必然要在哲学上得到反映，要求哲学上的变革。社会主义在 20 世纪的兴衰也要求马克思主义进行深刻的自我反思。为适应新的时代、新的发展，马克思主义哲学的唯一出路是进行自我革命。其实回顾历史，我们就不难发现从 20 世纪 50 年代起马克思主义哲学就酝酿着自我革命。

1956 年苏共二十大后，苏联哲学界就开展了对斯大林哲学的批判，马克思主义哲学的革命实际上就已不知不觉地在进行之中了。在此之后，苏联哲学教科书的内容不断更新，人的问题、认识论、科学哲学、文化哲学等新的内容不断充实其中。80 年代的苏联哲学教科书虽然辩证唯物主义和历史唯物主义两大块的格局未变，但就其内容而言，与斯大林时代的教科书相比有着很大的不同，甚至发生了部分的质变。对苏联教科书的新内容值得关注，不能因苏联解体而加以简单否定，全部抛弃。同时也应承认，苏联的哲学革命在批判"左"的教条主义过程中，出现了右的修正主义倾向而导致夭折。苏共二十大以后，苏联理论界、思想界的抽象人性论、抽象人道主义由滋长到逐渐泛滥，最后形成戈尔巴乔夫的"新思维"。戈尔巴乔夫自己讲，他的"新思维的核心是全人类利益高于一切"。随着苏共垮台，苏联解体，曾红极一时的"新思维"也随之破产，扫进了历史的垃圾堆。随着经济全球化的进展和科学技术革命的蓬勃发展，生态危机、能源危机、核危机、人口危机等威胁着人类的生存和发展，超越于阶级、国家、民族的全人类共同利益日渐凸显，这是不争的事实。以往那种认为承认"全人类共同利益"是修正主义的观点显然是错误的。但现今的人类世界依然还分裂为不同阶级、阶层、集团和国家，阶级对立、贫富分化、国家之间的矛盾和冲突并没有减弱。在现今的世界上，在处理国家与国家关系时还是国家利益高于一切。现今世界的矛盾（包括生态矛盾）并不是能用"人类之爱"解决的。把马克思主义人道主义化和马克思主义哲学人本主义化在理论上是一种倒退，在实践上是没有出路的。苏联哲学家为马克思主义哲学的自我革命做了许多工作，取得不少成果，但从总体上讲是不成功的，未能实现自我革命。苏联解体后，马克思主义哲学从统治地位上跌落下来，出现了前所未有的危机。马克思主义哲学要在原苏联地区的重新崛起有待于马克思主义哲学重新自我革命，以其真理的光辉征服人心，而不是像以前那样用行政权力强制人们接受、相信。

在中国，苏共二十大后，毛泽东批评斯大林形而上学、主观主义。在20世纪60年代，他批评现在大学教的哲学是"洋哲学"，明确提出了改造现行哲学体系的任务。他还提出哲学就是认识论；辩证法三个规律说法不妥，只有一个对立统一规律；物质可以变精神、精神可以变物质等重要思想。但受历史条件制约，毛泽东晚年陷入迷误，犯"左"的错误，改造体系的任务同样没有完成。

"文化大革命"结束后，中国的马克思主义者痛定思痛，认真反思马克思主义哲学发展的经验教训，解放思想，冲破教条主义的束缚，开始新的真正的哲学革命。二十多年来，在哲学研究的方法，哲学服务的主题，哲学研究的对象、内容和体系等各个方面均发生了变革。马克思主义哲学出现了分化，不同的学派初露端倪。时下马克思主义哲学研究十分活跃，呈现生气勃勃的景象，令人可喜。但也有一些现象、倾向值得注意。

一是缺乏独立的主体精神。发展马克思主义哲学需要面向世界，借鉴和吸取世界文明成果，尤其是当代西方发达国家的文明成果。在纠正拒绝学习西方文明的"左"的教条主义倾向时，有些人走向另一极端，不加分析地照搬西方学者的东西。有的学者甚至用西方某些流派的观念来读解马克思，跟着西方某些学派的哲学转向而转向。有的学者受西方马克思学的影响，把马克思主义哲学人本主义化，把马克思与恩格斯对立起来。也有的学者主要借助于西方学者的某些观念来建立自己的体系。向西方学习，一要以我为主，要有分析批判，真正把握其中合理的因素，而不能跟在人家后面跑，人家说转向，我们也跟着转向，人家一时流行什么话语，我们也跟着说什么话语；二要立足当代中国和世界的现实，批判地吸取和借鉴对我们有用的东西，而不能不顾当代中国和世界的现实，照搬某些听起来好听，而实践上无用甚至有害的空洞说教。

二是缺乏研究现实、总结最新成果的兴趣。真正的哲学是时代精神的精华，发展马克思主义哲学最根本的是总结和概括自然科学、社会科学的最新成果，总结和概括社会实践的新鲜经验。恩格斯讲过："随着自然科学领域中每一划时代的发现，唯物主义也必然要改变自己的形式。"[①] 自第二次世界大战以来，以系统论、计算机技术、生物技术为代表的现代科学技术革命取得了突飞猛进的发展，为马克思主义哲学的发展提供了丰富的资料。遗憾的是许多马克思主义哲学研究者的自然科学知识十分不够，他们对当代科学技术革命的成果也缺乏应有的重视。在他们看来，对科学技术革命的成果进行研究、总结和概括是科学哲学研究者的任务，而非自己的研究领域。对现代自然科学知识缺乏必要的了解，始终是中国马克思主义哲学家的一大不足。有些研究者不仅对总结和概括自然科学成果不热心，而且对总结和概括我国革命和建设的经验教训、总结和概括 20 世纪社会主义在苏联的兴衰成败的经验教训也不感兴趣。他们的主要精力是放在读现代西方学者的著作上。他们的文章、著作充斥着大量的西方学者的引文。从哲学上总结和概括改造自然、改造社会的经验，总结和概括自然科学和社会科学的成果，这需要用气力、花功夫。舍此，无发展马克思主义哲学之道。

三是缺乏对中国传统哲学研究的兴趣。哲学不仅有阶级性、时代性，还有民族性。马克思主义哲学要在中国生根、开花和结果，就必须不仅要同中国的现实的实际相结合，而且要同中国的哲学、历史、文化实际相结合，亦即必须中国化。毛泽东对中国的哲学、历史、文化具有渊博的知识和精湛的造诣，因而他的哲学既是马克思主义的，又是中国化了的，是中国化的马克思主义哲学。马克思主义哲学中国化是一个无止境的过程，毛泽东哲学只是马克思主义哲学中国化的开端。中国哲学历史悠久，流派众

---

① 恩格斯:《路德维希·费尔巴哈和德国古典哲学的终结》，载《马克思恩格斯选集》第 4 卷，人民出版社 1995 年版，第 228 页。

多，博大精深，蕴藏着无数珍贵品。马克思主义哲学主要是西方哲学的总结。中国哲学中有许多思想是西方哲学未能充分展开了的，也是马克思主义哲学少有涉及的。中国的马克思主义者有责任用新的眼光、新的方法去发掘中国哲学的宝藏，提炼中国哲学的精华，以此来补充、丰富和发展马克思主义哲学。令人堪忧的是，现今许多马克思主义哲学研究者言必称西方哲学，而对中国哲学知之甚少，对《论语》、《老子》、《孟子》、《周易》等中国古代经典读得不多。长此下去，马克思主义哲学中国化就是一句空话。

针对国内外肢解、曲解马克思哲学的错误倾向，有的学者提出回到马克思。笔者认为，要完整准确地理解和运用马克思主义，反对实用主义地肢解、歪曲马克思主义哲学，对马克思主义经典文本进行认真的研究很有必要。当前，在重新读解马克思时要注意防止这样一种倾向：似乎恩格斯、普列汉诺夫、列宁、毛泽东都误解了马克思哲学，唯有他本人的理解才是最马克思的。"后之视今，亦犹今之视昔。"其实他的读解也只是诸多读解中的一种，而且很可能还是拾洋人的牙慧而已，是历史上早已过时了的旧货的翻新。我们提倡要完整准确地理解和运用马克思主义，而不赞成回到马克思的提法。马克思主义哲学发展的出路在于自我革命。马克思主义哲学在其发展过程中自然要不断地向创始人请教，反思发展过程中经验与教训，从中得到启发，清除理解中不准确的内容。但更为重要的是要立足现实，总结和概括改革和现代化建设的新经验，总结和概括科学技术革命的新成果，研究当代世界政治、经济、文化发展的新情况。

马克思主义哲学的自我革命，这是一种辩证的自我否定，是在马克思主义哲学基本精神的指导下，在立足现实的基础上，对现实经验、中国哲学精华、世界（主要是西方）文明成果进行综合、融合和变革，从而形成体现时代精神和中国特色的马克思主义新哲学。我们既不要囿于经典作家的具体结论及所论及的范围，又不要囿于西方学者的框子，而是在已有基础上独立自主地进行创新、革命。自我革命不是否定辩证的历史的唯物主义的基本原理、基本精神，而是使辩证的历史的唯物主义具有新的时代的内容和形态，具有中国的特点。在反对教条主义的同时要注意警惕修正主义；在反对绝对主义、独断论的同时，要防止相对主义，防止否认必然性、否认客观真理；在注重人、人的价值问题时，要防止把马克思主义人道主义化，防止抽象人性论的复活；在反对全盘否定西方现代资产阶级哲学的同时，要防止跟在资产阶级哲学后面跑。

从人类思想发展史看，历史上有影响的学说，在发展中必然会发生分化，形成不同学派。按韩非子的说法：孔子之后，儒家分为子张、子思、颜氏、孟氏、漆雕开氏、仲良氏、孙氏、乐正氏八派；墨子之后，墨家离为相里氏、相夫氏、邓陵氏三派。世界性的三大宗教佛教、基督教、伊斯兰教在发展过程中，在不同的地区、不同的时期均分化为不同的教派。总之，一个学派若固守原创始人的理论，不随社会的发展而发展，那只能因僵化而消亡。一个学说，没有分化就没有发展。学说因分化而发展这是一个规律。马克思主义也不例外。马克思主义哲学可以有，也应当有不同的学派。未来的中国化的马克思主义哲学要坚持辩证的历史的唯物主义精神，但其形态则因哲学家的不同而不同，千姿百态，精彩纷呈。

当前正处于大变革的时代。马克思主义哲学既面临着严峻的挑战，也遇到大发展的机遇。马克思主义哲学进行自我革命，是时代的要求，若再不进行自我革命，就会因僵化而为人民所抛弃，为时代所淘汰。推动哲学革命的根本动力是社会实践，是人民，但哲学革命是由哲学家来完成的。当代中国的哲学家，尤其是青年哲学家，一定要抓住历史所提供的千载难逢的有利时机，树立雄心壮志，下苦功夫，为创立具有鲜明中国特色的马克思主义哲学体系而努力。

（刊《中共济南市委党校学报》2004 年第 2 期；人大复印资料《哲学原理》2004 年第 9 期）

马克思哲学观略论

　　《马克思哲学观》是张艳涛在其博士学位论文的基础上修改成书的。我想借为《马克思哲学观》一书作序的机会，与张艳涛博士及学界诸多同仁们探讨一个如何历史地看待马克思哲学的问题。

　　马克思是人类哲学史上进行伟大哲学变革的哲学家，是马克思主义哲学的首要创立者，有着深刻的丰富的哲学思想。在 1848 年革命前，马克思的主要精力是研究哲学，进行哲学革命，为无产阶级和人类的解放事业制定科学的世界观、方法论和价值观，以便为自己进一步研究经济学和为无产阶级的革命运动提供科学的认识工具。1848 年欧洲革命失败后，马克思的主要精力转向研究政治经济学，写作《资本论》，直至去世。从科学研究讲，方法是灵魂，方法在一定程度上决定着研究的结果。马克思十分重视政治经济方法论（主要是历史唯物主义和唯物辩证法）的研究和阐释。这一点从《〈政治经济学批判〉序言》、《资本论》的序跋和同恩格斯的有关通信中看得十分清楚。他在写作《资本论》的过程中时常回到哲学研究，但他研究哲学的目的主要是为研究经济学磨制工具，而不是要著述、阐发自己的哲学思想，构建自己的哲学体系。因此，马克思没有著述系统阐释自己哲学思想的专著，他的哲学思想主要体现在经济学著作及其他著作中。也许正是这一点，考茨基认为，"马克思没有宣布任何哲学，而是宣布了所有哲学的终结。"马克思主义不是任何哲学，而"是一种实验科学，即一种特殊的社会观"①。考茨基

---

① 转引自［南］普·弗兰尼茨基：《马克思主义史》（上），生活·读书·新知三联书店 1963 年版，第 205 页。

和西方某些资产阶级哲学家否认马克思有哲学思想，是哲学家，这显然是错误的。张艳涛在书中批评了这一错误，十分必要。但我们也应承认，马克思确实没有如同对政治经济学那样对哲学构建一个严密的逻辑体系。他对哲学问题的论述虽很深刻、独到，但却是零散的、不系统的，许多哲学问题没有论及。这一点为我们理解和把握马克思哲学观和马克思哲学思想带来困难，同时也给予后继者留下更大的自由空间，更多的争论。实事求是地承认马克思没有对哲学进行系统的、全面的专门著述，这一点也有助于我们正确理解和对待马克思哲学思想。现今一些"回到马克思"、"走进马克思"、"读解马克思"的论著似乎很少讲这一点。

由于马克思没有给我们留下系统的、全面的阐述哲学的著作，研究者对马克思在哲学的体系与方法的看法上存在分歧也是很自然的。有一种观点主张，马克思重视方法，不重视体系，强调马克思哲学方法论意义。张艳涛接受这一观点并进而认为："扬弃体系，重视方法，是马克思哲学的一大特色。""他（马克思）清醒地认识到关于人之解放的哲学不应成为普遍的知识体系。"我认为，就一般科学而言，内容决定体系，体系是在学科发展过程中逐步完成的，方法比体系更重。在哲学上，马克思确实更重视方法。如前所述，他研究哲学不是为了构建体系，而是为自己研究政治经济学磨制工具。但若进而认为马克思不重视体系，扬弃了体系，认为哲学不需要逻辑体系，那就值得商榷。从马克思对政治经济学的研究可以看出，受黑格尔《逻辑学》的影响，马克思是非常重视建构学科逻辑体系的，并对建构逻辑体系的由抽象到具体的方法做了精辟的阐述。《资本论》第1卷的逻辑体系无可挑剔。马克思是一个完美主义者，他从不把自己不满意的未完成的东西公之于大众。也许正是对体系的过于完美的追求，使得他迟迟没有把《资本论》第2、3卷拿去出版，直至逝世。马克思和恩格斯否定黑格尔自命的绝对真理体系，批评黑格尔过多在体系上下功夫和为了体系的需要而"常常不得不求救于强制性的结构"，但他们并不轻视体系，更不否认哲学需要体系。《反杜林论》是一部论战性著作，恩格斯无意"以一个体系去同杜林先生的'体系'相对立"，但他在论述时则尽可能照顾到"所提出的各种见解之间的内在联系"，亦即体系。马克思没有像构建《资本论》体系那样构建严密的哲学的体系，没有著述黑格尔那样的《逻辑学》，只留下《资本论》的逻辑，其原因主要不在于他不重视哲学体系，更不在于哲学不需要体系，而在于别的，这一点下面再述。

这几年，有的学者提倡这样一种观点：哲学是人生态度之学、境界之学，而把"哲学是关于最普遍规律之学"的哲学称为知识哲学，并认为现在已到了这种知识哲学终结的时代。很明显，这种观点是针对马克思主义哲学而发的。这种观点否认马克思主义哲学具有提高人的觉悟和精神境界的作用，这是对马克思主义哲学的严重误解。在哲学观上，这种观点追随现代西方哲学的时髦，拒斥本体论。"哲学是人生态度之学，境界之学"也不是什么新观点。在20世纪30—40年代，冯友兰就认为，哲学是人生之反思，哲学目的不在增进人的知识，而在提高人的境界，他自造的新理学是"入圣之学"。不过，冯友兰还是承认有普遍规律的"理"，先讲以"理"为本的本体论、历史观，再讲人生论、境界说。他也没有否认过新理学是一种理论、知识。我认为，哲学与一般科学不同，哲学不仅是世界观、方法论、认识论，还是人生观、价值观，有提高人生境界的功能。哲学要求化理论为智慧，化理论为德性。忽视哲学的这一特点仅把它作为一般知识看待是不对的，但若由此否认哲学理论也是知识，则更是不妥的。事实上，在现代，任何真正的哲学理论都是一种知识体系，包括否认"哲学理论是知识"的哲学理论同样也应是一种知识体系。无论是一篇哲学论文，还是一本哲学著作，都要讲究逻辑、修辞，都是一种知识。任何真正的成熟的哲学理论都需要以一定的逻辑体系表达出来，否则如黑格尔所说，它就不成其为哲学，更无法传播。

马克思曾有写作辩证法小册子的愿望。他在致恩格斯（1858年1月14日）和狄慈根（1868年5月9日）的信中都说到，他若有功夫很想把黑格尔所发现，但同时又神秘化的辩证法阐述一番，使一般人都能理解。马克思没有写出辩证法的小册子。什么原因？有学者不赞成用与恩格斯的分工和忙于其他工作、没有功夫来解释。他认为：根本原因在于马克思在哲学上不是试图去构建严密完整的哲学体系，而是关注人的现实生活和实践所牵涉的现实世界。马克思的《资本论》已体现了他的世界观和方法论，他后来所写的其他许多著作已经充分阐释了他要阐释的哲学原则，马克思主义哲学不是体系哲学，因而可以不写。我认为这种观点值得商榷。说马克思的《资本论》及其他著作都体现了他的哲学思想，这无疑没有错。但同样无疑正确的是，"体现"哲学思想，同以概念、范畴的逻辑形式阐述世界观和方法论的理论，毕竟是两回事。马克思没有写出辩证法小册子，建构一个逻辑严密的哲学体系，原因自然是多方面，但我认为，其中最主要的则是他与恩格斯在理论研究上的分工。马克思与恩格斯理论研究上的分工是十分明显的，也是无可置疑的。1848年后，马克思的主要精力是研究政治经济学，写作伟大的《资本论》，而不是在研究哲学，构造哲学体系。哲学方面的研究和著述则由恩格斯承担。恩格斯曾这样说："由于马克思和我之间的分工，我的任务就是要在定期报刊上，因而特别是要在同敌对见解的斗争中，发表我们的见解，以便让马克思有时间去写作他那伟大的基本著作。"①马克思原想写辩证法小册子的愿望，由恩格斯在《反杜林论》和自然辩证法研究中完成了。

这里涉及如何看待马克思哲学与恩格斯哲学的关系。张艳涛明确反对"对立论"和"合一论"，主张"根本立场基本一致基础上的个性化差异论"，充分肯定恩格斯在系统阐述马克思主义哲学上的贡献，这十分正确，十分必要。受国外"对立论"的影响，国内有些学者从"差异"原则出发振振有词地大谈马克思哲学与恩格斯哲学的不同，宣扬"对立论"，这正是应了庄子所谓的"自其异者视之，肝胆楚越也"的话。他们认为：马克思只有历史唯物主义，没有辩证唯物主义，辩证唯物主义是恩格斯一人的思想；马克思的辩证法只是主客体的辩证法、人学辩证法、实践辩证法；作为普遍规律的客观辩证法、自然辩证法，是恩格斯提出，是对马克思的修正、背离。他们否认辩证唯物主义是马克思恩格斯两人共同的思想。如张艳涛在书中指的，这种"对立论"根本不顾最基本的历史事实，是对历史的严重歪曲、伪造。我们无疑承认马克思与恩格斯的思想有差异。他们对有些问题的看法有分歧，甚至有争论。"说服恩格斯，使他同意自己的意见，是马克思的最大的愉快。"马克思的女婿保尔·拉法格在回忆录中如是说②。但他们之间思想、理论上的差异不是根本的质的差异。他们俩在哲学思想上的共同一致也不是一般的两个哲学家间的共同一致，而是我

---

① 恩格斯：《〈论住宅问题〉一书第2版序》（1887年1月10日），载《马克思恩格斯全集》第21卷，人民出版社1965年版，第375页。

② 保尔·拉法格：《忆马克思》，载《回忆马克思恩格斯》，人民出版社1973年版，第18页。

中有你、你中有我、互相补充的融为一体的^①。他们俩在理论研究上虽有分工，但其成果却是一个有机的整体。因此，在"对立论"尘嚣甚上的今天，我们应当强调的是他们俩在哲学的根本立场、基本思想和发展哲学的道路等方面的一致，而不应去强调他们的次要的个性差异。《反杜林论》是恩格斯写的，马克思参与了写作，并对它加以推荐、肯定。所以《反杜林论》的思想可以看成是他们俩共同的思想，最起码是马克思赞同的。张艳涛在书中正确指出：马克思主义哲学是由他们俩共同研究创立的，其中马克思起着第一小提琴手的作用。对马克思主义哲学的系统、全面的理论阐述，则主要是由恩格斯完成的。在一定意义上甚至可以讲，没有恩格斯的阐释，就没有今日的马克思主义哲学。恩格斯在创立马克思主义哲学，阐述和发挥马克思哲学上有着不可磨灭的功绩。因此，我们在研究马克思哲学思想时必须联系恩格斯，否则就不能全面把握马克思的哲学思想，甚至会得出马克思否认物质本体论、否认作为普遍规律的辩证法这样一些极其错误的结论。

马克思恩格斯的哲学思想自然受它所处时代的局限。"马克思及其哲学思想并不是完美无缺，无可指摘的"，张艳涛指出这一点完全正确。局限性表现在哪些方面，需要研究。这里仅举两例：一是在对待德国古典哲学上，马克思恩格斯偏爱黑格尔，尤其是《逻辑学》中的辩证法，而对康德哲学肯定不多，这也影响到他们对价值观讲得不多。二是马克思恩格斯讲哲学，强调的是哲学的时代性、阶级性，还没有涉及民族性，虽然他们也说到英国、法国、德国哲学的不同。今天，哲学的民族性已得到普遍承认。张艳涛在书的最后一章论述了哲学的民族性，说明马克思主义哲学不仅要当代化，还需要中国化。这应充分肯定，当然也还有待于深化。中国化主要不是表述问题、形式问题，而是内容的中国化。马克思主义哲学中

---

① 恩格斯逝世时，伯恩施坦在悼念文章中写道："作为卡尔·马克思的同事、后继者、补充者，他的故去是马克思的第二次逝世。"考茨基也说："恩格斯的逝世使我们感到的悲痛远远超过马克思的逝世，因为我们觉得，恩格斯逝世后，马克思才完全逝世。恩格斯在世时，他的精神生活与马克思的精神生活是休戚相关的，马克思还活在我们中间，我们还深受他们俩的影响，现在他们俩都离开了我们。"见《智慧的明灯》，人民出版社1983年版，第135、132页。伯恩施坦、考茨基同马克思、恩格斯有着亲密的关系，他们俩的亲身感受是可信，符合历史的真实。

国化包含两个基本方面：一是马克思主义哲学与中国现实实际相结合，指导革命和建设的实践，再把革命和建设的实践经验，总结和上升为哲学理论，丰富原有马克思主义哲学；二是马克思主义哲学与中国的历史、哲学、文化相结合，批判地继承和发扬中国传统哲学的珍贵品。这两方面是互相促进的、密不可分的。中国化的马克思主义哲学应是现实经验和历史经验的融合和升华，应体现当代中华民族的民族智慧、民族精神和民族灵魂。要做到这一点，将是一个相当长期的历史过程。

很少有研究者把"哲学与哲学家"问题列为哲学观研究的内容。这反映了我们在研究哲学时忽略了哲学家这个主体。哲学来之于时代，来之于实践，来之于生活，但哲学是由哲学家创立的。哲学是哲学家的智慧、思想、情感、意志、气质、人格等对象化的产物。哲学是哲学家本质的对象化的存在。有什么样的哲学家就有什么样的哲学。要深入把握一个哲学家哲学思想的实质就必须了解哲学家这个人，了解他的生活、实践、经历、爱好、性格、气质等。我们要深入学习、研究马克思的哲学，就不能仅仅停留在读马克思留下的文本上，而且要全面去了解马克思这个人的生活、活动、经历、气质和人格等。这是从研究哲学史方面讲"哲学与哲学家"。从创建新哲学方面讲，创建新哲学首先要有创建新哲学的哲学家。哲学上的革命，实质上是哲学家的革命。马克思主义哲学的自我革命，首先要求马克思主义哲学家进行自我革命。这主要有：确立独立自主的人格和自由个性；增强关注人民、关注实践、关注时代的兴趣；扩大知识面、改善知识结构、研究中外哲学史、了解自然科学和社会科学的成果；培养为哲学的发展、人类的解放的献身精神、创新精神、冒险精神等。我建议把"哲学与哲学家"作为哲学观的一个不可或缺的问题加以研究、阐述，着重讲哲学家的素质、哲学家的自我革命和自我修养。

（本文是为张艳涛《马克思哲学观》写的序的第二部分，该书由社会科学文献出版社 2008 年 7 月出版）

请不要误解马克思的"跨越资本主义卡夫丁峡谷"设想

马克思在晚年提出了俄国可以跨越资本主义卡夫丁峡谷的设想，这是近十多年来我国报刊和书籍中不时见到的一种说法。有的论者还认为，马克思的设想不限于俄国，而且包括东方社会。更有论者认为，马克思关于跨越资本主义卡夫丁峡谷的东方理论是列宁、毛泽东乃至邓小平社会主义理论的渊源。然而上述流行的观点并不符合马克思的本意，是对马克思的一个严重误解。在此笔者作一点辨析。

一、俄国在1861年废除农奴制改革后已走上了资本主义道路，在马克思那里不存在俄国跨越资本主义卡夫丁峡谷的问题

与英、法、德西方国家相比，俄国经济落后，资本主义发展迟缓。但到了19世纪中期，俄国的生产力也有了迅速的发展，在许多工业部门中机器逐渐代替手工劳动，现代交通运输业已初具规模，1851年从彼得堡到莫斯科长达六百余公里的铁路建成通车，在农业生产中已有少数地区采用打谷机、播种机等简单机器。随着现代工业的发展，资本主义因素也迅速增长，资本主义与封建农奴制的矛盾日益尖锐。1861年，沙皇政府不得不进行废除农奴制的改革。改革尽管是不彻底的，但毕竟有利于资本主义的发展。到19世纪80年代，俄国基本上完成了产业革命。在1865年至1890年的25年间，单单大工厂工人和铁路工人的数量就由70万人增

加到 143 万人。到马克思晚年研究俄国问题时,资本主义在俄国的迅猛发展已是一个无可争议的事实。当时,只有俄国的民粹派才极力否认这一事实,把资本主义在俄国的发展看成是偶然的东西,企图跳过资本主义,径直搞社会主义。

马克思对俄国社会的历史和现状的了解虽然受到多方面的客观条件的限制,但有一点是十分清楚的,即 1861 年俄国在废除农奴制的改革后已走上了资本主义道路。1877 年 11 月,他在《给〈祖国纪事〉杂志编辑部的信》中说:"如果俄国继续走它在 1861 年所开始走的道路,那它将会失去当时历史所能提供给一个民族的最好的机会,而遭受资本主义制度所带来的一切灾难性的波折。"[1]1881 年 2—3 月,马克思在给维·伊·查苏利奇信的初稿中指出:俄国农村公社处于瓦解的危险境地,威胁公社生存的是沙皇政府和俄国国内的资本主义。1882 年,他和恩格斯在《共产党宣言》俄文第 2 版的序言中写道:在俄国,他们看到了"迅速盛行起来的资本主义狂热和刚开始发展的资产阶级土地所有制"[2]。

总之,在马克思看来,俄国在 1861 年改革后已走上了资本主义道路,俄国不存在能否跨越资本主义的问题。

二、俄国的农村公社可以跨越资本主义卡夫丁峡谷,条件是俄国革命和西方革命的胜利

在马克思那里并没有一整个俄国可以跨越资本主义卡夫丁峡谷的思想,但他确有俄国的农村公社在一定条件下可以跨越资本主义卡夫丁峡谷的设想。为了说明这一点,需要从维·伊·查苏利奇给马克思的信说起。

1881 年 2 月 16 日,俄国女革命家、革命民主主义者查苏利奇在给马克思的信中谈到《资本论》在俄国极受欢迎以及该书在革命者关于土地问题及农村公社问题的争论中所起的作用。她说:"最近我们经常可以

---

① 马克思:《给〈祖国纪事〉杂志编辑部的信》(1877 年 10—11 月),载《马克思恩格斯选集》第 3 卷,人民出版社 1995 年版,第 340 页。

② 马克思恩格斯:《〈共产党宣言〉1882 年俄文版序言》(1882 年 1 月 21 日),载《马克思恩格斯选集》第 1 卷,人民出版社 1995 年版,第 251 页。

听到这样的见解，认为农村公社是一种古老的形式，历史、科学社会主义，——总之，一切不容争辩的东西，——使它注定要灭亡。鼓吹这一点的人都自称是你的真正的学生，'马克思主义者'。"她希望马克思能说明"对我国农村公社可能有的命运以及世界各国由于历史的必然性都应经过资本主义生产各阶段的理论的看法"①。

1881年3月8日，马克思给查苏利奇写了复信。在准备复信过程中马克思曾草拟了四个初稿。关于"世界各国由于历史的必然性"是否"都应经过资本主义生产各阶段"的问题，从正式复信及初稿看，马克思均作了十分明确的否定性回答。他指出：《资本论》对资本主义起源的分析只"限于西欧各国"，不适用于俄国。在西欧，资本主义发展的基础是对农民的剥夺，"是把一种私有制形式变为另一种私有制形式"，相反地，在俄国，则是要把农民的公有制变为私有制②。马克思的回答表明：世界各国由于情况不同，不必都经过资本主义生产的各阶段，有的国家由于特殊的历史条件可以跨越资本主义生产的某些阶段。这里需要指出的是：世界各国"是否都应经过资本主义生产各阶段"与"是否都应经过资本主义"是两个不同性质的问题。有的论者没有注意两者的区别而将它们混为一谈，无意之中以前者来取代后者。

关于俄国农村公社的命运问题，马克思坚决反对依据《资本论》对资本主义生产起源过程的分析来推断俄国农村公社必然瓦解的做法。根据对前一问题的回答，他指出："在《资本论》中所作的分析，既没有提供肯定俄国农村公社有生命力的论据，也没有提供否定农村公社有生命力的论据。"③他认为，俄国农村公社的命运取决于当时俄国的和世界的具体条件，而不是所谓的"历史必然性"。在复信的初稿中，他详细分析了俄国农村公社的性质、特点和可能的命运。他指出：俄国的农村公社是一种已经遭受破坏的处于从以原始公有制为基础的社会向以私有制为基础的社会的过渡。公社具有两重性、两种可能性："或者是它所包含的私有制因素

---

① 引自《马克思恩格斯选集》第3卷注释392，人民出版社1995年版，第857页。

② 马克思：《给维·伊·查苏利奇的复信》（1881年3月8日），载《马克思恩格斯选集》第3卷，人民出版社1995年版，第774页。

③ 马克思：《给维·伊·查苏利奇的复信》（1881年3月8日），载《马克思恩格斯选集》第3卷，人民出版社1995年版，第775页。

战胜集体因素，或者是后者战胜前者。……一切都取决于它所处的历史环境。"① 马克思清醒地认识到俄国农村公社面临着瓦解、毁灭的危险。"威胁着俄国公社生命的不是历史的必然性，不是理论，而是国家的压迫，以及渗入公社内部的、也是由国家靠牺牲农民培养起来的资本家的剥削。"② 但马克思并不认为俄国农村公社注定要瓦解、灭亡。他的复信的重点则在说明公社还有另一种可能性，另一种前途，即在一定条件下可以"不通过资本主义制度的卡夫丁峡谷，而占有资本主义制度所创造的一切积极的成果"，成为"俄国社会新生的支点"③。

　　马克思对俄国农村公社跨越资本主义卡夫丁峡谷的条件作了较详细的分析。他认为，俄国公社不是脱离现代世界孤立生存的，现代西方资本主义经历着危机和面临着由私有制转变为公有制的革命，这是国际条件；俄国革命则是国内条件。他特别强调国内条件。他说："要挽救俄国公社，就必须有俄国革命。……如果革命在适当的时刻发生，如果它能把自己的一切力量集中起来以保证农村公社的自由发展，那么，农村公社就会很快地变为俄国社会新生的因素，变为优于其他还处在资本主义制度奴役下的国家的因素。"④《共产党宣言》俄文第 2 版序言则用简洁、明确的语言将国内国际的条件表述如下："假如俄国革命将成为西方无产阶级革命的信号而双方互相补充的话，那么现今的俄国土地公有制便能成为共产主义发展的起点。"⑤1894 年 1 月，恩格斯在《〈论俄国的社会问题〉跋》中对条件作了进一步的阐述。他指出："在它（俄国公社）内部从来没有出现过要把它自己发展成高级的公有制形式的促进因素"。"对俄国的公社的这样一种可能的改造的首创因素只能来自西方的工业无产阶级而不是来

①　马克思：《给维·伊·查苏利奇的复信［初稿］》（1881 年 2 月底—3 月初），载《马克思恩格斯选集》第 3 卷，人民出版社 1995 年版，第 765 页。

②　马克思：《给维·伊·查苏利奇的复信草稿二》（1881 年 2 月底—3 月初），载《马克思恩格斯全集》第 19 卷，人民出版社 1963 年版，第 446 页。

③　马克思：《给维·伊·查苏利奇的复信［初稿］》（1881 年 2 月底—3 月初），载《马克思恩格斯选集》第 3 卷，人民出版社 1995 年版，第 770 页，又见复信，第 775 页。

④　马克思：《给维·伊·查苏利奇的复信［初稿］》（1881 年 2 月底—3 月初），载《马克思恩格斯选集》第 3 卷，人民出版社 1995 年版，第 773 页，

⑤　马克思恩格斯：《〈共产党宣言〉1882 年俄文版序言》（1882 年 1 月 21 日），载《马克思恩格斯选集》第 1 卷，人民出版社 1995 年版，第 251 页。

自公社本身。西欧无产阶级对资产阶级的胜利以及与之俱来的以社会管理的生产代替资本主义生产，这就是俄国公社上升到同样阶段所必需的先决条件。"他又指出："要想保全这个残存的公社，就必须首先推翻沙皇专制制度，必须在俄国进行革命。"而俄国的革命"会给西方的工人运动以新的推动，为它创造新的更好的斗争条件，从而加速现代工业无产阶级的胜利；没有这种胜利，目前的俄国无论从公社那里还是从资本主义那里，都不可能达到社会主义的改造。"恩格斯还指出："深深陷于解体的俄国公有制"，从 19 世纪 80 年代初以来"又向前迈了一大步"。俄国已进入了资本主义时代，"现在世界上也没有一种力量能在俄国公社的解体过程达到一定深度时重建俄国公社"①。这就是说，到了恩格斯晚年时，马克思认为的俄国农村公社跨越资本主义卡夫丁峡谷的可能性已不再存在。

马克思关于俄国公社在一定条件下有可能跨越资本主义卡夫丁峡谷的设想无疑包含着已经走上资本主义道路但经济仍不够发达的俄国可以搞社会主义。自然这也意味着俄国可以不必经过西欧资本主义国家发展过程中的某些阶段而走向社会主义。至于能否做到这一点重要的仍是条件。关于条件，恩格斯在晚年作了较为详细的说明。除了前面的论述外，在此不妨再引一点。他指出："当西欧各国人民的无产阶级取得胜利和生产资料转归公有之后，那些刚刚进入资本主义生产而仍然保全了氏族制度或氏族制度残余的国家，可以利用公有制的残余和与之相适应的人民风尚作为强大的手段，来大大缩短自己向社会主义社会发展的过程，并避免我们在西欧开辟道路时不得不经历的大部分苦难和斗争。但这方面的必不可少的条件是：目前还是资本主义的西方作出榜样和积极支持。只有当资本主义经济在自己故乡和在它兴盛的国家里被克服的时候，只有当落后国家从这个榜样上看到'这是怎么回事'，看到怎样把现代工业的生产力作为社会财产来为整个社会服务的时候——只有到那个时候，这些落后的国家才能开始这种缩短的发展过程。然而那时它们的成功也是有保证的。这不仅适用于俄国，而且适用于处在资本主义以前的阶段的一切国家。"显然，这里恩格斯强调的是国际条件：西方无产阶级革命的胜利和社会主义制度的建

---

① 恩格斯：《〈论俄国的社会问题〉跋》（1894 年 1 月上半月），载《马克思恩格斯选集》第 4 卷，人民出版社 1995 年版，第 440—441、450—451、444—445 页。

立。往下他讲到国内条件："比较起来，这在俄国将最容易做到，因为这个国家的一部分本地居民已经吸取了资本主义发展的文化精神，因而在革命时期这个国家可以几乎与西方同时完成社会的改造。"① 革命不能输出，也不能输入。历史和理论都表明，外部的国际条件固然不可缺少，但国内的条件更为重要。落后国家若没有一定数量的现代化大工业，没有一定数量的现代工人阶级，没有一个成熟的无产阶级政党，社会主义就无从谈起。因此，一般说来，稍为大一点的独立国家，不可能由一个前资本主义社会直接过渡到社会主义社会。旧中国是一个半殖民地半封建的国家，已有一定数量的资本主义现代工业，已有数百万现代产业工人，已有了无产阶级政党。若没有这些，我国既不可能取得新民主主义革命的胜利，更不可能搞社会主义。还应指出：在民主革命时期，中国共产党不仅不反对资本主义，而是鼓励发展资本主义。在 1945 年召开的中共"七大"上，毛泽东指出：民粹主义在中国与我们党内影响很大。"所谓民粹主义，就是要直接由封建经济发展到社会主义经济，中间不经过发展资本主义阶段。"当然，共产党鼓励、提倡的是"新民主主义的资本主义"发展。可以认为，中国并没有跨越资本主义，而只是跨越了资本主义较为发达的阶段。

三、完整准确地理解马克思主义原著，用科学的 态度对待马克思主义

有的论者会说，马克思在《给维·伊·查苏利奇的复信［初稿］》中不是明明白白地写着"俄国可以不通过资本主义制度的卡夫丁峡谷，而把资本主义制度所创造的一切积极的成果用到公社中来"吗？是的，马克思在第一个复信初稿中确实是这样写的。许多论者也常常引用此话来证明马克思主张俄国可以跨越资本主义的卡夫丁峡谷。不过，我们若不拘泥于个别词句，而是联系马克思的整个复信初稿看，马克思这里所说的"俄国"实质上是指"俄国的农村公社"，而不是指整个"俄国社会"。因为

---

① 恩格斯:《〈论俄国的社会问题〉跋》(1894 年 1 月上半月)，载《马克思恩格斯选集》第 4 卷，人民出版社 1995 年版，第 443 页。

在复信的初稿中有多处如下相类似的话:"如果说土地公有制是俄国'农村公社'的集体占有制的基础,那么,它的历史环境,即它和资本主义生产的同时存在,则为它提供了大规模地进行共同劳动的现成物质条件。因此,它能够不通过资本主义制度的卡夫丁峡谷,而占有资本主义制度所创造的一切积极成果。"①"它能够不通过资本主义制度的卡夫丁峡谷"一语中的"它",从上下文看均确定无疑是指"俄国农村公社",而不是指"俄国社会"。至于从整个复信的基本思想上看,如本文第二部分所述,更是指"俄国农村公社",而不是指"俄国社会"。

针对一些人误读、曲解马克思著作这一情况,恩格斯在《资本论》第三卷序言中说:"一个人如果想研究科学问题,首先要在利用著作的时候学会按照作者写的原样去阅读这些著作,首先要在阅读时,不把著作中原来没有的东西塞进去。"②我们要严肃认真地阅读马克思主义的原著,要完整准确地理解马克思主义著作的本义,切忌实用主义地为我所用,切忌寻章摘句地引用马克思主义文献。事实上,任何人只要稍微认真地去读一读本文前面提到的马克思恩格斯的原著就决不会得出"马克思主张俄国可以跨越资本主义卡夫丁峡谷"的结论,而只能得出"马克思曾有过俄国农村公社在一定条件下可以跨越资本主义卡夫丁峡谷"的设想。

马克思恩格斯关于俄国农村公社命运及俄国历史发展前景的论著并不深奥、难解,为什么我国有(苏联似乎没有)相当多的人对此发生误解呢?原因自然是多方面的。我想其中最重要的一点是论者们为了替中国这样经济落后国家搞社会主义寻找理论根据。这也是近十多年来马克思的东方社会理论成为我国理论界的热点之一的缘由。论者们的主观愿望是好的,但这种做法未必符合马克思主义。

中国走上了社会主义道路,这已是一个无可争辩的历史事实。只有社会主义可以救中国,只有社会主义可以发展中国,这已是为历史证明了的客观真理。极少数人借口中国生产力不发达,鼓吹倒退回去搞资本主义的谬论应受到批判。然而中国能不能搞社会主义的根据不是到马克思的本本

---

① 马克思:《给维·伊·查苏利奇的复信[初稿]》(1981年2月底—3月初),载《马克思恩格斯全集》第19卷,人民出版社1963年版,第437、438、451页。

② 恩格斯:《〈资本论〉第三卷序言》(1894年10月4日),载《马克思恩格斯全集》第25卷,人民出版社1974年版,第26页。

中去找，而只能从世界的历史和现状、中国的历史和现状中去找，如毛泽东、邓小平所做的那样。从老祖宗本本中找解决现实问题的答案是一种教条主义的学风，应加以摒弃。事实上，毛泽东、邓小平的社会主义理论与马克思的东方社会理论并无直接的联系。

学习马克思主义著作不仅要原原本本理解马克思主义著作的原意，更重要的是掌握它的精神实质，即体现在其中的立场、观点和方法。马克思东方社会理论的意义不在于他从研究俄国和其他东方社会所得出的具体结论，而在于他研究问题的方法。马克思坚决反对把他的"一般历史哲学理论"当作解决现实问题的"一把万能钥匙"，坚决反对从所谓的"历史必然性"中去推论出东方国家未来的发展道路。他主张从现实的实际出发，通过对世界历史和各国现状的科学分析，去推断不同国家未来发展的道路。这也就是我们现在常说的实事求是的科学态度、科学方法和科学精神。1893 年，耄耋之年的恩格斯对访问他的俄国革命民主主义者说："俄国人，不仅是俄国人，不要生搬马克思和我的话，而是要根据自己的情况像马克思那样去思考问题。只有在这个意义上，'马克思主义者'这个词才有存在的理由。"①

（原题为《请不要误解马克思——关于"跨越资本主义卡夫丁峡谷"的辨析》，刊《理论前沿》1996 年第 18 期；人大复印资料《马克思主义、列宁主义研究》1997 年第 2 期）

---

① 阿·沃登:《和恩格斯谈话》(1893 年春)，载《智慧的明灯》，人民出版社 1983 年版，第 91 页。

纠正对恩格斯《美国旅行印象》的误读

    在谈全球化性质问题前，有必要先说一下以科学的态度对待马克思主义的问题，即学风问题。

    我听了两位德国学者关于《德意志意识形态》文本研究和马克思对资本主义经济研究的发言，收获良多。其中之一是他们对马克思著作严肃、认真和下苦功夫的态度，着实令我感动、钦佩。我由此想到，与他们相比，我们的理论界怎样？我认为，我们的理论界很少有人在这方面下功夫。在会上，有的学者提出"回到马克思，超越马克思"。我不十分赞成"回到马克思"的提法。因为不可能"回到马克思"。马克思的文本、思想已是客观的历史存在，但人们对它的读解不能不受到读解者主观状态的影响。从这一方面讲，一人一读解，即使是同一个人，在不同的状态、心境下也会有不同的读解。提出"回到马克思"的人一般都认为，他人误读了马克思，因而导致实践上的失误和理论上的背离，而自己的读解则是最符合马克思本义的。其实，他的读解也只是无数读解中的一种，同样也带有他的主观性。退一步讲，即使你的读解回到了马克思，也不能用"原原本本的马克思"来解决马克思一百多年之后的现实问题。因为今天的世界与马克思在世时相比发生了巨大的、深刻的变化，何况中国不是马克思生活的欧洲。

    "回到马克思"的态度不可取。我赞成"完整准确理解与运用马克思主义的精神实质"的提法，这样才能坚持马克思主义，发展马克思主义。现在理论界既有死守"本本"的教条主义，也有浮躁、不实的风气。有的人对马克思主义采取断章取义的教条主义、实用主义态度。这里仅举近年来发生的误读恩格斯的《美国旅行印象》一例。

1888 年 8—9 月，恩格斯在马克思的女儿女婿爱琳娜·马克思—艾威林夫妇和朋友肖莱马的伴同下到美国和加拿大旅行。在回国的轮船上恩格斯写《美国旅行印象》，但没有写完，现保存的稿子中文不足三页。文稿的第一段是："我们通常都以为，美国是一个新世界，新不仅是就发现它的时间而言，而且是就它的一切制度而言；这个新世界由于藐视一切继承的和传统的东西而远远超过了我们这些旧式的、沉睡的欧洲人；这个新世界是由现代的人们根据现代的、实际的、合理的原则在处女地上重新建立起来的。美国人也总是竭力使我们相信这种看法。他们瞧不起我们，认为我们是迟疑的、带有各种陈腐偏见的、害怕一切新事物的不切实际的人；而他们这个前进最快的民族（the most go ahead nation），对于每一个新的改进方案，会纯粹从它的实际利益出发马上进行试验，这个方案一旦被认为是好的，差不多第二天就会立即付诸实行。在美国，一切都应该是新的，一切都应该是合理的，一切都应该是实际的，因此，一切都跟我们不同。"①

我们有的同志在读书时把恩格斯的第一句话"我们通常都以为"忽略掉了，竟然把"我们通常都以为"的认识当成恩格斯在旅行美国后的印象，并加以引用。有的著作在"恩格斯晚年对马克思主义的丰富和发展"章中设"1888 年美国旅行印象"一目，以此说明恩格斯对资本主义发展新现象的观察和思考。有的同志说，恩格斯对美国的考察和印象，表现了他的世界眼光和时代精神。有的文章则把《美国旅行印象》当作恩格斯晚年注意观察和研究资本主义新变化的一例加以引用，并说，恩格斯对美国人的务实进取精神给予积极的评价，对美国这一后起的资本主义国家进行了分析和思索。

其实，恩格斯在美国旅行后的印象是在第一段之后。恩格斯的印象与"通常都以为"的很不同。他写道："总之，我对美国人的第一印象无论如何说明不了他们对欧洲人的民族优越性，也无论如何说明不了他们是一个崭新的、年轻的民族典型。相反地，我倒有这样的看法：他们是仍然顽固

---

① 恩格斯：《美国旅行印象》（1888 年 9 月底），载《马克思恩格斯全集》第 21 卷，人民出版社 1965 年版，第 534 页。

地坚持着继承下来的、在欧洲被认为是过时了的小资产阶级习惯的人；在这方面，我们欧洲人同美国人相比，就跟巴黎人同外省人相比一样。"① 往下两段，恩格斯写了他对美国的家具、马车、旅馆、道路等很差的印象。所以只要稍为认真读一读《美国旅行印象》的全文，决不会把"我们通常都以为"的认识当成旅行后得出的"印象"。其实，恩格斯在美国给劳拉·拉法格的信中就写道："你们不要相信，美国是一个新的国度，——这是世界上一个最老式的地方；对我们欧洲人来说，这简直是一个外省人，而同美国人相比，我们都成了巴黎人。"他对纽约的印象极坏。他把天黑了纽约比作但丁《地狱》的一层。他说："简单点说，这个城市是只配世界上形象最丑陋的人群居住的地方。"② 他在回国后写的信中也谈到旅行后发现以往对美国看法有不真实的地方。他在给弗·阿·左格尔的信中说："我对美国很感兴趣；这个国家的历史并不比商品生产的历史更悠久，它是资本主义的乐土，应该亲眼去实际看一看。我们通常对它的概念是不真实的。就像任何一个小学生对法国的概念一样。"③ 恩格斯的印象说明，虽然这一时期美国工业发展迅速，已跃居世界第一，虽然恩格斯也认为美国有它的优点，美国人当中"蕴藏着二十世纪伟大民族天赋"，但在恩格斯的眼中，美国整个社会的风貌还不如欧洲。恩格斯对美国的印象正确与否，是可以讨论的，但我们决不能从今天的需要出发把恩格斯不赞成的看法说成是恩格斯的印象。

对恩格斯《美国旅行印象》误读说明我们有些同志的学风大成问题。我讲这个例子目的是提醒理论界的同仁们注意，尤其是年轻的朋友们注意，一定要认真读原著，完整准确地理解与运用马克思主义的精神实质，切不可粗枝大叶，一知半解，更不可实用主义地断章取义，否则要闹出大笑话。理论界的同仁们，要认真看书学习，弄懂弄通马克思主义，要认真调查研究，对现实问题和理论问题进行思考，作出新的回答，切不可浮

---

① 恩格斯：《美国旅行印象》(1888 年 9 月底)，载《马克思恩格斯全集》第 21 卷，人民出版社 1965 年版，第 535 页。

② 恩格斯：《致劳拉·拉法格》(1888 年 9 月 5 日)，载《马克思恩格斯全集》第 50 卷，人民出版社 1985 年版，第 486、488 页。

③ 恩格斯：《致康拉德·斯密特》(1888 年 10 月 8 日)，载《马克思恩格斯全集》第 37 卷，人民出版社 1985 年版，第 95 页。

躁，热衷于赶"时髦"，热衷于搞追名逐利的"操作"。

　　（本文为在北京大学马克思主义文献中心召开的"马克思主义与全球化学术讨论会"上的发言《关于学风问题和全球化性质问题的思考》（2001年9月）的第一部分，收入北京大学马克思主义文献中心编的《马克思主义与全球化——〈德意志意识形态〉的当代阐释》，北京大学出版社2003年版）

请不要误读恩格斯的"美国化"及学风问题

"马克思主义中国化"研究，是当代中国理论界和学术界的热点之一，其论文和著作不断涌现。笔者也曾以毛泽东的理论和实践为个案对马克思主义中国化做过一点研究。笔者曾提出："'马克思主义中国化'，在马克思主义发展史上是一个全新的命题。马克思、恩格斯、列宁、斯大林都十分强调理论与实际的结合，但他们都没有讲过马克思主义要同各国的历史文化相结合，更没有讲过要俄国化、本国化。所以俄国人（苏联人）对'马克思主义中国化'的命题一直持保留态度。"对这一观点，笔者的一位研究中国哲学的好友、著名学者曾向本人提出异议，认为"恩格斯在《美国工人运动》中要求美国的马克思主义政党'成为彻底美国化的党'"。最近，笔者看到有篇阐述马克思主义中国化的论文在一开始就引用恩格斯有关"彻底美国化的党"的论述，以此说明恩格斯早已"清醒地看到了"马克思主义"民族化问题"，并由此论证"马克思主义民族化是马克思主义的内在要求"①。笔者又从网上搜索发现，在阐述"马克思主义中国化"命题起源时引用恩格斯"彻底美国化"论述的作者不在少数。因此，笔者感到有必要弄清楚恩格斯的"彻底美国化的党"的本义。

马克思主义普遍真理与各国具体实际相结合是马克思主义的一个最基本的原则，马克思、恩格斯、列宁对此有许多精辟的阐述。就此而言，马克思主义的民族化确实是马克思主义的内在要求。恩格斯或马克思、列宁

---

① 杨耕：《马克思主义中国化：实质与问题》，《光明日报》2008 年 12 月 16 日"理论周刊"版学术笔谈。

及其他马克思主义者是否有类似马克思主义"民族化"、"本土化"的提法，这可以讨论。但倘若用恩格斯的有关"彻底美国化的党"的论述来说明"马克思主义中国化"的理论依据或思想源渊，则实属不妥，笔者难以苟同。

笔者认为，把恩格斯的有关"彻底美国化的党"的论述理解为马克思主义理论要"美国化"、"民族化"、"本土化"的含义是一种明显的误读。

《美国工人运动》（1887年1月26日）是恩格斯为自己的《英国工人阶级状况》一书美国版写的序言。恩格斯在序言中分析了美国工人运动的状况。他把当时美国工人运动分为三种形式（派别）：第一种，亨利·乔治领导的纽约的运动，这主要是地方性的。第二种，劳动骑士团，美国工人阶级所创立的第一个全国性的组织。恩格斯对它评价甚好，认为有可能"塑造美国工人运动的未来"。第三种，社会主义工人党。恩格斯认为，在这三种形式的工人运动中只有社会主义工人党"才有一个符合现代欧洲（无产阶级）观点的纲领"。但在分析、评论这个党时，恩格斯则指出，该党要起作用就应"成为彻底美国化的党"。

恩格斯为什么要讲美国社会主义工人党应"成为彻底美国化的党"？他讲的"彻底美国化"又是什么含义？对此，只需认真读一读恩格斯对社会主义工人党的分析就能一清二楚。他认为："这个党徒有虚名，因为到目前为止，它在美国的任何地方实际上都不能作为一个政党出现。何况它对美国来说一定程度上是外来的，因为直到最近，它的成员几乎全是使用本国语言的德国移民，大多数人都不太懂得当地通用的语言。"恩格斯接着分析，"这个源于外国的党"也有它的优点，它具备了欧洲的多年的阶级斗争经验，有可能掌握和利用欧洲的阶级伙伴在40年斗争中所得到智慧上和精神上的成果。恩格斯指出："这个党必须在运动中起非常重要的作用。但是要做到这一点，它必须完全脱下它的外国服装，必须成为彻底美国化的党。它不能期待美国人向自己靠拢。它是少数，又是移自外域，因此，应当向绝大多数本地的美国人靠拢。要做到这一点，首先必须学习英语。"恩格斯指出的这个党要在美国工人运动中起重要作用就必须"彻底美国化"的论断是完全正确的，因为由一个不会讲英语，甚至听不太懂英语的德国移民组成的党，是不可能在美国工人运动中发生重要作用的。

很明显，这里恩格斯所说的"彻底美国化"，是针对当时美国的社会主义工人党的成员是外来的、使用本国语言而不太懂当地语言的德国移民这一状况而言的。它的基本含义是指这些德国移民党员，要学会讲英语，"向美国人靠拢"，在生活上美国化，融入美国社会，与本地人打成一片。这里的"彻底美国化"，并没有"使马克思主义这一'移自外域的'理论"要"美国化"（或"取得民族形式"）之义。

事实上，在《美国工人运动》一文中，恩格斯强调的是美国工人阶级最终纲领与欧洲工人阶级纲领的同一性，而不是特殊性，更不是民族性。他说："造成工人阶级和资本家阶级之间的鸿沟的原因，在美国和在欧洲都是一样的；填平这种鸿沟的手段也到处相同。""美国工人阶级的最终纲领，应该而且一定会基本上同整个战斗的欧洲工人阶级现在所采用的纲领一样，同德美社会主义工人党的纲领一样。"①

总之，恩格斯在整篇文章中并没有讲到美国工人阶级政党的纲领要与欧洲工人阶级政党的纲领有所不同，要有自己美国的特点，更无马克思主义理论要美国化、民族化之义。恩格斯在别的著作里是否有"马克思主义民族化"的提法，需要做进一步的研究。但倘若从他对美国社会主义工人党应"彻底美国化"的论述中得出"马克思主义民族化"的结论，这显然是一种误读。只要稍为认真读一下《美国工人运动》全文，就不会发生这种不应发生的误读。

在学术研究中切忌望文生义、穿凿附会、断章取义，而是要认真研读原著，完整、准确地理解原著的思想。对"回到马克思"的提法是否科学、准确，有不同的看法，这可以讨论。但这一口号要求认真研读原著的精神是值得肯定和提倡的。长期以来，我国理论界学风浮躁，明显误读马列经典著作的事时有发生，最为典型的是前几年有些人竟把恩格斯在《美国旅行印象》一文中的某些论述完全弄反了，把恩格斯不赞成的思想当成恩格斯的思想，以此来论证"解放思想"、"创新"的重要性。由于是大人物误读误引了恩格斯的话，结果许多干部、理论家和学者也盲目跟着广为引用。虽然笔者在一些学术讨论会上和文章里对误读《美国旅行印象》

---

① 恩格斯:《美国工人运动》（1887 年 1 月 26 日），载《马克思恩格斯选集》第 4 卷，人民出版社 1995 年版，第 390、393、394 页。

有所辨证和批评①，但从网上看，一些名流、学者继续在误读误引，令人惊讶。这是学风不正的严重表现。

"马克思主义中国化"是中国马克思主义者在总结五四以来新文化运动经验和中国革命经验时提出的新命题。历史早已证明它是一个正确的、科学的、有重要意义的马克思主义命题。自然，也还有个别学者对"马克思主义中国化"的命题提出异议，这也很正常。在 21 世纪的今天，为证明它的"合法性"、正确性，我们是否一定要到老祖宗那里找到它的理论来源或出处呢？笔者以为大可不必。对每一个新命题、新思想、新理论，一定要从老祖宗那里找到它的理论来源或出处才放心，这是一种教条主义的心态和思维方式。我们应抛弃拘泥于字句的教条主义，一切从实际出发，实事求是，与时俱进，不断创新，无须事事从老祖宗那里寻找理论根据。这也是学风问题，而且是更重要的学风问题。

学风问题是当代中国理论界、学术界的一大问题，已有不少学者大声疾呼要求整顿、改进。笔者认为，解决学风不正问题的方法之一，是对学风不正的文章和著作加以公开剖析，以戒来者。为此，笔者写作此短文。

（刊《毛泽东邓小平理论研究》2009 年第 3 期；人大复印资料《马克思主义文摘》2009 年第 7 期）

---

① 见拙文《关于学风问题和全球化性质问题的思考》（2001 年 9 月），刊《马克思主义与全球化——〈德意志意识形态〉的当代阐释》，北京大学出版社 2003 年版；又见《奴性批判录》，刊《哲学之路》第 2 辑，黑龙江人民出版社 2004 年版。

切莫再把马克思所批判的观点当作
马克思的思想引证

——有关"与人分离的自然界也是无"的读解

长期以来，马克思《1844 年经济学哲学手稿》中的"被抽象地孤立地理解的、被固定为与人分离的自然界，对人说来也是无"① 的文字被研究者广为引用。从百度网上搜索看，引用此段文字的"相关结果"要远高于引用马克思的名言"哲学家只是用不同的方式解释世界，而问题在于改变世界"②。虽然具体情况各不相同，但几乎所有引用者（只有极个别的例外）都是把它当作马克思的观点来为自己的立论作论证。在诸多引用者中，有些是著名的学者、教授，其中有的是我多年的好朋友。笔者对《1844 年经济学哲学手稿》（以下简称《手稿》）无有研究，但多读几遍原文、联系上下文思索后总感到上述文字表达的并不是马克思本人的思想，而是以批判的态度在转述黑格尔的唯心主义观点。

在《手稿》的［对黑格尔的辩证法和整个哲学的批判］部分，马克思十分称赞费尔巴哈对黑格尔唯心主义批判的伟大功绩，充分肯定黑格尔否定辩证法的精华，肯定他把劳动看成是人的本质。针对当时的施特劳斯和布鲁诺·鲍威尔这样的批判家在批判宗教时"仍然拘泥于黑格尔逻辑学"这一情况，马克思用了较大的篇幅来揭露黑格尔哲学体系的唯心主义实质。这种揭露批判，既有通常形式的正面的理论阐释，也有通过摘录黑

---

① 见《马克思恩格斯全集》第 42 卷，人民出版社 1979 年版，第 178 页。

② 2013 年 6 月 6 日晚 9 时，我将"马克思：与人分离的自然界，对人说来也是无"与"马克思：哲学家们只是用不同的方式解释世界，而问题在于改变世界"分别用百度网页各搜索三次，其相关结果，前者为：2740000 个、3460000 个、3570000 个；后者为：559000 个、2750000 个、2880000 个。

格尔著作的纲目和有关原文，更多的则是以批判的态度对黑格尔思想的转述。

黑格尔把绝对观念或绝对精神看成是世界的本质，现实世界不过是绝对观念的外化。《逻辑学》是黑格尔哲学的本体论，由存在论、本质论和概念论组成。黑格尔通过概念的分析和演绎，论述了绝对观念由抽象到具体、由简单到丰富的生成过程，概念论结束时绝对观念外化为自然界。马克思转述说："扬弃了的存在是本质，扬弃了的本质是概念，扬弃了的概念……是绝对观念。然而绝对观念究竟是什么呢？……绝对观念也要再一次扬弃自身。但是，自我理解为抽象的抽象，知道自己是无；它必须放弃自身即抽象，从而达到了恰恰是它的对立面的本质，达到了自然界。"顺着黑格尔的逻辑，马克思继续写道："因此，全部逻辑学都证明，抽象思维本身是无，绝对观念本身是无，只有自然界才是某物。"以上是《手稿》笔记本 III 第 XXXI 页的最后文字。

抽象的绝对观念如何"把自然界从自身中释放出去"，用今天通常的语言来说亦即是抽象的绝对观念如何过渡到自然界，这对黑格尔分子来讲是一道"如此奇妙而怪诞、又伤透了脑筋"的难题。马克思在《手稿》笔记本 III 第 XXXII 页就转述和揭露了黑格尔面临的窘困及其错误。"从逻辑学到自然哲学的这整个过渡，无非是对抽象思维者说来如此难以达到、因而由他作出了如此牵强附会的描述的从抽象到直观的过渡。有一种神秘的感觉驱使哲学家从抽象思维进入直观，那就是厌烦，就是对内容的渴望。"黑格尔认为发展过程是由抽象到具体的过程，他厌烦抽象，推崇具体。为了摆脱对抽象的厌烦，绝对观念过渡到了自然界，成为可直观的某物。然而，在黑格尔看来，这自然界仍不过是绝对观念的一种异在的形式，是绝对观念的外化，也只是预先规定和异在的、与人无关的一个环节。所以马克思在《手稿》笔记本 III 第 XXXIII 页的一开始就写道："被抽象地孤立地理解的、被固定为与人分离的自然界，对人说来也是无。"

紧接往下的一长段文字，是马克思按黑格尔的思维逻辑转述说明为什么"被抽象地孤立地理解的、被固定为与人分离的自然界，对人说来也是无"。马克思批判地写道："他实际上从自身释放出去的只是这个抽象的自然界，只是自然界的思想物（按：有研究者把此处的'抽象的自然界'、

'自然界的思想物'当成是唯物主义者费尔巴哈的思想加以引述,这更是莫大的误读),不过现在具有这样一种意义,即这个自然界是思想的异在,是现实的、可以被直观的、有别于抽象思维的自然界。""对他说来整个自然界不过是在感性的、外在的形式下重复逻辑的抽象而已。""他对自然界的直观不过是他把自然直观抽象化的确证活动,不过是他有意识地重复的他的抽象概念的产生过程。"

往下,马克思用独立的一小段文字总结性地写道:"作为自然界的自然界,也就是说,就它还在感性上不同于它自身所隐藏的神秘的意义而言,离开这些抽象概念并不同于这些抽象概念的自然界,就是无,即证明自己是虚无的无。它是无意义的,或只具有应被扬弃的外在性的意义。"①此段文字可以说是对"被抽象地孤立地理解的、被固定为与人分离的自然界,对人说来也是无"的注释。"离开这些抽象概念并不同于这些抽象概念的自然界"是无,是无意义的,这难道是在肯定而不是在揭露黑格尔哲学唯心主义的荒谬性吗?

往下直至《手稿》笔记本 III 第 XXXIV 页完,都是马克思以转述和摘要的方式揭露在黑格尔那里,自然界不过是观念的异在的形式,自然界必须扬弃自身,最后绝对观念又重新回到自身,达到与自身的同一性。"自由精神把自然界设定为自己的世界。""绝对的东西是精神;这是绝对的东西的最高定义。"马克思以这样方式揭露批判黑格尔哲学唯心主义实质的目的是为了说明,布鲁诺·鲍威尔等人对宗教的批判"仍然拘泥黑格尔的逻辑学",在语言和观点上与黑格尔"毫无区别"②。

还应指出:从《手稿》笔记本 III 第 XXXI—XXXIV 页(中文《马克思恩格斯全集》第 42 卷,第 175—181 页)看,马克思无一处有涉及通过人的劳动和活动将人的本质对象化或将观念、精神对象化的文字。因此,诸多引用者以实践观点读解上述引文并不符文本的原意。

总之,从文本本身看,只要联系上下文进行认真研读的话,就不会发生把"被抽象地孤立地理解的、被固定为与人分离的自然界,对人说来也

---

① 以上《1844 年经济学哲学手稿》引文均见《马克思恩格斯全集》第 42 卷,人民出版社 1979 年版,第 177—179 页。

② 《马克思恩格斯全集》第 42 卷,人民出版社 1979 年版,第 156 页。

是无"当成是马克思本人思想的误读。

再从哲学义理上看，唯物主义者马克思也决不会认为，"与人分离的自然界，对人说来也是无"。人是自然界的产物，自然界是人类生存的基础条件；人又通过劳动、活动反作用于自然界，将自然人化，这是马克思自然观的最基本的内涵。在《手稿》里，马克思在对资本主义社会异化劳动的批判时引申到阐发人化自然的思想，超越了费尔巴哈的直观唯物主义。但马克思在重视以实践观点看待人与自然的关系时丝毫没有否认自在自然的存在及其对人的意义。第一，人本身是自然界的产物，是自然界不可分割的一部分，人不可能与自然界无关。第二，自然界是人一切活动的出发点和基础，人化自然以自在自然为前提，是经人的劳动由自在自然转化来。自在自然与人化自然的界限是可变动的。第三，人化自然，虽是人的活动的产物，但它依然存在着不以人的意志为转移的客观规律。倘若违背了客观规律，人化自然就成为人类的异化物，人类就会受到人化自然的惩罚。第四，承认人类出现以前自然界的客观存在，决不仅仅是自然科学问题，更重要的是哲学问题；也不仅仅是价值论的问题，而且也是本体论（存在论）的问题。所以，对"与人分离的自然界，对人说来也是无"，不可做实践唯物主义的读解。

把"被抽象地孤立地理解的、被固定为与人分离的自然界，对人说来也是无"当作马克思的话引用，肇始于国外的研究者。德国学者梅茨克把它当作马克思的思想，并进而认为，在马克思看来，没有独立于人的自然界，而只有被人加工的自然界[①]。另一位德国学者施密特在《马克思的自然概念》（作者称是"1957—1960年在霍克海默与阿多诺指导下完成的博士论文"）著作中也把它当作马克思的话加以引用。不过，他并不否认独立自然界的客观存在。他仅从经济学价值论视角进行解说："只要自然界在未被加工时，它在经济上就是毫无价值的；它只不过是有待于实现的潜在的价值。"[②] 笔者孤陋寡闻，肯定还有更早、更多的研究者有过这类的引用，这有待学识广博者补缺。但有趣的是，笔者在浏览

① 梅茨克:《马克思最初思想中的人和历史》，载《马克思主义研究》1957年第2期，转引自黄楠森等主编:《马克思主义哲学史》第8卷（易克信、吴仕康分卷主编），北京出版社1996年版，第408页。

② A.施密特:《马克思的自然概念》，商务印书馆1988年版，第20页。

《〈1844 年经济学哲学手稿〉研究》（论文集，中共中央编译局马恩室编译，湖南人民出版社 1983 年版）和《西方学者论〈一八四四年经济学—哲学手稿〉》（复旦大学哲学系现代西方哲学研究室编译，复旦大学出版社 1983 年版）两书时却未见有专门研究《手稿》的学者把马克思所批评的观点当成马克思本人思想的误读。我国学者北京大学教授杨适著的《马克思〈经济学—哲学手稿〉述评》（人民出版社 1982 年版）和兰州大学教授韩学本著的《〈1844 年经济学哲学手稿〉论析》（兰州大学出版社 1988 年版）均阐述了马克思对黑格尔唯心主义自然观的揭露和批判，自然也更无前面所说的误读。

最后还要说明，中山大学已故去的叶汝贤教授早在《恩格斯和马克思主义哲学》（以刘筌笔名刊《现代哲学》1990 年第 2 期，2006 年收入"马克思哲学论坛"的论文集《马克思哲学的当代意义》）和《唯物史观视域中的"以人为本"》（刊《哲学研究》2004 年第 10 期）两文里就明确指出，《手稿》中"与人分离的自然界，对人说来也是无"的表述，"不是马克思的思想，而是马克思对黑格尔的唯心主义自然观的揭示和批判。"因不是专论，叶教授对此只做简略说明，因而也未能引起更多人的注意，但叶教授的论文给我留下很深的印象①。

近日，在审读某校《马克思主义哲学经典著作导读》（研究生教材）时读到把"被抽象地孤立地理解的、被固定为与人分离的自然界，对人说来也是无"当成马克思语录加以引用，这令笔者感到十分意外。由此直接导致笔者用醒目的标题写此短文，以希望引起学界同仁的关注。

要重视文本的研究。但专门从事文本研究的人要有较高的语言条件，只能是少数的专家。就大多数研究者、理论工作者而言，虽不能做专门文

---

① 写完这篇短文后笔者又搜索查阅到：朱德生先生在《谈谈一切从实际出发，坚持实事求是》（《青海社会科学》1990 年第 4 期）文中和黄楠森先生在《当前哲学研究中的几个重要问题》（《青海社会科学》1990 年第 5 期）文中也从不同问题视角指出《手稿》中"与人分离的自然界，对人说来也是无"，表达的并不是马克思本人的思想，而是"要批评黑格尔的唯心主义"，有些引证是"断章取义"，"冤枉了马克思"。黄、朱两位是我的老师。此后《青海社会科学》1991 年第 5 期刊发了何丽野先生的《黑格尔的"无"与马克思的"无"——兼与黄楠森、朱德生二先生商榷》的争鸣文章。该刊 1992 年第 1 期刊发了黄森先生的《〈黑格尔的"无"与马克思的"无"〉商榷》一文，提出"马克思这段话别有所指"，希望研究者"不要再说是马克思本人的观点"。

本研究，但也要静下心来，认真研读原著，以力求做到完整准确地理解原著，而不可实用主义地摘取其中个别词句，违背本义，为我所用。这是一个学风问题。

（刊《理论视野》2013 年第 7 期）

列宁是怎样提出辩证法的核心和实质的

——学习《哲学笔记》的札记

列宁在《哲学笔记》里明确提出对立统一规律是辩证法的核心和实质，并围绕着这个核心和实质，对辩证法的丰富内容，对如何讲一步研究和发展辩证法科学，作了许多精辟的论述。本文着重分析列宁是怎样提出辩证法的核心和实质的。

一、哲学史的总结

列宁关于对立统一规律是辩证法的核心和实质的著名论断，是他研究了黑格尔的《逻辑学》、《哲学史讲演录》、《历史哲学讲演录》，亚里士多德的《形而上学》，拉萨尔的《爱非斯的晦涩哲人赫拉克利特的哲学》等等著作之后提出来的，即是说，这个论断首先是从已有的思想资料出发的。

列宁在《谈谈辩证法问题》的一开头就说："统一物之分为两个部分以及对它的矛盾着的部分的认识（参看拉萨尔的《赫拉克利特》一书第 3 篇《论认识》开头所引用的斐洛关于赫拉克利特的一段话），是辩证法的实质（是辩证法的'本质'之一，是它的基本的特点或特征之一，甚至可说是它的基本的特点或特征）。黑格尔也正是这样提问题的（亚里士多德在其著作《形而上学》中经常为此绞尽脑汁，并跟赫拉克利特即跟赫拉克利特的思想作斗争）。"[①] 列宁的这一段话，清楚地表明他提出辩证法的核

---

① 列宁:《谈谈辩证法问题》(1915 年)，载《列宁全集》第 55 卷，人民出版社 1990 年版，第 305 页。

心和实质的思考过程，表明他的论断同哲学史上辩证法思想的渊源关系。

在研究哲学史时，列宁十分注重古希腊哲学家赫拉克利特，称他为"辩证法的奠基人之一"。列宁指出："在赫拉克利特看来，世界的基本规律是'向对立面转化的规律'。"① 列宁还十分注意斐洛关于赫拉克利特的一段话："因为统一物是由两个对立面组成的，所以在把它分为两半时，这两个对立面就显露出来了。用古希腊人的话来说，他们的伟大而光荣的赫拉克利特不就是把这个命题置于自己哲学的首位并作为一个新的发现而引以自豪吗？"② 在谈到辩证法的实质时，列宁又特别注明要参看这一段话。这表明，尽管赫拉克利特的这些天才思想还是原始的，朴素的，直观的，但它对列宁无疑有很大的启发。我们可以说，列宁关于"统一物之分为两个部分以及对它的矛盾着的部分的认识，是辩证法的实质"的表述方式，是直接从赫拉克利特那里脱化出来的，是在现代自然科学和社会科学的基础上，对赫拉克利特的思想在更高阶段上的重复。

在哲学史上，黑格尔是第一个全面地、有意识地叙述辩证法的人。黑格尔的辩证法虽然是唯心的，但却有着无比丰富的内容。他在《逻辑学》的存在论部分论述了量变质变规律，在本质论部分论述了对立统一规律，在概念论部分论述了否定之否定规律。黑格尔本人把否定之否定规律当成构造自己体系的最根本的规律。但我们只要不是从形式上而是从内容上看问题，那就不难发现，对立统一规律是黑格尔的辩证法的中心内容。黑格尔认为，概念不是僵死不动的，而是自身包含着矛盾的，是运动的，概念之间可以互相过渡，互相转化。黑格尔的《逻辑学》就是概念的矛盾运动的辩证法。列宁吸取了黑格尔的合理思想，提出了辩证法是研究对立面统一（同一）的学说的定义③。列宁曾详细摘录了黑格尔关于矛盾、矛盾是一切事物运动变化的动力和源泉的论述，比如，"一

① 列宁:《拉萨尔〈爱非斯的晦涩哲人赫拉克利特的哲学〉一书摘要》(1915 年)，载《列宁全集》第 38 卷，人民出版社 1990 年版，第 296 页。

② 列宁:《拉萨尔〈爱非斯的晦涩哲人赫拉克利特的哲学〉一书摘要》(1915 年)，载《列宁全集》第 38 卷，人民出版社 1990 年版，第 300 页。

③ 列宁:《黑格尔〈逻辑学〉一书摘要》(1914 年 9—12 月)，载《列宁全集》第 55 卷，人民出版社 1990 年版，第 90、91 页。

切事物在其自身中都是矛盾的"，"矛盾却是一切运动和生命力的根源；事物只因为在本身之中包含着矛盾，所以它才能运动，才具有趋向和活动"，"矛盾是在其本质规定中的否定的东西，它是一切自己运动的原则，而自己运动就是矛盾的表现"，等等。列宁认为，运动和"自己运动"、"变化"，"运动和生命力"、"一切自己运动的原则"，正是抽象的、晦涩的黑格尔主义的实质，"必须揭示、理解、拯救、解脱、澄清这种实质，马克思和恩格斯就做到了这一点"①。如果说马克思和恩格斯通过"揭示、理解、拯救、解脱、澄清"黑格尔主义的实质，创立了唯物辩证法，那么我们可以说，列宁在进一步"揭示、理解、拯救、解脱、澄清"黑格尔主义实质的基础上，第一次明确地提出了对立统一规律是辩证法的核心和实质。

二、马克思恩格斯辩证法思想的直接继续和发展

马克思和恩格斯虽然没有明确地提出对立统一规律是辩证法的核心和实质的论断，但是，在他们的论述中，关于对立统一规律是辩证法的核心和实质的思想，是异常鲜明的。

早在 1847 年，马克思在批判蒲鲁东的政治经济学的唯心主义、形而上学的方法时就指出："两个相互矛盾方面的共存、斗争以及融合成一个新范畴，就是辩证运动。"② 恩格斯在批判杜林否认矛盾的形而上学观点、论述辩证法的三大规律时，首先论述了对立统一规律的客观性和普遍性，提出了"运动本身就是矛盾"的名言。恩格斯还把辩证法称为"矛盾辩证法"，并指出矛盾辩证法在从古代希腊人起直到目前为止的哲学中起到了重大作用③。在《自然辩证法》中，恩格斯认为，主观辩证法"不过是自

---

① 列宁:《黑格尔〈逻辑学〉一书摘要》(1914 年 9—12 月)，载《列宁全集》第 55 卷，人民出版社 1990 年版，第 117—118 页。
② 马克思:《哲学的贫困》(1847 年上半年)，载《马克思恩格斯选集》第 1 卷，人民出版社 1995 年版，第 144 页。
③ 恩格斯:《反杜林论》，载《马克思恩格斯选集》第 3 卷，人民出版社 1995 年版，第 461、462 页。

然界中到处发生作用的、对立中的运动的反映，这些对立通过自身的不断的斗争和最终的互相转化或向更高形式的转化，来制约自然界的生活。"①显然，无论是马克思还是恩格斯，都是把对立统一规律看成是辩证法的最主要的内容的。

马克思的《资本论》运用对立统一规律，考察了资本主义生产方式产生、发展以及必然灭亡的过程，活生生地展现了资本主义的各种矛盾运动，揭示了资本主义社会发展的规律。关于《资本论》的方法，列宁在《哲学笔记》中作过多次说明。他说："马克思在《资本论》中首先分析资产阶级社会（商品社会）里最简单、最普通、最基本、最常见、最平凡、碰到过亿万次的关系：商品交换。这一分析从这个最简单的现象中（从资产阶级社会的这个'细胞'中）揭示出现代社会的一切矛盾（或**一切**矛盾的胚芽）。往后的叙述向我们表明了这些矛盾和这个社会——在这个社会的各个部分的总和中、从这个社会的开始到终结——的发展（**既是生长，又是**运动）。"列宁紧接着又说："一般辩证法的阐述（以及研究）方法也应当如此（因为资产阶级社会的辩证法在马克思看来只是辩证法的局部情况）。"②列宁的这一段极为精辟的分析表明，对立统一规律既是客观世界的根本规律，也是认识世界的根本规律，用辩证法来认识和研究客观事物，就是要具体地分析事物发展过程中自始至终的矛盾运动。列宁认为，马克思虽说没有像黑格尔那样给我们留下辩证法的专著《逻辑学》，"但他遗留下《资本论》的逻辑，应当充分地利用这种逻辑来解决当前的问题"③。列宁本人正是最深刻地领会和掌握了《资本论》的逻辑，对帝国主义时代的各种矛盾进行了科学的分析，写出了《帝国主义是资本主义的最高阶段》等具有划时代意义的光辉著作，从而把马克思主义推向一个新的阶段。

可见，列宁关于对立统一规律是辩证法的核心和实质的新结论、新思

① 恩格斯：《自然辩证法》，载《马克思恩格斯选集》第4卷，人民出版社1995年版，第317页。

② 列宁：《谈谈辩证法问题》（1915年），载《列宁全集》第55卷，人民出版社1990年版，第307页。

③ 列宁：《黑格尔辩证法（逻辑学）的纲要》（1915年），载《列宁全集》第55卷，人民出版社1990年版，第290页。

想，是马克思恩格斯辩证法思想的直接继续和发展，是列宁深刻地钻研和掌握马克思主义辩证法特别是《资本论》的辩证法的结果。

三、时代的反映，现实斗争的总结

列宁关于对立统一规律是辩证法的核心和实质的新结论、新思想，是人类社会发展到帝国主义阶段的产物，是反对第二国际机会主义、社会沙文主义的斗争在哲学上的总结。

第一次世界大战是帝国主义时代各种矛盾激化的结果，战争的爆发又反过来进一步加剧了各种矛盾。大战期间，帝国主义国家之间的矛盾，帝国主义国家内部无产阶级与资产阶级之间的矛盾，帝国主义国家与殖民地半殖民地之间的矛盾，工人运动内部马克思主义与机会主义之间的矛盾，都达到了顶点。这些极端尖锐、错综复杂的矛盾，必然要求哲学把关于矛盾问题的研究提到首位。列宁在这一时期以极大的精力专门注重辩证法的研究，专门注重对立统一规律的研究，正是反映了时代的特点和指导无产阶级革命斗争的需要。列宁运用对立统一规律，深刻地分析了帝国主义时代的各种矛盾及其相互关系，揭露了帝国主义的本质和特征；阐明了帝国主义时代战争的性质，确定了无产阶级对战争的态度；揭穿了工人运动中机会主义、社会沙文主义的反动本质，科学地分析了它们产生的条件；提出了无产阶级革命将首先在一个或者几个国家中获得胜利的新结论，为即将到来的无产阶级革命制定了新的战略和策略。

但是，在几十年和平发展时期成长起来的第二国际机会主义却十分害怕矛盾，竭力回避矛盾，掩饰矛盾，调和矛盾。在《哲学笔记》里，列宁无情地嘲笑第二国际的庸人们否认矛盾、否认斗争的形而上学观点："（庸俗之辈）对自然界和历史'抱温情态度'，就是企图从自然界和历史中清除矛盾和斗争"[1]。

---

[1] 列宁：《黑格尔〈逻辑学〉一书摘要》（1914 年 9—12 月），载《列宁全集》第 55 卷，人民出版社 1990 年版，第 113 页。

列宁关于对立统一规律是辩证法的核心和实质的论断的提出，也是同剖析了普列汉诺夫在哲学上的错误有密切联系的。在《哲学笔记》里，列宁指出：普列汉诺夫在哲学上最重要的错误是不了解对立统一规律是客观世界的规律和认识的规律，不了解辩证法也就是马克思主义的认识论①。列宁还深刻地指出："普列汉诺夫关于哲学（辩证法）大约写了近 1000 页的东西（别尔托夫 + 反对波格丹诺夫 + 反对康德主义者 + 基本问题等等、等等）。其中关于大逻辑，关于它、它的思想（即作为哲学科学的辩证法本身）却没有说什么！！"②普列汉诺夫的这种错误，直接导致他不能应用对立统一规律来观察和处理党内矛盾，观察和处理帝国主义时代的各种矛盾，从而在政治上跌入机会主义的泥坑。

在马克思、恩格斯生活的时代，辩证法与形而上学的斗争，突出地表现在承认不承认运动，承认不承认发展、变化。针对这种情况，恩格斯在谈到辩证法时，特别强调辩证法是从事物的相互联系、从它们的运动、从它们的产生和消失方面去考察事物。恩格斯甚至把辩证法定义为"关于普遍联系的科学"，"和形而上学相对立的、关于联系的科学"③。

随着自然科学的发展和马克思主义的广泛传播，到了 19 世纪末 20 世纪初，进化论的观念已经广泛地深入人们的意识，发展的原则已为大家所同意。这时，形而上学便以庸俗"进化论"的形式来对抗革命的辩证法。列宁在《哲学笔记》中指出："对于'发展原则'，在 20 世纪（还有 19 世纪末）'大家都已经同意'。——是的，不过这种表面的、未经过深思熟虑的、偶然的、庸俗的'同意'，是一种窒息真理、使真理庸俗化的同意。"④这种庸俗进化论把发展理解为没有质变、没有飞跃、没有革命的渐进过程，根本否认发展是由事物内部矛盾引起的。它是资产阶级改良主义、工

---

① 列宁：《谈谈辩证法问题》（1915 年），载《列宁全集》第 55 卷，人民出版社 1990 年版，第 305、308 页。

② 列宁：《黑格尔〈哲学史讲演录〉一书摘要》（1915 年），载《列宁全集》第 55 卷，人民出版社 1990 年版，第 236 页。

③ 恩格斯：《自然辩证法》，载《马克思恩格斯选集》第 4 卷，人民出版社 1995 年版，第 259、310 页。

④ 列宁：《黑格尔〈哲学史讲演录〉一书摘要》（1915 年），载《列宁全集》第 55 卷，人民出版社 1990 年版，第 215 页。

人运动中的机会主义反对阶级斗争,反对无产阶级革命的重要思想武器。所以,在列宁时代,辩证法与形而上学斗争的焦点,已不再是承认不承认运动、发展、变化,而在于如何理解运动、发展、变化,在于承认不承认矛盾是事物发展的动力。列宁提出对立统一规律是辩证法的核心和实质,提出两种根本对立的发展观,正是反映了这一时代辩证法与形而上学斗争的总的特点,并从根本上划清了它们之间的界限。

列宁还十分注意吸取自然科学的成果来丰富和发展马克思主义哲学。他在《哲学笔记》中谈到对立统一规律是辩证法的实质时认为:"辩证法内容的这一方面的正确性必须由科学史来检验。"列宁还指出,自然科学向我们揭明了客观自然界具有"对立面的过渡、转化、相互联系"①,但是,"在自然科学家那里,转化的概念是狭隘的,他们不懂辩证法。"② 很显然,列宁强调对立统一规律是辩证法的核心和实质,强调辩证法也就是马克思主义认识论,强调对立统一规律也是根本的认识规律,是同他对自然科学成就的总结分不开的。

(刊《光明日报》1979 年 9 月 20 日)

---

① 列宁:《谈谈辩证法问题》(1915 年),载《列宁全集》第 55 卷,人民出版社 1990 年版,第 305、308 页。
② 列宁:《黑格尔〈哲学史讲演录〉一书摘要》(1915 年),载《列宁全集》第 55 卷,人民出版社 1990 年版,第 223 页。

中 编　邓小平理论研究

邓小平哲学思想是改革开放时代精神的精华

邓小平是伟大的革命家、战略家和理论家，中国社会主义改革开放和现代化建设的总设计师。他的建设有中国特色社会主义理论第一次比较系统地初步回答了中国这样的经济文化落后的国家如何建设社会主义，如何巩固和发展社会主义的一系列基本问题。当然，实事求是地说，邓小平并不是专门的哲学家。那么他有哲学思想吗？有的话，他的哲学思想有什么特点？他的哲学思想的精髓是什么？它与毛泽东哲学思想是什么关系？何以有研究它的必要？这些是读者拿到这本书时首先会产生的一些疑问，这也是本导论所要回答和阐述的问题。

一、邓小平有深刻的哲学思想

邓小平没有写过毛泽东那样的《实践论》、《矛盾论》的哲学专著，也不像毛泽东那样在自己的文章、讲话、谈话中大谈哲学问题。然而作为毛泽东的学生和战友的邓小平却与毛泽东一样，有一颗哲学的头脑，善于从哲学上思考问题、解决问题。在他的著作和实践中蕴藏着丰富而深刻的哲学思想。

恩格斯说："我们党有个很大的优点，就是有一个新的科学的世界观作为理论的基础。"①这个新的科学观点即是新的世界观。马克思、恩格斯一生都注重这一科学世界观的研究。毛泽东和中国共产党人继承了这一优点。毛泽东之所以能比同时代的党的其他领袖人物站得高些，看得远些和深些，原因是多方面的，其中重要的一点是他喜好哲学，有一颗哲学的头脑，有很高的哲学修养。毛泽东善于从哲学高度思考和总结中国革命经验。在毛泽东的带动和影响下，中国共产党的领袖人物也都注重哲学的研究与应用。邓小平在抗日战争时期就说过：照辩证法办事。此话传到毛泽东那里，给毛泽东留下极其深刻的印象。1945年2月，毛泽东在中共中央党校的报告中说："如果事情没有搞好，原因在什么地方？原因就是没有照辩证法办事。邓小平同志讲：事情怎么办，照辩证法办事。我赞成他的话。"②在1957年1月召开的省市自治区党委书记会议上，毛泽东在结束自己讲话时再次提到邓小平的这一名言说："总之，要照辩证法办事。这是邓小平同志讲的。我看，全党都要学习辩证法，提倡照辩证法办事。"③从毛泽东的话中我们可以看出：邓小平在民主革命时期就注重哲学的学习与应用，并引起了毛泽东的注意。

建国以后，毛泽东很欣赏邓小平的才能。1952年，邓小平由地方到中央工作，任政务院副总理，1954年任中共中央秘书长。1955年在中共七届五中全会上增选为中央政治局委员。1956年在中共八大作关于修改党章的报告，在八届一中全会上当选为中央政治局常委、中央委员会总书记。毛泽东曾在不同场合讲过：政治局就是政治设计院，我是主席，是统帅，副帅就是总书记；我的接班人第一是刘少奇，第二是邓小平。1959年4月，毛泽东在中共八届七中全会上的讲话提纲中写道："权力集中常委和

---

① 恩格斯：《卡尔·马克思〈政治经济学批判〉。第一分册》（1859年8月3—15日），载《马克思恩格斯选集》第2卷，人民出版社2012年版，第10页。
② 毛泽东：《时局问题及其他》（1945年2月15日），载《毛泽东文集》第3卷，人民出版社1996年版，第256页。
③ 毛泽东：《在省市自治区党委书记会议上的讲话》（1957年1月27日），载《毛泽东文集》第7卷，人民出版社1999年版，第200页。

书记处，我为正帅，邓为副帅。"①"文化大革命"中，邓小平曾一度受到了不应有的批判，但毛泽东仍对邓小平抱有一定好感，不赞成开除邓小平出党。林彪自我爆炸以后，在周恩来等支持下，毛泽东重新启用邓小平，称赞邓小平"人才难得，政治思想性强"，再次委以重任，让邓小平代重病中的周恩来主持党中央和国务院的工作，把党、政、军大权交予他，有意让他接班。毛泽东称赞邓小平"政治思想强"，强就强在有哲学头脑，有战略眼光。令人遗憾的是，在"四人帮"的策动下，毛泽东再次批邓，又罢了邓小平的官。

毛泽东逝世后，拨乱反正、开创社会主义现代化新局面的历史重任，再次落到邓小平的肩上。在个人迷信盛行的时代，如何纠正毛泽东晚年的失误，使党和国家回到正确的轨道上来，不仅需要有高度的理论修养和政治勇气，而且需要有正确的方式方法。邓小平的高明之处就是从思想路线入手，用毛泽东一贯倡导的实事求是来破除对毛泽东的个人崇拜，用毛泽东正确的思想（即毛泽东思想）来纠正毛泽东晚年的失误。他一再指出：实事求是是"毛泽东哲学思想的精髓"②，是"毛泽东思想的出发点、根本点"③。"毛泽东同志所以伟大，能把中国革命引导到胜利，归根到底，就是靠这个。"④ 他尖锐地指出："两个凡是"（即"凡是毛主席作出的决策，我们都坚决维护；凡是毛主席的指示，我们都始终不渝地遵循"）不是马列主义、毛泽东思想，不解决思想路线，不解放思想，正确的政治路线就制定不出来，制定了也贯彻不下去。他以敏锐的洞察力坚决支持和推动了"实践是检验真理的唯一标准"的大讨论，领导了中国现代史上的第三次思想解放运动，重新在全党确立了实事求是的思想路线。从思想路线入手纠正毛泽东晚年的失误，反映了邓小平有很高的哲学自觉和修养。

① 毛泽东：《在中共八届七中全会上的讲话提纲》（1959年4月），载《建国以来毛泽东文稿》第8册，中央文献出版社1993年版，第196页。
② 邓小平：《教育战线的拨乱反正问题》（1977年9月19日），载《邓小平文选》第2卷，人民出版社1994年版，第67页。
③ 邓小平：《在全军政治工作会议上的讲话》（1978年6月2日），载《邓小平文选》第2卷，人民出版社1994年版，第114页。
④ 邓小平：《高举毛泽东思想旗帜，坚持实事求是的原则》（1978年9月16日），载《邓小平文选》第2卷，人民出版社1994年版，第126页。

邓小平在纠正毛泽东晚年失误时，充分肯定毛泽东在中国革命中的丰功伟绩，充分肯定毛泽东思想，尤其是哲学思想。在起草《关于建国以来党的若干历史问题的决议》过程中，邓小平一再说："确立毛泽东同志的历史地位，坚持和发展毛泽东思想。这是最核心的一条。"他十分赞成陈云的"学习马克思主义哲学，重点是学习毛泽东同志哲学著作"的建议。他说："历史决议中关于毛泽东同志对马克思主义哲学的贡献，要写得更丰富，更充实。结束语中也要加上提倡学习的意思。"①

邓小平与毛泽东一样，善于从哲学上总结中国革命和建设的经验。1985年4月25日，他在同外宾谈话时说："中国搞社会主义走了相当曲折的道路。二十年的历史教训告诉我们一条最重要的原则：搞社会主义一定要遵循马克思主义的辩证唯物主义和历史唯物主义，也就是毛泽东同志概括的实事求是，或者说一切从实际出发。"②1992年初，他在南方视察时又说："实事求是是马克思主义的精髓；要提倡这个，不要提倡本本。我们改革开放的成功，不是靠本本，而是靠实践，靠实事求是。"③邓小平的这些精辟的言论，是对我国革命和建设经验哲学上的最高总结和概括，为马克思主义、毛泽东思想增加了新的内容。

以上极简略的历史回顾足以说明：邓小平深得毛泽东哲学思想的真谛，具有一颗哲学头脑，有很高的哲学修养。邓小平的这一优点是他之所以成为我们党的第二代集体领导的核心、改革开放和现代化事业总设计师的重要条件。

二、我国社会主义胜利和挫折历史经验的科学总结

任何哲学都是一定时代经济、政治及文化的产物。任何真正的哲学都

---

① 邓小平：《对起草〈关于建国以来党的若干历史问题的决议〉的意见》（1980年3月—1981年6月），载《邓小平文选》第2卷，人民出版社1994年版，第291、304页。

② 邓小平：《政治上发展民主，经济上实行改革》（1985年4月15日），载《邓小平文选》第3卷，人民出版社1993年版，第118页。

③ 邓小平：《在武昌、深圳、珠海、上海等地的谈话要点》（1992年1月18日—2月21日），载《邓小平文选》第3卷，人民出版社1993年版，第382页。

是时代精神的精华，文明的活的灵魂。邓小平哲学思想反映了在和平与发展的时代条件下，我国改革开放和社会主义现代化建设新时期的时代精神。

毛泽东把马克思列宁主义普遍原理与中国革命具体实践相结合，开辟了以农村包围城市的中国革命道路，取得了新民主主义革命的胜利，创建了中华人民共和国。建国后，他继续坚持实事求是，找到了适合中国特点的社会主义改造道路，在较短的时间里初步建立起社会主义基本制度。从1956年起，他试图打破苏联的框框，独立自主地探索适合中国特点的社会主义建设道路，希望比苏联搞得好些、快些。《论十大关系》和《关于正确处理人民内部矛盾的问题》是这一探索的最初成果。在1957年反右运动开始以后，毛泽东的探索逐渐离开了原来的正确方向，出现了严重的曲折。先是反右运动严重的扩大化，紧接着是1958年发动"大跃进"和"人民公社化运动"的"大试验"，1959年庐山会议反右倾。由于违背了客观事物的规律，犯了急性病，结果事与愿违，欲速则不达，国民经济遭受严重破坏。在严酷的事实面前，全党和毛泽东变得冷静些，大兴调查研究之风，搞实事求是，端正党的思想路线，国民经济得到迅速的恢复。可是，在1962年党的八届十中全会上，他重提阶级斗争，由此逐渐陷入阶级斗争扩大化的迷误，先是搞"四清运动"，直至发动"文化大革命"。毛泽东在探索适合中国特点社会主义道路过程中尽管提出过不少独创性的见解，但从总体上看，他的探索与试验并不成功，并没有从根本上打破苏联斯大林时期形成的社会主义模式。

失败是成功之母。毛泽东探索中的失误固然给党和人民带来严重的损失，但也为我们继续前进提供了宝贵的经验教训。邓小平以实事求是的科学态度评价、总结毛泽东在社会主义问题上的探索。一方面，他充分肯定毛泽东在领导社会主义现代化建设方面取得的成就，认为不管我们做了多少蠢事，我们毕竟建立了实现四个现代化的物质基础，改变了中国的面貌。另一方面，邓小平又认真严肃地批评了毛泽东所犯的错误，分析犯错误的多方面原因，以及由此得出的经验教训。他以唯物辩证的态度看待失误。他说："我们现在的路线、方针、政策是在总结了成功时期的经验、失败时期的经验和遭受挫折时期的经验后制定的。历史上成功的经验是宝贵的财富，错误的经验、失败的经验也是宝贵财富。"① 他又说："过去的成功是我们的财富，过去的错误也是我们的财富。我们根本否定'文化大革命'，但应该说'文化大革命'也有一'功'，它提供了反面教训。没有'文化大革命'的教训，就不可能制定十一届三中全会以来的思想、政治、组织路线和一系列的政策。"②

邓小平善于从哲学的高度总结经验。他说："二十年的历史教训告诉了我们一条最重要的原则：搞社会主义一定要遵循马克思主义的辩证唯物主义和历史唯物主义。"③ 鉴于这一教训，他始终强调党的思想路线的重要性。他本人的理论和实践是在新时期运用辩证唯物主义和历史唯物主义的光辉典范。

三、改革开放和现代化建设的新鲜经验的科学总结

任何一种哲学思想都植根于社会现实生活之中。哲学既是对历史经验的反思，更是对现实经验的总结。作为革命家、战略家、总设计师的邓小平的哲学思想尤其是这样。党的十一届三中全会以来的改革开放和现代化建设是形成和发展邓小平哲学思想的最深厚的实践基础。

解放思想、实事求是思想路线的确立，冲破了长期禁锢着人们的精神枷锁，开启了中国共产党人和各族人民的智慧之门。解放思想实质上是解放人，解放人的聪明才智和创造力，充分发挥历史创造者创造历史的主动性、积极性。他指出：全党，从中央到地方，到每一个基层单位，都要解放思想，开动脑筋想问题、办事情。"希望各级党委和每个党支部，都来鼓励、支持党员和群众勇于思考、勇于探索、勇于创新，都来做促进群

---

① 邓小平：《改革开放使中国真正活跃起来》（1987年5月12日），载《邓小平文选》第3卷，人民出版社1993年版，第234—235页。

② 邓小平：《总结历史是为了开辟未来》（1988年9月5日），载《邓小平文选》第3卷，人民出版社1993年版，第272页。

③ 邓小平：《政治上发展民主，经济上实行改革》（1985年4月15日），载《邓小平文选》第3卷，人民出版社1993年版，第118页。

众解放思想、开动脑筋的工作。"①他又指出，我们提倡解放思想，加强民主，发展民主，"目的就是创造条件调动全民的积极性，使中国人的聪明智慧充分发挥出来。""归根到底，就是要发挥积极性，只要把人们的聪明才智调动起来，我们还是有希望的。"②党的十一届三中全会以后，在思想解放运动的推动下，亿万群众的智慧像火山一样地迸发出来，一场广泛而深刻的改革在中国大地上逐渐兴起，最后汇成汹涌澎湃、势不可挡的潮流。

改革是大家的主意，人民的要求，改革没有现成的方案，方案来之于实践，来之于群众的创造。许多新的方案、新的办法、新的措施，是由实践逼出来的，"逼上梁山"。邓小平总是鼓励全党在干中学，在实践中开辟一条建设有中国特色社会主义的新路。他认为，改革中许多新东西，都是群众创造的，领导者的责任是要善于不断地总结群众的经验和创造。他说："我们不靠上帝，而靠自己努力，靠不断总结经验，坚定地前进。"③"每年领导层都要总结经验，对的就坚持，不对的赶快改，新问题出来抓紧解决。"④他本人更是善于总结经验的典范。1992 年 7 月，邓小平在对中共十四大报告送审稿的意见中说得好，改革开放中许许多多的东西，都是由群众在实践中提出来的。报告中讲我的功绩，一定要放在集体领导范围内，绝不是一个人的脑筋就可以钻出什么新东西来，是群众的智慧，集体的智慧。我的功劳是把这些新事物概括起来，加以提倡⑤。邓小平理论是党和人民集体智慧的结晶。亿万人民群众进行建设有中国特色社会主义的伟大实践是形成和发展邓小平哲学思想的基础和原动力，而改革开放和现代化建设的实践又有力地证明了邓小平哲学思

---

① 邓小平：《解放思想，实事求是，团结一致向前看》（1978 年 12 月 13 日），载《邓小平文选》第 2 卷，人民出版社 1994 年版，第 143—144 页。

② 邓小平：《社会主义也可以搞市场经济》（1979 年 11 月 26 日），载《邓小平文选》第 2 卷，人民出版社 1994 年版，第 232—233 页。

③ 邓小平：《政治上发展民主，经济上实行改革》（1985 年 4 月 15 日），载《邓小平文选》第 3 卷，人民出版社 1993 年版，第 118 页。

④ 邓小平：《在武昌、深圳、珠海、上海等地的谈话要点》（1992 年 1 月 18 日—2 月 21 日），载《邓小平文选》第 3 卷，人民出版社 1993 年版，第 372 页。

⑤ 转引自《伟大的实践，光辉的篇章》，《人民日报》1992 年 10 月 24 日。又见《邓小平年谱》（下），中央文献出版社 2004 年版，第 1350 页。

想的科学性、正确性。

四、对其他社会主义国家兴衰成败历史经验的 科学总结

中国是世界的一部分。中国的革命和发展离不开世界的革命和发展。邓小平同志具有世界的眼光，善于运用马克思主义的宽广眼界观察世界，对当今时代特征和总体国际形势，对世界上其他社会主义国家的成败、发展中国家谋求发展的得失、发达国家的态势和矛盾，进行正确的分析，做出了新的科学判断和概括。

在 20 世纪的前半时期，社会主义曾取得了辉煌的胜利。在列宁、斯大林领导下，苏联人民建立了世界上第一个社会主义国家，把一个经济文化落后的沙皇俄国变成为现代化的足以同美国相抗衡的世界第二强国。第二次世界大战后，社会主义越出了一国范围，先后在东欧和亚洲一些国家取得胜利。斯大林逝世后，苏联高度集中的政治经济体制的弊端日益明显地暴露出来。赫鲁晓夫试图改革，犯了主观主义，未获成功。之后，苏联社会逐渐进入停滞的阶段，越来越失去活力。到了 80 年代，苏联及东欧诸国再次出现改革潮流，但这次改革离开了马克思主义，离开了社会主义方向，结果直接导致了东欧剧变和苏联解体。苏联和东欧诸国社会主义兴衰成败的历史经验是多方面的，令人反思不已。

邓小平时刻关注着国际社会主义事业的发展，从中吸取经验教训。1980 年 1 月，他在《目前的形势和任务》中说，"社会主义制度并不等于建设社会主义的具体做法。苏联搞社会主义，从一九一七年十月算起，已经六十三年了，但是怎么搞社会主义，它也吹不起牛皮。"[①] 他一再说，无论是革命还是建设，都要注意学习和借鉴外国经验。"光凭自己的经验和教训还解决不了问题。中国要谋求发展，摆脱贫穷和落后，就必须开放。

---

① 邓小平:《目前的形势和任务》(1980 年 1 月 16 日)，载《邓小平文选》第 2 卷，人民出版社 1994 年版，第 250 页。

开放不仅是发展国际间的交往，而且要吸收国际的经验。"①当然，对外国的经验要分析，不可照搬照抄。1986 年 9 月 29 日，他在同前来访问的波兰领导人谈话时说："我们两国原来的政治体制都是从苏联模式来的。看来这个模式在苏联也不是很成功的。即使在苏联是百分之百的成功，但是它能够符合中国的实际情况吗？能够符合波兰的实际情况吗？各国的实际情况是不同的。"②1989 年 5 月 16 日，他在会见前来访问的苏共领导人时回顾、总结了中苏关系。他说："多年来，存在一个对马克思主义、社会主义的理解问题。从一九五七年第一次莫斯科会谈，到六十年代前半期，中苏两党展开了激烈的争论……经过二十多年的实践，回过头来看，双方都讲了许多空话。马克思去世后一百多年，究竟发生了什么变化，在变化的条件下，如何认识和发展马克思主义，没有搞清楚。"又说："革命成功后，各国必须根据自己的条件建设社会主义。固定的模式是没有的，也不可能有。墨守成规的观点只能导致落后，甚至失败。"③苏联和东欧社会主义国家兴衰成败的历史经验为我们如何建设中国特色社会主义事业提供了极为有益的借鉴。

在苏东剧变后，西方资产阶级兴高采烈，得意忘形，胡说社会主义、马克思主义死亡了，彻底失败了。对此，邓小平同志指出，马克思主义是颠扑不破的真理，是打不倒的。"我坚信，世界上赞成马克思主义的人会多起来的，因为马克思主义是科学。"封建社会代替奴隶社会，资本主义代替封建主义，社会主义经历一个长过程后必然代替资本主义，这是社会发展不可逆转的总趋势，但道路是曲折的。一些国家出现严重曲折，从中吸取教训，将促使社会主义向着更加健康的方向发展。有人则片面地总结苏联解体的教训，对党的"一个中心、两个基本点"的基本路线发生动摇，企图以反和平演变来干扰和冲击以经济建设为中心。邓小平则提出：基本路线，一百年不动摇；加快改革开放和现代化建设的步伐，尽快把经

①　邓小平：《要吸取国际的经验》（1988 年 6 月 3 日），载《邓小平文选》第 3 卷，人民出版社 1993 年版，第 266 页。

②　邓小平：《关于政治体制改革问题》（1986 年 9—11 月），载《邓小平文选》第 3 卷，人民出版社 1993 年版，第 178 页。

③　邓小平：《结束过去，开辟未来》（1989 年 5 月 16 日），载《邓小平文选》第 3 卷，人民出版社 1993 年版，第 291、292 页。

济搞上去；防止和平演变，关键是我们共产党内部要搞好，不出事。他说："不坚持社会主义，不改革开放，不发展经济，不改善人民生活，只能是死路一条。"① 他在1992年初视察南方时的谈话集中凝聚了对国际社会主义运动历史经验的思考。

五、对世界经济发展新经验和科学技术革命新成就的概括和吸取

随着科学技术的进步和世界经济的发展，国家间经济、政治、思想、科技、文化的交往日益频繁，日益密切。毛泽东和邓小平都有强烈的世界意识。毛泽东较多地是政治上观察当代世界风云，做好利用矛盾、争取有利国际环境的大文章。邓小平比毛泽东前进了一步，不仅从政治上，而且还从经济、科学技术等方面全方位地审视当代世界的发展。他对我国进行社会主义建设的国际环境和时代特征进行了科学分析，做出了新的概括。他指出：和平和发展是现时代的主题，我们有可能争得较长时间和平环境，进行社会主义现代化建设，我们既面临着发展的机遇，又遇到严重的挑战。我们要抓住机遇，发展自己。

第二次世界大战后，西方资本主义世界虽然危机不断，但总体来看，生产力发展迅速，物质财富大量涌现，整个社会面貌发生了巨大变化。邓小平对资本主义世界经济发展的新情况、新经济十分关注。他深深感到，我国的经济、科学技术是明显地落后了。我们应当抓住时机，尽可能地利用外国的资金、技术、管理经验、人才等来加快我国的现代化建设。他提出的对外开放的国策是基于对历史经验的反思和对当代世界形势的科学分析。

第二次世界大战后，科学技术革命迅速发展。计算机技术、信息技术、生物技术、核能技术、空间技术、材料技术、海洋技术等迅速崛起。现代科学技术的革命引起了生产力的革命和生产效率的极大提高，引起了

---

① 邓小平：《在武昌、深圳、珠海、上海等地的谈话要点》（1992年1月18日—2月21日），载《邓小平文选》第3卷，人民出版社1993年版，第382、370页。

物质生产方式、产业结构、生产关系、上层建筑、工作方式、思维方式、价值观念以至整个社会生产各个方面的深刻的变化。邓小平在访问日本、美国时，目睹了西方世界高度发达的生产力和高科技。他时刻关注当代科学技术革命的进展，提出实现现代化，教育是基础，科学技术是关键；科学技术是第一生产力；尊重知识，尊重人才。

当代世界经济的发展和科学技术的革命对邓小平的思维方式有着重大影响。他说："世界形势日新月异，特别是现代科学技术发展很快。现在一年抵得上过去古老社会几十年、上百年甚至更长的时间。不以新的思想、观点去继承、发展马克思主义，不是真正的马克思主义者。"[①]整个人类知识的更新以几何级数的速度日益加快。面对这种新形势，他提出："教育要面向现代化，面向世界，面向未来"。[②]这"三个面向"充分反映出邓小平同志的现代开拓型的思维方式。

在现实的思维活动中，对我国社会主义胜利和挫折历史经验的总结、对改革开放和现代化建设的新鲜经验的总结、对其他社会主义国家兴衰成败历史经验的总结、对当代世界经济发展的新经验和科学技术革命新成就的概括总结，这四个方面是密不可分的，交融在一起的。以上分开叙述，旨在表明邓小平哲学思想是以丰富的历史经验和广阔的社会背景为其基础的，是时代精神的反映。

邓小平有深刻的哲学思想，但他不是专门的哲学家。他本人无意去构造自己的哲学理论体系。他注重的是哲学的应用，用它解决社会主义现代化建设过程中的实际问题。他的哲学思想是毛泽东哲学思想在新的历史时期的继承、运用和发展。实践性、辩证性、人民性、开放性和创造性是邓小平哲学思想的最显著的特点。他提出和倡导的解放思想、实事求是是建设有中国特色社会主义理论的精髓和基础。他一再强调的重视发展生产力是建设有中国特色社会主义理论的出发点和归宿。建设中国特色社会主义理论正是建立在实事求是和发展生产力这两大基石之上的，有着牢固的哲学基础。邓小平的许多文章、讲话、谈话都充满着活的唯物论和辩证法。

---

① 邓小平：《结束过去，开辟未来》(1989 年 5 月 16 日)，《邓小平文选》第 3 卷，人民出版社 1993 年版，第 291—292 页。

② 邓小平：《为景山学校题词》(1983 年 10 月 1 日)，《邓小平文选》第 3 卷，人民出版社 1993 年版，第 35 页。

邓小平哲学思想渗透和贯彻于邓小平的全部理论和实践中，是同他的建设有中国特色社会主义理论和实践融为一体的。因此我们只有通过学习邓小平的主要著作和研究他领导下的伟大实践，才能学到他运用马列主义、毛泽东思想研究新情况、解决新问题的科学态度和创造精神，真正学到邓小平哲学思想。

（本文为《邓小平哲学思想研究》（中共中央党校哲学教研部编，中共中央党校出版社 1994 年版）和《邓小平哲学思想读本》（沈冲、张绪文、许全兴、贾高建著，中共中央党校出版社 1998 年版）两书导论有关内容的重编）

邓小平理论的精髓

实事求是，是马克思列宁主义的精髓，是毛泽东思想的精髓，也是邓小平理论的精髓。实事求是，是保证我们党永葆蓬勃生机的法宝。因此，学习邓小平理论，首先要紧紧抓住这一精髓，正确地理解这一精髓，自觉地运用好这一法宝。

一、解放思想、实事求是思想路线的重新确立

（一）无产阶级政党思想路线的创立和毛泽东在中国的发展

思想路线问题本质上是个哲学问题，是无产阶级政党以什么样的世界观、方法论来指导自己行动的问题。思想路线是制定和贯彻政治路线的基础。因此，思想路线不是小问题，而是关系到党和国家前途命运的大问题。

无产阶级政党的辩证唯物主义和历史唯物主义的思想路线是由马克思恩格斯创立的。在19世纪40年代，他们在无产阶级革命运动实际经验的基础上，综合了人类认识史的优秀成果和自然科学的最新成就，创立了辩证唯物主义和历史唯物主义哲学，为无产阶级及其政党提供了认识世界和改造世界的科学世界观、方法论。马克思主义哲学是整个马克思主义科学思想体系的理论基础，也是无产阶级政党制定路线、方针、政策和全部实践活动的理论基础。列宁在帝国主义和无产阶级革命时代，在俄国的革命

和建设的实践中，进一步丰富和发展了马克思主义哲学。

在马克思、恩格斯、列宁的著作中，还没有使用"思想路线"这一概念，当然更不可能把党的政治路线与思想路线联系起来。提出"思想路线"并把它与政治路线直接联系起来的是我们党的领袖毛泽东。毛泽东提出实事求是的思想路线并不是从马克思主义哲学原理中逻辑地推演出来的，而是在把马克思列宁主义普遍原理与中国革命具体实践结合过程中，在付出了巨大代价之后才形成的。中国是一个比俄国更为落后的半殖民地半封建国家。与西方资本主义国家相比，中国社会、中国革命具有极大的特殊性。如何把产生于西方资本主义国家的马克思主义运用到东方的中国，这是革命史上从未遇到过的一个极其困难而又十分崇高的任务。中国革命如何搞，本本上是找不到的，必须一切从中国实际出发，走自己的路。可是，在20世纪20年代末、30年代初，我们党内有些同志把马克思主义教条化，把共产国际决议和苏联经验神圣化，他们只知照抄照搬共产国际决议和盲目执行斯大林的指示。与教条主义者不同，毛泽东深入社会，深入农村，调查研究，把马克思列宁主义普遍原理与中国具体实践结合起来，打破了城市中心论的框框，开辟了以农村包围城市的中国革命道路。他善于从哲学上，从主客观的关系上总结革命的经验教训。他指出，对于政治形势的主观主义的分析和对于工作的主观主义的指导，其必然的结果，不是机会主义，就是盲动主义。1930年，他在《反对本本主义》一文中首次提出深入实际，深入群众，调查研究，这样一种"共产党人从斗争中创造新局面的思想路线"，反对一切从本本出发的"保守路线"①。在抗日战争前夜，他到抗大讲授哲学，写作《实践论》、《矛盾论》，深刻揭露党内错误政治路线、军事路线的思想根源，将中国革命的丰富经验升华为哲学理论，为党的思想路线奠定了理论基础。

在延安整风运动中，毛泽东反复阐述了一切从实际出发、实事求是、理论联系实际、没有调查就没有发言权等根本观点。他用"实事求是"来同反马克思列宁主义的主观主义相对立。他对中国成语"实事求是"作了

---

① 毛泽东：《反对本本主义》（1930年5月），载《毛泽东选集》第1卷，人民出版社1991年版，第116页。

唯物而辩证的阐释，赋予了新的含义。他说："'实事'就是客观存在着的一切事物，'是'就是客观事物的内部联系，即规律性，'求'就是我们去研究。我们要从国内外、省内外、县内外、区内外的实际情况出发，从其中引出其固有的而不是臆造的规律性，即找出周围事变的内部联系，作为我们行动的向导。"① 正是在实事求是思想路线的指引下，中国共产党人抵制了共产国际和斯大林的某些错误主张，独立自主地领导了中国革命，并取得了伟大胜利，创建了中华人民共和国。建国后，毛泽东继续坚持实事求是，反对主观主义，取得了社会主义改造的伟大胜利，初步建立起社会主义基本制度。令人遗憾的是，毛泽东在晚年逐渐地背离了自己倡导的实事求是的思想路线，陷入了主观主义，使我国社会主义事业遭受严重的挫折。

（二）"两个凡是不是马克思主义"，完整准确地理解毛泽东思想

1976年10月，粉碎"四人帮"反革命集团的胜利从危难中挽救了党，挽救了我国社会主义现代化事业，结束了历时十年的"文化大革命"的内乱，使我们国家进入了一个新的历史时期。在揭批"四人帮"的过程中，广大干部和群众强烈要求纠正"文化大革命"的错误，平反"文化大革命"中造成的冤假错案。但当时党中央的主要负责同志囿于对毛泽东的个人崇拜，在指导思想上继续坚持"左"的错误，提出"两个凡是"（即"凡是毛主席作出的决策，我们都坚决维护；凡是毛主席的指示，我们都始终不渝地遵循"）的错误方针，企图压制广大干部和群众拨乱反正的强烈要求。不破除"两个凡是"，不破除个人崇拜，就不可能彻底纠正"文化大革命"的错误，不可能调动和发挥广大干部和群众的积极性、创造性和主动性，也就不可能开创社会主义新局面。1977年春，尚未恢复工作的邓小平尖锐地指出："两个凡是"不符合马克思主义，要完整准确地理解和运用毛泽东思想科学体系。

---

① 毛泽东：《改造我们的学习》（1941年5月19日），载《毛泽东选集》第3卷，人民出版社1991年版，第801页。

　　"两个凡是"不符合马克思主义认识论。人类的认识是在社会实践基础上的一个复杂的辩证运动过程。一个正确的认识要经过实践、认识、再实践、再认识的多次反复才能获得。在这个过程中，错误总是难免的。任何一个人的认识都受社会历史条件和个人有限性的制约，不可能全知全能。我们的后代纠正我们的错误，要比起我们今天以轻蔑的态度来纠正我们前代的错误多得多。这些思想，马克思、恩格斯、列宁和毛泽东反复讲过。针对"两个凡是"的错误方针，1977 年 5 月，邓小平在一次谈话中说："毛泽东同志自己多次说过，他有些话讲错了。他说，一个人只要做工作，没有不犯错误的。""马恩列斯都犯过错……他自己也犯过错误。一个人讲的每句话都对，一个人绝对正确，没有这回事情。""马克思、恩格斯没有说过'凡是'，列宁、斯大林没有说过'凡是'，毛泽东同志自己也没有说过'凡是'。"①

　　受个人崇拜的禁锢，有的同志把毛泽东说的、圈阅过的、肯定的都视为正确的，都不许动，不许改，而不问它是否符合实际，是否真有道理。对此，邓小平指出："毛泽东同志画了圈，不等于说里面就没有是非问题了。我们不能简单地处理。"②把领袖人物的言论视为句句是真理，是万古不变的金科玉律，这是一种形而上学的唯心论观点。邓小平把"两个凡是"问题提高到世界观的高度加以认识，指出"这是个重要的理论问题，是个是否坚持历史唯物主义的问题"③。

　　真理是具体的。一切以时间、地点和条件为转移。无条件地照搬、照抄本本上的话，领袖人物的话，即使是真理，也会转化成谬误。把毛泽东在这个问题上讲的移到另外的问题，在这个地点讲的移到另外的地点，在这个时间讲的移到另外的时间，在这个条件下讲的移到另外的条件下，这样做是不行的。对同样问题的讲话，由于时间、地点、条件的不同，有时分寸不同，着重点不同，甚至一些提法也不同，因此必须具体情况具体分

① 邓小平:《"两个凡是"不符合马克思主义》(1977 年 5 月 24 日)，载《邓小平文选》第 2 卷，人民出版社 1994 年版，第 38—39 页。
② 邓小平:《教育战线上的拨乱反正》(1977 年 9 月 19 日)，载《邓小平文选》第 2 卷，人民出版社 1994 年版，第 66 页。
③ 邓小平:《"两个凡是"不符合马克思主义》(1977 年 5 月 24 日)，载《邓小平文选》第 2 卷，人民出版社 1994 年版，第 38 页。

析，不能够只从个别词句来理解毛泽东思想，而必须从毛泽东思想的整个体系去获得正确的理解。

针对"两个凡是"的错误方针，经过反复考虑，邓小平向党中央郑重提出："我们必须世世代代地用准确的完整的毛泽东思想来指导我们全党、全军和全国各族人民，把党和社会主义的事业，把国际共产主义运动的事业，胜利地推向前进。"① 之后，在党的十届三中全会上，他着重阐述了完整准确地理解毛泽东思想的问题。他指出：毛泽东思想是一个体系，要善于学习、掌握和运用毛泽东思想的体系来指导我们各项工作。只有这样，才不至于割裂、歪曲毛泽东思想，损害毛泽东思想。

（三）实事求是是毛泽东思想的精髓

马克思列宁主义、毛泽东思想，内容丰富，博大精深。如何把握它的精神实质、活的灵魂，这既是一个重大的理论问题，又是一个重大的现实问题。要彻底纠正"文化大革命"的错误，否定"无产阶级专政下继续革命的理论"，仅仅提出完整准确地理解毛泽东思想还是不够的。因为，毛泽东把"文化大革命"和"无产阶级专政下继续革命的理论"看得很重，视为一生中做的"第二件大事"。经过一段的酝酿、思考，邓小平进一步提出，实事求是，是毛泽东思想的出发点、根本点，是毛泽东思想的精髓。

在党的十届三中全会上，邓小平同志在谈到毛泽东同志的建党学说时说："在延安中央党校，毛泽东同志亲笔题的四个大字，叫'实事求是'。我看大庆讲'三老'，做老实人，说老实话，干老实事，就是实事求是。我认为，毛泽东同志倡导的作风，群众路线和实事求是这两条是最根本的东西。"又说："对我们党的现状来说，我个人觉得，群众路线和实事求是特别重要。"② 同年8月8日，他在一次座谈会上提出："培养好的风气，

---

① 邓小平：《"两个凡是"不符合马克思主义》（1977年5月24日），载《邓小平文选》第2卷，人民出版社1994年版，第39页。

② 邓小平：《完整地准确地理解毛泽东思想》（1977年7月21日），载《邓小平文选》第2卷，人民出版社1994年版，第45页。

最主要的是走群众路线和实事求是这两条。"①一个多月后，即9月19日，他在同教育部主要负责同志关于教育战线拨乱反正问题的谈话中说："毛泽东同志在延安为中央党校题词，就是'实事求是'四个大字，这是毛泽东哲学思想的精髓。"②他要求教育部领导同志解放思想，实事求是地处理问题，大胆进行教育战线上的拨乱反正。

针对部分同志中存在的严重的教条主义，邓小平在全军政治工作会议上的讲话中系统地阐述了实事求是问题。他结合党的历史、毛泽东思想形成发展的历史，深刻地阐明了"实事求是，是毛泽东思想的出发点、根本点"。他尖锐地指出：我们有些同志天天讲毛泽东思想，"却往往忘记、抛弃甚至反对毛泽东同志的实事求是、一切从实际出发、理论与实践相结合的这样一个马克思主义的根本观点，根本方法。不但如此，有的人还认为谁要是坚持实事求是，从实际出发，理论和实践相结合，谁就是犯了弥天大罪。他们的观点，实质上是主张只要照抄马克思、列宁、毛泽东同志的原话，照抄照转照搬就行了。"③他又说：学习马克思主义，"主要的是要用马克思主义的立场、观点、方法来分析问题，解决问题。马克思主义的活的灵魂，就是具体地分析具体情况。马列主义、毛泽东思想如果不同实际情况相结合，就没有生命力了。"④

1978年9月16日，邓小平在谈话中又指出，"两个凡是"不是真正高举毛泽东思想，反而要损害毛泽东思想。"毛泽东思想的基本点就是实事求是，就是把马列主义的普遍原理同中国革命的具体实践相结合。毛泽东同志在延安为中央党校题了'实事求是'四个大字，毛泽东思想的精髓就是这四个字。毛泽东同志所以伟大，能把中国革命引导到胜利，归根到

---

① 邓小平：《关于科学和教育工作的几点意见》（1977年8月8日），载《邓小平文选》第2卷，人民出版社1994年版，第57页。

② 邓小平：《教育战线的拨乱反正问题》（1977年9月19日），载《邓小平文选》第2卷，人民出版社1994年版，第67页。

③ 邓小平：《在全军政治工作会议上的讲话》（1978年6月2日），载《邓小平文选》第2卷，人民出版社1994年版，第114页。

④ 邓小平：《在全军政治工作会议上的讲话》（1978年6月2日），载《邓小平文选》第2卷，人民出版社1994年版，第118页。

底，就是靠这个。"①在此以后，邓小平经常用"实事求是"来表达、概括马克思列宁主义、毛泽东思想的精髓。

在总结国内及国际正反两方面的经验教训时，邓小平多次说过，对什么是马克思主义，在变化了的新条件下，如何坚持和发展马克思主义，我们并没有完全搞清楚。事实确实是这样。毛泽东要搞马克思主义，反对修正主义，但在新的历史条件下，他对什么是马克思主义，什么是修正主义，并没有搞得很清楚。结果把自己的战友、接班人、真正的马克思主义者视为搞修正主义的中国赫鲁晓夫，造成了搞"文化大革命"的悲剧。"实事求是是毛泽东思想的精髓"的论断是邓小平对中国革命和建设的经验教训及整个国际共产主义运动经验教训反思的结晶，是他本人"三落三起"人生经历的感悟。"精髓"论断的提出是对马克思列宁主义、毛泽东思想的一种新认识、新概括，恢复和激活了马克思主义的强大生命力，也为我们学习掌握马克思主义指明了方向，有重大的理论意义和实践意义。

（四）"实践是检验真理的唯一标准"大讨论，解放思想、实事求是思想路线的重新确立

冲破"两个凡是"、个人崇拜、教条主义束缚的最有力武器是实践。实践观点是马克思主义哲学首要的、基本的观点，是马克思主义哲学同一切旧哲学的最根本区别之所在。实践是检验认识是否具有真理性的唯一标准。对唯心主义、不可知论及一切怪论最有力的驳斥是实践。在批评"两个凡是"过程中："实践是检验真理的唯一标准"的观点很自然地被突出出来了。1978年5月11日，《光明日报》发表了《实践是检验真理的唯一标准》一文。文章立即引起了强烈的反应，两条思想路线的对立顿时变得更为尖锐、激烈，许多人赞成，也有人反对。当时分管宣传工作的党中央负责同志指责这篇文章的矛头是指向毛主席思想的，发表这样的文章是没有党性，提出"不要砍旗"、"不要丢刀子"、"不要一百八十度大转变"。

① 邓小平：《高举毛泽东思想旗帜，坚持实事求是的原则》（1978年9月16日），载《邓小平文选》第2卷，人民出版社1994年版，第126页。

当时党中央的主要负责同志也压制"实践是检验真理的唯一标准"的大讨论。与此相对立，邓小平则旗帜鲜明地支持这场讨论。

"实践是检验真理的唯一标准"大讨论实质上是一场全党的马克思主义教育运动，是继五四新文化运动、40 年代延安整风运动之后的 20 世纪第三次思想解放运动，意义重大深远。通过这场讨论，弄清了怎样才算是真正坚持马列主义、毛泽东思想的问题，打破了长期禁锢人们的个人崇拜和教条主义的精神枷锁，对重新确立毛泽东倡导的实事求是思想路线起了先导作用。1978 年 12 月，邓小平在中央工作会议闭幕会上作了《解放思想，实事求是，团结一致向前看》的重要讲话。他指出："解放思想是当前的一个重大政治问题。""只有思想解放了，我们才能正确地以马列主义、毛泽东思想为指导，解决过去遗留的问题，解决新出现的一系列问题，正确地改革同生产力迅速发展不相适应的生产关系和上层建筑，根据我国的实际情况，确定实现四个现代化的具体道路、方针、方法和措施。""不打破思想僵化，不大大解放干部和群众的思想，四个现代化就没有希望。""一个党，一个国家，一个民族，如果一切从本本出发，思想僵化，迷信盛行，那它就不能前进，它的生机就停止了，就要亡党亡国。"[①] 他的这些铿锵有力的言语，石破天惊，振聋发聩，成为新时期开辟新道路、建设有中国特色社会主义新理论的宣言书。邓小平同志的这篇讲话实际上是为随即召开的党的十一届三中全会的主题报告。

党的十一届三中全会，批评了"两个凡是"的错误方针，高度评价了关于真理标准问题的讨论，这次全会标志着解放思想、实事求是的思想路线的重新确立。邓小平在回顾这一历史过程时说："只有解决好思想路线，才能提出新的正确政策，首先是工作重点的转移，还有农村政策、对外关系政策，以及相应的一整套建设社会主义的政策。"[②] 解放思想、实事求是思想路线的重新确立，是邓小平理论的历史起点和逻辑起点。

---

① 邓小平：《解放思想，实事求是，团结一致向前看》（1978 年 12 月 13 日），载《邓小平文选》第 2 卷，人民出版社 1994 年版，第 141—143 页。

② 邓小平：《一心一意搞建设》（1982 年 9 月 18 日），载《邓小平文选》第 3 卷，人民出版社 1993 年版，第 10 页。

二、解放思想、实事求是是邓小平理论的精髓

（一）实事求是是辩证唯物主义和历史唯物主义的中国表述

邓小平在用实事求是概括、表述马克思列宁主义、毛泽东思想的精髓时赋予了它新的含义。

"实事求是"一语最早出自东汉班固所撰的《汉书·景十三王传》。汉景帝之子刘德封为河间献王。此人喜好学问，广泛搜罗散失在民间的古代文献典籍。班固在传中称赞刘德"修学好古，实事求是"。唐朝学者颜师古将此语注为"务得事实，每求真是也"。此后实事求是作为一成语流传下来，泛指一种求真务实的治学、治国、处世的态度。实事求是是中国哲学优秀传统的基本精神。到了近代，先进的人们用它来表述西方的科学精神、科学态度和科学方法。郭嵩焘说："实事求是，西洋之本也。""西人格致之学，所以牢笼天地，驱役万物，皆实事求是之效也。"[①] 郑观应说：在西方，"无论何学，总期实事求是"[②]。梁启超为京师大学堂草拟的办学章程中亦有"实事求是"四个大字。在 20 世纪 40 年代，马克思主义哲学史家杜国庠用"实事求是"来概括中国哲学的基本精神。如前所述，在延安整风运动中，毛泽东同志对实事求是作了唯物而辩证的解释。在新的历史时期，邓小平给实事求是赋予了更丰富的含义，拓展了范围，把它看成是辩证唯物主义和历史唯物主义的中国表述。

1980 年 2 月 29 日，在党的十一届五中全会第三次会议上他在谈到党的思想路线时说："马克思、恩格斯创立了辩证唯物主义和历史唯物主义的思想路线，毛泽东同志用中国的语言概括为'实事求是'四个大字。"[③]

1984 年 6 月 30 日，他在同外宾谈话时说："思想路线是什么？就是坚持马克思主义，坚持马克思主义的辩证唯物主义和历史唯物主义，也就

---

① 《郭嵩焘日记》（三），湖南人民出版社 1981 年版，第 731、766 页。

② 《郑观应集》（上），上海人民出版社 1982 年版，第 104 页。

③ 邓小平：《坚持党的路线，改进工作方法》（1980 年 2 月 29 日），载《邓小平文选》第 2 卷，人民出版社 1994 年版，第 278 页。

是坚持毛泽东同志说的实事求是。"①

以上谈话有力地表明，邓小平把"实事求是"看成是"辩证唯物主义和历史唯物主义"的中国表述。因此，作为党的思想路线，作为马克思列宁主义、毛泽东思想精髓的"实事求是"四个大字，包含了马克思主义哲学全部丰富内容，千万不可对它作简单化、庸俗化的了解。要真正理解实事求是，正确运用实事求是，决不是靠背诵导师们的几条语录所能做到的，而必须系统地学习马克思主义哲学，读马列基本哲学著作，尤其是读毛泽东的哲学著作。这也是党中央为什么一而再、再而三地号召全党，尤其是各级领导干部要认真学习辩证唯物主义和历史唯物主义的缘由。

马克思主义科学思想体系包括哲学、政治经济学、科学社会主义等诸多方面，而哲学则是整个科学思想体系的理论基础。学习马克思主义，首先要学好哲学。哲学学好了，有了科学的世界观、方法论，就有了共同的语言。在毛泽东的倡导和身体力行的带动下，重视哲学的学习、研究和运用，成了我们党的优良传统。延安整风运动，提倡唯物论、辩证法，反对唯心论、形而上学，实质上是一次马克思主义哲学教育运动。受毛泽东思想的哺育，邓小平、陈云等老一辈无产阶级革命家具有良好的哲学素养，自觉地注重哲学的运用。"文化大革命"结束后，邓小平从重新恢复、确立实事求是思想路线入手，拨乱反正，这充分显示了他的哲学修养和自觉。在起草《关于建国以来党的若干历史问题的决议》过程中，陈云提出学习马克思主义哲学，重点是学习毛泽东同志的哲学著作的建议。邓小平完全赞同陈云的建议。他对起草决议的同志说："历史决议中关于毛泽东同志对马克思主义哲学的贡献，要写得更丰富、更充实。结束语中也要加上提倡学习的意思。"②

总之，邓小平始终注重哲学的研究与运用。在社会主义建设新的历史时期，他更是从哲学的高度总结历史经验，一切从中国实际出发，实事求是地指导改革开放和现代化建设。马克思主义的辩证唯物主义和历史唯物

---

① 邓小平:《建设有中国特色社会主义》(增订本)，人民出版社 1987 年版，第 51 页。《邓小平文选》第 3 卷第 62 页文字有所变动，删去了"坚持马克思主义的辩证唯物主义和历史唯物主义"一句话。

② 邓小平:《对起草〈关于建国以来党的若干历史问题的决议〉的意见》(1980 年 3 月—1981 年 6 月)，载《邓小平文选》第 2 卷，人民出版社 1994 年版，第 304 页。

主义是邓小平理论与实践的哲学基础。邓小平虽不是专门的哲学家，但他的理论与实践都充满着活的唯物论，活的辩证法，是马克思主义哲学在当代中国的杰出运用。

（二）解放思想、实事求是的思想路线开创了建设有中国特色社会主义的新时期，开拓了马克思主义的新境界

解放思想、实事求是，是拨乱反正的需要，更是改革开放，探索建设有中国特色社会主义新路的需要。如果说，在拨乱反正阶段，解放思想主要是冲破"两个凡是"和个人崇拜的禁锢，那么在党和国家的工作重点转移到以经济建设为中心上来之后，解放思想主要是围绕着"什么是社会主义，怎样建设社会主义"这样一个首要的基本问题进行的。1980 年 4 月，邓小平说："不解放思想不行，甚至于包括什么叫社会主义这个问题也要解放思想。"① 新时期的思想解放，关键就是在这个问题上的思想解放。

在社会主义建设中，我们经验教训很多，除了背离了实事求是的思想路线这一条外，从理论上讲，最重要的是没有完全搞清楚什么是社会主义，怎样建设社会主义。邓小平指出：我们建立的社会主义制度是个好制度，必须坚持。"但问题是什么是社会主义，如何建设社会主义。我们的经验教训有许多条，最重要的一条，就是要搞清楚这个问题。"② 又说："现在的方针政策，就是对'文化大革命'进行总结的结果。最根本的一条经验教训，就是要弄清什么叫社会主义和共产主义，怎样搞社会主义。"③ 由于没有完全弄清什么是社会主义，怎样建设社会主义，因而出现了社会主义与资本主义的严重混淆，把许多社会主义的政策、措施视为资本主义。

长期以来，在社会主义问题上，我们有许多脱离实际的条条、框框。

① 邓小平：《社会主义首先要解放生产力》(1980 年 4 月 12 日)，载《邓小平文选》第 2 卷，人民出版社 1994 年版，第 312 页。

② 邓小平：《政治上发展民主，经济上实行改革》(1985 年 4 月 15 日)，载《邓小平文选》第 3 卷，人民出版社 1993 年版，第 116 页。

③ 邓小平：《社会主义必须摆脱贫穷》(1987 年 4 月 26 日)，载《邓小平文选》第 3 卷，人民出版社 1993 年版，第 223 页。

这主要表现在：一是把马克思、恩格斯和列宁根据当时资本主义社会所暴露出的矛盾而对未来社会主义社会所做出的某些设想视为不可改变的真理；二是把苏联斯大林时期形成的经验、政策、制度凝固化，搞教条主义；三是把过去超越我国社会主义社会现实发展阶段的"左"的理论、思想和政策看成是不可动摇的东西；四是把千百年来形成的小生产者的平均主义、大同理想误认为社会主义。因此，要探索具有中国特色的社会主义新道路，必须冲破斯大林时期形成的已不适合现实生活的社会主义模式；冲破对马克思主义的某些原则、某些论点的教条式的理解；冲破对社会主义的一些不科学的甚至是扭曲了的认识；冲破脱离现实生产力而抽象地谈论社会主义的历史唯心主义；冲破因循守旧、平均主义等小生产者的习惯势力。总之，不在什么是社会主义、如何建设社会主义问题上解放思想，就会把改革开放的任何一个新的措施、政策、理论、观点视为搞资本主义，搞修正主义，就谈不到改革开放。为了进一步搞清什么是社会主义，邓小平强调：马克思主义最注重发展生产力，社会主义的根本任务是发展生产力，我们的一切工作和改革开放都要以是否有利于生产力的发展为标准。

社会主义是前无古人的崭新事业，社会主义没有固定的模式。中国特色社会主义怎么搞，从本本上是找不到的，只有在实践中进行大胆地试验，大胆地探索，大胆地创新，并不断地总结经验。我国的改革是从农村实行家庭联产承包责任制开始的。这种责任制是中国农民的伟大创造，是适合我国广大农村生产力的一种组织形式，但由于受到传统的集体所有制经济组织形式（集体劳动、评工记分、按工分分配等）观念的束缚，这种责任制组织形式一直被视为"单干"、"搞资本主义"，受到批判。"文化大革命"结束后，安徽等省的农民为了求生存，再次搞起包产到户。当时上下争论激烈。受集体经济组织形式旧框框束缚的某些人甚至说："辛辛苦苦几十年，一夜回到解放前。"邓小平肯定了包产到户，支持农村改革。他指出："关键是发展生产力"，"现在农村工作中的主要问题还是思想不够解放。"[①]确实，不打破脱离现实生产力的"一大二公三纯"所有制

---

① 邓小平：《关于农村政策问题》（1980 年 5 月 31 日），载《邓小平文选》第 2 卷，人民出版社 1994 年版，第 315—316 页。

观念，就不可能有农村的改革，不可能废除人民公社，不可能有农业生产和农村经济的大发展。

农村的改革是这样，城市的改革也是这样。改革是一场广泛而深刻的革命。改革每前进一步都会受到旧的观念和传统习惯势力的干扰。对外开放，引进外资，建立经济特区；在坚持公有制主体、国有制主导的前提下，允许和鼓励其他非公有制经济的发展；提出社会主义初级阶段理论和社会主义市场经济理论等等，都有过不同的意见和各种疑虑，都需要解放思想。1992 年春天，针对人们中普遍存在的疑问，邓小平视察南方，发表重要谈话，深刻地回答了长期束缚人们思想的许多重大认识问题，把改革开放和现代化建设推进到一个新阶段。邓小平的南方谈话，是又一个解放思想、实事求是的宣言书。针对人们抽象地谈论姓"社"姓"资"的疑惑，他明确指出，判断改革开放和现代化建设的成败得失的标准，"应该主要看是否有利于发展社会主义社会的生产力，是否有利于增强社会主义国家的综合国力，是否有利于提高人民的生活水平。"[①]"三个有利于"判断标准，"是运用马克思主义的认识论，分析改革开放和现代化建设的实践得出的重要原则和历史结论，明确回答了长期以来在判断标准方面经常困扰和束缚我们思想的重大认识问题，对全党同志在思想上是一大解放。"[②]"三个有利于"判断标准的提出，极大地推动了思想解放运动的深入和改革开放步伐的加快。

强调解放思想，并把它纳入党的实事求是思想路线，这是邓小平理论的一大特色，也是他对党的思想路线的一个贡献。我们在理解解放思想时一定要把它同实事求是紧紧地联系起来。解放思想本身不是目的，解放思想是为了真正做到一切从实际出发，理论联系实际，实事求是。鉴于1958 年的历史教训，邓小平从一开始就对解放思想做出了严格的科学界定。他指出："我们搞四个现代化，不开动脑筋，不解放思想不行。什么叫解放思想？我们讲解放思想，是指在马克思主义指导下打破习惯势力

---

① 邓小平：《在武昌、深圳、珠海、上海等地的谈话要点》(1992 年 1 月 18 日—2 月 21 日)，载《邓小平文选》第 3 卷，人民出版社 1993 年版，第 372 页。

② 江泽民：《坚定信心，加强领导，狠抓落实，加快国有企业改革和发展步伐》(1996 年 5 月 4 日)，《人民日报》1996 年 7 月 4 日。

和主观偏见的束缚，研究新情况，解决新问题。"① 又说："解放思想，就是使思想和实际相符合，使主观和客观相符合，就是实事求是。"② 解放思想决不是离开客观实际的胡思乱想。他在总结 1958 年"大跃进"的教训时指出："大跃进"时期，"我们这些人脑子都发热了。完全违背客观规律，企图一下子把经济搞上去。主观愿望违背客观规律，肯定要受损失。"③ 有鉴于此，"我们现在强调要按经济规律办事。"④ 解放思想与实事求是、尊重客观规律是完全一致的。针对有的同志把解放思想与实事求是对立起来的错误认识，江泽民同志指出："解放思想、实事求是是统一的。只有解放思想，才能达到实事求是；只有实事求是，才是真正的解放思想。"⑤

回顾近二十年的改革开放和现代化建设的实践，我们可以得出这样的结论：邓小平理论坚持解放思想、实事求是，在新的实践基础上继承前人又突破成规，开拓了马克思主义的新境界。解放思想、实事求是贯串于邓小平理论形成、发展的全过程，贯彻于这个理论的各个方面。

三、解放思想、实事求是是保证我们党永葆蓬勃生机的法宝

我国革命的胜利，靠的是解放思想、实事求是。我国改革开放的成功和社会主义现代化建设的成就，靠的也是解放思想、实事求是。实践证明，解放思想，转变观念，是改革开放的先导。哪个地方，哪个部门，哪个单位，解放思想、实事求是思想路线坚持得好，哪个地方，哪个部门，

---

① 邓小平：《坚持党的路线，改进工作方法》（1980 年 2 月 29 日），载《邓小平文选》第 2 卷，人民出版社 1994 年版，第 278 页。

② 邓小平：《贯彻调整方针，保证安定团结》（1980 年 12 月 25 日），载《邓小平文选》第 2 卷，人民出版社 1994 年版，第 364 页。

③ 邓小平：《答意大利记者奥琳埃娜·法拉奇问》（1980 年 8 月 21 日、23 日），载《邓小平文选》第 2 卷，人民出版社 1994 年版，第 346 页。

④ 邓小平：《社会主义首先要发展生产力》（1980 年 4—5 月），载《邓小平文选》第 2 卷，人民出版社 1994 年版，第 314 页。

⑤ 江泽民：《在学习〈邓小平文选〉第三卷报告会上的讲话》，《人民日报》1993 年 11 月 3 日。

哪个单位的改革开放的步子就大，各项事业的发展就快。今后，我们要想夺取改革开放和现代化事业上更大胜利，同样必须坚持解放思想、实事求是。

实践无止境，认识无穷尽。解放思想永远不会完结，不会过头。"今后，在一切工作中要真正坚持实事求是，就必须继续解放思想。认为解放思想已经到头了，甚至过头了，显然是不对的。"①在整个改革开放的过程中，邓小平一再号召全党思想更解放一点，胆子更大一点，鼓励人们大胆地试，大胆地闯，在实践中不断总结经验，不断开拓创新。

解放思想永远不会完结。从认识论上讲，人的大脑不是一块白板，而是通过生活、教育、实践等多种途径，形成了一定的经验、知识、认识能力和思维方式。因此，人们的实际认识过程，不只是由不知到知、知得少到知得多的过程，而且也是由已知去认识未知、从而获得新知的过程。世界就是一个充满未知数的方程。人们总是拿已有的知识去求解方程。正是这样一种情况，知识具有两重性。已有的知识是前人认识的结晶，它既是获得新知的起点、工具，又可能成为获得新知的障碍。"已有的一大堆知识就使得头脑更难想象出新颖独创的见解。""内行几乎总是对革新的思想抱着怀疑的态度，这正说明已有的知识成了障碍。"②因此，要有新的发现、发明、创造，首先必须解放思想，不迷信书本，不迷信权威，批判地对待一切，独立思考。怀疑是新认识的开始。马克思所喜欢的箴言是"怀疑一切"。毛泽东同志提倡"开动机器"，"多思"，反对迷信、盲从，反对奴隶主义。邓小平反对思想僵化，鼓励全党解放思想，开动脑筋，独立思考。他说："我们党的十一届三中全会的基本精神是解放思想，独立思考，从自己的实际出发来制定政策。"③

解放思想的长期性还在于我国社会正处在一个前所未有的广泛而深刻的大变革时期。我国社会的变革主要表现在两大方面：一是生产力的变革，即由农业社会向工业社会、信息社会转变；二是社会体制方面的变

① 邓小平：《贯彻调整方针，保证安定团结》(1980 年 12 月 25 日)，载《邓小平文选》第 2 卷，人民出版社 1994 年版，第 364 页。

② [英] W.I.B·贝弗里奇：《科学研究的艺术》，陈捷译，科学出版社 1984 年版，第 3 页。

③ 邓小平：《解放思想，独立思考》(1988 年 5 月 18 日)，载《邓小平文选》第 3 卷，人民出版社 1993 年版，第 260 页。

革，即由高度集中的社会主义计划经济体制向新型的社会主义市场经济体制转变和由高度集权的社会主义政治体制向新型的社会主义民主政治体制转变。这两方面的变革必然引起思维方式、价值观念、工作方式、领导方法、生活方式等各个方面的深刻变革，引起新旧观念的激烈冲突。我们还应看到，我国传统的工业化还未完成，而西方发达国家已进入信息社会。信息社会的知识更新更为迅速，在许多方面是我们今天难以想象的。为了不致进一步拉大差距，这就更需要解放思想，以促进我国科学技术的革命和生产力的革命。

我们应充分肯定我国在改革开放和现代化建设方面取得举世瞩目的成就。但从历史过程看，迄今我们所做的一切还只是刚刚起步，任重而道远，艰难的路程还在后面。我们还处在社会主义初级阶段，对社会主义社会发展规律的认识，在许多方面还知之不多，知之不深。我们既不要把本本上的个别论断当作束缚自己的教条，也不要把实践中初见成效的东西看成是完满无缺的模式。我国的经济体制改革已有了一个大的轮廓，但要真正搞好大中型国有企业的改革，建立起现代化企业制度，形成一个较为完善的社会主义市场经济体系则还须艰苦的努力。政治体制改革要同经济体制改革相适应。我们所有的改革能不能成功，最后决定于政治体制改革。政治体制不改革不行，问题复杂，匆匆忙忙地搞也不行，照搬西方资本主义的那一套更不行。同经济体制一样，我国的政治体制基本上也是从苏联学来的。冲破旧的政治体制比冲破旧的经济体制更难，更需要解放思想，也需要更长的时间。

解放思想的长期性还在于千百年来形成的传统观念、习惯势力是一种顽固的保守力量。当这种传统观念与被扭曲了社会主义观念相结合之后就更难以冲破，难以摆脱。马克思主义是教条主义的敌人，马克思主义本质上是批判的、革命的。但要真正清除数十年间形成的教条主义，要破除离开生产力来抽象谈论社会主义的唯心史观和由此形成的某些不正确的社会主义观念，不是一件容易的事，这实质上是马克思主义的自我革命，自我辩证否定。在什么是马克思主义问题上也有一个解放思想问题，要从僵化、教条主义中解放出来，切实掌握马克思主义的精髓、活的灵魂和批判的革命本质。否则很可能发生两种倾向：一是把现实中生动的发展了的马克思主义视为异端；二是把生动的发展了的马克思主义教条化，把一个活活泼泼富有创造性的东西再一次变成禁锢人们头脑的僵化教条。

邓小平提出解放思想，主要是针对"左"的思想僵化。在反"左"过程中，出现了否定社会主义道路、无产阶级专政、共产党领导和马列主义、毛泽东思想指导的右的资产阶级自由化思潮。针对这股右的思潮，邓小平明确地提出，在中国实现现代化，必须在思想政治上坚持四项基本原则，即必须坚持社会主义道路，必须坚持无产阶级专政，必须坚持共产党的领导，必须坚持马列主义、毛泽东思想。他旗帜鲜明地、一贯地反对资产阶级自由化。他指出："离开四项基本原则去'解放思想'，实际上是把自己放到党和人民的对立面去了。"[1]如果不坚持四项基本原则，纠正极"左"就会变成"纠正"马克思主义，"纠正"社会主义。因此，解放思想，要开展两方面的思想斗争，"既要反'左'，又要反右"[2]，有"左"就反"左"，有右就反右。从我们党的历史和现实看，"左"的错误是主要的，"左"已经成为一种习惯势力，"左"有很广泛的社会基础。所以邓小平多次指出："我们既有'左'的干扰，也有右的干扰，但最大的危险还是'左'。习惯了，人们的思想不容易改变。"[3]又说："'左'带有革命的色彩，好像越'左'越革命，'左'的东西在我们党的历史上可怕呀！一个好好的东西，一下子被他搞掉了。右可以葬送社会主义，'左'也可以葬送社会主义。中国要警惕右，但主要是防止'左'。"[4]在对待"左"右问题上也要一切从实际出发，具体情况具体分析，切不可用千篇一律的公式去硬套，切不可用简单的、粗暴的、大批判的方式去解决思想认识问题。对待马克思列宁主义、毛泽东思想和邓小平理论，一要坚持，二要发展，把坚持与发展辩证地统一起来。把两者割裂开来，对立起来，离开坚持讲发展，或离开发展讲坚持，都将亡党亡国。

---

[1]　邓小平：《坚持党的路线，改进工作方法》（1980年2月29日），载《邓小平文选》第2卷，人民出版社1994年版，第279页。

[2]　邓小平：《关于反对错误思想倾向问题》（1981年3月27日），载《邓小平文选》第2卷，人民出版社1994年版，第379页。

[3]　邓小平：《吸取历史经验，防止错误倾向》（1987年4月30日），载《邓小平文选》第3卷，人民出版社1993年版，第229页。

[4]　邓小平：《在武昌、深圳、珠海、上海等地的谈话要点》（1992年1月18日—2月21日），载《邓小平文选》第3卷，人民出版社1993年版，第375页。

主观与客观、理论与实践的统一是具体的、历史的。今天统一了，明天可能不统一，需要重新统一。这个问题上统一了，另一个问题上可能不统一，需要具体统一。思想路线不可能一劳永逸地解决。因此必须时时刻刻重视党的思想路线，不断增强和提高解放思想、实事求是的坚定性和自觉性，防止思想僵化，反对主观主义，以永葆党的蓬勃生机，永葆马克思列宁主义、毛泽东思想和邓小平理论的青春活力。

（本文为《邓小平哲学思想读本》（沈冲、张绪文、许全兴、贾高建著，中共中央党校出版社 1998 年版）一书绪论的相关内容）

邓小平成功之道

　　邓小平，中国社会主义改革开放和现代化建设的总设计师。他的建设有中国特色社会主义的理论，第一次比较系统地初步回答了中国这样经济文化比较落后的国家如何建设、巩固和发展社会主义的一系列基本问题。在他的理论指导下，中国社会主义现代化事业走出了困境，取得了举世瞩目的成就。邓小平成功之道何在？这是一个令人感兴趣的问题。笔者带着这一问题学习《邓小平文选》，时有所得。现将自己的体会写出，供同志们参考。

一、"关键是要善于总结经验"

　　在迄今为止所公开发表的邓小平著作中，笔者尚未发现他本人直接谈论过自己的成功之道。但他的一系列有关我国历史经验，尤其是改革开放实践经验的讲话却实际回答了这一问题。请看事实：

　　1985 年 3 月 28 日，他在会见日本自民党副总裁二阶堂进时说："改革是中国的第二次革命。这是一件很重要的必须做的事。尽管是有风险。""我们的方针是，胆子要大，步子要稳，走一步，看一步。""重要的是走一段就要总结经验。"又说："改革一定会犯错误，会出问题。关键是要善于总结经验，哪一步走得不妥当，就赶快改。"①

---

① 　邓小平：《改革是中国的第二次革命》（1985 年 3 月 28 日），载《邓小平文选》第 3 卷，人民出版社 1993 年版，第 113 页。

1985 年 4 月 15 日，他在会见坦桑尼亚联合共和国副总统姆维尼时说：我们清醒地认识到改革有风险，小错误、中错误总是难免的，大错误可以避免。"我们确定的原则是：胆子要大，步子要稳。所谓胆子要大，就是坚定不移地搞下去；步子要稳，就是发现问题赶快改。改革是大家的主意，人民的要求。""我们不靠上帝，而靠自己努力，靠不断总结经验，坚定地前进。"①

1987 年 4 月 16 日，他在会见香港特别行政区基本法起草委员会委员时的讲话中说："我们的开放、改革是很不容易的事情，胆子要大，要坚决。不开放不改革没有出路，国家现代化建设没有希望。但在具体事情上要小心，要及时总结经验。我们每走一步都要总结经验。"②

1987 年 11 月 16 日，他在会见日本社会党委员长土井多贺子时说："我们现在所干的事业是一项新事业，马克思没有讲过，我们的前人没有做过，其他社会主义国家也没有干过，所以，没有现成的经验可学。我们只能在干中学，在实践中摸索。……我们的路是漫长的，还会遇到许多困难，错误也是难免的。关键在于不断地总结经验，使我们党的生活民主化，使我们国家的政治生活民主化。"③

1989 年 6 月 9 日，他在接见首都戒严部队军以上干部时的讲话中最后说："要坚定不移地执行党的十一届三中全会以来制定的一系列路线、方针、政策，要认真总结经验，对的要继续坚持，失误的要纠正，不足的要加点劲。总之，要总结现在，看到将来。"④

1992 年初，他在南方视察时说："改革开放胆子要大一些，敢于试验，不能像小脚女人一样。看准了的，就大胆地试，大胆地闯。""每年领导层都要总结经验，对的就坚持，不对的赶快改，新问题出来抓紧

---

① 邓小平：《政治上发展民主，经济上实行改革》（1985 年 4 月 15 日），载《邓小平文选》第 3 卷，人民出版社 1993 年版，第 118 页。

② 邓小平：《会见香港特别行政区基本法起草委员会委员时的讲话》（1987 年 4 月 16 日），载《邓小平文选》第 3 卷，人民出版社 1993 年版，第 219 页。

③ 邓小平：《十三大的两个特点》（1987 年 1 月 16 日），载《邓小平文选》第 3 卷，人民出版社 1993 年版，第 259—259 页。

④ 邓小平：《在接见首都戒严部队军以上干部时的讲话》（1989 年 6 月 9 日），载《邓小平文选》第 3 卷，人民出版社 1993 年版，第 308 页。

解决。"①

　　类似的话还有许多，因篇幅关系不能在此一一罗列。但以上六次谈话足以表明：邓小平成功之道（亦即是中国改革开放和现代化事业成功之道）在于善于及时总结经验。事实上，建设有中国特色社会主义理论正是在总结我国社会主义胜利和挫折的历史经验并借鉴其他国家社会主义兴衰成败历史经验的基础上，逐步形成和发展起来的。

　　笔者写到这里，不禁想起毛泽东成功之秘密。

　　1964年8月29日，毛泽东接见尼泊尔教育代表团。接见过程中客人问："您能不能告诉我们，您所以这样伟大的秘密是什么？您怎么能够这样伟大？您力量的源泉是什么？以便让我们多少学得一点。"毛泽东坦诚地回答："我没有什么伟大，就是从老百姓那里学了一点知识而已。当然，我们学了一点马克思主义，但是单学习马克思主义还不行。要从中国的特点和事实来研究中国问题。""力量的源泉是人民群众，不反映人民群众的要求，哪一个也不行。要在人民群众那里学得知识，制定政策，然后再去教育人民群众。"

　　一年之后，1965年7月26日，毛泽东接见从海外归来的李宗仁先生。在接见过程中，他主动向参加接见的李的秘书程思远先生发问："你知道我靠什么吃饭吗？"程一时不知所对。毛徐徐说道："我是靠总结经验吃饭的。以前人民解放军打仗，在每个战役后，总来一次总结经验，发扬优点，克服缺点，然后轻装上阵，乘胜前进，从胜利走向胜利，终于建立了中华人民共和国。"

　　由此可见，毛泽东、邓小平，中共成熟集体领导的第一、二两代核心，其成功之道，一以贯之，"善于总结经验"。

　　总结经验，在认识论上讲是一个由实践到认识，由感性认识到理性认识的飞跃，是在实践基础上的再认识。人类正是在不断总结经验中前进的。总结经验，是人的自觉能动性的重要表现。无论何人，做何工作，若要想在事业上有所成就，做到有所发现，有所发明，有所创造，有所前进，就得不断地总结经验。因此，毛泽东、邓小平总结出的成功之道，不

① 邓小平：《在武昌、深圳、珠海、上海等地的谈话要点》（1992年1月18日—2月21日），载《邓小平文选》第3卷，人民出版社1993年版，第372页。

论是对群体，还是对个人；不论是对领导干部，还是对普通群众，都具有普遍的意义。

二、总结经验的经验

真理是平凡的。"总结经验"这句话，极其普通，然而却是成就任何事业的秘诀。"总结经验"，人人会讲，但要真正做到、做好却不那么容易。如何总结经验，大有讲究，是一个颇为复杂的哲学问题。毛泽东、邓小平最善于总结经验。他们对如何总结经验有许多精辟的论述。根据他们论述和我们党的正反两方面历史经验，笔者以为在总结经验时应注意以下几点。

（一）坚持实事求是的思想路线

总结经验，目的是为了正确地认识客观世界的规律以便有效地改造客观世界。我们不是为总结经验而总结经验。因此，要正确总结经验，首要的、起码的一条就是一切从实际出发，实事求是，以实践为检验真理的唯一标准，反对从已有的结论、指示、条条、框框出发，更反对少数人关在房子里炮制假经验。有些人虽然也在总结经验，但其出发点却是错误的。他们不是从实际出发，以实践为标准，而是从上级的指示、讲话和现行的政策出发，不是为了认识客观规律，揭露和解决现实的矛盾，而是盲目地为上级的指示、讲话和现行的政策作辩护和论证。这样的经验总结，在许多情况下不仅无益，反而有害，帮了倒忙。在"大跃进"和"文化大革命"时期，我们党吃这类经验总结的亏不可胜数。总结出的经验，正确与否，不是依主观上觉得如何而定，而是由社会实践来检验。邓小平讲：实事求是是马克思主义、毛泽东思想的精髓。"过去我们打仗靠这个，现在搞建设、搞改革也靠这个。"[①]只有在实践中不断地

---

① 邓小平:《在武昌、深圳、珠海、上海等地的谈话要点》(1992年1月18日—2月21日)，载《邓小平文选》第3卷，人民出版社1993年版，第382页。

总结经验，及时纠正错误，才能使主观符合客观，做到实事求是，这是一方面。另一方面，只有以实事求是的科学态度去总结经验，才是真正的总结经验。这是实事求是与总结经验的辩证统一。我们应清醒地认识到，在总结经验上存在着实事求是与主观主义的尖锐对立。我们应自觉地坚持以实事求是的科学态度去总结经验，反对用主观主义的态度去作所谓的总结经验。

（二）善于集中群众的智慧

人民群众是认识世界和改造世界的主体，是力量和智慧的源泉。建设社会主义的办法、方案只能来之于群众的实践。总结经验，不仅要总结个人的亲身经验，更重要的是坚持"从群众中来，到群众中去"的群众路线，总结群众的智慧和创造。毛泽东讲："任何英雄豪杰，他的思想、意见、计划、办法，只能是客观世界的反映，其原料或者半成品只能来自人民群众的实践中，或者自己的科学试验中。他的头脑只能作为加工工厂而起制成完成品的作用，否则是一点用处也没有的。人脑制成的这种完成品，究竟合用不合用，正确不正确，还得交由人民群众去考察。"[①] 邓小平在谈及个人的作用时说："永远不要过分突出我个人，我所做的事，无非反映了中国人民和中国共产党人的愿望，党的这些政策也是由集体制定的。"[②] 他在审阅中共十四大报告草案时又说："改革开放中许许多多的东西，都是由群众在实践中提出来的。""报告中讲我的功绩，一定要放在集体领导范围内。可以体现以我为主，但绝不是一个人的脑筋就可以钻出什么新东西来……是群众的智慧，集体的智慧。我的功劳是把这些新事物概括起来，加以提倡。"[③]

---

① 毛泽东：《工作方法六十条（草案）》（1958年1月），载《毛泽东文集》第7卷，人民出版社1999年版，第358页。

② 邓小平：《社会主义和市场经济不存在根本矛盾》（1985年10月23日），载《邓小平文选》第3卷，人民出版社1993年版，第151页。

③ 邓小平：《审阅中共十四大报告时的谈话》（1992年7月23日），载《邓小平年谱》（下），中央文献出版社2004年版，第1350页。

要总结好经验，真正走群众路线，实行集体领导，还须发扬民主，使民主制度化。只有发扬民主，才能解放思想，放手让大家讲话，让各种不同意见展开辩论，在辩论中求得真理。若没有民主空气，搞个人专断，家长制，一言堂，那群众路线，就会流于形式，势必犯主观性、片面性的错误。

（三）正确总结历史经验

总结经验，重点是总结现实的经验。但现在是由过去发展而来的，现实与历史很难分开。历史是过程，规律在历史中显现。历史是面镜子，最好的教科书。只有正确总结历史经验，借鉴前人教训，才能避免重犯前人的错误，使自己变得聪明起来。在民主革命时期，毛泽东正确总结了两次胜利、两次失败的经验教训，写出了《实践论》、《矛盾论》、《论持久战》、《新民主主义论》等一系列论著，形成了新民主主义革命的理论、路线、方针和政策。邓小平总结了党的历史经验，尤其是社会主义时期的历史经验，才逐渐形成建设有中国特色社会主义的理论。他一再讲党的历史，尤其是社会主义时期的历史。为什么？"因为我们现在的路线、方针、政策是在总结了成功时期的经验、失败时期的经验和遭受挫折时期的经验后制定的。"[①]前事不忘，后事之师。只有牢记历史的教训，才能自觉坚持党的基本路线不动摇。

对历史经验要采取具体的、历史的、辩证分析的态度，既不能简单地肯定一切，也不能简单地否定一切。"我们党总结历史经验不能丢掉毛泽东，否定毛泽东就是否定中国革命大部分的历史。""总结历史，不要着眼于个人功过，而是为了开辟未来。"[②]只有立足现实，放眼未来，才能高瞻远瞩，正确审视历史，科学地总结历史经验，正确地把握社会发展方向。

在总结经验时，有一个正确对待成功的经验与失败教训的问题。

---

① 邓小平：《改革开放使中国真正活跃起来》（1987 年 5 月 12 日），载《邓小平文选》第 3 卷，人民出版社 1993 年版，第 234 页。

② 邓小平：《总结历史是为了开辟未来》（1988 年 9 月 5 日），载《邓小平文选》第 3 卷，人民出版社 1993 年版，第 271—272 页。

成功的经验，作为宝贵的财富，应很好加以总结、推广。但也要注意，任何经验都有它的具体性、历史性，切莫将它绝对化，当作教条，到处套用。失败是成功之母，错误常常是正确的先导。"历史上成功的经验是宝贵财富，错误的经验，失败的经验也是宝贵财富。"①"文化大革命"是坏事，但归根到底也是好事，促使人们思考，促使人们认识我们的弊端在哪里。"毛主席经常讲坏事转化为好事。善于总结'文化大革命'的经验，提出一些改革措施，从政治上，经济上改变我们的面貌，这样坏事就变成了好事。为什么我们能够在七十年代末和八十年代提出了现行的一系列政策，就是总结了'文化大革命'的经验和教训。"②对错误不应着重于个人的责任，而应着重于当时环境和内容的分析，弄清犯错误的社会根源、历史根源和思想根源，从中记取教训，以免重犯。

（四）正确借鉴外国经验

总结经验，主要是总结自己的经验。这是确定无疑的。然而，他山之石，可以攻玉。借鉴、汲取外国经验也是必不可少的，尤其是在国际交往日益频繁的今天。1956年，毛泽东以苏联为戒，总结自己的经验，提出《论十大关系》。他在阐述最后一个关系"中国和外国的关系"时鲜明地提出"向外国学习"的口号。他说："我们的方针是，一切民族、一切国家的长处都要学，政治、经济、科学、技术、文学、艺术的一切真正好的东西都要学。但是，必须有分析有批判地学，不能盲目地学，不能一切照抄，机械搬用。"③令人遗憾的是，由于种种客观、主观的原因，这一方针未能很好贯彻。

邓小平吸取历史教训，提出对外开放的方针。他指出：现在的世界是

---

① 邓小平:《改革开放使中国真正活跃起来》(1987年5月12日)，载《邓小平文选》第3卷，人民出版社1993年版，第234—235页。

② 邓小平:《答美国记者迈克·华莱士问》(1986年9月2日)，载《邓小平文选》第3卷，人民出版社1993年版，第172页。

③ 毛泽东:《论十大关系》(1956年4月25日)，载《毛泽东文集》第7卷，人民出版社1999年版，第41页。

开放的世界，中国的发展离不开世界。我们搞建设，"光凭自己的经验教训还解决不了问题。中国要谋求发展，摆脱贫穷和落后，就必须开放。开放不仅是发展国际间的交往，而且要吸收国际的经验。"①依据历史和现实的经验，他说："社会主义要赢得与资本主义相比较的优势，就必须大胆吸收和借鉴人类社会创造的一切文明成果，吸收和借鉴当今世界各国包括资本主义发达国家的一切反映现代社会化生产规律的先进经营方式、管理方法。"②我们的对外开放，取得了显著的成绩，但还须进一步扩大。我们不仅需要在物质文明建设方面借鉴外国的经验，而且要在制度文明和精神文明的建设方面借鉴外国的经验。当然，这种借鉴是以我为主，以中国特色的社会主义制度为基础的，而决不是照搬照抄，"全盘西化"。西方帝国主义亡我之心不死，对我搞"西化"、"分化"。我们应对西方帝国主义国家的"和平演变"战略保持高度的警惕，但不能由此拒绝向他们学，不能拒绝在制度文明和精神文明的建设方面借鉴包括发达资本主义国家在内的世界文明成果。

（五）正确对待自己的新经验

上升为理论形态的经验，既是人类认识世界的结晶，又是人类进一步认识世界的起点和工具。倘若把经验绝对化、凝固化、教条化，那经验就会走向自己的反面，成为进一步认识世界的障碍。历史经验表明：正确对待自己的新经验（新理论），是一个比正确对待他人经验和历史经验更为重要，也更容易陷入错误的问题。鉴于历史教训，邓小平反复讲：我们今天的改革开放是一个试验，没有经验，犯错误难免，"如果发现错误，要赶快纠正，不要掩饰，不要回避。"③我们的改革开放是成功的，经验一天比一天丰富，但改革开放的任务十分艰巨，"刚刚起步，任重而道远，前

---

① 邓小平：《要吸收国际的经验》（1988 年 6 月 3 日），载《邓小平文选》第 3 卷，人民出版社 1993 年版，第 266 页。

② 邓小平：《在武昌、深圳、珠海、上海等地的谈话要点》（1992 年 1 月 18 日—2 月 21 日），载《邓小平文选》第 3 卷，人民出版社 1993 年版，第 373 页。

③ 邓小平：《保持艰苦奋斗的传统》（1989 年 3 月 23 日），载《邓小平文选》第 3 卷，人民出版社 1993 年版，第 288 页。

进中还会遇到一些曲折"①。"恐怕再有三十年的时间，我们才会在各方面形成一套更加成熟、更加定型的制度"②。人贵有自知之明。邓小平对中外经济专家坦诚地说："在经济问题上，我是个外行，也讲了一些话，都是从政治角度讲的。比如说，中国的经济开放政策，这是我提出来的，但是如何搞开放，一些细节，一些需要考虑的具体问题，我就懂得不多了。"③这是实话。对社会主义经济规律，就全党来说，同样懂得不多。

我们正处在社会主义的初级阶段。社会主义在实践中、试验中、探索中。我们取得了前所未有的成就。我们对自己的事业充满必胜的信心。同时，我们又要清醒地认识到我们面前还有许多困难，还有一个很大的未被认识的必然王国，要准备着由于盲目性而遭受许多失败和挫折。

1986年12月12日，邓小平在会见外宾时说："中国的体制改革不容易，积习太深，旧的习惯势力大得很。明确表示反对改革的人不多，但遇到实际就会触及到一些人的利益，赞成改革的人，也会变成反对改革的人。""所以我们要慎重，做事情不能太急，太急了要出毛病，重要的是坚持改革。中国古代有个关云长过五关斩六将的故事，我们的改革可能不只是'过五关'。"④因此，我们宁肯把困难设想得多一些，这样较为有益。一可以防止因胜利而骄傲自满，避免犯一犯再犯的急性病；二可以防止因出现挫折而悲观泄气。历史经验一再证明：中国共产党人有渡过种种难关的本领，但在胜利面前却容易头脑发热，犯急性病。

（六）注意从哲学上总结经验

如前所说，总结经验，这本身是一个复杂的哲学问题。要做到善于总

---

① 邓小平：《致中共中央政治局的信》（1989年9月4日），载《邓小平文选》第3卷，人民出版社1993年版，第323页。

② 邓小平：《在武昌、深圳、珠海、上海等地的谈话要点》（1992年1月18日—2月21日），载《邓小平文选》第3卷，人民出版社1993年版，第372页。

③ 邓小平：《我们的宏伟目标和根本政策》（1984年10月6日），载《邓小平文选》第3卷，人民出版社1993年版，第77页。

④ 邓小平：《在会见日本国际贸易促进协会论华团时的谈话》（1986年12月12日），载《邓小平年谱》（下），中央文献出版社2004年版，第1157页。

结经验，最重要的是要有一个科学的世界观、方法论，亦即要有一颗哲学的头脑。毛泽东反对教条主义，强调在干中学，在战争中学习战争。但他决不是教条主义者所污蔑的狭隘经验论者。他丝毫也不轻视理论思维的作用。相反，他酷爱哲学，善于从哲学上思考中国革命问题。正是这一优点，使他比中共的其他领袖人物站得高些，看得远些，成为巨人中的巨人，一代天骄的风流人物。

受毛泽东的熏陶，邓小平也重视哲学的学习与应用。他在民主革命时期就说过"照辩证法办事"。"文化大革命"结束后，他从开展"实践是检验真理的唯一标准"讨论入手，重新确立实事求是的思想路线，拨乱反正，开创社会主义建设新局面。这一点显示出他有很高的哲学自觉与修养。他强调大胆地试，大胆地闯，在实践中一步一步地总结经验，在探索中前进。但他决不是像某些人所说的实用主义者。他重视理论的指导作用，号召全党学理论，学哲学。他要求全党干部，"在繁忙的工作中，仍然有一定的时间学习，熟悉马克思主义的基本理论，从而加强我们工作中的原则性、系统性、预见性和创造性。"[1]与毛泽东一样，邓小平高屋建瓴，善于从哲学上总结经验。他说："二十年的历史教训告诉我们一条最重要的原则：搞社会主义一定要遵循马克思主义的辩证唯物主义和历史唯物主义，也就是毛泽东同志概括的实事求是，或者说一切从实际出发。"[2]

作为一个领导干部，固然要注意总结工作中的各种具体经验，但更为重要的是要善于总结自己在思想方法、工作方法和领导艺术方面的经验，以不断提高自己的认识能力和领导艺术。要做到这一点，就需要学一点哲学。哲学是智慧之学。懂得哲学，就能变得聪明些。缺乏哲学修养的领导者很容易陷入事务主义、经验主义，很难将丰富的经验上升为科学理论，也很难做好领导工作。

在结束本文之前，还需作两点说明：一是一个人的成功之道，可以从多方面去总结。邓小平成功之道，内涵丰富，义理深邃。本文所论仅是从

[1] 邓小平：《在中国共产党全国代表会议上的讲话》（1985年9月23日），载《邓小平文选》第3卷，人民出版社1993年版，第147页。
[2] 邓小平：《政治上发展民主，经济上实行改革》（1985年4月15日），载《邓小平文选》第3卷，人民出版社1993年版，第118页。

方法论角度而发的，它丝毫也不排斥还可从其他视角加以论析。二是一个人的成功之道是他长期实践经验的一种升华，要将他人的成功之道变成为我的成功之道，决不是靠背诵他人成功之道所能奏效的，而是要靠在自己的实践中反复运用、反复体会才能得"道"。

（刊《新东方》1994 年第 8—9 期；收入姚传旺主编：《邓小平改革思想与当代中国实践》，安徽人民出版社 1997 年版）

人的现代化的三题

随着社会主义现代化事业的迅猛发展，全面提高人的素质，加快实现人的现代化问题日益尖锐地摆到我们面前。本文拟对这一问题发表三点看法，供同志们研究时参考。

一、人的现代化优先于社会现代化

社会是由人组成的。人是社会的主体，是物质财富和精神财富的创造者。社会的发展由人来实现。人总是一定历史条件下的人。人的本质、素质、存在形式是由社会存在决定的。有什么样的社会存在就有什么样的人。人在改造自然和改造社会的过程中同时也改造着人自身。社会的发展包含着人的发展；人的发展表现为社会的发展；人的发展与社会的发展是同一过程，两者互相依赖、互相促进、互相制约、互为因果。马克思说得好："环境的改变和人的活动或自我改变的一致，只能被看作是并合理的理解为革命的实践。"[①] 在现实的历史过程中，社会的发展与人的发展存在着某种程度的不平衡、不一致。一般说来，社会的发展决定着人的发展，社会的发展先行于人的发展。

社会现代化与人的现代化的关系亦复如此。社会现代化包含着人的现

---

① 马克思：《关于费尔巴哈的提纲》（1845年春），载《马克思恩格斯选集》第1卷，人民出版社1995年版，第55页。

代化；人的现代化是在社会现代化过程中实现的。西方先实行现代化的发达资本主义国家（即所谓"原发型"现代化国家），在由农业社会转变为工业社会过程中同时也就实现了由传统人转变为现代人。"原发型"国家现代化是一个自发的过程。这些国家人的现代化是社会现代化（主要是工业化）的产物，具有自发的、被动的、滞后的特点。那时，人们并没有提出社会现代化与人的现代化问题，更没有像我们今天这样热烈地讨论、研究如何实现社会现代化与人的现代化问题。

在西方，现代化研究兴起于 20 世纪 50 年代末①。第二次世界大战结束后，原来处于帝国主义、殖民主义统治下的广大亚、非、拉国家纷纷获得了民族独立。独立后的第三世界国家面临着发展本国经济文化、实现现代化的紧迫任务。实际情况表明，这些国家经济发展迟缓，与西方发达国家的差距不仅没有缩小，反而继续扩大。造成这种情况的原因是复杂的、多方面的。最根本的原因是当代西方资本主义的经济政治制度。西方发达国家利用其在经济、政治、军事和科学技术等方面的优势，对第三世界不发达国家实行剥削、控制和限制。对这一点，西方学者因阶级利益的制约一般是不承认的。倘若撇开社会制度方面的原因不论，西方学者在现代化的研究上还是取得了某些成果，可资我们借鉴参考。美国社会学家英克尔斯对人的现代化研究尤为突出。

在 20 世纪 60—70 年代，英克尔斯等人对亚、非、拉三大洲调查考察后得出了这样的结论：一个发展中国家可以从国外引进现代化的科学技术、现代化的管理方法、西方的政府组织形式和制度等，但倘若没有相应的具有现代化素质的人去执行，而仍由那些传统的人去执行，那么无论多么先进的科学技术、管理方法和制度都不能发挥作用。"除非国民是现代的，否则一个国家就不是现代的。"没有人的现代化，"无论外国援助还是国内革命，都不能把一个落后的国家带进具有保持自我发展能力的国家行列。"没有人的现代化，"无论是快速的经济增长还是有效的管理，都不可能"，即使一时做到，也不会维持太久。在当代，人的现代化是现代制度

---

① 我国对现代化的研究比西方早得多。1933 年 7 月，上海《申报月刊》2 卷 7 号发表了"中国现代化问题号"特辑。我国对人的现代化的探讨则更早。严复在 19 世纪末提出的"鼓民力、开民智、新民德"的主张和梁启超在 20 世纪初鼓吹的"新民说"，可谓开我国人的现代化研究之先河。

"得以长期成功运转的先决条件"，"是国家发展本身的基础因素"①。人的素质低下，传统观念和习惯势力的束缚，确实是阻碍第三世界国家社会经济发展的重要因素。

社会现代化与人的素质低下的矛盾是后搞现代化国家（简称"后发型"国家）普遍存在的矛盾。时代不同，"后发型"国家解决这一矛盾的方法应与西方"原发型"国家有所不同。如前所说，"原发型"国家的现代化无前人经验可借鉴，是一个自发的历史过程，人的现代化带有被动的、滞后的特点，是以社会现代化来促进人的现代化。"后发型"国家的现代化则有发达国家经验可资借鉴，有先进的科学技术、思想文化、管理方法和制度供学习。因此，这些国家人的现代化可以而且也必须先行于社会的现代化，自觉地、主动地利用"后发型"优势以人的现代化促进、推动整个社会的现代化。

我国作为"后发型"现代化国家，同样存在人的现代化与社会现代化的矛盾。解决这一矛盾的关键在于提高人的素质，加快人的现代化。在当前，人的现代化先行于社会现代化尤为迫切。

首先，提高劳动者的科学文化素质，实现人的现代化，是大幅度地提高劳动生产率，实现经济增长方式由粗放型向集约型转变的先决条件。当代世界科学技术革命迅猛发展。现代科学技术已成为提高劳动生产率，推动社会进步的最重要的杠杆，科学技术已成为第一生产力。西方发达国家的经济增长百分之六十至百分之八十来自科技进步，而我国却只有百分之三十左右。"我国要实现现代化，关键是科学技术要能上去。"②科学技术要上去，首先要有大批优秀的科学技术人才。我国传统的工业化还未完成，而西方国家已开始进入信息社会。当代国际间的激烈竞争，归根到底是科学技术的竞争，人才的竞争。"在科学技术上落后，就会被动挨打。全党同志，全国人民对这一问题一定要有清醒的足够的认识，增强紧迫感，危机感，自觉地把经济建设转移到依靠科技进步和提高劳动者素质的

① ［美］阿列克斯·英克尔斯、戴维·H.史密斯：《从传统人到现代人——六个发展中国家中的个人变化》，中国人民大学出版社1992年版，第10、454—455页。
② 邓小平：《尊重知识，尊重人才》（1977年5月24日），载《邓小平文选》第2卷，人民出版社1994年版，第48页。

轨道上来。"①

其次，更新观念，实现人的现代化，是深入进行经济政治体制改革的一个重要前提。要实现现代化，离不开民主化，离不开经济政治体制的改革。要改革旧体制，创造新体制，首先要解放思想，更新观念，换脑筋。新的体制建立后，要真正贯彻实行，也必须有具有新观念的人，否则新的制度会流于形式或遭到扭曲变形，穿新鞋，走老路。对一个没有现代市场观念、竞争观念、效率观念、平等观念、风险观念而依旧保持自然经济或传统计划经济观念的人来讲，社会主义市场经济体制是纸上的东西，格格不入。同样，对一个没有现代科学文化，没有民主和法制观念的人来讲，最好的民主制度和最完备的法律也是无用的。新型民主政治的实现不仅有赖于新型民主政治制度的建立，而且有赖于整个国民的科学文化素质和思想道德素质的提高。

受自然经济和狭隘小生产方式的束缚，传统人崇拜权威，迷信书本，墨守成规，安于现状，不求进取，对新事物往往抱怀疑和拒斥的态度。与此相反，现代人的重要特点则是，不崇拜权威，不迷信书本，注重现实，积极进取，勇于创新，乐于接受新观念、新事物。因此，不断解放思想，冲破习惯势力和传统观念的束缚，提高人的现代意识，是深化改革、扩大开放的重要条件。

再次，人的现代化，全面提高人的素质，是社会主义现代化的最终目的。我们不是为现代化而现代化，我们搞现代化的最终目的是尽可能地满足广大人民群众日益增长的物质文化需要，使每个人都能过上富裕的、文明的、健康的幸福生活，逐步地得到全面而自由的发展。人的现代化，既是实现社会现代化的手段，更是实现社会现代化的目的。社会发展最终是为了人的发展。把人的现代化仅仅看成是实现社会现代化的需要是片面的。

总之，世间一切事物中，人是第一可宝贵的。"中国的事情能不能办好，社会主义和改革开放能不能坚持，经济能不能快一点发展起来，国家能不能长治久安，从一定意义上说，关键在人"②，在人的素质的全面提

---

① 江泽民：《在中国科协第四次全国代表大会上的讲话》（1991 年 5 月 23 日），《人民日报》1994 年 5 月 24 日。

② 邓小平：《在武昌、深圳、珠海、上海等地的谈话要点》（1992 年 1 月 18 日—2 月 21 日），载《邓小平文选》第 3 卷，人民出版社 1993 年版，第 380 页。

高，尤其是各级领导者素质的提高。因此，我们在制定国民经济和社会发展规划时，一定要克服重物的建设、轻人的建设的错误偏向，把全面提高人的素质、加快实现人的现代化放在优先的战略地位。

二、人的现代化基础在教育

人是社会的产物。一个人的素质受家庭环境、学校教育和社会教育、生产方式和工作方式、生活的环境和条件诸多复杂因素的制约。一般说来，在这诸多复杂的因素中社会物质生产方式和物质生活条件起决定性的作用。随着工业化的发展，大批农民进了工厂，成了现代产业工人。工厂是培养现代化工人的大学校。不过，当工业化实现以后，西方发达国家提高国民素质的主要途径已不是靠工厂，而是靠学校，靠教育（包括学校教育和社会教育）。国民在成为劳动者之前，首先必须接受现代学校教育。因此，在现代社会，人是教育的产物。人类的未来在一定程度上取决于教育。马克思说：工人阶级的未来，"从而也是人类的未来，完全取决于正在成长的工人一代的教育"[1]。

在"后发型"国家现代化过程的初期，工厂依然是多数农民转化为现代新人的主要途径，依然是培养现代性的学校。但从总体来看，"后发型"国家应借鉴西方发达国家的经验，把教育（主要是学校教育）看成是造就新人，提高国民素质的最基本的途径。在现代社会，学校教育对一个人的科学文化素质、思想道德素质和心理素质的形成发展有着直接的决定性的作用。英克尔斯等人调查表明：在受教育最低的人中，只有不到百分之十的人被划为现代人，而在受教育最高的人中约有百分之八十或更多的人被划为现代人。"在决定一个人的现代性水平方面，教育是一个首要因素。"[2]我国学者叶南客等人的调查也证明：人们接受教育程度越高，各类现代意识的得分也就越高。"社会主义新人素质的提高主要依靠各种形式

---

① 马克思：《临时中央委员会就若干问题给代表的指示》（1886年8月底），载《马克思恩格斯全集》第16卷，人民出版社1964年版，第217页。

② ［美］阿列克斯·英克尔斯、戴维·H.史密斯：《从传统人到现代人——六个发展中国家中的个人变化》，中国人民大学出版社1992年版，第198—199页。

的教育。"①

教育的性质、功能决定了它在造就现代化新人中的决定性作用。"后发型"国家主要是通过教育吸取、传播"原发型"现代化国家所取得的文明成果，缩小同"原发型"国家在历史发展过程中形成的时间差距。随着信息时代的日益来临，现代经济正在变成知识型经济，知识成为经济增长的主要动力。为了在当代国际竞争中立于不败之地，许多发达国家愈来愈把教育、科技放在优先发展的战略地位。"教育立国"、"科技兴国"之类的说法在国际上颇为盛行。

鉴于世界现代化的历史经验和当代国际社会发展的现实，邓小平十分重视科技和教育。他一再指出：实现现代化，关键在科技，基础在教育。我们国家赶上世界水平，"要从科学和教育着手。"②"教育是一个民族的根本事业，四化建设的实现要靠知识，靠人才。"③他要求全党从上到下都重视教育，把教育工作纳入到党和国家的工作重点之中。"各级领导要像抓好经济工作那样抓好教育工作。"④

在一个文盲充斥的国家是不可能实现现代化的，更谈不到建成社会主义。建国后我国教育事业虽然取得了巨大的成绩，但至今仍有一亿四千五百多万文盲、半文盲，占全国人口总数的百分之十二多。教育滞后，国民素质不高，已成为制约我国经济及整个社会发展的严重障碍。另一方面教育事业的规模、速度和质量又受生产力和经济发展水平的制约。如何走出经济发展与教育发展互相制约的怪圈？唯一正确的方针是"在别的方面忍耐一些，甚至于牺牲一点速度，把教育问题解决好"⑤。百年大计，教育为本。社会主义市场经济体制的建立和现代化的实现，最终取决于国民素质的提高和人才的培养。因此，加强对教育的领导，加大对教育

① 叶南客等：《现代化与社会主义新人》，重庆出版社 1991 年版，第 173、230 页。

② 邓小平：《关于科学和教育工作的几点意见》（1977 年 8 月 8 日），载《邓小平文选》第 2 卷，人民出版社 1994 年版，第 48 页。

③ 邓小平在会见香港知名人士包玉刚、王宽诚、霍英东、李兆基等时的谈话（1986 年 4 月 19 日），《人民日报》1986 年 4 月 20 日。

④ 邓小平：《把教育工作认真抓起来》（1985 年 5 月 19 日），载《邓小平文选》第 3 卷，人民出版社 1993 年版，第 121 页。

⑤ 邓小平：《科学技术是第一生产力》（1988 年 9 月 5 日、12 日），载《邓小平文选》第 3 卷，人民出版社 1993 年版，第 275 页。

的投入，加快对教育的改革，切实把教育事业放在优先发展的战略地位，是实现跨世纪宏伟纲领的重要前提。教育上不去，劳动者素质不提高，实现现代化就是一句空话。

三、人的现代化中心环节是提高领导者素质

任何事物的发展都是一个过程。人的现代化也不例外，也有一个过程，有一个由低级到高级的发展过程和由少数人到多数人、再到全体国民的过程。在"后发型"现代化国家，知识分子，尤其是青年知识分子，是先知先觉者。他们在学习、传播发达国家文明成果方面起着先锋和桥梁作用，是现代化事业的先行者。在当代，随着科学技术革命的蓬勃发展和信息化时代的到来，知识和知识分子在社会发展中的作用日益增大。邓小平指出："只有有了成批的杰出人才，才能带动我们整个中华民族科学文化水平的提高。"①他在继承毛泽东的"尊重实践，尊重群众"的基础上提出"尊重知识，尊重人才"。"尊重知识，尊重人才"的口号反映了社会发展的新趋势，体现了现时代的新精神。在实现人的现代化的过程中要充分发挥知识分子的作用。

正确的政治路线确定之后，干部便是决定性的因素。整个国家现代化能否实现，整个中华民族的素质能否全面迅速地提高，关键在于党，在于党和国家的各级领导者的素质。党和国家的各级领导干部是社会主义现代化事业的领导者、组织者和实行者。只有他们本身是现代化的，才能绘制出社会主义现代化宏伟蓝图，才能制定出实现社会主义现代化的路线、方针和政策，才能组织和带领全国人民实现现代化。教育者先受教育，化人先化己。只有领导者先现代化了才能教育和带动广大群众现代化。以其昏昏、使人昭昭是不行的。因此，不断提高领导者的现代素质是提高整个民族素质的中心环节。

人的素质包括政治思想素质、科学文化素质、专门业务素质、心理素

---

① 邓小平：《在全国科学大会开幕式上的讲话》（1978 年 3 月 18 日），载《邓小平文选》第 2 卷，人民出版社 1994 年版，第 96 页。

质、生理素质等诸多方面。作为一名领导者，首要的是具有坚定的无产阶级立场、世界观、方法论、人生观和价值观。这也就是通常所说的思想上的革命化和科学化。领导者的革命化，以身作则，是提高整个中华民族思想道德水准的关键。邓小平说得好："搞精神文明，关键是以身作则。"[①] 西方学者讲人的现代化一般不单独标识出现代人的思想道德素质。我们则不同。邓小平提出的"有理想、有道德、有文化、有纪律"是社会主义现代化新人的基本要求。我们要自觉地讲思想道德素质方面的现代化，讲人的革命化，以革命化来促进、带动人的其他素质的全面提高。社会主义新人第一条就是要有社会主义、共产主义的理想，有全心全意为人民服务的高尚的道德品质。

领导者的革命化很重要，关乎我们事业的方向、道路。但仅有革命化还不行，还要知识化，要有现代化的科学文化知识。我们现在的各级领导者绝大多数受过现代的高等教育，具有一定的现代化科学文化知识，但决不能满足于现有的知识水平。当代社会知识呈加速度发展，科学技术一日千里，知识更新周期日益缩短，新学科、新知识层出不穷。教育已由传统的学校教育发展为广泛的社会教育、终身教育。现代化是一个落后于现时代的国家在经济和科学技术上追赶同时代先进国家的动态过程。现代化的标准，随社会的发展不断提高，对人的素质的现代化要求也是如此。应当清醒地认识到，我们干部的现有科学文化素养远远不能适应现代化事业发展的需要。工作中的一些重大决策失误是同决策者缺乏必备的现代科学文化知识有关。所以在新时期，党中央一再要求全党同志在学习马克思列宁主义、毛泽东思想和建设有中国特色社会主义理论的同时还要认真学习现代科学文化知识，不断吸取新知识，更新观念，提高决策水平和领导能力。

我国社会正处在深刻的变革时期。科学技术革命、生产力革命和社会体制方面的革命三者交织在一起，互相促进，共同发展。这种深刻的社会变革必然会引起思维方式的变革。传统的崇拜权威、迷信书本、因循守旧的思维方式与现代化事业发生尖锐的冲突。我们的领导干部要站在时代的

---

① 邓小平：《在中央顾问委员会第一次全体会议上的讲话》（1982 年 9 月 13 日），载《邓小平文选》第 3 卷，人民出版社 1993 年版，第 7 页。

最前列，成为社会主义现代化事业的领导者、组织者，就必须认真学习马克思主义哲学，掌握现代的思维方式和方法，讲究领导艺术和工作方法，使之适应现代化事业的发展。

综本文所言，我国作为"后发型"现代化国家，人的现代化应先行于社会现代化，要改变重物轻人的倾向，把人的建设、人的素质的提高放在优先的战略地位；人的现代化是一项复杂的社会工程，基础则在教育，要切实把教育纳入到党和国家的工作重点之中；人的现代化，提高全民族的素质，中心环节是全面提高领导者的素质，领导者的素质提高了，我们的事业就大有希望。

（刊《中国党政干部论坛》1996年第8期；以《全面提高人的素质，实现人的现代化》为题刊《吉化党校学报》1996年第3期；以《人的现代化的若干基本问题》为题收入《人的现代化与建设有中国特色社会主义》，中共中央党校出版社1997年版）

邓小平理论中蕴含的人学思想

邓小平建设有中国特色社会主义理论中蕴含着丰富的内容，可以从多种视角加以研究。本文试图从人学的角度对它进行探讨，并对理论界某些人提出的我国的改革是以亚当·斯密的经济人为导向的观点提出争鸣、评析。

一、邓小平理论中蕴含着人学思想

邓小平是我国社会主义改革开放和现代化建设的总设计师，是当代中国马克思主义——建设有中国特色社会主义理论的创立者。但他毕竟不是学者，更不是人学专家。因此读者在看到本文题目后很可能会提出这样的问题：邓小平有人学思想吗？提出"邓小平理论中蕴含的人学思想"这样的命题是否有点牵强，是否有点故意拔高？笔者有时也向自己提出过类似的问题。通过认真研读体会《邓小平文选》，反复思考改革开放和现代化建设的实践，笔者又深感在邓小平的理论与实践中贯穿着对人、人才和人民群众的极大关注。他考虑问题、制定政策的出发点和归宿是人民群众，是看"人民拥护不拥护"、"人民高兴不高兴"、"人民答应不答应"。他领导的思想解放运动，说到底是解放人的运动，是为了冲破禁锢人的精神枷锁，解放人的聪明才智和创造力。在谈到经济体制改革、科技体制改革时，他一再讲，最重要的，他最关心的是人才。他响亮地提出了"尊重知识，尊重人才"的口号。他注重物质文明和精神文明两手抓，把精神文明的建设落实到人的建设上，落实到全面提高人的素质上。他对抽象地谈论"人道主义"、"人权"等错误观点提出了批评。他讲："我是中国人民的儿子，我深情地爱着我的祖国和人民"……这样细细一想，就感到在邓小平的理论与实践中确实渗透着、贯穿着、蕴含着人学思想。说邓小平理论体系框架中有一块是专门讲人学理论的，有故意拔高之嫌。说邓小平理论中蕴含着人学思想则是合乎实际的，实事求是的。

邓小平理论中蕴含着人学思想还可以从另一方面得到证明。理论界的某些人提出：党的十一届三中全会以来的一系列经济体制改革都是以英国资产阶级古典经济学家鼻祖亚当·斯密的经济人为导向的，其最终的必然结果是导致私有化，导致资本主义复辟。这实际上从另一方面提出了经济体制改革的人学基础问题。这也表明，笔者提出"邓小平理论中蕴含的人学思想"决不是单纯从理论上推演出来的一个纯学术问题，而是当前改革开放实践中遇到的有着重要现实意义的理论问题。

再从更广的层面上讲，一般说来，作为一个政治家、军事家、领袖人物，都有一定的人学思想，其差别在于自觉与否，正确与否。英国元帅蒙哥马利在《领导艺术之路》一书的开头和结尾都谈到：领导艺术是"一场赢得人心的战斗"；领导艺术中，"至关重要的是'人'，是他正确决策的能力和对于人类本性的了解"。他又说："领导艺术是一个巨大的人的问题，研究人性。"[1]尼克松在他的最后一本著作《超越和平》中说："开国元勋们既不认为人注定是邪恶的，也不认为人生来即完美无缺。相反，他们用一种比较复杂的眼光来观察人的本质，以为每个人身上都存在着潜在的善和恶。正因为有做坏事的能力，所以才必须对绝对权力和过分的自私自利进行约束。""开国元勋们都知道，追求完美只能适得其反，因此，他们试图建立一种最为现实的秩序，以发挥人的本性中好的一面，抑制其最坏的一面。"[2]中国古代哲人说过："天地之性，人为贵。"毛泽东继承了这一思想，认为"世间一切事物中，人是第一个可宝贵的"[3]。他对人性、人的

① ［英］伯纳德·劳·蒙哥马利：《领导艺术之路》，世界知识出版社1992年版，第4、12、200页。

② ［美］理查德·M.尼克松：《超越和平》，世界知识出版社1995年版，第160页。

③ 毛泽东：《唯心历史观的破产》（1949年9月16日），载《毛泽东选集》第4卷，人民出版社1991年版，第1512页。

本质、人与周围世界的关系、人的作用、人的价值等均有独到的见解。所以对一个政治家、军事家来说，问题不在于有没有人学思想，而在于有什么样的人学思想，是自觉的有，还是自发的有。

笔者认为，邓小平继承了中国古代传统的贵人思想和马列、毛泽东的人学理论。事情是由人来做的。"中国的事情能不能办好，社会主义和改革开放能不能坚持，经济能不能快一点发展起来，国家能不能长治久安，从一定意义上说，关键在人。"①邓小平无疑具有人学思想，而且是自觉的。可以认为，他的人学思想是他整个理论与实践更为深层次的基础。正确地把握他的人学思想对正确理解和实践他的理论是大有裨益的。

二、邓小平人学思想的主要特点

邓小平理论与实践中所蕴含着的人学思想同他的整个理论与实践一样具有鲜明的时代特征、中国特点和个人个性特色。他的人学思想至少有以下三个方面的特点：

第一，实践性，注重实际运用。邓小平是个讲究务实的政治家、军事家，而不是喜欢高谈学理的人学专门家。因此，他没有对人学一般理论进行专门的系统的阐释。他主要是从中国和世界的现实出发，从中国的社会主义现代化的实际出发来谈人，谈人的地位和作用，谈满足人的日益增长的物质文化的需要，谈人的民主、自由、平等、人权，谈人的理想、信念，谈全面提高人的素质，等等。他的人学思想体现、渗透在他的理论与实践之中。

第二，人民性，以人民为本。在相当长的一段时间里，无论在理论上，还是在实践上，马克思主义曾一度忽视对个性、个人物质利益的研究。邓小平纠正这种偏颇。不过从总体上看，他的人学思想出发点不是个体，而依然是群体，是阶级，是人民，是整个民族。他的理论和实践的最终目的是尽快让全国各族人民富裕起来，过上富裕、文明、健康的生活，

---

① 邓小平:《在武昌、深圳、珠海、上海等地的谈话要点》(1992年1月18日—2月21日)，载《邓小平文选》第3卷，人民出版社1993年版，第380页。

尽快让中国实现社会主义现代化，赶上并超过西方发达国家。

第三，时代性，重视人的全面建设。中国革命是在十分艰难困苦的条件下进行的。为了战胜国内外强大的敌人，为了克服各种自然困难，为了抵制非无产阶级思想对共产党的侵蚀，毛泽东等老一辈革命家十分注重人的革命化问题。在社会主义现代化建设的新时期，邓小平继承了这一优良传统，仍然注重人的革命化，把思想道德建设放在首位。与此同时，他针对当代科学技术革命迅猛发展，知识、科学、技术在社会发展中的作用急剧增大的特点，提出"尊重知识，尊重人才"。他在注重人的革命化时，还强调人的知识化，必须掌握现代化科学技术知识。他提出的培育有理想、有道德、有文化、有纪律的社会主义新人的目标体现了新时代人的全面要求，具有时代特色。

三、邓小平人学思想的基本内容

邓小平理论与实践中所蕴含的人学思想从大的方面来看至少可归纳为以下四个方面：

第一，坚持用具体的、历史的观点研究人。

马克思主义人学理论最基本的观点是把人看成是一定社会关系条件下的具体的、历史的、现实的人，反对用形形色色的抽象的、非历史的观点来看待人、研究人。邓小平继承了这一基本思想。

在改革开放的新时期，在着力纠正"左"的错误过程中，我国有少数人受西方人学思潮的影响，离开了具体的、历史的观点，抽象地谈论人道主义、人的价值。对此，邓小平指出："人道主义有各式各样，我们应当进行马克思主义的分析，宣传和实行社会主义的人道主义（在革命年代我们叫革命人道主义），批评资产阶级的人道主义。"他对我们党内有些同志抽象地讲人的价值和人道主义的倾向提出了严肃的批评。他说：不但在资本主义社会，就是在社会主义社会，也不能抽象地讲人的价值和人道主义。"我们的人民生活水平和文化水平还不高，这也不能靠谈论人的价值和人道主义来解决，主要地只能靠积极建设物质文明和精神文明来解决。离开了这些具体情况和具体任务而谈人，这就不是谈现实的人而是谈抽象的人，就不是马克思主义的态度，就会把青年引入歧途。"①

邓小平批评的抽象地谈论人的错误倾向至今仍然存在，仍然值得我们注意。马克思恩格斯在哲学领域中所作出的革命性变革在于由费尔巴哈的抽象的、超历史的人变成具体的、历史的现实的人，从而创立了唯物史观。近十多年来，在我国学术界，却出现了由马克思的具体的、历史的人倒退到费尔巴哈的抽象的、超历史的人的倾向。他们认为，只要讲爱，讲人道主义，讲和，似乎世间的一切苦难和纷争就可以消除，就可以泯灭，世界就可以充满爱，变得更美好。"爱"、"和"简直成了可以消除世间一切灾难的神奇的咒语。其实，当今世界还是一个阶级矛盾、民族矛盾、国家矛盾十分尖锐的世界。企图用"爱"、"和"来消除当代世界的矛盾只能是一种善良的幻想。

人是社会的产物。人的社会本质、存在形式、价值、需要及其实现形式等都无不受一定社会经济、政治、思想文化所制约。社会生产力及由此决定的生产关系、物质生活和精神生活决定着人的本质、人的存在形式、人的价值。邓小平在解决我国人民的生存、发展问题上始终坚持具体的、历史的观点。他认为，消灭剥削，实现共同富裕，是社会主义所追求达到的理想目标，但就现阶段而言，还不可能一下子消灭剥削，不可能一下子消除贫富差别，达到共同富裕。在现阶段，必须打破平均主义，允许和鼓励一部分人、一部分地区先富裕起来，以先富带后富，最后在生产力高度发达的基础上达到共同富裕。长期以来存在的平均主义是小生产者思想的反映。从人学角度看，平均主义内含的是一种抽象的、非历史的观点，是用抽象的、非历史的观点来看待人的平等的结果。在社会主义初级阶段，由于生产力不够发达，人们在经济、政治、文化生活等诸多方面存在着差别是必然的。急于取消这种差别以实现社会生活各个方面的人人绝对平等，不仅是空想，而且还有碍于社会的发展。平等只能是具体的、历史的。

第二，注重满足人的全面需要，恢复了长期以来被忽视了的物质利益原则。

---

① 邓小平:《党在组织战线和思想战线上的迫切任务》(1983 年 10 月 12 日)，载《邓小平文选》第 3 卷，人民出版社 1993 年版，第 41 页。

马克思说过:"人们奋斗所争取的一切,都同他们的利益有关。"①经济利益决定政治法律制度,决定思想文化。对物质利益的追求是推动生产发展和社会进步的最基本的动力。物质利益原则是马克思主义的一个起码的基本的原则。可是在相当长的一段时间里,我们讳言物质需要,忽视了物质利益原则,片面强调精神的能动反作用,片面强调政治挂帅,搞平均主义,甚至把任何物质奖励都当作修正主义大加批判,结果挫伤了广大人民群众的积极性、主动性和创造性,使社会主义制度的优越性未能得到充分的发挥,延缓了人民致富的进程。

在社会主义现代化建设的新时期,邓小平重新恢复了物质利益原则,唯物而又辩证地解决了物质动力和精神动力的关系。邓小平最为关注的是如何尽快地让广大人民群众摆脱贫困,过上富裕的生活。他 再批判"四人帮"一伙鼓吹的"贫穷社会主义"。他认为,要调动企业和劳动者的积极性、创造性,必须重视物质利益原则。他说:"不讲多劳多得,不重视物质利益,对少数先进分子可以,对广大群众不行,一段时间可以,长期不行。革命精神是非常宝贵的,没有革命精神就没有革命行动。但是,革命是在物质利益的基础上产生的。如果只讲牺牲精神,不讲物质利益,那就是唯心论。"②他又说,我们承认物质利益,承认"每个人都应该有他一定的物质利益"③。可以认为,党的十一届三中全会以来的一系列有关经济体制的改革是建立在注重物质利益原则基础之上的。而对物质利益的重视则是建立在对人性全面的科学的理解基础之上的。承认物质利益,尤其是承认个人的物质利益,就是承认对物质利益的追求是每一个正常人的本性。至于物质利益的内容,实现的程度、形式和手段,那是受人所处的社会历史制约的,是具体的、历史的,而不是抽象的、超历史的。当然,人们在追求物质生活、物质利益的同时,也追求高尚的精神生活,追求美好的理想、信仰。理想、信仰是推动人类社会进步不可缺少的精神动力。邓

① 马克思:《第六届莱茵省议会的辩论(第一篇论文)》(1842年4月),载《马克思恩格斯全集》第1卷,人民出版社1956年版,第82页。

② 邓小平:《解放思想,实事求是,团结一致向前看》(1978年12月13日),载《邓小平文选》第2卷,人民出版社1994年版,第146页。

③ 邓小平:《党和国家领导制度的改革》(1980年8月18日),载《邓小平文选》第2卷,人民出版社1994年版,第337页。

小平说得好："对马克思主义的信仰，是中国革命胜利的一种精神动力。"①
"为什么我们过去能在非常困难的情况下奋斗出来，战胜千难万险使革命
胜利呢？就是因为我们有理想，有马克思主义信念，有共产主义信念。"②

第三，重视人的现代化建设。

社会的发展和人的发展是相辅相成的。一般地说，社会的发展决定着
人的发展，人的发展又极大地反作用于社会的发展。然而，在知识、科
学、技术的作用迅速增大的时代，社会发展与人的发展之间的关系就变
得复杂起来。依据西方社会的发展，不少学者认为：在进入信息化、知识
化时代的今天，知识不仅是力量，而且是财富；最大的资本，不是资金资
本，而是人力资本；企业之间的竞争，国家之间的竞争，最终取决于科学
技术的竞争，人才的竞争。越来越多的企业家和管理专家认识到，现代化
的企业管理应"以人为本"。重视人的建设已是当代现代化潮流中一个十
分突出的带普遍性的现象。

中国是一个后发型的现代化国家。中国要赶上西方国家，必须充分利
用后发型国家的优势，从教育和科学入手，尽量吸收世界各国的文明成
果，把人的现代化建设放在优先的战略地位，以人的现代化带动、促进整
个社会现代化。

邓小平正确地把握了世界现代化进程的脉搏和中国现代化进程的特
点，在新时期的开始时就提出一定要在全党全国造成一种"尊重知识，尊
重人才"的空气，把人的建设提到战略高度。他指出："靠空讲不能实现
现代化，必须有知识，有人才。没有知识，没有人才，怎么上得去？"③ 又
说："我国的国家，国力的强弱，经济发展后劲的大小，越来越取决于劳
动者的素质，取决于知识分子的数量和质量。"④ 没有知识不行，没有人才

① 邓小平：《建设有中国特色的社会主义》（1984 年 6 月 30 日），《邓小平文选》第 3 卷，
  人民出版社 1993 年版，第 63 页。
② 邓小平：《一靠理想二靠纪律才能团结起来》（1985 年 3 月 7 日），《邓小平文选》第 3
  卷，人民出版社 1993 年版，第 110 页。
③ 邓小平：《尊重知识，尊重人才》（1977 年 5 月 24 日），《邓小平文选》第 2 卷，人民
  出版社 1994 年版，第 40 页。
④ 邓小平：《把教育工作认真抓起来》（1985 年 5 月 19 日），《邓小平文选》第 3 卷，人
  民出版社 1993 年版，第 120 页。

不行。现在我国面临的一个严重问题，不是实现现代化的路线、方针、政策对不对，而是缺少一大批实现这个路线、方针、政策的人才。现代化事业成败的关键在于人才，在于能不能培养人才、发现人才、使用人才。

人的建设是包含许多方面的系统工程，其中最基础的工作则是教育。邓小平反复讲，实现现代化，科技是关键，教育是基础。他亲自抓教育，把教育纳入全党全国工作的重点。他指出：全党全国工作的重点，"应当包括教育。一个地区，一个部门，如果只抓经济，不抓教育，那里的工作重点就是没有转移好，或者说转移得不完全。忽视教育的领导，是缺乏远见的、不成熟的领导者，就领导不了现代化建设。各级领导要像抓好经济工作那样抓好教育工作。"① 现代化建设靠知识，靠人才，而知识、人才靠教育。因此，"教育是一个民族最根本的事业。"② 今天，仍有相当一部分领导者，只注重抓经济建设，只注意盖工厂、修铁路公路等物的建设，不注意抓教育，抓人的建设。

前面已提到，邓小平在人的建设上既注意革命化，又注意知识化，要求培育有理想、有道德、有文化、有纪律的社会主义新人。现代社会是一个民主法制社会。现代公民必须具有民主法制观念。中国没有经历资本主义民主阶段，缺少民主传统，一般公民缺乏民主法制观念。针对这种特点，邓小平强调民主法制建设，强调要对全体公民进行民主法制教育。他提出民主法制教育要从娃娃抓起。现代社会要求人民具有独立自主意识、创新意识、竞争意识、危机意识、机遇意识、冒险意识、时间意识、效率意识。为了培养适合现代化的新人，他提出"教育要面向现代化，面向世界，面向未来"③。总之，笔者以为，邓小平提出的现代化新人建设的内容体现了新时代的精神和特色。

第四，人权理论的运用与发展。

---

① 邓小平：《把教育工作认真抓起来》（1985 年 5 月 19 日），载《邓小平文选》第 3 卷，人民出版社 1993 年版，第 121 页。

② 邓小平在会见香港捐资兴学的知名人士包玉刚等人时的谈话（1986 年 4 月 19 日），《人民日报》1986 年 4 月 20 日。又见《邓小平年谱（1975—1997）》（下），中央文献出版社 2004 年版，第 1112 页。

③ 邓小平：《为景山学校题词》（1983 年 10 月 1 日），《邓小平文选》第 3 卷，人民出版社 1993 年版，第 35 页。

人权理论是人学的重要组成部分。在当代，人权问题不仅是学术问题，而且是个重大的政治问题。西方霸权主义者大肆鼓吹他们的人权理论和价值观，极力利用人权问题作为干涉别国内政的借口。针对西方反动势力对我国人权状况的歪曲和攻击，邓小平对来访的外国政治家直截了当地说："人们支持人权，但不要忘记还有一个国权。谈到人格，但不要忘记还有一个国格。特别是像我们这样第三世界的发展中国家，没有民族自尊心，不珍惜自己民族的独立，国家是立不起来的。"① 一个人的人权、人格均系于国家的独立、自主。在一个亡国的国家，在一个被压迫、被奴役、被剥削的殖民地半殖民地，谈何人权，谈何人格，谈何自由、民主。因此，"国权比人权重要得多。"②

在今天的世界上，人权也好，民主、自由也好，都是具体的，有阶级性的。邓小平尖锐地揭穿了西方侈谈人权的虚伪性和险恶用心。他指出：西方发达国家搞的是强权政治、霸权主义。"西方国家说我们侵犯了人权，其实他们才是真正的侵犯人权。""贫弱国家、第三世界国家的国权常被他们侵犯。他们那一套人权、自由、民主，是维护恃强凌弱的强国、富国的利益，维护霸权主义、强权主义者利益的。"西方殖民主义、帝国主义的侵略使中国人民遭受到多么巨大的损失！"他们谈人权是没有资格的。"③他又指出，在谈人权时，"就要问，什么是人权？首先一条，是多少人的人权？是少数人的人权，还是多数人的人权，全国人民的人权？西方世界的所谓'人权'和我们讲的人权，本质上是两回事，观点不同。"④这就从根本上划清了西方世界的所谓"人权"与我们讲的人权的界限。我们讲的人权是全国人民的人权，是绝大多数人的人权。作为一个发展中国家，我们把生存权、发展权放在首位，同时又致力于维护和保障我国宪法所规

---

① 邓小平：《结束严峻的中美关系要由美国采取主动》（1989年10月31日），载《邓小平文选》第3卷，人民出版社1993年版，第331页。

② 邓小平：《坚持社会主义，防止和平演变》（1989年11月23日），载《邓小平文选》第3卷，人民出版社1993年版，第345页。

③ 邓小平：《坚持社会主义，防止和平演变》（1989年11月23日），载《邓小平文选》第3卷，人民出版社1993年版，第345页。

④ 邓小平：《搞资产阶级自由化就是走资本主义道路》（1985年5月、6月），载《邓小平文选》第3卷，人民出版社1993年版，第125页。

定的公民的各项人权。

邓小平的人学思想自然不止这四个方面，以上只是大略的勾勒而已，挂漏之处，在所难免。

四、对"改革是以经济人为导向"观点的论析

本文开头就提到，理论界有人提出我们党的十一届三中全会以来的经济体制改革是以亚当·斯密的经济人为导向的，其最终结果是导致资本主义复辟。有人还写了长篇文章进行论证。持这种论点的人认为：我国经济体制改革的必要性不是在现实的社会生活中，而是在改革者运用了"经济人假设"论证的结果，即所谓"只要运用经济人假设就能论证改革的必要性"、"只有运用经济人假设才能论证改革的必要性"；苏联和东欧的改革是以经济人为导向的，我国从农村开始的家庭联产承包责任制改革到城市试行的承包制、股份制、股份合作制等各种改革方案也都是以经济人假设为导向的；改革的不断深入的每一步都由经济人假设的不断深入运用鸣锣开道，从而对计划经济的批判和否定也不断深入，最后提出社会主义市场经济；经济人假设的运用必然导致强化个人主义价值观，等等。

很明显，与一般否定改革论者不同，上述观点持有者是从改革的理论基础上提出对改革的否定。对上述观点，笔者实难苟同。上述观点是对我国改革的人学基础的一种严重曲解，根本不符合改革的实际历程。

第一，我国经济体制改革的必要性决不是像上述论者所言的是运用经济人假设进行论证的结果，而是社会现实生活矛盾的结果，是现存的生产关系、经济体制同生产力发生尖锐矛盾的结果。农村的家庭联产承包责任制的改革是广大农民为了解决生存、温饱，冒着坐牢的风险而作出的伟大创造。这种创造得到邓小平和党中央的肯定、支持，逐步在农村推广。实践证明农村的改革极大地解放了生产力，促进了我国农村经济的迅速发展，解决了大部分地区农民的温饱问题。这是任何一个只要不抱有偏见的人都承认的历史事实。所谓"只有运用经济人假设才能论证改革的必要性"的说法是某些论者无视社会生活现实、关在小房子里作出的主观主义设定。

第二，如前所说，物质利益原则确实是改革的重要理论根据，但这与亚当·斯密的经济人假设有着本质的不同。改革前的经济体制的弊端之一是平均主义，忽视了劳动者的物质利益原则，尤其是忽视了个人的物质利益。改革就是要打破平均主义，寻找正确处理国家、企业和劳动者个人三者关系的最佳形式，坚持按劳分配、多劳多得、少劳少得的原则。对改革持异议论者根本否认物质利益，尤其是否认个人物质利益原则。在他们看来，对个人物质利益的任何承认都是离开了马克思主义，都是以亚当·斯密的经济人假设为导向的。其实这是莫大的误解。马克思主义固然强调集体利益、社会利益，但从未否认个人利益。列宁指出："必须把国民经济的一切大部门建立在同个人利益的结合上面。共同讨论，专人负责。由于不善于实行这个原则，我们每走一步都吃到苦头。"①列宁的这些话，至今仍有其价值。由于不注重个人物质利益，不善于实行把个人利益同国家利益、集体利益相结合的原则，我们吃的苦头还少吗？

承认个人物质利益与亚当·斯密的经济人假设是两回事。亚当·斯密对人性的看法是二元论的。他认为，人性天生为善，自爱和仁爱是人性中的两种基本要素。在道德领域中，仁爱使人利他，具有利他的同情感，这就是后人所称之为的"道德人"假设。在经济领域中，自爱使人利己，不断追求满足个人的私利，这就是后人称之为的"经济人"假设。亚当·斯密认为：虽然人的经济行为都是从自私自利的本性出发的，但通过商品的等价交换，每个人在追求个人利益的同时又会给他人和整个社会带来利益，促进整个社会经济的发展和财富的增加。亚当·斯密承认个人对物质利益的追求，承认这种追求能促进社会财富的增加和社会的进步，这并没有错。他的"经济人"假设的错误在于他把个人对物质利益的追求等同于人的本性是自私自利的，把在私有制社会形成的人的自私性普遍化为人与生俱来的人性。我们有的同志虽然反对亚当·斯密的"经济人"假设，但在实际上却陷入了亚当·斯密同样的错误。他们也把追求个人物质利益视为人的自私本性，因而他们在否认人的本性是自私的时候连带把个人对物质利益的追求这一点也一起否定了。

---

① 列宁：《新经济政策和政治教育委员会的任务》（1921年10月17日），载《列宁选集》第4卷，人民出版社1995年版，第582页。

第三，我们承认个人物质利益原则，但决不认为个人物质利益是唯一的利益，而是主张要将个人利益与集体利益、社会利益结合起来，统一起来。在改革之初，邓小平就指出："每个人都应该有他一定的物质利益，但是这决不是提倡各人抛开国家、集体和别人，决不是提倡各人都向'钱'看。要是那样，社会主义和资本主义还有什么区别？我们从来主张，在社会主义社会中，国家、集体和个人利益在根本上是一致的，如果有矛盾，个人利益要服从国家和集体的利益。"[①]在社会主义条件下，个人收入的分配，必须坚持以按劳分配为主体、多种分配方式并存的制度，必须把国家、集体和个人三者的利益结合起来。按照这种思路进行改革，决不会导致个人主义价值观的强化。在改革过程中，确实有少数人鼓吹"人的本性是自私的"和"一切向钱看"的谬论。这种谬论受到主导舆论的批判。邓小平本人就多次尖锐而严厉地批判"一切向钱看"的观点。所以，那种认为我国的改革必然导致个人主义价值观强化的断言是难以令人信服的。

第四，邓小平在注重物质文明建设的同时注重精神文明建设。他对人的理解是全面的，决不是某些论者所歪曲的仅仅是追求物质利益的"经济人"。这一点前面已有论列，在此不再赘述。

总之，我国经济体制改革的人学基础是马克思主义人学理论，是建立在对人的唯物的、辩证的、历史的理解之上的。在改革的人学基础中，在邓小平的人学思想中，丝毫也找不到亚当·斯密的人性是自私的"经济人"的影子。"我国的改革是以'经济人'为导向"的论断完全是某些人为了否定党的十一届三中全会以来的改革而作出的主观臆断。

（刊《河北大学学报》1997 年第 3 期；人大复印资料《邓小平理论研究》1997 年第 11 期；收入中国人学学会编：《人学与现代化——全国首届人学研讨会论文集》，广西人民出版社 1998 年版）

[①]　邓小平：《党和国家领导制度的改革》（1980 年 8 月 18 日），载《邓小平文选》第 2 卷，人民出版社 1994 年版，第 337 页。

新时期对实践理论的呼唤

今年是毛泽东的哲学名著《实践论》、《矛盾论》写作60周年。《实践论》、《矛盾论》是马克思主义哲学、中国革命经验和中国传统哲学精华三者融合创新的产物，极大地丰富和发展了认识论和辩证法。1960年初，毛泽东在读苏联《政治经济学》教科书时曾说过：任何国家，任何时候，单靠老的东西是不行的。《实践论》、《矛盾论》是适应当时时代的需要而不能不写的。现在我们已进入社会主义时代，出现一系列新的问题，如果不适应新的需要，写出新的著作，形成新的理论，也是不行的。毛泽东希望能写出新的实践论和矛盾论。

一、实践理论的凸现是时代的需要

我国社会主义现代化建设的新时期是以"实践是检验真理的唯一标准"的大讨论为开端的。建设有中国特色社会主义的道路在解放思想、实事求是思想路线的指导下，在大胆地试、大胆地闯的实践过程中逐步开辟。邓小平理论最重要的哲学基石就是马克思主义的实践理论。可以认为：实践理论的社会作用在我国改革开放和现代化建设过程中得到了前所未有的充分显示。

哲学是时代的精华。哲学的命运看其是否满足时代的需要而定。实践问题的凸现理所当然地为我国哲学界所关注。我们也必须承认：第一，口头上承认实践理论是一回事，在实践中能否真正运用它又是一回事；第二，在理论上，研究者们固然有许多共识，但也有不少分歧，有些分歧（如实践在马克思主义哲学体系中的地位和作用的问题）直接关系到对马克思主义哲学的本质、体系的不同理解；第三，有些问题（如实践规律问题）的研究仅仅是开端，而有些问题（如如何评价实践的结果问题）还尚未涉及。因此，实践理论的研究依然是马克思主义哲学发展的重要生长点。

二、实践理论是马克思主义哲学体系的基础理论

列宁曾说过："生活、实践的观点，应该是认识论的首要的和基本的观点。"[①] 毛泽东在《实践论》中对实践在认识过程中的地位和作用做了系统的说明和发挥。受列宁、毛泽东的影响，后来的国内外教科书通常都把实践看成认识论的范畴，放在认识论部分加以论述。近几年来，我国哲学界有所突破，多数学者认为，实践观点不仅是认识论的首要的基本的观点，而且也是整个马克思主义哲学首要的基本的观点。有的学者为了突出实践的地位和作用，主张用实践唯物主义来称谓马克思主义哲学。也有少数学者不赞成上述观点，反对将实践由认识论范畴或历史观范畴上升为整个马克思列宁主义哲学的范畴。笔者赞同实践观点是马克思主义哲学首要的基本的观点的提法，并认为实践理论是整个马克思主义哲学体系的基础，是贯穿于整个哲学体系的一根红线。

第一，从马克思主义哲学的创立来看，科学实践理论的建立是马克思恩格斯在哲学领域里实现革命变革之所在。马克思的《1844 年经济学哲学手稿》、《关于费尔巴哈的提纲》和马克思恩格斯合著的《德意志意识形态》等著作最清楚地表明了这一点。马克思的新哲学同一切旧哲学（包括旧唯物主义）的最根本的区别在于它把社会实践，尤其是物质资料生产的实践看成是整个人类社会存在、发展的基础和动力。科学的实践理论充

---

① 列宁：《唯物主义和经验批判主义》（1908 年 2—10 月），载《列宁选集》第 2 卷，人民出版社 1995 年版，第 103 页。

分体现了马克思新哲学的革命的批判的本质，体现了新哲学的革命性与科学性的高度统一。

第二，从马克思哲学理论的内在联系看，实践理论是整个马克思主义哲学体系的基础，只有坚持实践理论才能划清唯物主义与唯心主义、辩证法与形而上学的界限，才能彻底驳倒唯心主义、形而上学和其他一切奇谈怪论。唯心主义者看到了日常生活中精神变物质的现象，但由于不懂得社会实践的意义，不了解精神从何而来，从而得出精神先于物质、精神决定物质的错误理论。旧唯物主义者固然承认精神是物质的反映，意识是人脑的产物，坚持唯物主义，反对唯心主义。但它同样不懂得社会实践的意义，因而不能正确回答精神从何而来，不可能真正驳倒唯心主义。只有在实践的基础上，才有可能唯物、辩证地解决物质和精神的关系。总之，通常所说的本体论、自然观、认识论、历史观的唯物而辩证地解决，都需要以实践理论为基础，否则就很难既划清同唯心主义的界限，又划清同旧唯物主义的界限。实践理论决不是马克思主义哲学体系中某一局部性的东西，而是它整个体系的基础，并贯彻于它的各个方面。

第三，从马克思主义哲学研究对象看，实践规律（即改造世界的规律）应是马克思主义哲学研究的重要对象。马克思的《关于费尔巴哈的提纲》最后一条说："哲学家们只是用不同的方法解释世界，而问题在于改变世界。"通常研究者们认为马克思的这一名言强调了改变世界比认识世界更重要。这样的理解无疑是正确的。不过，笔者以为，马克思这一名言的含义不能限于此，它还有更深刻的内容，即以往的旧哲学的研究大都只囿于如何解释世界，更主要的是要研究如何改造世界。若回顾一下马克思以前的哲学史就不难发现，以往的哲学家所研究的是，世界是什么及如何认识它，而对世界应是什么及如何改造的问题则很少涉及。哲学是智慧之学，人的智慧不仅表现在解释世界上，更重要的是表现在改造世界上。人们研究哲学的最终目的是为了掌握认识世界和改造世界的规律，更有效地认识世界和改造世界，从而不断地获得自由，扩大自由。马克思主义哲学在哲学研究对象上与旧哲学有重大区别，即不仅要研究客观世界的规律和认识世界的规律（世界是什么及如何认识它），而且要研究改造世界的规律（世界应是什么及如何去做）。

三、坚持实践理论不动摇

如前所述，科学的实践理论是马克思主义哲学同一切旧哲学的根本区别之所在，抽去了实践理论这块基石，整个马克思主义哲学大厦就会倒塌。列宁注重实践理论，注重把马克思主义与新的实践相结合，结果在理论上发展了马克思主义，在实践上取得了俄国十月社会主义革命的胜利。第二国际理论家，忽视了实践理论，导致修正主义。斯大林没有把握住实践理论，他在《论辩证唯物主义和历史唯物主义》的小册子中不讲实践。在行动上，他脱离实际、脱离群众，陷入教条主义。毛泽东在反对教条主义的斗争中强调实践，发展了实践理论，取得了中国革命的胜利。令人遗憾的是，他在晚年脱离实践、脱离集体领导，陷入悲剧。毛泽东逝世后，邓小平从"实践是检验真理的唯一标准"的大讨论入手，拨乱反正，重新确立实事求是的思想路线，总结创立了建设有中国特色社会主义的伟大理论，开创了社会主义现代化建设的新时期。历史表明，坚持不坚持实践理论直接关系到无产阶级政党思想路线的正确与否，关系到党的事业的兴衰成败。历史还告诉我们，真正坚持实践理论不动摇是不容易的。

在现实生活中，有人口头上承认实践理论，但在实际的行动上却往往忘记、背离这一理论。如，有的同志主观愿望上是要坚持马克思主义，要划清马克思主义同非马克思主义、反马克思主义的界限，是要坚持当代中国马克思主义——邓小平建设有中国特色社会主义理论的。但通篇文章却只字不讲马克思主义的实践理论，不讲实践是检验真假马克思主义的唯一标准，是区分马克思主义与反马克思主义的试金石。马克思主义理论的生命力就在于它的实践性，在于它植根于社会现实生活之中。真正坚持马克思主义不动摇，最根本的是要坚持马克思主义的实践理论不动摇，将马克思主义与当代国际国内的新情况相结合。离开实践理论，空谈坚持马克思主义理论不动摇，那只能是南辕北辙。

有的同志主观上要做一个虔诚的马克思主义者，可是又无视迅速发展的社会生活和新的实践，一味固守原来的"本本"，以原来的"本本"来衡量现实，衡量发展了的新理论。他们在口头上也讲实践，但由于顽固的教条主义态度，往往不能客观地、全面地、历史地分析现实，评价新的实践。他们往往抓住前进中的问题来否定新的实践、新的理论。这种人总是固守"本本"，总是往后看，总感到今不如昔，埋怨客观现实超越了、突破了他们设定的清规戒律。

实践问题是一个老问题，但真正在理论与实践两个方面弄懂弄通它，却并不容易。要做一个真正的马克思主义者就不仅要在口头上、更重要在行动上坚持科学的实践理论。

（刊《发展论坛》1997 年第 8 期；人大复印资料《哲学原理》1997 年第 10 期转载）

坚持实践理论不动摇

今年是"实践是检验真理的唯一标准"讨论 20 周年，适逢又是《共产党宣言》发表 150 周年。回顾 150 年来马克思主义的发展，尤其是近 50 年来的发展，笔者深深感到，能否坚持实践理论，不是个小问题，而是关系到马克思主义命运的大问题，关系到党的思想路线能否贯彻执行的大问题，关系到党和国家兴衰成败的大问题。坚持马克思主义、毛泽东思想和邓小平理论不动摇，首要的是坚持实践理论不动摇，坚持理论与实际相结合的原则不动摇。

一、实践理论是马克思主义哲学最重要的基石，
理论联系实际是马克思主义生命力之所在

在"实践是检验真理的唯一标准"讨论之前，我国及苏联等国理论界普遍地对实践理论在马克思主义哲学中的地位和作用认识不足，把实践仅仅看成是认识论范畴，放在认识论部分加以阐述。自"实践是检验真理的唯一标准"讨论以来，我国理论界对实践理论在马克思主义哲学中的地位和作用有了新的认识，普遍地认为，实践观点不仅是马克思主义认识论的首要的基本的观点，而且是整个马克思主义哲学首要的基本的观点，实践理论是马克思主义哲学最基础的理论，是它的最重要的基石。有的同志认为，马克思恩格斯创立的辩证的历史的唯物主义就是实践的唯物主义。笔者赞同这种观点。

从马克思主义学说的创立过程来看，马克思恩格斯首先是在哲学领域里发生革命变革，之后在政治经济学领域中发生革命变革，有了唯物史观和剩余价值学说的创立，社会主义才由空想变为科学。马克思恩格斯在哲学领域中的变革最根本的是科学实践理论的创立，即把社会实践，尤其是物质资料生产的实践看成是整个人类社会存在、发展的基础和动力，把人看成是在一定社会关系中实践着的人。"哲学家们只是用不同的方式解释世界，而问题在于改变世界。"①马克思的这一名言表明：新哲学的任务旨在改造世界，新哲学不仅要研究认识世界的根本规律（包括世界是什么及其如何认识），而且要研究改造世界的根本规律（包括世界应是什么及其如何去做）。新哲学把实践规律作为自己研究的重要对象，科学实践理论的创立从根本上划清了无产阶级的新哲学同以往一切旧哲学的根本界限。从马克思主义哲学体系内容看，只有坚持科学的实践理论，才能唯物而辩证地解决哲学的基本问题，才能彻底驳倒唯心主义、形而上学和其他一切怪论。实践理论充分体现了马克思主义哲学的革命的批判的本质，体现了它的革命性和科学性的高度统一。实践理论贯彻于马克思主义哲学的各个部分，是它的基础。

马克思恩格斯在自己的革命活动和科学研究中始终坚持贯彻实践理论。他们在创立自己学说之初就旗帜鲜明地反对教条主义，强调要从事实出发，而不是从原则出发，理论要随着实践的发展而发展，他们始终积极投身于工人运动，与工人阶级同呼吸共命运；他们时刻关注社会的新发展，包括科学技术的最新发展。恩格斯在晚年反复说明他们的学说不是教条，而是方法，是行动的指南。他告诫革命者：不要生搬马克思和我的话，而要根据自己的情况像马克思那样去思考问题，只有在这个意义上，"马克思主义者"这个词才有存在的理由②。

19世纪末的一个普遍看法是"马克思主义并不包含任何哲学内容"③。

---

① 马克思：《关于费尔巴哈的提纲》（1845年春），载《马克思恩格斯选集》第1卷，人民出版社1995年版，第57页。

② 见［俄］阿·沃登：《和恩格斯的谈话》，载《智慧的明灯》，人民出版社1983年版，第91页。

③ ［英］戴维·麦克莱伦：《马克思以后的马克思主义》，中国社会科学出版社1986年版，第137页。

受此种思潮的影响，伯恩施坦不重视马克思主义哲学，甚至企图用当时流行的新康德主义来补充马克思主义。第二国际大理论家考茨基熟读马克思恩格斯的著作。列宁曾说过："考茨基是一个几乎能把马克思著作背得出来的人；从考茨基的一切著作来看，在他的书桌或脑袋里一定有许多小抽屉，把马克思所写的一切东西放得井井有条，引用起来极其方便。"① 考茨基曾写过不少通俗的解释、宣传马克思主义（主要是政治经济学）的著作。但他犯有与伯恩施坦同样的毛病，不重视哲学，不懂得辩证法，最后陷入修正主义。普列汉诺夫读马克思恩格斯的书很多，学识渊博，写过许多至今仍有重大价值的理论著作。他重视哲学，批判过哲学上的修正主义，捍卫唯物主义。但他的哲学有重大缺陷，没有掌握马克思的实践理论，把马克思的认识论等同于费尔巴哈的认识论；没有掌握辩证法的实质，不懂得辩证法就是认识论。这种哲学上的不足是导致他跌入机会主义泥坑的原因之一。

列宁则不同。他重视哲学，紧密结合当时的政治斗争和思想斗争研究哲学。他重视实践理论，重视辩证法。在批判唯心主义时，他明确提出："生活、实践的观点，应该是认识论的首要的和基本的观点。"② 在《哲学笔记》中，他强调实践的革命意义、实践标准、理论与实践的结合等问题。他注重马克思主义与时代的结合，不拘泥于马克思主义的个别论断，在理论上发展了马克思主义，在实践上取得了俄国十月革命的胜利。在十月革命后，在探索如何在一个小农国家里建设社会主义过程中，他强调实践。他说："现在一切都在于实践，现在已经到了这样一个历史关头：理论在变为实践，理论由实践赋予活力，由实践来修正，由实践来检验。"③ 列宁始终使马克思主义充满生机和活力。

斯大林没有很好地把握住实践理论和辩证法的实质。他的《论辩证唯物主义和历史唯物主义》不讲实践，不讲对立统一规律。在晚年，他在行

① 列宁：《无产阶级革命和叛徒考茨基》（1918年10—11月），载《列宁选集》第3卷，人民出版社1995年版，第592页。

② 列宁：《唯物主义和经验批判主义》（1908年2—10月），载《列宁选集》第2卷，人民出版社1995年版，第103页。

③ 列宁：《怎样组织竞赛？》（1917年12月24—27日），载《列宁选集》第3卷，人民出版社1995年版，第381页。

动上脱离了实践，脱离了群众，思想僵化，陷入教条主义、主观主义。这是导致苏联政治经济体制僵化的一个重要理论原因。

在民主革命过程中，毛泽东反对主观主义，尤其是反对教条主义，强调调查研究，强调实践，强调学习马克思主义重在应用、马克思主义必须同本国实际情况相结合。他写作了《实践论》、《矛盾论》这样的名篇，丰富和发展了马克思主义认识论和辩证法，在实践上取得了中国革命的胜利。在晚年，他虽然在理论上仍然强调实践、群众的作用，而在行动上却重犯了斯大林的错误，个人崇拜，脱离实践，脱离群众，脱离集体领导，陷入严重的主观主义，在实践上给党和国家带来了不幸。

邓小平继承了毛泽东的注重哲学、注重实践、注重群众的优良传统，从重新确立实事求是思想路线入手，拨乱反正，在实践中开辟了建设有中国特色社会主义新路，开创了我国社会主义现代化建设的新时期，开拓了马克思主义的新境界。

从上面十分简略的历史回顾可知：实践理论是马克思主义哲学体系的最重要的基石，轻视不得，动摇不得。实践是主观与客观、理论与实践具体历史统一的基础，是解放思想、实事求是思想路线的基础。实践理论与实事求是是同一的，坚持实践理论与坚持党的实事求是的思想路线是一回事。脱离了实践，马克思主义或者走向教条主义，或者走向修正主义。从这方面看，实践理论是整个马克思主义科学体系的基础性理论。"理论是灰色的，而生活之树是常青的"，这是列宁所喜爱的歌德的一句名言。马克思主义是社会实践的产物，群众智慧的结晶。植根于社会生活之中，一刻也不脱离实践，一刻也不脱离群众，是马克思主义生命力之所在。

二、坚持实践理论不动摇，大胆地试，大胆地 闯，不断开创社会主义现代化事业新局面

自 1978 年"实践是检验真理的唯一标准"讨论以来，实践理论本身有了重大的发展（有关这方面的内容可看拙作《有关实践理论的若干思考》，《中共中央党校学报》1997 年第 3 期），实践理论愈来愈为人们所承认。但口头上承认是一回事，能不能始终如一地运用它来观察问题、解决

问题则是另一回事。在新时期，坚持实践理论，最重要的是解放思想，大胆地试，大胆地闯，不断地总结经验，不断地把改革开放和社会主义现代化事业推向前进。

首先，以实践为武器，不断地解放思想。

我国社会正经历着广泛而深刻的社会变革。这种变革表现为两大方面：一是生产力的变革，由手工劳动向机械化、自动化的生产转变，由农业社会向工业社会、信息社会转变；二是社会体制方面的变革，由高度集中的社会主义计划经济体制向社会主义市场经济体制转变和由高度集权的社会主义民主政治体制向新型的广泛的社会主义民主政治体制转变。从世界范围内看，由科学技术革命引起的生产力革命，由科学技术革命和生产力革命引起的社会生活的巨大变革和社会体制的变革，正以人们难以预料的速度向前发展。我国社会及整个世界日新月异的变化，要求我们不断解放思想，更新观念。思想停滞，墨守成规，只能导致落后，甚至失败。

实践是解放思想的先行者，是对迷信、教条、传统观念、习惯势力等禁锢人们的精神枷锁的最有力批判者。任何理论教条、传统观念、习惯势力，不论多么顽固，最终将为社会实践所冲垮。今天，一切理论、思想、政策、体制、原则、决议，都要受到社会实践的检验，凡是有利于社会生产力发展的，有利于综合国力提高的，有利于人民物质文化生活提高的，那就有存在的理由，否则，不管它是谁说的或由谁制定的，都得抛弃或修正。即使是上了宪法的（如人民公社）、上了党的决议的（如对"文化大革命"的肯定），实践证明不行的，也得改。有些观点、体制、办法，在实践中一再证明不灵，消极的东西不仅没有遏制，反而在蔓延，甚至愈演愈烈，但由于固执着某些抽象的观念、教条，仍然不敢动，不敢改。其实，如前所说，实践是最顽强的，过时了的、阻碍社会发展的东西晚改不如早改，不改是不行的。

改革开放以前，我们有满脑子的框框，改革开放以来，我们以实践为武器，已冲破了许多，但我们应清醒地认识到，由于我国特殊的历史条件（即不是在一个经过比较充分发展了资本主义基础上，而是在一个经济、政治、文化不发达的以小生产为主的农业社会基础上建立起社会主义制度），我们不仅要冲破由外国传入的迷信、教条、模式（包括苏联模式和西方模式）的束缚，而且要冲破千百年来形成的封建主义传统和小生产习惯势力的束缚。后一方面思想解放的内容带有民主主义的性质。"被束缚的个性如不得解放，就没有民主主义，也没有社会主义。"①民主化与现代化是相辅相成的，如车之两轮，鸟之双翼。"没有民主就没有社会主义，就没有社会主义的现代化。"②"我们这个国家有几千年封建社会的历史，缺乏社会主义的民主和社会主义的法制。""我们过去的一些制度，实际上受了封建主义的影响"③。在这方面，思想解放的任务很重、很艰难，即使思想很解放的人，在这方面也往往裹足不前。

其次，在大胆实践中探求解决问题的新办法、新理论。

实践是认识的基础。人们只能在改造世界中认识世界，又在认识世界中改造世界。正确的思想、理论、政策、办法只能来之于实践。人们不是学好了再干，而是在干中学，边干边学，这是一条最基本的认识规律和实践规律。改造社会的新理论、新办法是逼出来的，"逼上梁山"。第一次大革命失败后，毛泽东领导秋收起义，上井冈山，是逼出来的，是逼上井冈山。我国的改革从农村开始，而农民搞包产到户，搞家庭联产承包责任制，是为了求生存而逼出来的。整个中国的改革开放，也是逼出来的，不改革开放，只是死路一条。建设有中国特色社会主义事业是一项全新事业，马克思主义的"本本"上没有讲过，我们的前人没有做过。苏联等国家有一点搞社会主义的经验，但只能借鉴，不能照搬，何况他们的经验最终看来并不成功。建设有中国特色社会主义，没有现成的经验可学。"我们只能在干中学，在实践中摸索。"④社会主义在实践中，在试验中，社会主义的图样只能在实践中不断修正和完善。

改革开放是一场极其广泛而深刻的革命性变革，也是一个伟大的探索性的试验。改革开放要冒很大的风险，会遇到许多困难。《三国演义》

① 毛泽东：《致秦邦宪》(1944年8月31日)，载《毛泽东书信选集》，人民出版社1983年版，第239页。
② 邓小平：《坚持四项基本原则》(1979年3月30日)，载《邓小平文选》第2卷，人民出版社1994年版，第168页。
③ 邓小平：《答意大利记者奥琳埃娜·法拉奇问》(1980年8月21日、23日)，载《邓小平文选》第2卷，人民出版社1994年版，第348页。
④ 邓小平：《十三大的两个特点》(1987年11月16日)，载《邓小平文选》第3卷，人民出版社1993年版，第258—259页。

里有一个关公"过五关斩六将"的故事。我们的改革开放,"可能比关公还要过更多的'关',斩更多的'将',过一关很不容易,要担很大的风险。"① 改革开放的风险来自多方面:第一,冒犯错误之险。没有经验,是试验,错误难免。第二,冒"异端"之险。新的改革措施、观点、理论,在初起之时往往被传统观念、习惯势力视为"异端"、"违法",甚至被扣上搞"资本主义"、"修正主义"的政治大帽子。第三,冒负面效应之险。任何事物都有两重性,有利必有弊。改革开放,使我国的社会主义现代化事业充满生机和活力,但也必然带来一些消极的负面效应,带来一些坏东西,影响我们的党和人民。这是最大的风险。对负面的东西,尤其是剥削阶级腐朽思想的侵蚀,必须认真对待,否则就会走到邪路上去,亡党亡国。

改革开放尽管有很大风险,但必须搞,因为不搞风险更大。搞开拓创新的试验,搞改革开放,要有冒险精神,要大胆。邓小平总是鼓励大家,胆子要大一点,思想再解放一点,要敢冒、敢闯。"没有一点'闯'的精神,没有一点'冒'的精神,没有一股气呀、劲呀,就走不出一条好路,走不出一条新路,就干不出新的事业。"② 创新是人类文明最大的特色,是一个民族进步的灵魂。要创新就要大胆,就要冒险。与西方国家相比,我们民族的冒险精神不够,怕这怕那,怕担风险、一味求稳成为一种传统的社会心理。因此,我们应大力提倡并从小就培养冒险精神、探索精神和开拓进取精神。只有这样,我们的民族才能虎虎有生气,才能在激烈的竞争中屹立于世界先进民族之林。

再次,尊重群众,善于总结经验。

在探索的试验中,胆子要大,要敢闯,敢试,这是事情的一方面。真理是全面的。事情还有另一面,改革开放的步子要稳,要一切经过试点,不断地总结经验,不可蛮干,不可刮风,一哄而起。邓小平反复讲,我们的原则方针是,胆子要大,步子要稳,关键是要善于总结经验,对的坚持,不对的赶快改,新问题出来抓紧解决。

---

① 邓小平:《理顺物价,加速改革》(1988年5月19日),载《邓小平文选》第3卷,人民出版社1993年版,第262页。

② 邓小平:《在武昌、深圳、珠海、上海等地的谈话要点》(1992年1月18日—2月21日),载《邓小平文选》第3卷,人民出版社1993年版,第372页。

群众是实践的主体，尊重实践，就是要尊重群众，尊重群众的创造，善于集中群众的智慧，总结群众的经验。"从群众中来，到群众中去"是党的群众路线，亦是马克思主义认识论。马克思主义的实践理论与群众观点是相统一的。坚持实践理论就是要尊重群众，善于集中群众的智慧和创造。在这方面，邓小平是新时期的典范。他经常讲，改革是大家的主意，人民的要求。改革开放中许许多多的新东西，都是群众在实践中创造出来的。我们不靠上帝，而是靠自己努力，靠不断总结经验。善于总结经验，这是邓小平的成功之道。邓小平理论就是对我国社会主义历史经验、尤其是改革开放以来的新鲜经验的科学总结，是全党全国人民集体智慧的结晶。因此，我们对它就应倍加珍惜。

实践出真知，向群众学习，"从群众中来，到群众中去"，这些平凡道理似乎很容易懂，但真正实行起来却并不那么容易。在改革开放过程中，我们的许多领导同志，遵循解放思想、实事求是的思想路线，大胆地试，大胆地闯，独立思考，勇于探索，创造了许多新的办法、新的经验、新的认识，不断开拓新局面，但也有不少领导同志，工作中遇到困难、问题，首先想到的是到"本本"上、文件中找答案，从上级领导那里去讨主意，而不是眼睛向下，到实践中去，到群众中去找办法，找主意，找出路。至今仍有少数同志受着"本本上有的不许改，本本上没有的不许说、不许做"的反马克思主义思想的禁锢，仍然一切以唯书、唯上为是，"等靠要"。这不是开拓创新局面的思想路线，而是保守主义的思想路线。作为领导干部，坚持实践理论，就是要养成独立自主地从实践中、从群众中找办法、找主意、找出路的思维方式和领导方法。

三、坚持理论联系实际的优良学风，不断开拓马克思主义新境界

上面讲的坚持实践理论不动摇，大胆地试，大胆地闯，不断开创社会主义现代化事业新局面，着重于党的实际工作。就党的理论工作而言，坚持实践理论不动摇，就是坚持理论联系实际的学风，不断开拓马克思主义新境界。

关于理论联系实际的意义，马克思主义经典作家、党的文件都反复阐述过，江泽民同志在党的十五大报告中和在《深入学习邓小平理论》一文中再一次强调学风问题，强调学习邓小平理论一定要学以致用，把邓小平理论同国际国内的实际，同本地区、本部门、本单位的实际结合起来，运用邓小平理论，指导实践，解决实际工作中的重大问题。应当说，在理论界，口头上谁都承认理论联系实际的必要性，谁都承认对马克思主义，一要坚持，二要发展，在坚持中发展，在发展中坚持，反对把坚持与发展割裂开来，但在实际的应用上，在思想深处，人们的认识却并不一致。

有的同志主观上要做一个虔诚的马克思主义者，要捍卫马克思主义的纯洁性，但是受教条主义习惯势力的束缚，却无视当代国际形势的巨大变化，尤其是无视我国改革开放以来所取得的举世瞩目的成就，一味固守原来的"本本"，固守苏联社会主义模式，以老祖宗的"本本"和被扭曲了的社会主义观念来衡量现实，衡量当代中国的马克思主义——邓小平理论。这些同志往往不能客观地、全面地、历史地分析我国新的实践和实践中遇到的新情况、新问题，往往埋怨实践超越了他们原有的观念，有的甚至发出今不如昔的感叹。有少数的同志对邓小平理论疑虑重重，甚至把它和马克思主义、毛泽东思想对立起来。这部分同志实际上仍然是把老祖宗的本本作为衡量当代马克思主义的标准，而不是把当代的社会实践作为检验一种理论是否正确、是否是马克思主义的标准。这部分同志不明白，离开了当前时代特征和我国的具体实践，孤立地、静止地研究马克思主义，抽象地谈论坚持马克思主义，是毫无意义的。消除这部分同志思想上和理论上疑虑的最好办法，就是让他们走出书斋，走出狭小的圈子，到改革开放的伟大实践中去，做点调查研究，听听广大群众和基层干部的呼声。

有的同志主观上是要高举马克思主义、毛泽东思想和邓小平理论伟大旗帜的，要划清马克思主义与反马克思主义的界限，但在区分的标准上却只字不提实践是检验真假马克思主义的唯一标准。马克思主义不是僵死的教条。马克思主义作为一种意识形态，一种学说，在发展过程中必然会发生分化，在不同时期、不同国家，形成不同的形态。即使是在同一时期、同一国家、同一党派的人，在理解和运用上也会出现不同，会有分歧。那么，究竟谁理解和运用得正确，谁的马克思主义更多一点，这既不能用老祖宗的"本本"作标准来衡量，也不能用当代的"本本"作标准来衡量，更不能靠自己的表白、吹嘘，而只能用社会实践，亿万群众的社会实践。你搞的是不是社会主义，是不是马克思主义，要由社会实践来验证。邓小平讲"不争论，拿事实说话"就是这个意思。这是彻底唯物主义态度。

教条主义虽然一批再批，但由于历史和体制等多方面的原因，它的遗毒至今仍广泛存在。许多理论工作者把自己的主要精力放在注经解经上，把自己的思想束缚在一条绳子上，缺乏独立思考的能力和创新精神。在有的同志看来，现在的"本本"、办法是最好不过的，我们只要遵守既定的办法就无往而不胜。这是一种保守的精神状态。当今世界，日新月异，新的事物层出不穷，新的问题不断出现，观念更新、知识更新的速度愈来愈快，稍有停滞，稍有懈怠，就要落伍，就要挨打。再者，我们正处于社会主义初级阶段，我们对社会主义社会发展规律的认识虽然比前人前进了一大步，深刻了许多，但仍然是初步的，我们面前还有许多未被认识的必然王国，还有许许多多困难和障碍。邓小平理论只是为我们开辟了道路，指明了方向，"今后的路具体怎么走，要靠我们自己在邓小平理论指引下，在实践中不断探索，不断开拓，总结新经验，形成新的认识。"[1] 这是对待邓小平理论的科学态度，这也是党的十五大提倡的开拓创新的精神状态。

马克思主义并不玄奥神秘。它来自实践，来自群众。要打破只有少数领袖人物才能发展马克思主义的迷信。作为一名马克思主义理论工作者既要有热情宣传马克思主义、毛泽东思想和邓小平理论的义务，更要有进一步发展它们的光荣责任感。作为一个理论工作者应当树立起雄心壮志，不要甘当一名注经解经者，把自己的聪明才智禁锢起来，而是要时刻关注时代提出的新课题，关心党和国家的大事，调查研究，总结经验，独立思考，敢于创新，为发展马克思主义尽一份力。要做到这一点，除了必须付出艰辛的劳动外，还要冒很大的风险，因为新的理论，新的观点，往往被时论，被传统势力视为"异端"、毒草，受到批判、打击。因此，理论工

---

① 江泽民：《深入学习邓小平理论》，《求是》1998 年第 4 期。

作者，要真正做到解放思想，实事求是，理论联系实际，在实践中坚持和发展马克思主义，需要有"舍得一身剐，敢把皇帝拉下马"的无私无畏精神，需要有像邓小平那样的革命胆略、科学态度和创造精神。

（本文为中国辩证唯物主义研究会、中共北京市委研究室、中共中央党校哲学教研部等单位联合召开的纪念"真理标准讨论"20周年理论研讨会上提供的论文；刊《大众日报》1998年5月7日；《理论月刊》1998年第7期；以《开创实践的新局面必须破除教条主义》为题收入《让思想冲破牢笼——"真理标准讨论"与新的思想解放》一书，中国人民大学出版社1998年版）

解放思想，解放人

　　二十年前，邓小平领导的 20 世纪中国的第三次思想解放运动将我国的社会主义现代化建设引入了一个崭新的时期。二十年来，思想解放运动，一波未平，一波又起，一浪高过一浪，持续不断，成了推动我国改革开放和现代化建设的强大精神动力。思想解放运动不断冲破禁锢人们思想的种种精神枷锁，解放了人的聪明才智，革除束缚人的生产关系、上层建筑和各种不合理的成规陋习，大大调动和激发了人的主动性、积极性和创造性，整个社会充满了生机和活力，使生产力和社会各个方面都得到了迅速发展。解放思想是当代中国最响亮的、最有时代特色的口号之一。解放思想，说到底是解放人，解放生产力。

　　人类历史上发生过许多次思想解放运动。每一次思想解放运动都涌现出一批杰出的启蒙思想家。他们站在时代最前列，呼啸呐喊，冲锋陷阵。但是，思想解放运动决不是少数启蒙思想家使然的结果，而是社会内部新旧矛盾运动必然的产物。思想解放运动是社会变革的先导和准备。思想解放运动的内容是由一定时代社会生活所规定的。当前，我国社会正处在深刻的大变动之中。这种变动表现在两大方面：从生产力看，我国正处在由传统的农业社会向现代的工业社会、信息社会转变之中；从社会制度看，我国正处在由社会主义计划经济体制向社会主义市场经济体制，由高度集权的社会主义民主政治向更加广泛的社会主义民主政治体制，由人治向法治的转变之中。正是这种广泛而深刻的社会大变革决定了我国思想解放运动的内容及长期性、艰难性。

　　从新中国成立以来，尤其是近二十年来我国社会发展的实际状况看，禁锢人们的精神枷锁大致有个人迷信、教条主义、封建主义影响和小生产习惯势力四个方面。冲破这四个方面的束缚构成了我国现阶段思想解放的主要内容。

一、冲破个人迷信的禁锢

历史是由人民创造，但杰出人物亦有其重要的作用，尤其是在历史的转折关头。在一定意义上讲，杰出人物对加速或延缓社会变革有着决定性的作用，在新民主主义革命时期，在革命的紧要关头，是毛泽东力挽狂澜，挽救了党。如邓小平所说："如果没有毛泽东同志的卓越领导，中国革命有极大的可能到现在还没有胜利，那样，中国各族人民就还处在帝国主义、封建主义、官僚资本主义的反动统治之下，我们党就还在黑暗中苦斗。所以说没有毛主席就没有新中国，这丝毫不是什么夸张。"① 中国人民热爱毛泽东，敬仰毛泽东，把他视为大救星。这种热爱、敬仰超过了一定限度，就转变为对他的个人迷信，盲目崇拜，把他的言论和行动绝对化、神圣化。

毛泽东本人是伟大的思想解放者，从不迷信任何人。他本人也深受个人迷信之害。他虽然不赞成赫鲁晓夫全盘否定斯大林，但他还是肯定赫鲁晓夫对斯大林的批评有积极的一面，揭了盖子，是一次思想解放运动。他主持下写成的《关于无产阶级专政的历史经验》一文对个人迷信（个人崇拜）的危害、产生的根源作了深刻的分析，提出了防止个人迷信的若干方面。遗憾的是1957年以后，他重犯斯大林的错误，逐渐被神化了。他的任何言论都被说成是无条件执行的最高指示、绝对真理。他的任何行动、实践都被视为绝对正确，无可怀疑，最后发展到用他一人的思想统一全党、全军、全国人民的思想，谁要是提出异议或不赞同，谁就是反毛泽东思想、反党、反革命。个人迷信盛行，以一人之是非为是非，全党全国思想僵化，数亿人口的大国只允许一人思考。个人迷信最明显的危害有三：

---

① 邓小平:《解放思想，实事求是，团结一致向前看》（1978年12月13日），载《邓小平文选》第2卷，人民出版社1994年版，第148页。

一是泯灭了迷信者的个性，堕于绝对服从之地位，极大地抑制了亿万群众创造历史的主动性、积极性；二是导致一言堂，家长制，个人专断，民主、法制遭破坏；三是唯心主义盛行，形而上学猖獗，党和国家背离实事求是的思想路线。

"文化大革命"结束后，邓小平提出"两个凡是"不符合马克思主义，要以实事求是的科学态度对待毛泽东和毛泽东思想，要反对个人迷信，鼓励全党从上到下要解放思想，独立思考，大胆探索，勇于创新。冲破个人迷信的精神枷锁是思想上的一大解放。广大干部和亿万人民群众的智慧、积极性、创造性像火山爆发一样迸发出来，中国社会重新出现了生机和活力。

个人迷信是过去人类社会长期历史所遗留下来的一种腐朽的历史遗产。个人迷信在现实社会中仍有它的广泛的社会基础和体制上的原因。个人迷信这类社会的现象还会长期存在。"一次克服了，下次还会再出现，有时由这一些人表现出来，有时又由另一些人表现出来。""因此，反对脱离群众的个人突出和个人英雄主义，反对个人崇拜，是应该经常加以注意的问题。"① 这是历史经验，值得我们高度重视。

二、冲破教条主义的束缚

马克思主义是人类智慧的结晶，是无产阶级和广大人民群众认识世界和改造世界的科学世界观、方法论、价值观。马克思主义并没有结束真理，而只是为认识真理开辟了正确的道路。马克思主义本身是革命的、批判的，是同教条主义相对立的。但是，马克思主义在其发展过程中产生了自身的对立物——教条主义。毛泽东是教条主义的敌人。中国革命是在同教条主义斗争中取得胜利的。在社会主义建设问题上，毛泽东想打破苏联的框框，寻找出一条适合中国特点的道路。但他毕竟是在国际共产主义运动中教条主义盛行时期过来的人。他没有能从根本上冲破斯大林时期形成的社会主义模式，也没有想去突破马克思、列宁对社会主义的设想。可以

---

① 《关于无产阶级专政的历史经验》，《人民日报》1956 年 4 月 5 日。

认为，无论是苏联，还是中国和其他社会主义国家，一直是依照马克思列宁主义的"本本"搞社会主义。党的十一届三中全会后，邓小平首次冲破这一传统，提出在"什么是社会主义，如何建设社会主义"上也要解放思想，社会主义没有固定的模式，一切从中国的实际出发，建设有中国特色的社会主义。中国农民创造的各种形式的家庭联产承包责任制，冲破了长期存在的"一大二公三纯"的社会主义农业模式，启开了中国改革之路，极大地解放了农民和农村生产力。邓小平反复教育全党：实事求是是马克思主义精髓，是毛泽东思想精髓，要提倡这个，不要提倡"本本"，过去我们搞革命所取得的一切胜利，是靠实事求是，现在搞改革开放和现代化建设，同样要靠实事求是；我们一切要从中国处于社会主义初级阶段的实际出发；要尊重实践，尊重群众，善于总结群众的智慧和创造；判断一切工作的最根本的标准，应该主要看是否有利于发展社会主义社会的生产力，是否有利于增强社会主义国家的综合国力，是否有利于提高人民的生活水平。

个人迷信、教条主义导致唯书、唯上的思维方式。这种唯书、唯上的唯心主义思维方式在共产党内根深蒂固，不易彻底破除。时至今日，我们许多理论工作者，一遇到社会生活中的实际问题，写文章，作讲演，首先想到的是老祖宗的"本本"上怎么讲的，文件上是怎么写的，领导人是怎么说的，从现成的书本上找立论的根据，找答案，而不是首先想到到实践中去，到群众中去，调查研究，从大量的实际情况出发，进行分析综合，科学抽象，做出符合新情况、新实际的理论创造。更有甚者则一辈子满足于注经解经，从书本上讨生活。许多实际工作者，领导干部，遇到工作中的问题，同样也是首先到文件中找答案，向上级领导讨主意，两眼盯着文件，盯着领导，而不是首先到实践中去，到群众中去，找答案，讨主意。

三、冲破封建主义影响的束缚

由于特殊的历史条件，我国不是在资本主义充分发展了的基础上建设社会主义的，而是在一个生产力不发达，经济、政治、文化比较落后的半殖民地半封建社会的基础上搞社会主义。我们的民主革命，彻底消灭了封建主义的生产关系和大地主大资产阶级专政的上层建筑。我们对封建主义思想文化也进行了批判。但是，几千年形成的封建主义传统是不可能一下子清除的，它的影响还广泛存在于社会生活的各个方面，严重阻碍着社会主义现代化事业的发展。可是，在一个相当长的时期里，我们只对资产阶级、资本主义比较警惕，而对封建主义残余影响估计很不足。1959 年 12 月，毛泽东在读苏联《政治经济学》教科书时说，在西方各国进行革命和建设，有一个很大的困难，就是资产阶级的毒很厉害，已经渗透到各个角落里去了。我国的资产阶级只有三代，而英国这些国家的资产阶级已经十几代了。毛泽东没有认识到，我国的资产阶级的毒没有西方国家厉害，然而我国封建主义的毒要比资产阶级的毒不知厉害多少倍。个人迷信、家长制、人治、官僚主义、特权和等级制、血统论、领导干部职务终身制、领导个人选择自己的接班人、"官工"、"官商"、"官农"式的体制和作风等无不都是封建主义残余的影响。"文化大革命"虽然是在"破四旧"的口号下开始的，但实质上是潜伏在中国社会中的封建主义遗毒的一次大泛滥。

"文化大革命"结束后，痛定思痛，我们的认识才有了进步。邓小平在《党和国家领导制度的改革》等讲话、谈话中对封建主义残余的表现和危害作了多方面的揭露和批判。他指出："旧中国留给我们的，封建专制传统比较多，民主法制传统很少。"[1] 在答意大利记者奥琳埃娜·法拉奇问时，他在谈到如何防止"文化大革命"这类事再次发生时说："这要从制度方面解决问题。我们过去的一些制度，实际上受了封建主义的影响。""我们这个国家有几千年封建社会的历史，缺乏社会主义的民主和社会主义的法制。"[2] 他甚至尖锐地指出："一个领导人，自己选择自己的接班人，是沿用了封建主义的做法。"[3] 我们应当清醒地认识到，人民群众所厌恶的东西，从大吃大喝、以权谋私到官僚主义、形式主义、唯书、唯

---

① 邓小平：《党和国家领导制度的改革》(1980 年 8 月 18 日)，载《邓小平文选》第 2 卷，人民出版社 1994 年版，第 332 页。

② 邓小平：《答意大利记者奥琳埃娜·法拉奇问》(1980 年 8 月 21 日、23 日)，载《邓小平文选》第 2 卷，人民出版社 1994 年版，第 347 页。

③ 邓小平：《答意大利记者奥琳埃娜·法拉奇问》(1980 年 8 月 21 日、23 日)，载《邓小平文选》第 2 卷，人民出版社 1994 年版，第 347 页。

上，无不带有封建主义遗毒的影响。我们的改革，相当一部分内容是革除封建主义残余的影响。邓小平说得好："肃清封建主义残余影响，对广大干部和群众说来，是一种自我教育和自我改造，是为了从封建主义遗毒中摆脱出来，解放思想，提高觉悟，适应现代化建设的需要，努力为人民作贡献，为社会作贡献，为人类作贡献。肃清封建主义残余的影响，重点是切实改革并完善党和国家的制度，从制度上保证党和国家政治生活的民主化、经济管理的民主化、整个社会生活的民主化，促进现代化建设事业的顺利发展。"[1] 冲破封建主义残余束缚的思想解放任务仍然很重、很艰巨。

四、冲破小生产习惯势力的束缚

我国社会小生产习惯势力同样根深蒂固。这不仅是因为几十年的传统是一种十分顽固的惰性力量，相对落后于现实，而且还在于我国广大农村，以手工劳动为主的小生产方式仍然大量存在，自然经济、半自然经济仍然大量存在。小生产习惯势力的一个显著特点是"因循守旧，安于现状，不求发展，不求进步，不愿接受新事物"[2]。小生产习惯势力的另一显著特点是平均主义，不患寡而患不均，重农抑商。此外，缺乏自主性、崇拜权威、迷信个人、家长制、宗法观念、眼光狭小、轻视科学、愚昧落后等也都是小生产方式带来的。小生产者无现代的自主观念、民主观念、平等观念、法制观念、竞争观念、创新观念、效率观念、开放观念。小生产习惯势力是改革开放、发展市场经济、实现社会主义现代化的巨大阻力。

个人迷信、教条主义对个人的束缚和禁锢，多少带有外在的、强制的性质，冲破起来相对容易些。广泛存在于社会生活中的封建主义残余的影响和小生产习惯势力，则潜移默化，不知不觉从孩提时代起就逐渐内化为人的素质，冲破起来更难些。即使一些思想很解放的人，即使认识了它们弊端的人，也难于摆脱它们某些束缚。这方面的解放，就其性质而言，带

---

① 邓小平:《党和国家领导制度的改革》(1980 年 8 月 18 日)，载《邓小平文选》第 2 卷，人民出版社 1994 年版，第 335—336 页。

② 邓小平:《解放思想，实事求是，团结一致向前看》(1978 年 12 月 13 日)，载《邓小平文选》第 2 卷，人民出版社 1994 年版，第 142 页。

有民主主义的性质。没有个性解放，就没有民主主义，也没有社会主义。由于我国商品经济的不发达和旧传统的顽固性，我国个性解放的任务并没有彻底完成。今日中国，需要一个新的个性解放运动，使国民普遍确立起主体意识。要做到这一点必须大胆吸取和借鉴现代西方文明，吸取和借鉴现代西方文明中的自由、民主、平等、法制、竞争、效率、开放、创新等现代观念。当然，随着对外开放的扩大和深入，在吸取和借鉴现代西方文明时也要防止和警惕盲目照抄照搬的倾向，反对资产阶级自由化的倾向。

在现实社会生活中，个人迷信、教条主义、封建主义残余影响和小生产习惯势力这四个方面是交织在一起的，很难分开。个人迷信、教条主义虽然主要发生在马克思主义者队伍中，但它们本身都是封建社会的产物。在社会主义社会，封建主义残余影响和小生产习惯势力（如平均主义、否定个性的社会本位价值观）又往往披着社会主义、马克思主义的外衣。这种复杂情况更增加了解放思想的难度。

解放思想实质是解放人，但这决不是说，仅靠解放思想就能实现人的解放。我们是历史唯物主义者，人是社会的产物，人的解放从根本上来讲受生产力发展程度制约，受人的社会关系制约。解放思想本身不是目的，解放思想，发挥人的聪明才智和创造力，最终要落实到变革束缚人的生产关系和上层建筑上，落实到解放和发展生产力上。解放思想、解放人、解放生产力这三者是一致的，相互促进，相辅相成。

（刊《中共天津市委党校学报》1999 年第 1 期）

邓小平的创新精神

　　创新是人类文明的最大特色，人的自觉能动性的集中休现。大凡人类历史上的杰出人物，有作为的革命家、思想家、科学家、发明家无不具有创新精神。中国特色社会主义事业是前人未曾做过的伟大试验和伟大创新。创新精神在中国改革开放的总设计师邓小平的身上表现得尤为强烈。邓小平是创新的典范。他牢牢掌握了马克思主义的精髓，解放思想，独立思考，实事求是，冲破了长期以来"左"的教条主义的束缚，把马克思列宁主义基本理论同当代中国和世界的实际相结合，在新的历史条件下继承和发展了毛泽东思想，形成了具有中国特色的社会主义理论，开创了中国社会主义的新阶段。邓小平理论使中国社会主义事业乃至世界社会主义运动摆脱了困境，走上了复兴之路。创新精神贯彻于邓小平理论的一切方面，是蕴含在邓小平理论中更为深邃、更为本质的东西。学习和运用邓小平的创新精神，对我们坚持和发展邓小平理论、"三个代表"重要思想，不断推进中国特色社会主义事业的前进是大有裨益的。

　　邓小平的创新精神体现在邓小平的理论和实践中，具有丰富的内涵。我们大致可从以下四个方面加以把握。

一、解放思想、独立思考的精神

　　马克思主义是发展着的科学，它并没有结束真理，而只是为真理的发展开辟道路。与时俱进是马克思主义的内在品质。但在 20 世纪很长的一段时间里，马克思主义被严重地教条化了。斯大林对马克思列宁主义并不抱教条主义态度，可他本人的理论却被严重地教条化了。毛泽东是教条主义的敌人，他本人的思想是在同教条主义斗争中形成发展起来的。他领导的延安整风运动是 20 世纪中国继五四新文化之后的第二次思想解放运动。中国革命的胜利是在反对教条主义斗争中取得的。遗憾的是在毛泽东晚年，他的理论同样被严重地教条化了。教条主义既使革命和建设遭受严重的曲折，也窒息了马克思主义理论本身的发展。"文化大革命"结束后，针对中国社会普遍存在着严重的个人崇拜和思想僵化，邓小平领导了 20 世纪中国的第三次思想解放运动，开拓了马克思主义的新境界，形成了中国特色社会主义新理论。

邓小平在 1978 年 12 月中央工作会议上发表的《解放思想，实事求是，团结一致向前看》的讲话是新时期解放思想的第一个宣言书，启开了 20 世纪中国第三次思想解放运动。在这场新的伟大的思想解放运动中，邓小平反复阐述了解放思想、独立思考的必要性和意义。他指出，要用科学的态度对待马克思主义、毛泽东思想，马克思主义、毛泽东思想的精髓是实事求是，马克思主义、毛泽东思想要随着实践的发展而发展，"两个凡是"（即"凡是毛主席作出的决策，我们都坚决维护，凡是毛主席的指示，我们都始终不渝地遵循"）不符合马克思主义；一个党，一个国家，一个民族，如果一切从本本出发，思想僵化，迷信盛行，那它就不能前进，它的生机就停止了，就要亡党亡国；只有思想解放了，我们才能正确地以马克思列宁主义、毛泽东思想为指导，解决过去遗留的问题，解决新出现的一系列问题，正确地改革同生产力发展不相适应的生产关系和上层建筑，根据我国的实际情况，提出实现社会主义现代化的理论、路线、道路、方针和政策；不打破思想僵化，不大大解放干部和群众的思想，社会主义现代化就没有希望。解放思想就是在马克思主义指导下，打破习惯势力和主观偏见的束缚，打破禁锢人们思想的精神枷锁，就是使主观符合客观。独立思考，就是不迷信，不盲从，开动脑筋，对任何事物都要问一个为什么，看看是否真有道理，独立自主地提出自己的见解，就是充分发挥每一个人的聪明才智，调动每一个人的主动性、积极性和创造性。只有开动脑筋，独立思考，才能破除迷信，解放思想，做到实事求是，开拓创新。一个迷信书本、迷信古人、迷信权威的人，一个为现有理论、知识、经验所束缚思想僵化的人，一个无独立思考的人，是无所谓有创新能力的。任何创新都是对现有理论、制度、办法的突破，否则就不算创新。因此，邓小平一再号召全党要解放思想，开动脑筋，独立思考，如果不这样，思想僵化，那非垮台不可。他还指出，甚至在什么是社会主义问题上也要解放思想，因为在这个问题上有许多过时的、不符现实的条条框框严重禁锢着人们的头脑。独立思考，还包括不迷信自己，不故步自封，不把自己的理论、现有的政策绝对化、教条化，要与时俱进，不断超越自我，不断前进。

解放思想，独立思考，既要反"左"，又要反右。根据我国实际情况，邓小平反复指出，在社会主义建设上主要的错误是"左"，几十年来"左"的思想已成为一种习惯势力，"左"的东西根深蒂固，带有革命的色彩，很能吓唬人，把改革开放说成是引进和发展资本主义；右就是崇拜西方世界，反对"四项基本原则"，主张全盘西化，搞资产阶级自由化，对青年人来说，右的东西值得警惕。邓小平以铿锵有力的语言警示全党："右可以葬送社会主义，'左'也可以葬送社会主义。中国要警惕右，但主要是防'左'。"①"左"和右表现形式虽然不同，但导致的后果却一样。它们在思维方式上也相同，即迷信他人，迷信书本，无创新精神，不能独立自主地解决问题。

实践无止境，认识无穷尽，解放思想也永无终结。我国社会主义现代化建设和改革开放每前进一步，都会遇到这样那样的思想障碍，都需要解放思想。解放思想贯穿于现代化建设和改革开放的全过程。邓小平批评了思想解放过头了的观点，认为现在的问题还是思想解放不够。他号召全党要不断解放思想。1992年初，他在视察南方时的谈话是改革开放新时期的第二个思想解放的宣言书。他的谈话再次掀起了思想解放的热潮，将改革开放和现代化建设推进到一个新阶段。改革开放以来的二十多年，我们在实践和理论两方面都有许多伟大的创新，取得了举世瞩目的成绩，但也应清醒地认识到，我们还处于社会主义初级阶段，我们对社会主义社会发展规律、执政党建设规律等诸多方面还知之不多，知之不深，而由于我国社会的特点，旧的封建的和小生产的习惯势力根深蒂固，广泛存在，不会

---

① 邓小平：《在武昌、深圳、珠海、上海等地的谈话要点》（1992年1月18日—2月21日），载《邓小平文选》第3卷，人民出版社1993年版，第373页。

很快消失，新的教条主义又很容易滋长，因此思想解放的任务仍然十分
艰巨。

邓小平讲解放思想，独立思考，有着鲜明的时代特点，但也有普遍的
认识论意义。人的大脑不是白板，人的认识离不开已有的范畴、概念和
经验。人的已有知识（包括思维方式）具有两重性。它既是获得新知的起
点、工具，又可能成为人们获得新知的障碍。因此，要有新的发现、新的
发明和新的创造，首先必须解放思想，独立思考，一切以事实、实践、试
验为根据，不迷信书本，不迷信权威，批判地对待已有的一切。解放思
想，独立思考，是人类创新的前提条件和本质要求。这是为人类认识史，
尤其是科学技术发展所证明了的一个规律。要不断创新，就要不断地增强
解放思想的自觉性，不断地解放思想。

二、研究新情况、解决新问题的求真务实精神

邓小平认为："马克思主义并不玄奥。马克思主义是很朴实的东西，
很朴实的道理。"[①] 他反复讲，实事求是，是无产阶级世界观的基础，是马
克思主义、毛泽东思想的精髓。过去我们搞革命和建设，靠的是实事求
是，现在搞社会主义现代化建设和改革开放，同样要靠实事求是。马克思
主义理论来自实践，为实践服务，随实践发展而发展。世界天天发生变
化，日新月异，尤其是现代科学技术发展很快，新的情况、新的事物、新
的问题不断出现，需要我们去解决，不动脑筋，不研究新情况，不解决新
问题，就永远陷于落后。真正的马克思主义者必须及时地研究新情况，解
决新问题，在实践中继承和发展马克思主义理论。邓小平在解放思想的第
一个宣言书中专门讲了"研究新情况、解决新问题"的问题。他说："要
及时地研究新情况和解决新问题，否则我们就不可能顺利前进。"[②] 在此之
后，他反复讲，解放思想，就是在马列主义、毛泽东思想指导下，研究新

① 邓小平：《在武昌、深圳、珠海、上海等地的谈话要点》（1992 年 1 月 18 日—2 月 21
日），载《邓小平文选》第 3 卷，人民出版社 1993 年版，第 382 页。

② 邓小平：《解放思想，实事求是，团结一致向前看》（1978 年 12 月 13 日），载《邓小
平文选》第 2 卷，人民出版社 1994 年版，第 149 页。

情况，解决新问题。"不要把马列主义、毛泽东思想当作教条。三中全会的提法，叫研究新情况，解决新问题。"①邓小平注重求真务实，反对讲套话、空话，反对形式主义和官僚主义，批评许多讲话和文章太长，内容重复，新的语言不多，不管用。他要求领导干部在工作中要加强原则性、系统性、预见性和创造性，要认真仔细地研究新情况，解决新问题，多办实事，多做少说，切实地想办法使我们的步伐快一些，使生产力发展快一些，使国民收入增加快一些，把领导工作做得更好一些。邓小平是中国特色社会主义事业的总设计师、战略家、政治家，也是求真务实的实干家。

事实上，邓小平理论本身也不玄奥，是很朴实的道理，是广大的干部和群众都能懂得的理论。邓小平理论本身是在研究国内外不断出现的新情况，解决国内外不断出现的新问题过程中形成和发展起来的。什么叫理论创新，什么叫理论发展，现在一些人讲得很玄奥，其实它并不玄奥。研究了新情况，解决了新问题，就是有创新、有发展。否则，即使你讲得很多，讲得最好听，但不能解决现实问题，仍然不能说有创新、有发展。不能认为上了"本本"的就是发展，领导人讲了的就是发展。更不能认为少数几个秀才，关在房子里，琢磨出几个新名词，编出了几个新提法，就算是创新，是发展。不是的。是不是发展，是不是创新，关键要看实践，要看是否能真正解决问题。我们在读《邓小平文选》时深切地感受到，邓小平密切关注国内国际的新情况的研究，善于提出新的思路、新的思想、新的观点和新的办法去解决遇到的问题。他创新是为了解决问题，而不是为创新而创新，更不是为沽名钓誉。尽管他讲得不多，也很少讲自己的创新、发展，但他的讲话很管用，解决问题，开辟了建设有中国特色社会主义的新路。他创立的建设中国特色社会主义理论比较系统地初步回答了中国这样一个占世界人口四分之一大国如何建设社会主义的世界性课题。他是伟大的创新者，他创造性地发展了马克思主义、毛泽东思想。

近几年来，创新问题引起了人们的重视。创新成了时下的一个流行名词。我们不能停留在空谈创新上，而是要进一步解放思想，独立思考，深入实践，深入社会，调查研究，把主要精力放到研究新情况、解决新问题

---

① 邓小平:《坚持党的路线，改进工作方法》(1980年2月29日)，载《邓小平文选》第2卷，人民出版社1994年版，第279页。

上，放在多办实事上，如政治体制改革问题、党风和反腐败问题、"三农"问题、地区发展不平衡问题、就业问题、贫富差距问题、社会治安问题、生态问题等。解决了一个问题就有一分创新，解决问题越多，创新就越多。我们要提倡和贯彻求真务实的学风，反对从"本本"到"本本"的教条主义学风，反对做概念文字游戏，真正做到理论创新和实践创新。

三、大胆试、大胆闯的冒险精神

理论来源于实践。新的理论、新的办法、新的主张只能来之于实践。改革开放，建设有中国特色社会主义是一项崭新的事业、一场伟大的试验。马克思没有讲过，我们的前人没有做过，其他社会主义国家也没有干过，没有现成的经验可学。中国特色社会主义这一大试验怎么搞？邓小平尊重实践，尊重群众，提倡和鼓励大家进行改革的试验。社会主义在实践中，不是学好了再干，而是在干中学。他说："我们只能在干中学，在实践中探索。"[1]事实上，许多创新，许多新的主张、新的办法、新的理论是实践逼出来的，是在实践过程中逐步完善和提高的。农村家庭联产承包责任制是农民为了解决温饱、求生存而逼出来的。办特区，对外开放，搞市场经济，发展非公有制经济等都是逼出来的，甚至可以说整个改革开放也是逼出来的，因为固守原来的不切实际的一套，不改革开放，只能死路一条。实践是最伟大的思想解放者，亿万群众的实践冲破了过时的条条框框，推动着理论的创新和发展。实践是检验真理的唯一标准。对改革开放中出现的新事物、新政策、新观点、新思想在开始时必然会有不同的看法，必然会有人不理解，怀疑担心，甚至反对。对不同意见，邓小平主张，不争论，不搞大批判，而是用事实说话，通过实践来教育人，统一认识。他还提出，判断改革开放和各方面的工作的标准不是"本本"，而是主要看其是否有利于发展社会主义社会的生产力，是否有利于增强社会主义国家的综合国力，是否有利于提高人民的物质文化生活。

---

[1] 邓小平:《十三大的两个特点》(1987年11月16日)，《邓小平文选》第3卷，人民出版社1993年版，第258—259页。

一切革命，一切试验，无论是变革社会的，还是变革自然的，都有风险。古今中外，概莫能外。我们进行的改革是一场触及现存事物的深刻的革命性变革，是一个探索性的大试验，要冒很大的风险。中国古典小说《三国演义》上有关公"过五关斩六将"的故事。邓小平讲：我们的改革开放，"可能比关公还要过更多的'关'，斩更多的'将'，过一关很不容易，要担很大的风险。"①因为是创新、试验，没有经验，要冒犯错误甚至失败之险。因为是创新、试验，要冒被传统的习惯势力指责为"异端"、"离经叛道"之险。邓小平讲，改革开放尽管风险很大，但必须搞，因为不搞，风险更大，死路一条。针对社会上普遍存在的怕犯错误的思想，邓小平反复鼓励广大干部和群众，胆子要大，要敢闯、敢冒。他说，改革开放，没有胆量是搞不成的。十全十美的方针，十全十美的办法是没有的，经验要靠我们去创造。"要克服一个怕字，要有勇气。什么事情总要有人试第一个，才能开拓新路。试第一个就要准备失败，失败也不要紧。"②"深圳的重要经验就是敢闯。没有一点闯的精神，没有一点'冒'的精神，没有一股气呀、劲呀，就走不出一条好路，走不出一条新路，干不出新的事业。"③总之，看准了的就要大胆地试，大胆地闯。不大胆，没有一点冒险精神，前怕狼，后怕虎，畏首畏尾，就不可能有创新。

现代中国革命伟大先行者孙中山在总结革命经验教训时说过："知识皆从冒险猛进而来。"④创新需要大胆、冒险，没有胆量，没有冒险，就没有创新。这是一个普遍真理。中国数千年以小生产为基础的自然经济，形成了一种因循守旧、怕担风险的社会心理，中国传统文化和风尚中缺乏冒险精神。这种胆子小、怕冒险的社会心理，严重束缚着中华民族的创新力。邓小平提倡大胆地试、大胆地闯的冒险精神对提高和增强中华民族的创新力具有重要意义。邓小平鼓励敢闯、敢冒，但也反对无根据的空想和

---

① 邓小平：《理顺物价，加速改革》（1988 年 5 月 19 日），载《邓小平文选》第 3 卷，人民出版社 1993 年版，第 262 页。

② 邓小平：《视察上海时的谈话》（1991 年 1 月 28 日—2 月 18 日），载《邓小平文选》第 3 卷，人民出版社 1993 年版，第 367 页。

③ 邓小平：《在武昌、深圳、珠海、上海等地的谈话要点》（1992 年 1 月 18 日—2 月 21 日），载《邓小平文选》第 3 卷，人民出版社 1993 年版，第 372 页。

④ 孙中山：《孙文学说》，载《孙中山选集》，人民出版社 1981 年版，第 160 页。

蛮干。他在提倡改革开放胆子要大的同时又讲步子要稳，要一切经过试点，处理具体事情要谨慎小心，要及时总结经验，发现错误随时纠正，要尊重科学，尊重客观规律。这样就把冒险精神和科学精神结合起来，防止重犯历史上曾出现过的"人有多大胆，地有多大产"的主观主义错误。

创新需要睿智、大胆、冒险，更需要无私无畏的精神。因为创新往往为旧势力不容，创新者往往遭到旧势力的反对、迫害，有的甚至献出生命。这在历史上屡见不鲜。在"文化大革命"中，邓小平在恢复工作后因开展整顿，纠正"文化大革命"的错误而重新被打倒。"文化大革命"结束后，他再次重新恢复工作。以怎样的态度工作？邓小平在恢复他职务的党的十届三中全会上说："我出来工作，可以有两种态度，一个是做官，一个是做点工作。我想，谁叫你是共产党人呢？既然当了，就不能做官，不能够有私心杂念，不能够有别的选择。"[①]他明知在迷信盛行、思想僵化的时候提出"两个凡是"不符合马克思主义，提出纠正"文化大革命"的错误，这在政治上要冒被指责为"反对毛主席"、"砍旗"、搞修正主义等罪名的很大风险。但为了人民的利益、党的前途和民族的命运，他摒弃私心杂念，置个人荣辱安危于度外，迎着再次被打倒的风险，拨乱反正，开辟中国特色社会主义新路。改革必然有风险。一切有志于改革的仁人志士，一切为社会主义共产主义奋斗的共产党人，要有"舍得一身剐，敢把皇帝拉下马"的大无畏气概。邓小平的创新精神是他无私无畏的高尚品格的体现。学习邓小平的创新精神首先要学习他无私无畏的革命品格，学习他对人民的忠诚。

四、尊重群众、虚心向群众学习的精神

实践是创新的源泉和动力。群众是实践的主体，也是创新的主体。马克思主义者历来重视群众的首创精神，虚心向群众学习，甘当群众的小学生。我们党的"从群众中来，到群众中去"的群众路线充分体现了这

---

① 中共中央文献研究室编：《邓小平思想年谱（1975—1997）》，中央文献出版社 1998 年版，第 29—30 页。

一点。邓小平在党的八大上阐述党的群众路线时说:"一个党和它的党员,只有认真地总结经验,集中群众的智慧,才能指出正确的方向,领导群众前进。""离开群众经验和群众意见的调查研究,那末,任何天才的领导者也不可能进行正确的领导。"①生气勃勃的社会主义事业是亿万群众创造的。在改革开放的新时期,邓小平更是强调恢复和贯彻群众路线,尊重群众的首创精神。他领导的思想解放运动,实质上是解放人的运动,是为了打破束缚人的各种精神枷锁,使中国人的聪明才智充分地发挥出来。他一再说:"干革命,搞建设,都要有一批勇于思考、勇于探索、勇于创新的闯将。"②改革开放的动力,改革开放的新办法、新观点、新理论,只能来自实践,说到底是来自群众。邓小平充分意识到在改革开放和现代化建设的进程中不会一帆风顺,一定会出现各种各样复杂的情况和问题,一定会遇到重重障碍。但他充满信心地说:"只要我们信任群众,走群众路线,把情况和问题向群众讲明白,任何问题都可以解决,任何障碍都可以排除。"③他又说过,改革是大家的主意,人民的要求。我们不靠上帝,而是靠群众,靠自己的努力,靠总结经验,坚定地前进。

中国特色社会主义事业是人类历史上的一场伟大试验,尽管它可以总结吸取前人和同时代人的经验,但从根本上讲要依靠我们今天的实践,依靠全党全国人民的创造。邓小平以极大的热情关注、爱护和支持群众的探索、试验,善于集中群众的智慧,总结群众的创造,不断指导和推动改革开放的深入发展。中国的改革是从农村开始的,是由农民自下而上搞起来的。农村改革初起之时,从上到下对联产到户的承包责任制争论很大,有的人甚至把它视为走回头路,搞资本主义。邓小平坚定地支持农民的创造,在全国推广,从而掀起波澜壮阔的农村改革,使中国的农业发展出现了历史性的转机,上了一个新台阶。邓小平在总结改革开放的经验时说:"农村搞家庭联产承包,这个发明权是农民的。农村改革中的好多东

---

① 邓小平:《关于修改党的章程的报告》(1956年9月16日),载《邓小平文选》第1卷,人民出版社1994年版,第218—219页。

② 邓小平:《解放思想,实事求是,团结一致向前看》(1978年12月13日),载《邓小平文选》第2卷,人民出版社1994年版,第143页。

③ 邓小平:《解放思想,实事求是,团结一致向前看》(1978年12月13日),载《邓小平文选》第2卷,人民出版社1994年版,第152页。

西，都是基层创造出来的，我们把它拿来加工提高作为全国的指导。"搞特区，首先是广东提出的。邓小平和党中央加以支持、指导。当发生特区姓"社"还是姓"资"的争论时，邓小平明确回答，特区是社会主义新生事物，特区姓"社"不姓"资"，办特区的方针是正确的，特区要扩大。邓小平到各地方调查、视察，关注各地各方面的创新。他在 1992 年初视察南方过程中说："现在建设中国式社会主义，经验一天比一天丰富。经验很多，从各省的报刊材料看，都有自己的特色。这样好嘛，就是要有创造性。"①他在视察高科技企业时又说过，我是看新鲜，越新越好，越高越好，越高越新我越高兴。这些话虽然是针对科技创新说的，但也充分表达了耄耋之年的邓小平追求创新的心境和企盼。

一个人的智慧和创造力是有限的，而群众的智慧和创造力是无限的。发展中遇到的问题，改革中出现的问题，不是靠"本本"来解决，而是靠实践来解决，靠群众和集体的智慧来解决。邓小平理论是党和人民在建设有中国特色社会主义的伟大实践中产生的。邓小平在审阅十四大报告时指出："改革开放中许许多多的东西，都是由群众在实践中提出来的。""绝不是一个人的脑筋就可以钻出什么新东西来，是群众的智慧，集体的智慧。我的功劳是把这些新事物概括起来，加以提倡。"②创新，需要创新者具有强烈的创新意识、很高的创新能力、无所畏惧的气概和百折不挠的意志等品质。创新自然是凝聚了创新者个人心血和智慧。邓小平理论是邓小平个人智慧与党和人民集体智慧相结合的结晶。

江泽民同志反复强调，"创新是一个民族的灵魂，是一个国家兴旺发达的不竭动力"。创新精神贯彻于邓小平理论的各个方面。学习邓小平的创新精神，对增强我们民族的创新能力和创新精神无疑有着重要的意义。

（刊《理论动态》2004 年 7 月 30 日；收入《邓小平百周年纪念——全国邓小平生平和思想研讨会论文集（下）》，中央文献出版社 2005 年版）

---

① 邓小平：《在武昌、深圳、珠海、上海等地的谈话要点》（1992 年 1 月 18 日—2 月 21 日），载《邓小平文选》第 3 卷，人民出版社 1993 年版，第 372 页。
② 邓小平：《审阅中共十四大报告时的谈话》（1992 年 7 月 23 日），载《邓小平年谱》（下），中央文献出版社 2004 年版，第 1350 页。

毛泽东思想与邓小平理论比较的
标准是社会实践

　　毛泽东思想、邓小平理论是马克思主义同中国实际相结合的两次历史性飞跃的理论成果。党的十五大从原则上把它们之间的关系说清楚了，首先是一脉相承，其次是新发展、新阶段。但在现实生活中，无论是领导干部、理论工作者，还是普通老百姓，对两者之间的关系还是有不同的看法，有的人扬一抑一，有的人甚至把两者对立起来。因此实事求是地、科学地、准确地阐述毛泽东思想与邓小平理论的关系是十分必要的。两者都是科学理论，党的指导思想，因此，不存在谁高谁低，谁对谁错的问题。做两者的比较研究的目的，一是为了正确说明两者之间继承、发展的关系，澄清当前一些模糊的认识，纠正一些错误的观点；二是为了进一步探求马克思列宁主义与中国实际相结合的规律，更好地坚持和发展毛泽东思想、邓小平理论，把中国特色社会主义事业不断地推向前进。这是比较研究的一个方面。

　　比较研究的另一方面，甚至是更为重要的，也是人们更为关注、更感兴趣的方面是，毛泽东和邓小平这两位伟人思想之间的比较。这种比较研究难度很大。现在研究者们可以公开评说毛泽东一生的功过是非、成败得失，但在对邓小平的评论上，时下研究者还很难做到这一点。因此，要从事经得起历史检验的比较研究，需要研究者具有解放思想、实事求是的科学态度和大胆冒险、开拓进取的创新精神。科学研究的本质和使命在于创新，否则就不是科学研究，而是解释、宣传、普及。我国理论界、学术界唯书、唯上教条主义学风根深蒂固，至今仍严重禁锢着相当一部分人的头脑。有的人动不动就说"这是文件说的"。其实，即使文件上已有的结论也需要在实践过程中检验、修正、补充和完善，文件上的结论也可以改。

文件上没有说的还很多，不能认为文件上没有说的就不能说。文件上没有说的话还可以说，也需要说，否则认识就停止了，社会就不发展了。当然，说新话要有根据，不能主观臆断。

对两位伟人进行比较拿什么作标准？有人拿毛泽东作标准来衡量邓小平，也有人拿邓小平作标准衡量毛泽东。做这样的比较，必然失之公允，扬一抑一，不可能做出科学的实事求是的论析。正确的做法只能是以社会实践为唯一标准，站在党和人民的立场上对他们的理论与实践做出具体的、历史的评价。现在有的研究者往往离开他们所处的具体条件、整体思想和社会实践，孤立地摘取他们的某些言论加以比较。这种形式主义的简单比较往往失之偏颇。在社会主义建设问题上，毛泽东的有些思想、观点在理论上讲是正确的，但在实践上则很成问题；有些思想、观点只是一时的天才闪光，并没有形成定见，更没有付诸实践；有些理论与实践，基本上是错误的，但其中也包含有部分片面真理。如，毛泽东提出的社会主义社会基本矛盾理论、正确区分和处理两类不同性质矛盾理论，至今看来，基本上是正确的，但在实践的运用上则不正确，犯有严重错误，造成了很大的损失。又如，毛泽东晚年夸大了社会上和党内的阴暗面，夸大了资本主义复辟的危险性，对政治形势做了主观主义的判断，认为资产阶级就在共产党内，党内已形成一个资产阶级司令部，提出了"无产阶级专政下继续革命理论"。"无产阶级专政下继续革命"错误理论导致错误的实践——"文化大革命"。对"无产阶级专政下继续革命理论"和"文化大革命"应坚决予以否定，其惨痛教训应永志不忘，以免重犯。但苏联和东欧剧变的历史事实又证明：社会主义社会确实存在着资本主义复辟的危险性，共产党内有可能产生新的资产阶级。毛泽东晚年对苏共和苏联社会性质的判断不完全符合当时的实际，但后来事态的发展却应验了毛泽东的话，为毛泽东言中了。根据我国社会的现实和苏东剧变的教训，邓小平也讲："垮起来容易，建设就很难。""巩固和发展社会主义制度，还需要一个很长的历史阶段，需要我们几代人、十几代人，甚至几十代人坚持不懈地努力奋斗，决不能掉以轻心。"① 所以，对毛泽东晚年的理论与实践要

---

① 邓小平：《在武昌、深圳、珠海、上海等地的谈话要点》（1992 年 1 月 18 日—2 月 21 日），载《邓小平文选》第 3 卷，人民出版社 1993 年版，第 379—380 页。

进行具体的历史的辩证的分析，简单地肯定一切和否定一切的态度都不可取。

改革开放以来二十多年的实践证明了邓小平理论的正确和伟大。任何低估邓小平历史功绩的言论都是错误的。改革开放是前无古人的崭新事业，遇到了前人从未遇到的许多新情况、新问题。因此，在改革开放和现代化建设的过程中，不可能不犯错误。1989年中华人民共和国成立四十周年前夕发生的那场政治风波，是失误的总暴露。有些问题（如党风问题、精神文明建设问题、防止两极分化问题等）可以说从改革开放以来一直在讲，而且在理论上似乎也有一套新的说法，有所发展，可在实际上并没有解决根本问题。党风问题，从中央最高领导到平民百姓，无不堪忧。医治的药方开了，并自认为很好，但病没有治好，问题没有解决，腐败之风并没有从根本上得到遏止。这说明药不对症，理论还不成熟、不完善，有缺陷。在理论与实际之间存在反差时，应认真分析产生反差的原因，解放思想，打破框框，提出解决问题的新思路、新办法，形成新的理论。

比较的标准只能是社会实践，而社会实践是具体的、历史的，是一个发展过程。实践标准既是确定的、绝对的，又是不确定的、相对的。有些理论、政策，在当时看来似乎是百分之百正确，但事后看，特别是经过一段时间的检验后就会发现，有缺点，不完善，甚至是错误的。每一个人都受他所处时代条件的制约和个人自身条件的局限，都不是完人，都会犯错误，干出某些蠢事。实事求是地指出前人的局限和不足，这决不是非毛或非邓，也不是抑谁扬谁。这是超越前人，把他们未竟的事业不断推向前进的重要条件之一。全盘肯定，墨守成规，因循守旧，故步自封，自我陶醉，只能导致落后。这是一条规律。

毛泽东、邓小平都是历史人物，对历史人物的评价必须站在历史发展的高度。在比较研究时，人们比较热衷于他们在社会主义建设问题上的是非得失，而往往忽略了毛泽东在民主革命和创建中华人民共和国方面的历史功绩。在社会主义建设问题上，研究者往往只注意毛泽东在社会主义改造上过急的不足，而低估了他在一个经济政治文化比较落后的东方大国建立起社会主义基本制度的历史功绩；往往只注重论析毛泽东在反右运动、"大跃进"和人民公社化运动、"文化大革命"等方面"左"的错误及带来的严重恶果，而忽视他在领导社会主义现代化建设方面取得的成就（建立了一个独立的比较完整的工业体系和国民经济体系，改变了中国的面貌，为社会主义现代化事业奠定了基础），忽视了他在探索适合中国特点的社会主义道路方面所做的可贵努力。邓小平拨乱反正，解放思想、实事求是，找到建设有中国特色社会主义新路，使中国的社会主义摆脱了危机，重新焕发新的生机。邓小平留下了宝贵的精神财富，提供了我们进一步开拓创新的思想武器，同时也留下了尚待我们去着力解决的诸多难题。

1990 年 10 月，我在安徽省马鞍山市召开的第五届全国毛泽东哲学思想讨论会上说：对像中国这样落后的国家建设社会主义规律的认识是一个艰难的、复杂的、长期的过程。在中国，毛泽东是开始，可算作"否定之否定"发展过程的肯定阶段，"正反合"三段式中的"正"。邓小平拨乱反正，开创中国社会主义现代化建设新时期，初步形成中国特色社会主义理论，这是"否定之否定"中的否定阶段，"正反合"中的"反"。历史的发展应当有一个"否定之否定"阶段，"合"的阶段。笔者提出"合"，并不是从哲学公式出发，而是感到中国社会主义现代化事业的发展需要一个"合"。当然"合"阶段的出现和完成不仅要有客观条件，也需要主观条件。在"正"与"反"的基础上，做好"合"的文章，这是历史赋予我们的时代使命。我们应有这种自觉性和使命感。我们应着眼于理论的新发展这一点来进行毛泽东和邓小平的比较研究。

（发表时编者将标题改为《着眼于理论的新发展进行比较研究》，刊《中国人民大学学报》2000 年第 5 期）

中国特色社会主义的"正反合"

在没有实现现代化的经济、政治和文化落后的国家建设社会主义是1917年俄国十月革命以来的跨世纪的历史难题。

自1949年以来,中国社会发生了翻天覆地的变化,其成就举世公认,堪称人类发展史上的奇迹。中国特色社会主义从理论到制度、实践已取得了伟大的成果,但现实问题也甚多,要完成社会主义现代化的历史任务依然任重道远。中国特色社会主义是一个历史过程,需要继续在实践中不断地总结,不断地创新,不断地完善。

中国特色社会主义是初级阶段的社会主义、不发达的社会主义。中国特色社会主义社会带有过渡性的特点,不可把特定时期的具体制度固定化、绝对化。中国特色社会主义要经历一个正、反、合的辩证历史过程,从而进到合格的比较发达的社会主义。毛泽东对中国社会主义的探索与试验是辩证发展过程中"正"的阶段,为尔后的发展做了必要的准备,奠定了基础;邓小平纠正了毛泽东晚年的错误,解放思想,实事求是,继续进行试验,初步形成了中国特色社会主义理论,其后继者进一步丰富和发展了这一理论,这是辩证发展过程中"反"的阶段;理论发展的自身逻辑和当代中国社会的现实要求需要一个"合"的阶段,即在"正"、"反"两阶段基础上进行综合创新,以保证在中华人民共和国成立一百周年之际实现社会主义现代化,建成富强、民主、自由、文明、和谐的社会主义现代化国家。

一、在相对落后国家建设社会主义是俄国十月革命以来的一道跨世纪的历史难题，要充分认识其艰难性、复杂性、长期性和曲折性

按照马克思主义理论，在一般情况下，只有当资本主义社会再也容纳不了现代化的生产力的发展时才会被社会主义社会所代替。但在第一次世界大战和俄国社会的特殊条件下，列宁领导的俄国共产党取得了十月社会主义革命的胜利。在没有完成现代化的经济、政治和文化落后的国家，能不能搞社会主义？列宁同考茨基、普列汉诺夫、苏哈托夫等发生了争论。考茨基一伙借口俄国生产力的不发达，提出"早产论"，反对十月革命，反对搞社会主义。列宁对此进行了批判，称他们不懂辩证法，不懂世界历史发展的灵活性、可变动性。斯大林则把他们的理论称之为庸俗的生产力论。在苏东剧变后，有的人便认为，列宁错了，考茨基是对的；中国走社会主义道路错了，要倒退回去搞资本主义。这种观点在相当一部分人中引起了困惑，有必要加以辩证。为此笔者曾写作《社会主义的"早产"与历史唯物主义》一文。

不是在现代化的基础上建设社会主义，而是一边搞现代化建设，一边搞社会主义，这是世界历史上遇到的一道跨世纪难题，没有经验，只能在实践中摸索前进。在较长的一段时期里，马克思主义者对解决这一历史难题的艰难性、复杂性、长期性和曲折性认识不足。

列宁虽然认识到落后国家革命容易、建设困难，但他也着急，对艰难性的估计仍很不足。他在1920年对青年团员说，现在50岁的人看不到共产主义，但15岁这一代人则能亲手建设共产主义，10—20年后将生活在共产主义社会[1]。如何建设社会主义？他将由最初的战时共产主义转到新经济政策，允许商品生产，发展商品经济。他提出要吸取和借鉴资本主义文明成果，吸取西方的科学技术、管理和资金，搞租让制等。

---

[1] 列宁:《青年团的任务》(1920年10月2日)，载《列宁选集》第4卷，人民出版社1995年版，第288、296页。

继列宁之后，斯大林搞工业化和农业集体化。他也很着急，对建设社会主义的艰巨性、复杂性、长期性和曲折性缺乏认识。他在1938年宣布社会主义建成，认为在苏联已不存在阶级斗争，不存在资本主义复辟的可能性，提出准备向共产主义过渡。苏联在社会主义条件下实现了工业化（今天看来是低标准的），成为欧洲第一强国、世界第二大国，成为第二次世界大战反法西斯的主力。斯大林尽管有很多错误，但总的看对俄国、对世界有功劳。受历史条件的制约，斯大林没有能解决如何建设社会主义的理论、路线和制度。经过赫鲁晓夫、勃列日涅夫、戈尔巴乔夫、叶利钦，苏联社会倒退到了资本主义。社会主义在苏联曾有过辉煌胜利，但最终失败了。为什么？值得反思。外因、西方和平演变战略自然是重要的原因，但这不是主要的，应从内因上找，从理论、路线上找，从体制上找。

近代以来，中国面临民族独立和社会现代化的双重历史课题。国际国内的条件决定了这两大历史任务只能在无产阶级及其政党的领导下完成。在民主革命时期，毛泽东坚持革命阶段论，正确处理民主革命与社会主义革命的关系，反对"左"的毕其功于一役的错误。他开辟了以农村包围城市、武装夺取政权的中国道路，取得了新民主主义革命胜利，为走社会主义道路提供了根本政治前提。新中国成立后不久，他提出以"一化三改"（即社会主义工业化和对农业、手工业、资本主义工商业的社会主义改造）为内容的过渡时期总路线。"三大改造"有中国自己的特点，较为顺利，到1956年基本完成，初步建立了社会主义基本制度。"这是毛泽东同志对马克思列宁主义的一个重大贡献。"[1]

1959年底，毛泽东在读《政治经济学》教科书谈话时，结合资本主义生产方式产生的历史过程和俄国、中国革命的实践，论述了社会革命与发展生产力的辩证关系，进一步从理论上说明像俄国、中国这样的落后国家可以搞社会主义。他指出："生产关系的革命，是生产力的发展所引起的。但是生产力的大发展，总是在生产关系改变之后。""一切革命的历史都证明，并不是先有充分发展的新生产力，然后才改造落后的生产关

---

[1] 邓小平：《对起草〈关于建国以来党的若干历史问题的决议〉的意见》（1980年3月—1981年6月），载《邓小平文选》第2卷，人民出版社1994年版，第302页。

系，而是先造成舆论，进行革命，夺取政权，才有可能消灭旧的生产关系。消灭了旧的生产关系，确立了新的生产关系，这样就为新的生产力的发展开辟了道路。"①毛泽东的这些论述，丰富了马克思主义的社会基本矛盾理论，为像俄国、中国这样落后的国家建设社会主义奠定了坚实的理论基础。

面对中国经济、科学、文化的落后状况，毛泽东这一代领导人深有落后挨打、开除球籍的危机感，从而容易产生尽早改变"一穷二白"面貌的急躁情绪。在解放战争、抗美援朝战争和"三大改造"等一连串伟大胜利面前，毛泽东骄傲了，忘乎所以，犯了急性病、平均主义，搞"大跃进"、人民公社运动。他不赞成列宁的落后国家"革命容易、建设困难"的观点，认为人越穷越革命，中国资产阶级的历史比西方短，影响没有西方大，中国发展可以比西方快。

经过"大跃进"、人民公社化运动的挫折，毛泽东的思想有所变化。1960年10月，他在会见斯诺时说，中国要一百年才能完成社会主义现代化的历史任务。在1969年召开的中共九大上，他提出不要轻易说最后胜利，要看到巩固社会主义的不易。他在经济建设上急于求成的思想有所改变，而在什么是社会主义、怎样建设社会主义方面则还没有能摆脱"一大二公三纯"、实行计划经济、排斥市场经济、尽快消灭私有制、急于过渡等传统的社会主义观念。

在改革开放新时期，邓小平总结历史经验，冲破了马克思主义创始人以现代化大生产为基础而构想的社会主义观念，提出社会主义初级阶段理论和到建国一百周年时实现社会主义现代化的战略目标，形成了"一个中心、两个基本点"（即以经济建设为中心，以坚持四项基本原则和改革开放为基本点）的基本路线，开辟了建设中国特色社会主义道路。邓小平说：只有实现社会主义现代化，达到西方中等发达国家水平，"到那个时候，我们就可以真正用事实理直气壮地说社会主义比资本主义优越性了。"②

---

① 毛泽东：《读苏联〈政治经济学教科书〉的谈话（节选）》（1959年12月—1960年2月），载《毛泽东文集》第8卷，人民出版社1999年版，第132页。

② 邓小平：《我们干的事业是全新的事业》（1987年10月13日），载《邓小平文选》第3卷，人民出版社1993年版，第256页。

邓小平在 1992 年春的南方谈话是他思想、理论的最后总结。他一方面继续强调解放思想，大胆试，大胆闯，坚持改革开放，提出计划经济不等于社会主义，市场经济不等于资本主义，要大胆吸取和借鉴人类社会所创造的一切文明成果。他对马克思主义、中国特色社会主义充满信心。另一方面，他又讲了中国特色社会主义的长期性、艰难性，指出帝国主义把和平演变的希望寄托在我们以后几代人身上。在谈话的第四部分，他着重讲在整个改革开放过程中必须始终注意坚持四项基本原则。他说，垮起来很容易，建设就很难。依靠无产阶级专政保卫社会主义制度，这是马克思主义的一个基本观点。巩固和发展社会主义制度，需要我们几代人、十几代人，甚至几十代人坚持不懈地努力奋斗，决不能掉以轻心。在第五部分，他讲要防止和平演变，出问题还是出在党内部。他在最后一部分讲社会发展规律，社会发展总的趋势不可逆转，但道路是曲折的[①]。

我们的党章、宪法上都有"阶级斗争还在一定范围内长期存在着，在某种条件下还有可能激化，但已经不是主要矛盾"这样的表述。但实际上，除 1989 年政治风波时讲阶级斗争、防止和平演变外，其余时间基本上不讲。毛泽东晚年对阶级斗争和整个社会状况的估计严重脱离了实际，以阶级斗争为纲的指导思想是错误的，但他提出的要防止资产阶级糖衣炮弹，防止出贵族阶层，防止党内出资产阶级，防止和平演变的基本精神仍然值得全体党员、全国人民，尤其是理论工作者们的重视和深思。我们在纠正"继续革命理论"的错误时不要把其中合理的因素也否定掉。在党的十八大后，习近平同志讲，我们决不当李自成，1949 年进城时的考试没有完，还在进行中。这是对毛泽东、邓小平防止和平演变、防止资本主义复辟思想的继承。

总之，我们要充分认识在我国实现社会主义现代化的艰巨性、复杂性、长期性和曲折性。党的"一个中心、两个基本点"的基本路线要一百年不动摇。我国的社会主义初级阶段是实现中华民族伟大复兴的阶段。中国特色社会主义理论是中华民族伟大复兴的理论。

---

① 邓小平:《在武昌、深圳、珠海、上海等地的谈话要点》(1992 年 1 月 18 日—2 月 21 日)，载《邓小平文选》第 3 卷，人民出版社 1993 年版，第 379—383 页。

二、中国特色社会主义要经过正、反、合三阶段 的辩证发展过程

中国特色社会主义是初级阶段的社会主义、不发达社会主义，因而不能不兼有资本主义和社会主义两种社会的因素，不可能纯粹。当然，它已不同于资本主义向社会主义的过渡时期，也不同于我国 1949 年至 1956 年的过渡时期。

毛泽东指出："社会主义这个阶段，又可分为两个阶段，第一个阶段是不发的社会主义，第二个阶段是比较发达的社会主义。后一阶段可能比前一阶段需要更长的时间。经过后一阶段，到了物质产品、精神财富都极为丰富和人们的共产主义觉悟极大提高的时候，就可以进入共产主义社会了。"[1] 毛泽东虽然提出不发达社会主义，但没有展开说明，没有真正认识这种不发达社会的特点，还是按照马列设想的社会主义，建设中国的社会主义，由此生出超越历史阶段的"左"的理论和政策，急于尽快消灭私有制，限制商品经济的发展。

"文化大革命"结束后，邓小平提出，贫穷不是社会主义，我国的社会主义是不够成熟的社会主义，不合格的社会主义，初级阶段的社会主义。1987 年中共十三大报告第一次对社会主义初级阶段理论做了全面论述，1997 年中共十五大报告又做了进一步的发展，并写进了党纲。初级阶段的社会主义社会带有过渡的特点：实行以公有制为主体、多种所有制经济共同发展的基本经济制度和以按劳分配为主体、多种分配方式并存的分配制度；处于由农业社会向工业社会转变之中，由手工劳动、半机械化向机械化、自动化、信息化转变之中，由自然、半自然经济向商品经济、市场经济转变之中；城乡二元结构将长期存在；私有制、资本、市场经济将长期存在。可以说，整个社会从产业结构、经济结构、政治结构到生产方式、交往方式、生活方式、消费方式、思维方式、价值观念、审美观念

---

[1]　毛泽东:《读苏联〈政治经济学教科书〉的谈话（节选）》（1959 年 12 月—1960 年 2 月），载《毛泽东文集》第 8 卷，人民出版社 1999 年版，第 116 页。

等各方面都处在大变革之中。

我国社会主义初级阶段一百年，可以分若干小阶段。从理论逻辑和实践过程看大体要经过正、反、合三阶段。

1990 年 10 月，在安徽省马鞍山市召开的全国第五届毛泽东哲学思想讨论会上，笔者在大会上的发言主要讲对社会主义社会发展规律认识的复杂性、曲折性、长期性和艰难性，不要重犯急性病。其中提出：对社会主义社会发展规律的认识是一个长过程，毛泽东为"正"，邓小平则为"反"，可能以后会有一个"合"的问题。有位著名的理论家、也是我尊敬的师长则不同意我的观点，提出毛泽东 1956 年的探索为"正"，1957 年夏季以后为"反"，改革开放以来邓小平是"合"。进入新世纪，我更感到自己的观点有合理性，中国社会发展需要有一个"合"的阶段，在《着眼于理论的新发展进行比较》（《中国人民大学学报》2000 年第 5 期）等文章中公开提出这一论点。

这是不是在套用黑格尔"正反合"的辩证法公式?! 不是的。这是由认识、实践的复杂性、曲折性所导致的。辩证的自我否定是发展的一个环节、一种形式，否定之否定是一个普遍的发展规律。

1949 年新中国成立标志着新民主主义革命的基本完成，社会主义革命的开始。1953 年，毛泽东提出具有中国特点的"一化三改"的过渡时期的总路线。经过紧张有序的工作，到 1956 年基本完成了生产资料所有制方面的社会主义改造，初步建立起带有中国特点的社会主义基本制度，成功实现了中国历史上最深刻、最伟大的社会变革，为当代中国一切发展奠定了根本制度基础。同年，毛泽东以苏联的经验教训为鉴戒，发表了《论十大关系》和《关于正确处理人民内部矛盾问题》，提出要把马克思列宁主义基本原理同中国实际进行"第二次结合"，进一步探索适合中国特点的社会主义革命和建设的道路，希望比苏联搞得快些好些，提出了把我国建设成一个强大的社会主义国家的战略构想。他发动的"大跃进"、人民公社化运动和"文化大革命"的试验与演习，总体说不成功，并没有找到适合中国特点的社会主义正确道路。但从历史发展高度看，在毛泽东的领导下，党和人民还是取得了伟大的成就，在"一穷二白"极端落后的基础上初步建立起具有独立的比较完整的工业体系和国民经济体系，改变了中国的面貌，并在如何建设社会主义问题上取得了独创性的理论成果和积累了深刻的经验教训，"为新的历史时期开创中国特色社会主义提供了宝贵经验、理论准备、物质基础"①。习近平同志明确指出：毛泽东同志对适合中国情况的社会主义建设道路进行了艰苦探索，他毕生最突出最伟大的贡献有两大方面，"领导我们党和人民找到新民主主义革命的正确道路，完成了反帝反封建的任务，建立了中华人民共和国"；"确立了社会主义制度，取得了社会主义基础性成就，并为我们探索中国特色社会主义的道路积累了经验和提供了条件，为我们党和人民事业胜利发展、为中华民族阔步赶上现代发展潮流创造了根本前提，奠定了坚实的理论和实践基础。"②笔者始终认为，毛泽东虽然没有找到适合中国特点的社会主义道路，但他无疑是中国特色社会主义伟大事业的开拓者、奠基者，他的有关社会主义革命和建设的理论是中国特色社会主义理论不可分割的组成部分，是中国特色社会主义"正反合"历史过程中"正"的阶段③。

邓小平在继承毛泽东时代正确的理论、制度和实践的基础上，纠正了以阶级斗争为纲的错误和脱离社会主义初级阶段实际的理论、方针和政策，开启了改革开放新时期，逐步形成了中国特色社会主义理论，开辟了中国特色社会主义道路。邓小平理论是对毛泽东思想的继承和发展，亦是对毛泽东晚年错误的辩证否定，进入到中国特色社会主义历史过程中"反"的阶段。邓小平是中国特色社会主义的总设计师，邓小平理论为中国特色社会主义理论体系奠定了基础。继邓小平之后，"三个代表"重要思想和科学发展观则进一步发展了邓小平理论。改革开放以来的36年，

---

① 胡锦涛：《坚定不移沿着中国特色社会主义道路前进　为全面建成小康社会而奋斗》（2012年11月8日），《中国共产党第十八次全国代表大会文件汇编》，人民出版社2012年版，第10页。

② 习近平：《在纪念毛泽东同志诞辰120周年座谈会上的讲话》（2013年12月26日），《人民日报》2013年12月27日。

③ 详见拙文《毛泽东与当代社会主义的若干理论问题》（1992年12月）、《毛泽东——中国现代化事业的开拓者、奠基者》（1993年12月），此两文收入《为毛泽东辩护》一书，当代中国出版社1996年版；《毛泽东是中国社会主义事业的奠基者——毛泽东一生第二件大事之我见》，《当代中国史研究》1999年第2期，收入《从历史衡量毛泽东》，湘潭大学出版社2010年版；《毛泽东与"第二次结合"的若干理论问题》，《毛泽东邓小平理论研究》2012年第1期。

我国取得了举世瞩目的辉煌成就，成为世界第二大经济体和世界贸易第一大国，跨入了中等收入国家的行列，人民物质文化生活有了大幅提高，基本建成小康社会。辉煌成就证明，中国特色社会主义理论是正确的，应有自信心，不管他人如何评说。

那为什么中国特色社会主义向前发展需要一个"合"的阶段？

（一）从目前存在的问题看需要一个"合"的阶段

事物总有两重性。历史进步总要付出代价，与辉煌成就相伴的是存在着大量的触目惊心的问题（这方面的问题，世所共知，故在此从略）。许多问题是同社会主义本质相对立的，也是同共产党的性质相悖的。持"左"倾向的人，抓住并夸大了社会的阴暗面，认为现在搞的不是中国特色社会主义，而是中国特色资本主义，党已变修，国已变色。与此相反，持右倾向的人则认为，现今中国已形成了一个权贵阶级，搞的是权贵资本主义。从《参考消息》看，西方的一些政要和主流媒体也都认为，中国社会是专制资本主义，而不是他们所希望的自由资本主义。笔者始终反对以上两种观点，认为问题确实严重，危及到党的无产阶级先锋队性质和社会的社会主义本质，存在亡党亡国的危险性，不能麻木不仁，但中国共产党是马克思主义政党，中国特色社会主义是科学社会主义在当代的具体化，中国社会性质是社会主义而不是资本主义。同时，笔者也认为，触目惊心的严重问题表明，改革开放以来，我们在理论和实践上并非没有错误和失当，中国特色社会主义理论需要修正、补充、完善和发展。

（二）从认识和实践的曲折性看需要一个"合"的阶段

人的认识总受时代的制约，难免会有主观性、片面性和表面性。每一时代的人总认为前人有局限和错误，自己则纠正了前人的错误，超过了前人，而往往不能认识自己也有局限和错误。中国古人曾指出："后之视今，亦犹今之视昔"（王羲之《兰亭集序》）。恩格斯也说得好：我们的后代纠正我们的错误，大概要比我们经常以十分轻蔑的态度纠正我们前代的错误多得多①。毛泽东也多次说:"一个正确的认识,往往需要由物质到精神,由精神到物质,即由实践到认识,由认识到实践这样多次的反复,才能够完成。"②"凡是规律要经过几次反复才能找到"③。落后国家建设社会主义是世界历史的新课题,前所未有的世纪性难题。对中国特色社会主义,我们不仅要认识它是什么,应怎么做,而且要认识它不是什么,不应怎么做。只有这样才能算较完整地认识和掌握了中国特色社会主义的本质和规律。因此,对中国特色社会主义的本质和规律的认识必然有一个由片面到全面、由不深刻到深刻的过程,要经过多次的反复才能完成。

站在当今时代的高度,以宏观的历史眼光,在总结我们党探索中国特色社会主义的两个历史时期时,我们能否说,在经历了毛泽东时代的曲折之后,我们对中国特色社会主义规律的认识已完全认识和掌握了呢?能否说在毛泽东之后就不会再走弯路而一直走了直路呢?我想答案是否定的,否则怎么能解释现实存在的令人堪忧的问题呢?怎么能解释在毛泽东时代早已绝迹了的、与社会主义本质不相容的、旧社会的丑恶现象复活、蔓延以致局部地方还存在一定程度的泛滥呢?

(三)从我国社会进入"中等收入阶段"看需要一个"合"的阶段

跨入 21 世纪,我国社会进入了全面建设小康社会、加快社会主义现代化建设的新的发展阶段。从人均国民总收入看,我国亦进入了国际上所说的"中等收入阶段"。各国现代化的历史表明,在中等收入阶段,各种社会矛盾凸现,出现所谓"现代化陷阱"或"中等收入陷阱":经济增长速度回落、贫富分化、腐败易发多发、就业困难、信仰缺失、道德危机、金融体系脆弱、社会矛盾凸现和社会动荡。我国虽然搞的是社会主义现代

---

① 恩格斯:《反杜林论》,载《马克思恩格斯选集》第 3 卷,人民出版社 1995 年版,第 426 页。

② 毛泽东:《人的正确思想是从哪里来的?》(1963 年 5 月),载《毛泽东文集》第 8 卷,人民出版社 1999 年版,第 321 页。

③ 毛泽东在中共八届九中全会上的讲话(1961 年 1 月 18 日),载《毛泽东年谱》(1949—1976)第 4 卷,中央文献出版社 2013 年版,第 526 页。

化，但也难以避免出现现代化进程中的一般性矛盾和问题。

为了解决发展中出现的新问题和新矛盾，党的十七大提出了科学发展观。这在客观上已反映了当代中国社会经由"正"、"反"两阶段后出现了向"合"发展的趋向和要求。

习近平同志在新进中央委员会的委员、候补中央委员学习贯彻党的十八大精神研讨班开班式上的讲话中说："我们党领导人民进行社会主义建设，有改革开放前和改革开放后两个历史时期，但本质上都是我们党领导人民进行社会主义建设的实践探索。""两者决不是彼此割裂的，更不是根本对立的。不能用改革开放后的历史时期否定改革开放前的历史时期，也不能用改革开放前的历史时期否定改革开放后的历史时期。"要克服非此即彼的两极性思维方式，辩证地认识改革开放前和改革开放后的两个历史时期。这就再次表明，要全面实现社会主义现代化，要全面建成小康社会，要全面赶上西方发达国家的发展水平，顺利进入高收入发展阶段，有必要在"正"、"反"两个阶段的基础上进行"合"的综合创新，以解决发展过程中的问题。

三、"合"不是"正"、"反"的简单综合，更不是复旧，用老办法解决新问题，而是在更高基础上的综合创新

我国社会客观上已发展到进入一个"合"的阶段。在前两阶段基础上做好"合"的文章，需要进一步解放思想，实事求是，辩证思维，正确认识现状，正确认识历史，正确总结经验。"合"不是对"反"的简单否定，更不是回到"正"的老路，也不可能回。"合"的阶段有可能在形式上是对"正"的某些回复，如党的优良传统和作风的恢复发扬，社会风气的根本好转，贫富差距、城乡差距、地区差距的缩小等。但"合"决不是用老办法来解决新问题，更不是倒退、复旧，而是在辩证综合前两阶段上的创新，使理论、制度和道路更完善，在党成立一百周年时全面建成小康社会，在新中国成立一百周年时实现社会主义现代化，建成合格的社会主义。

中国特色社会主义理论对传统社会主义观念的最大突破、最重要创新是实行以公有制为主体的多种所有制经济的共同发展和社会主义可以搞市场经济。传统的社会主义观念认为，社会主义所有制"一大二公三纯"，尽快消灭私有制；社会主义经济是计划经济，市场经济同私有制、资本主义相联系。邓小平则提出，在社会主义初级阶段允许私有经济、个体经济的存在发展，计划和市场都是手段，社会主义也可搞市场经济。市场是现阶段配置资源的最有效的方式，市场经济是在现代化的进程中不可逾越的历史阶段。近30年来，资本、市场经济的积极作用得到充分的发挥。我国经济持续快速发展的奇迹是同市场经济相联的，有目共睹，无可否认。但另一方面，资本、市场的负面消极作用也由隐到显、由小到大地暴露无遗。

社会主义能与市场经济相结合已是一个不争的历史事实，其明验大效是每一个中国人都能感受到的，但从理论和实践上做到两者的统一，在发挥市场、资本的积极作用的同时，限制它们的消极作用方面还有许多未解的难题。可以讲当代中国的社会许多矛盾和问题，如贫富差距的扩大、城乡地区发展差距的扩大、资本与权力的互相转化、官员的腐败、黄赌毒和黑社会恶势力的蔓延、拜金主义和极端个人主义的泛滥、一部人道德的失范、生态的恶化等无不直接或间接同资本与市场的消极作用相关。从理论上讲，资本的本性、目的是追求利润最大化，否则在国际国内市场竞争的条件下，企业就要破产。这是市场竞争铁的规律。因此，在市场经济条件下，资本只能以追求最大利润为目的。自由竞争必然会有失业者、破产者，会发生一端是资本财富的积累，另一端是部分劳动者的贫困化，发生两极分化，很难实现以人为本。在资本、市场条件下必然会产生金钱拜物教、极端个人主义。因此，资本、市场经济与社会主义除有相一致、相促进的积极一面外，还有相对立、相排斥的消极一面。在经历了"正"、"反"两个阶段的今天，我们应全面地认识在社会主义初级阶段资本、市场经济的两重性，既要破除对资本和市场的盲目排斥，又要破除对资本和市场的盲目崇拜，在充分发挥它们积极性的同时，要运用各种手段，限制它们的消极面，使它们更好地为社会主义服务。

笔者认为，当代中国面临最严峻的问题不是别的，而是党管不住自己。贫富差距，城乡地区差距，生态问题，教育、住房、医疗、养老等民生问题，共产党都能逐步解决。长期以来，最令人堪忧的问题是党政官员腐败问题，党管不住自己。改革开放以来，党的历任领导人就党的建设、反腐倡廉、扭转党风等问题讲过许多警言和重话，历届党中央也出台了不少决议、法规和规定，治病"方子"开了很多，"药"吃了不少，疗效不能说一点没有，但总体不佳，"药不对症"，大案、要案、串案频发。相当数量的省部级干部落马，对党的形象伤害太大。根源何在？未曾追问过。原因自然是多方面的、复杂的，但最根本的则是党和国家的体制问题。

我们党和国家的体制自然有许多优势和长处，否则怎么能取得革命、建设的伟大胜利和改革开放的巨大成就呢，这是基本的方面，应首先肯定。但也确实有严重问题。我们党的基本体制来自苏共、列宁、斯大林，至今没有太大的改变。问题主要有二：一是党政不分，以党代政，高度集权；二是没有解决谁来管（监督）党，谁来管（监督）一把手。西方国家自然也有贪渎腐败问题，但一般不会发生类似陈良宇、薄熙来等人的案子。我们为什么一再发生这类问题，值得深思？不是我们党的干部的觉悟不如西方国家的领导人、公务员，而是体制有问题。他们有相对完善的权力制衡的监督体制管着。相比之下，我们的监督体制不完善、不严密，有漏洞。甚至可以说，我们的体制在一定程度上纵容和包庇某些人由小错误发展到大错误，最后发展到犯罪，锒铛入狱。我国缺乏民主、自由传统，有的则是专制、人治的传统。因此在政治体制的建设上，我们必须借鉴和吸取资本主义在这方面的文明成果。马克思、列宁曾指出，落后国家建设社会主义必须充分利用和吸取"资本主义制度所创造的一切积极成果"①，利用和吸取"资本主义文化所获得的一切经验教训"②。照搬西方民主，只能带来灾难，行不通。苏联解体所引发的20世纪最严重的地缘政治灾难教育了许多人。但拒绝西方的民主制度和意识形态，决不意味着简单拒绝学习西方的制度文明和精神文明，决不意味着简单拒绝借鉴西方民主制度中对我们有用的东西。应认识到社会主义的制度文明和精神文明不

---

① 马克思：《给维·伊·查苏利奇的复信》（1881年2月底—3月初），载《马克思恩格斯选集》第3卷，人民出版社1995年版，第769页。

② 列宁：《在全俄中央执行委员会会议上关于苏维埃政权的当前任务的报告》（1918年4月29日），载《列宁全集》第34卷，人民出版社1985年版，第252页。

是可以在空地上建立的，不吸取和借鉴人类文明成果不可能建设社会主义。在政治体制的改革上应当进一步解放思想。当然不是照搬、照抄，而是结合实际，具有中国特点和社会主义性质。

解决党内腐败和作风问题，笔者认为主要有三条：

一是靠教育，自觉改造世界观，管住自己。党员干部要树立牢固的无产阶级世界观，要有坚定的共产主义理想信念，自觉进行党性修养，克服非无产阶级思想，增强党性。只有这样才能在思想上筑牢拒腐防变的堤防，做到拒腐蚀，永不沾。全党要认识到，不改造主观世界，就不能有效地改造客观世界，不能保持党的无产阶级先锋队性质。毛泽东时代十分重视人的改造，尤其是党员干部的世界观改造，强调人的思想革命化。这是党的自觉，个人自觉。在这方面的具体工作中，自然存在脱离实际、要求过高、简单粗暴等具体缺点。改革开放后，在批评纠正具体缺点时，却把改造主观世界这一普遍原则也一起被抛弃了。30多年不讲人的改造，不讲世界观改造，不讲思想革命化，其后果如何？毋须笔者在此多言。习近平同志提出"严以修身、严以用权、严以律己"，很有现实的针对性。

二是靠制度法制，依法治党。解决党内腐败和作风问题，制度法规是更带根本性的。要从制度法规上进行硬约束。没有共产党的正确领导，就没有社会主义新中国，就没有中国特色社会主义，这是历史证明了的科学真理，也为广大中国人民所拥护。现在的问题是要在制度和实践上解决党的领导与党必须在宪法和法律的范围内活动两者的统一。西方的国体不能学，但政体、组织形式，廉政和权力制衡机制，可以借鉴吸取，为我所用。这是制度保证。

三是靠人民。党要管党，从严治党，这很对，但自己管自己，靠自觉，有局限性。从理论和实践都表明，自己管自己，往往管不住。最好的制度要人来实行。解决党内腐败和作风问题必须依靠人民群众。"扫帚不到，灰尘照例不会自己跑掉"，对腐败分子也一样。人民眼睛雪亮，依靠人民反腐，发动人民反腐，这是最有威力的震慑。毛泽东在延安时就认为，要跳出"其兴也淳"、"其亡也忽"的周期律，"就是民主。只有让人民监督政府，政府才不敢松懈。只有人人起来负责，才不会人亡政息。"[①]

---

① 黄炎培：《延安归来》，载《毛泽东访问记》，长江文艺出版社1990年版，第115—116页。

为了解决党内的阴暗面，他殚精竭虑，最后诉诸群众，搞大民主，发动了自下而上的"文化大革命"，无法无天，推倒自己领导和建立的党组织，重新建党。实践证明，离开了法制的大民主并不成功，不能解决矛盾。但大民主有其合理因素，可以揭露矛盾，暴露坏人坏事。"文化大革命"结束后，我们在彻底否定"文化大革命"时简单地否定了大鸣、大放、大字报、大辩论（简称"四大"），抛弃了依靠人民管党和政府的合理精神。其实，在民主化、信息化、网络化的时代，互联网就是大鸣、大放、大字报、大辩论的平台，一篇博客，一条短信，就是一张大字报。

总之，自觉改造世界观、依法治党、依靠人民管党这三者缺一不可。自觉与制度相结合，民主与法制相结合，党的领导与人民群众相结合。依靠人民反腐，依靠人民管党。党领导人民用法制管自己。离开了人民群众，仅仅靠领导干部的自觉和制度则很难从根本上解决党内腐败问题和党风好转问题。当然，离开了党的领导，离开了法制，则势必造成无法无天，天下大乱，社会陷入动荡。

对存在问题的严重性估计不足，尤其是对党变质、国变色的可能性、危险性失去警惕，是极其错误的。习近平同志在党的十八届中央纪委二次全会上说："我们国家无论在体制、制度上，还是在所走的道路和今天所面临的前所未有的境遇，都与苏联有着相似或者相近乃至相同的地方。弄好了，能走出一片艳阳天；弄不好，苏联的昨天就是我们的明天。"[①] 笔者认为，习近平同志以如此明确的语言警醒全党，有着重要的现实意义。当然，对存在问题也不能估计过头。倘若如有些人认为的那样，党内已有一权贵阶级，中国已是权贵资本主义，或认为党内已形成资产阶级，中国已资本主义复辟，那就有可能重犯毛泽东晚年的错误。

"合"的关键是理论的正确与理论的创新。中国特色社会主义的理论、制度和道路，这三者中基础的、核心的东西是理论。理论是指导，理论具体化为制度，再由理论、制度形成更为具体的道路。因此，关键是理论的正确与理论的创新。研究理论是理论工作者的职责。对党的基本理论的宣传、解释是理论工作的一个重要方面，不能轻视，更不能否定其意义。但

---

① 引自《中国共产党转型的必要性、必然性与紧迫性》，人民网—人民论坛 2013 年 8 月 26 日。

理论工作更重要的是进行科学研究与创新，解决理论与实践的矛盾，推动理论与实践的发展。理论研究不同于理论宣传，科学研究要有批判精神，以解决现实问题为中心、为目的，不能注经解经，不能唱"好了歌"，粉饰现状。苏共理论界有写颂圣文、唱"好了歌"的坏传统，一直唱到垮台。这方面的教训，值得记取。教条主义、党八股的顽疾，不易根除。理论工作的职责在于理论创新，解决历史课题、难题。要破除教条主义、党八股的恶劣传统，警惕其复发，祸国殃民。

中国特色社会主义已走过了 65 年风雨历程，取得了伟大的成就，积累了丰富的经验和深刻的教训，现在客观上已进入到"合"的阶段。但"合"需要主观条件，需要有开拓创新、敢冒风险和坚强有力的领导集体。"合"不仅要有经验智慧和领导艺术，而且要有胆量魄力和钢铁意志。全党要团结在以习近平同志为总书记的党中央周围，同心同德做好"合"的大文章，把中国特色社会主义事业推向新阶段。

（刊《毛泽东思想研究》2014 年第 4 期）

创造中国奇迹的哲学奥秘

中国奇迹不仅是指改革开放以来我国经济快速、持久和稳定发展所取得的令世界惊叹的成就，而且包括在党带领下中国人民创造的、看似不可能的一个又一个的人间奇迹。中国奇迹的创造有国际国内的客观条件和根据，但最根本的是以毛泽东为代表的中国共产党人在中国革命实践过程中把马克思主义哲学与中国革命实践经验和中国传统哲学优秀成果相结合，形成了中国化的马克思主义哲学，形成了实事求是的思想路线，形成了学哲学、用哲学的好传统。实事求是是党领导全国人民赢得伟大胜利的法宝，是贯穿于毛泽东思想、邓小平理论、"三个代表"重要思想、科学发展观和习近平新时代中国特色社会主义思想的精髓，是创造中国奇迹的哲学秘密。实事求是思想路线要年年讲、月月讲、天天讲。习近平在新时代发扬学哲学、用哲学的优良传统，号召全党，尤其是党的领导干部更全面、更完整地学习和运用马克思主义哲学具有重要的意义。

一、何谓中国奇迹?

中国经济自改革开放以来近四十年的快速、持久和稳定的发展，已稳居世界第二大经济体，对世界经济增长贡献率超过百分之三十，对外贸易、对外投资、外汇储备稳居世界前列。七亿多人口脱贫，人民生活普遍迅速提高，总体上实现了小康，整个社会发生了天翻地覆的变化。国内外舆论普遍认为这是"中国奇迹"。

最先提出"中国奇迹"的是谁？笔者没有去考察研究。但从网上查获得知：北京大学国家发展研究院名誉院长、世界银行前首席经济学家林毅夫教授曾在 1994 年与蔡昉、李周两位合作著《中国的奇迹：发展战略与经济改革》一书，认为改革开放以来中国经济迅速发展，"创造了人类经济增长史上前所未有的奇迹"①，并预言按双轨渐进的方式改革，到 2015 年以购买力平价计算，中国将取代美国成为世界第一大经济体。2014 年国际货币基金组织和世界银行的研究证实了这个预言。作者试图从经济学的角度，分析和考察中国奇迹产生的原因，并由此得出中国进一步改革的方向，以及对于其他处于同样发展和改革过程中国家的借鉴意义。该书曾再版修订，翻译成多国文字。林毅夫教授亦继续对"中国奇迹"发表评论②。

继林毅夫等之后，时任日内瓦外交与国际关系学院教授、复旦大学兼任教授张维为著有《中国震撼：一个"文明型国家"的崛起》，认为："中国以西方不认可的模式迅速崛起，给世界带来了相当的震撼。"中国崛起，"是一个人类历史上闻所未闻的超大规模的'文明型国家'的崛起"，"是人类历史上的一个伟大奇迹"。作者从政治学、历史学的视角对"中国模式"进行了阐释和总结，提出八大中国理念：实事求是、民生为大、整体思维、政府是必要的善、良政善治、得民心者得天下与选贤任能、兼收并

---

① 林毅夫、蔡昉、李周：《中国的奇迹：发展战略与经济改革》（增订版），格致出版社、上海三联书店、上海人民出版社 2014 年版，第 2 页。该书值得一读，许多见解值得重视。作者认为，中国的经济改革的成功是按照"解放思想、实事求是、与时俱进、求真务实"的科学发展观的精神，不断深化改革，逐步建立起完善的社会主义市场经济体系（同上，该书 20 周年版"序"，第 25 页）。书中有一点可以商榷：对新中国第一个 30 年的计划经济和优先发展重工业的方针（书中的"赶超战略与传统经济体制"）分析缺乏具体的、历史的观点。对那一时期问题从市场经济的观点所作的分析有新见、有启发，但作者似乎没有考虑到从当时的国际国内形势看，不实行"计划经济和优先发展重工业的方针"是否有可能？若有可能，能否在较短时间内建立比较完善的、相对独立的工业体系和国民经济体系？而倘若没有一个比较完整的、相对独立的工业体系和国民经济体系，能否有改革开放后的奇迹？！这一问题可能与林毅夫教授没有这一历史时代的经历有关，不能苛求作者本人。

② 如《中国奇迹是怎么发生的》，2016 年 6 月 5 日在"清华五道口全球金融论坛·南南合作主题论坛"上演讲。见中国共产党新闻网 2016 年 7 月 27 日。

蓄与推陈出新、和谐中道与和而不同①。该书出版后引起热烈反响。

新中国成立以来，尤其是改革开放以来，中国经济的持续快速发展，亦得到国际上的赞誉，称为"奇迹"，并探究其秘密。有俄罗斯学者认为，中国文明继承性推动中国重新走向巅峰②。也有研究者著文，称中国改革开放40年经济发展的成就是"人类发展史上最激动人心的奇迹"，并探讨中国共产党为何成功？③

当然也有人不认为没有什么"中国奇迹"④，但它已愈来愈为更多的人所认可。时下舆论界和学术界谈论的不是有没有"中国奇迹"，而是在讨论"中国奇迹"是怎么创造的。如：《中国奇迹震撼世界——基于海外对中国共产党历史、中华人民共和国历史研究的视角》⑤；《"中国奇迹"背后的必然逻辑》⑥；《世界眼中的"中国奇迹"》⑦；《中国奇迹是如何发生的？》⑧等。

改革开放以来中国经济的发展所取得的成绩无疑堪称"奇迹"。一般人所认为的"中国奇迹"，也主要是指经济发展。但笔者认为，"中国奇迹"的内涵远不限于今天的经济发展，应包含更广更深的内容。笔者曾从马克思主义发展史和人类社会发展史角度提出"中国奇迹"。从马克思主义发展史讲，马克思主义产生于西方发达资本主义国家，马克思恩格斯认为，社会主义首先应在西方发达资本主义国家取得实践上的胜利，可历史发展的结果，倒是在经济、政治、文化相对落后的半殖民地半封建的东方

---

① 张维为：《中国震撼：一个"文明型国家"的崛起》，上海人民出版社2011年版，引言、后记、第126页等。

② ［俄］弗拉基米尔·波波夫：《在通往巅峰途中》，俄罗斯《政治杂志》2004年10月11日，见《文明继承性推动中国重新走向巅峰》，《参考消息》2004年10月18日。

③ ［奥地利］伯恩哈德·埃克：《中国：龙的世纪》，奥地利《趋势》杂志网站2017年12月21日文章。见《参考消息》2018年1月1日《人类发展史上最激动人心的奇迹》一文。

④ 如周有光：《只有常规，不存在"中国奇迹"》，2010年《财经》记者马国川对周有光先生的专访。见凤凰国际智库，2017年1月17日。

⑤ 林建华，2016年10月20日，见人民网——理论频道。

⑥ 新华社北京2017年10月12日电，新华社记者秦杰等，见新华网。

⑦ 新华社北京2017年10月16日特稿，记者叶书宏，见新华网。

⑧ 对曾先后担任英国保守党副主席、英国上议院副议长、内政部国务大臣等要职的麦克·贝茨采访，2017年10月23日，见海外网。

大国——中国取得胜利，不能不说，这是马克思主义发展史上的奇迹。从人类历史看，中国是一个有五千余年悠久历史、文明从未中断的国家，在很长的历史时期，一直处于人类发展的前列，产生了众多的思想家、政治家、军事家、文学家、艺术家、发明家和科学家，为人类文明发展作出过重大贡献。只是到了明代末期，在创新方面开始落后于西方。1840年鸦片战争后，中国逐渐沦为半殖民地半封建国家，直至陷于亡国灭种的危险境地。但中国人民在逆境中奋起，尤其是在选择了人类最先进的科学思想——马克思主义作为思想武器后，在自己的先锋队——共产党的领导下，解放思想，实事求是，勇于创新，战胜了国内外强大敌人和各种千难万险，取得了新民主主义革命、社会主义改造、社会主义建设和改革开放的伟大胜利，也为20世纪以来的人类解放事业作出了伟大贡献。中国人民创造了一个又一个的奇迹，令世界人民惊叹不已！①

"中国奇迹"确实不是今天才有，而是历史上早就有的。如毛泽东在《中国的红色政权为什么能够存在？》中就指出：一国之内，在四周围白色政权的包围中，有一小块或若干小块红色政权的区域长期的存在，这是世界各国从来没有的"奇事"。再如，红军的两万五千里长征，是历史上的第一次，自从盘古开天地，三皇五帝到于今，从未有过②。在西方人看来，这是"比摩西带领信徒穿过红海更大的奇迹"③。再又如，毛泽东在《论持久战》中科学分析和预见的、并为尔后实践证实的抗日战争，是长期而又广大的，在军事、政治、经济、文化各方面的犬牙交错的战争，是战争史上的奇观，中华民族的壮举，惊天动地的伟业④。20世纪60年代前期，大庆人在极其艰苦的条件下，靠《实践论》《矛盾论》起家，自力更生、艰苦奋斗、科学指导，仅用三年多时间就建成了现代化的石油企业，从而我

① 见拙文《从儒家的"修身"到共产党的修养》，收入国际儒学联合会编：《儒学：世界和平与发展——纪念孔子诞辰2565周年国际学术研讨会论文集》第3卷，九州出版社2015年版。又见《再论创新三题》，《毛泽东邓小平理论研究》2017年第9期。

② 毛泽东：《论反对日本帝国主义的策略》（1935年12月27日），载《毛泽东选集》第1卷，人民出版社1991年版，第149—150页。

③ ［美］费正清：《伟大的中国革命》，刘尊棋译，世界知识出版社2000年版，第278、280页。

④ 毛泽东：《论持久战》（1938年5月），载《毛泽东选集》第2卷，人民出版社1991年版，第471—474页。

国石油做到基本自给……习近平总书记在党的十九大报告中指出：九十六年来，我们党团结带领人民经历千难万险，付出巨大牺牲，敢于面对曲折，攻克了一个又一个看似不可攻克的难关，创造了一个又一个彪炳史册的人间奇迹[①]。

总之，今日中国的奇迹是历史上中国奇迹的继续。没有历史上一个又一个的奇迹，就没有今日中国的奇迹。要解密今日中国奇迹，离不开对历史上中国奇迹的理解。

二、创造中国奇迹的条件和根据

"中国奇迹"的创造离不开钢铁般的坚强意志和顽强的奋斗精神。但我们是马克思主义者，是辩证的历史的唯物主义者，而不是唯意志论者。"中国奇迹"决不仅仅是单凭民族的、阶级的、更不是杰出个人的意志所能创造的，而是有其客观基础。

人类历史随着资本主义的发展已由民族的历史进入到世界历史。在帝国主义时代，世界上的事已连在一起。中国的发展与世界的发展密切相联。第一次世界大战，尤其是1917年俄国十月社会主义革命胜利后的形势，为"中国奇迹"产生创造了有利的国际条件。第一次世界大战是帝国主义时代资本主义世界总矛盾和总危机激化的产物。战争引起革命，没有第一次世界大战，就没有俄国十月社会主义革命的胜利。第一次世界大战、十月革命的胜利促进了马克思列宁主义在全世界的传播，促进了被压迫民族的解放运动和民族民主革命，促进了中国共产党的诞生和中国革命的发展。没有苏联社会主义建设的成就、没有第二次世界大战反法西斯战争的胜利，就没有抗日战争的胜利和紧接着抗战胜利后的解放战争的胜利，也就没有1949年新中国的诞生。没有第二次世界大战后社会主义阵营的形成，新中国就很难迅速走上社会主义道路，就很难在短时间建立起

[①] 习近平：《决胜全面建成小康社会　夺取新时代中国特色社会主义伟大胜利——在中国共产党第十九次全国代表大会上的报告》（2017年10月18日），载《中国共产党第十九次全国代表大会文件汇编》，人民出版社2017年版，第12页。

相对完整的、独立的工业体系和国民经济体系，而没有这一基础，也就很难有改革开放以来经济奇迹的创造……

外因不可缺少，但它只是变化的条件，内因才是变化的根据，外因通过内因才起作用。国际条件只是"中国奇迹"产生的外因，而最根本是中国自身的内因，国内根据。旧中国是一个具有悠久历史文化的、半殖民地半封建的东方大国，其民族矛盾和阶级矛盾的尖锐性、复杂性、不平衡性、曲折性世所罕见，十月革命后成为东方革命的中心。中国革命迫切需要马克思主义指导，而中国社会世所罕见的尖锐、复杂而又极端不平衡的矛盾运动则为马克思主义在中国的运用和发展提供了现实基础，中国五千余年悠久的历史则为马克思主义在中国的生根、开花和结果提供了丰厚的文化土壤。

正是有利的国际和国内条件催生了中国共产党，而中国共产党则凭借中国社会的大舞台，充分发挥自觉能动性，充分利用国内外一切积极因素，导演了一幕又一幕有关革命、建设和改革开放的威武雄壮、可歌可泣、绚丽多彩、出乎预料的活剧，令世界震惊不已！

总之，"中国奇迹"产生有其客观条件和根据，是世界历史和中国历史发展到 21 世纪的产物。

三、创造中国奇迹的法宝

客观条件只是为创造奇迹提供了可能性。奇迹的创造、出现还要靠人的主观努力，靠抓住有利时机，充分发挥符合客观实际的主观能动性。

是谁创造了"中国奇迹"？

是中国共产党领导下的中国人民。因而创造中国奇迹的奥秘在中国共产党。

费正清是 20 世纪 30—40 年代曾在中国读研、旅游、工作过的美国研究中国历史的著名历史学家、公认的中国通。他曾经说过，"（中共）滚雪球式的迅猛发展，是一个巨大的组织奇迹"[1]。一位外国政治家也直言：

---

[1] 转引自林建华：《中国奇迹震撼世界——基于海外对中国共产党历史、中华人民共和国历史研究的视角》，见 2016 年 10 月 20 日人民网——理论频道。

中国共产党本身就是中国奇迹。确实，我们党由成立时只有 50 多人，经过 96 年发展壮大，到如今已是拥有 8900 万名党员的世界上最大的执政党。这是世界政党史上未曾有过的奇迹。新华社记者写道：中国共产党的领导，是中国奇迹最鲜明的标志，是创造中国奇迹最核心的密码①。这些说法无疑正确。但似乎还须追问：中国共产党领导创造中国奇迹最核心的密码是什么？中国共产党凭什么法宝（思想武器）领导中国人民战胜了无数千难万险，创造了一个又一个的奇迹？这不是一个政治学、社会学、历史学、经济学、组织学的问题，而是一个哲学问题。

笔者始终认为：我们党领导人民创造惊天动地的伟业、前所未有的奇迹，从思想武器来讲，一不靠孔夫子主义，二不靠西方民主主义，而是靠马克思主义，靠中国化的马克思主义。

马克思主义是由马克思恩格斯总结无产阶级实际运动的经验、自然科学和社会科学的最新成果、人类思想发展的宝贵财富而成的科学思想体系，是人类智慧的结晶，揭示了自然界、人类社会和人类思维发展的一般规律，阐明了无产阶级的历史使命和获得解放的条件，是无产阶级认识世界和改造世界的科学世界观、方法论和价值观。近代以来，中国的先进分子是付出了巨大的代价、经过俄国十月革命的介绍才找到产生于西方的马克思主义作为复兴中华民族的思想武器。但马克思主义不是僵死的教条，而只是提供认识世界和改造世界的科学方法论，它的生命力在于同各国的具体的实际相结合，使之具体化、民族化。要做到这一点，同样要有一个历史过程，要付出代价。

中国革命以俄为师，是十月革命的继续。但以毛泽东为代表的中国共产党人没有照搬照抄俄国革命的经验，而是掌握了马克思主义的精髓，独立自主，一切从中国实际出发，调查研究，向群众学习，不断总结实践经验，用心寻求客观规律，从而打破了首先在城市取得胜利的传统的"城市中心论"，创造性地开辟了以农村包围城市、武装夺取政权的新道路。

毛泽东之所以能开辟以农村包围城市的道路并取得伟大胜利，从主观条件看，十分重要的一条是从学生时代起就酷爱哲学，有一颗哲学头脑。在领导中国革命和指挥中国革命战争过程中，他善于从哲学上、从主观与

---

① 见新华社记者：《"中国奇迹"背后的必然逻辑》，新华社北京 2017 年 10 月 12 日电。

客观关系上思考中国革命问题和中国革命战争。他从实践中得出了这样的结论："对于政治形势的主观主义的分析和对于工作的主观主义的指导，其必然的结果，不是机会主义，就是盲动主义。"①关于打仗，他认为：要多打胜仗，少打败仗，这里的关键是要解决好主观和客观的矛盾，"把主观和客观二者之间好好地符合起来"②。针对党内迷信本本、盲目执行共产国际指示的教条主义，毛泽东鲜明地提出反对本本主义、"没有调查、没有发言权""中国革命斗争的胜利要靠中国同志了解中国情况"和"从斗争中创造新局面的思想路线"③。毛泽东的这些论述清楚表明，思想路线是制定政治路线、军事路线的基础，思想路线错误必然导致政治路线、军事路线错误和实践上的失败。在毛泽东的正确路线指导下，中央苏区取得粉碎国民党反动军队四次"围剿"的胜利。而当"左"的错误路线在中央苏区占据领导地位时，第五次反"围剿"遭到失败，红军被迫长征。"左"的错误路线使党和红军几乎陷于绝境。在面临生死存亡的紧急时刻，党和红军的领导干部从正反两方面的实践中认识到毛泽东路线的正确，确立了毛泽东在党和军队中的领导地位，结束了"左"倾路线在党中央的统治，从而保证了长征的胜利，创造了举世公认的奇迹。

　　1937年春夏间，为了从根本上彻底清算党内错误路线，也是为了为即将来临的抗日战争做思想理论准备，毛泽东应邀到抗大讲授辩证法唯物论，写作《实践论》《矛盾论》。他反复说明，辩证法唯物论是最正确和最革命的宇宙观和方法论，革命中间的错误无一不是违反唯物辩证法。哲学是指导革命运动的干部人员的必修课。他在《实践论》《矛盾论》里将马克思主义哲学与中国革命实践经验、中国传统哲学的优秀成果三者融为一体，丰富和发展了马克思主义认识论和辩证法。《实践论》《矛盾论》的重大贡献之一是将马克思主义哲学的一般原理转化为思想方法、领导方法和工作方法，为党的实事求是思想路线奠定了理论基础。《实践论》《矛盾

---

① 毛泽东：《关于纠正党内的错误思想》（1929年12月），载《毛泽东选集》第1卷，人民出版社1991年版，第91页。

② 毛泽东：《中国革命战争的战略问题》（1936年12月），载《毛泽东选集》第1卷，人民出版社1991年版，第91页。

③ 毛泽东：《反对本本主义》（1930年5月），载《毛泽东选集》第1卷，人民出版社1991年版，第109、115、116页。

论》成为赢得中国革命胜利的法宝。毛泽东把学哲学、用哲学放在党的思想理论建设首位。在延安整风运动中，他亲自领导和组织干部学哲学、用哲学，克服思想上的主观主义，从根本上提高了全党的马克思列宁主义理论水平，统一了全党的思想，纠正了错误路线。延安整风运动实际上是一次学习唯物论辩证法、批判唯心论形而上学的哲学运动，许多干部终身受益，产生了深远的影响。经毛泽东的提倡，学哲学、用哲学成了中国共产党的优良传统，哲学成了全党的事业和整个民族的事业。正是在实事求是的思想路线的指导下，我们党领导人民取得了新民主主义革命、社会主义改造和社会主义建设的伟大胜利。

历史告诉我们：坚持和贯彻实事求是思想路线决不是一件容易的事，而是要付出艰巨的努力，要反对主观主义，克服"唯上、唯书、不唯实"的传统思维方式。毋庸讳言，在探索中国特色社会主义的伟大试验中，毛泽东在晚年背离了自己倡导的实事求是思想路线，致使社会主义事业发生了严重曲折，教训极其深刻。值得庆幸的是，邓小平、陈云等老一辈无产阶级革命家继承了毛泽东倡导的学哲学、用哲学的优良传统，以辩证的历史的唯物主义科学态度充分肯定毛泽东在中国历史和世界历史上的崇高地位，充分肯定毛泽东思想的理论贡献和伟大指导作用，用毛泽东的正确思想纠正毛泽东晚年的错误。他们强调实事求是是毛泽东思想的精髓，是马克思主义的精髓；毛泽东同志所以伟大，能把中国革命引导到胜利，归根到底，就是靠实事求是；现在建设中国特色社会主义，实现社会主义现代化，同样要靠实事求是。他们十分重视毛泽东哲学思想的学习，强调领导干部学哲学的极端重要性，强调"实事求是、群众路线、独立自主"是毛泽东思想活的灵魂。邓小平恢复和发展了毛泽东的实事求是的思想路线，以实践为检验真理的唯一标准，以"三个有利于"作为衡量社会主义建设的根本标准，解放思想，改革开放，大胆试、大胆闯，不断总结经验，形成了邓小平理论，开创了中国特色社会主义新时代。

有比较才有鉴别。如果把中共与苏共做一比较，就可更显示实事求是思想路线的重要意义。苏共是由列宁创立的，曾是我们的老师。在斯大林的领导下，苏联人民在社会主义建设上曾取得过辉煌的胜利。但经历了74年，苏共不仅没有解决落后国家建设社会主义的跨世纪的历史难题，反而发生了剧变，自行解散，历史走了回头路。苏联人民遭受了"20世纪地缘政治的最大的灾难"（普京语）。

苏共垮台、苏联解体，是多种因素综合的结果，任何用一两个因素都难以说明。从哲学上看，苏共垮台、苏联解体既有内因，也有外因，以内因为主；既有现实因，又有历史因，而以现实因为主；既有客观原因，又有主观原因，而以主观原因为主。其中的每一类原因，又非单一因素，而是包含互相制约的诸多复杂因素。从主客与客观的关系上看，主要是苏共路线出了问题。直接导致垮台的主观原因是戈尔巴乔夫的"全人类共同利益高于一切"的"新思维"和人道的民主的社会主义。但从深层次看，在列宁去世后，斯大林没有重视党的思想理论建设，没有继承好列宁的哲学遗产，在诸多方面离开了辩证法唯物论，搞了不少形而上学唯心论，没有形成学哲学、用哲学的优良传统，更没有如毛泽东那样将马克思列宁主义哲学的基本原理转化成为党的实事求是思想路线，结果导致主观脱离客观，理论脱离实际，阶级斗争严重扩大化，体制和制度僵化，妨碍了社会主义制度优越性的发挥。斯大林去世后，苏共领导人不能以辩证的历史的唯物主义科学态度纠正斯大林时期的错误，一方面片面夸大错误，丑化了斯大林和苏共的历史；另一方面，丢掉了阶级斗争、无产阶级专政，将马克思主义人道主义化，将特权阶层演化为特权阶级。这两方面的错误在戈尔巴乔夫时期达到极端。戈尔巴乔夫的"全人类共同利益高于一切"的"新思维"和人道的民主的社会主义，似乎很有道理、很好听、很合乎人们的要求，确实也得到多数人一时的"欢迎""拥护"。但它既不符合苏联客观实际和世界客观实际，也不符合马克思列宁主义的基本原理，最终只能导致苏共垮台、苏联解体，为俄罗斯人民所唾弃。苏共垮台、苏联解体从反面证明毛泽东倡导的而为后继者们坚持和发展了的解放思想、实事求是思想路线是多么的重要[①]。

自改革开放以来的《中国共产党章程》始终载明："党的思想路线是一切从实际出发，理论联系实际，实事求是，在实践中检验真理和发展真理。"正是在解放思想、实事求是思想路线指引下，中国共产党在新的伟大时代，与时俱进，不断推进马克思主义的中国化、时代化和大众化，形成了邓小平理论、"三个代表"重要思想、科学发展观和习近平新时代中

---

① 参见拙文：《百年社会主义的哲学反思》，本书第 76—95 页。

国特色社会主义思想，丰富和发展了马克思主义、毛泽东思想，领导人民创造了一个又一个奇迹。

总之，实事求是，是马克思主义的精髓，是毛泽东思想和中国特色社会主义理论的精髓，是中国共产党永葆蓬勃生机、不断夺取新胜利的法宝，是创造中国奇迹的哲学奥秘。

四、发扬学哲学、用哲学的好传统

党的十九大正式宣告我国进入中国特色社会主义新时代，形成了习近平新时代中国特色社会主义思想。

从毛泽东思想到习近平新时代中国特色社会主义思想，其一脉相承的是实事求是的思想路线，是对学哲学、用哲学好传统的继承和弘扬。

作为马克思主义、毛泽东思想的精髓的"实事求是"包含有丰富而深刻的内涵：即邓小平所说的"辩证唯物主义和历史唯物主义"。党的十八大以来，以习近平同志为核心的党中央继承和弘扬学哲学、用哲学的好传统。习近平同志指出："马克思主义哲学深刻揭示了客观世界特别是人类社会发展的一般规律，在当今时代依然有着强大的生命力，依然是指导我们共产党人前进的强大思想武器。我们党自成立起就高度重视在思想上建党，其中十分重要的一条就是用马克思主义哲学教育和武装全党。学哲学、用哲学是我们党的一个好传统。"为此，他两次主持中央政治局集体学习历史唯物主义和辩证唯物主义，"目的是推动我们对马克思主义哲学有更全面、更完整的了解"。他指出：为了实现"两个一百年"的奋斗目标，必须不断地接受马克思主义哲学的滋养，更加自觉地坚持和运用辩证唯物主义的世界观和方法论。增强辩证思维、战略思维能力，努力提高解决我国改革开放发展基本问题的能力。学习历史唯物主义基本原理和方法论，更好地认识国情，更好地认识党和国家事业发展大势，更好地认识历史规律，更加能动地推进工作，不断总结经验，不断实现理论创新和实践创新，发展 21 世纪马克思主义。他又指出：党的各级领导干部特别是高级干部，要原原本本学习和研读经典著作，努力把马克思主义哲学作为自己的看家本领，坚定理想信念，坚定正确政治方向，提高战略思维能力、综合决策能力和驾驭全局能力，团结带领人民不断书写改革开放新篇章①。

习近平同志重视哲学的学习运用是一贯的。他自觉地运用马克思主义哲学指导工作，总结实践经验，不断创新奋进。这是他能从地方到中央，成为总书记和大国领袖的一个内在的本质性因素。他在《浙江日报》"之江新语"专栏发表的评论，每篇平均不到900字，但论事析理，既生动活泼、简洁易懂，又富有哲理、意蕴深刻，是在领导工作中学哲学、用哲学的理论成果，从一个方面为领导干部学哲学、用哲学提供了范例。

党的十七大后，习近平同志到中央工作后兼任中央党校校长。他在中央党校多次讲话中反复阐明读书学习的重要意义，读马列经典著作的重要意义，读马克思主义哲学著作，尤其是读毛泽东的《实践论》《矛盾论》等哲学著作的重要意义。在党的十九大前夕，在纪念《实践论》《矛盾论》发表80周年之际，他又一次提出全党领导干部学习《实践论》《矛盾论》，发扬学哲学、用哲学的优良传统，要求将学哲学、用哲学常态化。这些指示对提高增强党的执政本领，夺取新时代中国特色社会主义胜利有着极其重要的意义。

党的十九大，既是一次团结胜利、充满自信的大会，谋划未来、鼓舞奋进的大会；又是一次不忘初心、牢记使命的大会，居安思危、戒骄戒躁的大会。习近平总书记在大会上所做的报告贯穿了唯物辩证法精神。他指出，今天我们比历史上任何时期都更接近、更有信心和能力实现中华民族伟大复兴的目标。但他紧接着又说："行百里者半九十。中华民族伟大复兴，绝不是轻轻松松、敲锣打鼓就能实现的。全党必须准备付出更为艰巨、更为艰苦的努力。""社会是在矛盾运动中前进的，有矛盾就会有斗争。"全党必须进行具有许多新的历史特点的伟大斗争，"要充分认识这场伟大斗争的长期性、复杂性、艰巨性，发扬斗争精神，提高斗争本领，不断夺取伟大斗争新胜利。"党的十八大以来，从严治党，正风肃纪，反腐惩恶，取得了压倒性胜利，深得党心民心。但党内存在的思想不纯、组织

---

① 详见《推动全党学习和掌握历史唯物主义　更好认识规律更加能动地推进工作》,《人民日报》2013年12月5日;《坚持运用辩证唯物主义世界观方法论　提高解决我国改革发展基本问题本领》,《人民日报》2015年1月25日。

不纯、作风不纯等突出性问题尚未得到根本解决。要深刻认识党面临的"四大考验"和"四大危险"。"全面从严治党永远在路上"。习近平同志在结束报告时又指出:"全党一定要保持艰苦奋斗、戒骄戒躁的作风,以时不我待、只争朝夕的精神,奋力走好新时代的长征路。"①我们要全面理解和贯彻十九大精神,在充分肯定取得伟大成就、对未来具有充满必胜信心的同时,更要有完成肩负历史使命的居安思危的忧患意识,更要有永远务必保持艰苦奋斗和戒骄戒躁作风的自觉、自省、自警。

客观世界与人类实践的发展一刻也不会停止,永无止境。因此主观与客观、理论与实践的统一是具体的、历史的。今天统一了,但随着客观、实践的发展,明天就需要重新统一。"坚持实事求是不是一劳永逸的,在一个时间 一个地点做到了实事求是,并不等于在另外的时间另外的地点也能做到实事求是。"②因此,实事求是思想路线要年年讲、月月讲、天天讲。要在实践中大胆地试、大胆地闯,不断认识新情况,解决新问题,不断总结经验,不断推进理论创新和实践创新。一个正确的认识需要经过实践、认识、再实践、再认识的反复多次才能完成。对落后国家建设社会主义规律的认识需要一百年乃至数百年的时间,短了是不行的,急不得,久久为功。要经常反思我们的理论、路线、纲领、方略、规划、方案和办法是否符合当代世界实际和中国实际,是否符合客观规律,是否真有道理,而不只是表达了美好的、善良的、主观的愿望。要在实践中自觉地检验、修正和完善已有的理论、路线、纲领、方略、规划、方案和办法。

为贯彻落实好党的十九大精神,我们要积极响应习近平同志的号召,发扬学哲学、用哲学的好传统,要更全面、更完整地学习和理解马克思主义哲学,尤其是毛泽东哲学,坚决反对以实用主义、教条主义的态度对待马克思主义。学哲学、用哲学要紧密结合工作实际和思想实际,化理论为方法,化理论为德性,知行合一,在改造客观世界和主观世界上下功夫,防止思想上的主观性、片面性和表面性,防止绝对化、简单化和庸俗化。

① 习近平:《决胜全面建成小康社会 夺取新时代中国特色社会主义伟大胜利——在中国共产党第十九次全国代表大会上的报告》(2017年10月18日),载《中国共产党第十九次全国代表大会文件汇编》,人民出版社2017年版,第1、2、12、13、49、56页。
② 习近平:《坚持和运用好毛泽东思想活的灵魂》(2013年12月26日),载《习近平谈治国理政》,外文出版社2014年版,第26页。

要吸取历史上一面大讲唯物主义、大讲辩证法而实际上却唯心主义盛行、形而上学猖獗的深刻教训。要克服传统的根深蒂固的"唯上、唯书、不唯实"的唯心主义思维方式,坚持"不唯上、不唯书、只唯实"的唯物主义思维方式①。要不断增强贯彻执行实事求是的思想路线的自觉性,不断夺取中国特色社会主义的新胜利。

(刊《光明日报》2018年2月12日)

---

① 陈云:《不唯上、不唯书、只唯实,交换、比较、反复》(1990年1月24日),载《陈云文选》第3卷,人民出版社1986年版,第371页。

大胆吸取和借鉴当代西方文明

——兼谈文化交往的一个规律

一、在吸取和借鉴当代西方文明成果上
存在着保守倾向

如何对待西方资本主义社会所创造的文明成果，是近现代中国文化建设，乃至关乎整个中国社会发展的重大问题之一，亦是今天建设有中国特色社会主义事业的重大问题之一。对外开放、大胆吸取和借鉴全人类文明成果是实现社会主义不可缺少的战略方针。党的十一届三中全会以来二十年的实践证明：我们党的对外开放的方针是成功的。对外开放的重要性为愈来愈多的人所承认。但是也应看到，在扩大开放上，尤其是在吸取和借鉴当代西方发达资本主义国家所创造的文明成果上，胆子不够大，顾虑重重，存在着思想和理论方面的障碍，存在着严重的保守倾向。

例如，近十多年，尊孔思潮活跃，海外现代新儒家在大陆走红。有的人任意贬损五四新文化运动，竭力褒扬文化保守主义。有的人鼓吹马克思

主义是外来文化，不适合中国国情，要用现代新儒家代之。更有甚者，诬蔑中国共产党人，全盘否定中国传统文化，造成中国传统文化的中断，造成中国现代意识危机。有相当一部分人，在弘扬中国传统文化的口号下，引导人们向后看，有意无意地企图从古人那里寻找解决当代中国现实问题的药方。

又如，1990 年，中央某机关印发的《关于社会主义若干问题学习纲要》，全文共 18 题，5 万余字，讲改革开放的只有一个题，3 千多字，其中讲对外开放的，不足 180 字。

还有，1997 年 10 月，某大学出版社出版的学习邓小平理论的论文集收录《邓小平对西方文化方针的基本思想》一文：该文 8 千多字，除开头用不足 300 字讲"与现代西方文化的交流要长期发展"外，其余均是讲要用批判的态度对待西方文化、"对进境的西方文化的消极影响要长期保持高度警惕"和"对进境的西方资产阶级文化的对策"。文章认为邓小平同志对进境西方文化消极影响的认识，经历了一个由"不可怕"到"极为严重"、"最大风险"、"后果极严重"的认识过程。从文章整个倾向看，该文对当代西方文化主要不是吸取和借鉴，而是抵制和批判，是防和守，与邓小平同志的思想并不相符。

即使是主张开放的同志，讲得多的也是引进外资、科学技术、人才，引进反映现代化生产规律的先进的经营方式、管理方法，很少涉及吸取和借鉴当代西方发达资本主义国家哲学社会科学及制度文明方面的积极成果。报刊、杂志、电视台等新闻媒体在举办社会主义精神文明建设座谈会时，主要邀请的是搞马克思主义和中国哲学文化的学者专家，很少请研究西方哲学文化的学者专家与会。

有人惊呼："现今西化的结果，造成了中华民族的民族精神的失落，中华民族的大智慧已近无人知晓的境地。"

如此等等。

总之，多年以来，我感到在吸取和借鉴当代资本主义发达国家文明成果方面，胆子不够大，存在着保守倾向。本文就是针对此种倾向而发的。本文要说明的可归结为一句话：吸取和借鉴全人类文明成果，最主要的是吸取和借鉴当代资本主义发达国家的文明成果。

二、文化交流中信息由高向低流动是一个规律

要充分认识吸取和借鉴当代西方国家文明成果的极端重要，消除这方面的种种疑惑，首先要在理论上认识到文化交流中信息流向主要是由高向低的这样一个客观规律。

从人类历史看，各民族、各国家、各地区的文化经常处于交往之中，而且随着社会的进步，交通、通信等手段的发达，这种交往愈来愈频繁，速度愈来愈快，内容愈来愈深入。这种交往，既有处于同一社会发展阶段上的同质社会类型的交往，又有处于不同社会发展阶段上的异质社会类型的交往。文化交往，可以是自觉的、自愿的，也可以是不自觉的、被动的；可以是和平的、友好的，也可以是暴力的、强制的。文化交往中既有排斥、冲突，又有吸收、融合。民族、国家不分大小，不分先进后进，都有其长处和优点，也都有其不足和缺点，都应虚心地互相学习，取长补短，以利于发展自己。先进的民族、国家，虽然先进，但它仍需要吸取和借鉴比它相对落后的民族、国家的优秀文化成果。事实上，处于相对进步和强盛时期的民族、国家一般都比较乐意（而不是害怕）吸取和借鉴其他民族、国家的文化成果。如我国的汉、唐盛世时期和今天西方发达国家。文化交往中信息是双向流动的，这是一个方面。另一方面，信息双向流动不是等值。从信息的主要流向看，则是由处于先进的、高级阶段的民族和国家，流向处于相对后进的、低级阶段的民族和国家。在中外历史上，处于后进的民族、国家曾征服过比它进步的民族、国家，但就文化而言，征服者不得不采用被征服者的文化，为被征服者所同化。文化交往中信息流向主要是由高向低，这是一条不以人们意志为转移的社会发展客观规律。

承认文化交往中信息流向主要是由高向低这一客观规律的实践意义是无须多言的。就经济社会形态而言，我们已建立起社会主义基本制度，比西方资本主义国家要高，我们着实有优越于西方资本主义国家的方面，西方国家也在不断吸取和借鉴社会主义国家的长处。就技术社会形态而言，西方资本主义国家早就实现了工业化、现代化，有的开始进入后工业社会、信息化社会。西方资本主义国家在经济、科技、教育、军事等方面处

于世界的领先地位。相比之下，我国则落后得多。在广大农村，自然经济、半自然经济仍占很大比重，手工劳动仍是主要的生产方式，整个社会正处在由农业社会向工业社会的转变过程中。因此，在与西方发达国家交往中，我们应自觉地、主动地吸取和借鉴他们在工业化、现代化过程中创造的一切文明成果。在建设有中国特色社会主义过程中，我们始终要实行对外开放，大胆吸取和借鉴人类创造的一切文明成果。人类创造的一切文明成果，从时间上讲包括古代的、中世纪的、近代的和现代的，从地区、民族讲，包括世界上所有国家、民族的文明。古代的、中世纪的、近代的文明成果，我们要吸取和借鉴，亚、非、拉广大地区发展中国家文明，印度文明、阿拉伯文明、黑非洲文明、印第安人文明等，我们都要虚心地学习、吸取和借鉴，但最主要的则是学习、吸取和借鉴当代西方发达资本主义国家的文明成果。我们反对欧洲中心论，反对西方中心论，但又必须如实地承认，撇开社会制度、意识形态，西方发达国家在生产力、科学技术、教育等方面确实处于人类文明的前列。

三、正确认识当代资本主义发达国家的文明成果

不敢大胆吸取和借鉴当代资本主义发达国家文明成果的原因之一是对当代资本主义发达国家文明成果的认识上有偏颇。我们承认西方发达国家创造了高度的物质文明，承认他们在科学技术、教育等方面比我们强得多。但长期以来，我们不承认西方资本主义发达国家在哲学社会科学及制度文明方面，仍有值得我们学习和借鉴之处。我们比较多地看到西方社会存在的种种弊病：贫富差距的扩大，部分人的精神空虚和颓废，由极端个人主义和享乐主义造成的恶果，黄赌毒的日趋严重，离婚率、犯罪率的增加等。其实，西方国家的学者、思想家、政治家也在不断揭露他们自身的问题。布热津斯基在《大失控与大混乱》一书中列举了美国社会中20个问题，其中相当一大部分是属于社会生活、精神生活方面的，如"日益加深的种族和贫困问题"、"广泛的犯罪行为和暴力行为"、"大规模毒品文化的流行"、"通过视觉媒体大规模地传播道德败坏的世风"、"日益弥漫的精神空虚感"等。尼克松在《超越和平》一书中也讲了美国社会存在的

种种问题，认为"精神和文化的堕落，这是困扰美国的一切问题的根源"，承认"一场精神危机已影响到了美国各个社会阶层"，提出"为了振兴美国，我们需要一种精神的振兴"。西方社会确实存在精神危机，西方人承认他们自己在这方面存在危机。正是这种情况，使我们只看到西方社会精神文明的问题一面，看不到西方社会精神文明方面仍然有积极的、值得我们学习的东西。

哲学社会科学有着鲜明的党性、阶级性。长期以来，我们对党性原则存在着简单化的理解。我们只承认马克思主义产生以前的资产阶级哲学社会科学中有值得我们批判继承的东西，而对马克思主义产生以后的西方哲学社会科学采取简单否定的态度。对西方资本主义社会的上层建筑、意识形态，我们只看见资产阶级性质的一面，只看见它与社会主义的上层建筑、意识形态相对立的一面，甚至以"腐朽、没落、反动"一言以概之。现在看来，这些看法带有片面性。

像美国这样的国家，历史短，发展快，在经济、科技、教育、军事等方面处于世界领先地位，其原因何在，值得我们研究。除了资本主义政治制度和优越的地理条件、丰富的自然资源之外，还有没有别的原因。我们讲，马克思列宁主义、毛泽东思想和邓小平理论是我们国家的精神支柱、精神动力。那么，推动美国经济、科技、教育、军事乃至整个社会发展的精神动力是什么呢？他们的精神动力中有否值得我们吸取和借鉴之处呢？我们以往很少提出这样的问题。其实，这正是我们在吸取和借鉴西方文明成果时应加以再三思考的。实用主义是一种主观唯心主义，是为美国资产阶级服务的。这是没有问题的。但实用主义注重利益、效果，提倡行动、冒险、创新。美国社会的发展不能说同它的国家哲学实用主义没有关系。

我们要摒弃近代以来"体用"分离的思维方式，摒弃西方物质文明比我们发达，精神文明我们比西方优越的陈腐观念。我们不仅要学其"用"，而且要批判学其用后面的"体"。资产阶级极端个人主义、享乐主义我们要反对。以个人为本位的价值观是建立在资本主义私有制基础上的。它与建立在社会主义公有制为基础上的以社会为本位的价值观是相对立的。但资产阶级价值观中自主观念、自由观念、平等观念、民主观念、法治观念、效率观念、竞争观念、创新观念、冒险观念等均有其合理的、可为我们吸收和借鉴的东西。倘若无产阶级的社会主义价值观拒绝接受这些合理的因素，那它的社会本位与封建的社会本位很难划清界限。封建社会的以社会为本位的价值观是以否定个人利益、牺牲个性自由为条件的，实质上是一种没有个体自主性的价值观。无产阶级的社会主义的社会本位的价值观是建立在尊重个体自主性基础上的个体与社会有机统一的价值观。无产阶级的社会主义价值观是对资产阶级价值观的辩证扬弃，而不是形而上学的简单否定。对资产阶级价值观的简单的全盘否定，与简单的全盘肯定一样，都不可取。

我们承认资产阶级在创造文明成果上的重要作用和历史功绩，我们更要认识到，西方资本主义社会的文明成果，主要是由西方社会的体力劳动者和脑力劳动者创造的（当然，西方社会的文明成果中还包含有殖民地半殖民地人民的劳动成果和发展中国家人民的劳动成果），把资本主义社会的文明成果笼统地说成是资产阶级的或资产阶级创造的是不确切的。即使是资本主义的制度文明，如民主制度，同样地凝结着无产阶级和劳动人民长期斗争的成果。总之，资本主义社会的物质文明、制度文明和精神文明，是人类社会发展一定阶段上的成果，是人类的共同财富。社会主义社会是对资本主义社会的否定，但这是辩证的、包含肯定的否定。离开资本主义社会的文明成果，社会主义无从谈起。

四、正确认识我国国情，正视封建主义传统和小生产习惯势力在我国社会的广泛存在

不敢大胆地吸取和借鉴当代西方发达国家的文明成果，与对我国国情认识上的偏颇有关。我国原是一个经济、政治、文化落后的半殖民地半封建国家。新民主主义革命的胜利消灭了封建主义和官僚资本主义的生产关系，摧毁了代表大地主大资产阶级的上层建筑。从提出过渡时期总路线开始至党的十一届三中全会为止，我们把无产阶级和资产阶级的矛盾、社会主义和资本主义的矛盾视为我国社会的主要矛盾，把资产阶级和资本主义视为革命的主要对象。我们对生产力不发达和科学文化方面的落后有一定的认识，毛泽东把它概括为"一穷二白"，但我们对改变

"一穷二白"面貌的艰巨性、长期性认识不足，犯有急性病，搞"大跃进"，急于求成，碰了钉子。我们对由于没有经过较为发展的资本主义阶段而带来的封建主义传统和小生产习惯势力的广泛存在这一点无多大认识。1959年12月，毛泽东在读苏联《政治经济学》教科书谈话时曾说：在西方各国进行革命和建设，有一个很大的困难，这就是资产阶级的毒很厉害，已经渗透到各个角落里去了，我国的资产阶级还只有三代，而英国这些国家的资产阶级已经十几代了。毛泽东没有认识到，虽然我国资产阶级的毒不如西方国家厉害，但我国的几千年的封建主义的毒要比资产阶级的毒不知厉害多少倍，几千年的小生产习惯势力是比资产阶级更为可怕的东西。我国社会中的个人崇拜、个人专断、人治、缺乏民主、特权和等级制、干部职务终身制、领导人个人选择自己的接班人、血统论、平均主义、不尊重科学、不尊重人才、重义轻利等无不都是封建主义遗毒和小生产习惯势力的表现。"文化大革命"虽然在"破四旧"的口号下开始，但实质上是潜伏在中国社会中的封建主义传统和小生产习惯势力的一次大泛滥。

"文化大革命"结束后，痛定思痛，我们的认识才有所进步。邓小平在《党和国家领导体制的改革》等讲话、谈话中，对党和国家领导制度、干部制度方面存在的弊端做了深刻的揭露和剖析。他说："搞特权，这是封建主义残余影响尚未肃清的表现。旧中国留给我们的，封建主义传统比较多，民主法制传统很少。"[1]在谈到如何防止"文化大革命"这类事再次发生问题时，他强调要从"制度上解决问题"。他说："我们过去的一些制度，实际上受了封建主义的影响，包括个人迷信、家长制或家长作风，甚至包括干部职务终身制。""我们这个国家有几千年封建社会的历史，缺乏社会主义的民主和社会主义的法制。"[2]他认为，我们的新民主主义革命在推翻封建主义反动统治和封建土地所有制方面是成功的，彻底的。"但是，肃清思想政治方面的封建主义残余影响的这个任务，因为我们对它的重要性估计不足，以后很快转入社会主义革命，所以没有能够完成。现在应该

---

① 邓小平：《党和国家领导体制的改革》（1980年8月18日），载《邓小平文选》第2卷，人民出版社1994年版，第332页。

② 邓小平：《答意大利记者奥琳埃娜·法拉奇问》（1980年8月21日、23日），载《邓小平文选》第2卷，人民出版社1994年版，第348页。

明确提出继续肃清思想政治方面的封建主义残余影响的任务，并在制度上做一系列切实的改革，否则国家和人民还要遭受损失。"[①]

毛泽东说：斯大林严重破坏社会主义法制这样的事件，在英、法、美这样的西方国家不可能发生。他认为，资产阶级民主，特别是初期，有那么一些办法，比我们现在的办法更进步一些。我们比那个时候不是更进步了，而是更退步了。毛泽东没有讲为什么"更退步了"的原因。我认为很大程度上主要缺乏实行民主的主客观条件。在这方面，刘少奇也发表了很好的意见。他说，华盛顿在革命之后作了八年总统，又退为平民。这样的办法，我们是不是也可以参考一下，也可以退为平民？资本主义国家中有些人当过部长，当过总理，结果又去当教员，当教授，当律师，当经理，当校长。（毛泽东插话：我们如果这样，就叫受处罚）。艾森豪威尔当过总司令之后，又当哥伦比亚大学的校长，然后才去竞选总统。马歇尔当了国务卿之后，又去当红十字会的会长。当然我们不一定完全照那样办，但恐怕有些东西，资产阶级的有些制度也可以参考。周恩来也说：社会主义国家政治制度的一个缺点就是一党制，这使民主少了，集中多了，不容易听到不同意见。这本身就包含着它的阴暗面。一个党，就是一个鼻孔出气，呼吸就不舒适，会使思想僵化，就会停滞起来。他又说："资本主义国家的制度我们不能学，那是剥削阶级专政的制度，但是西方议会的某些形式和方法还是可以学的，这能够使我们从不同的方面来发现问题。"1956—1957 年，毛泽东和党中央在民主政治建设方面做了可贵的探索，提出了"长期共存、互相监督"和"百花齐放、百家争鸣"的方针，遗憾的是这种探索很快为反右运动中断。

党的十一届三中全会后，我国的民主政治建设才走上正轨，开始了一个新的时期。邓小平强调没有民主，就没有社会主义，没有现代化；民主要制度化、法律化；要依法治国，建设法治国家。二十年来，我国的民主政治建设取得了重大进展，正在由人治向法治的转变过程中。与经济体制一样，我国的政治体制也是从苏联搬来的。要进行政治体制改革，建立与

[①] 邓小平：《党和国家领导体制的改革》（1980 年 8 月 18 日），载《邓小平文选》第 2 卷，人民出版社 1994 年版，第 335 页。

现代化相适应的广泛的新型民主政治，还需要进一步解放思想。权力不制衡，势必发生腐败，这一点已成为共识。如何实现权力制衡，人们的认识不一致。在这一问题上需要冲破禁区，大胆借鉴西方政治制度中的权力制衡机制。

长期以来，我们对资本主义、资产阶级的东西比较警惕，生怕"和平演变"，搞了资本主义。相比而言，我们对封建主义的危害讲的比较少，没有多少警觉。事实上，现实社会生活中的反社会主义东西，广大人民群众厌恶的东西，从大吃大喝、以权谋私、买官卖官、迷信活动、宗族活动到唯书唯上、形式主义、官僚主义，都是带封建性的东西。对资产阶级腐朽思想要继续保持警惕，对资产阶级自由化要继续反对。同时，我们对封建主义的东西亦必须时刻提防，防止死灰复燃。我们这个党和国家很可能毁在封建主义传统手里（当然它也与资本主义的腐朽东西相合流）。邓小平说得好："肃清封建主义残余的影响，重点是切实改革并完善党和国家的制度，从制度上保证党和国家政治生活的民主化、经济管理的民主化、整个社会的民主化，促进现代化事业的顺利发展。"①

我国社会中小生产习惯势力同样根深蒂固。这不仅因为传统是一种惰性力量，相对落后于现实，而且还在于我国广大农村，尤其是交通不够发达、商品经济不够发达的地区，以手工劳动为主的小生产方式依然大量存在。小生产习惯势力的"一个显著特点，就是因循守旧，安于现状，不求发展，不求进步，不愿接受新事物"②。小生产习惯势力成为改革开放、发展市场经济、实现现代化的巨大阻力。要冲破小生产习惯势力，除发展商品经济、发展现代化的生产方式、发展教育之外，很重要的一条是向群众灌输现代化的观念——自主观念、竞争观念、创新观念、效率观念、民主观念、平等观念、法制观念等。而这些现代化的观念主要是从当代西方文明中学来的。

---

① 邓小平：《党和国家领导体制的改革》（1980 年 8 月 18 日），载《邓小平文选》第 2 卷，人民出版社 1994 年版，第 336 页。

② 邓小平：《解放思想，实事求是，团结一致向前看》（1978 年 12 月 13 日），载《邓小平文选》第 2 卷，人民出版社 1994 年版，第 142 页。

五、正确认识中国传统文化

中华民族历史悠久，创造了灿烂的古代文明，为人类发展作出了重大贡献。建设有中国特色社会主义宏伟事业，尤其是建设有中国特色社会主义文化，离不开对中国原有优秀文化的继承和发扬。中华民族勤劳勇敢、艰苦奋斗的精神，酷爱自由、独立自主、自强不息的精神，热爱和平、维护统一的精神等是我们永远要坚持和发扬的。中国古代的哲学、文学艺术、历史学、军事学等方面有无数珍品，值得我们继承和借鉴。对本民族的历史文化采取虚无主义的态度是极端错误的。在对待历史文化遗产上，我们党虽然在个别时期有简单化的偏颇，但总体来讲，是正确的，中国共产党人是中华民族优秀传统文化的真正继承者和弘扬者。

对中国传统文化，我们在看到它的优秀的、有价值的、需要继承一面的同时，还要看到它的不适应现代化社会、需要变革创新的一面。中国传统文化是农业社会的产物，自然经济的产物。它的基本方面已不适合现代社会，这是五四新文化运动发生的最深刻的根据。以孔子为代表的儒家思想更不适合社会主义社会。在今天，任何形式的尊孔、崇孔都是违背社会潮流之举，都不会成功。

五四新文化运动以来，一些文化保守主义者视西方思想文化为洪水猛兽。在他们看来，由于西方思想文化的输入，破坏了中国固有的伦理道德，纲常名教，导致中国社会"人欲横流，道德沦丧，人心不古，世风日下"。他们痛心疾首，要求恢复、弘扬中国固有的伦理道德，提倡尊孔读经。国民党政府及一些御用文人，企图用旧道德、旧文化、旧礼教、旧思想来抵制马克思主义在中国的传播与发展，胡说马克思主义不适合中国国情，指责中国共产党人割断历史，造成中国文化的危机。历史证明，五四新文化运动是中国历史上一次伟大的思想解放运动，将中国历史引入一个新的时代，有着不可磨灭的历史功绩。实事求是精神、独立自主精神、艰苦奋斗精神等中华民族的命脉和灵魂，在中国共产党人身上得到了延续和弘扬。而那些自命为中国传统文化卫道者、拯救者的现代新儒家们所承继的主要是宋明的唯心主义的性心之学，他们所弘扬的是中外唯心主义的混合物。

如前所述，封建主义的影响和小生产习惯势力在我国社会上还广泛存在，因此我们对中国传统文化应取分析的态度，区分精华和糟粕，不可一概肯定，不能只说好，不说坏。即使对于好的，也要分析。近几年来，中国古代哲学中的"和"、"天人合一"被抬到吓人的程度，有人还制造了"和合"哲学。在鼓吹者看来，当今世界人与自然的矛盾、人与社会的矛盾、人与人的矛盾、人身与人心的矛盾，乃至国家与国家的矛盾，均只有在中国的"和"、"和合"、"天人合一"哲学指导下才能得以解决。鼓吹这种思想的人为什么不想一想，若"和"、"天人合一"真有如此之大用、妙用，为什么今天的黄土高原千沟万壑，为什么黄河称之为"黄"河，为什么楼兰古国湮埋在大漠之中，为什么中国历史上大小农民起义有数百次之多，为什么中国没有建成无冲突的"天人合一"的乐园，而相反到了近代沦为任人宰割、瓜分的半殖民地半封建国家。西学中源是二三百年来一些守旧之人的通病。我们一些人一味回忆过去，引导人们向后看，而不是向前看，从古人那里找解决现实问题的药方，而不是立足现实，大胆创新。这些人不明白，当代中国哲学文化在世界上所处的地位，主要取决于当代中国经济、政治、军事、科技、教育等诸方面在世界上所处的地位。旧中国，被西方人称为"东亚病夫"，谁人会向你学习。共产党、毛泽东领导建立了新中国，极大地鼓舞和推动了亚、非、拉人民的民族解放运动。新中国在政治、经济、科技、军事、文化教育等方面取得了巨大的成绩和进步，西方人不得不承认新中国，不得不与新中国建立正常的外交关系，进行政治、经济、科学技术、文化教育、军事等方面的交往，从而也不得不研究起中国的今天和昨天。今天，新中国还不够强大，中国哲学至今在许多西方大学中没有一席之地。少数飘零在海外的华人学者鼓吹现代新儒家，目的不是想影响西方人，而是想用他们所鼓吹的那一套，回到大陆，取代马克思列宁主义、毛泽东思想。即使如此，相当多的西方人对他们复兴儒学运动仍不屑一顾，视为痴人说梦。

中华民族确有许多传统美德，我们应当承继、发展。但是，必须清醒地认识到，若不吸收和借鉴西方工业社会中形成发展起来的优秀的现代文明观念，最好的传统美德也不能培养出适应社会主义现代化的新人。

六、吸收和借鉴当代西方文明成果的极端重要性和紧迫性

前面从不同方面、角度说明为什么必须大胆吸取和借鉴当代西方文明成果。在结束本文之前，我还想强调由于中国社会的特点和当代整个世界发展的新形势，我们必须充分认识在吸取和借鉴当代西方文明成果方面的极端重要性和紧迫性。

我国原是一个半殖民地半封建国家，基本上是以自然经济为基础的农业社会。在特殊的国际环境中，我们建立起社会主义制度。中国有一定数量的现代化大工业和一定数量的工业无产阶级，这是中国搞社会主义的物质基础。不能说中国搞社会主义没有国内的基础。当然，我们也应切实承认，这种基础是极不充分的。倘若没有第一次世界大战和俄国十月革命的胜利，没有第二次世界大战和社会主义在苏联的成就，仅凭中国国内条件是很难走上社会主义道路的。我们还必须认识到，我国社会主义制度不仅物质基础不充分（这一点不少人是承认的），而且政治、教育、科学、文化等方面的条件也不充分（这一点至今仍未被引起注意）。按照社会发展的客观规律和马克思主义的基本道理，社会主义是在资本主义社会再也容纳不下现代化生产力的条件下社会矛盾运动的产物，是对资本主义社会的辩证否定。马克思恩格斯在晚年也认为，资本主义不够发达的俄国，在特定的历史条件下也可以走向社会主义。但要做到这一点，一是西方发达国家社会主义革命取得胜利；二是俄国在革命胜利后要吸取资本主义制度所取得的一切文明成果。列宁在十月革命后反复讲到，在落后国家建设社会主义，必须取得资本主义所创造的全部文化、知识和技术，不吸取资本主义所创造的一切文明成果，社会主义无从说起。因此，对外开放，大胆吸取和利用当代资本主义社会所创造的一切文明成果（包括物质文明、制度文明和精神文明），并不是离开了马克思主义，而正是马克思主义所要求的。我们要巩固和发展社会主义制度，要在与资本主义竞争中赢得胜利，大胆地、充分地吸取和借鉴当代资本主义社会的一切文明成果是必不可少的一个重要条件。

现代化不等于西化，不等于资本主义化，但是农业社会向工业社会的转变有它自己的一般规律。以往我们对这一般规律研究不够，我们把社会转型过程中的许多问题都归之于资本主义制度。今天看来则不尽然如此，如工农差别、城乡差别、体力劳动和脑力劳动差别的问题，人口过剩问题，环境和生态问题，由粗放型经济向集约型经济的转化、产业的升级及产业结构的调整问题，建立市场经济机制问题等，都与社会制度无本质的联系，而与生产力发展的状况有关。资本主义工业化、现代化过程中出现的与制度无关的问题，在我国也将以不同的形式出现。学习研究工业化、现代化的一般规律，吸取西方国家在解决工业化、现代化过程中的经验教训，可以使我们少走弯路。

再从当前世界发展形势看，西方发达国家的科学技术突飞猛进，科学技术革命引起生产力的革命，科学技术革命和生产力的革命引起社会生活的深刻的大变革。美国已开始进入信息社会。据有的专家估计，由于计算机的大量使用，信息产业的生产率近 20 年提高了 100 万倍。美国每年由计算机完成的工作量可代替 4000 亿人的劳动，相当于美国全部人的一年工作量的 2000 倍。西方国家经济增长主要依靠科技进步来实现。知识经济时代即在眼前。知识更新、观念更新呈加速度。社会发展的速度同样如此。后来者居上是一个规律，但后来者居上的一个重要条件是后来者要善于学习先行者所取得的成就。倘若我们不善于吸收、利用当代资本主义国家所创造的一切文明成果，那么，我们与他们之间的差距将愈来愈大，在竞争中我们被人淘汰的可能性是严重存在的。要充分认识这紧迫性。这也就是为什么我们一再讲要抓住时机、发展自己的缘由。

我们强调大胆地吸取和借鉴当代西方文明的成果，决不是主张全盘西化，教条式的照抄照搬，更不是主张引进资本主义制度。这种学习和借鉴，是以我为主，是在马克思列宁主义、毛泽东思想和邓小平理论指导下进行的。我们清醒地认识到：最先进的科学技术要靠自己去创造，任何人都不会给你。因此，我们强调学习和借鉴，决不是可以忽视自力更生，忽视自己的创新，而是在学习和借鉴中努力创造。当然学习西方，会有风险。风险之一是确实会有西方的腐朽的、反动的东西乘虚而入，而西方资产阶级也确实利用我们向他们学习之机对我们搞西化、分化，搞和平演变。确实会有人成为西方资本主义思想文化的俘虏，被化了过去。对此，我们不能掉以轻心，丧失警惕。风险之二是在学习借鉴过程中难免有上当受骗之事，把糟粕当精华。不能因为有风险就不大胆地学，就缩手缩脚，更不能国际国内出现些风波就关门。要善于向自己的对手、敌人学习。正因为有风险，所以要大胆，要有冒险精神。有了风险意识就能增强防范的自觉性，就能在学习、借鉴中自觉地抵制负面的、消极的影响。

近百年来，文化保守主义与"全盘西化"两种错误思潮始终存在，有时这种思潮突出一些，有时另一种思想明显一点。对这两种思潮我们都持批评态度。但从历史与现实看，文化保守主义是主要的，是阻碍中国社会主义现代化进程的主要错误思潮。文化保守主义与教条主义相结合，其危害性就更大。这一点尤须提请国人们注意。

（刊《中共中央党校学报》1999 年第 2 期）

关于全球化性质问题的思考

近十多年来，尤其是近三五年以来，全球化已成为一个世界性的热点问题之一。有人说在当今谁不谈论全球化，似乎谁就低了一个档次，不合乎时代潮流。在学术研究上，本人不赶"时髦"，一般不把"热点"问题作为自己的研究课题。因为科学研究要求创造性。一个课题，研究的人越多，竞争也就越激烈，要超过众多的竞争对手，做出创造性的成果也就越难。"热点"问题，研究的人很多，否则也就不成热点。本人自知才智有限，因而也就不参与"热点"问题的科研竞争。当然，不专门去研究"热点"问题，并不等于不关心"热点"问题。我对有些"热点"问题还是很关心的。全球化问题就是其中之一。

有关全球化问题的著作、文章读过一些，也有一些想法。在这次讨论会上，一些学者的发言、文章，对我颇有启发，也引发了我进一步的思考。现就全球化的性质谈一点看法。

西方学者普遍认为，全球化就是资本主义化。他们企图通过全球化化掉已存在的社会主义国家，实现资本主义一体化。苏联东欧的剧变是资本主义全球化的结果。在讨论会上，许多发言者认为，全球化不等于资本主义化，不等于西方化，全球化最终有利于社会主义。对上面两种截然对立的观点，我都赞成，又都不赞成。说赞成，是因为两者都含有部分的真理；说又不赞成，因为两者都有片面性，缺乏具体的、历史的分析。我认为，全球化与资本主义、社会主义的关系甚为复杂，要作具体的、历史的分析。

全球化是随着现代化大生产发展而出现的一种不以人的意志为转移的

客观趋势。在当代，随着科学技术革命的突飞猛进，全球化的进程日益加速，已成为势不可挡的潮流。全球化从何时开始，国内外学者众说不一，但多数人主张从 15 世纪地理大发现算起。随着资本主义生产方式的兴起，新大陆的发现，交往范围的扩大，世界市场的逐渐形成，生产和消费成了世界性的，人类社会的发展逐渐冲破地区的、民族的界限，民族的片面性和局限性日益成为不可能。如马克思恩格斯在《德意志意识形态》中所指出的，"历史也就越是成为世界的历史"①。受时代的限制，马克思恩格斯没有、也不可能有今天的全球化理论。不过他们从历史观的高度提出的"世界历史思想"是十分深刻的，预示了人类社会发展向未来新社会发展的趋势。因此，有些学者提出，马克思恩格斯的"世界历史思想"是当代全球化理论的源头。我赞成这种说法。但还须指出：两者是不同层次的理论，"世界历史思想"属于历史观范畴，而全球化理论则属于社会发展的具体理论。

全球化是一个包含经济、政治、科技、文化、军事、社会生活等多方面、多层次的复杂过程。全球化的基础是经济全球化。推动全球化的动力大致可分为两大类：一是生产力和科学技术革命，这为全球化提供物质手段；二是生产关系和制度的变革，资本为了获取更大更多的利润，资产阶级为了维护和扩张资本主义生产方式。在 1917 年俄国十月革命之前，全球化的主体是资产阶级，全球化的过程实质上是资本主义在全球扩张的过程。《共产党宣言》对此作了精辟的论述。它指出："资产阶级由于开拓了世界市场，使一切国家的生产和消费都成为世界性的了。""资产阶级，由于一切生产工具的迅速改进，由于交通的极其便利，把一切民族甚至最野蛮的民族都卷到文明中来了。它的商品的低廉价格，是它用来摧毁一切万里长城、征服野蛮人最顽强的仇外心理的重炮。它迫使一切民族——如果它们不想灭亡的话——采用资产阶级的生产方式，它迫使它们在自己那里推行所谓的文明，即变成资产者。一句话，它按照自己的面貌为自己创造出一个世界。"②俄国十月社会主义革命的胜利，世界上诞生了第一个社会

---

① 马克思恩格斯：《德意志意识形态》（1845 年秋至 1846 年 5 月），载《马克思恩格斯选集》第 1 卷，人民出版社 1995 年版，第 88 页。

② 马克思恩格斯：《共产党宣言》（1848 年 2 月），载《马克思恩格斯选集》第 1 卷，人民出版社 1995 年版，第 276 页。

主义国家。在第二次世界大战后，社会主义一度取得辉煌成就，由一国变成多国，三分天下有其一。苏联东欧剧变后，社会主义明显处于弱势、守势，资本主义处于优势、攻势，当代全球化仍然是以美国为代表的西方发达资本主义国家占主导地位。西方发达国家凭借它们在经济、政治、军事、科技、文化等方面的优势，千方百计想在全球化的进程中化掉社会主义国家。就此而言，迄今为止的全球化实质上是资本主义化。我们必须清醒地认识到，社会主义面临着被资本主义化掉的现实危险性。

这样说来，全球化有利于资本主义，但这并非是全球化的全部。全球化对资本主义来讲是一把双刃剑。它既有利于资本主义在全球化扩张，同时又为资本主义最终灭亡、社会主义在全球的最终胜利创造条件。全球化并没有消除资本主义社会的固有矛盾，全球化的过程是资本主义社会内部的矛盾在全球范围内开展开、激化的过程。从本质上讲，20 世纪的两次世界大战，均是全球化进程中资本主义世界矛盾激化的结果。俄国革命和中国革命的胜利，同样也是全球化进程中世界矛盾发展的产物。没有第一次世界大战，就没有俄国十月革命的胜利。没有俄国十月革命的胜利，没有第二次世界大战，没有反法西斯战争的胜利，也就没有中国革命的胜利，没有社会主义由一国胜利变成多国胜利。仅仅从俄国和中国的内部条件是无法解释为什么生产力相对落后的国家却比生产力发达的国家先搞社会主义。全球化促进了资本主义的发展，同时也为社会主义准备了物质的和精神的条件。

即使在今天，全球化对资本主义依然是把双刃剑。资本主义的全球化不可能使世界上所有国家、所有民族都现代化，都摆脱贫困。事实上，资本的本性使全球化导致富者愈富，贫者愈贫，富国和贫国、富人和穷人之间的差距愈来愈大，矛盾愈来愈尖锐。西方发达国家是全球化的最大受益者。但值得注意的是，近几年来，西方国家却出现了反全球化运动。1999年 12 月 3 日，世界贸易组织在美国西雅图召开大会，4 万名示威者进行抗议活动，警方宣布紧急状态并实行宵禁，10 多人在冲突中受伤。2000年 4 月 16 日，国际货币基金组织和世界银行在华盛顿召开会议，有 6000余示威者抗议，以致有好几位代表无法进入会议中心。2001 年 7 月 20 日，八国集团在意大利的热那亚召开首脑会议，有 10 万人举行抗议活动。意大利为防止发生骚乱，部署了 1.5 万名警察。抗议者与警察发生冲突，一人丧命，200多人被捕。① 反全球化运动势头不减。有的学者提出，反全球化运动亦成为一种全球化现象。反全球化运动的参与者的成分十分复杂，从担心失业的工人到抗议环境恶化的环保分子，从反对国家和国际组织的无政府主义者到反对资本主义的左派力量。反全球化的抗议运动主要发生在西方发达国家，其参与者主要是来自富国、发达国家。这说明，全球化不仅没有减缓相反却加剧了发达资本主义国家内部的社会矛盾。全球化救不了资本主义的命。

全球化对社会主义也有双重的作用。一方面，如前所说，由于社会主义在全球化进程中处于非支配的地位，存在着被占支配地位的资本主义化掉的严重威胁；另一方面，全球化作为人类历史进程中不可避免的趋势，也给新生的社会主义国家加速实现社会主义现代化，赶上并超过西方发达国家提供了机遇。有人认为，在历史上，一些落后国家，经过一段时间的突飞猛进，赶上并超过了当时的先进国家，如德国超过英国，美国超过英国、德国，但在知识经济时代，发展中国家与发达国家的差距不是在缩小，而是在扩大。因此，发展中国家赶超发达国家是不可能的。② 我认为，持这种观点的同志只注意到了科学技术在发展生产力方面的作用，而忽视了社会制度对科学技术、生产力发展的巨大能动反作用。从历史看，先进与后进、强国与弱国是发生转化的。后来者居上，弱国转化为强国，落后战胜先进，是一条规律。知识经济也不会改变这一规律。这里的关键是后来者，暂时的弱者、落后者，如何发挥自己的优势，利用发达国家的资金以及学习、借鉴发达国家的科学技术和经验。十月革命前，俄国是欧洲落后的国家。十月革命后，苏联人民在列宁斯大林领导下，利用了社会主义制度的优越性，由弱国变强国，由落后变先进，成为欧洲第一强国，仅次于美国的世界第二大国，成为第二次世界大战中反对法西斯的主要力量，对人类历史的发展作出了重大贡献。但在20世纪的后半期，苏联领导人犯了一系列的错误，导致资本主义的复辟和苏联的解体，社会出现了倒退。新中国成立后，我国虽然犯过"大跃进"、人民公社化运动和"文

① 参见《从西雅图会议到热那亚会议的全球化运动》，法国《费加罗报》2001年7月17日又见《反全球化运动大事记》，《参考消息》2001年7月30日。
② 毛建儒：《论知识经济条件下的赶超问题》，《中国社会发展战略》2001年第3期。

化大革命"等错误，但我国的社会主义现代化事业还是取得举世公认的辉煌成就，大大缩短了与西方发达国家的差距，显示了社会主义制度的优越性。今天，我国的生产力、科学技术、文化教育、军事等诸多方面还不如西方发达国家，我国还处于农业社会向工业社会的转变过程中，还处于社会主义初级阶段。在当代激烈的国际竞争中，我国处于弱势、守势，但我们只要坚持正确的理论、路线和政策，发愤图强，自力更生，开拓创新，改革开放，充分利用后发优势，就一定能在中华人民共和国成立一百周年时实现社会主义现代化，之后再过半个世纪或更长的时间，在若干重要方面赶上或超过西方发达国家。我们一定要有这样的雄心壮志，有脚踏实地的实干精神。经过几代、十几代人坚持不懈的努力，我们的目标一定会达到，我们的理想一定能实现。

资本主义制度不可能永存，正如历史上的奴隶制度、封建制度不能永存一样。资本主义必然为社会主义所代替，这是一个不以人的意志为转移的客观规律。在今天乃至今后一个较长的历史时期内，社会主义在全球化的进程中，仍将处于非主导地位，但随着时间的推移终究会有一天转变为主导地位。到那时，全球化实质上是社会主义化。只有社会主义的全球化才能使世界上所有民族都能实现全球化，才能逐步缩小贫国与富国的差距，才能世界大同，实现全人类的解放。

总之，从历史发展总的趋势来看，全球化的过程是资本主义在全世界的扩张过程，也是资本主义为自己准备灭亡条件的过程和孕育社会主义新社会产生的过程，全球化为社会主义、共产主义在全世界的胜利准备物质条件和精神条件。"环球同此凉热"的大同世界的基础是全世界充分的全球化。全球化最终有利于社会主义、共产主义。

（本文是为在北京大学马克思主义文献中心召开的"马克思主义与全球化学术研讨会"上的发言的第二部分（2001年9月22日），以《关于全球化性质问题的思考》为题刊《理论视野》2002年第1期；发言全文以《关于学风问题和全球化性质问题的思考》为题收入北京大学马克思主义文献中心编：《马克思主义与全球化——〈德意志意识形态〉的当代阐释》，北京大学出版社2003年版）

马克思主义哲学的自我反思与创新

当前马克思主义哲学研究十分活跃，新的研究方法、新的研究方向、新的研究领域、新的研究成果不断涌现，具有个性特点的新哲学形态初露端倪，呈现出精彩纷呈的态势。本文试图结合马克思主义哲学发展史，结合中国革命和建设的历史经验，结合当代世界和中国的新形势，就马克思主义哲学研究中的若干问题发表一点看法，希冀与同仁们商讨。

一、马克思主义哲学处于自我革命之中

诞生于19世纪40年代的马克思主义哲学在一个半世纪里取得了伟大的胜利和重大的发展，具有强大的生命力，至今仍是推动人类社会前进的强大精神动力。在千年之交时，马克思被西方媒体评选为千年最伟大的思想家，这从一个侧面表明马克思依然获得西方世界的崇敬。我国革命和建设的胜利，改革开放和现代化建设的新成就，都是在马克思主义哲学科学世界观的指导下取得的。因此，"马克思主义哲学过时了"、"马克思主义哲学死亡了"等说法均是资产阶级一厢情愿的胡言。

马克思主义哲学不是僵死不变的教条，而是发展着的科学。它的发展同世界上一切事物一样，不是直线式的，而是波浪式的，有高潮，也有低潮，有胜利，也有失败。一百五十多年来，马克思主义哲学经历了两次高潮，两次低潮。马克思恩格斯在19世纪40年代创立马克思主义时响应者寥寥，而到他们逝世时马克思主义已成为欧美资本主义国家工人运动的指

导思想，成为推动人类社会前进的最重要的思潮。但发展中潜伏危机。恩格斯逝世后，作为他遗嘱执行人之一的伯恩施坦公开起来修正马克思主义，指责辩证法是马克思学说中的叛卖性因素，是妨碍对事物进行正确考察的陷阱，力图用新康德主义来补充、修正马克思主义哲学。之后曾当过恩格斯秘书的考茨基也加入了修正主义队伍，提出"马克思没有宣布任何哲学，而是宣布任何哲学的终结"，力图用庸俗进化论取代革命辩证法。恩格斯逝世后，马克思主义哲学的发展出现了危机，处于低潮。危机酝酿着发展。在 20 世纪初，俄国的列宁则举起马克思主义的旗帜，批判第二国际修正主义，捍卫和发展了马克思主义，并领导俄国人民取得了十月社会主义革命的胜利。继俄国十月革命之后，中国人民在毛泽东的领导下取得了新民主主义革命、社会主义革命和社会主义建设的伟大胜利，并形成了中国化的马克思主义——毛泽东思想。总起来看，20 世纪的前五十年，马克思主义在占人类总人口三分之一的国家里取得了伟大胜利。先是列宁，接着是毛泽东，发展了马克思主义哲学，出现了一个高潮。此外，西方的一些马克思主义者（如卢卡奇、葛兰西等）也对第二国际的机械论倾向进行了批判，为发展马克思主义哲学做了有益的探索。

新的胜利中潜伏着新的危机。列宁逝世后，在斯大林领导下，苏联人民在社会主义现代化建设、反对法西斯的卫国战争等方面取得历史性的伟大成就。对斯大林不能全盘否定。但他在较长的时期里犯有教条主义的错误，欣赏个人崇拜，妨碍了马克思主义的发展。斯大林的哲学有严重的缺陷，这是导致苏联政治经济体制僵化和犯"左"的错误的理论根源之一。在苏共二十大之后，苏联哲学界批判斯大林的教条主义和哲学错误，实际上开始了马克思主义哲学的自我革命。但是，赫鲁晓夫全盘否定斯大林，鼓吹抽象的人道主义，宣扬矛盾调和论，放弃阶级斗争和无产阶级专政理论，走向修正主义。戈尔巴乔夫鼓吹的"新思维"是苏联社会修正主义思潮的最后产物。戈尔巴乔夫自己讲，"新思维的核心是承认全人类利益高于一切"，这完全脱离了当代世界的实际。苏联和东欧的剧变，世界范围内社会主义、马克思主义处于低潮。

从 1956 年起，毛泽东批评斯大林的主观主义和形而上学。到了1964—1965 年，他明确提出改造哲学体系的任务。令人遗憾的是，毛泽东晚年在理论和实践上背离了自己倡导的实事求是思想路线，在探索适合中国特点的社会主义道路过程中误入迷途。他提出的改造哲学体系的任务未能完成。"文化大革命"结束后，我国开展了真理标准的大讨论，批判教条主义，解放思想，马克思主义哲学开始进行真正的自我革命。近二十多年来，我国马克思主义哲学从研究的方法到服务的主题，从研究的对象和范围到体系和内容都发生了重大变革。长期被忽视了的实践问题、主体性问题、伦理问题、价值问题、人的问题、文化问题、生态问题等成为哲学研究的热点和重点。马克思主义哲学在中国得到了新的发展。

马克思主义哲学的自我革命还有着深刻的现实背景。从国际上来讲，除上所述的社会主义在苏联和东欧的兴衰、马克思主义在发展中出现了前所未有的危机之外还有：一是科学技术革命迅猛发展，这为哲学的变革提供了强大的动力和丰富的材料，二是第二次世界大战后西方资本主义国家经济和社会有了很大发展，向马克思主义提出了严重的挑战；三是经济全球化、社会信息化带来整个社会的深刻变化。从国内来讲，当代中国社会正处于科学技术革命、生产力革命和社会体制变革交错并存、互相促进的时期，正处于由农业社会向工业社会、由高度集中的社会主义计划经济体制向社会主义市场经济体制、由高度集权的社会主义政治体制向广泛民主的社会主义政治体制转变的时期。中国社会生活的各个方面，从生产力、生产方式、经济政治体制到交往方式、生活方式、价值观念、思维方式，无不处于深刻的变革之中。这种广泛而深刻的社会大变革必然要在哲学上有所反映，要求哲学进行革命。

总之，马克思主义哲学在其发展途程中，有胜利，也有失败。胜利与失败，都是暂时，胜利不是最终胜利，失败也非彻底的失败，失败中包含着走向新的胜利的起点。当前，马克思主义哲学确实面临着严峻的挑战、危机，摆脱危机的出路是进行自我革命。人类社会正呈加速度向前发展，日新月异。哲学是时代精神的精华，文明的活的灵魂。哲学脱离了现实，脱离了生活，脱离了人民，就会变成僵死的教条，失去生命力，为人民所抛弃。中国马克思主义哲学要继续保持强大的生命力，成为当代中国社会变革的先导和现代化建设的精神动力，成为先进阶级的科学世界观、人生观和价值观，那它就必须立足现实，面向世界，密切关注和研究重大的现实问题，善于总结当代自然科学、社会科学的最新成果和社会实践的新经验，善于反思国内外的历史经验，进行自我革命，自我更新，与时俱进。

当然，我们讲马克思主义哲学需要自我革命，决不是说它的唯物主义和辩证法的基本思想已经过时了，而是说它需要冲破教条主义的束缚，结合新的时代，总结新的文明成果，获得新的内容和形态。有的学者未能正确对待马克思主义哲学发展中出现的危机，轻率地断言马克思主义哲学应该终结，这当然是我们所反对的。有的学者以发展马克思主义哲学为由，根本否定唯物主义和辩证法的基本思想，根本否定马克思主义哲学的科学性和革命性，这也是我们不能赞成的。马克思主义哲学可以而且也应当有多种的形态，但不管形态如何特殊，其辩证的、历史的唯物主义基本精神则不能丢。马克思主义哲学的自我革命是马克思主义哲学辩证的自我否定，是马克思主义哲学发展的一种形式。

二、面向世界，大胆吸取当代西方文明成果

当代的世界是开放的世界，马克思主义是世界历史的产物，是国际性的学说。马克思主义本身是资本主义世界文明成果的总结。马克思恩格斯的后继者们在一个很长的时期里对马克思主义产生后的资产阶级哲学社会科学采取全盘否定的态度，认为资产阶级哲学家只是神学家手下有学问的帮办，资产阶级经济学家只是资产阶级手下的有学问的帮办。他们中间任何一个人说的任何一句话都不可信。这样就把马克思主义与现代西方资产阶级文明隔离开来，自己把自己封闭起来。时间一久，导致自身的僵化，脱离时代，脱离生活，脱离人民。这是马克思主义哲学发展史上的一大教训。马克思主义哲学要保持自己强大的生命力，就要善于不断地吸取和总结人类文明成果，尤其是当代西方发达资本主义的文明成果。

哲学社会科学具有鲜明的阶级性，资产阶级的哲学社会科学是为资本主义服务的，是与无产阶级的马克思主义相对立的。资本主义社会存在着严重的文化危机、精神危机，存在着大量腐朽的、反动的东西。这些我们都应看到，否认这些，模糊马克思主义与资产阶级意识形态的对立是完全错误的，但这是问题的一个方面。另一方面，我们更应看到，西方资本主义发达国家在经济、科技、教育、文化、军事等诸多方面处于世界领先地位，比我们发达得多。西方国家创造的物质文明、制度文明（政治文明只

是其中之一）和精神文明是人类社会发展到现阶段的产物，是全人类的共同财富。西方的哲学社会科学，西方的资本主义文化，仍然是我们必须学习和借鉴的文明成果，离开了这些就谈不到建设社会主义的新文化。我们常说，马克思主义、毛泽东思想、邓小平理论是我们的精神支柱和精神动力，那么支撑和推动美国等西方发达国家的精神支柱和精神动力是什么？美国历史短，发展快，在许多方面处于世界领先地位，其原因何在？值得我们研究。实用主义是一种主观唯心主义，为美国资产阶级服务。但实用主义注重利益，注重行动，提倡冒险。实用主义哲学权威杜威说：实用主义的实在与理性主义的实在不同。"理性主义以为实在是现成的，永远完全的；实验主义（即实用主义——引者注）以为实在正在制造之中，将来造到什么样子就是什么样子。"实用主义的宇宙是"一篇未完的草稿"，"是还在冒险进行的"。① 实用主义是美国的国家哲学。美国创新能力强，社会发展快，不能说同实用主义没有关系。实用主义是主观唯心主义哲学，是为大资产阶级服务的，应给予批判，但对它也不能简单地全盘否定。我们要赶上西方发达国家，不仅要学其"用"，而且要批判地学其"体"。社会主义制度要充分地利用和吸取资本主义制度中一切有价值的东西，只有这样才能优越于资本主义。

西方社会在现代化过程中产生了种种社会问题。西方社会出现的问题，有些与资本主义制度有关，有些则与制度关系不大，而与生产力、科学技术发展的水平和人的认识有关。西方哲学社会科学家中的不少人敢于正视和揭露资本主义社会存在的矛盾和危机，并提出相应的理论和对策。他们对社会现代化进程中出现的矛盾、危机的分析和对现代化生产、管理规律的研究的不少成果具有普遍的意义，并不都有意识形态的性质。我国在工业化、现代化过程中已遇到并且将会更多地遇到西方社会在现代化进程中出现过的问题。因此，对人的问题、价值问题、伦理问题、文化问题、生态问题、可持续发展问题等一些带有普遍的世界性哲学课题必须引起我们的足够重视，对西方学者在这方面取得的成果加以批判地吸取。

恩格斯曾说过："随着自然科学领域中的每一个划时代的发现，唯物

---

① 转引自胡适的《实验主义》（1918 年），载《胡适文集》第 2 卷，北京大学出版社 1998 年版，第 226 页。

主义也必然要改变自己的形式。"① 当代世界，随着科学技术和生产力的迅猛发展，各国间经济、政治、文化、科学技术等社会生活各个方面的交往更加频繁，全球化趋势日益加快，知识经济正在来临，整个世界正处于深刻的大变革之中。我们应时刻关注当代世界，尤其是西方发达国家的新情况、新发展、新成就和新问题，注意研究由科学技术革命和生产力革命所引起的社会生活各方面发生的深刻的变革，及时吸取和借鉴世界各国的新经验。

自 1946 年制成世界上第一台电子计算机以来，计算机技术突飞猛进，计算机运算速度已达每秒 40 万亿次，计算机在科研、军事、生产、交往、艺术、日常生活等社会各个方面得到广泛的运用，个人计算机在发达国家的普及率迅速提高。如果说人类制造的劳动工具是人的双手的延伸，那么，计算机可以说是人脑的延伸。生产工具的革命引起生产力的革命，由此引起社会关系和整个社会的变革。计算机是人类认识的工具，随着计算机技术（电脑）和网络技术的不断发展，人类认识世界的能力与方式亦将发生革命性的变革，人类认识世界的广度、深度和速度都是前人所意想不到的。信息科学与技术的发展对实践能力与实践方式已发生深刻的变革，这一点在现代化战争中表现得尤为充分。使用计算机和网络技术是作为现代人的必不可少的技能。迄今为止，我们对由电脑及信息技术所引起的认识能力与认识方式的变革和对实践能力与实践方式的变革很少研究。

思维方式始终是哲学研究的重要课题。知识创新、科技创新、制度创新的重要前提之一是思维创新。在 20 世纪 30—40 年代，德国的心理学家韦特海默就开始研究创造性思维，出版了专著。到了 50 年代经吉尔福德的大力提倡，美国出现了创造学研究的热潮。创新需要个性自由，需要冒险精神。创新能力需要从小培养，需要家庭、学校、社会良好的氛围和制度。当今世界愈演愈烈的竞争态势，要求中国哲学界乃至整个科学界、学术界、教育界都要注重创新科学的研究，以促进和提高整个中华民族的创新力。

随着信息技术的飞速发展和全球信息高速公路的不断开通与扩展，信

---

① 恩格斯:《路德维希·费尔巴哈和德国古典哲学的终结》，载《马克思恩格斯选集》第 4 卷，人民出版社 1997 年版，第 228 页。

息社会正在走来。信息社会是网络社会。"网络经济"、"网络文化"、"网络社会"、"网络世界"等名词在当今传媒中频频使用。整个社会正以网络形式呈现在世人面前。网络概念有别于联系概念和系统概念。网络除了整体性、综合性、规律性、动态性、开放性的特征外,还有复杂性、非线性、无中心和多元互补性等特征。网络概念深化和发展了联系概念和系统概念。适应信息社会的思维方式应是网络思维,我们应十分注重网络思维的研究。

随着经济全球化、政治多极化的发展,世界范围内各种矛盾的冲突、对抗、调和、妥协、分化呈现异常复杂的形势。如何认识世界大变动之中的复杂矛盾,需要我们关注辩证法的研究和运用,防止马克思主义发展史上曾有的矛盾调和论的再次出现。"斗争哲学"应纠正,但用"和的哲学"批判"斗争哲学"则不可取。矛盾辩证法仍是我们需要重视研究的课题。

哲学是关于世界观的学问。马克思主义哲学比任何其他科学更需要"观"世界,更需要有广大的视野,突破地域的民族的狭隘性。中国马克思主义哲学固然要强调它的中国特色,然而从本质上讲,它应是世界性的。人类哲学的发展与人类社会的发展一样,有其共性,有些问题不能"超越"。因此,在新世纪,我们将要进一步扩大中国哲学与世界哲学的交往,更加大胆地吸取和借鉴人类文明成果,尤其是当代西方文明成果。当然帝国主义的本性不会改变,我们对西方反动势力的"西化"、"分化"的图谋要始终保持高度的警惕,决不要为他们的甜言蜜语所迷惑。我们对西方文明成果,对现代西方资产阶级哲学要采取分析态度,不可搞新的教条主义,不可照搬照抄、盲目地跟着人家转向。

三、立足当代中国现实,关注改革开放和现代化 建设提出的时代课题

同世界一样,当代中国也正处于深刻的大变革时期,改革开放和现代化建设向哲学提出了新的课题。中国的哲学家应当立足当代中国现实,关注改革开放和现代化建设中提出的哲学问题。

共产党的最终的历史使命是解放无产阶级和解放全人类,建立"自由

人的联合体"，即共产主义的理想社会。人的自由而全面的发展是马克思恩格斯终身追求的价值指向。但在一个很长时期里，人的问题没有得到应有的重视。随着社会主义市场经济的发展和知识经济时代的日益临近，主体问题、人的现代化问题和人的解放问题已成为当代哲学社会科学研究的热点问题。由于旧中国没有经过资本主义阶段，生产力、科学技术和教育十分落后，商品经济很不发达，资产阶级软弱，民主制度无有，资产阶级的个性解放任务没有完成。20世纪中国资产阶级哲学的一个根本缺陷是不讲个性自由，不讲主体性。冯友兰、贺麟等人讲"天人合一"都是将人合到天，天吞没了个人。从苏联传入的马克思主义也很少讲民主、自由、个性解放。由于社会发展客观条件的制约，时至今日，封建主义残余和小生产习惯势力的影响仍广泛存在着，奴性（包括党内奴性）在相当一部分人身上依然不同程度存在，民主主义的个性解放任务还没有完成，人的主体地位还没有完全确立。中国专制久，奴性深，不可不知，不可小视。有相当一部分领导干部开口闭口上级领导和文件怎么讲，遇到问题首先想到的是从上级领导和文件那里讨主意，缺乏自主意识和开拓创新精神。许多理论工作者，述而不作，专做注经解经，甚至明知不妥，也在跟着说。毛泽东说得好："被束缚的个性如不得解放，就没有民主主义，也没有社会主义。"①社会主义市场经济的发展，社会主义民主政治的发展，整个中华民族创新力的提高，都要求开展一个新的个性解放运动。这个新的个性解放运动包含着民主主义的个性解放和社会主义的个性解放双重任务。在新世纪，马克思主义哲学要十分关注人的问题，关注人的现代化和人的解放问题。人的全面发展是社会主义的本质要求，人的自由发展同样也是社会主义的本质要求。就我国社会的现状而言，人的自由发展，人的解放，更具有现实性和紧迫性。人的自由，既是发展的手段，更是发展的目的。我们所要建立的理想社会，不仅是富强的、民主的、文明的，而且是自由的，是个性能得到自由全面发展的社会。在人的研究上，我们要坚持历史唯物主义指导，警惕抽象人性论的复活，防止把马克思主义人道主义化。苏联在人学研究上的教训值得我们记取。

① 毛泽东：《致秦邦宪》（1944年8月31日），载《毛泽东书信选集》，人民出版社1983年版，第239页。

人是理性与非理性的统一。长期以来，马克思主义哲学只注意人的理性一面，很少顾及非理性。西方的某些学者对非理性研究甚多，可他们的多数人又走向另一极端，片面夸大非理性的作用，走向非理性主义。如叔本华、尼采的唯意志论，狄尔泰、柏格森的生命哲学，弗洛伊德的潜意识论。对非理性主义的批判是必要的，但由此否定非理性，不从正面去研究非理性则是错误的。在人类社会发展中，在现代化进程中，欲望、情感、意志、信仰等非理性因素起着极为重要的作用。一个人的活力是由非理性因素启动的。一个人的成就在很大程度上取决于非理性因素的正确发挥。抑制、否认非理性因素，势必把人搞得死气沉沉，形同槁木，也使社会失去活力。

人们在认识世界和改造世界过程中需要克服许多困难和障碍，需要付出艰苦的努力和巨大的代价。为此，需要有不屈不挠的坚强意志。中国古代哲人老子讲："强行者有志。"尼采看到了把世界"本来如此这般"转化为"应当成为如此这般"过程中意志的决定作用①。毛泽东在青年时代就说过："意志也者，固人生事业之先驱也。"②在晚年，他仍说："一定要锻炼意志。"③可以讲，古今中外，大凡有作为的政治家、军事家、科学家，无不具有坚强的意志。惊天动地的伟业，与意志薄弱者无缘。锻炼意志应是人生修养的重要内容之一。意志可分为个人意志和群体（民族、国家、阶级、党派、团体等）意志。国家意志，是构成一个国家综合国力的重要因素。美国学者克莱因提出的综合国力计算方程式为：综合国力＝（基本实体＋经济实力＋军事实力）×（战略意图＋国家意志）。英国学者汤普逊的方程式则为：国家实力＝（人力＋资源）×意志④。当然盲目的意志也会给个人和社会带来负面的效果，乃至灾难。唯意志论要批判，但不能由此忽视意志的作用。从哲学上对意志做出科学的说明具

---

① 尼采：《权力意志》，载《西方现代资产阶级哲学论著选辑》，商务印书馆1982年版，第15页。

② 毛泽东：《体育之研究》（1917年4月1日），载《毛泽东早期文稿》，湖南出版社1990年版，第72页。

③ 毛泽东：《致李讷》（1958年2月3日），载《老一辈革命家家书选》，中央文献出版社、生活·读书·新知三联书店1990年版，第56页。

④ 转引自郑必坚主编：《当代世界经济》，中共中央党校出版社2004年版，第2、3页。

有重大价值。

总之，非理性因素引导得好，发挥得好，对人的认识和实践，对社会的发展，可以起极大的促进作用。反之，若不加以正确引导，任其无节制的放任发展，则可起极大的破坏作用。科学指导下的信仰是强大的精神动力。盲目的、反科学的信仰（迷信）则可成为极大的破坏力。受传统的影响，许多人把非理性的研究仅限于认识论领域。其实，非理性因素对人的影响主要不是表现在认识上，而是表现在行为上、实践上。非理性问题与其说是个认识论问题，不如说更主要是人性问题、历史观问题。总之，对非理性全面的研究已提到马克思主义哲学的议事日程上。

哲学的使命不仅在于解释世界，更重要的在于改造世界。迄今为止的哲学研究，重点在世界是什么和怎么认识，重点在本体论和认识论，而忽视了世界应是什么和怎么去做，忽视了需要论、价值论和实践论的研究，忽视了改造世界规律的研究。世界应是什么，不只是对世界的简单反映，掌握世界的规律，而且还包含着人的价值需要、审美需要等主观欲求。指导人们直接行动的实践观念（即改造世界的图样、计划、政策、步骤等）是真、善、美三者的统一。从认识客观对象的规律（理性观念）到形成改造客观对象的图样和计划（实践观念），这是一个复杂的过程，其中包括对计划的可行性论证和图样的设计监理。从形成改造对象的图样和计划到把图样和计划转化为现实（即图样和计划的对象化），这更是一个复杂的过程，其中包括对实践过程的控制和工程监理等问题。成功的实践不仅要符合客观规律，而且要尽可能地满足人的价值需要和审美需要，要符合实践规律。人类追求的境界是真、善、美三者和谐的统一。随着社会的进步，科学技术的迅猛发展，人们对善和美的追求将日益强烈。马克思主义哲学研究的重点应放在世界应是什么和怎么做上，亦即探求如何改造世界的规律方面。

哲学的研究可分为不同层次。在重视基础理论研究的同时，也不可轻视应用哲学的研究。近十多年来，文化哲学、经济哲学、发展哲学、社会哲学、政治哲学等研究都有较大的进展。哲学的通俗化、大众化和现实化，是哲学发展的重要环节，它反过来可以促进哲学的提高和发展。我们要认真总结这方面的经验教训，把它做得更好。

四、认真研究中国传统哲学，继承和弘扬中国哲学的精华

哲学不仅具有时代性、党派性，还具有民族性。由于生产、生活乃至自然条件、人种等不同，在漫长的历史岁月中，各民族形成了不同特色的哲学、文化。中华民族历史悠久，哲学思想博大精深，在人类哲学史上占有极重要的地位。当代中国马克思主义哲学是 20 世纪初从外国传入的。代表人类最先进的马克思主义哲学要在中国生根、开花、结果，必须中国化，具有中国的特色。经过毛泽东等人的努力，马克思主义哲学中国化取得了重大成果，形成了毛泽东哲学。但应当看到，马克思主义哲学中国化是一个漫长过程，需要数百年。毛泽东只是做了开篇文章，更长的路程还在后面。

马克思主义哲学中国化，不仅要与中国现实的实际相结合，而且还要与中国的历史实际，即与中国的哲学、历史、文化相结合。受"左"的思想的影响，在一段时间里，我们只注重了前一方面的结合，忽视了后一方面的结合，甚至将"用中国传统的优秀思想丰富和发展马克思主义"的命题视为一种右的、错误的观点并加以批判。由于我国的哲学工作者没有注意马克思主义哲学与中国传统哲学的结合，结果我国的马克思主义哲学教科书基本上是照搬苏联的，缺少中国的特色。对此，毛泽东曾提出过尖锐的批评。在 20 世纪 60 年代，他在同我国哲学家谈话时说：你们搞的是洋哲学，我搞的是土哲学。毛泽东的话可谓一语中的。

马克思主义哲学的中国化，决不仅仅是在讲哲学时引用一些中国古代哲学家的语录，决不仅仅在于形式，而主要在于实质，在于内容。中国传统哲学流派众多，博大精深。马克思主义哲学主要是西方哲学的总结和概括。马克思、恩格斯和列宁对中国的哲学、历史、文化知之不多。中国哲学中有些内容是马克思主义哲学较少涉及甚至没有涉及的。中国的马克思主义哲学家有责任把这些优秀成果加以总结、提炼以丰富和发展马克思主义哲学。如人生哲学，马克思主义哲学主要是讲世界观、方法论，很少涉及人生观，而中国传统哲学的优点之一是注重人生问题，注重教人如何做人。哲学不仅是智慧之学，而且也是人生之学、做人之学。哲学不仅可以

使人变得更加聪明，而且要教人如何做人，提高人的境界。把哲学的功能仅仅归结于提高人的境界，这显然是偏颇的。但否认或不重视哲学这方面的功能也是不对的。评价一个哲学的重要标准之一是看其培养什么样的人。当代社会生活正把人生观、价值观的问题凸现出来。中国化的马克思主义哲学应批判地吸取中国的人生哲学，不再把自己限定在世界观、方法论范围内而应包括人生观、价值观。这样的哲学更与人们的生活密切相关，更容易为人们所接受。又如在认识论方面，中国哲学很早就注意到主体性问题，孔子的"毋意、毋必、毋固、毋我"；荀子的"虚壹而静"；《大学》的"诚则明，明则诚，不诚无物"；邵雍的"性公而明，情偏而暗"、"任我则情，情则蔽，蔽则昏矣"等观点，十分精彩，均可改造吸取，以补充、丰富马克思主义认识论。

中国传统哲学一分为二，有精华，也有糟粕。中国几千年的封建专制主义和小生产习惯势力，根深蒂固，影响广泛而深远。在把马克思主义哲学与中国传统哲学结合过程中要警惕中国传统文化中消极因素的渗入，防止将封建主义的东西误认为社会主义，要重视对封建主义残余和小生产习惯势力的批判。

总之，中国传统哲学，中国的历史、文化，是一个无穷无尽的宝藏，需要我们用新的眼光、新的方法去挖掘、提炼，去其糟粕，取其精华，将精华融入当代的马克思主义哲学，使之在新的时代发扬光大。值得堪忧的是，搞马克思主义哲学的人，马克思主义哲学懂一点，西方哲学知道一点，而对中国自己的哲学则基本不知，或知之甚少。有些搞中国哲学的人又不热心于马克思主义哲学。这种状况亟须改变。否则，马克思主义中国化只是一句空话，中国哲学的现代化也只能停留在纸上，适合新世纪的马克思主义的中国哲学不会产生，当然更谈不上中国哲学的世界化。

五、大胆创新，形成诸多具有鲜明个性特色的哲学体系

历史上任何有价值的哲学体系都有鲜明的个性特色，不仅因时代、民族、党派的不同而不同，而且即使在同一时代、民族、党派的哲学也因哲

学家的经历、知识结构、个性的不同而各异。同一时代、同一民族的唯心主义或唯物主义可以有不同的体系，不同的学派。历史上任何一个有重大影响的学说，在其发展过程中必然发生分化，因时代、环境和作者的不同，形成不同的学派。宋朝程颢、程颐两兄弟的哲学思想都是以"理"为中心观念的唯心主义，但程颢倾向主观唯心主义，程颐则倾向客观唯心主义。可以讲，学说必然发生分化，有分化必然形成学派，有学派才有发展，没有分化，没有学派，就没有发展。这是一个规律，古今中外，概莫能外。

受教条主义的束缚，在很长的时期里，马克思主义者只注意哲学的时代性、党派性，很少注意哲学的个性，更不容许有不同学派的存在。在马克思主义哲学园地里，只允许一种颜色的花朵开放。哲学工作者从事的是依照官方肯定的体系进行注释。哲学教科书千篇一律，八股味十足。随着思想解放运动的深入发展，我国哲学工作者的自主意识日益觉醒，建立具有自己个性特色哲学体系的欲望日益强烈，具有个性特色的哲学体系、哲学派别已开始显露。同样是唯物主义，可以有不同的讲法，可以有不同的色彩。同样是马克思主义哲学，可以有不同的视角和不同的重点。可以预料，在 21 世纪，中国的马克思主义哲学虽然依然是辩证的历史的唯物主义，但它显现的形态则因哲学家不同而不同。马克思主义哲学内部的学派将得到较为自由的发展。

教条主义抹杀个性，千篇一律，扼杀了马克思主义哲学自身发展的生机。创造性与个性相联系。提倡创造性，就要尊重个性的自由发展。在新的世纪，我们应大力弘扬马克思主义的科学精神、批判精神和创新精神，鼓励标新立异，鼓励哲学家们去建立自己的具有鲜明个性特色的哲学体系。

21 世纪虽不太平，但世界在进步，中国在进步，人类将在矛盾与冲突中取得比 20 世纪更加伟大的成就，世界和中国将变得更加美好，中国的马克思主义哲学将获得更大的发展。

（以《马克思主义哲学的自我反思》为题刊《河北大学学报》2004 年第 6 期；又收入中共中央党校教学参考书《马克思主义哲学与党的思想路线研究》（庞元正等主编），中共中央党校出版社 2005 年版）

以科学态度对待马克思主义

——马克思主义中国化 60 年的若干思考

今年是中华人民共和国成立 60 周年。

60 年前，中国各族人民在中国共产党的领导下，经过 28 年的浴血奋斗，推翻了帝国主义、封建主义和官僚资本主义在我国的统治，建立中华人民共和国，从此中国人民站起来了，中国历史进入了一个新的纪元，开始了由颓衰走向伟大复兴的征程。

60 年来，中国各族人民在中国共产党的领导下，经过艰苦奋斗，把一个政治、经济和文化十分落后的、备受帝国主义任意欺凌的、半殖民地半封建的旧中国，建设成为一个独立、民主和初步繁荣、富强的社会主义新中国。新中国 60 年翻天覆地的历史巨变，举世瞩目，全球惊叹，堪称"中国奇迹"。

中国巨变靠什么？中国奇迹有何经验？这是当今各国政治家、思想家和学者们都在研究思考的问题。这里没有任何秘密。中国巨变、中国奇迹的最基本的经验是："把马克思主义的普遍真理同我国的具体实际结合起来，走自己的道路，建设有中国特色的社会主义。"[①] 马克思主义的普遍真理与中国具体实际相结合的过程就是马克思主义中国化的过程。这一过程艰难曲折，既有宝贵的经验，也有深刻的教训，辉煌成就中包含着巨大代价。本文仅从以科学的态度对待马克思主义的视角对新中国 60 年马克

---

① 邓小平：《中国共产党第十二次全国代表大会开幕词》（1982 年 9 月 1 日），载《邓小平文选》第 3 卷，人民出版社 1993 年版，第 3 页。胡锦涛：《在纪念党的十一届三中全会召开 30 周年大会上的讲话》（2008 年 12 月 18 日），《人民日报》2008 年 12 月 19 日。

思主义中国化的历史经验进行反思，希冀有益于进一步推进马克思主义的中国化，以此纪念新中国成立 60 周年。

一、马克思主义必须具体化、中国化

近代以降，曾对人类文明作出过伟大贡献的中华民族在世界历史进程中落伍了，面临着民族独立和社会现代化的双重历史任务。中国的先进分子经历了千辛万苦和流血牺牲，从一次又一次的失败和挫折中，才找到了马克思列宁主义作为自己救国救民的思想武器，并由此成立了中国共产党，中国革命才起了变化。毛泽东在新中国成立前夕写的《论人民民主专政》一文中对此作了简要的回顾和深刻的总结。

中国共产党始终旗帜鲜明地把马克思列宁主义作为自己指导思想的理论基础，这是因为这个主义是人类智慧的结晶和无产阶级革命运动经验的总结，它正确地揭示整个宇宙发展的根本规律和人类社会发展的根本规律，是现代最正确的科学世界观、方法论、人生观和价值观。马克思主义是世界历史的产物，反映了客观规律，是真理，不分地域和民族，不分东方和西方，具有普遍的指导意义。对马克思主义的信仰是中国革命胜利的一种精神动力，是改革开放和现代化建设胜利的一种精神动力。马克思主义是我们立党立国之本。马克思主义丢不得，丢了就要亡党亡国。今天，有极少数人，借口中国特殊性，攻击和拒斥马克思主义，鼓吹西方自由主义、民主社会主义或现代新儒学。这是在重复历史上西化自由派和顽固守旧派的错误，忘记了中国人民用血的代价换来的宝贵的历史经验。

马克思主义不是僵死的宗教教条，它并不提供改造世界的现成方案。马克思主义从它诞生之时起就竖起了反对教条主义的旗帜，要求人们以科学的态度对待它。马克思主义到了中国，必须同中国的具实际相结合，使之具体化、中国化，为中国人民所掌握，才能转化为改造世界的巨大物质力量。犯有教条主义错误的人，他们对马克思主义有无可怀疑的忠诚，但他们不顾中国革命的具体实际，照搬照抄"本本"，盲目执行共产国际的决议和指示，结果使中国革命遭受挫折。

以毛泽东为代表的中国共产党人在同教条主义斗争中把马克思主义普

遍原理与中国具体实际相结合，形成了指导中国革命的理论、路线、方针和政策，即中国化的马克思主义——毛泽东思想，指导中国革命取得了胜利。这是马克思主义中国化的第一次飞跃。毛泽东在中共八大开幕词中指出："我国革命和建设的胜利，都是马克思列宁主义的胜利。马克思列宁主义的理论和中国革命的实践密切地联系起来，这是我们党的一贯的思想原则。"①就在这一年的春天，在总结苏联社会主义历史经验时，毛泽东提出了把马克思主义普遍真理与中国社会主义革命和建设的具体实际进行第二次相结合的任务，寻找适合中国特点的社会主义建设道路。为此，毛泽东先是进行"大跃进"、人民公社化运动的"大试验"，后又进行"文化大革命"的"大演习"，殚精竭虑，耗尽了他生命最后 20 年的心血。他虽然提出了探索适合中国特点的社会主义道路的历史课题，在试验过程中也提出过一些富有远见卓识的思想，为尔后的探索提供了宝贵的经验和借鉴，但从总体上讲，他的探索并不成功，给中国社会主义事业造成严重挫折。

毛泽东在对马克思主义的态度上有许多精到的论述，但在最后 20 年的实际生活中，他本人和他的思想被神化了，他的言论成了最高指示、绝对真理。在他逝世后提出的"两个凡是"（"凡是毛主席作出的决策，我们都坚决维护，凡是毛主席的指示，我们都始终不渝地遵循。"）不过是对长期以来盛行的个人迷信思潮的集中概括。针对迷信盛行的情况，邓小平明确指出："两个凡是"不符合马克思主义。"一个人讲的每句话都对，一个人绝对正确，没有这回事。""毛泽东同志自己多次说过，他有些话讲错了……（他）又说，马恩列斯都犯过错误"。②把领袖人物的言论绝对化，视为句句是真理，是衡量是非对错的标准，这是长期以来把领袖人物神化的结果，完全违背了辩证的历史的唯物主义。邓小平对"两个凡是"的批评，实质上是提出了要以科学的态度对待毛泽东，对待毛泽东思想，对待马克思主义。他在进一步总结国内和国际社会主义历史经验时指出：我们对什么是马克思主义没有完全搞清楚，对什么是社会主义没有完全搞清

---

① 毛泽东:《中国共产党第八次全国代表大会开幕词》（1956 年 9 月 15 日），载《毛泽东文集》第 7 卷，人民出版社 1999 年版，第 116 页。

② 邓小平:《"两个凡是"不符合马克思主义》（1977 年 5 月 24 日），载《邓小平文选》第 2 卷，人民出版社 1994 年版，第 38—39 页。

楚，我们要坚持的是适合中国特点的马克思主义和具有中国特色的社会主义。继邓小平之后，江泽民同志和胡锦涛同志在新的形势下都强调要以科学的态度对待马克思主义，领导全党和全国人民与时俱进，在实践中坚持和发展马克思主义，依次形成了"三个代表"重要思想和科学发展观。

经过30多年的实践，中国共产党形成了包括邓小平理论、"三个代表"重要思想和科学发展观在内的中国特色社会主义理论。中国特色社会主义理论较为系统地解决了在一个未经资本主义历史阶段的经济、政治和文化相对落后的东方大国如何建设社会主义的基本问题，是马克思主义中国化的第二次历史性飞跃。中国特色社会主义理论是毛泽东思想的直接继承和发展，是当代中国化马克思主义。

二、把握精髓，完整准确地理解和应用马克思主义

这是以科学态度对待马克思主义的首要问题。

重视马克思主义理论的学习和研究，是我们党的一个优良传统。新中国成立后，毛泽东多次提出认真读书，号召全党学习马克思主义理论。在"文化大革命"中，他还提出学习《共产党宣言》、《反杜林论》和《唯物主义和经验批判主义》等五本书，要求高中级干部弄懂弄通马克思主义。但他在实践上和理论上还是严重背离了马克思主义，其原因是什么，值得深思。笔者以为，原因自然是复杂的、多方面的，其中很重要的一点是：对马克思主义未能真正做到掌握其精髓和完整准确地理解和应用，背离了实事求是的科学态度和科学精神。

马克思主义是一个包含哲学、政治经济学、科学社会主义（政治学）、历史学、军事学等诸多学科的内容丰富的体系。从结构上讲，它至少可区分为针对具体事物的个别论断和个别原理、反映特殊规律的特殊原理、反映一般规律的一般原理、整个理论体系的精神实质（精髓或灵魂）等四个层次。作为科学体系中的每一观点、每一原理都不是孤立地存在的，它总是同一定的具体实际相联系，同其他的观点、原理相联系。马克思主义经典作家对同一原理、问题往往因具体的情况不同而强调的侧重面有所差别，甚至会有很不同的论述。再者，任何一个人对马列著作的学

习、研究，不可能不受到其知识、经历、需求、兴趣、个性、情绪等主观状态的制约，不可能不带有某种"主观性"。同一本《共产党宣言》，不同的人会有不同的读解，即使同一个人，在不同时期、不同的主观状态下也会有不同的体会。如何避免因认识的"主观性"而带来对原著的误读，这是在学习马列著作时应注意的一个问题。

毛泽东虽然是教条主义的敌人，但他毕竟是那一时代的人，未能完全摆脱传统的教条主义影响。在晚年，他不仅把自己的思想和言论教条化，而且也把马克思、列宁的某些论断（如有关阶级斗争、无产阶级专政和社会主义的设想）教条化，这就使得"无产阶级专政下继续革命"的理论和实践显得很有"理论根据"，导致他在什么是马克思主义、什么是社会主义和"防修反修、防止资本主义复辟"等问题上陷入迷误。有鉴于此，邓小平在批评"两个凡是"时指出：对马克思列宁主义、毛泽东思想，应完整准确地理解它们的体系，不能只从个别词句、个别原理来理解它们，更不能以个别词句、个别结论来损害它们。为此，我们在学习马克思主义时，一是要以读原著为主，不可走捷径、图省事，以学语录代替学原著。中国人有编"语录"的传统。只学语录，往往上当受骗。二是决不可孤立地、片面地、为我所用地摘取其中某些原理和个别词句，防止"六经注我"的实用主义和主观主义。

我们在学习马克思主义时固然要掌握它的基本原理和具体结论，但最根本的还是要学习它解决问题的立场、观点和方法，掌握它的精髓。恩格斯在晚年对来访者说，你们不要生搬马克思和我的话，而要根据自己的情况像马克思那样去思考问题，只有在这个意义上，"马克思主义者"这个词才有存在的理由[1]。他又说："马克思的整个世界观不是教义，而是方法。"[2] 列宁也说："马克思主义的精髓，马克思主义的活的灵魂：对具体情况作具体分析。"[3] 毛泽东十分重视恩格斯、列宁的上述思想。针对拘泥于

---

[1]　见［俄］阿·沃登：《和恩格斯的谈话》（1893 年春），载《智慧的明灯》，人民出版社 1983 年版，第 91 页。

[2]　恩格斯：《致威·桑巴特》（1895 年 3 月 11 日），载《马克思恩格斯全集》第 39 卷，人民出版社 1974 年版，第 406 页。

[3]　列宁：《〈共产主义〉》（1920 年 6 月 12 日），载《列宁选集》第 4 卷，人民出版社 2012 年版，第 213 页。

马列词句的教条主义，他强调学习马克思主义主要学习它解决问题的立场、观点和方法。他用实事求是同主观主义相对立，提倡实事求是的科学态度和科学精神。遗憾的是受国际国内形势的影响，在 20 世纪 50—70 年代，毛泽东和我们党曾一度偏离了正确的理解，错误地认为"无产阶级革命和无产阶级专政的学说，是马克思列宁主义的精髓"[1]。正是基于对"精髓"的这种理解，直接导致以阶级斗争为纲的错误，把反修防修、无产阶级专政下的继续革命作为党和国家的头等大事。"文化大革命"结束后，邓小平在提出要完整准确地理解毛泽东思想的同时还强调指出：实事求是，是毛泽东思想的精髓，是马克思主义的精髓。过去我们打仗靠这个，现在搞建设、搞改革也靠这个[2]。邓小平在"精髓"上的拨乱反正，是最根本上的拨乱反正。

邓小平对马克思主义精髓的阐述，是基于国内国际正反两方面历史经验的总结，有助于我们进一步搞清什么是马克思主义、什么是社会主义，也为我们如何坚持和发展马克思主义指明了方向。实事求是也是邓小平理论、"三个代表"重要思想和科学发展观的精髓。作为"精髓"的"实事求是"的具体内容就是辩证唯物主义和历史唯物主义，即马克思主义的世界观、方法论、人生观和价值观。要防止对实事求是做简单化、庸俗化的理解。领导干部要重视对马克思主义哲学的学习和运用，这是理论学习的根本。

在此要提醒注意的是：我们不能因强调"实事求是是马克思主义的精髓"而忽视无产阶级专政理论。无产阶级专政理论虽不是马克思主义的精髓，但它在马克思主义理论体系中决不是可有可无的个别原理。无产阶级专政理论是马克思在理论上的重要贡献，是马克思主义同修正主义的根本

① 人民日报编辑部、红旗编杂志辑部：《关于赫鲁晓夫的假共产主义及其在世界历史上的教训》（1964 年 7 月 14 日），《关于国际共产主义运动总路线的论战》，人民出版社 1965 年版，第 387 页。
② 邓小平：《教育战线上的拨乱反正》（1977 年 9 月 19 日），载《邓小平文选》第 2 卷，人民出版社 1994 年版，第 67 页；《解放思想，实事求是，团结一致向前看》（1978 年 12 月 13 日），载《邓小平文选》第 2 卷，人民出版社 1994 年版，第 143 页；《坚持党的路线，改进工作方法》（1980 年 2 月 29 日），载《邓小平文选》第 2 卷，人民出版社 1994 年版，第 278 页；《在武昌、深圳、珠海、上海等地的谈话要点》（1992 年 1 月 18 日—2 月 21 日），载《邓小平文选》第 3 卷，人民出版社 1993 年版，第 382 页。

分歧之所在。在当代，无论是中国社会，还是整个国际世界，阶级和阶级斗争的存在是一个客观事实。人类社会距消灭私有制、消灭阶级还有很长很长的历史过程。党章和宪法都明确载有："由于国内的因素和国际的影响，阶级斗争还会在一定范围内长期存在，但已不是主要矛盾。"因此，党和国家必须始终坚持人民民主专政。讲阶级斗争和人民民主专政（无产阶级专政）的人，不一定是马克思主义者，但不讲阶级斗争和无产阶级专政的人，没有阶级观点的人，那他一定不是马克思主义者。苏联剧变的主观原因之一，是苏共领导长期否认苏联社会存在着阶级斗争和资本主义复辟的可能性，搞全民国家，在理论上思想上解除了武装，丧失了警惕。在当今世界，若忘记了阶级斗争和无产阶级专政，"千百万烈士流血打下的这个红色江山不是没有改变颜色的可能，有一天我们的脑袋掉了都不知道怎么掉的。"①实事求是本身就要求正视当代中国和世界存在着的阶级和阶级斗争，不可以主观愿望、抽象的爱来代替严峻的现实。当然，阶级斗争和无产阶级专政的理论也须随着社会情况的变化而发展，不可固守革命时期的经验，更不可回到以阶级斗争为纲的错误。

三、解放思想，在实践中建设中国特色社会主义

以科学态度对待马克思主义，最根本的是尊重实践，尊重群众，解放思想，在实践中发展马克思主义。

在经济、政治和文化相对落后的国家如何建设社会主义，这是马克思主义在 20 世纪和 21 世纪的一个最重大历史课题。在这方面，我们既有成功的经验，也有沉痛的教训。总起来看，不能按照"本本"建设社会主义，只能在实践中，按照中国实际情况创造性地建设中国特色的社会主义。

我国的社会主义改造有自己的特色，在较短时间里实现了对资本主义工商业的和平改造和对农业、手工业的合作化，初步建立起社会主义制

① 江泽民：《通报中央政治局常委"三讲"情况的讲话》（2000 年 1 月 20 日），载《江泽民文选》第 2 卷，人民出版社 2006 年版，第 565 页。

度，是我国历史上最深刻、最伟大的历史变革，成为新中国一切进步和发展的基础。但受历史条件制约，我们的社会主义制度基本上是按苏联的模式建立的。斯大林时期形成的社会主义模式有其历史合理性和积极意义，但被固定化、僵硬化了，成为尔后社会主义国家效仿的模式。毛泽东曾想冲破苏联的框框，走自己的路，希望比苏联搞得快些、好些。但在社会主义模式上，他并没有根本性的突破。这主要表现在：一是在所有制方面，急于消灭私有制，急于由集体所有制向全民所有制过渡，实行单一的公有制的经济结构；二是经济管理体制上坚持计划经济，急于取消商品经济，忽视市场作用和忽视物质利益；三是在政治体制上实行高度集权的民主集中制，忽视民主政治建设和法制建设，忽视了对公民的自由、民主、人权等权利的尊重和保护，夸大了阶级斗争，导致了一部分人民向另一部分人民的专政。在1958年，毛泽东虽然大讲破除迷信，解放思想，但在社会主义模式上不仅没有触动，反而向"左"发展，以致在"文化大革命"时期达到极端。他对中国国情的认识脱离了实际。没有认识到我国的社会是脱胎于经济、政治、文化远远落后发达资本主义国家的半殖民地半封建社会，我国的社会主义社会还处于社会主义的初级阶段。毛泽东和我们党对社会主义的理解不能说全错，但它不能不因受到我国国情制约而产生某些误解，在不少方面脱离了实际，因而阻碍了生产力的发展和人民物质文化生活的提高，妨碍了社会主义优越性的发挥。

邓小平领导的思想解放运动，不仅破除了"两个凡是"的迷信，而且在全党全国人民中树立了实践的权威，破除了长期以来对马克思主义的某些教条式的错误理解，破除了按照马列"本本"而不是根据实际建设社会主义的传统，开辟了解放思想，实事求是，大胆地试，大胆地闯，在实践中建设中国特色社会主义的道路。他指出，什么是社会主义，什么是马克思主义，过去我们没有完全搞清楚。在这个问题上要解放思想。我们只能依据中国的实际来谈论马克思主义，我们的社会主义是切合中国实际的社会主义，离开中国实际来谈论马克思主义、社会主义，就没有意义。针对"姓社""姓资"的争论，邓小平在实践标准的基础上提出了"三个有利于"的标准（即是否有利于生产力的发展，是否有利于综合国力的增强，是否有利于广大人民群众物质文化生活的提高），不断推动思想解放运动的深入发展，不断促进改革开放和社会现代化的深入发展。解放思想不是目的，解放思想是为做到实事求是，解决主观与客观相一致、理论与实际相结合。改革开放30多年来，思想理论上突破很多框框、禁区，有许多创新，归结起来最重要的有三方面：一是生产关系必须有利于生产力的发展，改变单一公有制的所有制结构，实行以公有制为主体的多种所有制结构；二是冲破社会主义经济只能是计划经济的框框，提出建设社会主义市场经济制度；三是冲破了社会主义与资本主义的二元简单对立，面向世界，对外开放，利用外资，大胆吸收和借鉴人类创造的一切文明成果。

30多年来，成绩辉煌，世所公认。问题也不少，社会矛盾由隐而显，且日益复杂、尖锐。长期以来得不到解决的最大的问题是党和政府管不住自己，最大的忧患是党政干部腐败。为解决党风问题和腐败问题，我们讲了无数的话，也做过许多决议、决定、规定、纪律，开出了种种"药方"，但"病情"不仅不见好转，反而有恶化的趋势。这说明"药不对症"，治病思路有问题。其实，问题症结所在，十分清楚，关键在于政治体制改革滞后，需要解放思想。如何管好党和政府？说难很难，从理论上讲，自己管自己靠自觉，这一点很难做到。要破除仅仅靠自己管自己的思维定式。说不难也不难，自己管不住自己，就靠人民来管，靠人民来管党和政府（这完全符合马克思主义、党章和宪法）。靠人民管党和政府，不能像"文化大革命"那样搞无法无天的"大民主"，人民要用"法"管党和政府，用制度管党和政府。而制度则需要改革、创新。很长时期，我们的经济改革在"市场经济"上争论不休，把"市场经济"等同于资本主义。我们的政治体制改革则在"三权分立"问题上争论激烈，把"三权分立"等同于资本主义。其实，同"市场经济"只是手段一样，"三权分立"也只是一种手段。"三权分立"是政体，而不是国体。它是权力制衡的一种形式。把"三权分立"等同于资产阶级专政或资产阶级特有的政治形式是不妥的。无产阶级专政的国家形式不是在空地上建立。恩格斯说得很明确："资产阶级统治的彻底的形式正是民主共和国"[1]，"对无产阶级来说，……

---

[1] 恩格斯：《致爱·伯恩施坦》（1884年3月24日），载《马克思恩格斯选集》第4卷，人民出版社1995年版，第662页。

共和国是无产阶级将来进行统治的现成的政治形式。"①权力不制衡必然产生腐败。从实际效果看,"三权分立"这种制衡形式是防止权力滥用、遏制官员腐败的比较有效的形式。新加坡和一些西方国家及我国香港澳门,他们的廉政情况比我们好得多。这主要是靠制度,而不是他们官员廉政的觉悟普遍比我们共产党员高。30多年来,政治体制(包括党的体制)改革有成绩,不能否定,但根本性问题没有突破。政治体制改革滞后是一个不争的事实。政治体制改革是中国特色社会主义建设中一个最大难题,需要有勇气和智慧。

总之,生机勃勃的中国特色社会主义是由亿万中国人民创造的,正处于实践过程中。实践无止境,改革开放无止境,解放思想无止境,决不能把已有的理论、路线、方针、政策和办法凝固化、绝对化,必须与时俱进。"草鞋没样,边打边像。"尊重实践,尊重群众,不断总结群众的智慧和创造,是坚持和发展中国特色社会主义的根本所在。

四、立足现实,概括和总结中华文明的优秀成果

马克思主义是西方文明的总结和概括,而较少涉及中国的历史文化,未能包括中国智慧。马克思主义到了中国,要在中国生根、开花和结果,就不仅要与中国的经济、政治、文化等现实实际相结合,满足中国现实的需要,而且要向中国历史文化学习,与中国历史文化相结合,吸取从"孔夫子到孙中山"的中国历史文化的珍贵品以丰富和补充自己,使自己成为中国历史文化的真正继承者和弘扬者。中国化马克思主义应是中华文明的总结和概括。因此,中国共产党历来提倡研究历史,并把研究历史与研究理论、研究现状结合起来。中国化马克思主义是这三者相结合的产物,不仅具有实践性、时代性,而且具有民族性、人民性,具有为中华各族人民喜闻乐见的民族风格和民族气派。马克思主义与中国的历史文化相结合,是马克思主义中国化不可或缺的重

---

① 恩格斯:《致保·拉法格》(1894年3月6日),载《马克思恩格斯选集》第4卷,人民出版社1995年版,第734页。

要内涵。

在沙漠或贫瘠的土壤里是不可能生长出参天大树的。马克思主义之所以能在中国生根、开花和结果，这同中国是一个具有悠久的丰厚的历史文化土壤的国家有密切关系。毛泽东思想不仅是中国革命和建设经验的理论总结，是中国共产党人集体智慧的结晶，而且也是"中国民族智慧的最高表现和理论上的最高概括"[①]。中国革命之所以能顶住共产国际和斯大林的错误主张而取得胜利，社会主义新中国之所以顶住帝国主义、霸权主义的孤立、封锁、侵略和西化、分化图谋，这是因为中国共产党人始终继承和弘扬了中华民族独立自主、实事求是、艰苦奋斗、自强不息的民族精神。

在如何对待中国历史文化问题上，我们党总体上是做得好，但也有教训可吸取。这主要是新中国成立后的前 30 年，我们一方面对传统文化过于侧重批判，忽视了吸取和继承，直至"文化大革命"发展到"破四旧"和全民的"批孔运动"。另一方面，我们对政治生活、社会生活中普遍存在的封建主义遗毒缺乏应有警惕。结果，在反对资本主义和资产阶级倾向下，封建主义遗毒得到延存，以致在"文化大革命"中有些"遗毒"以革命的形式得到泛滥。"文化大革命"结束后，我们才认识到，在对待历史文化上，我们同时陷入了两个互相对立的错误之中。

在改革开放新时期，我们一方面认识到，我国社会还广泛存在着封建主义残余和小生产习惯势力，有一个肃清封建主义思想影响的长期任务；另一方面认识到，为了建设有中国特色的社会主义，实现中华民族的伟大复兴，必须进行爱国主义教育，弘扬中华民族的民族精神。邓小平指出：在继续批判和反对封建主义在党内外思想政治方面的种种残余影响的同时，"必须发扬爱国主义精神，提高民族自尊心和民族自信心。否则我们就不可能建设社会主义，就会被种种资本主义势力所侵蚀腐化。"[②]他强调，要教育青年懂得历史，这是中国发展的一个精神动力。进入 20 世纪

① 刘少奇：《论党》（1945 年 5 月 14 日），载《刘少奇选集》上卷，人民出版社 1981 年版，第 335 页。

② 邓小平：《贯彻调整方针，保证安定团结》（1980 年 12 月 25 日），载《邓小平文选》第 2 卷，人民出版社 1994 年版，第 369 页。

90 年代后，党中央更是反复提出：要继承中华民族优良传统，弘扬民族精神，增强民族凝聚力。江泽民同志多次指出："一个民族，一个国家，如果没有自己的民族精神，就等于没有灵魂，就会失去凝聚力和生命力。"中华民族有着自己的伟大的民族精神，其中最突出的就是"团结统一、独立自主、爱好和平、自强不息的精神"①。胡锦涛同志更是在党的十七大报告中指出：当代中国马克思主义具有"鲜明的实践特色、民族特色、时代特色"；以爱国主义为核心的民族精神和以改革开放为核心的时代精神，是社会主义核心价值体系的灵魂。他提出了"弘扬中华文化，建设中华民族共同精神家园"的任务②。

进入新世纪，我们党愈来愈重视对中国历史文化的学习、研究和吸取。从理论体系最深的精神层面讲，中国特色社会主义理论继承和弘扬了中华民族的民族精神。从理论体系的具体内容讲，中国特色社会主义理论中的"实事求是"、"独立自主"、"抓住机遇"、"与时俱进"、"小康社会"、"以德治国"、"八荣八耻"、"以人为本"、"和谐社会"等重要范畴概念，充分体现了这一理论对我国优秀文化的吸取和继承，也使理论本身具有民族特色。中国特色社会主义理论是中国优秀传统文化在当代的继承和发展。

当然中国传统文化既有精华、优良传统，又有糟粕、不良传统，而这两者又是交错在一起的，我中有你，你中有我，且不易分清鉴别。以今天的现实看，传统文化中主要缺点有：尊君卑下，奴化意识，无个性自由和民主传统；崇古尊圣，率由旧章，缺少创新意识；天下中心，盲目自大，固守夷夏之辨；片面讲和、讲中庸，片面讲不争、戒斗、忍让；重直观、整体、实用，轻思辨、分析、理性；重求同一，斥立异；等等。因此，在吸取和继承优秀成果时一定要坚持以马克思主义为指导和以当代中国及世

① 江泽民：《在全国抗洪抢险总结表彰大会上的讲话》(1998 年 9 月 28 日)，载《江泽民文选》第 2 卷，人民出版社 2006 年版，第 230—231 页；江泽民：《文艺是民族精神的火炬》(2001 年 12 月 18 日)，《江泽民文选》第 3 卷，人民出版社 2006 年版，第 400 页。

② 胡锦涛：《高举中国特色社会主义伟大旗帜，为夺取全面建设小康社会新胜利而奋斗》(2007 年 10 月 15 日)，载《中国共产党第十七次全国代表大会文件汇编》，人民出版社 2007 年版，第 33、34 页。

界的现实为基础，警惕传统文化中的消极因素的渗入，要防止以美好的善良的主观的愿望代替客观现实。

五、正确处理马克思主义中国化过程中的矛盾

马克思主义普遍真理与中国具体实际相结合是一个复杂的创新过程，其间必然会有不同的认识、分歧、矛盾和斗争，会犯错误。如何正确处理马克思主义中国化过程中的分歧和矛盾是以科学态度对待马克思主义的一个十分重要的问题。

在新中国成立后，由于受国际共产主义运动中教条主义传统的影响，我们对党内和马克思主义者内部的矛盾做了过于简单化的处理，把不同的认识和意见，甚至是对一些具体问题的不同认识和不同做法，上纲为"左"倾或右倾的路线问题，上纲为修正主义或教条主义，搞大批判，结果事与愿违，一些正确的或比较正确的认识、做法遭到否定，在实践上犯了错误，教训沉痛。

在改革开放新时期，邓小平一改以往的做法，对改革开放中的不同意见采取"不争论"的态度。他很少讲自己有什么发展、发明，但他却两次说："不搞争论，是我的一个发明。"[①]邓小平不仅是建国后党内的历次争论的主要参与者，而且也是 20 世纪 50—60 年代国际共产主义运动的大论战的主要亲历者。"不争论"是这一历史经验的深刻总结。

不争论，不是不允许讲不同意见，更不是通过大批判强行推行一种主张。相反，"不争论"旨在提倡抓住时机，大胆地试，大胆地闯，允许有不同的认识，允许有不同的做法，允许失败，不搞强迫，不搞运动，拿事实说话，最终由实践来检验。在探索试验过程中，对任何新的观点、理论、主张、做法都会有不同的意见，有人赞成，有人反对，有人持保留态度，这是正常的，符合马克思主义认识论。因此，对不同认识，不同做

---

① 邓小平:《在武昌、深圳、珠海、上海等地的谈话要点》（1992 年 1 月 18 日—2 月 21 日），载《邓小平文选》第 3 卷，人民出版社 1993 年版，第 374 页。又见 1994 年 2 月 19 日在南京市同江苏省负责同志谈话，载《邓小平年谱（1975—1997）》，中央文献出版社 2004 年版，第 1369 页。

法，不能视为离经叛道、异端邪说，不能上纲上线，扣帽子。至于哪种意见正确，不是由哪个领导人说了算，也不是上了决议、文件的就一定正确，而是由实践、由亿万人民群众的实践来检验。实践的检验是一个过程，有些事，当时看似乎是正确的，而随着时间的推移，问题的本质才逐渐暴露。要允许试验过程中有失败，有曲折，不要一失败，就如丧考妣，悲观泄气，而是要认真总结，找出失败原因，继续试验。这是彻底的唯物主义者的科学态度。

我们要辩证地认识和处理马克思主义中国化过程中的矛盾和斗争，要抛弃"唯我独马"的教条主义坏传统。"物之不齐，物之情也。"无论是对马克思主义的理解，还是对中国及当代世界的认识，都不可能完全一致。对马克思主义普遍原理与中国具体实际和当代世界特征相结合也不能只有一个方案，一种设计。客观真理只有一个，真理是一元的，指导思想不能多元化，但对改造世界的具体方案可以是多样的，可以由多种实践方案加以比较，好中选优。不能认为对问题的解决，只有一种方案，唯我正确。对马克思主义中国化过程中不同的认识、观点、方案、主张，要采取民主讨论、百家争鸣的方针。要改变马克思主义内部只能讲一种意见的传统，改变要么形式上的大一统、要么就是大批判的做法，提倡马克思主义内部不同观点的百家争鸣。学说必然会有分化，科学在争论中发展。对于错误倾向，自然要加以辨别、批评，不可默认，更不可放纵，但要慎重，要讲道理，以理服人，不可草率、粗暴，不可以权势压人、以多数压人。

六、正确处理好马克思列宁主义、毛泽东思想与 中国化马克思主义最新成果的关系

从历史经验看，受教条主义的影响，有一部分同志曾只重视马克思列宁主义，看不起中国化的马克思主义——毛泽东思想。在纠正这偏向时，又有一部分同志曾走向另一极端，只重视毛泽东思想，轻视马克思列宁主义，林彪甚至提出要用百分之九十九的时间学习毛泽东思想。不读马列的书，结果是上当受骗，分不清什么是唯物论，什么是唯心论。鉴于历史经验，我们强调马克思列宁主义、毛泽东思想与中国化马克思主义最新成果

这三者是一脉相承的，后者是对前者的继承、丰富和发展。它们之间不是后者代替前者、有了后者可以不要前者的关系，而同时都是党的不可或缺的指导思想。

中国化马克思主义最新成果对中国当下的实践来讲，更具有直接的指导性和实践意义。因此，全党学习理论的重点自然是中国化马克思主义最新成果，这是一个方面。另一个方面是，马克思列宁主义、毛泽东思想是中国化马克思主义最新成果的理论基础，中国化马克思主义最新成果并不是大学的教科书式的理论，它并不去重复和阐述马克思列宁主义、毛泽东思想的一般原理。因此，对中国化马克思主义最新成果的学习决不能代替对马克思列宁主义、毛泽东思想的学习。马克思列宁主义基础性的理论必须到马列原著和毛泽东原著中去学。作为党的高中级领导干部，为了更好地掌握和运用中国化马克思主义最新成果，很有必要读点马列著作和毛泽东著作。否则，"基础不牢，地动山摇"，长此下去，是很危险的。

当然，在重视学习马列原著的同时，也不要忽视马克思主义本身有一个当代化的问题。这也是以科学态度对待马克思主义的题中应有之义。马克思主义诞生以来，整个世界，无论在生产力、科学技术、社会关系、生产方式、工作方式、交往方式、生活方式、消费方式、思维方式和价值观念等社会生活一切方面都发生了深刻的变化，人类文明取得前所未有的成就。马克思主义需要当代化，需要吸取马克思主义诞生以来人类文明取得的新成果，尤其是西方发达国家文明成果。为此，邓小平提出对外开放，面向现代化、面向世界、面向未来。马克思主义中国化的过程也是马克思主义当代化的过程。中国化马克思主义最新成果——中国特色社会主义理论不仅具有实践性和民族性，而且具有鲜明的时代性。

在对待前人的理论上要尊重而不迷信，更不能把经典作家和党的领导人的言论当作句句是真理，当作必须无条件执行的最高指示，当作判定是非对错的标准或坐标。我们要破除唯书、唯上而不唯实的思维方式。在解放思想、破除迷信时，则要实事求是，不能把科学、真理也破了。在对待自己的理论上，要珍惜而不固守，与时俱进。要谦虚谨慎，不要轻言发展马克思主义、超过马克思主义，更不能王婆卖瓜，自卖自夸。历史经验表明，发展的话，赞扬的话，自己要少讲，最好由后人讲，由他人讲，始终保持一个清醒的头脑。

　　总之，马克思主义是科学，作为科学，马克思主义是打不倒的，关键要以科学的态度对待它，否则会走向自己的反面，不打自倒。经过 60 年的实践，我们对什么是马克思主义，什么是社会主义的认识，比起先辈们是大大前进了，清楚得多了，但能否说已完全搞清楚了呢？笔者以为仍不能说。我们还处于社会主义的初级阶段，我们对马克思主义、社会主义的认识仍只能是初步的。这是客观历史条件决定的，不是我们愚蠢或无能。我们仍应在实践中不断深化对什么是马克思主义、什么是社会主义的认识。"后之视今，犹今之视昔。"在对什么是马克思主义、什么是社会主义的认识上，我们应有自知之明，以科学的态度对待之。

　　（刊《理论视野》2009 年第 8 期；人大复印资料《马克思列宁主义研究》2009 年第 11 期；收入中国中共文献研究会毛泽东生平研究分会编的《毛泽东与新中国研究文集》(上)，中央文献出版社 2010 年版）

马克思主义与中国传统文化相结合四题

1938 年 10 月，毛泽东在中共中央六届六中全会上批评教条主义，号召全党开展学习运动，要求一切有相当研究能力的共产党员，尤其是党的高级干部，都要研究理论、研究历史、研究现状，继承"从孔夫子到孙中山"的珍贵的遗产，使马克思主义中国化。马克思主义与中国传统文化相结合是马克思主义中国化题中应有之义，其实质是立足当代中国和世界的现实，运用马克思主义的方法对中国的历史文化进行总结和概括，以有利于对革命和建设实践的指导，并进一步丰富和发展马克思主义。在进行马克思主义与中国传统文化相结合时要警惕中国传统文化中消极因素的渗入。本文仅对有关马克思主义与中国传统文化相结合的四个问题发表一点意见，供学界同仁思考。

一、只有中国化马克思主义能救中国

中国具有五千余年的悠久历史，创造了灿烂辉煌的古代文明，为人类历史的发展作出了伟大贡献。直至明朝中叶，中国一直走在人类历史前列，在此之后，中国封建社会开始走下坡路。到了近代，中国则落后于西方资本主义国家，面临着民族独立和社会现代化的双重历史任务。从 1840 年鸦片战争起，中国遭受西方列强的侵略，成了西方列强瓜分的对象，逐渐沦为半殖民地半封建国家。到 20 世纪 30 年代，日本帝国主义发动了妄图独占中国的侵略战争，中华民族面临亡国灭种的危局。到 1949

年，中国人民终于在中国共产党的领导下，经过了 28 年的艰苦奋斗（其中有 22 年革命战争）推翻了压在身上的帝国主义、封建主义和官僚资本主义三座大山，创立了中华人民共和国。从此，中国人民站起来了，扭转了几百年来中国社会走下坡路的颓势，开创了历史的新纪元，中华民族走上了复兴的伟大征程。

新中国成立后，各族人民在中国共产党的领导下，经过艰难的探索和试验，开辟了中国特色社会主义道路，在经济、政治、科学、教育、文化、卫生、体育和社会生活等各个方面取得了前所未有的历史性成就，使整个中国面貌发生了翻天覆地的深刻变化。新中国在社会现代化方面取得的巨大成就，令全世界瞩目和惊叹。社会主义新中国一改旧中国任人宰割、欺凌的屈辱地位，傲然屹立于世界民族之林，成为当代维护世界和平、推动人类进步和发展的重要力量。

中国共产党人和中国人民靠什么思想武器取得了民族独立的伟大胜利和社会主义现代化事业的巨大成就？

是靠中国的传统思想吗？是靠孔夫子吗？不是的。要是中国传统思想、孔夫子能救中国，那八国联军就不会进北京，就不会发生辛亥革命，也不会发生五四新文化运动。中国社会基础的变动和亡国灭种的民族危机，要求中国传统思想进行革命性变革。有人说，五四新文化运动全盘反传统，使中国传统文化中断，造成了中国文化的危机。笔者则说，文化危机是社会危机的反映，中国的社会危机和文化危机早已存在，新文化运动的思想文化革命正是对这一危机的反映，是为走出危机、重获新生而发生的。新文化运动标志着以孔子为代表的中国传统文化的终结。在此之后，当权者和尊圣卫道者虽然上演过一幕又一幕尊孔读经的丑剧和闹剧，但均以失败而告终，尊孔读经救不了他们的命。新文化运动是一次伟大的思想解放运动，是现代中国新文化诞生的重要标志。中国文化不仅没有因新文化运动而中断，反而因革命而获得新生[①]。

---

① 毛泽东在《新民主主义论》、《反对党八股》等文中对五四新文化运动的历史功绩和局限性有全面、客观、公正的论析。胡适称新文化运动为"中国的文艺复兴"。贺麟在《儒家思想的新开展》(《思想与时代》1941 年 8 月第 1 期) 一文中说："五四时代的新文化运动，可以说是促进儒家思想新发展的一大转机。表面上新文化运动是一个打倒孔家店、推翻儒家思想的一个大运动。但实际上，其促进儒家思想新发展的功绩与重

笔者认为，任何一个学说的兴衰取决于其能否满足社会现实的需要。一个学说倘若脱离生活，脱离实际，封闭僵化，畏惧变革，不思进取，势必衰亡。传统的儒学（道家学说、佛家学说也一样），只有立足当代中国和世界的现实，吸取包括马克思主义在内的世界先进文化，与时俱进，进行自我革命，弘扬其积极内容，为中国特色社会主义伟大事业服务，才能获得新的活力，转化为当代的新形态，成为中国特色社会主义文化的一部分。事实上，马克思主义来到中国，为中国文化注入了新的活力。毛泽东思想将中国思想文化提升到一个崭新的历史阶段。中国的文化复兴需要民族独立，需要马克思主义。近百年的中国历史已经证明，靠中国的传统思想，靠孔夫子，既不能取得民族独立和实现社会现代化，也不能实现中国文化的复兴[1]。当然，儒家在今天以至以后的历史发展中仍有其价值，不会因社会现代化而中断。但在五四新文化运动之后，任何再想恢复儒学在中国思想文化中的独尊地位都不过是一种主观的妄想，是痴人说梦。在尊孔热、国学热盛行的今天，在极少数人鼓吹立儒教为国教、儒化共产党、儒化中国的时候，我们不能忘记近百年来的这一历史过程。

面对日益严重的民族危机，中国的先进分子认识到靠中国的传统思想、靠孔夫子救不了中国，于是便转向西方国家寻找救国真理，转向西方的德赛两先生。他们满心以为西方资产阶级民主主义文化可以救中国，但帝国主义的侵略打破了中国人学习西方的迷梦。西方资产阶级民主主义，西方资产阶级共和国的方案，在中国人民的心目中，一齐破产了。现代中国需要德赛两先生，需要科学、民主、自由、人权，但资产阶级自由主义则行不通。在俄国十月社会主义革命胜利的影响下，先进的中国人便转向俄国，学习马克思主义。中国人找到了马克思主义，在精神上就由被动转

要性，乃远远超过前一时期曾国藩、张之洞等人对儒家思想的提倡。"笔者在《陈独秀与中国传统文化》（《孔子研究》1989年第2期）一文中对所谓的"五四全盘反传统"的观点有所辨析。

[1] 1942年，毛泽东在延安同匡亚明谈论孔子时指出，孔子确是中国历史上一个非常伟大的人物。他思想中有消极的东西，也有积极的东西，只能当作历史遗产，批判地继承和发扬。对当前革命运动来说，它是属于第二位的东西。第一位的用以指导革命运动的是马克思主义理论。特别是当时重庆（国民党政府所在地）方面正在大搞什么"尊孔读经"，他们靠孔夫子，我们靠马克思，要划清界限，旗帜鲜明（见匡亚明《孔子评传》，齐鲁书社1985年版，第474页）。

入主动，中国产生了共产党。马克思主义普遍真理一经与中国具体实际相结合，中国的面目就起了变化。在新中国成立的前夜，毛泽东在总结中国革命胜利的基本经验时曾描述了先进中国人寻找救国真理、寻找马克思主义理论的历史过程。对那些迷信西方资产阶级共和国方案的人，很有必要重温一下中国人寻找救国真理的历史，重温一下中国近现代的历史。忘记了历史，就意味着背叛，就会重蹈历史旧辙，暂时走回头路，付出难以估量的代价。

为什么中国的民族独立和社会现代化这两大历史任务的完成要以马克思主义为思想武器？这是因为马克思主义虽然产生在西欧，但它是世界历史的产物，是对世界无产阶级革命运动经验和人类文明成果的总结和概括。马克思主义的基本原理揭示了自然界、人类社会和人的思维的最一般发展规律，是普遍真理。它是现代最先进的科学世界观、方法论和价值观的理论，是无产阶级和被压迫人民争取自身解放的思想武器。反映客观规律的真理是不分中西的，是"放之四海而皆准的"，是"天下之公器"。中国社会需要马克思主义，中国人民欢迎马克思主义。在当代中国，无论是用儒家思想来拒斥马克思主义，还是用形形色色的资产阶级理论来反对马克思主义，都是有违时代潮流的。中国共产党始终坚持把马克思主义作为自己指导思想的理论基础。马克思主义丢不得，丢了要亡党亡国。

马克思主义不是宗教教条，不是包医百病的灵丹妙药，而是科学的革命理论。它的生命力在于与各国的具体实际相结合，并为人民群众所掌握。马克思主义是教条主义的敌人。中国化的马克思主义是在同教条主义斗争中逐渐形成的。中国共产党人运用马克思主义的立场、观点和方法，研究中国的现实实际和历史实际，逐步形成了适合中国国情的革命和建设的理论、路线、方针和政策，形成了中国化的马克思主义——毛泽东思想和中国特色社会主义理论，从而取得了中国革命的胜利和社会主义现代化事业的辉煌成就，改变了中国的面貌。马克思主义普遍真理与中国具体实际相结合是一个历史过程，中间有曲折，有错误，付出过巨大的代价。中国革命和建设的实践证明，教条化的马克思主义救不了中国，只有中国化的马克思主义才能救中国。

总之，只有中国化的马克思主义才能救中国，这是近百年来中国社会发展的一个最基本的历史事实，也是近百年来中国社会发展的一个最根本的历史经验。我们在讨论马克思主义与中国传统文化的关系时不能无视这一最基本的历史事实，不能忘记这一最根本的历史经验。

二、充分认识马克思主义与中国传统文化相结合的重要性

靠中国传统思想、靠孔夫子救不了中国，但决不是说，中国传统思想、以孔夫子为代表的儒家学说只有历史价值而无现实意义，如美国学者列文森所说的成了历史博物馆里的陈列品。更不是说，可以抛弃孔夫子，可以抛弃中国传统文化，全盘反传统。恰恰相反，马克思主义要在中国生根、开花和结果，要中国化，那它不仅要与中国的现实实际相结合，而且要与中国的历史文化相结合，要向中国文化学习，要从中国的历史文化中汲取智慧。在这方面毛泽东堪称是典范。

马克思主义是西方文明的总结。它到了中国，不仅可以而且也需要向东方的中国文化学习。作为马克思主义者、无产阶级革命家的毛泽东固然重视对中国传统文化的批判，对尊孔读经逆流的批判，但他也善于向中国传统文化学习，从中汲取民族智慧和民族精神。在20世纪30年代的延安，他公开说，孔夫子是中国封建社会圣人，鲁迅则是现代中国的圣人。他在抗日军政大学的讲话中提出要向孔夫子学习，在三四百学员中可否出几个孔夫子。他在中共中央六届六中全会上号召全党在研究理论、研究现状的同时，还要研究历史，使马克思主义中国化。他说："从孔夫子到孙中山，我们应当给以总结，承继这一份珍贵的遗产。这对于指导当前的伟大的运动，是有重要帮助的。"[①]1943年的中共中央文件曾明确指出："中国共产党人是我们民族一切文化、思想、道德的最优秀传统的继承者，把一切优秀的传统看成和自己血肉相联的东西，而且将继续加以发扬光大。中国共产党近年来所进行的反对主观主义、宗派主义、党八股的整风运动，就是要使马克思列宁主义这一革命科学更进步地和中国革命实践、中国历史、中

---

① 毛泽东：《中国共产党在民族战争中的地位》（1938年10月14日），载《毛泽东选集》第2卷，人民出版社1991年版，第535页。

·381·

国文化深相结合起来。"①毛泽东本人博古通今，对中国历史文化有精湛的研究，这是他能成功地把马克思主义中国化的重要条件之一。毛泽东思想是马克思主义的普遍原理、中国的现实实际和中国的历史文化三者相结合的产物，是中国优秀传统文化的继承者和发扬者。刘少奇在中共七大的报告中正确地指出：毛泽东思想是"应用马克思列宁主义的科学方法，概括中国历史、社会及全部革命斗争经验而创造出来"，"是中国民族智慧的最高表现和理论上的最高概括"②。从教条主义立场上，毛泽东思想不够马克思主义，甚至不是马克思主义，而是小资产阶级民族主义，但从真正的马克思主义立场上看，从中国实践立场上看，它既是马克思主义的，又道道地地是中国的，继承了中华民族的优秀传统，是中国化的马克思主义。

笔者认为，毛泽东思想中的有些内容并非来自马克思主义，而是直接源于中华民族的优秀传统。中国传统文化是毛泽东思想的理论来源之一③。产生于西方的马克思主义未能在西方取得实践上的胜利，而倒在东方相对落后的中国开花结果，这固然主要是同20世纪中国和世界的现实形势有关，但也与中国是一个具有丰厚历史文化遗产国家有关。在贫瘠的土壤中是长不出参天大树的。五千余年的博大精深的思想文化为马克思主义在中国生根、开花和结果提供了肥沃的"土壤"。以毛泽东为代表的中国共产党人之所以能抵制共产国际和斯大林在中国革命上的错误，之所以能打破帝国主义和大国主义对新中国的侵略、干涉和封锁，独立自主地进行革命和建设，主要是继承和弘扬了中华民族独立自主、自强不息的民族精神。所以，笔者认为，中国的马克思主义理论家和学者必须十分重视对历史文化的研究，必须十分重视马克思主义与中国历史文化相结合。令人遗憾的是，我国的理论界、学术界在这方面的认识上有误区。

在文化问题上，长期以来，马克思主义理论界只强调文化的社会性、时代性、阶级性，忽视了文化的民族性、继承性，忽视了一定时代文化中

---

① 《中国共产党中央委员会关于共产国际执委会主席团提议解散共产国际的决定》（1943年5月26日），载《中共中央文件选集》第12卷，中共中央党校出版社1986年版，第201页。

② 刘少奇：《论党》，载《刘少奇选集》上卷，人民出版社1981年版，第334、335页。

③ 详见拙文《中华民族优秀传统——毛泽东思想来源之一》，《毛泽东思想论坛》1994年第2期；《毛泽东与孔夫子——马克思主义中国化个案研究》，人民出版社2003年版。

凝结的民族智慧和价值的永久性、普适性；只强调马克思主义与中国传统文化之间的对立和冲突，忽视了两者之间的一致、融合和互补；只强调马克思主义对研究中国传统文化的指导作用，忽视了马克思主义同时要以虚心的态度向中国传统文化学习，用中国传统文化的优秀成果来丰富自己，发展自己。不同文化之间的冲突与融合，不同文化之间互相学习、互通有无、取长补短，是人类文化交往的一个普遍规律。我们的理论界对此缺乏应有的认识，以致在今天，仍有不少马克思主义理论家、学者不赞成马克思主义可以同中国传统文化相结合，不赞成马克思可以同孔夫子相结合。其实，如果我们从整个人类文化的交往、发展看，马克思主义、马克思是现代西方文明的主要代表，中国传统文化、孔夫子是古代东方文明的主要代表，马克思主义与中国传统文化相结合，马克思与孔夫子相结合，实质上是东西两大文化、两大文明的结合[1]。马克思主义来到中国，与中国历史文化相结合已是一个不争的事实。中国化的马克思主义——毛泽东思想就是东西两大文化、两大文明自觉结合的产物。

　　"马克思主义中国化"已是当代中国理论界研究的重点和热点。"马克思主义中国化研究"已列为国家的"马克思主义理论"一级学科下属的一个二级学科。这是值得高兴的。在高兴之余，也有令人遗憾之处。国家有关部门拟定的"马克思主义中国化研究"专业简介对"中国化"内涵的界定，强调马克思主义与中国具体实践相结合，这无疑是对的。但它只字未提与中国历史文化相结合，则是明显的偏颇。专业简介的论述反映了我国政治界、理论界、学术界长期以来把"马克思主义中国化"的内涵与"马克思主义和中国具体实践的统一"的内涵完全等同的观点。对"中国化"内涵理解上的这种偏颇，导致只讲实践（政治）层面的中国化，即只讲与革命和建设的实践相结合，不讲文化（学术）层面的中国化，即不讲与中国历史、中国文化相结合。针对这种观点，笔者发表了《马克思主义中国化的政治层面与学术层面的区分》、《对现行"毛泽东思想"概念界定的一点补充》、《全面准确地理解马克思主义中国化的内涵》、《"马克思主义中国化"的提出与新文化运动》等论文，论证和说明："马克思主义中国

---

① 郭沫若在 1925 年 11 月写的《马克斯进文庙》一文就有东圣西圣互相一致、互相学习之意。见《郭沫若全集》（文学编），第 10 卷。

化"内涵不只是马克思主义与中国的革命和建设的现实实际相结合,而且还包括与中国历史文化实际相结合。这两个方面,虽然前者是基本的,但后者也不可或缺。"马克思主义中国化"与"马克思主义和中国具体实践的统一"这两者的内涵并不完全等同。笔者认为,对中国的马克思主义者来说,除了马克思、列宁的老祖宗外,还有中国自己的"老祖宗";马克思、列宁的老祖宗固然不能丢,中国自己的"老祖宗"同样不能丢。丢了自己的"老祖宗",就等于丢了中国民族的根本,丢了民族智慧,丢了民族的灵魂,就成了中华民族的不肖子孙,同时也不是中国真正的马克思主义者,而是个教条主义者。

由于长期以来只强调马克思主义与中国革命和建设的实践相结合,而忽视马克思主义与中国历史文化实际相结合,因而我国的马克思主义者对中国自己的历史、哲学、文化缺乏应有的学习和研究,这方面的知识知之不多。许多理论家、学者依然是如毛泽东在延安整风时批评的那样,言必称外国,"对自己的祖宗,则对不住,忘记了"。这种情形在马克思主义哲学界尤其严重。翻开今天的许多马克思主义哲学教科书和专著,见到的大量的是外国人怎么说,从中难觅中国传统哲学的踪影,甚至在形式上引些中国古人的话以作些点缀也很少。2006 年 3 月,笔者在南京大学对编写"马工程"的马克思主义哲学教科书的专家和南京大学哲学系师生作《马克思主义哲学与中国哲学相结合的思考》学术报告时说,我们固然要注重把毛泽东思想、邓小平理论、"三个代表"重要思想和科学发展观写进哲学教科书,要注重对中国革命和建设的经验、对改革开放和现代化建设的经验进行哲学总结和概括,但同时也要注重对中国传统哲学进行总结和概括,把中国智慧和中国精神写进教科书。笔者向教科书的编写者郑重提出:中国化的马克思主义哲学应是中国哲学的总结和概括,要体现民族智慧、民族精神和民族灵魂。我们要让大学生和青年朋友们从我们的教科书中了解和学得民族智慧、民族精神,感受到我们民族的灵魂。

总之,在马克思主义与中国传统文化的关系上,中国的马克思主义者需要进一步解放思想,全面理解马克思主义文化观,研究不同民族之间文化交往的规律;全面理解毛泽东的马克思主义中国化思想,正确总结马克思主义中国化的历史经验;充分认识马克思主义与中国传统文化相结合的重要意义,加强对中国历史、哲学、文化的学习与研究。

三、中国化马克思主义应是中国传统文化的总结和概括

马克思主义与中国传统文化相结合是马克思主义中国化的题中应有之义。如何结合？学术界也有不同的理解和做法。就哲学而言，较为流行的理解和做法是在讲马克思主义哲学原理时，引证一点中国古代的思想资料，借以证明马克思主义哲学原理的普遍真理性；或者是以现行的马克思主义哲学体系的框架，去整理、剪裁中国哲学。这的确是一种结合的形式，但这是一种浅层次的、通俗化的结合。这种做法有它一定的合理性，说明马克思主义哲学与中国哲学之间有一致性、契合处，有助于两者之间的沟通和对马克思主义哲学原理的理解。但这种做法在对马克思主义哲学和中国哲学关系的理解上是片面的。这种做法实质上是把博大精深的中国哲学当成马克思主义哲学原理的注解和证明。笔者认为，"马克思主义与中国传统文化相结合"应理解为：立足当代中国和世界的现实，运用马克思主义的方法对中国的历史文化进行总结和概括，以有利于对革命和建设实践的指导，并进一步丰富和发展马克思主义。

我们常说，马克思主义是人类智慧的结晶，就马克思主义是世界历史产物而言，可以这么说。但决不能由此推论出马克思主义理所当然已包含了中华民族的智慧，更不能用中国历史上的思想资料去证明马克思主义已包含了中国智慧。无论是马克思、恩格斯，还是列宁，他们都很关心中国，很关注中国社会和中国革命，但由于受历史条件的制约，他们对中国历史、哲学、文化的了解是有限的。从这一点讲，马克思主义主要是西方文化的总结和概括。李约瑟提出的马克思主义的辩证唯物主义源于中国的观点难于成立。李约瑟的观点是基于他对中国哲学和西方哲学的双重误解而提出的①。笔者以为，把中国智慧、中国历史文化的精华融入马克思主义的历史任务，主要由中国马克思主义者来完成。

中华民族创造了灿烂的古代文明，产生了许多伟大的思想家、科学

---

① 详见拙文《李约瑟究竟是怎样说的》，《高校理论战线》2007 年第 11 期。

家、发明家、文学家、艺术家、政治家、军事家、革命领袖和民族英雄。中华民族五千余年的历史文化遗产，犹如一个无穷无尽的丰富的矿藏，我们要用最先进的科学方法去发掘和提炼，以获取今天最需要的珍品。如何立足当代中国和世界的现实，运用马克思主义的科学方法，对中国的历史文化进行概括和总结，这是一个伟大的永无止境的历史工程。在这方面，毛泽东提出了一些原则性的意见，并在实践上取得了成功。从毛泽东的理论与实践中，我们可以得到许多宝贵的启示。

中国历史文化遗产是一个内容异常丰富的多层次、多方面的复合体。因此，马克思主义与中国的历史文化的结合也可区分为不同层次和不同方面。就层次方面而言大致有：民族精神（或文化精神）；民族传统；历史经验；文化诸方面的具体内容；神话传说、成语典故、民间谚语等思想资料和古代语言。就文化诸方面的具体内容而言，则可分为哲学、政治、军事、经济、教育、历史、文学、艺术等，而每一层次、每一方面又都包含有自身的结构和丰富的内容。

中国历史文化中最深层的、具有永久价值的是民族精神。民族精神是一个民族赖以生存的精神支柱，是推动民族发展的精神动力。民族精神是一个民族的灵魂和命脉，它只能不断丰富和发展，不能中断。倘若中断了，那这个民族就灭亡了。马克思主义与中国历史文化相结合，马克思主义的中国化，从根本上讲，就是与中华民族的民族精神相结合，就是吸取、融入中华民族的民族精神，同时又赋予中华民族的民族精神以新的活力和新的内容。只有做到民族精神方面的结合，马克思主义才真正内化成了中华民族的灵魂，才真正地中国化了。

中华民族的民族精神是什么，它包含哪些内容，这是一个"见仁见智"的复杂问题。因论者的社会环境、政治立场、思想倾向、学术观点、个人的气质和才性等不同而不同。

辜鸿铭在《中国人的精神》一书序言中把孔子的"礼"看成"中国文明的精髓"。

梁漱溟在《东西文化及其哲学》一书中把"调和、持中"视为"中国文化的根本精神"。

唐君毅等四人在1958年发表的《为中国文化敬告世界人士宣言》中提出，"中国文化之神髓"是"心性之学"。

"文化大革命"结束后，张岱年提出，"自强不息"、"厚德载物"是中国传统文化的基本精神。他明确表示："不能把'中庸'看作中国传统文化的基本精神。"

近二十年来，我国学术界、理论界以至政治界都在高调"和"（或"和合"）是中国文化、中国哲学、中华民族精神的精髓。

笔者认为，中华民族的民族精神十分丰富，很难用一两个命题或判断表达。中华民族的民族精神主要有：独立自主、维护统一的爱国精神；自尊自信、自强不息的奋斗精神；与时俱进、日新变革的创新精神；崇实求真、经世致用的实事求是精神；天下为公、公而忘私的精神；协和万邦、爱好和平的精神等。这些精神互相依存、互相渗透，融为一体。其中最根本、最核心的则是独立自主、自强不息的精神。这是中华民族的主体精神。正是这种独立自主、自强不息的奋斗精神，才使中华民族能战胜千难万险，绵延不绝，开拓创新，屹立于世界东方，为人类作出贡献。在20世纪，以毛泽东为代表的中国共产党人在争取民族独立和社会现代化的伟大斗争中，继承和弘扬了这些民族精神。毛泽东是空前的民族英雄，毛泽东精神是民族魂。毛泽东思想中最根本的、最宝贵的、最具有永恒价值的就是这些精神。中华民族的复兴靠的是这些精神[①]。

提倡和弘扬什么样的民族精神，这是一个有关于民族的精神支柱和精神动力的大问题，是有关培养和铸造什么的国民人格的大问题。所以笔者向来对把"和"当作中国文化、中国哲学、中华民族精神精髓的观点持怀疑态度[②]。心想：要是"和"真是中华民族精神精髓的话，中华民族能绵延不绝至今吗？能取得民族独立、屹立于世界民族之林吗？中国的马克思主义者有责任把马克思主义的基本精神和真正的中华民族的民族精神结合起来，在新的时代继承和弘扬民族精神。

中国历史文化优良传统甚多，因而马克思主义与中国历史文化优良传统相结合亦有诸多方面，在此仅举重视人生修养和主观世界改造一例。

---

① 详见拙文《中国哲学的基本精神》，载于方克立主编的第12届国际中国哲学大会论文集《中国传统哲学的现代诠释》，商务印书馆2003年版；《纪念毛泽东，弘扬民族精神》，《理论动态》2003年第1617期，又见沧南主编的纪念毛泽东诞生110周年论文集《现代化视野中的毛泽东思想研究》，湖南人民出版社2003年版。

② 详见拙文《"和"真是中国传统哲学的精髓吗？》，《社会科学》（上海），2008年第2期。

以孔子为代表的儒家注重德治，注重修身、正己，形成了一套"修身、齐家、治国、平天下"的政治哲学和伦理哲学。毛泽东和中国共产党人批判地吸取了其中的积极思想，在党的建设方面重视思想教育，重视党性修养和主观世界的改造，形成了一整套思想政治工作，保证了党的无产阶级先锋队性质和党的任务的完成。由于中国特殊的社会条件，中国共产党的党员出身于工人阶级的是少数，绝大多数成员来之于农民和其他小生产者、知识分子。中国共产党主要长期在农村分散的环境中从事革命活动。要在这样的环境中把党建设成为无产阶级政党，很难很难，在有些外国人看来，这简直不可能，但中国共产党做到了。之所以能做到这点，除了有正确的路线外，很重要的一条是靠中国共产党特有的党性修养。而这一条正是马克思主义与中国传统修养论相结合的产物。

至于对中国历史经验的总结与借鉴，对哲学、政治、军事、经济、教育、历史、文学、艺术等具体领域的批判继承，对神话传说、成语典故、民间谚语等思想资料和古代语言的运用，毛泽东做了大量的工作，有许多精辟独到的思想。许多研究论文和著作对此都有所论述，故在此从略。

在马克思主义与中国传统文化结合上，绝大多数研究者只注意两者相一致、相契合方面的结合，而忽视了两者各自特有、互通有无、互补相成方面的结合。其实，就文化交往而言，两者各自特有、互通有无、互补相成方面的结合更为重要，更有价值。从哲学上讲，中西哲学各有特点。有些内容，西方哲学讲的充分，十分发展，中国哲学则鲜有论及，而另有些内容，中国哲学讲的充分，十分发展，西方哲学则鲜有论及。马克思主义哲学主要是西方哲学的总结和概括，因而对中国哲学中某些特有的内容就鲜有论及。马克思主义哲学与中国哲学相结合的一个重要方面，就是要对中国哲学中特有的而马克思主义哲学鲜有论及，甚至无有论及的合理思想、命题和概念的吸取和改造。这种结合需要对中国哲学做深入的研究、发掘，从中概括和提炼出中国哲学中特有的珍品。笔者的《中国哲学认识主体修养论》（《哲学研究》2006 年第 8 期）、《"以时为宝"：中国哲学中的"时"》（《中共中央党校学报》2006 年第 5 期）、《中国哲学直觉思想的形成与发展》（《河北学刊》2008 年第 4 期）等文就是试图对中国哲学的认识主体修养论、时间论和直觉论进行疏理和总结，借以丰富马克思主义哲学。笔者所做的工作仅是个开端，是引玉之砖。希望学术界的同仁对这方面的结合加以关注，希望有众多的马克思主义哲学研究者和中国哲学研究者来做这方面的结合工作。

中国古代，学派众多。在先秦时期，九流并美，百家争鸣。在汉武帝"罢黜百家、独尊儒术"后，虽然儒家成了意识形态的主导，但儒、释、道三家的争斗与融合从未停止过，而且每一家内部的分化与争斗也持续不断。马克思主义与中国传统文化相结合不是仅仅同其中的某一家、某一派相结合，而是平等看待各家各派。各家各派中凡是有价值的、对现实用得着的积极内容都要批判地吸取，借以丰富自己。在这方面，马克思主义不像现代新儒家那样有浓厚的宗派性。

总之，不能把"马克思主义与中国历史文化相结合"简单地理解为引用中国历史文化的思想资料来注释和证明马克思主义是普遍真理。中国化的马克思主义不仅是中国革命和建设经验的总结和概括，也应是中国历史文化的总结和概括。中国马克思主义者应是中国历史文化优秀传统的继承者和发扬者。

四、警惕中国传统文化消极因素的渗入

任何民族、国家的文化都是一个矛盾的复杂体，内部存在着争斗，中国传统文化也不例外。它既有精华，也有糟粕；既有优良传统，也有不良传统。即使是精华、优良传统，也受到历史条件和阶级的限制，不可照搬、照抄，全盘继承。事实上，精华与糟粕，常常是交织在一起的，我中有你，你中有我。人们对精华与糟粕的认识与区分也是相对的，存在着把糟粕当精华或把精华当糟粕的可能。在总结马克思主义中国化的历史经验时，我们应当承认，毛泽东晚年犯错误的一个思想文化原因是他的思想中渗进了中国传统文化某些消极因素。

例如，中国长期是一个高度集权的封建专制主义国家，没有民主和法治传统，王权至上，皇帝一个人说了算。尽管毛泽东曾尖锐地批判过封建专制主义、一言堂、个人崇拜，讲过许多发扬民主、实行民主集中制的话，但在晚年，他实际上欣赏个人崇拜，搞的是个人专断，一言堂，个人选择自己的接班人。他没有法治观念，相信人治。他对民主集中制、无产阶级专政等的理解和实践也渗进了某些专制主义的成分。结果，在"文化大革命"中，离开了法治的大民主走向反面，变成无法无天，导致一部分群众对另一部分群众的专政。

又如，平均主义在中国历史上根深蒂固。"均贫富"的思想反映了农民小生产者的平等要求，成为历史上农民起义的思想武器。"均贫富"的思想与马克思主义平等观念有类似之处。因此，在20世纪初，梁启超等人曾把它视为社会主义之滥觞。在很长时期里，毛泽东对科学社会主义与小生产者的平均主义的界限是比较清楚的。他反对绝对平均主义，反对农业社会主义，反对民粹主义。但在社会主义时期，尤其是在1958年，农民的平均主义思想也反映到他的头脑中，并且与历史上的平均主义联系起来。1958年，他发动搞起了人民公社化运动。在"文化大革命"中，他再次批判资产阶级法权。这表明，他的社会主义思想中杂有小生产者的平均主义。

再又如，中国传统文化有注重德治教化、注重人生修养的优点和传统，但同时也存在着片面夸大思想道德的作用和忽视个人物质利益的唯心论传统。如前所述，毛泽东吸取了注重人生修养的优点和传统，对党的建设有重要作用。在社会主义时期，他对传统文化中的唯心论传统缺乏应有认识，片面夸大了精神的作用，忽视物质利益。在"文化大革命"中流行的"狠斗'私'字一闪念"、"在灵魂深处爆发革命"、"斗私批修"等口号和做法，实质是中国传统修养论中消极因素在现代的重现。

笔者反对把毛泽东的马克思主义中国化说成是"封建化"。但同时，笔者也承认，在毛泽东晚年的理论和实践中确实渗进了中国传统文化的某些消极因素，在有些问题上还比较严重。对此，我们需要认真地加以总结，吸取其教训。

鉴于历史经验，在尊孔热、国学热盛行的今天，我们一定要十分警惕中国传统文化中某些消极因素对马克思主义的渗入。做到这一点的重要前提是对中国传统文化要有一个全面的、清醒的、实事求是的认识，要防止以实用主义态度对待历史文化，防止把糟粕当精华，防止在一种倾向下掩盖着另一种倾向。

"天下为公"、"国而忘家，公而忘私"、"先天下之忧而忧，后天下之乐而乐"、"天下兴亡，匹夫有责"等千古传颂的名句名言，充分反映了中华民族自古以来传承的一种为了民族、国家的利益而无私忘我的精神和境界。中国共产党提倡和实践的"全心全意为人民服务"的宗旨就是对这一优良传统的继承和发扬。但同时，我们也应看到，以社会为本位的中国传统价值观忽视甚至否认个人的价值，否认个性自由和个人利益。李大钊曾尖锐地指出："孔子所谓修身，不是使人完成他的个性，乃是使人牺牲他的个性。""孔门的伦理，是使弟子完全牺牲他自己以奉其尊上的伦理；孔门的道德，是与治者以绝对的权力责被治者以片面的义务的道德。"① 按照中国传统道德去修养，决不可能修养成一个现代人；读经，决不能读出一个现代人。让没有分析能力的孩子去读经，去背诵经典，并不可取。孩子读经，可以读成为一个温文尔雅的很听话的乖孩子，但这样的乖孩子缺少个性，没有独立自主的人格，缺乏创新力和竞争力，不能适应现代社会。

中国封建专制制度和否认个性的社会本位价值观，造成了国民的奴化意识和奴隶性。中国国民性中的奴化意识根深蒂固，不易清除，正所谓剪除头的发辫易，剪除思想上的"发辫"难。历史虽然进入了 21 世纪，但国民性中的奴化意识仍然普遍存在，只是程度不同而已。对此，应有足够的认识。倘若国民中的多数人，尤其是领导者、理论家、学者和知识分子，都已普遍地确立起独立自主的人格，那教条主义、一言堂、个人崇拜、唯书唯上的思维方式就不可能普遍存在了②。在尊孔读经热、国学热盛行时，在高扬民族精神、继承优秀传统时，我们不要忘记中国传统文化中还有不利于现代化的负面因素，不要忘记反对封建主义残余和小生产习惯势力依然是思想文化领域中的一个长期任务。

总之，在马克思主义与中国传统文化相结合过程中难免会将传统文化中的某些消极因素在不知不觉中渗透进来，难免会将封建的和小生产的消

---

① 李大钊：《由经济上解释中国近代思想变动的原因》（1920 年 1 月 1 日），载《李大钊文集》下卷，人民出版社 1984 年版，第 178、179 页。

② 详见拙文《奴性批判录》，载黑龙江大学哲学学院编：《哲学之路》，黑龙江人民出版社 2004 年版；《打倒奴隶思想，埋葬教条主义》，《湘潭大学学报（哲学社会科学版）》2005 年第 4 期。

极因素当作马克思主义的、社会主义的东西加以提倡。因此，要十分警惕在结合过程中传统文化消极因素的渗入。有了这种警惕，头脑就会清醒些，马克思主义中国化就可以得到健康的发展。

（刊《理论动态》2008 年 10 月 30 日第 1795 期;《党的文献》2009 年第 3 期以《论马克思主义与中国传统文化相结合》为题刊登;人大复印资料《马克思主义、列宁主义研究》2009 年第 8 期;收入孙麾、汪信砚主编:《马克思主义哲学中国化与当代中国哲学建设》，社会科学文献出版社2011 年版）

两个"老祖宗"都不能丢

马克思主义与中国历史文化相结合是马克思主义中国化题中应有之义。中国化马克思主义不仅是中国革命、建设和改革开放实践经验的总结和概括，也是中国历史文化的总结和概括。中国马克思主义者除了马克思、列宁"老祖宗"外，还有中国自己的"老祖宗"。马克思、列宁"老祖宗"和中国自己的"老祖宗"都不能丢。中国马克思主义者应是中华民族优秀文化的继承者和弘扬者。

一、中国马克思主义者有两个"老祖宗"

近代以来，中国面临着民族独立和社会现代化的双重历史任务。为了挽救民族的危亡，实现国家的独立、富强和人民的自由、幸福。无数仁人志士，经历了千辛万苦，终于找到了马克思主义作为救国救民的真理。一个多世纪以来的历史证明，解决中国问题的思想武器，要靠无产阶级的马克思主义，靠中国化的马克思主义。中国革命的胜利，社会主义建设和改革开放的辉煌成就，中国社会发生的翻天覆地的巨变，均是在马克思主义指导下取得的，是马克思主义在中国的胜利。因此，中国共产党始终把坚持马克思主义作为立党立国之本，一贯强调马克思、列宁"老祖宗"不能丢，丢了就会亡党亡国。这是我们观察和讨论一切中国重要问题（包括中国文化发展问题）的基本原则，否则就会迷失方向，走上邪路。

中国马克思主义者，除了马克思、列宁"老祖宗"外，还有没有中国自己的"老祖宗"呢？这是我国舆论宣传较少涉及的问题。作为中国马克思主义者，把马克思主义的创立者和主要发展者马克思、列宁作为自己的"老祖宗"，这是合乎逻辑的。同样，中国马克思主义者，除了马克思、列宁"老祖宗"外，还应有中国自己的"老祖宗"，这也是天经地义的。因为，中国马克思主义者首先是中国人，中华民族的一分子，而且是优秀的一分子，血管里流淌着中华民族的血液，思想文化上受惠于数千中华民族历史文化的滋养。中国马克思主义者应是中华民族优秀品质和优秀传统的继承者和弘扬者。倘若中国马克思主义者，否认有中国自己的"老祖宗"，那他就是中华民族的不肖子孙，在中华民族就没有存身之地，也就不是真正的中国马克思主义者。

从更深一层的学理层面讲，产生于西方的马克思主义到了中国，要在中国发生作用，开花结果，就必须中国化，使之成为中华民族血肉相连的一部分。马克思主义的中国化，不仅要使马克思主义与中国的革命、建设和改革开放的实际相结合，而且要与中国的历史文化实际相结合。在这两方面的结合中，虽然前者是主要的、基础性的，但后者也是十分重要的、不可或缺的。1938 年 10 月，毛泽东在中共六届六中全会上阐述马克思主义中国化时把研究历史提到与研究理论、研究现状同样的高度来说明，指出要继承从"孔夫子到孙中山"的数千年的珍贵历史遗产。他本人博古通今，对中国历史文化有精深的了解。他的思想、理论和实践，是马克思主义基本理论、中国社会的现实和中国的历史文化三者的有机统一，既是马克思主义的，又是地地道道的中国的，是真正中国化的马克思主义。

毛泽东思想的基础理论来源于马克思主义，这是无可置疑的，但它的有些思想，尤其是它深层的精神，则源于中国的历史文化，源于中华民族的民族智慧和民族精神，这同样也是不争的事实。如独立自主的思想并非来自于马列和共产国际，而是来自于中华民族自强不息、不屈于任何外力的独立自主精神。按照马克思主义，工人无祖国，强调的应是国际主义。按照共产国际的章程，中共是共产国际的一个支部，应执行共产国际的决议。毛泽东坚持独立自主的原则，以我为主，以中华民族的独立自由为最高利益，在尊重共产国际和斯大林的同时，又抵制了共产国际和斯大林的错误主张，从而取得中国革命的胜利。新中国成立后，又是在独立自主、自力更生的方针指导下，打破了帝国主义和霸权主义的包围、封锁、侵略和干涉，顶住了帝国主义西化、分化的图谋，使社会主义新中国屹立于世界东方。独立自主，走自己的路，是中国共产党立党立国之本，是毛泽东思想和中国特色社会主义理论的活的灵魂。从某种意义上讲，没有独立自主，就没有中国共产党，没有社会主义新中国，也就没有中国化马克思主义。因此，丢掉了中国自己的“老祖宗”，就等于中断了中国历史、中国血脉和中华文明，同样要亡党亡国。

产生于西方的马克思主义，没有能在西方取得实践上的胜利，倒是在一个经济、政治、文化相对落后的东方大国——中国取得胜利，其原因是多方面的，主要是由于 20 世纪发生的两次世界大战、俄国十月革命的胜利等有利的国际形势和中国社会现实矛盾的特殊性、尖锐性、复杂性。但也不可否认，马克思主义能在中国生根、开花和结果，是与中国是一个具有悠久历史的、灿烂文明的大国密切相关的。试想，即使是最好的种子能在贫瘠的沙漠中长成参天大树吗？不可能。因此，从这方面看，马克思主义在中国获得实践上的胜利绝不是偶然的，博大精深的中国文化是其生根、开花、结果的必要条件。

刘少奇在中共七大的报告中说得好，毛泽东思想是应用马克思列宁主义的科学方法，“概括中国历史、社会及全部革命斗争经验而创造出来”的，“是中国民族智慧的最高表现和理论上的最高概括”[1]。中共七大对毛泽东思想的说明比今天流行的表述更为全面、准确。今天的表述舍弃了毛泽东思想的丰富历史文化内涵。这反映了我国理论界对毛泽东思想及马克思主义中国化内涵的理解上有偏颇。这种理解上的偏颇直接导致我国马克思主义理论界对中国历史文化研究的忽视。

长期以来，我们只认马列一个“老祖宗”，不认在马列之外还有中国自己的“老祖宗”，不认孔子、老子、墨子……孙中山等“老祖宗”。结果不重视学习历史，对历史知之甚少。在许多马克思主义者看来，研究中国历史文化固然很重要，但这是历史学家们的事，哲学史家们的事，而不是我们马克思主义理论家分内的事，我们的任务是读马列的书，研究马克思主义理论。作为马克思主义者自然要刻苦地、认真地研读马列著作，力求完整准确地把握马克思主义的基本原理。但若仅仅停留于此，那是很不

---

① 刘少奇：《论党》，载《刘少奇选集》上卷，人民出版社 1981 年版，第 334、335 页。

够的，还不能算是中国的马克思主义者，而只能算是在中国的马克思主义的研究者，甚至很可能是一个只知道外国、不知道中国的教条主义者。其实，认真学习和研究历史，继承和弘扬中国历史文化的优秀传统，这是中国马克思主义者责无旁贷的应尽职责。今天，我们的马克思主义理论家们和专门的学者们可扪心自问：自己对中国历史文化究竟知道多少？很多理论家和学者仍然是像毛泽东在延安整风运动中指出的那样，言必称外国，"对于自己的祖宗，则对不住，忘记了"①。这是笔者提出中国马克思主义者不能忘记中国自己的"老祖宗"的缘由和根据。

二、中国马克思主义应是中华历史文化的总结和概括，具有中华民族的民族智慧、民族精神、民族灵魂

马克思主义与中国历史文化相结合，这已是我国理论界、学术界绝大多数人的一种共识，但在如何理解结合和怎样进行结合上，则有不同的见解和做法。

较为流行的理解是：马克思主义是人类智慧的结晶，其中包含了中华民族的智慧。因此，马克思主义与中国历史文化的结合主要是用丰富的中国思想资料来证明马克思主义原理具有普遍真理性，说明马克思主义与中国历史文化有一致性，帮助读者理解马克思主义，同时又可提高读者的民族自尊心、自信心和自豪感。这种理解和做法，具有一定的合理性，是一种浅层次的、通俗化的初步结合。但这种理解和做法，实质上是把博大精深的中国历史文化当成马克思主义普遍真理的"注释和证明"。因而从根本上讲，这种理解和做法并未能正确把握马克思主义与中国历史文化相结合的实质。

笔者认为，马克思主义与中国历史文化相结合应是：立足当代中国和世界的现实，以马克思主义为指导，对中国历史文化进行科学的总结和概

---

① 毛泽东：《改造我们的学习》，载《毛泽东选集》第 3 卷，人民出版社 1991 年版，第 797 页。

括，用中国历史文化中的珍品，丰富和发展马克思主义，并以此指导中国革命、建设和改革开放的实践。如果说马克思、恩格斯、列宁的马克思主义主要是欧洲文明的总结和概括，那么中国马克思主义应当是数千年中国文明的总结和概括。中国马克思主义应具有中华民族的民族智慧、民族精神和民族灵魂。在这方面，毛泽东为我们树立了典范。在 20 世纪 30—40 年代，中华民族处于亡国灭种的危难时刻，是什么思想、理论和实践，代表了中华民族的民族智慧、民族精神和民族灵魂？从哲学上讲，我们不能否认熊十力、冯友兰、金岳霖、贺麟等哲学家的哲学思想在某些方面体现了中华民族的民族智慧、民族精神和民族灵魂。但最能集中体现中华民族的民族智慧、民族精神、民族灵魂的不是别的什么理论、思想，而是以毛泽东为代表的中国共产党人的理论和实践，是毛泽东思想。毛泽东思想为马克思主义与中国历史文化相结合提供了宝贵的启示。

中华民族的文化是一个内容丰富的多层次、多方面的复合体。因此马克思主义与中国历史文化相结合也可在不同层次、不同方面进行。就层次而言则有：民族精神（文化精神）；民族传统；历史经验；文化诸方面的具体内容；神话传说、成语典故、民间谚语等思想资料。就文化的诸方面而言则有：哲学、政治、经济、军事、教育、历史、文学艺术等等。

马克思主义中国化最根本的是民族精神层面的结合。这种结合应是两者基本精神不露形迹的、自然的融合，如毛泽东所做的那样，而决非是简单的引证和外在的拼接。马克思主义只有与中华民族的民族智慧、民族精神、民族灵魂融合为一体才算真正地中国化。这里有一个中华民族的民族精神是什么的问题。中华民族的民族精神是活生生的、发展着的，其内涵既广且深，决非一两个命题和论断所能概括。计其主要的则有：独立自主、维护统一的爱国精神；自尊自信、自强不息的奋斗精神；与时俱进、日新变革的创新精神；崇真求实、经世致用的实事求是精神；天下为公、公而忘私的精神；协和万邦、爱好和平的精神等等。这些精神互相渗透，其中最核心的则是独立自主、自强不息的主体精神。毛泽东思想和中国特色社会主义理论充分地吸取和发展了这些精神。

至于就哲学方面而言，中国化的成果则不尽如人意。现今的马克思主义哲学教科书，虽然十分注重吸取毛泽东思想和党的最新理论成果，但从内容到体系仍未能摆脱外来的影响。有的学者至今仍把 20 世纪 30 年代苏联的哲学教科书体系当作不可逾越的形态。2006年3月，笔者在南京大学向担任马克思主义理论研究和建设工程编写马克思主义哲学教科书的顾问、专家和南京大学哲学系师生做学术报告时指出，中国化的马克思主义哲学教科书决不仅仅是在论述马克思主义哲学原理时引用中国古代哲学的某些思想资料，而是要在立足当代中国和世界的基础上，对中国传统哲学做出总结和概括，从内容到体系均有中国特点，青年学生读了我们的哲学教科书，要能从中领悟到中国哲学精神，体会到中华民族的智慧和灵魂。要做到这一点，需要我们的哲学家下一番苦功夫，研究和把握中国哲学的精华，并使之与马克思主义哲学的精神融为一体。

三、要十分警惕中国传统文化消极因素的渗入，大胆吸取世界文明成果

中国传统文化既有精华、优良传统，也有糟粕、不良传统。而事实上精华与糟粕、优良传统与不良传统往往交错在一起，往往是一个问题的两面。提倡天下为公、公而忘私、国而忘家，这是中国最重要的传统美德，永远需要继承和发扬。但另一方面，它又有忽视以致抹杀个人利益、个性自由的明显缺陷。中国古代以德治国，重视道德教化的作用，但又包含明显的片面性，轻视物质利益，以人治代替法治。中国传统优良道德要继承和弘扬，但它毕竟是农业社会、专制主义制度下的道德，而非现代社会的道德，因而不可盲目全盘肯定。按照中国传统道德来修养，可以修养成一个温文尔雅、恭顺听话的人，但决不能修养成一个具有独立人格、富于创新的现代人。

中国没有经历发达资本主义阶段，几千年根深蒂固的封建基础没有经过资本主义铁犁的翻耕。因此，在社会主义初级阶段，反对封建旧文化中消极因素将是一个长期的、艰巨的历史任务，对此不能低估。专制主义、家长制、一言堂、官贵民贱、官本位、等级制、强同斥异、无个性自由、崇古尊圣、因循守旧、夷夏之辨等等封建的坏传统在社会生活的各个方面均不同程度地存在着。在国学热、尊孔热的今天，在大力提倡继承和弘扬中国传统文化珍贵遗产的时候，我们应有一个冷静的清醒的头脑，避免一

种倾向掩盖另一种倾向，避免崇古尊圣习惯势力的复起。在提倡马克思主义与中国传统文化相结合时，一定要十分警惕中国传统文化消极因素的渗入。

中国特色社会主义是在半封建半殖民地基础上建立起来的。我们的前人不仅没有为我们准备好社会主义的物质文明，而且也没有为我们准备好必要的制度文明和精神文明。中国只有封建专制的传统，而缺少民主自由的传统。这是当代中国国情的一个不可忽视的重要方面。按照马克思的设想，像中国这样没有经过发达资本主义的国家建设社会主义，必须充分吸取"资本主义制度所创造的一切积极的成果"①。社会主义正反两方面的实践证明了这一点。西方反动势力亡我之心不死，千方百计图谋西化分化我国，对此我们不能掉以轻心，必须高度警惕。但我们决不能由此拒绝批判地借鉴西方的制度文明和精神文明。社会主义的制度文明和精神文明既是同资本主义的制度文明和精神文明根本对立的，又是在借鉴资本主义的制度文明和精神文明基础上建立起来的。因此，我们在马克思主义与中国传统文化相结合的过程中，必须面向世界，大胆吸取世界文明成果，在中国化的同时做到时代化、大众化。

（刊《北京大学学报》2010年第4期；人大复印资料《马克思列宁主义研究》2010年第11期）

---

① 马克思:《给维·伊·查苏利奇的复信》(1881年2月底—3月初)，载《马克思恩格斯选集》第3卷，人民出版社1995年版，第765页。

加强马克思主义基本原理研究

　　学习了中共中央最近发出的《关于进一步繁荣发展哲学社会科学的意见》(以下简称《意见》),作为一名哲学社会科学工作者倍受鼓舞。我们党历来重视哲学社会科学研究,但以中央文件形式强调繁荣发展哲学社会科学的重要性,全面而系统地阐述发展哲学社会科学的方针和目标、实施马克思主义理论和研究工程、哲学社会科学管理体制改革、哲学社会科学队伍建设和加强党对哲学社会科学的领导等重大问题,这在党的历史上并不多见。《意见》集中体现了我们党对哲学社会科学发展规律的新认识,表明以胡锦涛同志为总书记的党中央对发展哲学社会科学的高度重视。它的贯彻实施必将极大地促进我国哲学社会科学的新发展和新繁荣。

　　《意见》提出的"实施马克思主义理论研究和建设工程"是党中央在新形势下为发展哲学社会科学采取的重要新举措。我们党是以马克思主义理论为指导的党,加强马克思主义理论的研究和建设对我们党、国家和民族的发展至关重要,甚至可以说具有决定前途命运的意义。世界共产主义运动正反两方面的历史经验都深刻告诉我们:在这个问题上出现差错,就会差之毫厘,失之千里,革命和建设就会出现曲折,严重的可以导致亡党亡国。自党的十一届三中全会以来,我们党在解放思想、实事求是思想路线的指导下,冲破了长期以来"左"的教条主义束缚,把马克思主义理论与中国具体实际和当代世界特征相结合,开创了中国特色社会主义新道路,在改革开放和现代化建设的伟大实践中相继形成了邓小平理论、"三个代表"重要思想,丰富和发展了马克思列宁主义、毛泽东思想。与此同时,二十多年来,马克思主义哲学、政治经济学、科学社会主义、政治学、法学等学科出现了前所未有的发展和繁荣。这是事物的本质的、主流的方面，已为历史所证明，我们首先必须肯定这一点。另一方面，我们在看到取得巨大成绩时又不能盲目乐观，更不能忘乎所以，而是必须清醒地意识到，马克思主义在当代遇到严峻的挑战，与时代和事业发展相比还有许多不适应，潜伏着危机，要有忧患意识。

就马克思主义哲学而言，挑战和不适应主要来自以下方面：（一）当代世界深刻的大变动、科学技术革命的迅猛发展、我国社会主义现代化建设和改革开放的伟大实践提出许多重大的理论问题和实际问题，要求给予科学的回答。这是时代和实践提出的挑战，马克思主义哲学若不能对自然科学知识、社会科学知识和实践经验做出新的概括和总结，与时俱进，那它就会失去生命力，因僵化而衰落。（二）西方资产阶级学者对马克思主义哲学的歪曲和攻击。其中最为突出的一点是把尚未完全摆脱费尔巴哈人本主义的青年马克思哲学看成是成熟了的马克思哲学，把马克思与恩格斯对立起来，并把恩格斯说成是第一个修正主义者。他们这样做的目的是把马克思主义归结为人道主义，阉割其革命精神。近年来，这种观点在国内也有反映。（三）受西方哲学思潮的影响，有一部分哲学工作者对马克思主义哲学的最基本原理（如世界的物质性和客观规律性、辩证法的客观性等）提出了根本性的质疑和否定。有的人提出，马克思主义哲学只是诸多哲学中的一种，大学的公共政治理论课的哲学教学不应只讲马克思主义哲学，而是要讲体系各不相同的多种哲学。有的人甚至认为马克思主义哲学应同西方传统的概念哲学"一样地终结"。真正相信马克思主义哲学的研究者在哲学研究者中是否占多数，这是一个问题。（四）马克思主义哲学中国化没有得到足够的重视。马克思主义哲学要在中国生根、发展，不仅要与中国的现实实际相结合，而且要与中国的历史实际相结合，亦即要中国化。可现在的马克思主义哲学研究者对中国的哲学、历史、文化知之不多，长此下去，马克思主义哲学中国化只能停留在口头上。（五）教条主义根深蒂固，严重阻碍马克思主义的发展。当前教条主义有两种形式，一种是固守马克思主义经典作家的"本本"，囿于马克思主义经典著作所论问题，停留在对"本本"的注释上，而不是结合新的实践、新的科学成果，做出理论上的新创造，丰富和发展马克思主义哲学；另一种是迷信现代西方哲学，照搬照抄西方哲学，盲目跟着西方哲学转向。有的学者用西方现代哲学来诠释马克思的"文本",有的研究者的话语主要来自西方哲学,而对马克思主义哲学、中国哲学和当代现实中提出的问题不感兴趣。以上情况虽不是主流,但决不可掉以轻心,更不能对来自资产阶级方面的挑战、进攻,麻木不仁,无动于衷。倘若不采取有力措施纠正错误倾向,而是让其继续发展下去,那在十年、二十年之后,马克思主义哲学在整个哲学界的主流地位能否保持,令人堪忧。

党中央把马克思主义理论的研究和建设作为一项长期的重大工程来抓,这样就把加强马克思主义理论研究和建设落到实处。这一工程包括三方面的内容:(一)加强马克思主义基本原理研究;(二)加强毛泽东思想、邓小平理论和"三个代表"重要思想的研究,其中包括深入研究马克思主义中国化的历史进程,深入研究邓小平理论和"三个代表"重要思想对马克思列宁主义、毛泽东思想的发展,研究回答干部群众关心的重大理论问题和实际问题;(三)组织编写全面反映邓小平理论和"三个代表"重要思想的哲学、政治经济学和科学社会主义以及政治学、社会学、法学等文科教材,进一步推动邓小平理论和"三个代表"重要思想进教材、进课堂、进学生头脑,要抓好马克思主义理论师资队伍建设等。

关于第一方面内容,《意见》指出:加强马克思主义基本原理研究是繁荣发展哲学社会科学的一项极为重要的工作。要深入研究马克思主义发展史,深入研究马克思主义基本原理,深入研究马克思主义的立场、观点和方法。"要立足新的实践,加强马克思、恩格斯、列宁经典著作的编译和研究工作,准确阐述经典著作的基本观点。引导人们用科学的态度对待马克思主义,用发展着的马克思主义指导新的实践。"《意见》提出加强马列经典著作和马克思主义基本原理的研究有着现实针对性。我们今天理论研究的重点无疑是邓小平理论和"三个代表"重要思想、干部群众关心的重大理论问题和实践问题,但我们也不能忽视对马克思、恩格斯、列宁思想的研究,因为中国化的马克思主义的理论基础是马克思主义。重视研读马列的基本著作是我们党的优良传统。对马列经典著作和马克思主义基本理论的研究,一要立足当代新的现实,不能就"本本"论"本本",要在阐释中有发展、有创新;二要完整准确,理解精神实质,不能搞实用主义,更要反对割裂、肢解和曲解;三要关注西方学者在这方面的研究情况,对他们有价值的研究成果要吸取,对他们的歪曲、攻击要做出有说服力的辩证、批判。在大学教学中，尤其是在马克思主义理论专业的研究生教学中，要重视马克思主义经典著作的教学。

总之，马克思主义理论研究和建设工程是一项关系到加强马克思主义理论阵地、坚持马克思主义指导地位的具有重大战略意义的工程。这是一项包含诸多方面的宏大工程，需要各个部门的协调工作和全体哲学社会科学工作者的共同努力才能完成。我们正处在伟大变革的时代，我们要充分认识时代赋予哲学社会科学工作者的光荣任务，增强责任感、使命感，在邓小平理论和"三个代表"重要思想的指导下，为进一步繁荣发展我国哲学社会科学努力工作。

（刊《学习时报》2004 年 4 月 19 日）

理论家应重视基础理论的研究

——哲学家李达给我们的启示

长期以来，我们比较强调对当代中国和世界现状的研究，注重理论的应用，注重理论和实际两者的结合，而较少关注对马克思主义基础理论的研究。其实，理论上的正确是应用和结合的前提。中国革命和建设过程中的成就与曲折，都与对马克思主义基本原理的理解是否正确直接相关。因此，马克思主义基础理论的研究是一项带有根本性的思想理论建设。

一、对马克思主义理论的研究和运用主要有两大类型

对马克思主义理论的研究和运用，有多种形式和途径，就中国而言，大体有两大类型：一是像毛泽东那样的革命家兼理论家，他们的重点不在马克思主义理论本身的研究，而在致力于把马克思主义理论运用中国的实际，指导改造中国，再把改造中国实际的经验，上升总结成中国的理论；二是像李达、艾思奇那样的以理论家、学者著称的研究者和宣传者，他们的重点则在马克思主义理论本身的翻译、研究、著述和宣传，并对中国革命和建设的实践经验进行总结和概括，而不在直接进行实践的运动，提出改造中国的理论、路线、方针和政策。这是革命家与理论家之间的相对分工。当然，从革命事业整体来讲，这两者密切关联、不可分割。革命家们的革命运动为理论家们的研究提供了动力、基础和经验；理论家们的研究则为革命家们提供了科学的思想武器和理论支持。

在旧式分工没有消灭前，理论家与革命家之间的分工，研究理论与研究现状、研究历史三者之间的分工，是不可避免的，也是十分必要的。当然也有一身兼两任者，力求做到分工而不分家。但即使如此，就个人而言，也还是全面中有所偏重，或偏重于实践变革，或偏重于理论研究，或偏重于历史研究。毛泽东首先是实践家、革命家，他虽然酷爱哲学，长于理论思维，善于从哲学上思考中国革命，但激烈的实际的斗争不容许他花费主要的时间和精力去研究一般理论，他的马克思主义的书本知识不如专门的理论家。他能写出《实践论》、《矛盾论》那样的名著，主要是与他直接领导中国革命、指挥革命战争、同党内错误路线斗争的个人经历分不开的。这是一方面。另一方面是，任何新的理论的产生、发展都离不开前人和同时代的人提供的思想资料。毛泽东倘若不注重哲学，不充分利用和吸取《辩证法唯物论教程》（西洛可夫等著，李达与雷仲坚译）、《新哲学大纲》（米丁等著，艾思奇与郑易里译）和《辩证唯物论与历史唯物论》（米丁著，沈志远译）等国内外哲学成果，同样也不可能写出《实践论》、《矛盾论》那样的论著。从这一点讲，李达、艾思奇、沈志远等哲学家在20世纪30年代对马克思主义哲学的传播为毛泽东哲学思想的形成做了思想资料上的准备，功不可没。

二、不应轻视理论，不应忽视理性的力量、逻辑的力量

基础理论的研究与应用理论研究不同。基础理论研究的任务旨在揭示事物的本质和发展规律，它追问"是什么"和"为什么"，注重理论的科学性、系统性和逻辑性，而不问"有什么用"和不回答"怎么做"，因而与实践有较大的相对独立性。与基础理论研究家不同，实践家、政治家更多的是取务实的态度，关心的是当前的现实，能管用，解决问题，而不去追求理论的严密性、系统性和逻辑性。由于研究问题的视角、目的不同，理论家的结论与政治家的意见往往不一致，甚至有时会发展到对立和冲突。马克思在《德意志意识形态》论到精神劳动与物质劳动的分工亦在统治阶级内部发生时曾指出：思想家与政治家个人之间有时甚至闹到"某种程度的对立和敌视"，当然一旦本阶级统治受到威胁时，"这种对立和

敌视便会自行消失"①。从历史上看，理论家与政治家发生矛盾时，当时取胜的往往是政治家而不是理论家，但有时会有这样的情况，随着实践的发展，证明真理在理论家一边，政治家的意见及实践却遭到了历史的否定或修正。

经过"实践是检验真理的唯一标准"的大讨论和改革开放 30 多年的发展，人们对实践的重大意义普遍有所认识，我们必须始终坚持马克思主义的实践理论。但另一方面，我们也不应轻视理论，不应忽视理性的力量、逻辑的力量。实践的力量是不可抗拒的，它会冲破一切过时的理论和观念。同样，正确反映了事物本质和规律的真理的力量、逻辑的力量，也是不可抗拒的。它会战胜一切谬误，纠正一切错误的、不科学的实践。

从历史看，经世致用是我国古代治国治学的优良传统，但其中也蕴含着对理论思维轻视的不足。这种不足导致对基础学科、基础理论的忽视，直接影响着我国在科学（包括自然科学和社会科学）上的创新力。现代中国依然是理论思维、逻辑思维不够发达。中华民族要站在世界科学的前列，要为人类作出更大的贡献，就必须大力提倡理论思维，尤其是辩证思维。李达的《社会学大纲》和《唯物辩证法大纲》十分注重辩证逻辑，这有助于纠正我国传统思维的缺陷。

三、"在科学上是绝对不能容许任何的特权和偶像的"

对马克思主义基础理论的研究应着眼于当代中国的和世界的实际问题，而不能从书本到书本。1956 年，李达在《谈"百家争鸣"》一文中曾尖锐地指出，报章杂志上某些论文，"不过是经典作家和伟大人物的论点的复述：有的是直接的引用，有的是变相的引用。如果把一篇论文中带引号的引文统统去掉，剩下来的东西恐怕就很少了。在这种情况下，作者不是在写论文，而是在编论文……指靠这样的论文去推进科学，是要失望的。"他还指出，受教条主义的束缚，"不少做理论工作的人不是把社会实

---

① 马克思恩格斯:《德意志意识形态》，载《马克思恩格斯选集》第 1 卷，人民出版社 1995 年版，第 99 页。

践作为检验真理的标准，而是把伟大人物的个别言论作为标准。"①

李达的批评切中要害。我国"唯书、唯上而不唯实"的教条主义传统根深蒂固，不易根除。今天"编论文"的现象依然严重存在。许多所谓的科学研究，许多所谓的理论文章，不过是为已有的结论和指示作论证和注释。真正的理论研究应是对社会现实生活中普遍存在的、重大的现实问题进行调查研究，详细占有材料，在此基础上努力去揭示事物的本质和规律，以便为正确解决问题提供理论基础。

基础理论的研究不在直接解决现实问题，而在揭示本质和规律，不应要求基础理论的研究直接为实际服务，更不能要求它为当前的实际工作做论证。因此，在进行基础理论研究的方法和态度上，李达倡导独立思考、自由讨论和百家争鸣。因为真理是在争论中确立的，禁止理论上的争论等于取消了科学研究，扼杀了科学的发展。李达曾指出：科学研究一定要开展学术批评，坚持真理，修正错误，"坚持真理是科学家传统的宝贵品质"②。

四、推进马克思主义中国化，亟须加强基础理论研究

1957年后，我们党在探索和建设社会主义的实践过程中曾一度犯有严重错误，付出了巨大代价。犯错误的原因是多方面的，对中国国情判断的失误是一重要方面。而另一重要方面，则是我们对社会主义的理论准备不足，对什么是马克思主义、什么是社会主义没有完全搞清楚，有时甚至是背离了马克思主义、社会主义的基本常识，导致发生了一些今天看来是荒唐可笑的事。这一教训应永志不忘。

改革开放以来，我们在理论上逐渐形成了中国特色社会主义理论体系，在此指导下整个社会发生翻天覆地的变化，令世界惊叹。我们今天对马克思主义、社会主义的理解和认识，比起毛泽东时代是大大前进了。但

---

① 李达：《谈"百家争鸣"》（1956年6月13日），载《李达文集》第4卷，人民出版社1988年版，第518—519页。

② 李达：《谈"百家争鸣"》（1956年6月13日），载《李达文集》第4卷，人民出版社1988年版，第521页。

能否说我们已完全搞清楚了呢？恐怕不能。因为我们还处于社会主义初级阶段，当前中国社会还面临着种种问题和矛盾，如从干部腐败要案大案的频发到生态环境的严重恶化，从贫富的两极分化到地区差别的扩大，从普遍存在的道德严重失范到建国后早已绝迹了的黄、赌、毒、黑社会性质犯罪等丑恶现象的滋生和蔓延，等等，这些负面现象都是与社会主义的本质相悖的。理论与实践的巨大反差折射出我们对什么是社会主义、什么是马克思主义仍有不清楚之处。

解决当今我国社会存在的种种问题和矛盾，我们不能头痛医头，脚痛医脚，而是要揭示种种问题和矛盾的总根源，从根本上解决社会的基本矛盾。因此，当代中国理论家亟须加强基础理论研究，努力完整地准确地理解和运用马克思主义，不断地搞清什么是社会主义、什么是马克思主义。

（刊《北京日报》2011 年 3 月 21 日。本文由该报编辑对《纪念李达，加强马克思主义基础理论的研究》一文相关内容改编而成。该文曾刊《理论视野》2010 年第 7 期。全文收入《李达与中国共产党的创建和马克思主义在中国的传播——纪念李达同志诞辰 120 周年学术研讨会论文集》，人民出版社 2013 年版）

弘扬重视哲学的优良传统

——为纪念中国共产党成立九十周年而作

今年是中国共产党诞生九十周年。

中国共产党领导中国革命、建设和改革开放取得伟大胜利的根本经验是把马克思主义普遍真理与中国具体实际相结合，形成了适合中国特点的理论、路线、方针和政策，走自己的路，建设有中国特色的社会主义。这一根本经验，内容十分丰富，但其中不容忽视的一条是，中国共产党是一个十分注重马克思主义哲学的学习、研究和运用的党。在建设马克思主义学习型政党的今天，我们应十分珍惜这一宝贵经验，弘扬重视马克思主义哲学的优良传统。

一、哲学是党的思想理论建设的根本

中国共产党是以马克思主义理论武装起来的党。马克思主义理论体系博大精深，主要由哲学、政治经济学和科学社会主义三部分组成。这三者不是机械地分割的，而是结合成一个有机体系，其中哲学是整个体系的理论基础和精髓。哲学在马克思主义理论体系中的这种地位和意义，是由哲学学科的性质所决定的。因为哲学是世界观和方法论，对其他学科有着指导意义。

马克思恩格斯在创立关于无产阶级解放理论的过程中，首先是进行哲学上的革命变革，建立辩证的历史的唯物主义科学世界观，然后才在此基础上进行经济学的革命。马克思的政治经济学说，是他的哲学理论最深刻、最全面、最详尽的运用和证明。科学社会主义是建立在唯物史观和剩余价值学说基础上的，唯物史观和剩余价值学说的创立，使社会主义由空想变为科学。马克思恩格斯说，我们的学说不是教条，而是方法。列宁指出，具体情况具体分析是马克思主义的活的灵魂。毛泽东在反对教条主义时强调，学习马克思主义，重要的不是记住它的具体原理和结论，而是领会和掌握它的精神实质，用它的立场、观点和方法去解决理论问题和实际问题。他提倡实事求是，用实事求是来反对主观主义。邓小平在改革开放新时期一再指出：实事求是，是马克思主义、毛泽东思想的精髓。中共十二大以来的党章则把"解放思想，实事求是"表述为党的思想路线。作为马克思主义、毛泽东思想和中国特色社会主义理论精髓的"实事求是"的科学内涵，如邓小平所说，就是"马克思、恩格斯创立了辩证唯物主义和历史唯物主义的思想路线"[①]。基于哲学在马克思主义科学体系中处于基础的地位，是贯穿整个体系的精髓，因而，一般地说，学习马克思主义理论是从学习马克思主义哲学入手，提高马克思主义理论修养重点在提高马克思主义哲学修养。学习好马克思主义哲学，有助于学习、运用和发展政治经济学、科学社会主义和其他理论，可以收到事半功倍的效果。

党的建设是全面的。对于执政党来讲，党的思想理论建设、政治建设、组织建设、作风建设、廉政建设等都很重要，都攸关党的前途和命运，任何一方面都不能轻视，都不能出问题。依据具体的情况，有时会把某一方面的建设突出出来，作为一定时期党的建设的重点。但总的来看，思想理论建设更为基础，更为根本。因为理论是指导思想的基础，是行动的指南。只有以先进理论武装的党才能成为走在时代前列的先进政党。理论上差之毫厘，行动上就会谬之千里。理论上的正确与否决定着党的纲领、路线、方针和政策的正确与否，决定着党在实践上的成功与否。我们党始终坚持把"思想理论建设，提高全党马克思主义水平"放在党的建设的首位[②]，而

---

① 邓小平:《坚持党的路线，改进工作方法》(1980 年 2 月 29 日)，载《邓小平文选》第 2 卷，人民出版社 1994 年版，第 278 页。

② 《中共中央关于加强和改进新形势下党的建设若干重大问题的决定》(2009 年 9 月 18 日)，人民出版社 2009 年版，第 6—7 页。

学习哲学又是思想理论的基本建设①。

马克思主义哲学是关于自然界、人类社会和思维发展最一般规律的科学，也是关于人类认识世界和改造世界最一般规律的科学。它是人类智慧的结晶，当代最先进的哲学思想，具有高度的和严密的科学性同彻底的和不妥协的革命性密切结合着的品格。毛泽东在抗大讲哲学时指出：辩证法唯物论是无产阶级的精神武器，"是一种最正确和最革命的宇宙观和方法论"②。中国共产党的理论、路线、方针和政策是严格依据辩证的历史的唯物主义制定的。中国共产党九十年的历史表明：我国革命和建设的一切胜利和成就，都是在马克思主义哲学科学世界观指导下取得的；反之，革命和建设中的一切重大错误无一不是由于违反了辩证的历史的唯物主义的思想路线的结果。

哲学是世界观，是根本，因此要十分重视哲学。"不关心哲学，我们的工作是不能胜利的。"③ 要提倡学习哲学，"提倡学哲学，有根本的意义"④。领导干部要提高自己领导能力和决策水平，增强贯彻执行解放思想、实事求是思想路线的自觉性，少犯错误，做好工作，最重要的是要学好马克思主义哲学，用马克思主义哲学武装自己。

20 世纪 90 年代初发生的苏共解散和苏联崩溃的世界性历史事件，从反面更加证明哲学对党的理论建设的极端重要性。具有一百零三年历史的苏共的解散和具有七十四年历史的苏联的崩溃自然有着国内和国际、现实和历史、客观和主观等多种复杂的因素和原因。但从主观原因上讲，最主要的是苏共自身的路线出了问题，而路线的问题又根源于理论上的错误。列宁是革命家，又是理论家、哲学家。他十分重视党的思想理论建设，注重哲学的学习和研究，从而保证党的路线的正确。应当承认，斯大林也是

---

① 1988 年 5 月 12 日，陈云对浙江省委的负责同志说："领导同志要学点马克思主义哲学。""学习马克思主义哲学，是思想上的基本建设。"见中共中央文献研究室编：《陈云年谱》（下卷），中央文献出版社 2000 年版，第 412—413 页。

② 毛泽东：《辩证法唯物论提纲》（1937 年），天津人民出版社 1958 年版，第 10 页。

③ 毛泽东：《对两份学术资料的批语》（1964 年 8 月 27 日），载《建国以来毛泽东文稿》第十一册，中央文献出版社 1996 年版，第 148 页。

④ 陈云：《对起草〈关于建国以来党的若干历史问题的决议〉的几点意见》（1981 年 3 月），载《陈云文选》第 3 卷，人民出版社 1995 年版，第 285 页。

重视哲学的,他为《联共(布)党史简明教程》专门写了"论辩证唯物主义和历史唯物主义"一节,但他的哲学思想存在着严重缺陷,部分地离开了马克思主义。他对马克思主义哲学中人的问题的忽视导致阶级斗争严重扩大化;他的社会主义无矛盾论错误导致把特定历史条件下形成的社会主义体制凝固化;他对实践理论的忽视导致思想上行动上的主观主义;等等。在列宁逝世后,苏共在党的建设上偏重于组织建设,很少讲思想理论建设,更无把研究理论、研究历史与研究现状三者结合起来使马克思主义苏联化的思想,结果从教条主义走向修正主义。毛泽东曾指出:"苏联文件不重视理论,没有理论兴趣,不讲哲学,文法也不对,光说些事务上的事。……不讲这些东西,于革命事业不利。"[1] 他又认为:"赫鲁晓夫们很幼稚,他们不懂马列主义,易受帝国主义的骗。"赫鲁晓夫的宇宙观是"实用主义的,这是一种极端的主观唯心主义。他缺乏章法,只要有利,随遇而变。"[2] 赫鲁晓夫和苏联理论界在批评斯大林不讲自由、人道,犯了阶级斗争严重扩大化的错误时,走向另一极端,否认阶级斗争和无产阶级专政,鼓吹"全民党""全民国家",把马克思主义人道主义化。苏共把"一切为了人,为了人的幸福""和平、劳动、自由、平等、博爱和幸福"等抽象的、空泛的口号作为奋斗的目标和纲领。对此,毛泽东指出:在苏共党的干部队伍中有一个特殊的阶层,他们有权、有势、有钱。赫鲁晓夫代表了社会主义社会中的高薪阶层。赫鲁晓夫讲的"全民党"是一种欺骗。"这个高薪阶层对低薪阶层毫无人道主义,而赫鲁晓夫却大讲人道主义。其实,现在苏联社会是很不公正的、很不人道的,两极分化,贫富悬殊已经出现了。""所以说赫鲁晓夫的思想是唯心主义的、实用主义的,或者说是主观唯心主义的。"[3] 赫鲁晓夫之后,苏联理论界继续把马克思主义人道主义化,直至形成戈尔巴乔夫的"以全人类共同价值高于一切为核心"的"新思维",最后葬送了苏共。苏共不重视思想理论建设,不重视

---

[1] 毛泽东:《在南宁会议上的讲话提纲》(1958年1月16日),载《建国以来毛泽东文稿》第7册,中央文献出版社1992年版,第18页。

[2] 毛泽东:《关于国际形势的讲话提纲》(1959年12月),载《建国以来毛泽东文稿》第8册,中央文献出版社1993年版,第601页。

[3] 毛泽东在中共中央常委会讨论《苏共纲领草案》会上的讲话(1961年9月15日),转引自吴冷西:《十年论战》,中央文献出版社1995年版,第463、464页。

哲学，由教条主义走向修正主义，最后导致亡党亡国的教训，值得我们深思和记取。

总之，马克思主义哲学是无产阶级政党的科学世界观，是党的思想理论的根本。党的思想理论建设要紧紧抓住这个根本，否则就会迷失方向，甚至误入歧途。

二、重视哲学是中国共产党的一个优良传统

恩格斯说："我们党有个很大的优点，就是有一个新的科学的世界观作为理论的基础"[1]。恩格斯在这里所说的新的观点是指辩证的历史的唯物主义。中国共产党继承和发展了这一优点。在某种意义上说，中国共产党是靠马克思主义哲学起家的，是靠马克思主义哲学而发展、壮大和取得胜利的。在此不妨作一点历史回顾。

理论的发展有它的内在逻辑。马克思恩格斯在创立自己的学说时的研究重点是在哲学的变革上，而哲学的重点则在唯物史观上。马克思主义在我国传播亦经历相类似的过程。马克思主义在我国早期（中国共产党的成立时期和第一次国内革命战争时期）传播的重点是唯物史观，而不是政治经济学和科学社会主义。中国共产党从成立时起，就自觉地把辩证的历史的唯物主义哲学作为观察国家命运的工具，指导思想文化斗争和革命实际运动。那时，年轻的中国共产党人虽然对马克思主义及其哲学的理解还是初步的、不完整的，但唯物史观对思想文化界和革命运动的作用是显而易见的。李大钊是马克思主义在我国的第一传人。他利用当时的报刊、大学课堂和各种研究会，积极热情宣传唯物史观，纠正时论对唯物史观的误解和歪曲。他指出：马氏的唯物史观，"实为史学界开一新纪元"[2]。他又说："晚近以来，高等教育机构里的史学教授，几无人不被唯物史观的影响，

① 恩格斯:《卡尔·马克思〈政治经济学批判。第一分册〉》（1859年8月），载《马克思恩格斯选集》第2卷，人民出版社2012年版，第10页。

② 李大钊:《马克思的历史哲学与理恺尔的历史哲学》（1920年），载《李大钊文集》（下），人民出版社1984年版，第347页。

而热心创造一种社会的新生。"[1] 在国共两党共同领导的国民革命中，唯物史观发生了极大的指导作用，由此引起了国民党内右派的恐惧和反对。国民党的右派理论家戴季陶站在大资产阶级立场上，深感应用马克思的唯物史观说明社会革命，很容易使劳动阶级的人，生出革命的觉悟来。他对唯物史观在国民革命中取得了革命哲学地位极端不满。为此，他炮制唯心主义的民生哲学，将唯物史观与国民革命对立起来，企图用民生哲学来取代唯物史观。恽代英在驳斥戴季陶的谬论时指出："国民革命托生于唯物史观"，我们"应以唯物史观为最高原则而训练农工阶级去革命"[2]。那时的马克思主义者对唯物论辩证法了解不是很多。

　　1927 年第一次大革命失败后，中国革命处于低潮，但马克思主义在中国的传播却出现了高潮。这一时期传播的重点已由唯物史观转向辩证法唯物论。当时的马克思主义者和进步的文化人在反革命的文化围剿中，冒着生命的危险，讲授辩证法唯物论，著译马克思主义哲学，其中以李达的《社会学大纲》和艾思奇的《大众哲学》最为著名，最有影响。在那时，甚至连资产阶级哲学家也不得不承认，辩证法唯物论的书籍满坑满谷，成了当时哲学界的主潮，风靡全国，深入人心，感染力实在不小。1932 年，爱国将领冯玉祥在泰山普照寺读书学习。中共派哲学家李达等人上泰山帮助冯玉祥学习。冯在接受了李达等人的授课后思想发生很大变化，为马克思主义哲学真理的光辉所折服，亲笔写下"若不信辩证唯物论则我民族不能复兴"十六个大字，并在普照寺勒石立碑，以志读书纪念[3]。艾思奇等青年哲学家，积极开展哲学的大众化运动，普及哲学。许多人，尤其是青年知识分子，正是在学习马克思主义哲学，懂得了社会发展的规律和人生的意义后才走上革命道路，投身于革命洪流，献身于中华民族的解放事业。20 世纪 30 年代马克思主义哲学在我国的广泛传播，为尔后的抗日战争作了思想理论准备，同时也为 1937 年毛泽东写作《实践论》、《矛盾论》提供了必要的思想资料。

---

[1]　李大钊：《唯物史观在现代史学上的价值》（1920 年），载《李大钊文集》（下），人民出版社 1984 年版，第 365 页。

[2]　恽代英：《唯物史观与国民革命》（1925 年 9 月 14 日），《中国青年》第 95 期，转引自许全兴等：《中国现代哲学史》，北京大学出版社 1992 年版，第 207 页。

[3]　陈光辉主编：《李达画传》，人民出版社 2010 年版，第 65 页。

　　中国共产党对哲学的重视是与他的主要领导人毛泽东一生酷爱哲学密切相关的。

　　毛泽东受老师杨昌济的影响，从青年时代起就钻研哲学，有一颗哲学头脑，有很好的哲学修养。他提出，改造中国，"宜由哲学、伦理学入手"，"非普及哲学不可"①。他在接受马克思主义时就明确地认识到："唯物史观是吾党哲学的根据"②。他学习马克思主义时注重的是它的方法论。他长于理论思维，善于从哲学上思考中国革命问题和总结中国革命的经验教训。这就使得他能比一般人站得高些，看得远些，具有敏锐的洞察力和总揽全局的雄才大略，出类拔萃，超绝群伦，成为巨人中的巨人。

　　在第一次大革命失败后，他率领秋收起义部队上井冈山。上井冈山并不等于开辟了农村包围城市的中国革命道路。倘若毛泽东没有一颗马克思主义哲学头脑，那他充其量只能如王佐、袁文才那样的"山大王"。那时的毛泽东，虽然读马列的书不是很多，但他掌握了唯物辩证法这一科学的认识工具。他分析中国社会尖锐而复杂的矛盾，从理论上回答了红色政权为什么能存在和中国革命只能走农村包围城市的道路的问题。1930年，他从认识论上总结经验教训，写作《反对本本主义》，提出了"从斗争中创造新局面"的实事求是的思想路线。该文已蕴含了实事求是、群众路线和独立自主这三个毛泽东哲学思想的最基本观点，显现了毛泽东哲学思想的最根本的特征。

　　在迷信书本和迷信斯大林的教条主义者看来，毛泽东的中国革命的理论、路线和政策，简直是旁门左道。他们把毛泽东诬蔑为"狭隘经验论者"。事实上，正是毛泽东深切地感受到"惟党员理论常识太低，须赶急进行教育"③。他本人感到"知识饥荒"，希望在上海的中央领导同志，常寄书报，提供学习资料。在1935年红军长征到达陕北后，为了回击教条主义对他的诬蔑，为了总结革命的经验教训，也为了替即将来临的抗日

---

①　毛泽东：《致黎锦熙信》（1917年8月23日），载《毛泽东早期文稿》，湖南出版社1990年版，第86、87页。

②　毛泽东：《给蔡和森的信》（1921年1月21日），载《毛泽东文集》第1卷，人民出版社1991年版，第4页。

③　毛泽东：《致中共中央》（1929年11月28日），载《毛泽东书信选集》，人民出版社1983年版，第26页。

战争作准备,毛泽东发愤读书,钻研理论,尤其是哲学。《毛泽东哲学批注集》(遗憾的是读《新哲学大纲》一书的批注未能找到,该书只好阙如)从一个侧面反映了当时研读的情形和收获。他亲自到抗大讲授哲学达三个月之多,并编著了讲义,写作了《实践论》、《矛盾论》。在讲课中,他反复说明学习哲学的必要和重要意义。他指出:"辩证法唯物论对于指导革命运动的干部人员,尤属必修科目。"又说:"一切革命的同志们,首先是干部,都应用心地研究辩证法。"① 进入抗日战争时期,他继续研究哲学,运用哲学指导研究战争、政治、党的建设、经济建设和文化建设等,并取得丰硕的理论成果。毛泽东不仅自己注重哲学的研究与运用,而且号召、组织广大干部学哲学、用哲学。他在自己的窑洞里组织学哲学小组,带动延安各机关的学习哲学运动。他提议成立延安新哲学研究会,以推动哲学的研究与普及。1941 年开始整风运动。为了反对主观主义,提高党内高级干部的理论修养,中共中央成立了中央研究组和高级研究组,毛泽东亲自任组长。他规定,在理论方面"以研究思想方法为主"②。延安整风运动,实质上是一次马克思主义哲学的学习运动,是一次反对主观主义、宣传唯物主义辩证法的思想革命。通过整风学习,党内养成了学哲学的风气,提高了党的哲学理论修养。这次整风运动,意义深远,其影响一直延续至今。

新中国成立后,毛泽东继续注重哲学的研究与普及。他把宣传辩证唯物论,反对唯心论和机械唯物论,建设一支强大的理论队伍,当作一件大事来抓。他在党内外的各种会议上讲哲学,号召大家学哲学、用哲学。他说:马克思主义有几门学问,"但基础的东西是马克思主义哲学。这个东西没有学通,我们就没有共同的语言,没有共同的方法,扯了许多皮,还扯不清。有了辩证唯物论的思想,就省得许多事,也少犯许多错误。"③针对社会主义社会无矛盾论的错误,他总结了我国和苏联的经验,发表了《论十大关系》和《关于正确处理人民内部矛盾的问题》,为认识社会

---

① 毛泽东:《辩证法唯物论提纲》(1937 年),天津人民出版社 1958 年版,第 10、42 页。
② 毛泽东:《致中央研究组及高级研究组》(1941 年 9 月 29 日),载《毛泽东书信选集》,人民出版社 1983 年版,第 189 页。
③ 毛泽东:《在中国共产党全国代表会议上的讲话》(1955 年 3 月 21 日),载《毛泽东文集》第 6 卷,人民出版社 1999 年版,第 396 页。

主义社会发展规律指明了方向，奠定了基础。他要求领导干部学习和运用对立统一规律，正确认识和处理社会主义社会的矛盾。他甚至在 1957 年召开的莫斯科会议上讲哲学，提出辩证法应从哲学家的圈子走到广大人民群众中间去，建议要在各国党的政治局会议和中央全会上谈这个问题，要在党的各级地方委员会上谈这个问题①。1958 年的"大跃进"、人民公社化运动，脱离了实际，犯了严重的主观主义错误。为了改正错误，克服困难，他提出大兴调查研究，搞实事求是年，在全党进行辩证唯物论的认识论教育。他发出"让哲学从哲学家的课堂上和书本里解放出来，变为群众手里尖锐武器"的伟大号召②。毛泽东有关学习和研究哲学的论文、讲话、谈话和批示多得不胜罗列。即使在"文化大革命"中，他在实践上已严重违背马克思主义的时候，但在理论上依然一再要求党的干部，认真看书学习，读马列哲学著作，分清什么是唯物论，什么是唯心论。他的《我的一点意见》是专批唯心论的"天才论"的。

毛泽东集领袖与哲学家于一身。他的哲学思想对党和整个中华民族产生了巨大的深刻的影响。他提出的实事求是、实践出真知、一分为二、抓主要矛盾、群众路线、独立自主、自力更生、为人民服务等的命题和思想，已为广大干部和群众所熟知，并在实际生活中起着作用。德国的海涅曾说过，康德把德国引入了哲学的道路，使哲学变成了一件民族的事业③。我们也有理由说，毛泽东把中国共产党、中华民族引入了哲学的道路，哲学成了一件党的事业、民族的事业。

马克思主义哲学是科学世界观，违背了它一定会犯错误。但它本身并非是万能的，有了它并不能保证不犯错误，关键在于能否结合实际，正确应用。毛泽东晚年违背了自己倡导的实事求是思想路线，给社会主义事业带来严重的损失和不幸，令人痛惜和遗憾。但值得庆幸的是，毛泽东培育的重视哲学的优良传统在纠正毛泽东晚年严重错误时发挥了巨大的作用，毛泽东倡导的实事求是哲学思想成为纠正毛泽东晚年严重错误、使中国社

① 毛泽东:《在莫斯科共产党和工人党代表会议上的讲话》(1957 年 11 月 18 日)，载《毛泽东文集》第 7 卷，人民出版社 1999 年版，第 332 页。
② 毛泽东:《对〈中共中央关于目前农村工作中若干问题的决定(草案)〉稿的修改》(1963 年 5 月)，载《建国以来毛泽东文稿》第 10 册，人民出版社 1996 年版，第 305 页。
③ 〔德〕亨利希·海涅:《论德国》，商务印书馆 1980 年版，第 307 页。

会主义事业从曲折走向胜利的思想法宝。

毛泽东逝世后，邓小平等正是用毛泽东实事求是的哲学思想来纠正毛泽东晚年的错误，重新恢复和确立毛泽东倡导的实事求是的思想路线，开创改革开放的新时期。邓小平是在毛泽东领导下成长起来的干部，深受毛泽东的教育和影响，注重哲学的学习和运用。他在抗日战争太行山工作时期就提倡"照辩证法办事"。此话很为毛泽东赞赏。1945 年，毛泽东在中共中央党校作报告时就讲到邓小平的"照辩证法办事"的话①。1957 年，毛泽东在一次重要的党的干部会议上结束自己讲话时又一次讲到此话。他说："总之，要照辩证法办事，这是邓小平同志讲的。我看，全党都要学习辩证法，提倡照辩证法办事。"② 毛泽东的这些话表明，邓小平亦有一颗哲学头脑。邓小平在主持起草《关于建国以来党的若干历史问题的决议》过程中，与陈云一起，充分肯定毛泽东哲学思想，号召全党学习马克思主义哲学，重点是学习毛泽东哲学著作。他在总结历史经验时说："二十年的教训告诉了我们一条最重要的原则：搞社会主义一定要遵循马克思主义的辩证唯物主义和历史唯物主义，也就是毛泽东同志概括的实事求是，或者说一切从实际出发的原则。"③ 他反复教育全党，实事求是，是马克思主义、毛泽东思想的精髓。我们搞革命，搞建设和搞改革开放，靠的就是实事求是。

陈云同样十分重视哲学的学习，一再教育领导干部，身负重任，一定要学好哲学。1987 年，他在同中共中央负责同志谈话时指出："要把我们的党和国家领导好，最要紧的，是要使领导干部的思想方法搞对头，就要学习马克思主义哲学。"④ 这话把学习哲学对党的事业的意义说透了。他又语重心长地说："总之，我个人的体会是：学习哲学，可以使人开窍。学好

---

① 毛泽东：《时局问题及其他》（1945 年 2 月 15 日），载《毛泽东文集》第 3 卷，人民出版社 1999 年版，第 256 页。

② 毛泽东：《在省市自治区党委书记会议上的讲话》（1957 年 1 月 27 日），载《毛泽东文集》第 7 卷，人民出版社 1999 年版，第 200 页。

③ 邓小平：《政治上发展民主，经济上实行改革》（1985 年 4 月 15 日），载《邓小平文选》第 3 卷，人民出版社 1993 年版，第 118 页。

④ 陈云：《身负重任和学习哲学》（1987 年 7 月 17 日），载《陈云文选》第 3 卷，人民出版社 1995 年版，第 360 页。

哲学，终身受用。希望能组织政治局、书记处、国务院的同志都来学习哲学，并把这个学习看成是工作的一部分，也是自己的一项重要责任。"①陈云在其他谈话中又说："要学哲学，学了哲学，脑袋会更加灵光。""总起来说，管一切东西的是哲学。"②他希望把我党重视学习哲学的优良传统传承下去。

继邓小平、陈云等老一辈党的领导人之后，我党重视哲学的优良传统在新的形势下得到继承。

江泽民同志多次向全党提出要学习哲学。他指出："党在理论上的提高，是党的领导正确性、科学性的根本保证。""在党内首先是党的高级干部中，要提倡认真学习和研究马克思列宁主义、毛泽东思想基本理论，特别是学习和研究马克思主义哲学，掌握科学的世界观、方法论。"③他又说：各级领导干部，"一定要努力学习马克思主义的辩证唯物主义和历史唯物主义，树立科学的世界观。离开了科学的世界观，我们的决策、我们的事业就丧失了坚实的哲学基础。"④"三个代表"重要思想的精髓就是贯穿其中的解放思想、实事求是、与时俱进的思想路线。

以胡锦涛同志为总书记的党中央提出的科学发展观，是马克思主义关于发展的世界观和方法论的集中体现，坚持和发展了辩证唯物主义和历史唯物主义。正确掌握马克思主义哲学是全面理解和贯彻科学发展观的重要前提和保证。胡锦涛同志说："深刻领会和正确把握科学发展观的科学体系，要求我们必须认真学习马克思主义哲学。要深入学习辩证唯物主义，坚持解放思想、实事求是、与时俱进，一切从实际出发，勇于开拓创新，善于用全面的、联系的、发展的观点认识和解决经济社会发展中的问题，努力促进人与人、人与社会、人与自然相和谐。要深入学习历史唯物

① 陈云：《身负重任和学习哲学》（1987年7月17日），载《陈云文选》第3卷，人民出版社1995年版，第362页。
② 中共中央文献研究室编：《陈云年谱》（下卷），中央文献出版社2000年版，第408页。
③ 江泽民：《在庆祝中华人民共和国成立四十周年大会上的讲话》（1989年9月29日），载《江泽民论加强和改进执政党建设（专题摘编）》，中央文献出版社、研究出版社2004年版，第104页。
④ 江泽民：《实施科教兴国战略》（1995年5月26日），载《江泽民文选》第1卷，人民出版社2006年版，第438页。

主义，牢固树立人民群众是历史创造者的观点，坚持以人为本，充分发挥人民群众的积极性、主动性和创造性，始终把人民群众的根本利益放在首位。"①中共十七届四中全会提出，党员、干部要"牢固树立辩证唯物主义和历史唯物主义世界观和方法论"②。用马克思主义哲学科学世界观和方法论武装全党，是不断推进中国特色社会主义蓬勃发展的思想理论保证。

笔者在此选列了李大钊、毛泽东、邓小平、胡锦涛等中共领导人有关学习哲学的若干论述，虽然有教条主义之嫌，但实属必要，旨在使我们的同志充分认识学习马克思主义哲学对党的事业的极端重要性，充分认识重视马克思主义哲学的学习是中国共产党的优良传统，充分认识学习马克思主义哲学是每一个领导干部的工作和责任。总之，我们要靠马克思主义哲学兴党，靠马克思主义哲学兴国。

三、重视哲学研究，形成学哲学、用哲学的风气

马克思主义哲学是科学，而不是僵死的教条，随着社会的发展而发展。中国共产党在运用马克思主义哲学指导中国革命和建设的实践过程中，不断以中国实际经验和中国传统哲学的精华来丰富和发展它，使之中国化。毛泽东哲学思想是马克思主义哲学中国化的典范。中国特色社会主义理论体系则在实践理论、辩证法理论、生产力理论、发展理论、人学理论、文化哲学等方面丰富和发展了马克思主义哲学。改革开放以来，马克思主义哲学处于自我革命之中，与其他学科一样，取得了显著的发展。对这些方面取得的成果，理论界多有论列，在此不再赘述。

我们正处在国内和国际发生深刻大变革的时代，马克思主义哲学面临着严峻的挑战。这种挑战，在理论界表现为信仰危机。有一部分人在破除对马克思、列宁、毛泽东的迷信时，不再相信马克思主义哲学，甚至认为

---

① 胡锦涛：《在中央经济工作会议上的讲话》（2006 年 12 月 5 日），载中共中央文献研究室编：《科学发展观重要论述摘编》，中央文献出版社、党建读物出版社 2008 年版，第109 页。

② 《中共中央关于加强和改进新形势下党的建设若干重大问题的决定》（2009 年 9 月 18日），人民出版社 2009 年版，第 11—12 页。

马克思主义哲学终结了。他们转而迷信现代西方哲学，迷信萨特、海德格尔、哈贝马斯，迷信后现代主义。他们强调主观性、相对性、偶然性、差异性，否认物质本体论、规律性、必然性、绝对性、同一性。有的人则引导人们向后看，崇古尊圣，迷信孔夫子，企图以孔夫子取代马克思，想从古代儒学中寻找解决当代中国问题的方案。面对这方面的挑战和危机，最根本的是要不断地推进马克思主义哲学的中国化、时代化和大众化，使中国马克思主义哲学在与其他哲学思想的竞争中显示出强大的生命力，以真理的光辉吸引人、征服人，真正取得指导地位，成为人们行动和生活的指南。加强马克思主义哲学的中国化、时代化和大众化的研究对我们的事业具有决定性的战略意义。

近一个时期以来，在党校、干校教学中马克思主义哲学课在萎缩，在边缘化，为其他理论课或知识课所挤占。要正确认识和处理好学习马克思主义哲学与学习毛泽东思想和中国特色社会主义理论的关系，与学习其他知识性和实用性课程的关系。马克思主义哲学是毛泽东思想和中国特色社会主义理论的基础和精髓，只有懂得马克思主义哲学，才能准确地理解毛泽东思想和中国特色社会主义理论，才能从根本上提高思想理论修养和执政能力。就个人而言，只有学好哲学，才能变得聪明，有智慧，有战略思维和驾驭全局的能力；也只有学好哲学，认清社会发展规律，才能有坚定的共产主义理想信仰，正确对待自己、正确对待他人、正确对待党和国家，具有高尚的精神境界，抵制剥削阶级腐朽思想的侵蚀。现在绝大多数干部都受过现代高等教育，其中不少人具有硕士、博士学位，有的还出国留过学。他们主要不是缺现代科学知识，而是缺马克思主义基础理论，尤其是哲学。学好哲学是思想理论建设的根本，党校、干校及高校的马克思主义哲学课亟须加强和改进，马克思主义哲学教学弱化的趋势不能再继续下去了。

笔者在此强调哲学是马克思主义科学理论体系的基础和灵魂，但丝毫没有否认学习其他理论、科学知识和中国历史文化的必要性。哲学是社会科学和自然科学的总结和概括。哲学不能脱离政治经济学、科学社会主义以及其他科学理论。哲学倘若脱离了具体科学，脱离了社会的现实生活，就会变成一些抽象的名词、概念，失去了生命力。应当把学习哲学与学习政治经济学、科学社会主义、中共党史、现代科学技术知识和其他科学理论结合起来，完整准确地理解和运用马克思主义。

要把我们党重视学哲学的优良传统传下去，关键在干部，尤其是各级担负主要领导职务的干部。随着社会的发展，领导工作所面临的任务愈来愈繁忙、愈来愈复杂、愈来愈艰巨。许多主要领导同志日理万机，忙于应对各项具体工作，结果在脑中往往只有一件件的具体任务，而没有把学习，尤其是哲学的学习看作是一项工作和一种责任，陷于忙忙碌碌的事务主义。许多同志并没有把学习哲学当成领导干部的必修课，没有把提高哲学修养看成是提高自己领导能力和增强党性的根本，没有养成学哲学的习惯。我们不能要求每个领导干部都成为哲学家，但我们要求领导干部有较高的哲学修养，能自觉地学哲学、用哲学，在布置任务、总结工作时能结合讲点思想方法、工作方法，讲点哲学，由此带动其他同志学哲学、用哲学。担务主要领导工作的同志要牢记毛泽东的在各级党的委员会上讲哲学的建议，养成学哲学、用哲学的习惯。

学习哲学，自然要读哲学的书，不能用马克思列宁主义、毛泽东思想和中国特色社会主义理论的"概论"之类的书代替。读什么书？根据不同的人、不同的情况而有所不同，要因人因时因事而宜。既可以选择反映最新研究成果的哲学教科书，也可选读真正有价值的通俗小册子，有条件的同志自然亟须选读一点马克思、恩格斯、列宁和毛泽东的哲学经典著作。更高一点的要求，则可选读一点中国哲学史和外国哲学史。读哲学史对加深马克思主义哲学的理解和对提高理论思维能力，大有裨益。作为哲学家的毛泽东，读的书很广泛，只要是有价值的，不拘一格，从马列哲学著作、西方哲学名著到哲学教科书、通俗小册子，他都读，都有收获。他在劝同志们学哲学、培养哲学兴趣时说过："可以先看小册子、短篇文章，从那里引起兴趣，然后再看七八万字的小册子，然后再看那个几十万字一本的书。"[①] 在延安时期，他向同志们推荐艾思奇的《大众哲学》和李达的《社会学大纲》。在 1960 年，他让秘书买冯契著的《怎样认识世界》的小册子送给在身边工作的青年同志[②]。李瑞环同志由一名普通的工人成长为

---

① 毛泽东:《在中国共产党全国代表会议上的讲话》(1955 年 3 月 21 日)，载《毛泽东文集》第 6 卷，人民出版社 1999 年版，第 396 页。

② 毛泽东:《致林克》(1960 年)，载《毛泽东书信选集》，人民出版社 1983 年版，第 573 页。

党和国家的主要领导人，重要的一条是得益于学习哲学，尤其是学习毛泽东哲学思想。根据自己的体会，他说："把'两论'（按：《实践论》、《矛盾论》）作为学习哲学的主要内容，是哲学入门的一个有效的途径。"[①] 他的《学哲学用哲学》一书值得每位领导同志一读。

现在有一些人热心提倡读中国古代经典，读《周易》。作为中国共产党人、中国的马克思主义者不能忘记中国自己的"老祖宗"，有条件的确实要读点中国古代经典，继承中国传统文化的精华，从中吸取智慧。但笔者以为，作为中国共产党人、中国的马克思主义者，尤其是高中级领导干部，更需要读点马列经典著作，不能丢掉马列"老祖宗"，不能丢掉毛泽东。不读马列原著，就难以深刻理解马克思主义的立场、观点和方法，准确把握它的精神实质。组织领导干部读马列经典著作是毛泽东倡导的我党的传统。从延安时期起，毛泽东和党中央就根据不同时期的形势和任务提出干部必读书目，并通过各种形式组织高中级干部学习。读马列经典著作，会有些困难，但只要肯用功夫，潜心钻研，那一定会受益匪浅，获得读经典的愉悦。党校和干校的教育，应继承和发扬读马列经典的传统，选学一些马列和毛泽东的哲学著作。

能否学好哲学，关键是理论联系实际，做到活学活用。哲学不提供改造世界、解决现实问题的方案，只提供认识世界和改造世界的方法，企图从哲学原理中推导出解决理论问题和实际问题的答案，是直接违背了马克思主义哲学。马克思主义哲学的本质是批判的、革命的，它不是证明的工具。学习哲学不是去为现存的东西作辩护和论证，而是为了揭露矛盾，分析矛盾，解决矛盾，从而推动事物的发展。理论联系实际、活学活用做得好，学哲学的兴趣也就会愈来愈浓厚。

作为世界观、方法论、人生观和价值观，哲学所联系实际的面十分广泛。生活处处有哲学，处处可用哲学。哲学是为己之学，即学习哲学不是为了装扮自己去给他人看的，而是为了提高自身的修养和境界。因此，学习哲学，不仅要联系改造客观世界，还要联系改造主观世界。要把马克思主义的科学世界观内化为自己的世界观，化哲学理论为方法，克服和纠正自己思想上的唯心论和形而上学；要把马克思主义的人生观内化为自己的

---

① 李瑞环：《学哲学用哲学》，中国人民大学出版社2005年版，第11页。

人生观，化哲学理论为德性，树立全心全意为人民服务的思想，克服形形色色的非无产阶级思想意识。学习哲学必须联系自己主观世界的改造，触及到自己的灵魂。否则，说得最好，言行不一，伪言伪行，终究不过是戏论，在实践中必然碰壁。党员干部学哲学要同自己的党性修养结合起来。

总之，回顾党的九十年历史，我们可以得出这样的结论：我们党是靠马克思主义哲学而建立、发展和取得胜利的。我国革命、建设和改革开放的伟大胜利，是马克思主义哲学在中国的伟大胜利。重视哲学的学习、研究和运用，是我们党的优良传统。在建设马克思主义学习型政党时，我们要倍加珍惜这一传统，弘扬这一传统，加强马克思主义哲学的中国化、时代化和大众化，从根本上提高党的理论修养和执政能力，以便把工作做得更好，对人类作出更大的贡献。

（刊《中共中央党校学报》2011 年第 3 期；摘要刊《人民日报》2011 年 9 月 8 日；全文收入中国辩证唯物主义研究会编：《马克思主义哲学论丛》第 4 辑，2011 年秋季号，社会科学文献出版社 2012 年版）

对社会主义社会资本两重性的思考

社会主义能不能搞市场经济，一直存在着激烈的争论。经过 28 年的改革开放，社会主义市场经济制度已基本建立。市场经济离不开资本和资本市场、离不开劳动力和劳动力市场。我国社会存在着资本是一个不争的事实。资本与劳动力的矛盾日益凸现。在市场经济的积极作用得到充分显示的同时，市场经济的消极作用也同样得到了充分暴露。不赞成搞市场经济的人依然有之。但当代中国社会决不会因有人反对市场经济而市场经济就会消失。今天再想倒退到计划经济既不可能，也无出路。反对市场经济对现实已无多大的影响，但这股力量的存在却有助于克服市场经济的负面效应。现在的问题是如何正确认识、克服、遏制市场经济的消极作用，如何限制资本的负面作用，正确处理资本与劳动的关系，以发挥市场经济的积极作用并保证市场经济的社会主义方向和性质。这是今天讨论资本哲学的重要议题之一。

一、资本是一个历史范畴，资本的两重性

资本是人类历史发展的产物，起过非常的革命作用。马克思对资本、资产阶级作了具体、历史的深刻分析。他在《经济学手稿》（1857—1858年）中写道："只有资本才创造出资产阶级社会，并创造出社会成员对自然界和社会联系本身的普遍占有。由此产生了资本伟大的文明作用；它创造了这样一个社会，与这个社会阶段相比，以前的一切社会阶段都只表现

为人类的地方性发展和对自然崇拜。只有在资本主义制度下自然界才不过是人的对象，不过是有用的物；它不再被认为是自为的力量；而对自然界的独立规律的理论认识本身不过表现为狡猾，其目的是使自然界服从于人的需要。资本按照自己的这种趋势，既要克服民族界限和民族偏见，又要克服把自然神化的现象，克服流传下来的、在一定界限内闭关自守地满足于现有需要和重复旧生活方式的状况。资本破坏这一切并使之不断革命化，摧毁一切阻碍发展生产力、扩大需要、使生产多样化、利用和交换自然力量和精神力量的限制。"①资本的目的是追求剩余价值，但由此促进生产力的发展，促进科学技术的发展和教育的发展，促进了人的发展，将人从神权下解放出来，从封建枷锁中解放出来，产生了自由、民主、平等等现代精神，打破了地方的民族的限制，进入了世界历史的时期。现代性、现代精神，都与资本相联，是资本精神的体现。资本自身的内在逻辑、内在矛盾又为未来新社会准备了前提和条件，准备了掘墓人。

资本非常革命的积极作用是以巨大代价换来的。马克思对资本恶的方面进行了全面的无情揭露和深刻的科学批判，指出资本主义生产的历史性，最终将被共产主义社会所代替。他批评资产阶级经济学家把资本当作"生产力发展的绝对形式"的观点。他指出，资本的发展程度越高，它就越成为生产、消费的界限，导致人的异化，成为束缚生产力进一步发展的桎梏，也就为自己的灭亡和新社会的产生准备了条件。盲目崇拜资本，把资本看成是现代生产的唯一形式和条件是完全错误的。

二、社会主义社会资本的积极作用

资本、资本主义在人类发展过程中具有不可超越性。旧中国是半殖民地半封建社会，资本主义没有能得到充分发展。在新民主主义革命时期，毛泽东反对将民主革命和社会主义革命"毕其功于一役"的"左"倾错误，指出不要怕资本主义，在新民主主义社会，资本主义将有一个大的发

---

① 马克思:《经济学手稿》(1857—1858年)上册，载《马克思恩格斯全集》第46卷（上），人民出版社1979年版，第393页。

展。他提出"新民主主义资本主义"的概念，主张发展不操纵国计民生的资本主义，实行"节制资本"、"公私兼顾"、"劳资两利"的政策。

在资本主义工商业改造时期，毛泽东吸取列宁的国家资本主义思想。他说："现在的资本主义是在人民政府的管理下的和社会主义经济相联着的并受其领导的、受工人监督的资本主义，即国家的资本主义。"[①]"中国现在的资本主义经济其绝大部分是在人民政府管理之下的，用各种形式和国营社会主义经济联系着的并受工人监督的资本主义经济。这种资本主义经济已不是普通的资本主义经济，而是一种特殊的资本主义经济，即新式的资本主义经济。""这种新式国家资本主义经济是带着很大的社会主义性质的，是对工人和国家有利的。"[②]但在此之后，他的思想发生了变化，急于过渡，急于消灭私有制、消灭私人资本主义。在社会主义计划经济的体制下无私人资本主义经济，自然也不存在资本。

邓小平的改革开放，对内发展个体经济、私营经济，对外引进外资，独资、合资企业迅速发展。邓小平认为："社会主义和市场经济之间不存在根本矛盾。""我们在改革中坚持了两条：一条是公有制经济始终占主体地位；一条是发展经济要走共同富裕的道路，始终避免两极分化。""只要我国经济中公有制占主体地位，就可以避免两极分化。"[③]随着市场经济体制的建立和国有企业的改制，私有制经济占有半壁河山。有材料说，民营经济已占全国 GDP 的 60% 以上，有的地区则占百分之八九十。邓小平没有讲到"资本"、"资本主义经济"问题。

二十多年来，市场经济的积极作用得到充分的显现。市场经济的积极作用并不等同于资本的积极作用，但它确实同资本的积极作用分不开。私营经济在提供就业、满足社会多方面的需要、为国家增加财政收入、扩大对外出口、促进科技发展、促进经济和整个社会发展等方面都有重要作

---

① 毛泽东：《对〈关于利用、限制和改造资本主义工商业的若干问题〉的批语和修改》（1953 年 6 月 28 日），载《建国以来毛泽东文稿》第 4 册，中央文献出版社 1990 年版，第 255 页。

② 毛泽东：《关于国家资本主义经济》（1953 年 7 月），载《建国以来毛泽东文稿》第 4 册，中央文献出版社 1990 年版，第 271 页。

③ 邓小平：《社会主义和市场经济不存在根本矛盾》（1985 年 10 月 23 日），载《邓小平文选》第 3 卷，人民出版社 1993 年版，第 148—149 页。

用。今天的私营企业属私人资本范畴。在市场经济的条件下，即使国有企业、集体企业也必须按市场机制进行经营，因而它们也有资本的基本属性，不过是属于国家资本、集体资本。在现阶段，我国资本存在的主要有三种形式："私人资本"、"集体资本"、"国家资本"。

市场经济同资本相联。没有资本市场、没有劳动力市场就无所谓有市场经济。今天，在我国，资本存在的理由与市场经济必要性的理由是同一的：主要是中国生产力的相对落后、生产力发展的极不平衡和经济的全球化的趋势。我国社会正处于社会主义初级阶段，个体经济和私人资本的作用还没有得到充分的发挥，它们还有巨大的潜力。实践证明，过早地消灭个体经济和私人资本不利于生产力的发展和社会的发展。资本的本性是最大限度地追求剩余价值，这是一切资本的共性。在我国，私人资本（包括外来资本）以追求剩余价值为目的，贯彻的是利润最大化原则，企业主与工人的关系是资本与雇佣劳动的关系。但今天，我国社会的资本是一种特殊的资本，是社会主义条件下的资本。它依法经营，这个法是社会主义国家之法，这就是说它的经营受到社会主义国家的制约。它的税金上交给社会主义国家。它们还有服从国家的需要和承担社会责任的一面。因此，社会主义国家的私人资本、私营经济同资本主义国家的私人资本、私营经济不同，具有国家资本主义性质，亦即具有社会主义的性质。至于国家资本、集体资本，就其经营目的而言，它们当然也有追求剩余价值、要求利润最大化的一面，但从理论上讲，社会主义国家的国家资本企业内部不存在资本与雇佣劳动的关系。集体资本企业内部分两种情况：一种是集体资本企业成员与企业之间不存在资本与雇佣劳动的关系，另一种是非集体资本企业成员的劳动者（如外来的打工者）与企业之间则存在资本与雇佣劳动的关系。非集体资本企业的劳动者所创造的剩余价值一部分以税金形式上交归国家，剩下的则归企业所有。

否认资本在我国社会发展中的积极作用是错误的。但夸大资本的作用，把我国改革开放以来经济发展归结为资本的功劳同样是错误的。主导我国经济发展的不是私人资本和个体经济，而是国有经济和集体经济，推动我国社会经济发展的基本动力不是对剩余价值的追求，而是最大限度地满足广大人民群众日益增长的物质文化的需要。社会主义社会生产目的和动力与资本主义社会生产目的和动力有本质的不同。

三、社会主义社会资本的消极作用

在由计划经济向市场经济转变过程中，在破除把社会主义同市场经济对立的传统观念时，我们强调的是建立市场经济的必要性，它的积极作用，而对它的消极作用，对反对市场经济的人提出的质难没有从理论上加以说明。我们对由市场经济共生的资本的恶的方面很少揭露，更是很少去研究如何抑制它。

今天私营经济的消极面、私人资本的负面作用得到充分的、全面的暴露。资本主义社会出现的许多丑恶现象我国社会都出现了。在一些私营企业（尤其是一些处于资本原始积累阶段、生产手段落后的企业）里，生产条件极端恶劣，严重损害劳动者的身心健康，有的业主甚至置工人的生命而不顾，企业主主要是通过榨取绝对剩余价值的方法获取最大利润。工人劳动时间超过法定时间，过劳死的事件频繁发生。工人工资微薄，并遭企业主随意克扣、拖欠。工人人身自由受到限制，人格受到侮辱，人权、民主、自由得不到保障。工人处于被企业主任意宰割的境地。由于劳动力供远远大于求，因而在劳资关系上，劳动者无发言权，一切听凭资方处理。医疗保险、养老保险、失业保险等难以着落。资本主义社会劳动与资本的矛盾正在我国相当多的企业重演。

市场经济的竞争规律必然导致一部分企业破产（有资料显示：中国的集团公司平均寿命7—8年，成长企业平均寿命只有2年。美国中小企业平均寿命不到7年，大企业的平均寿命不超过40年），必然存在一支失业大军，必然导致贫富差距的扩大，必然导致两极分化。目前中国已形成一个名副其实的私营业主阶级，同时也再次出现真正的赤贫阶层、无产者阶级。资本的趋利性，在较长的时期里必然导致地区差距的扩大。我国有的经济学家认为，我国收入差距扩大的原因有二：一是腐败；二是垄断。我认为，这是一种肤浅的看法，掩盖了问题的实质所在。

在当前，资本的负面作用还突出表现在它对权力的腐蚀，它与权力的勾结，形成资本与权力的互相转化。依照经济与政治的关系，私人资本的存在、发展必然要在政治上得到反映。私人资本要求得到政权的保护、支持，国家应通过立法的形式保护私人资本，保护私营企业的合法经营。政治机构（人大、政协）要有私营经济的代表，国家要满足私营业主的正当的政治要求和其他要求。这是社会主义政权与私人资本的正常关系。但资本的本性驱使部分私营业主通过非正当的手段、途径贿赂官员谋取私利，影响政府决策，甚至直接谋取更大的政治权力，花钱买官。倘若地方（如县、镇）的财政收入主要依赖于私营经济，那地方政权很可能为私营业主所左右。有的私营业主在政府的保护下则违法经营（官员参股、官商勾结是矿难事故不断的原因之一）。这是资本转化为权力，以获取超额利润。

资本与权力非法结合的另一种形式是，在国有企业改制过程中，官员或原有企业的负责人，利用手中的权力化公为私，窃取国有资产，这是权力转化为资本。权钱交易、官商勾结从而导致严重事故发生的案件时有暴露。由于中国社会封建专制制度的传统，由于法制的不完善，在经济制度的转变过程中实际上形成一个特权阶层，形成了官僚资本。对此广大干部、群众愤愤不平，社会上传言甚多。

市场经济一方面有利于人的解放，独立自主意识的确立和增强，有利于自由、民主、平等、法制、效率、竞争、创新等新的观念的形成。市场经济对精神文明建设有促进的一面，否认这一点是错误的。但资本、市场经济对人的发展和伦理道德方面的消极作用十分突出。在市场经济条件下，必然产生商品拜物教、货币拜物教、资本拜物教，一部分人将商品普遍化，把身体、良心、婚姻都可以当商品加以交易。资本导致人的异化、物化、人的价值的失落，人成了可买卖的商品。旧社会绝迹了的丑恶东西又重新恢复，而且更为猖獗。可以认为，在社会日常生活领域里，旧社会的黄、赌、毒等腐朽、丑恶的东西，西方资本主义社会的腐朽、丑恶的东西，现今我国社会都有，且有泛滥不止的趋势。

资本为了追求最大的利润，不仅不顾工人的身心健康，不顾企业对社会应承担的义务，而且也不顾对自然生态的破坏，掠夺土地和自然资源，导致水污染、空气污染和土地的污染。自然生态的破坏和恶化，固然有认识上的原因，科学技术上的原因，但最根本的是资本对利润的贪婪追求。自然生态的破坏和恶化，直接危害到人的健康和生命，直接威胁到人的生存。

总之，大量的事实表明，两极分化、城乡发展不平衡、地区发展不平衡、经济社会发展不平衡、自然生态环境的恶化等最主要的根源在于市场经济，在于资本。造成社会不和谐的总根源在于市场经济，在于资本。我国有相当的经济学家在为资本说话，掩盖活生生的、十分尖锐的劳资矛盾。他们中有的人把贫富差距的拉大的主要原因归结为机会的不平等。这类经济学家完全闭口不谈占有生产资料不平等的最基本事实，不谈资本对劳动力的剥削。

四、如何遏制资本的消极面

市场经济与社会主义的结合，这是伟大的试验。马克思、恩格斯、列宁都认为社会主义社会是以公有制为基础的计划经济，社会主义社会不再有资本。传统的看法把市场经济同社会主义对立起来，认为搞市场经济必然导致资本主义。邓小平则讲两者不存在根本矛盾，社会主义可以搞市场经济。但他只是直观的结论，并没有讲什么道理，进行理论论证。按市场经济（在现代亦即按资本）的逻辑，它与社会主义有着不可避免的冲突。逻辑的力量是不可抗拒的。邓小平讲过我们不会产生百万富翁，不会发生两极分化，而现实不仅产生了数以千万计的百万富翁，而且产生了一大批亿万富翁，发生了严重的两极分化。说中国社会不存在两极分化，这是在睁眼说瞎话，是为现实做粉饰。邓小平讲公有制主体地位不能变，现在公有制仍居主导地位，控制着国民经济的命脉，但就数量而言则很难说公有制占主体地位。公有制在国民经济中的比重还可能下降。可以认为，邓小平对市场经济的固有规律认识不够全面，对市场经济的负面作用认识不足。原先反对搞市场经济的人借口不会发生的事发生了，从而认为改革失败了，走了资本主义道路，以此企图否定改革。这显然是错误的。改革不能否定。当代中国社会的性质依然是初级阶段的社会主义，而不是资本主义。

在今天，我们揭露市场的负面作用，揭露资本恶的方面，决不是要取消市场，决不是要消灭资本，而是要在充分认识市场经济的积极作用、坚持发挥资本善的一面的同时，采取各种措施、手段来遏制市场的负面作用，遏制资本恶的一面，处理好资本与劳动的矛盾，做到公私兼顾、劳资两利。说市场经济必然导致资本主义，这不对。但否认市场经济有导致资本主义的可能性、危险性，这同样也不对。在今天的国际环境下，社会主义社会仍然存在着资本主义复辟的危险性。倘若我们对资本、市场经济负面的东西不加遏制，势必危及社会主义基本制度，这决不是危言耸听。

如何遏制资本恶的一面？最根本的是要充分重视工人阶级的作用，充分发挥社会主义制度的优越性，充分运用社会主义上层建筑的调节作用。

首先要充分发挥工人阶级的抗衡、监督作用。工人是资本的对立面，工人是资本恶的直接受害者。在资本主义社会，由于工人阶级同资本的斗争，使得工人阶级在各个方面的状况不断有所改善。现代工业的全部历史都表明，如果不对资本进行斗争，加以限制，它就会不顾一切和毫不留情地力求把整个工人阶级弄到极端退化的绝境。马克思对"工厂法"的论述表明，工人的斗争及上层建筑的法律、规章和制度对改善工人状况有重要的作用。现代西方社会的许多有关工人政治权利、社会保障和福利等方面的法律、制度，是工人阶级长期斗争的结果。

在我国的今天，劳资关系是一个最基本的社会关系，劳资矛盾日益突出、尖锐是一个不争的事实，这里不仅涉及经济的问题，而且涉及人权、政治等问题。由于劳动力的供大于求，因而劳动者在企业主面前处于无发言权的境地。政府为了招商引资，在处理劳资矛盾时首先考虑的是资方利益，资方意见，而对劳动者的基本权益有所忽视。低工资，低成本，有利于企业的国际间的竞争。为了提高我国企业的竞争力，企业主和政府往往牺牲劳动者利益。我国的工资甚低，这是多种因素造成的，不可能一下改变。但长期的低工资，不利于工人物质文化生活的提高，不利于劳动者素质的提高，不利于推动企业的科技创新，不利于调节劳资矛盾，不利于社会的稳定与和谐。资本不会主动提高工资，主动改善劳动条件和主动提高劳动者待遇。工人没有组织起来，建立自己的组织，就形不成与资本抗衡的力量。为了遏制资本恶的方面，工人首先要组织起来，提高觉悟，形成自为的阶级，推动国家制定维护工人各种权益的法律法规，限制资本的贪婪。在处理劳资双方的矛盾上，政府和工会要切实真正成为工人的代表者，做到公私兼顾、劳资两利。

为限制资本的恶的方面，国家要维护工人的权益和国家的利益。在社会主义市场经济条件下，所有企业都要依法经营，用法律来规范、约束企业的行为。在这方面，我们的法制建设还有很艰巨的任务。有了法律，还有一个执法要严的问题和如何监督法律的实施的问题。

为了防止资本对政权的腐蚀，必须进行政治体制改革。国家权力机关要制定法律法规，使政府真正成为人民的政府，防止权力与资本的勾结，防止资本与权力的互相转化，对违法的行为必须依法处理。倘若这一条出了问题，国家政权的性质就会发生变化，由此引起整个社会制度的变化。

在资本主义社会，资本家是人格化的资本，他的灵魂就是资本的灵魂。即使如此，在社会生活中，不是所有资本家都是极端的利己主义者、唯利是图的市侩和野蛮的资本家。他们中有的人的个人品格是高尚的，是有社会责任感的，是文明的资本家，为社会的慈善事业和公益事业捐款，做好事。社会主义社会的私营企业主同资本主义社会的资本家有所不同。我国的私营企业是在共产党领导的社会主义条件下发展起来的，私营企业的发展同整个国家的社会主义事业发展是息息相关的。私营业主是社会主义现代化事业的建设者。私营企业主与工人之间的矛盾就剥削与被剥削而言具有对抗性的一面，但就发展社会主义经济，促进社会的现代化，振兴中华民族而言，则在根本利益上是一致的，两者的矛盾是人民内部的矛盾。党和政府要加强对私营企业主进行政治思想教育和法制教育，促使他们做遵纪守法的文明经营者，承担起企业的社会职责。在社会主义条件下，私营企业主中的绝大多数人可成为文明的社会主义企业家，为社会主义事业作出贡献。

实事求是地讲，在现有的生产力水平条件下，要彻底消除贫富差别是不现实的，硬要去做，必然导致平均主义。但发挥上层建筑的调节作用，通过国家的宏观调控，国家的干预，使贫富差距保持在一个相对合理的限度内，这是可以做到的。一些发达资本主义国家都能做到这一点，难道社会主义国家就做不到？一些西方发达资本主义国家采取的措施，可以为我们借鉴。国家要确保国家所有制在国民经济中的主导地位，不能让私人资本操纵国计民生。

在限制资本恶的方面，还要加强社会主义精神文明的建设，倡导正确的价值观、人生观，批判极端个人主义，批判商品拜物教、货币拜物教、资本拜物教。

总之，我们要全面认识资本的两重性，正视资本与劳动的矛盾，正确处理劳资矛盾。我们要充分发挥工人阶级的作用，使法律法规真正代表人民的意志，使我们的市场经济始终坚持社会主义方向。

（本文是在 2006 年 5 月由上海财经大学召开的"全国资本哲学高级研讨会"上的发言，未刊稿）

构建和谐社会与矛盾辩证法

党的十六大提出建设"社会更加和谐"的更高水平的小康社会。十六届四中全会进一步提出了构建社会主义和谐社会的任务。十六届六中全会通过了《关于构建社会主义和谐社会若干重大问题的决定》。哲学界的部分同志用"和谐辩证法"为构建社会主义和谐社会做论证，认为社会主义和谐社会的哲学基础是"和谐辩证法"或"和谐哲学"。有人认为，邓小平的辩证法是和谐辩证法。构建和谐社会的哲学基础是什么？如何构建社会主义和谐社会？这类问题值得讨论。

一、和谐社会是人类追求的价值理想

中国古代有丰富的和谐思想。西周末年，史伯提出和同之辨，他说："和实生物，同则不继"。"先王以土与金、木、水、火杂，以成百物"(《国语·郑语·史伯论兴衰》)。春秋时齐国晏婴进一步发挥和同之辨，提出对立事物之间的"相济"、"相成"。老子贵柔不争，说："万物负阴而抱阳，冲气以为和"(《老子》四十二)，"圣人之道，为而不争"(《老子》八十一)。孔子戒斗，主张"和而不同"(《论语·子路》)。他学生说"和为贵"(《论语·学而》)。孟子讲"人和"(《孟子·公孙丑上》)。墨子讲"兼爱"(《墨子·兼爱》)。庄子讲"夫德，和也"(《庄子·缮性》)。荀子讲"和则一，一则多力"(《荀子·王制》)。《易传》讲"太和"。《中庸》讲"中和"。《礼记·礼运》提出"天下为公"的"大同"理想。中国古代的和谐、大同是没有矛盾的理想境界。近代以来,洪秀全提出"天下共享太平"的社会。康有为在《大同书》中提出"人人相亲,人人平等,天下为公"的理想社会。孙中山所追求的也是"天下为公"的大同社会。

西方同样有丰富的和谐思想。古希腊哲学家赫拉克利特强调斗争,但并不否认和谐。他认为,"互相排斥的东西结合在一起,不同的音调造成最美的和谐"。"自然从对立的东西产生和谐,而不是从相同的东西产生和谐"①。毕达哥拉斯派认为:数是万物始基,"整个的天是一个和谐,一个数目"。"美德乃是一种和谐"②。文艺复兴时期德国的天文学家开普勒写了《宇宙和谐论》。近代,德国哲学家莱布尼茨认为,由神的预定,单子之间互相协调,构成和谐的世界,即"预定和谐"论。法国经济学家巴斯夏写作了《和谐经济论》,鼓吹"所有合法的利益都是和谐的"。1803 年,法国空想社会主义者傅立叶发表《全世界和谐》一文,把自己设计的理想制度称为"和谐制度"。1824 年欧文在美国印第安纳州进行的共产主义试验,以"新和谐"命名。1842 年,德国的魏特林《和谐与自由的保证》一书把社会主义社会称为"和谐与自由"的社会。马克思恩格斯在《共产党宣言》中肯定空想社会主义者提的消灭私有制、消灭城乡对立、提倡和谐社会是"关于未来社会的积极主张"。马克思恩格斯提出代替资本主义阶级对抗的是"自由人的联合体"。

总之,实现社会和谐,建设和谐社会,始终是人类孜孜以求的一个理想,也是我们党不懈奋斗的目标。

问题是对和谐社会如何理解,这一理想社会是否建立在科学基础上以及如何实现这一理想。

作为价值层面的"和谐"是指社会内部各阶级、阶层、集团之间和平、协调、有序、稳定的理想状态。任何统治者总是希望自己的百姓、官吏都听话顺从,遵守秩序、制度、法纪,希望自己所统治的社会处于太平盛世。但在阶级和阶级对抗的社会,事实上不可能有真正的"和谐"。阶级矛盾暂时的缓和、调和、妥协是可能的,也是必要的,但它们之间的

---

① 北京大学哲学系外国哲学史教研室编译:《古希腊罗马哲学》,生活·读书·新知三联书店 1957 年版,第 19 页。

② 北京大学哲学系外国哲学史教研室编译:《古希腊罗马哲学》,生活·读书·新知三联书店 1957 年版,第 36、37 页。

矛盾、冲突是不可避免的。阶级斗争、社会革命是阶级社会发展的直接动力。清王朝顺治皇帝在整修故宫时对三大殿做了新的命名，突出一个"和"字，称为"大和殿"、"中和殿"、"保和殿"，其主观目的是祈求统治的稳定，社会的祥和，而事实上怎样呢？不仅整个社会不可能和，就是在故宫里、清王朝内部也不可能和，为了争夺王位，皇子之间进行着生死的斗争。

按照马克思主义的理解，只有生产力高度发达、旧式分工消灭、私有制消灭、阶级消灭、教育科学高度发展、劳动不再成为负担而是成了生活第一需要时，才能建成自由人的联合体，实现共产主义大同理想的和谐社会。但即使到那时，社会依然有矛盾和斗争。我国目前正处于社会主义初级阶段，正处在深刻的大变革时期，在相当长一段时间内，我国经济社会发展面临的矛盾和问题十分复杂、十分突出。今天，我们距理想的和谐社会（即共产主义社会）还很遥远，就此而言，就我国社会的现状而言，我们是否进入了一个建设和谐社会的发展阶段，这是可以讨论的。

社会的稳定、协调、和谐是社会发展、进步的必要条件。我国已建立了社会主义基本制度，已基本上消灭了剥削制度和阶级对抗。可以认为，和谐是社会主义制度本质所要求的。我们党提出的建设社会主义的和谐社会有特定的内容："民主法治、公平正义、诚信友爱、充满活力、安定有序、人与自然和谐相处的社会"。这些内容实质上是针对现实社会中的问题和不和谐提出的，表达了大多数人的一种愿望和祈盼。我们要积极、稳妥、有步骤地解决前进中的社会矛盾，以保持社会稳定的、协调的、持续的和谐发展。

二、和谐社会的哲学基础应是矛盾辩证法

如前所述，和（和、和合、和谐等概念自然有差别，但最本质的方面是一致的），是中国哲学的重要范畴（其实也是西方哲学的重要范畴），内涵丰富，可以有宇宙论、本体论、价值论、美学等多方面的读解。从宇宙论上讲，和，是指世界、事物是诸多因素的有机整体，亦即诸多因素的统一，所谓先王杂金、木、水、火、土五行以成百物。从本体论讲，和与

同是相对立的,指世界、事物内部存在着既互相对立,又互相依存、互相转化的因素、力量,由此推动事物的运动、变化和发展,所谓"一阴一阳之谓道"。从价值论讲,和是人的本性所追求的一种理想的、协调的、稳定的状态。所谓"和为贵"、"太和"、"中和",以和为德。从审美视角看,则以和为美。中国古代哲学的"和"大都主张戒斗、不争、忍让。我以为,这一点不是中国哲学的优点,而恰恰是它的不足。

在以阶级斗争为纲时期,我国哲学界片面强调斗争,以至在"文化大革命"中鼓吹斗争哲学。中国哲学史界亦普遍把和、中庸当作矛盾调和论加以批评。冯友兰在"文化大革命"结束后写的中国哲学史中继续把史伯、晏婴、张载讲的和、太和、中和,视为调和折中论,"有似于西方资产阶级哲学家所说的预先和协论"。20世纪80年代中期,邓小平提出和平发展是时代主题。在此之后,中国哲学史界开始对和的评价发生变化。冯友兰首先改变了原来的观点。他认为:中国哲学辩证法是张载所说的"仇必和而解";马克思主义辩证法主张斗争,"仇必仇到底";而未来世界的走向则是"仇必和解"。在此之后,和、和合哲学蜂起。有人认为当今世界有五大病态和五大危机(自然病态和生态危机、社会病态和社会危机、心理病态和精神危机、人际病态和道德危机、文明病态和价值危机),和合哲学可以化解当代世界危机,治疗当代社会的疾病。这主要是搞中国哲学史的学者在鼓吹。有的人用和、和合学来批评马克思主义辩证法。马克思在《资本论》第一卷1872年第二版跋中说:"辩证法在对现存事物的肯定的理解中同时包含对现存事物的否定的理解,即对现存事物的必然灭亡的理解"。有人则说:马克思的这些话,"只具有策略性的意味而不是辩证法的本质。"这种理解对吗?笔者以为显然不符合马克思的本意。马克思本人说得十分明确:"辩证法不崇拜任何东西,按其本质来说,它是批判的和革命的。"① 马克思哲学的使命不仅在于说明世界,更在于改造世界。改造世界就是要进行革命的思想批判和实践批判。马克思辩证法的批判的和革命的精神永远不会过时,只会随时代的变化而发展。这种批判的和革命的精神不仅是指对他人的批判和革命,而且也包括自我批判和

---

① 马克思:《资本论》第一卷1872年第二版跋,载《马克思恩格斯选集》第2卷,人民出版社2012年版,第94页。

自我革命。

长期以来，马克思主义者没有把和或和谐作为一个哲学范畴来讲。马克思主义哲学中有平衡与不平衡、静止与运动的范畴，认为平衡、静止是事物存在的必要条件。平衡包含有事物内部要素间的协调、和谐、按比例的意义。恩格斯讲到现代理论自然科学"把它的自然观尽可能地加工为一个和谐的整体"①。俄国十月革命后，布哈林在《历史唯物主义理论》一书中十分强调平衡，用"社会与自然界之间的平衡"、"社会要素之间的平衡"和"社会平衡的破坏和恢复"为三章标题讲平衡论。我国哲学家冯定在20世纪50年代出版的《平凡的真理》中论述规律时讲到和谐："世界，其实不管其现象是多么繁杂纷纭而不可究诘，但从其整个的全部来说，总究不仅是永恒的，而且还是和谐的。世界为什么这样和谐呢？这是因为世界总归是由物质统一起来的，而物质的运动是有规律的。"他在另一章中又说："整个的全部的物质世界是在运动的物质或者物质的运动中统一起来的；永远表现为矛盾的和谐"②。"文化大革命"结束后，和谐思想得到一部分学者的重视。和谐原理成为自然辩证法的一个重要原理。和谐管理成为管理学的一个重要原则。但马克思主义哲学教材很少有讲和谐范畴的。

我认为马克思主义哲学应吸取中国古代哲学"和"的合理思想，把"和"或"和谐"作为一个范畴。在本体论上，和谐的基本内涵是：事物内部各要素之间的平衡、协调、有序、稳定的状态。和谐同矛盾、系统、联系、平衡、协调、有序、稳定等概念密切相关。和谐是矛盾的一种最佳状态，是最有利于事物发展的状态。当事物内部各要素之间失去相对的平衡、协调、秩序时，就会影响事物的正常发展，这就出现要求平衡、协调、秩序的趋向，以达到新的和谐。和谐是相对的、有条件的，也是暂时的。从价值论上讲，如前所说，和谐是人的本性所追求的价值目标，人们追求的一种理想状态：人与人的和谐，人与社会的和谐，人与自然的和谐，人身与人心的和谐，民族与民族、国家与国家的和谐等。从审美视角

---

① 恩格斯：《自然辩证法》（1875年），载《马克思恩格斯选集》第4卷，人民出版社1995年版，第276页。

② 冯定：《平凡的真理》，载《冯定文集》第1卷，人民出版社1987年版，第356—357、476页。

看，和谐也是人的本性所追求的美的境界，和谐为美。和谐是真、善、美三者的统一。当然人的本性中还有要求改变现状、打破已有的平衡、获取更大自由的一面，这是历来讲和谐的人所忽视的。

建设"和谐社会"提出后，有些马克思主义学者在鼓吹"和谐辩证法"、"和谐哲学"。有的人提出，随着建设和谐社会，辩证法应有矛盾辩证法发展为和谐辩证法。也有人认为，邓小平开创的和谐辩证法是时代精神的回应，是建设中国特色社会主义实践思想精华的积淀。有人提出和谐社会的哲学基础是和谐哲学或和谐辩证法。持这种观点的同志认为，和谐哲学是作为斗争哲学的对立面提出的，斗争哲学是事物处于质变阶段的哲学，是革命党的哲学，革命的哲学；和谐哲学是事物处于量变阶段的哲学，是执政党的哲学，建设的哲学。这些观点对吗？值得商讨。

马克思主义辩证法认为，矛盾是普遍存在的，是运动、变化和发展的源泉。和谐只是矛盾的一种状态。和谐并不排斥矛盾，是矛盾的和谐。和谐的哲学基础是矛盾，是世界的统一性和规律性。从不和谐到和谐，不是靠人的主观愿望，而是靠能否正确处理好矛盾，协调好各要素之间的关系，这中间必然有适度的斗争以至必要的冲突。

和谐是社会主义社会的本质属性。提出构建和谐社会，主要是现实社会中存在着明显的不和谐，存在着明显的矛盾、冲突、危机，而倘若不能正确处理社会矛盾，不能化解冲突和危机，那就会严重影响到社会的发展。但构建和谐社会不能靠讲和谐，讲不争，讲忍让来实现，而是靠实事求是地揭露矛盾，正确地分析矛盾和解决矛盾。辩证法是构建和谐社会的科学方法论。如果想用大讲和谐来建设和谐社会，那他不是理论上的糊涂，就是存心在散布迷雾。

对立统一规律是辩证法的核心和实质，这是马克思主义者的共识。把马克思主义哲学简单地归结为斗争哲学，把马克思主义辩证法简单地归结为"仇必仇到底"，并不符合马克思、恩格斯、列宁、毛泽东的本意，也不科学、准确。恩格斯在批判杜林否认矛盾时用过"矛盾辩证法"。马克思主义哲学是"矛盾哲学"、马克思主义辩证法是"矛盾辩证法"等说法可能更符合马克思主义哲学本义。如前所述，和谐只是矛盾统一的一种理想状态，在社会生活中，和谐的实现需要正确处理社会矛盾。因此，用和谐来标识辩证法同样不符合马克思主义唯物辩证法的本义。马克思主义哲学作为科学的世界观、方法论、人生观、价值观当然要随时代的变化而变化，随社会的发展而发展，但其基本的精神、基本的观点是一贯的。把它区分为质变阶段的哲学与量变阶段的哲学，革命党的哲学与执政党的哲学显然是不妥的。邓小平懂得辩证法的精髓，但他的辩证法很难说是和谐辩证法。建设有中国特色的社会主义是一个充满着矛盾和斗争的过程。邓小平提出了"和谐辩证法"的观点缺乏事实根据。

三、从正确解决社会基本矛盾上着眼构建和谐社会

党的十六届六中全会决议指出："任何社会都不可能没有矛盾，人类社会总是在矛盾运动中发展进步的。构建社会主义和谐社会是一个不断化解社会矛盾的持续过程。我们要始终保持清醒的头脑，居安思危，深刻认识我国发展的阶段性特征，科学分析影响社会和谐的矛盾和问题及其产生的原因，更加积极主动地正视矛盾、化解矛盾，最大限度地增加和谐因素，最大限度地减少不和谐因素，不断促进社会和谐。"构建社会主义和谐社会要坚持社会主义道路；坚持以经济建设为中心；坚持五个统筹，促进物质文明、政治文明、精神文明、社会文明、生态文明建设全面发展；坚持以人为本；坚持改革开放；坚持正确处理好人民内部矛盾等等。

唯物史观认为，生产力与生产关系之间的矛盾，经济基础与上层建筑之间的矛盾，是推动社会发展的基本矛盾。社会基本矛盾是社会种种矛盾的总根源，也是社会生活不和谐的总根源。要构建和谐社会，关键在于处理好社会基本矛盾。社会基本矛盾出现了严重的不适应乃至冲突，社会矛盾就会尖锐化，社会和谐就无从谈起。就理论界、学术界而言，人们往往只着眼于当下存在的突出矛盾（如：城乡发展不平衡、地区发展不平衡、经济社会发展不平衡、生态环境的恶化、贫富差距扩大和两极分化、腐败现象的日益严重、各类严重犯罪活动的有增无减、精神危机、公民民主自由意识的增强与现行制度的矛盾等）及采取相应的对策，而很少有人去追问、研究产生这些矛盾的根源。目前我们应对的是治标之策。这与马克思对资本主义社会矛盾分析不同，而与西方学者研究和解决社会矛盾的方法相类似。

当代中国社会基本矛盾总体是适合的，以公有制为主导的多种所有制经济结构和市场经济适合现实的生产力的状况。但也存在着明显的矛盾、不适合。这种矛盾、不适合突出表现劳动和资本的矛盾、社会主义的上层建筑和经济基础之间的矛盾。当前社会不和谐的主要根源是市场经济，是资本。

［有关当前社会基本矛盾的现实表现及如何解决的相关论述，参见本书第 429 页至第 433 页——作者注。］

总之，构建和谐社会不能靠讲和谐。不能用和谐哲学、和谐辩证法来指导构建和谐社会，而是要以唯物辩证法为指导，采取老老实实的科学态度，敢于揭露矛盾，科学分析矛盾，正确解决矛盾。掩盖矛盾、回避矛盾，或错误处置矛盾，都不能实现社会的稳定，更不能实现社会的和谐。违背辩证法必然受到惩罚。"文化大革命"教训永志不忘，"六四"风波也应牢记。再不要以实用主义态度来对待哲学，再不要把辩证法变成"变戏法"。唯物辩证法是一门科学，要以科学态度对待之。

（本文第三部分以《构建和谐社会要从正确解决社会基本矛盾着眼》为题，刊《理论视野》2007 年第 5 期）

重视对立统一规律的研究

1995 年，在南昌—井冈山召开的以纪念恩格斯逝世一百周年的马哲史学术讨论会上，根据马克思主义哲学发展史和世界社会主义历史的经验教训，针对我国哲学界忽视辩证法研究的现状，我曾提出要重视辩证法的研究[①]。12 年过去了，在构建和谐社会的今天，我仍然提出要重视辩证法的研究，尤其要重视辩证法的核心和实质——对立统一规律的研究，以引起学界同仁的注意。

一、唯物辩证法是马克思主义的根本的理论基础，活的灵魂

重视对唯物辩证法的研究，首先是由唯物辩证法在马克思主义哲学体系中的重要地位所决定的。

科学实践观的提出是马克思恩格斯哲学革命的实质所在，实践观点是马克思主义哲学首要的基本的观点或核心的观点。但由于马克思在 1845 年以后很少再回到实践问题，因而他的实践理论没有引起后来的马克思主义者足够的重视，许多人仅仅把实践观点看成是认识论的首要的基本的观点。在我国，自 20 世纪真理标准讨论起，哲学界注重对实践问题的研究，

---

① 详见拙文《把握精髓，坚持和发展马克思主义——纪念恩格斯逝世一百周年》，《光明日报》1995 年 8 月 3 日。

而且热忱一直不减。重视实践问题的研究，强调实践理论在马克思主义哲学中的作用和地位是时代的需要，完全必要。问题是我们在注重实践研究的同时却忽视了对辩证法的研究。

其实，科学实践观的建立离不开辩证法，离不开对作为实践主体的人与周围物质世界关系的辩证解决。剩余价值学说和唯物史观是马克思一生的两大发现，而帮助他完成这两大发现的思想武器则是唯物辩证法。恩格斯曾明确说，唯物主义历史观及其应用，只有借助于辩证法才有可能。正因为如此，马克思本人多次谈到唯物辩证法，多次谈到黑格尔辩证法对他研究政治经济学的意义。他虽然把自己的主要精力用于对资本主义社会政治经济学的研究，但他亦十分关注作为研究工具、武器的辩证法研究。他在给恩格斯（1858 年 1 月 14 日）和狄慈根（1868 年 5 月 9 日）的信中说，如果有功夫（卸下经济学的负担），要写《辩证法》，把为黑格尔所发现、同时又加以神秘化的辩证法阐述一番，使一般人都能理解。也许有人会说，马克思虽然重视辩证法，有写《辩证法》小册子的宿愿，但他毕竟没有写啊！我以为，他之所以没有写《辩证法》小册子，并不是说他不重视，而是由于他与恩格斯理论研究的分工。恩格斯对辩证法研究的重视及所取得的理论成果是众所周知的。马克思写《辩证法》小册子的意愿在恩格斯的《反杜林论》、《自然辩证法》及《费尔巴哈论》中得到了实现。

列宁十分重视辩证法。他认为，不钻研和不理解黑格尔的全部逻辑学，就不能完全理解马克思的《资本论》。马克思虽然没有留下大写字母的逻辑，但留下《资本论》的逻辑，辩证法、认识论、逻辑学三者是同一的。他指出，辩证法是"关于包罗万象和充满矛盾的历史发展学说"，是"马克思主义的活的灵魂"，是"它的根本的理论基础"[①]。毛泽东十分重视三者同一的思想，十分重视唯物辩证法的研究和应用。他在抗大讲哲学时指出，唯物辩证法是唯一科学的认识论，也是唯一科学的论理学（逻辑学），一切革命的同志们首先是干部，都应用心地研究辩证法。

总之，实践观点是马克思主义哲学首要的基本的观点，辩证法则是它的基础和灵魂，两者密不可分。哲学上的每一原理，物质与精神、主体与

[①] 列宁：《论马克思主义历史发展中的几个特点》（1911 年 1 月 5 日），载《列宁选集》第 2 卷，人民出版社 1995 年版，第 278 页。

客体、个别与一般、相对与绝对、有限与无限、作用与反作用、个人与社会、个人与群众、生产力与生产关系、经济基础与上层建筑等矛盾的科学解决，都需要辩证法，否则就会陷入唯心主义、形而上学、相对主义、绝对主义、诡辩论等谬误。

二、理论上的挑战要求重视辩证法的研究

恩格斯在《反杜林论》中明确无误地说："辩证法不过是关于自然、人类社会和思维的运动和发展的普遍规律的科学。""自然界是检验辩证法的试金石"[①]。马克思参与了《反杜林论》的写作并对该书给予充分肯定、向周围人推荐此书。恩格斯在《自然辩证法》等著作中又不止一次重申上述思想。马克思本人也说：自然界的基本奥秘之一，就是对立统一规律[②]。列宁完全赞成马克思恩格斯的思想，他说："事物的辩证法创造观念的辩证法，而不是相反。"[③]这些马克思主义辩证法的最起码的、最基本观点在最近几十年遭受到质疑、批判。受国外学者的影响，我国相当多的研究者在抬高实践意义的名义下认为，马克思的辩证法是实践辩证法、主客体辩证法、人学辩证法。在他们看来，马克思没有客观辩证法，自然辩证法、客观辩证法是恩格斯提出的，是对马克思思想的背离和修正。按照这种观点，马克思主义辩证法不具世界观和方法论的意义，对立统一规律是辩证法的核心和实质等原理就无从谈起，当然也不会再去研究客观辩证法，不会再去研究对立统一规律。问题是这种观点符合马克思的思想吗？符合马克思主义的唯物辩证法吗？

提出和发掘马克思的实践辩证法、主客体辩证法、人学辩证法无疑是有意义的，但它们能代替作为世界观和方法论的一般辩证法吗？我认为不

[①] 恩格斯：《反杜林论》，载《马克思恩格斯选集》第3卷，人民出版社1995年版，第484、361页。

[②] 马克思：《中国革命和欧洲革命》（1857年5月20日），载《马克思恩格斯选集》第2卷，人民出版社1972年版，第690页。

[③] 列宁：《黑格尔〈逻辑学〉一书摘要》，载《列宁全集》第55卷，人民出版社1990年版，第166页。

能。实践辩证法、主客体辩证法、人学辩证法只是一般辩证法在具体特殊领域中的体现和运用，它们不能代替作为世界观和方法论的一般辩证法。事实上，马克思不仅赞成恩格斯在《反杜林论》里对一般辩证法的系统论述，而且他本人也多次讲到一般运动形式的辩证法。他说："辩证法在黑格尔手中神秘化了，但这决没有妨碍他第一个全面地有意识地叙述了辩证法的一般运动形式。"①有人要否认作为"关于自然、人类社会和思维的运动和发展的普遍规律的科学"的一般辩证法，其实质是为了否认马克思主义的唯物辩证法是科学的世界观和方法论。至于有的人认为，承认普遍的客观规律，承认必然性，就会导致教条主义、绝对主义，导致专断和专制，那完全是摭拾少数西方资产阶级学者攻击马克思主义、社会主义的余唾。

马克思主义唯物辩证法遭受到颠覆性质疑，这是我们应正视的哲学界的现状。

三、现实要求重视对立统一规律的研究

随着"和平与发展"是当代世界的两大主题的提出，中国哲学界应声而起的是"和"的哲学。冯友兰在1986年前，一直把中国哲学中的"和"的思想视为"折衷调和论"、"有似于西方资产阶级哲学家所说的预先和协论"。但到了1987年，他改变了看法，率先提出：中国辩证法强调和，是"仇必和而解"；马克思主义辩证法强调斗，是"仇必仇到底"，今后的世界是走"仇必和而解"的道路。对和的哲学唱和者甚众。我曾写过《"和的哲学"辨析》②和《"斗争哲学"与"和的哲学"》③加以辩证，但响应者寥寥。有的学者提出建立和合学，用和合来解决当代世界的危机和矛盾。马克思曾说："辩证法在对现存事物的肯定的理解中同时包含对现存事物的否

① 马克思：《资本论》第一卷1872年第二版跋，载《马克思恩格斯选集》第2卷，人民出版社2012年版，第94页。
② 该文刊于《哲学研究》1995年第5期，收入《毛泽东与中国二十世纪哲学革命》，当代中国出版社1998年版。
③ 该文刊于《南京社会科学》1995年第1期，收入《为毛泽东辩护》，当代中国出版社1996年版。

定的理解，即对现存事物的必然灭亡的理解；辩证法对每一种既成的形式都是从不断的运动中，因而也是从它的暂时性方面去理解；辩证法不崇拜任何东西，按其本质来说，它是批判的和革命的。"① 现在，有的同志则提出，马克思的这一思想只具有"策略性的意味而不是辩证法的本质"。能说"辩证法就其本质来说是革命的、批判的"观点过时了吗？我以为不能。问题是对"革命的、批判的"本质要有正确的科学的理解。辩证法并不否认事物的质的相对稳定性，并不否认事物的同一、平衡、协调、和谐，并不主张不顾事物的具体情况，盲目进行斗争、革命。但它确实认为，事物矛盾着对立面的同一、平衡、协调、和谐是相对的，而矛盾着对立面的斗争、排斥则是绝对的；事物的存在是暂时的，而走向它的反面、灭亡是必然的。否认这一点，就否认了发展，否认了辩证法。我们曾经发生过对辩证法的"革命的、批判的"本质的错误理解，并在实践上导致严重的后果，但不能因纠正实践运用上的错误而根本否定它的"革命的、批判的"本质。从哲学史看，哲学的本性是批判的，而不是为现存辩护的。

改革开放以来，中国社会发生了深刻的变革，取得了前所未有的、举世公认的成绩。同时，在现代化、市场化、城市化、民主化的进程中，中国社会矛盾也在发展，两极分化已成不争的事实，仇富的社会心理在蔓延和滋长；少数党政干部的腐败触目惊心，特殊的官僚阶层已形成，干群关系、党群关系紧张，仇官的社会心理在蔓延和滋长；工农差距、城乡差距、地区差距在扩大；相当多的劳动者工资低，劳动条件恶劣，无任何保障，任凭资方的宰割，劳资关系紧张；生态环境严重破坏和恶化，人和自然的矛盾突出；社会精神文明建设严重滞后，一些社会成员诚信缺失、道德失范，抢劫杀人、黑社会势力猖獗、吸毒贩毒、卖淫嫖娼等旧社会丑恶现象屡禁不止。社会矛盾突出，社会不安定因素在增长，针对这种情形，党中央及时提出建构"和谐社会"的任务。随着构建"和谐社会"任务的提出，哲学界一片和谐之声，"和谐思维"、"和谐辩证法"、"和谐哲学"、"和谐马克思主义"成为时髦用语。传统的"对立统一规律是宇宙的根本规律"、"对立统一规律是辩证的核心和实质"、"矛盾辩证法"、"坚持用

---

① 马克思：《资本论》第一卷 1872 年第二版跋，载《马克思恩格斯选集》第 2 卷，人民出版社 2012 年版，第 94 页。

对立统一规律观察社会主义社会"等基本观点是否仍然有效？以什么世界观指导和谐社会的构建，怎样构建和谐社会？对立统一规律在当代应该怎样发展？这些都是不能回避的问题。

此外，科学技术的新发展，经济全球化及世界矛盾的新变化、新发展，亦要求注重辩证法研究。20世纪科学技术革命迅猛发展，形成了系统论、信息论、控制论、自组织理论、复杂性科学等新的理论。这些新的科学成果，进一步揭示了自然界的奥秘和复杂性，为发展唯物辩证法提供了丰富材料。随着经济全球化的发展，当代世界全球性的人口问题、生态问题、反恐问题、流行性传染的疾病（如艾滋病、禽流感等）、资源问题、南北问题、东西问题、民族问题、宗教问题等凸显。新的形势、新的矛盾，具有新的特点：复杂性、突发性、全球性、严重性。新的矛盾需要寻找新的解决的方式、方法。这些都需要研究。

四、记取历史的经验和教训

恩格斯晚年认为，不论考茨基，或伯恩施坦，都对黑格尔不感兴趣，轻视哲学，不懂辩证法。在恩格斯看来，对黑格尔感兴趣十分重要，只有懂得黑格尔的辩证法才能真正懂得马克思学说。恩格斯逝世后，伯恩施坦说："黑格尔辩证法是马克思学说中的叛卖性因素，是妨碍对事物进行任何推理正确的考察的陷阱。"[1] 在他看来，辩证法不是认识的武器，而是推理和证明的工具。考茨基说："我并不把马克思主义理解为任何哲学，而是把它理解为一种实验科学，即一种特殊的社会观。"又说："马克思没有宣布任何哲学，而是宣布了所有哲学的终结。"[2] 南斯拉夫的普·弗兰尼茨基在《马克思主义史》中指出："值得注意的突出现象是，几乎第二国际一切理论家和领导人的哲学水平，对哲学问题、特别是马克思主义哲学问

---

① 爱德华·伯恩施坦：《社会主义的前提和社会民主党的任务》，宋家修等译，生活·读书·新知三联书店1965年版，第75页。

② 转引自［南斯拉夫］普·弗兰尼茨基：《马克思主义史》（上），生活·读书·新知三联书店1963年版，第205页。

题的认识水平，都是非常之低。"①面对历史进入帝国主义的新时代，第二国际的领袖们以庸俗的进化论代替革命的辩证法，力图掩盖矛盾、调和矛盾，提出了超帝国主义论，陷入修正主义。与此相对立，列宁则研究哲学，尤其是辩证法，提出对立统一规律是辩证法的核心和实质，为即将来临的革命磨制思想武器。马克思主义哲学发展史上这一历史教训和经验值得我们记取。

列宁逝世后，斯大林在理论上严重地背离了唯物辩证法，在实践上犯有主观主义。他一方面只讲对立的斗争，不讲对立面的同一性；另一方面又否认社会主义社会存在矛盾。苏联经济、政治体制僵化，原因自然是多方面的，但思想上的形而上学是重要的理论根源。高度集权的、僵化了的政治经济体制同哲学思想上的形而上学有关。1956 年，赫鲁晓夫批评斯大林。赫鲁晓夫的批评有两重性：一是解放了思想；二是潜伏着错误的倾向。苏联理论界在纠正斯大林的不讲自由、民主、人道主义错误时却出现抽象人道主义的倾向。赫鲁晓夫力图掩盖矛盾、调和矛盾，提出希望建立"没有战争、没有武器、没有军队"的"三无世界"，希望以此博得帝国主义的欢心。他把"一切为了人，为了人的幸福"写进了二十二大的党纲。这种把马克思主义人道主义化的倾向最后发展为戈尔巴乔夫的"全人类价值高于一切"的"新思维"。随着苏共垮台，苏联解体，"新思维"被扫进了历史的垃圾堆。社会主义在苏联的兴衰是 20 世纪重大的历史事件之一，值得我们从哲学上加以反思，以免重蹈他们的覆辙。

毛泽东是辩证法的大师。他把马克思主义辩证法、中国传统的辩证法和中国革命经验三者冶于一炉，写出了《实践论》、《矛盾论》。苏共二十大后，毛泽东批评了斯大林的形而上学，坚持用对立统一规律观察社会主义社会，发表了《论十大关系》和《关于正确处理人民内部矛盾的问题》。这两篇著作具有重要的理论价值，是科学发展观和和谐社会理论的思想渊源。但我们也应承认，在实践上他未能正确解决社会主义社会的矛盾，犯有严重错误，其教训十分深刻。毛泽东在对对立统一规律的理解和运用存在有主观性、片面性、公式化和简单化的缺点。从理论上讲，他片面强调斗争，

---

① ［南斯拉夫］普·弗兰尼茨基:《马克思主义史》(上)，生活·读书·新知三联书店 1963 年版，第 204 页。

忽视同一；片面强调"核心"，忽视矛盾的发展有一个"量变到质变"的过程，矛盾的解决是一种辩证的否定。在实践上，他脱离了实际，对社会矛盾和党内矛盾做了主观主义的分析。老百姓讲："不怕共产党讲唯物论，就怕共产党讲辩证法。"离开实际，辩证法就变成了诡辩论，教训异常沉痛。

国际国内的这些经验教训，都需要全面、深入的总结。

五、坚持用对立统一规律学说指导和谐社会的建设

无论是中国哲学，还是西方哲学，都把"和"或"和谐"作为一个重要的哲学范畴。中国和外国的思想家，都把和谐社会当作人类追求的理想社会。马克思恩格斯是讲到和谐、和谐社会的。恩格斯就明确指出：在自然界，片面讲和谐合作与片面讲斗争，"同样是片面的和褊狭的"，"自然界中无生命的物体的相互作用既有和谐也有冲突。"① 但他们确实没有把和谐当作一个哲学范畴加以阐述。长期以来绝大多数马克思主义哲学论著（冯定的《平凡的真理》是一个例外，拙文《〈平凡的真理〉对改造哲学体系的启示》（2002年）曾把"关于世界和谐的思想"列为冯定的独见）不讲和谐，更没有把和谐作为一个哲学范畴加以阐述。这是一种缺点。从哲学的宇宙论讲，和谐是有利事物存在和发展的最佳矛盾状态。宇宙间的一切事是平衡与不平衡的统一。不平衡是绝对的，但追求平衡或趋向平衡是它的本性。所以宇宙从整体上讲是平衡的、和谐的，是矛盾的和谐。从价值论讲，和谐为善，和谐是人所追求的理想状态。从美学上讲，和谐为美。可以认为追求和谐是人的本性，和谐应成为马克思主义哲学的一个范畴。当然，要求不断发展，打破平衡、和谐以求得新的更高的平衡、和谐，同样也是人的本性。

和谐是矛盾的和谐，和谐是相对不和谐而言的。今天之所以提出构建和谐社会，是因为社会不和谐问题十分突出，影响到发展。和谐并不排斥斗争，相反，和谐的实现离不开必要的斗争。斗争是绝对的，有矛盾就有

---

① 恩格斯：《自然辩证法》，载《马克思恩格斯选集》第4卷，人民出版社1995年版，第372页。

斗争，不同的矛盾有不同的斗争。盲目斗争无疑是错误的。斗争不是目的，而是为了解决矛盾，达到和谐，以有利于事物的存在和发展。用和谐辩证法来替代矛盾辩证法，鼓吹和谐哲学、和谐思维、和谐马克思主义，均值得商榷。

构建和谐社会，必须坚持以对立统一规律学说为指导，承认矛盾，揭露矛盾，分析矛盾，找出解决矛盾的方法，切实解决矛盾。现实生活矛盾十分复杂，为实现社会和谐，最根本的要从社会基本矛盾上着眼，要找出社会不和谐的根源。我国社会正处于社会主义的初级阶段，在充分调动资本的积极作用的同时也要看到它的消极作用，限制它的消极作用。当前中国社会不和谐的根源说到底是劳动与资本的矛盾。当前中国社会的矛盾，从生产关系与生产力矛盾看，主要是劳资矛盾；从上层建筑与经济基础的矛盾看，主要是政治制度建设滞后；从人与人的关系看，主要是干群矛盾。解决社会矛盾，当然离不开共产党的正确领导，但作为领导者而言，矛盾的揭露、矛盾的解决必须依靠群众。无论是劳资矛盾的解决，干群、党群矛盾的解决，还是政治体制的改革，都要依靠群众。"文化大革命"那样的"大民主"不可取，但不依靠群众，不充分发扬群众的主动性、积极性和创造性，同样不可取。毛泽东说过，什么叫正确解决人民内部矛盾？就是实事求是，群众路线。归根到底就是群众路线四个字。虽然反右派运动严重扩大化，但半个世纪前毛泽东讲的这些话的基本精神仍值得我们深思。总之，社会矛盾的解决，和谐社会的建设要走群众路线，要实行领导与群众相结合，仅由上面恩赐给群众的思想要不得。

最后还是用恩格斯的话作为发言的结束语吧！他说得好："一个民族要想登上科学的高峰，究竟是不能离开理论思维的。"他又说："蔑视辩证法是不能不受到惩罚的。"[①]让我们记住他的话！注重辩证法的研究和运用，尤其是注重对立统一规律的研究和运用。

（本文是在 2007 年 8 月由中国马克思主义哲学史学会召开的"中国特色社会主义与马克思主义哲学发展"理论研讨会上的发言，未刊稿）

---

① 恩格斯：《自然辩证法》，载《马克思恩格斯选集》第 4 卷，人民出版社 1995 年版，第 285、300 页。

破解跨世纪世界历史难题的哲学思考

在没有经过发达资本主义历史阶段的落后国家建设社会主义是一个跨世纪的世界历史难题。中国特色社会主义既取得了前所未有的成就，又面临前所未有的问题。本文从哲学视角对大胆吸取和借鉴世界文明成果、正确认识市场经济和资本的两重性、正确认识和处理社会主义初级阶段的阶级矛盾和阶级斗争、如何坚持马克思主义意识形态的主导地位、如何防止党变质和资本主义复辟等问题进行思考，以有助于破解跨世纪的世界历史难题。

一、在没有经过发达资本主义历史阶段的落后国家建设社会主义是一个跨世纪的世界历史难题

近代中国社会面临着两大历史课题：一是民族独立；二是社会现代化。在西方，这两大历史任务是由资产阶级来完成的。由于中国社会自身的特点和世界历史发展的复杂性，这两大历史任务已不可能由中国资产阶级来完成，而只能由中国无产阶级及其政党来实现。中国共产党把马克思主义普遍真理与中国具体实际结合起来，领导中国人民经过了二十八年艰苦奋斗，推翻了帝国主义、封建主义和官僚资本主义在中国的统治，完成了资产阶级民族民主革命，实现了民族独立，并在思想理论上形成了中国化的马克思主义——毛泽东思想。这是人类历史上的伟大创举，对世界被压迫民族、被压迫阶级的解放事业产生了巨大而深刻的影响，加速了世界殖民

主义体系的崩溃。

新中国成立后，我们面临着社会主义现代化的新的历史任务。在当时特定的有利的国际国内历史条件下，中国共产党领导中国人民迅速走上社会主义道路，初步建立起社会主义的基本制度。经过数十年的艰难曲折的探索试验，终于找到了中国特色社会主义道路，形成了中国特色社会主义理论，基本上建立起中国特色的社会主义制度。中国社会发生了有史以来最深刻的历史性变革，中国的国民生产总值已居世界第二。社会主义新中国的成就令世界瞩目，堪称奇迹。这亦是人类历史上的伟大创举。我们对中国特色的社会主义事业满怀胜利的信心。

在充分肯定我们取得伟大成就的同时，必须清醒地认识到，我们面临着前所未有的问题和挑战。

当代中国面临哪些问题？在刚过完新中国成立六十周年庆典后，《人民日报》旗下的《人民论坛》杂志曾发起了"盛世危言：未来10年10个最严峻挑战"的调查问卷。调查显示，未来10年10个最严峻挑战依次为：（1）"腐败问题突破民众承受底线"；（2）"贫富差距拉大，分配不公激化社会矛盾"；（3）"基层干群冲突"；（4）"高房价与低收入的矛盾"；（5）"诚信危机，道德失范"；（6）"民主政治改革低于公众预期"；（7）"环境污染，生态破坏"；（8）"老龄化矛盾凸显，老无所依，老无所养"；（9）"大学毕业生就业更加困难，诱发不稳定因素"；（10）"主流价值观边缘化危机"①。

这一中国社会"未来十年十个最严峻挑战"自然只是社会问卷调查的一种结果。它的预测是否准确、全面，见仁见智，会有不同的看法。笔者认为，当代中国现实表明，这十个方面的严峻挑战确实反映了当代社会存在的主要问题。有些人仅仅抓住当代中国社会存在的诸多严重问题和阴暗面就认为"中国特色社会主义"实际上是"中国特色资本主义"。这种观点犯了以偏概全的错误，我们不能赞同。但也必须承认，当代中国社会普遍存在的上述严重问题是与社会主义的本质根本相对立的，是同广大人民群众的根本利益相冲突的。广大人民群众急切企盼尽快解决这些问题。

应当指出：像干部腐败、两极分化、政治体制改革滞后、干群矛盾尖

---

① 详见《盛世危言："未来10年10个最严峻挑战"调查问卷》，《人民论坛》2009年第24期。

锐、社会道德严重失范、信仰危机和主流意识形态边缘化、生态危机等问题并非是近几年才出现的新问题，而是改革开放以来久而未能解决的老问题。这些问题实质上反映了在没有经过资本主义现代化历史阶段的国家建设社会主义是一个跨世纪的世界历史难题。

按照马克思主义的一般理论，社会主义社会是在完成了现代化的发达资本主义社会基础上建立的。在没有经过发达资本主义历史阶段的落后的国家能不能建设社会主义，从俄国十月革命时起就有激烈的争论。苏联的社会主义事业有过胜利和辉煌，但最后由盛转衰，历史走了回头路，教训极其惨痛深刻。苏共没有能解决这一世纪性的历史难题。社会主义新中国已经历了 66 年历史，中间起伏跌宕，曲曲折折，现正在向胜利前进，成绩前所未有，问题也前所未有。我们党对解决这一跨世纪的世界历史难题已有重大的进展和贡献，但上述问题表明，我们还未能从理论与实践上完全解决这一世界历史难题。我们仍然面临着走回头路的现实可能性。对存在问题的严重性估计不足，尤其是对党变质、国变色的可能性、危险性失去警惕，是极其错误的。习近平同志在党的十八届中央纪委二次全会上说："我们国家无论在体制、制度上，还是在所走的道路和今天所面临的前所未有的境遇，都与苏联有着相似或者相近乃至相同的地方。弄好了，能走出一片艳阳天；弄不好，苏联的昨天就是我们的明天。"① 当然，对存在问题也不能估计过头。倘若如有些人认为的那样，党内已有一权贵阶级，中国已是权贵资本主义，或认为党内已形成资产阶级，中国已资本主义复辟，那就有可能重犯毛泽东晚年的错误。

我们的实践是在理论指导下的实践。实践上发生的问题本质是理论问题的显现，而实践问题的解决则有赖于理论问题的解决。上述实际问题从不同方面折射出中国特色社会主义的理论及制度、方针、政策存在着不完善和缺陷。现实的实际问题并不等于理论问题。作为专门的理论工作者要善于将实际问题上升为理论问题，并通过自己的研究，为解决实际问题提供理论支撑。由于专业不同，研究的视角和问题也就不同。

笔者是搞哲学的，对上述十个问题无有具体研究，只是希冀围绕着落

---

① 转引自《中国共产党转型必要性、必然性和紧迫性》，人民网—人民论坛 2013 年 8 月 26 日。

后国家如何建设社会主义的这一跨世纪世界历史难题作一点哲学思考，以有益推进中国特色社会主义伟大事业。

二、大胆吸取和借鉴世界文明成果

落后国家搞社会主义是不是"早产"？有人说是，有人说不是。考茨基、普列汉诺夫、苏哈诺夫等人以"早产论"来反对十月社会主义革命。对此列宁做了反驳。列宁承认"俄国生产力还没有发展到可以实行社会主义的高度"，但世界历史发展的特殊情形使得我们"首先用革命手段取得达到这个一定水平的前提，然后在工农政权和苏维埃制度的基础上赶上别国人民"[①]。我国有少数人认为，苏东剧变证明考茨基是正确的，列宁错了，便重谈"早产论"，反对中国共产党搞社会主义。我国理论界的多数人则不承认"早产"，批"早产论"。笔者反对"早产论"，但承认"早产"这一事实。因为我国在解放初期虽然有现代生产力，有无产阶级及其政党，但仍要如实承认，我国的生产力还没有发展到可以实行社会主义的高度，我国社会主义确实是"早产儿"。妇女怀孕过程中因各种原因发生早产。早产儿，先天不足，容易夭折。但早产儿并非必然夭折。先天不足，可以后天调养补胎。搞现代化就是"补胎"。我国社会主义的"早产"是特定国际国内历史条件造成的，无可厚非。要从世界历史看落后国家建设社会主义这一历史事实。没有第一次世界大战，就没有十月革命，没有苏联社会主义；没有十月革命，没有抗日战争和第二次世界大战的胜利，没有社会主义在苏联的胜利，就没有中国革命的胜利，更不可能走上社会主义道路。建国后学习苏联是必要的，不学习，社会主义无从谈起。学习不是照搬，社会主义改造，中国共产党有自己的创造性，取得了成功。

社会主义建设怎么搞？毛泽东想打破苏联的框框，走自己的路，搞"大跃进"、人民公社、"文化大革命"，但没有成功，也没有从根本上突

[①] 列宁：《论我国革命》（1923 年 1 月 16 日），载《列宁选集》第 4 卷，人民出版社 1995 年版，第 777 页。

破苏联模式。他既没有认识到在落后的国家建设社会主义会遇到前所未有的巨大困难[①]；也没认识到，如马克思所说的，必须要"占有资本主义制度所创造的一切积极的成果"[②]。

马克思所说的"一切积极的成果"，不仅是物质文明的成果，也应包括制度文明和精神文明的成果。对吸取和继承资本主义所创造的物质文明成果，不会有争论；但对吸取和继承资本主义的制度文明和精神文明的成果，意见就不那么一致了。因为资本主义的制度文明和精神文明具有资本主义的性质，与社会主义相对立。长期以来我们讲得多的是资金、生产设备、科学技术、管理方法、具体规章制度等引进，而较少讲在制度文明和精神文明层面的学习和借鉴。其实资本主义的制度文明和精神文明也含有整个人类文明的带有普遍意义的内容，为继而代之的社会主义文明提供新的基础。列宁曾指出，除了建立在庞大的资本主义文化所获得的一切经验教训的基础上的社会主义，不能设想还有别的什么社会主义[③]。在制度文明和精神文明上，在很长的时间里，我们更多的是注意到社会主义与资本主义之间对立的一面，忽视了它们之间的联系、继承的一面。社会主义的制度文明和精神文明既不是从天上掉下来的，也不是在空地上建立的，而是在批判地吸取和继承资本主义的制度文明和精神文明的基础上建立的。我国没有经历资本主义的历史阶段，因此，在今天离开了借鉴和继承西方资本主义的制度文明和精神文明，我们就无法建立起社会主义的制度文明和精神文明。我们亟须大胆吸取和借鉴当代西方资本主义的文明成果。

邓小平提出改革开放，大胆吸取人类文明成果，引进了市场机制，搞

[①] 列宁曾说过："由于历史进程的曲折而不得不开始社会主义革命的那个国家愈落后，它由旧的资本主义生产关系过渡到社会主义生产关系就愈困难。"（《列宁选集》第3卷，人民出版社1995年版，第436页）毛泽东不赞成列宁的观点，认为："在资本主义有了一定发展水平的条件下，从资本主义过渡到社会主义是愈容易，而不是愈困难。"（毛泽东：《读社会主义政治经济学批注和谈话》（上），中华人民共和国国史学会1998年印，第145页）

[②] 马克思：《给维·伊·查苏利奇的复信》（1881年2月底—3月初），载《马克思恩格斯选集》第3卷，人民出版社1995年版，第769页。

[③] 列宁：《在全俄中央执行委员会会议上关于苏维埃政权的当前任务的报告》（1918年4月29日），载《列宁全集》第35卷，人民出版社1985年版，第252页。

市场经济。由计划经济到市场经济是一大突破。马、恩、列、斯都没有讲过，相反，他们讲的都是公有制、计划经济。市场经济机制的引入，中国经济发展出现了新的局面，社会主义出现了新的生机和活力。

改革开放三十多年来，政治体制改革也有很大的进展，政治民主化和公民的自由度有很大的提高。但也要承认，无论是党的体制，还是国家体制，基本的架构还是从苏联搬过来的一套。政治体制改革滞后是不争的事实。如何改？能不能吸取西方制度文明成果？从理论上讲应是不成问题的。因为人民民主同资产阶级的民主既是对立的，但又是同一的，应吸取和改造资产阶级民主政治形式，完善人民民主制度。这里涉及上层建筑有没有继承性的问题。无产阶级必须打碎资产阶级国家机器，这没有错。但这决不是说，无产阶级专政可以在空地上建立，它需要在打碎资产阶级国家机器的同时，改造和利用资产阶级的上层建筑。有关上层建筑的继承性问题，至今很少有人讲，值得研究。

恩格斯认为，民主共和国是资产阶级统治的最后形式，"我们的党和工人阶级只有在民主共和国这种形式下才能取得统治。民主共和国，甚至是无产阶级专政的特殊形式，法国大革命已经证明了这一点。"[1] 他又说："共和国是无产阶级将来进行统治的现成的政治形式。"[2] 恩格斯同时强调，共和国只是"政治形式"，关键在实质、内容，是哪一阶级在掌握政权。毛泽东提出要区分国体与政体。西方三权鼎立是政体，而不是国体，是为防止官员擅权、腐败的一种监督体制。权力不监督、不制衡，必然发生腐败，甚至变质。三权鼎立的制度自然有办事效率不高等弊端，但近现代历史表明，在如何实行监督问题上，它不失为是一种较为有效的制度，至今尚未有一种比它更好的替代形式。人民代表大会制是与国体相联的制度，民主集中制是党和国家的重要组织制度，它们是适合中国特点的，决不能否定。但应当承认，我们并没有解决高度集权问题和民主监督问题，亟须进行制度的改革，防止由"社会公仆"变为"社会主人"和遏制腐败的滋生。

---

① 　恩格斯:《1891年社会民主党纲领草案批判》(1891年6月)，载《马克思恩格斯选集》第4卷，人民出版社1995年版，第412页。

② 　恩格斯:《致保·拉法格》(1894年3月6日)，载《马克思恩格斯选集》第4卷，人民出版社1995年版，第734页。

总之，正确对待资本主义文明是落后国家建设社会主义所遇到的重大的基本理论问题之一。对资本主义的文明，既不能盲目地照搬、照抄，全盘西化，又不能简单地拒绝、排斥，而是要结合中国的国情，在坚持共产党的领导和人民民主专政的前提下批判地吸取和借鉴，以创立具有中国特色的社会主义制度。

三、正确认识市场经济和资本的两重性

改革开放以来的实践证明，市场经济大大激发了社会生产力，促进了生产力的大发展，物质财富大量涌现；市场经济冲破了封建的、小生产的落后社会关系和观念，促进了人的解放和发展，推动了自由、民主、人权、公平、效率、竞争等观念的普及。市场经济和资本的积极作用得到充分显现，反对搞社会主义市场经济是错误的。但另一方面，我们对市场经济和资本的负面作用的估计极其不足。反对搞市场经济论者提出的市场经济的弊端正一一显现。现实生活中的种种重大社会问题都与市场经济和资本有着内在的联系。两极分化、地区差距和城乡差距的扩大、国有资产的流失和私有化、劳动者的贫困化和社会主人地位的失落、生态的破坏和恶化、权力与资本的结合、领导干部腐败、极端个人主义和拜金主义的泛滥、道德的严重失范等都与市场经济和资本的负面作用相关。在现今社会生活中资本的负面作用表现得淋漓尽致。我们应当清醒地认识到，市场经济和资本除了与社会主义相一致的一面外，确实也有与社会主义相对立的一面，有瓦解、侵蚀社会主义的一面。

在社会主义初级阶段，资本、市场经济仍有存在和发展的必要性，必须充分发挥它们的积极作用，企图过早地否定它们、消灭它们是错误的，不利于社会主义和广大劳动者。但这里仍有一个理论问题：市场、资本是否同社会主义本质相容；社会主义上层建筑能否限制、抑制它们的消极作用，在处理劳资关系时能否力求做到公私兼顾、劳资两利。笔者以为，这里的关键是要正确发挥社会主义上层建筑的能动反作用，积极推进各项体制改革和加强社会主义精神文明建设，从而做到既充分利用和发挥资本的积极作用，又尽量限制和抑制它的消极作用，使市场与资本为社会主义服务。

市场经济与社会主义的结合问题，虽已在实践上有了突破性的进展，但现实的社会问题表明，如何正确认识社会主义本质与资本本质之间的矛盾仍是一个有待进一步研究的基本理论问题。

四、正确认识和处理社会主义初级阶段的阶级
　　矛盾和阶级斗争

我们曾吃过阶级斗争扩大化的苦头，以至有的人一听"阶级斗争"四字就不寒而栗，顿生厌恶，这是可以理解的。我们再也不能重犯"以阶级斗争为纲"的错误。我们党在否定"以阶级斗争为纲"和"无产阶级专政下继续革命的理论"时始终承认："由于国内的因素和国际的影响，阶级斗争还在一定范围内长期存在，在某种条件下还可能激化，但已不是主要矛盾。"经过改革开放三十多年的发展，我国社会的经济结构和产业结构发生巨大的变化，与此相应的社会结构和阶级、阶层的结构也发生了重大的变化，随之而来的是阶级和阶级斗争也出现了新的情况。

无论从马克思主义的基本理论看，还是从当代中国社会现状看，中国社会存在着阶级和阶级斗争是一个不争的事实。这种斗争在经济、政治、思想文化领域中均存在。我们的社会学界对我国社会阶层问题的研究已取得了显著成果。阶层分析固然很重要，但它不能代替阶级分析。整个理论界和舆论界三十多年不讲阶级和阶级斗争，当有人重提阶级斗争、无产阶级专政时引起了不同的反应，出现了小小的"躁动"，群起而攻之。确实，现今的工人阶级、农民和知识分子的状况同改革开放前已有很大不同，它们有哪些变化和特点？随着非公有制经济的发展，现今的工商业者同社会主义改造前的私营工商业者也有很大区别。新的工商业者有多少人？有什么特点？起什么作用？中国社会是否出现了新的资产阶级？共产党内是否出现了一个特殊阶层，抑或已出现了权力与资本结合的官僚资本阶层或集团，等等。这些问题，一般性的议论较多，而专门的深入的研究似不多见。

我们现在只讲劳动关系，而绝口不讲劳动与资本的关系。这很难说是实事求是的科学态度。事实上，劳动与资本的关系已是目前中国社会中最基本的生产关系和社会关系①。正视这一关系，正确认识与处理这一关系，不仅关系到经济能否发展、社会能否稳定和谐的问题，而且关系到党是不是真正代表工人阶级和劳动人民根本利益的问题。在处理劳动与资本的关系上，我们总的倾向是"轻劳动重资本"。1990—2007 年间，职工劳动报酬占 GDP 的比重从 53.4%下降到 34.74%，明显低于发达国家的 50%以上，而企业盈余（资本收入）占 GDP 的比重从 21.9%上升到 31.29%。职工工资占企业营运成本的 10%左右，远低于发达国家的 50%②。工人罢工频繁发生，劳资矛盾相当尖锐。"导致罢工的根本原因是资本对劳动利益的过度侵占。"③ 2009 年 7 月发生的通钢事件，2010 年 1—8 月间全球最大的代工企业——富士康科技集团下的工厂连续发生震惊中外的 17 起自杀事件（媒体称作"连环跳"事件）④以及全国各地的各种形式的罢工⑤，算不算劳动与资本之间发生的阶级斗争，算不算当代中国社会阶级斗争的一种激化形式。资本决不会主动提高工资、改善劳动条件和增进劳动者的福利。现有的工人只是雇佣劳动者，而不是企业和国家的主人。正确认识和处理劳动与资本的矛盾，已提到党和国家的议事日程上。

腐败问题是一个普遍的世界性问题，不能简单归结为阶级斗争。但在社会主义国家的共产党和人民政府内倘若形成了一个利用权力谋取私利的特殊集团或阶层，是不是资产阶级向无产阶级的斗争？共产党内会不会出现新的官僚资本阶层或阶级？掌握权力的腐败分子会不会影响决策的

---

① 中国工运研究所课题组的《当前我国企业劳动关系矛盾的状况、发展态势及主要原因——企业劳动关系矛盾问题研究报告》（下），虽只讲"劳动关系"，不讲"劳资关系"，但也承认，"劳动关系已成为最重要的社会关系，成为影响经济发展方式转变与社会和谐稳定的关键因素。"（《理论动态》2011 年第 1878 期）

② 中国工运研究所课题组：《当前我国企业劳动关系矛盾的状况、发展态势及主要原因——企业劳动关系矛盾问题研究报告》（上），《理论动态》2011 年第 1877 期。

③ 张衔：《我国现阶段罢工的性质、原因与政策建议》，《中国社会科学》2011 年第 1 期。

④ 参见"两岸三地"高校富士康调研组：《富士康代工王国与当代农民工》，《中国社会科学》2011 年第 1 期。

⑤ 参见张衔：《我国现阶段罢工的性质、原因与政策建议》，《中国社会科学》2011 年第 1 期。

倾向性？党政干部腐败难以遏制，原因是多方面的，其中之一是在理论上没有把它看成是资产阶级与无产阶级之间的阶级斗争。

当代中国的许多问题，包括像环境恶化的生态问题的背后都有官员的腐败在起作用。许多恶性的环保事件大都同资本与权力的勾结有关。如有的环保官员所承认的："官清才能水清"。

企图重新肯定"以阶级斗争为纲"和"无产阶级专政下继续革命理论"是极不可取的。夸大阶级和阶级斗争的存在也是错误的。民主要扩大，民主要制度化、法制化，要防止人民内部多数人对极少数人的专政，防止破坏民主、违反法制事件的发生。从有利发展经济和各项事业出发，阶级斗争不宜过多地讲。但就一个马克思主义政党而言，作为当代中国的理论工作者和有良知的学者而言，对中国现实的阶级斗争不能熟视无睹，而应深入社会，进行调查与研究。

讲阶级斗争、无产阶级专政的人不一定是马克思主义者，但不讲阶级斗争、无产阶级专政的人则一定不是马克思主义者。作为党的高中级领导干部在处理国际国内重大问题时不能忘记今日的世界和中国还存在阶级和阶级斗争。我们的对手一刻也没有忘记要改变中国的社会主义制度，要消灭社会主义。苏联亡党亡国的理论原因之一是：苏共领导长期抛弃了无产阶级专政理论。有的研究者指出："一部苏联解体、苏共垮台史，是一部阶级斗争史，并且是一部特殊形式的阶级斗争史。"[①]不讲阶级斗争并不能改变现实的阶级斗争，不承认阶级斗争的人并不等于他不向无产阶级作斗争。苏共灭亡的这种教训应引以为戒。

五、如何坚持马克思主义意识形态的主导地位

意识形态领域的斗争是阶级斗争的重要方面。意识形态对夺取政权、巩固政权有重要意义。西方资产阶级一刻也没有放松对社会主义国家意识形态的斗争、渗透。他们公开扬言：要用资产阶级的价值观和反动、腐朽的"性崇拜、暴力崇拜、暴虐狂崇拜，背叛行为崇拜，总之是对一切不道

---

① 陈之骅：《苏联解体的根本原因在于苏共的蜕化变质》，《光明日报》2011 年 4 月 1 日。

德行为的崇拜"，以搞乱社会主义国家人民的思想。要在不知不觉中让社会主义国家的官员"贪贿无度，丧失原则"。要让社会主义国家青年的精神道德"变质、发霉、腐烂"，"要把他们变成无耻之徒、庸人和世界主义者"①。西方反动势力竭力通过广播、电视、电影、报刊、杂志、互联网等一切媒体，通过文化、教育、科学、外交和旅游等交流，向社会主义国家进行意识形态的渗透。在和平演变、颜色革命中，西方媒体起了重要作用。应清醒地认识到，社会主义在生产力、军事、科学技术、教育文化等方面不如西方资本主义的情况下，意识形态的作用显得尤其重要。在同西方资本主义国家实行互相尊重、合作共赢的外交方针的同时，我们决不可以放松在意识形态方面的警惕性。对错误思想采取放任自流的态度是极端有害的，淡化意识形态的口号只能解除自己的武装，为西方反动势力效劳。

剥削阶级意识形态会长期存在，甚至在某些领域、部门里占有优势。新中国成立至今已有六十六年，在知识分子及全体国民中真正相信和懂得马克思主义依然是少数，决不能以意识形态（世界观）作为确定人的政治属性的标准。国内有少数知识分子公开声称自己就是主张资本主义、反对社会主义的右派。有的公开宣传只有资本主义或社会民主主义可以救中国。有的则宣传只有孔子儒学能解决中国问题，复兴中华民族。在党的干部中也有一部分人存在信仰危机，甚至出现不信马克思主义、信鬼神的咄咄怪事。

如何坚持马克思主义的指导地位，如何巩固和扩大社会主义意识形态阵地，这是一个没有完全解决的问题。实践表明，用教条主义的态度来对待和处理意识形态中的矛盾是不能解决问题的。教条主义者对马克思主义的忠贞无可怀疑，但教条主义的态度却"卫"不了马克

① 美国中央情报局局长艾伦·杜勒斯在1945年美国众议院国际关系委员会上的演说。转引自［俄］尼古拉·伊万诺维奇·雷日科夫：《大国悲剧——苏联解体的前因后果》，新华出版社2010年版，第1—3页。苏联共产党从宣布社会主义建成起就不承认存在资本主义复辟的可能性，更没有认识到西方和平演变战略的危险性。直到苏共解散、苏联崩溃后，俄罗斯人在总结大国覆灭的悲剧时才认识到西方意识形态渗透的危害性，但为时已晚。雷日科夫在苏联解体时期任苏联部长会议主席、苏共中央政治局委员，他在自己著作的一开始就用一页多篇幅引了杜勒斯的讲话。

思主义之"道"。苏共由教条主义走向反面的教训值得深思。我们在坚持社会主义意识形态主导地位时如何防止一花独放的教条主义倾向值得研究。

六、如何防止党变质和国变色

这是一个老问题。毛泽东对这一问题有大量而深刻的论述，我们在否定其过火、片面之处时应肯定其合理的内核。这主要有：社会主义社会还存在阶级、阶级斗争，存在资本主义复辟的可能性；党内有可能出现特权阶层，以至形成资产阶级；资本主义复辟的危险性，国内与国际相比，国内是主要的，党内与党外相比，党内是主要的，上层与中下层相比，上层是主要的，重点在防止领导人变质、变修；注重思想理论和意识形态方面的斗争，"马克思一言兴邦，赫鲁晓夫一言丧邦"；通过依靠民主、依靠人民监督党，解决党内阴暗面；注意培养接班人等等。毛泽东在这方面存在的问题主要有：对什么是马克思主义、什么是修正主义没有完全搞清楚，对什么是社会主义、什么是资本主义没有完全搞清楚，从而夸大了党内的阴暗面，导致以阶级斗争为纲；缺乏法治观念，大民主离开了法制；忽视了发展生产力这一基础性的根本任务；等等。

邓小平复出后虽然很少讲阶级斗争，但始终坚持人民民主专政，始终坚持反对资产阶级自由化。他在 1989 年风波后多次讲到防止和平演变，讲到党有变质的可能性，资本主义有复辟的可能性，多次告诫全党要保持警惕。邓小平说，"垮起来容易，建设就很难。""我们搞社会主义才几十年，还处在初级阶段。巩固和发展社会主义制度，还需要一个很长的历史阶段，需要我们几代人、十几代人，甚至几十代人坚持不懈地努力奋斗，决不能掉以轻心。"[①]

邓小平、陈云看到党内，尤其是高层领导中存在的问题，一再讲这个党不抓不行了，但仅停留在口头上，没有付诸实践，没有具体对策和措

---

① 邓小平：《在武昌、深圳、珠海、上海等地的谈话要点》（1992 年 1 月 18 日—2 月 21 日），载《邓小平文选》第 3 卷，人民出版社 1993 年版，第 379—380 页。

施，更没有形成制度。重视党的建设，反腐倡廉，讲了三十多年，开的治病的药方甚多，但党内腐败不仅没有抑制，反而愈演愈烈，令人堪忧痛心。这说明"药方"有问题。当前中国最大的问题、最难的问题不是别的，而是共产党管不住自己。党要管党，从严治党。这完全正确、必要，但自己管自己靠自觉，有局限性。管不住怎么办？要靠人民依法管党。从大的方面讲，根本解决党内腐败问题有三条：一是靠教育。党员要牢牢树立共产主义的理想信念和为人民服务的思想，自觉改造主观世界，切实开展批评与自我批评，形成民主的政治生态。二是靠人民民主。人民的眼睛雪亮，腐败分子最怕人民，最怕人民民主。在信息化、网络化时代，一条条短信，一篇篇博客，就是一张张大字报，任何腐败分子无可逃遁。人民要依法管党，管干部。没有法治这一条，搞大民主，就会天下大乱。三是靠法治、制度。有些资本主义国家的官员比我们廉洁，主要是由制度管着，不能腐，不敢腐，没有下不为例。他山之石，可以攻玉，他们的有些制度值得借鉴。总之，要跳出历史上的"其兴也浡，其亡也忽"的周期率，这三条缺一不可。

当前重大的理论问题自然远不止这些。本文旨在提出问题，引起同人思考。至于这些理论问题的具体解决，则需要解放思想，下苦功夫，进行专门的调查与研究，而决不是像本人这样感想式的泛泛而论。

最后还想说一点，要充分认识中国特色社会主义是一个长期的历史过程，要充分认识解决落后国家建设社会主义的世界性历史难题的艰巨性、复杂性和曲折性。中国特色社会主义理论是社会主义初级阶段的理论，中国特色社会主义正处在实践过程中。一个正确理论要经过实践与认识的多次反复才能形成，不要轻易讲创新，讲发展，讲飞跃。我们在前进过程中必然会犯这样或那样的错误，我们后人纠正我们的错误，要比我们今天以轻蔑的态度纠正前人的错误多得多。正所谓"后之视今，亦犹今之视昔"。实践对真理的检验有一个过程，不能认为上了本本的就是真理。因此，我们既要敢想敢闯，开拓进取，又要谦虚谨慎，戒骄戒躁，不能着急。理论工作者的主要精力不应放在对已有理论的注释上，而应用在解决重大的理论问题和实际问题的研究上，用在为解决跨世纪世界历史难题提供理论支持上。

（本文最初是在 2011 年 4 月安徽大学召开的"当代中国马克思主义前沿问题"高层论坛会上的发言稿，后曾多次修改。收入北京大学马克思主义学院、中国道路与中国化马克思主义协同创新中心编：《马克思主义与人类发展：首届世界马克思主义大会论文集》（下册），人民出版社 2016 年版。）

社会主义的"早产"与历史唯物主义

——兼论人在历史选择中的决定作用

社会主义在 20 世纪经历了由高潮到低潮，再由低潮到走向复兴的曲折历程。社会主义没有能在西方发达资本主义国家取得胜利，倒是在经济政治文化相对落后的中国等国家取得了成功，这是人类历史发展中的奇迹。对这一历史事实，如何解释？没有经过发达的资本主义历史阶段的国家能不能搞社会主义？如果能的话，在这样的国家怎样搞社会主义？这一理论和实践问题，用通俗的形象的大白话说是，在相对落后的国家搞社会主义是不是"早产"？是的话，这样的"早产儿"能不能成活？能成活的话，如何才能成活，使之茁壮成长？这是 20 世纪乃至 21 世纪的重大的历史课题和世纪性难题，从俄国十月革命至今，一直争论不休。这里涉及历史唯物主义的根本问题，需要认真思考。

一、"早产论"的提出与延续

马克思在《〈政治经济学批判〉序言》中对唯物史观的基本原理做了经典性的阐述。依据生产力决定生产关系、生产关系一定要适合生产力发展的规律，他指出："无论哪一个社会形态，在它所能容纳的全部生产力发挥出来以前，是决不会灭亡的；而新的更高的生产关系，在它的物质存在条件在旧社会的胎胞里成熟以前，是决不会出现的。"（今人简称为"两个决不会")①马克思在阐述社会发展是一个不以人的意志为转移的自然历史过程时指出："一个社会即使探索到本身运动的自然规律,它还是不能跳过也不能用法令取消自然的发展阶段。但是它能缩短和减轻分娩的痛苦。"②马克思的这些论述主要是针对传统的历史唯心主义,强调生产力的最终决定作用,而没有涉及生产关系和上层建筑的能动反作用,没有涉及社会发展中的诸多复杂因素。马克思恩格斯一般地认为,社会主义革命首先是在资本主义比较发达的西方国家发生和实现。但现实的历史却与马克思恩格斯的设想迥然不同,社会主义革命首先在远比西方资本主义发达国家落后的俄国发生,并一度取得了伟大的胜利。比俄国更加落后的中国,经过艰难曲折的探索、试验和奋斗,终于开创了中国特色社会主义道路,取得了辉煌成就。中国发生翻天覆地的巨变,已成为仅次于美国的世界第二大经济体,令世界惊叹,堪称奇迹。

如何解释这一历史现象,一直存在着两种根本对立的观点。

在俄国十月革命时,考茨基、普列汉诺夫、苏汉诺夫等人依据马克思上述"两个决不会"的理论认为,俄国生产力落后,无产阶级不成熟,在总人口中只占少数,不具备搞社会主义革命的条件;列宁领导的布尔什维克发动武装起义,搞十月社会主义革命,违背了马克思主义的基本原理,是迷信意志和暴力。考茨基在1918年为反对俄国社会主义革命而写的小册子中明确提出"早产论"。他说,布尔什维克完全忘记了马克思在《资本论》初版序言的话(即本文所引的"自然的发展阶段"的话),"他们所宣扬和实行的无产阶级专政,无非是一种想要超越或者用法令来取消那些自然的发展阶段的大规模的试验。"他把布尔什维克领导十月社会主义革命比喻为一个怀孕的妇女,企图通过"疯狂万分地猛跳","为的是想把她无法忍受的怀孕期缩短并且引起早产"。他说:"这样生下来的孩子,通常是活不成的。"③这是社会主义"早产论"的最早、也是最形象的说法。据说,法国作家罗曼·罗兰在20世纪30年代考察苏联后曾说过:"这

---

① 马克思:《〈政治经济学批判〉序言》(1859年1月),载《马克思恩格斯选集》第2卷,人民出版社1995年版,第33页。

② 马克思:《〈资本论〉第1卷序言》(1867年7月25日),载《马克思恩格斯选集》第2卷,人民出版社1995年版,第101页。

③ 卡尔·考茨基:《无产阶级专政》,生活·读书·新知三联书店1973年版,第54页。

个社会就像剖腹产的不足月的婴儿，浑身是血，但生下来了。"①与考茨基等不同的是，罗曼·罗兰并不反对十月革命，而是肯定十月革命。

列宁在《论我国革命》一文中批判了第二国际修正主义者们借口俄国生产力落后以反对十月社会主义革命的谬论。他认为："俄国生产力还没有发展到可以实行社会主义的客观前提"，这是一个"无可争辩的论点"，但第二国际的一切英雄们并不能以此来否定俄国十月社会主义革命。列宁指出：第一，十月革命"是和第一次世界大战相联系的革命"。第一次世界大战，资本主义世界矛盾的激化，直接引发了无产阶级的社会主义的革命。用毛泽东的话说，是战争引起革命，反过来革命又加快了战争的结束。第二，"世界历史发展的一般规律，不仅丝毫不排斥个别发展阶段在发展的形式或顺序上表现出特殊性，反而是以此为前提的。"他说："既然建设社会主义需要有一定的文化水平（虽然谁也说不出这个一定'文化水平'究竟是什么样，因为这在各个西欧国家是不同的），我们为什么不能首先用革命的手段取得达到这个一定水平的前提，然后在工农政权和苏维埃制度的基础上赶上别国人民呢？"他又说："你们说，为了社会主义就需要文明。好极了。那么，为什么我们不能首先在我国为这种文明创造前提，如驱逐地主，驱逐俄国资本家，然后开始走向社会主义呢？你们是在哪些书本上读到过，通常的历史顺序是不容许或不可能有这类改变的呢？"列宁尖锐地驳斥道：这些自称马克思主义者的人们，"对马克思主义的理解却迂腐到无以复加的程度。马克思主义中有决定意义的东西，即马克思主义的革命辩证法，他们一点也不理解。"②第二国际的英雄们不懂革命的辩证法，把马克思主义的历史唯物主义歪曲成庸俗的生产力论和机械的线性决定论。

列宁去世后，苏联曾发生生产力落后的俄国能不能建设社会主义的争论。斯大林把以考茨基为代表的借口生产力落后不能搞社会主义的理论称为"庸俗化了的所谓'生产力'论。"③在20世纪上半期，俄国实现了社会

---

① 转引自爱德华·拉津斯基:《斯大林秘闻》，新华出版社1997年版，第132页。

② 列宁:《论我国革命》（1923年1月），载《列宁选集》第4卷，人民出版社1995年版，第776、777、778、775页。

③ 斯大林:《论列宁主义基础》（1924年4—5月），载《斯大林选集》上卷，人民出版社1979年版，第202页。

主义现代化，由一个欧洲落后的国家变成欧洲第一强国、世界第二大国，在第二次世界大战的反对法西斯战争中起了决定性的作用，为人类文明发展做出了重要贡献。在第二次世界大战后，东欧诸国家和中国等先后走上了社会主义道路，形成了社会主义阵营。社会主义曾经历过辉煌，"早产论"似乎止息了。

社会主义作为一种新的社会制度，缺乏经验，不能不犯有错误，付出代价。进入 20 世纪下半期，我国社会主义事业发生了严重曲折。"文化大革命"结束后，"早产论"再起，但受到批判后就沉寂下来了。到 90 年代初，苏联东欧剧变，社会主义在这些国家遭到失败，历史走了回头路。在国际反社会主义的浪潮高涨时，国内"早产论"又一次复起。

有人说："对俄国十月革命的评价，列宁与考茨基有根本分歧。一本书，叫《叛徒考茨基》吧！考茨基认为，俄国十月革命胜利，是诞生了一个'怪胎'！这个怪胎，诞生在这个落后的俄国，是不可能长久生存的、发育的。历史证明考茨基当时的那些见解，是正确的。经济发展、社会发展，有他自己的规律，并不是人们主观意志想怎么发展便怎么发展。"有人还说：必须恢复马克思（"两个决不会"）这一原理，必须补资本主义这一课。这乃是人类社会发展的自然过程。

很明显，这些人讲"早产论"是为了否定我国社会主义改造、社会主义革命和社会主义建设的历史，为了倒退回去，补资本主义的课。"早产论"有一定的市场，得到一些人的呼应。因此，从理论上弄清落后国家能不能搞社会主义，怎么搞社会主义，具有重要的理论价值和现实意义。

二、承认"早产"这一事实，承认社会主义初级阶段，否认"早产"不是实事求是的科学态度

我国舆论界的主流是不承认"早产"，批判"早产论"。笔者以为，"早产论"是错误的，应当批判，消除其影响。但它的错误不在认为落后国家搞社会主义是"早产"，而是企图以"早产"来反对社会主义，主张倒退回去搞资本主义。落后国家搞社会主义，条件确实不成熟，应承认是"早产"。承认"早产"是事实判断。"早产论"则是对"早产"这一事实

做出的扼杀"早产儿"的理论解说。两者不能混淆。

所谓"早产"是妇女生育过程中的一种特殊情形。中国俗话说，妇女十月怀胎，一早分娩。怀孕不到十个月就生产算早产。现代医学对"早产儿"的界定是：胎龄在 37 足周以前出生的活产婴儿，称为早产儿或未成熟儿。其出生体重在 2500 克以下，头围在 33 厘米以下，其器官功能和适应能力较足月儿为差者，仍应给予早产儿的特殊护理。现实生活中，因各种不同原因，包括孕妇遇到意外事件，发生了早产。对早产儿怎么办？第一，能塞回娘肚子吗？不行！塞不回娘肚子。第二，能把他（她）扼死吗？舍不得，不忍心，也违反人权。第三，唯一的办法，先天不足，后天精心调养、补胎。如何护理早产儿成活、成长已成为一门学问。随着医学科学的发展，医疗条件的改善和护理水平的提高，早产儿成活率也在提高。有的早产儿只有 600—700 克，出生后放在恒温箱，经过精心护理、救治，也能存活下来。这是妇女生育时人们对早产儿的态度。笔者以为，作为一个马克思主义者对"早产"的社会主义新生儿更应取精心护理、调养、补胎的态度。

按照马克思主义的一般理论，社会主义革命是在资本主义生产关系已容纳不了现代生产力的发展的条件下发生的。是先有了现代化的生产力，先进的科学技术，发达的文化教育，才能搞社会主义。在俄国和中国，现代化大工业所占比重不大，整个社会的生产力、文化仍不发达，没有达到现代化；无产阶级在全国总人口的比重还占少数，大量的是以农民为主的小生产者。因此从这一方面看，搞社会主义的条件不够成熟，这是不争的事实。但另一方面，俄国和中国社会均已有一定的现代化的大工业，有无产阶级及其政党，这就有了搞社会主义的起码条件。当时俄国和中国旧的生产关系和上层建筑，已严重束缚生产力的发展，阶级矛盾极端尖锐，发生革命的主、客观条件已具备，有其内在的根据和必然性。更重要的是存在着有利的国际条件：世界范围内资本主义危机导致世界大战，战争引起革命；发生革命的国家有矛盾可利用，从而使得革命能够胜利、巩固和发展；资本主义危机使人们把希望寄托在社会主义；等等。就此而言，俄国和中国发生革命并能胜利是同两次世界大战密切相关的，是世界范围内资本主义矛盾和危机的产物。可以说，没有第一次世界大战就没有俄国十月革命的胜利。没有第一、二次世界大战，就没有中国革命的胜利，更没有中国社会主义的胜利。革命不能制造，是两次世界大战催生了苏联、东欧和中国等国家的社会主义。社会主义的"早产"是世界历史发展的结果。

早产儿因先天不足，很容易夭折，但并非必然活不成。同样，"早产"的社会主义也并非注定要失败。社会主义在俄国（苏联）取得过辉煌的成就。它使落后的俄国在短时间里成为欧洲第一强国，世界第二大国。革命胜利 74 年后，苏联解体，其原因很复杂，但主要不能归结为"早产"，归结为十月革命搞早了，搞错了，更不能证明考茨基正确，列宁错误。一个早产儿经过精心养育，成为一个健康的幼儿，但成年后，因生病治疗不当，庸医开错了处方，吃错了药，导致死亡。我们决不会把他死亡的直接原因归之于出生时的早产，而是把它归之于治疗不当，归之于庸医开错了处方，吃错了药。同样，我们决不能因俄国历史走了回头路就否定十月社会主义革命的伟大历史意义，就否定列宁而肯定考茨基①。

我国走上社会主义道路是国内外历史条件决定的。只有社会主义能救中国，只有社会主义能发展中国，这是历史证明了的。尽管我们发生过曲折，干过一些今天看来是荒唐的蠢事，但与印度、巴西等国比，社会主义制度的优越性是无可争辩的。这次世界金融危机更突显了社会主义制度的优越性。是中国帮助了一些国家渡过金融危机的难关。中国搞社会主义，并取得成功，这是伟大的创举，是人类历史上的奇迹。

"早产论"的错误不在承认"早产"，其要害是反对像俄国和中国这样一些相对落后国家可以搞社会主义。我们反对"早产论"，但承认"早产"。无论是俄国还是中国，社会主义是"早产儿"，但不是怪胎。生下了，倒退回去，没有出路，广大工人、农民不答应。我们应从整个世界历史来看待落后国家建设社会主义这一事实，不能搞庸俗生产力论、机械决定论，而应坚持辩证的历史的唯物主义。

承认我国社会主义是"早产"，承认我国社会主义正处于初级阶段，是不够格的社会主义，这有助于进一步认识我国的国情，认识中国社会主义的特殊性和建设中国特色社会主义的艰巨性、复杂性、长期性和曲

---

① 关于十月革命伟大的历史意义以及对十月革命评价的争论可参见刘淑春等编的《"十月"的选择——90 年代外国学者论十月革命》，中央编译出版社 1997 年版，其中普列特尼科夫等四人合写的《十月革命的历史教训》（1996 年）一文尤其值得一读。

折性。在讲国情时，我们比较多地讲"一'穷'二'白'"，生产力、科学技术、文化教育的落后，发展的不平衡性，人口多，人均资源少等等。这无疑是正确的，但不够全面。我们没有经历较为发达的资本主义阶段，因而不仅物质文明条件不成熟，制度文明、精神文明的条件也不成熟。长期以来，我们对此缺乏应有的认识。我们比较多地讲到资本主义、资产阶级对社会主义的危险性，而忽视了数千年根深蒂固的封建传统和小生产的习惯势力的广泛存在，以及它们对社会主义的负面作用。

我们承认要补课，但不是补资本主义课，而是补现代化的课，集中精力搞现代化。我们始终要坚持中国共产党的领导，坚持"一个中心、两个基本点"的基本路线，搞社会主义现代化，发展市场经济，大胆吸取资本主义所创造的一切文明成果，利用资本主义的积极成果来建设社会主义。60多年的实践证明，中国特色社会主义理论是正确的。当然它还不完善，需要在实践中不断修正、补充和发展。

三、辩证地理解社会基本矛盾和历史发展规律，反对庸俗生产力论，反对形而上学的机械直线论

理论源于实践，指导实践，新的实践又发展理论。落后国家搞社会主义，不仅不违背唯物史观的基本原理，相反，它以新的实践经验补充和发展了唯物史观的基本原理。

马克思讲"两个决不会"，但他决不是机械论者、直线论者。他从世界历史的视野来看待资本主义时代的各国革命。马克思说："按照我们的观点，一切历史的冲突都根深于生产力和交往形式之间的矛盾。此外，不一定非要等到这种矛盾在某一国家发展到极端尖锐的地步，才导致这个国家发生冲突。由于广泛的国际交往所引起的同工业比较发达的国家的竞争，就足以使工业比较不发达的国家内产生类似的矛盾。"[①] 马克思恩格斯

---

① 马克思恩格斯:《德意志意识形态》(1845年)，载《马克思恩格斯选集》第1卷，人民出版社1995年版，第115—116页。

在论到俄国革命时认为，经济落后的俄国，是当时欧洲反动势力的首领，但它"已是欧洲革命运动的先进部队了"。俄国革命有可能成为"西方无产阶级革命的信号"，而当两者双方互相补充时，"俄国土地公有制便能成为共产主义发展的起点"①。他们的这一见解表明，他们是以辩证的观点来看待社会的发展，承认比西欧落后的俄国有发生革命、建设社会主义的可能性。

生产力是人和物有机结合的改造自然的能力。规定生产力性质的是生产工具，而人则是生产力中最活跃、最革命的因素，也是首要的因素。在社会变革时期，在同一生产力水平的条件下，人至少可以有两种选择：一种维持原有生产关系；一种变革原有生产关系。在如何变革、选择什么样的生产关系上，也有多种可能，而非只有一种。选择什么样的生产关系，首先是由生产力（其中主要是生产工具）的性质决定的，但也与生产力中人的状态密切相关。在变革生产关系基本条件具备的情况下，选择什么样的生产关系取决于人，人的素质，人的主观能动性。

一般说来，先有现代化的生产力、科学文化，才有社会主义。但在特殊条件下，可以先取得政权，建立新的上层建筑和生产关系，再发展生产力，搞现代化，这是列宁《论我国革命》的基本思想。俄国（苏联）的生产力、科学技术的大发展，整个社会的现代化，是在社会主义条件下实现的。我国的独立完整的现代工业体系和国民经济体系是在新的社会主义制度后建立的，尽管付出了巨大代价。毛泽东对此有所总结。他说："生产关系的革命，是生产力的一定发展所引起的。但是，生产力的大发展，总是在生产关系改变以后。"又说："首先制造舆论，夺取政权，然后解决所有制问题，再大力发展生产力，这是一般规律。"又说："一切革命的历史都证明，并不是先有充分发展的新生产力，然后才改造落后的生产关系，而是首先要造成舆论，进行革命，夺取政权，才有可能消灭旧的生产关系。消灭了旧的生产关系，确立了新的生产关系，这样为新的生产力的发展开辟了道路。"②毛泽东晚年确有忽视生产力的决定作用，片面夸大生产

---

① 马克思恩格斯:《〈共产党宣言〉1882年俄文版序言》（1882年1月21日），载《马克思恩格斯选集》第1卷，人民出版社1995年版，第251页。

② 毛泽东:《读苏联〈政治经济学教科书〉的谈话（节选）》（1959年12月—1960年2月），载《毛泽东文集》第8卷，人民出版社1999年版，第132页。

关系、上层建筑的反作用的错误，但上述历史经验的总结仍有真理性，是对社会基本矛盾理论的补充和发展。

邓小平在谈到发展生产力、批判"四人帮"时说过："马列主义没有'唯生产力论'这个词，这个词不科学。列宁在批判考茨基的庸俗生产力论时讲，落后的国家也可以搞社会主义革命。我们也是反对庸俗的生产力论，我们采取了和十月革命不同的方式，农村包围城市。当时中国有了先进的无产阶级的政党，有了初步的资本主义，加上国际条件，所以能在一个很不发达的中国搞社会主义。这和列宁讲的反对庸俗生产力论一样。"①

历史表明，在经济落后的国家搞社会主义的理论障碍之一是庸俗生产力论。

考茨基、普列汉诺夫反对十月革命的重要理由之一是不相信无产阶级能领导农民走社会主义。其实，恩格斯早就指出，无产阶级可以领导农民通过合作社走向社会主义。他曾批评那种"等到资本主义到处都发展到底以后，等到最后一个小手工业者和最后一个小农都变成资本主义大生产的牺牲品以后"，再来实行社会主义改造的观点②。列宁更是具体地论述了合作制，斯大林则实现了农业的集体化。

在我国合作化过程中，发生过先机械化再合作化与先合作化再机械化之争。刘少奇和一些同志曾认为："农业集体化必须以国家工业化和使用机器耕作以及土地国有为条件。没有这些条件，便无法改造小农的分散性、落后性，而达到农业的集体化。"他们把在没有实现工业化和农业机械化之前搞农业合作社称之为"是一种空想的农业社会主义思想"③。毛泽东则不同意这种看法，找刘少奇等谈话。他说："既然西方资本主义在其发展过程中有一个工场手工业阶段，即尚未采用蒸汽机动力机械、而依靠工场分工以形成新的生产力的阶段，则中国的合作社，依靠统一经营形成新生产力，去动摇私有制基础，也是可行的。"参加谈话的薄一波回忆

① 中共中央文献研究室编：《邓小平年谱（1975—1997）》（上），中央文献出版社2004年版，第222—223页。

② 恩格斯：《法德农民问题》（1894年11月），载《马克思恩格斯选集》第4卷，人民出版社1995年版，第500页。

③ 转引自薄一波：《若干重大决策与事件的回顾》（上卷），中共中央党校出版社1991年版，第188—190页。

说:"他讲的道理把我们说服了。"①毛泽东在《关于农业合作化问题》中对国家工业化与农业社会主义改造的关系和农业机械化与农业合作化的关系做了进一步的理论说明。在读《读苏联〈政治经济学教科书〉的谈话》中,他又说到,"要有拖拉机才能合作化"的说法是错误的。我国是在没有机械化的条件下完成了合作化。"文化大革命"结束后,绝大多数农村实行"包产到户"责任制的改革,改变了人民公社体制,促进了农业生产发展。据此,有一些人则认为:农业合作化搞早了、搞糟了,阻碍了农村生产力发展。有的人提出:刘少奇的先机械化后集体化的主张基本是正确的,而毛泽东的集体化的主张则是错误的,是农业空想社会主义;按刘少奇的意见办,"自然就走上了欧美国家家庭农场的道路,根本就用不着合作化"②。

实践证明,中国的合作化总体是成功的,促进了农业生产力和整个农业经济、农村社会的发展。1958年的公社化运动是错误的,超越了农业生产力,破坏了农业生产力的发展,必须加以纠正。但也应当承认,我国的农田水利建设是在集体所有制基础上进行的。没有20多年农田水利的建设(这也是生产力的建设),就不可能有改革开放后农业生产的大发展。因此不能因"包产到户"责任制的改革就否定合作化。

我国有一批始终坚持发展集体经济、不搞"包产到户"的成功的例子。无论何种社会主义生产关系,都是人自觉创建的,而非自发形成的。在客观条件相同的情况下,选择、建立什么样的生产关系,什么样的经营管理方式,人的状况、人的素质是决定性的因素。凡是集体经济搞得好的地方,都有一个好的带头人,有一个好的领导班子。如河南省刘庄的史来贺、江苏省华西村的吴仁宝等等。在20世纪80年代末,我们在搞《毛泽

---

① 薄一波:《若干重大决策与事件的回顾》(上卷),中共中央党校出版社1991年版,第191页。其实思想理论问题并没有真正解决。刘少奇在1958年积极支持搞"一大二公"的人民公社,但到60年代又再次主张"先机械化,后集体化"。据袁宝华1996年5月回忆:"合作社问题,少奇同志有不同的意见,一直到1965年,在他的家里开一次会,我去参加了。他还讲,首先得机械化,然后才能集体化。没有机械化,集体化不能实现。他抱了一大摞马恩列斯的书,他说,一直到现在我还坚持我的意见。"见张素华:《变局——七千人大会始末》"附录",中国青年出版社2006年版,第308页。

② 辛子陵:《农业集体化理论是怎样失足的》,《炎黄春秋》2007年第10期。

东与中国现代化》课题时做了点调查，在那时像刘庄那样坚持发展集经济的村镇不到全国总数的千分之一，但它预示了中国农村的光明前景①。河南省林县（现改为林州市），是山区，缺水，自然条件差。林县人民正是在困难时期的 1960 年上马修建引水工程，开山凿洞，修红旗渠，创造了"人工天河"，改变生产条件。红旗渠在国际上被誉为"世界第八奇迹"，今天成了国家重点保护的历史文物。而同样是河南省，有的地方自然条件比林县还好，却在同一时间里发生了非正常死亡的严重事件。两者的不同，关键在人，在领导干部的素质和政策水平。

毛泽东说："严重的问题是教育农民。"②他又说过："政治工作是一切经济工作的生命线。在社会经济制度发生根本变革的时期，尤其是这样。""反对自私自利的资本主义自发倾向，提倡以集体利益和个人利益相结合的原则为一切言论行动的标准的社会主义精神，是使分散的小农经济逐步过渡到大规模合作经济的思想的和政治的保证。"③他还说过：苏联教科书强调机器对农业社会主义改造的作用，"但是，如果不提高农民的觉悟，只靠机器，怎么行？两条道路斗争的问题，用社会主义思想训练人和改造人的问题，在我国是个大问题。"④这里主要是要有一个好的党组织，有一批好的干部，有成效的思想政治教育。

协作产生新的生产力，这是有条件的。倘若主观能动性发挥不好，则不仅不能形成合力，产生新的生产力，相反产生负效应，阻碍生产力的发展。安徽小岗村是又一典型。无一个好的带头人，无有效的思想政治工作，干部、社员信奉人性都是自私的，无社会主义的集体主义思想，集体经济自然搞不好，只能搞包产到户。包产到户能解决温饱问题，但要过小康生活，共同富裕，还得靠集体经济。"一夜越过温饱线，二十五年不富

① 许全兴：《中国农业的合作化与现代化》，载张文儒主编：《毛泽东与中国现代化》，当代中国出版社 1993 年版，第 97—106 页。

② 毛泽东：《论人民民主专政》（1949 年 6 月 30 日），载《毛泽东选集》第 4 卷，人民出版社 1991 年版，第 1477 页。

③ 毛泽东：《〈中国农村的社会主义高潮〉的按语》（1955 年），载《毛泽东选集》第 5 卷，人民出版社 1977 年版，第 243、244 页。

④ 中华人民共和国国史学会编：《毛泽东读社会主义政治经济学批注和谈话》下册（1959 年 12 月—1960 年 2 月），1998 年印，第 875 页。

裕。"小岗村几十年来没有发展起来的根本原因,"根子在干部"[1]。小岗村改革20多年后仍然不能由自身产生带头人,而须由上面派书记。这说明生产关系(所有制、经营管理方式)与人的素质密切相关。小岗村在农村改革上有历史作用,不能简单否定,但它决不是建设社会主义新农村的方向。从社会基本矛盾视角对华西村、小岗村做典型的研究是很有意义的。这两个不同典型,充分说明在选择何种生产关系和经营方式上人的决定性作用。

上层建筑的性质,取决于经济基础,但上层建筑的具体形式与人的素质有直接关系。人与经济、政治等体制的关系不能简单化,要辩证看待。一方面体制制约人,有什么体制就有什么样的人;另一方面,体制是由人建立的,由人执行的,是人的对象性存在,有什么样的人就有什么样的体制。普遍提高人的素质不仅是发展生产力的关键所在,也是推进各项体制改革的基础工程。体制改革必须考虑到人的政治思想、科学文化等方面的素质。

现代化的生产力,现代化的教育文化,现代化的科学技术,是社会主义的物质文化基础。在我国全面实现社会现代化是巩固社会主义制度的物质文化保证,然而它是在先取得政权,建立起基本的社会主义制度,再在社会主义制度下逐步实现的。列宁、毛泽东强调辩证法,强调人的能动性,这并不违背历史唯物主义,而正是坚持了辩证的历史的唯物主义,发展了社会基本矛盾理论。第二国际修正主义和现代修正主义均以生产力不发达为理由,反对搞社会主义,从理论上讲,他们把马克思主义的辩证的历史的唯物主义歪曲成庸俗生产力论、机械的直线决定论。现代修正主义迷信资本主义,在他们看来,搞现代化只有资本主义一条路。这也是机械的直线决定论。

"历史不过是追求着自己目的的人的活动而已。"[2] 历史唯物主义的历史规律论包含客观规律和人的主观能动性的辩证统一,承认在一定的历史条件下(尤其是在社会发生变革时期),人,人的目的和意志,人的主观

---

[1] 引自《沈浩日记摘编》,《光明日报》2010年1月5日。沈浩原为安徽省财政厅干部,派驻小岗村,任党支部第一书记。

[2] 马克思恩格斯:《神圣家族》(1844年),载《马克思恩格斯全集》第2卷,人民出版社1957年版,第118—119页。

能动性，在创造历史和选择历史道路方面起决定的作用。中国革命胜利后走社会主义道路，正是中国共产党人抓住了世界历史和中国历史的机遇而做出的正确选择。

四、总结正反历史经验，大胆借鉴西方文明成果，正确发挥社会主义上层建筑的作用

在生产力、科学技术、军事、文化教育等方面，我们将在相当长的一段时间里不如西方发达资本主义国家。西方反动势力亡我之心不死，他们利用上述诸方面的优势，千方百计对我国进行西化分化，搞和平演变。国内也有少数人竭力鼓吹资本主义，胡说马克思主义根本上就是错误的，中国搞社会主义根本上就走错了路。因此，我们应当清醒地认识到，中国仍有退到资本主义的可能性和危险性。我们决不能轻易地讲已取得了彻底胜利，已消除了资本主义复辟的可能性，决不能相信西方某些人的好话，丧失其警惕。除了始终牢牢抓住发展生产力这个第一要务外，我们还要始终坚持四项基本原则，要十分重视发挥上层建筑的作用，十分重视意识形态的作用。

有人认为，在俄国和中国建立社会主义的条件并不具备，硬要去建立社会主义，人为地推行，广大群众并不同意，采取消极怠工，甚至反对，这就必然采取强迫手段，实行高压政策法。这自然要强调专政，强化统治，搞个人独裁和制造个人迷信，同时对不同政见者予以批斗或镇压，而斯大林和毛泽东也就这样走向了悲剧。有的人甚至把苏联和中国的社会主义称为"暴力社会主义"。

国家本身是暴力机器。奴隶主的、封建主的、资产阶级的、无产阶级的国家皆然。资产阶级国家离开了暴力一天也维持不了。列宁的帝国主义是现代战争的根源的观点并未过时。20 世纪后半期，美国等西方大国差不多每隔十年左右打一次大一点的仗：朝鲜战争、越南战争、阿富汗战争、科索沃战争、伊拉克战争、利比亚战争等。崇拜资产阶级民主的人只见其形式和空洞的好话，根本否认它的阶级实质。在 20 世纪，西方发达国家的资产阶级专政（资产阶级民主）有很大的变化和发展，在形式上扩

大了民主，变得更加完善，社会阶级矛盾相对缓和，但资产阶级专政的本质未变。

在经济文化相对落后的国家，在物质技术基础相对薄弱的状态没有根本改变之前，其上层建筑在维护和巩固社会主义制度方面的作用尤其显著，甚至可以说有决定性的意义。因为在物质力量的不足时更需要有精神力量来补充，更需要发挥精神力量的作用。任何轻视上层建筑（包括意识形态）的作用的言论和做法都是极端错误的，极其有害的。

人民民主专政（无产阶级专政）的性质与剥削阶级的专政相反，但前者是向后者学来的。如毛泽东所说：这个学习很要紧，否则"内外反动派就会在中国复辟，革命的人民就会遭殃。"[1] 受无政府主义的影响，青年毛泽东曾不赞成宋朝哲学家朱熹的"以其人之道，还治其人之身"的话[2]，不赞成无产阶级专政。阶级斗争的血的教训和马克思主义理论使他认识到对反动阶级实行革命专政的必要性，认识到朱熹的话在这问题上有其真理性。"对敌人的仁慈，就是对人民的残忍。"这是巴黎公社留下的血的教训[3]。毛泽东认为，在这个问题上不要怕别人骂"独裁"、"专制"、"秦始皇"。人民民主专政是绝大多数人对极少数反动分子的专政，其目的旨在维护绝大多数人的权益，并把专政对象中的绝大多数人改造成为新人。人民民主专政离不开暴力，但它的本质，它的实质决不是暴力，而是代表了最大多数人的根本利益，致力于发展生产力，提高劳动生产率，以不断满足人民群众日益增长的物质文化的需要，促进人的发展。人民民主专政是人民自己的政权，得到最广大人民群众的拥护和支持。为人民民主专政改造好的人，也都承认、感谢我们的改造工作做得好。人民民主专政自然也会受专政对象的反对、咒骂和攻击。这是正常的现象，不这样倒是件怪事。

在经济政治文化落后的国家如何实行人民民主专政和怎样建设社会主义的民主政治是一个远未解决的值得研究的世界性课题。

---

[1] 毛泽东：《论人民民主专政》（1949年6月30日），载《毛泽东选集》第4卷，人民出版社1991年版，第1478页。

[2] 毛泽东：《民众大联合（一）》（1919年7月21日），载《毛泽东早期文稿》，湖南出版社1990年版，第341页。

[3] 毛泽东：《纪念巴黎公社的重要意义》（1926年3月18日），载《毛泽东文集》第1卷，人民出版社1993年版，第35页。

问题之一，坚持人民民主专政与防止专政的扩大化，防止一部分人民对另一部分人民的专政

人民民主专政是最广大的人民的民主，与历史上一切剥削阶级的少数人对多数人的专政有本质不同。但采取什么形式实行专政，无产阶级没有经验，需要在实践中探索。在新生政权巩固和大规模阶级斗争结束之后，毛泽东继续搞群众性的阶级斗争和群众性的专政，结果导致阶级斗争严重扩大化和专政严重扩大化，发生过一部分人民对另一部分人民（尽管是极少数人）的专政（如 1957 年的反右运动和十年"文化大革命"），伤害了一部分人民。这方面的经验教训应认真总结，专政要坚持，民主要扩大，要防止一部分人民对另一部分人民的专政。当然，我们对这方面的经验教训应采取历史的态度，不能因犯了专政严重扩大化的错误而由此否定整个国家政权的人民民主的性质，更不能把它同历史上剥削阶级的专政相提并论，把亿万人民建设的社会主义称为"暴力社会主义"。

问题之二，坚持马克思主义意识形态的主导地位与防止思想文化领域中的专制主义

意识形态对夺取政权、巩固政权有重要意义。意识形态领域的斗争是阶级斗争的重要方面。西方资产阶级一刻也没有放松对社会主义国家意识形态的斗争、渗透。他们公开扬言，要用资产阶级的价值观和反动、腐朽的"性崇拜、暴力崇拜、暴虐狂崇拜、背叛行为崇拜，总之是对一切不道德行为的崇拜"来搞乱社会主义国家人民，"要在不知不觉中让他们的官员贪贿无度，丧失原则"。"要让他们（青年）的精神道德变质、发霉、腐烂。""要把他们变成无耻之徒、庸人和世界主义者。"① 西方反动势力竭力

---

① 美国中央情报局局长艾伦·杜勒斯在 1945 年美国众议院国际关系委员会上的演说。转引自［俄］尼古拉·伊万诺维奇·雷日科夫：《大国悲剧——苏联解体的前因后果》，新华出版社 2010 年版，第 1—3 页。苏联共产党从宣布社会主义建成起就不承认存在资本主义复辟的可能性，更没有认识到西方和平演变战略的危险性。直到苏共解散、苏联解体后，俄罗斯人在总结大国覆灭的悲剧时才认识到西方意识形态渗透的危害性，

通过广播、电视、电影、报刊、杂志等一切媒体，通过文化、教育、科学和外交等交流，向社会主义国家进行意识形态的渗透。在和平演变、颜色革命中，西方媒体起了重要作用。应清醒地认识到，社会主义在生产力、科学技术、教育文化等方面不如西方资本主义的情况下，意识形态的作用显得尤其重要。淡化意识形态的口号只能解除自己的武装，为西方资产阶级效劳，因而是错误的。

剥削阶级意识形态会长期存在，甚至在某些领域、部门里占有优势。新中国成立至今已有 60 多年，在知识分子及全体国民中真正相信和懂得马克思主义的依然是少数，因此决不能以意识形态（世界观）作为确定人的政治属性的标准。在社会意识、价值观念呈多元化的形势下，如何坚持和扩大社会主义意识形态阵地，使之保持多元中的主导地位，这是一个没有完全解决的问题。实践表明，用教条主义的态度来对待和处理意识形态中的矛盾是错误的，是不能解决问题的。同样，采取放任自流的态度，或迎合国内外资产阶级的需要的所谓"自由化"也更极端有害。

问题之三，如何大胆吸取资本主义的一切文明成果

马克思认为，如果在落后的俄国搞社会主义，就必须"占有资本主义制度所创造的一切积极成果"[①]。列宁也说过，除了建立在庞大的资本主义文化所获得的一切经验教训的基础上的社会主义，不能设想还有别的什么社会主义[②]。"一切积极成果"、"一切经验教训"，意味着不仅是物质文明的成果，也应包括制度文明和精神文明的成果。资本主义的制度文明和精神文明自然具有资本主义的性质，但其中也含有整个人类文明有价值的内容，为继起代之的社会主义文明提供新的起点、基础。在制度文明和精

但为时已晚。雷日科夫在苏联解体时期任苏联部长会议主席、苏共中央政治局委员，他在自己著作的一开始就用一页多篇幅引了杜勒斯的讲话。

① 马克思：《给维·伊·查苏利奇的复信》（1881 年 2 月底—3 月初），载《马克思恩格斯选集》第 3 卷，人民出版社 1995 年版，第 769 页。

② 列宁：《在全俄中央执行委员会会议上关于苏维埃政权的当前任务的报告》（1918 年 4 月 29 日），载《列宁全集》第 35 卷，人民出版社 1985 年版，第 252 页。

神文明上，我们既要看到社会主义与资本主义之间的对立，又要看到它们之间的联系、同一。社会主义的制度文明和精神文明不是从天上掉下来的，也不是在空地上建立的，它们是在批判地吸取和继承了资本主义的制度文明和精神文明的基础上建立的。社会主义的人民民主同资产阶级的民主是对立的，但又有同一的一面，应吸取和改造资产阶级民主政治形式，完善人民民主制度。这里实质上涉及上层建筑有没有继承性的问题。无产阶级必须打碎资产阶级国家机器，但这决不是说，无产阶级专政可以在空地上建立。它需要在打碎资产阶级国家机器的同时，改造和利用资产阶级的上层建筑。有关上层建筑的继承性问题，至今很少有人讲，值得研究。

恩格斯认为，民主共和国是资产阶级统治的最后形式，"我们的党和工人阶级只有在民主共和国这种形式下才能取得统治。民主共和国，甚至是无产阶级专政的特殊形式，法国大革命已经证明了这一点。"① 他又说："共和国是无产阶级将来进行统治的现成的政治形式。"② 恩格斯同时强调，共和国只是"政治形式"，是政体，关键在实质、内容，是哪一阶级在掌握政权。毛泽东提出要区分国体与政体。三权鼎立是政体，而不是国体，是为防止官员擅权、腐败的一种监督、制衡体制。权力不监督、不制衡，必然发生腐败，甚至变质。三权鼎立的制度自然有办事效率不高等弊端，也仍有发生腐败的可能，但近现代历史表明，在如何实行监督问题上，它不失为是一种较为有效的制度，至今尚未有一种比它更好的替代形式，有可借鉴之处。人民代表大会制是与国体相联的制度，民主集中制是党和国家的重要组织制度，它们是适合中国特点的，决不能否定。但它们并没有解决高度集权问题和监督问题，需要进一步完善。

当代中国最令人堪忧的不是别的，而是共产党内的腐败不能从根本上得到遏制，共产党管不住自己。党要管党，从严治党，这无疑是真理。党要管党靠党的自觉，从理论到实践表明，自己管自己，有很大的局限性，

---

① 恩格斯：《1891年社会民主党纲领草案批判》（1891年6月），载《马克思恩格斯选集》第4卷，人民出版社1995年版，第412页。

② 恩格斯：《致保·拉法格》（1894年3月6日），载《马克思恩格斯选集》第4卷，人民出版社1995年版，第734页。

往往难于管住自己。除党要管党外，更为重要、更为根本的是要人民来监督党，来管党。人民监督党、管党，靠民主，靠自下而上的民主，充分相信群众，依靠群众。鉴于通过由上而下的民主解决不了党和国家的阴暗面，不能防止由公仆变主人，毛泽东决计采用由下而上的大民主运动。大民主是民主的一种试验，一种形式，并不成功，决不能再搞，但有其合理性，不宜简单否定。离开法制，仅靠大民主，造成天下大乱，并未达到天下大治。还要靠法治，从法律、制度上加以保证。在全球化、信息化、网络化的时代，民主的形式更在不断创新中。依靠人民和实行法治，两者缺一不可。人民依法管党、管国家、管干部，只有这样才能跳出"其兴也浡，其亡也忽"的周期率的支配。

问题之四，如何发挥社会主义上层建筑，解决市场经济带来的负面作用

我们还处于社会主义初级阶段，资本和市场经济还有其存在的理由。国际和国内社会主义正反两方面的实践表明，过早否定资本、私有制、市场经济不利于社会主义事业；资本和私有制的适度发展，市场经济制度的建立和完善，有力地促进了生产力的发展和人民物质生活的提高，使社会主义摆脱了困境和危机。资本、市场经济的积极作用得到充分的展现，这是任何人都无法否认的。必须坚持市场在资源配置中的决定作用，必须继续充分发挥资本、市场的积极作用。但另一方面，资本和市场经济所带来的负面效应也得到了淋漓尽致的表现，如贫富差距的加剧；城乡区域发展不平衡的扩大；权力与资本的相互勾结以及消极腐败现象的易发多发；生态环境的严重破坏以致危及人的生命健康；金钱拜物教、极端个人主义等资本主义价值观的盛行；建国初期早已绝迹了的旧社会的黄赌毒、黑社会势力等丑恶社会现象的滋生蔓延等等。如何从社会主义社会基本矛盾的角度，充分发挥社会主义上层建筑的积极作用，限制市场经济的消极作用，以切实保证改革的社会主义方向，这是一个亟待研究解决的理论问题和实际问题。

总之，在没有经过发达资本主义的落后国家如何建设社会主义，这是一个世纪性的历史课题，我们虽已取得了伟大的成就，创造了奇迹，但并

没有最终解决，还需要在实践中继续探索和完善。历史唯物主义应在解决这一世纪性历史难题中发挥自己的作用。

（2010 年 10 月初稿，2014 年 1 月第 4 次修改，刊陶德麟主编：《马克思主义哲学研究》2014 年卷，湖北人民出版社 2014 年版）

"文化哲学"的哲学透视

随着文化热的兴起,"文化哲学"在我国中断了一个时期后逐渐得到了恢复和发展,今天已成为当代中国哲学界较有影响的研究领域之一。文化哲学研究取得了令人欣喜的成果,报刊上发表了一定数量的论文,也陆续出版了一些专著。笔者对文化学、文化哲学无有研究。因参加这次以文化哲学为主题的第九届"马克思哲学论坛"学术讨论会,我花了三个多月时间,读了有关文化学(或文化理论)、文化哲学的数十本专著和大量的论文,做了点摘录,颇有收获,对文化学、文化哲学有了一个初步的了解。笔者以为,在研究文化理论、文化哲学时不能忘记毛泽东在《新民主主义论》里所阐述的马克思主义文化观。本文试图用马克思主义哲学对我国学界"文化哲学"的研究作一透视,希冀有助于推进"文化哲学"和文化理论的研究。本文具有"文化哲学"导读的性质,对一般读者了解"文化哲学"研究的状况会有一定的帮助。

一、文化哲学因社会危机而兴起

几乎每本有关文化学、文化哲学的著作都有对文化学、文化哲学的产生发展过程有所概述和评析。我读了许多概述和评析后总的印象是:在 19 世纪,文化学、文化哲学首先是由人类学者、历史学者开启的,随后才有哲学家介入。20 世纪以来国外出现的文化学、文化哲学的研究,主要是因为社会发生了危机,人类学家、社会学家、历史学家、哲学家、宗教学家们从文化的视角解释历史、政治，诊断危机，并为摆脱危机开出救世方案。斯宾格勒的《西方的没落》、汤因比的《历史研究》是这样，阿尔贝特·施韦泽的《文化哲学》和亨廷顿的《文明的冲突与世界秩序的重建》也是这样。我国20世纪发生的几次文化大争论（五四时期东西文化的争论、30年代围绕本位文化的争论、50年代现代新儒家的宣言、80年代的文化热、21世纪之初的国学热等）都是直接或间接地围绕着中国向何处去的问题展开的。有的文化哲学著作是直接面对当代人类的社会危机、文化危机和生态危机而发的。因而它们同社会的联系比一般元哲学更直接、更密切。这恐怕也是文化和文化哲学热一波又一波持续发展的重要原因。

文化哲学因社会危机、文化危机而兴起。这说明，尽管许多作者并不了解或并不赞成马克思主义的历史唯物主义的文化观，但他们的著作却说明，作为文化特殊形式的文化哲学，同其他的作为观念形态的文化一样，都是一定社会存在的产物，并为一定社会存在服务。文化哲学本身是第二性的，对它的说明要从社会生活中去寻找。社会生活的矛盾性、多元性，反映到文化哲学则呈现对立性、多元性。在存在着阶级和阶级对立的社会，不可避免会存在着不同阶级、阶层和政治集团的文化及文化哲学的对立和争论。

二、从社会生活出发，还是从概念出发？

在阅读文化哲学、文化学著作过程中，笔者发现：被我们称之为文化哲学家的西方学者，多数原本不是哲学家，而是文化学家、人类学家、社会学家、历史学家、政治学家、神学家、心理学家，因而他们研究文化问题，提出或阐述自己的文化哲学或文化学，并不是从"文化"的概念出发，而是从他们自认为的社会问题出发。他们研究的目的是对历史或社会问题作出说明，提出诊断，从文化视角开出治疗的药方。当然，他们是想建立而且也确实建立了自己的文化人类学、文化历史学、文化政治学、文化社会学等学科。但他们的学术研究不是为了创立或建构自己的文化哲学的理论体系，更无有把自己的学术成果看成是当代哲学的新形态的遐想。我们今天所论说他们的文化哲学是寓于他们对历史或社会问题的具体研究之中的，是寓于他们的文化人类学、文化历史学、文化政治学、文化社会学等具体学科之中的。他们自认为的问题是否真的抓得准确，他们对问题的说明是否真的科学，他们提出解决问题的思路或方案是否真的可取，这些自然是可讨论的。但他们从问题出发的问题意识是值得称道的，他们把实证研究与哲学思辨相结合的方法值得借鉴。他们对各自关注问题的研究虽不一定全面、正确，但对我们是有启发的，有片面的深刻性，至少拓宽了思路，提供了资料。

反观我国的文化哲学，可发现与西方的文化哲学不同，它们多数"不是源于对现实问题的深刻反思，而是源于对世界文化哲学思潮的回应"[1]。笔者隐隐约约地直感到，我国多数的文化哲学家，原本是哲学家或专业的哲学研究者，只有个别的是研究历史学的学者，因而他们的论文和著作，较多地是从概念、原理出发，他们的研究旨在建构自己的理论体系，而不是致力于对现实的社会问题和文化问题的研究和分析。我国的文化哲学家有强烈的建立自己的文化哲学的欲望。我国有关文化哲学的专著不仅在数量上远远超过外国，而且在体系的系统性、内容的深刻性方面也有优于外国之处。我们不能自惭形秽、妄自菲薄。我们有自己的优点。但我们文化哲学也有明显的不足：一是从概念出发，对现实社会生活缺乏深度的研究，对所涉及的社会问题大都停留在一般认识上，缺乏创新性；二是我国有的文化哲学研究者对历史、文化和文化学的知识较为欠缺，我国的文化哲学缺乏历史文化的厚重感，说得尖锐一点是缺少文化的文化哲学。这样的文化哲学自然也就不能引起从事文化工作和文化研究的人的兴趣和关注，因而它只能是在搞文化哲学的人中间引起讨论。

笔者以为，文化哲学，无论是作为部门的文化哲学（这在今天具有重要的价值），还是作为特殊哲学形态的文化哲学，都要有文化，都要有历史，文化哲学研究者要有较高的历史文化修养。

---

[1] 李永胜：《文化哲学的困境与出路》，《社会科学报》2007年7月19日。此文是对在西安召开的全国文化哲学学术研讨会的报道。

三、西方学者对文化概念之一斑

现今，"文化"一词用得极为广泛，文化包罗了社会现象的一切：从政治文化到生活文化、从网络文化到生态文化、从服饰文化到饮食文化、从性文化到死亡文化、从节庆文化到丧葬文化、从居室文化到汽车文化、从旅游文化到体育文化、从企业文化到街道文化、从茶文化到酒文化，如此等等，社会生活的一切现象、方面、领域都可冠以"文化"一词并加以研究。文化的功能得到前所未有的提升。随着知识经济时代的到来，文化产业日益成为国民经济的重要支柱。有人说，在美国，文化产业已是出口方面的第一大产业，在其国内产业结构中居第二位，仅次于军事工业。也有人预言，21 世纪是以知识产权为基础的文化产业经济。一个不争的事实是：文化与经济和政治的相互交融进入一个新的时期，文化已成为国家的软实力，是构成综合国力的重要因子。在经济全球化时代，文化在国际间综合国力竞争中的地位和作用日益突出，文化安全已成为国家战略安全的重要方面。"文化的力量，深深熔铸在民族的生命力、创造力和凝聚力之中。"[①] 基于文化地位的突现，"代表中国先进文化的前进方向"已载入中国共产党党章。

那"文化"究竟是什么？哲学视野中的"文化"是什么？这是在讨论文化、文化哲学时，首先遇到的，也是最恼人的、最不易说清的问题。

如前所述，讨论问题不应从定义出发，而是应从实际存在的问题出发，但决不是说，厘清所论问题的基本概念不重要。相反，确定所论问题的基本概念的内涵与外延，是讨论实际问题的必要条件之一，更是建立某一理论体系的前提。

当今世界，文化的定义究竟有多少，说法不一。"据美国文化人类学家 A.L. 克罗伯和 D. 克鲁克洪的统计，1871—1951 年的 81 年间，严格的文化定义就有 164 个之多。后来的法国社会心理学家 A. 莫尔新的统计资

[①] 江泽民：《全面建设小康社会，开创中国特色社会主义事业新局面》（2002 年 11 月 8 日），载《江泽民文选》第 3 卷，人民出版社 2006 年版，第 558 页。

料表明,(20世纪)70年代以前,世界文献中的文化定义已达250多个。"①
在对同一现象、事物进行界定时,因定义者研究的视角、观点、方法、目
的、兴趣、知识构成等主观因素的不同必然会有不同,甚至可以说,犹如
人人一宇宙一样,人人一文化定义。当然在相异中自然也有相近、相似、
相一致的因素。

据郭莲的《文化的定义与综述》一文介绍,克罗伯(A.L.Kroeber)
和克鲁克洪(D.Kluckhohn)在《文化:一个概念定义的考评》一书中把
160多个定义归纳为描述性的、历史性的、规范性的、心理性的、结构性
的、遗传性的等六类并进行评论。目前我国国内有关文化的定义,大体不
出这六类,现将其中影响较大者转摘如下:

人类学家、文化学的开创者泰勒(E.B.Tylor)的描述性定义:"文化
或文明是一个复杂的整体,它包括知识、信仰、艺术、法律、伦理道德、
风俗和作为社会成员的人通过学习而获得的任何其他能力和习惯。"(笔者
在此顺便补充:有学者称,泰勒在1871年曾将文化归结为"整个生活方
式的总和"②。)

美国文化语言学家的奠基人萨皮尔(E.Sapir)的历史性定义:"文化
被民族学家和文化史学家用来表达在人类生活中通过社会遗传下来的东
西,这些包括物质和精神两个方面。"这组定义还包括洛维、马林诺夫斯
基、米德、林顿等人。

规范性的定义,其中有强调文化是规则与方式:"某个社会或部落所
遵循的生活方式被称为文化,它包括所有标准化的社会传统。"这是美国
人类学大家威斯勒(C.Wissler)的定义。属于这组定义还包括赫斯科维
茨、弗思、拉斯韦尔、弗兰克、西尔斯等人。

在规范性的定义中还有强调文化中理想、价值与行为因素的。托马斯
(W.I.Thomas)认为:"文化是指任何无论是野蛮人还是文明的人群所拥
有的物质和社会价值观(他们的制度、风俗、态度和行为反应)"。

以萨姆纳(W.G.Sumner)和凯勒(A.G.Keller)为代表的心理性的

---

① 刘进田:《文化哲学导论》,法律出版社1999年版,第36—37页。
② 见田汝康为庄锡昌等编的《多维视野中的文化理论》一书写的序,浙江人民出版社
　 1987年版,第1页。该书对国外的不同流派的文化概念有"原著"的选辑和评介,不
　 失为一本了解外国文化理论的入门参考书。

定义。他们强调文化是调整与解决问题的方法和手段："人类为适应他们的生活环境所作出的调整行为的总和就是文化或文明。"归入这一类定义的还包括福特、伦德伯格、莫里斯、帕南基奥等人。

以奥格本（W·S·Ogburn）和尼姆科夫（M·F·Nimkoff）为代表的结构性的定义："一个文化包括各种发明或文化特性，这些发明和特性彼此之间含有不同程度的相互关系，它们结合在一起构成了一个完整的体系。围绕满足人类基本需要而形成的物质和非物质特性使我们有了我们的社会制度，而这些制度就是文化的核心。一个文化的结构互相连结形成了每一个社会独特的模式。"这一组还包括美国结构功能学派的代表人物雷德菲尔德和林顿、库图、克鲁克洪等人的定义。

福尔瑟姆（G·J·Folsom）的遗传性的定义，强调文化是人工制品："文化不是人类自身或天生的才能，而是人类所生产的一切产品的总和，它包括工具、符号、大多数组织机构、共同的活动、态度和信仰。文化既包括物质产品，又包括非物质产品，它是指我们称之为人造的，并带有相对长久特性的一切事物。这些事物是从上一代传给下一代，而不是每一代人自己获得的。"这组定义还包括伯纳德、沃登、路透、亨廷顿、默多克等人的。

遗传性的定义中还有强调观念的："文化是一种社会结构，或是一个社会有机体，而观念则是它的起源之地"（沃德 L·F·Ward）；"文化包括所有关于人类的观念"（奥斯古德 C·Osgood）。在这方面还有以戴维斯（A·Davis）和怀特（L·A·White）为代表的强调符号的定义①。

对文化的定义，笔者依据自己的阅读在此有必要做三点补充介绍。

首先是《文化：一个概念定义的考评》一书作者之一的克鲁克洪（D·Kluckhohn）本人的界定："所谓'一种文化'，它指的是某个人类群体独特的生活方式，他们整套的'生存样式'。"他和凯利（Kelly）对文化又作了如下的解说："文化是历史上所创造的生存样式的系统，既包含显型样式，又包含隐型样式；它具有为整个群体共享的倾向，或是在一定时期中为群体的特定部分所共享。"②这一解说不仅提出生存样式系统既包含

---

① 详见郭莲：《文化的定义与综述》，《中共中央党校学报》2002 年第 1 期。

② 见庄锡昌等编：《多维视野中的文化理论》，浙江人民出版社 1987 年版，第 117、119 页。

显型样式，又包含隐型样式，而且指出生存样式有"整个群体"和"群体的特定部分"的区分。

其次是有关阿尔贝特·施韦泽在《文化哲学》（1923 年）一书中对文化的定义。施韦泽是法国人，神学家、虔诚的基督徒，也是个医生。他在非洲行医过程中感悟到"敬畏生命"的意义。他认为："文化归根到底是一种肯定世界和生命的态度。"他把文化"精确地表述为：'伦理地肯定世界和生命。'"他深刻地感受到第一次世界大战时期的人类社会危机，并把社会危机归结为文化危机，归结为对文化、生命、价值的漠视。受尼采和叔本华的影响，他认为世界和生命的本质就是生命意志。"生命意志的第一个意识行为就是敬畏在生命中显现的生命。通过敬畏生命，人才赋予其存在的价值。"①他试图通过善的道德说教和宗教宣传来救世，开创永久和平，实现人的自由。

再次是亨廷顿在为《文化的重要作用——价值观如何影响人类进步》一书写的前言中对文化的定义。该书是 1999 年 4 月 23—25 日在美国马萨诸塞州坎布里奇市由美国艺术科学学会举办的"文化价值观与人类进步"的国际学术讨论的论文集。亨廷顿在题为"文化的作用"的该书前言中说："文化"一词，在不同的学科中和不同的背景下，自然有着多重的含义。"在本书中，我们关心的是文化如何影响社会发展；文化若是无所不包，就什么也说明不了。因此，我们是从纯主观的角度界定文化的含义，指一个社会中的价值观、态度、信念、取向以及人们普遍持有的见解。"该论文集"探讨了各种不同的文化对经济和政治的影响"。②尽管该论文集的观点是多样的，但正如译者在《译后记》中所指出的：该书的主流观点则是："声称当今人类的进步，即'经济繁荣'和'政治民主'，实有赖于像现代西方社会那样的文化价值观。""谁不按西方模式实现文化变革，谁就得落后，穷困。"该书译者认为，尽管该书不过是"兜售西方价值观的那一套陈词滥调"，但它的作者却是"当今（西方）的学者名流"，它较为集中反映了西方学者研究文化的视角及其主要观点，还是值得一

① ［法］阿尔贝特·施韦泽：《文化哲学》，上海人民出版社 2008 年版，第 26、36 页。

② ［美］塞缪尔·亨廷顿、劳伦斯·哈里森主编：《文化的重要作用》，新华出版社 2002 年版，第 3、5 页。

读的。

以上是西方学者对文化概念之一斑。

四、中国学者对文化概念之一斑

下面略述中国学者对文化概念之界定。

近代以来，尤其是五四新文化运动以来，围绕着中国向何处去的问题，文化上的争论绵延不绝，从未间断。我国许多学者提出了自己的文化观、文化哲学。吕希晨主编的《中国现代文化哲学》（1993年）一书对此有系统的梳理和评析。

梁漱溟的《东西文化及其哲学》是我国第一本文化哲学的专著，笔者在《中国现代哲学史》中称梁漱溟的哲学为"文化哲学"。梁漱溟认为：文化是"民族生活的样法"、"人类生活的样法"。受叔本华的影响，他反复述说，生活则是"没尽的意欲（will）"，文化的根源为意欲，"生活样法"的不同是由于意欲的不同[1]。他用意欲的不同来解释中国、西方、印度三者社会发展路向的不同，并由此论证未来世界要走中国孔家文化的路。梁漱溟的文化定义为现今有些学者所肯定和吸取。

梁漱溟文化哲学一出世就遭到多方面批评。胡适虽然承认"文化是民族生活的样法"，但不赞成用主观的意欲来解释文化，称梁漱溟的哲学为"主观化的文化哲学"。胡适本人则用实用主义的观点解释生活："生活只是生物对环境的适应"[2]。他又说："文明（Civilization）是一个民族应付他的环境的总成绩"，"文化（Culture）是一种文明所形成的生活方式"。东方文化派将物质文明与精神文明割裂，认为西方文明只是物质文明，东方文明在物质方面虽不如西方，但在精神方面要优于西方。胡适在批评这种错误时指出：凡一种文明的造成，必有物质和精神的两个子，两者互相渗透，物质文明中有精神文明，"精神的文明必须建筑在物质的基础之上"。

[1] 梁漱溟：《东西文化及其哲学》（1921年），载《梁漱溟全集》第1卷，山东人民出版社1989年版，第352、380、381页。

[2] 胡适：《读梁漱溟先生的〈东西文化及其哲学〉》（1923年4月1日），载《胡适文集》第3册，北京大学出版社1998年版，第186、189页。

胡适并不赞成唯物史观,他用"知足"与"不知足"来解释东西方文明的特色与差别。他说:"东方的文明的最大特色是知足,西方的文明的最大特色是不知足。"①他的这种解释与梁漱溟用"意欲"的不同来解释东西文化的不同并无本质的差别。

李大钊是马克思主义在中国的第一传人,他用唯物史观解释中国近代思想变动,批判尊孔主义。他曾恳切地忠告梁漱溟,"讨论东西文化应当留意他的客观的原因"②。根据马克思的唯物史观,李大钊把"人类生活的整个看作是文化",同时他又进而指出:"文化是以经济作基础","有了这样的经济关系,才会产生这样的政治、宗教、伦理、美术等等的生活。假如经济一有变动,那些政治、宗教等等生活也随着变动了。"③

瞿秋白以在俄国学得的马克思主义为武器批判东方文化派,阐述马克思主义文化观。他指出:"所谓'文化'(Culture)是人类之一切'所作':一、生产力之状态,二、根据此状态而成就的经济关系,三、就此经济关系而形成的社会政治组织,四、依此经济及社会政治组织而定的社会心理,反映此种社会心理的各种思想系统,——凡此都是人类在一定的时间一定的空间中之'所作',这种程序是客观上当有的。"④ 很显然,瞿秋白是用普列汉诺夫的社会结构的"五项因素公式"来解释人类之一切所作的"文化",把人类社会生活看成是有五个层次结构的有机体。他强调文化的时代性、阶级性、客观性。据此,他认为,东西文化的差异,不过是时间上的。他忽视了文化的地域上的差异和民族性,忽视了文化的历史继承性。这种缺点是当时多数马克思主义者都有的。直到 30 年代,马克思主义者才普遍注意到文化的民族性和继承性。

在 20 世纪 20 年代,朱谦之著有《文化哲学》(1924 年)。他把文化

---

① 胡适:《我们对于西洋近代文明的态度》(1926 年 7 月 27 日),载《胡适文集》第 4 册,北京大学出版社 1998 年版,第 3、4、12 页。

② 见梁漱溟:《东西文化及其哲学》(1921 年),载《梁漱溟全集》第 1 卷,山东人民出版社 1989 年版,第 372 页。

③ 李大钊:《研究历史的任务》(1923 年 11 月 29 日),载《李大钊文集》(下),人民出版社 1984 年版,第 674 页。

④ 瞿秋白:《东方文化与世界革命》(1923 年 3 月),载《瞿秋白文集》(政治理论编)第 2 卷,人民出版社 1988 年版,第 20 页。

定义为"人类生活的表现"。他说:"人类生活自始即是文化的生活,人类生活的表现自始即是文化史的表现"①。他也认为,文化表现在人类生活的各个方面,不仅包括宗教、哲学、科学、艺术等领域,而且包括政治、法律、经济、教育等生活。与李大钊的"文化是以经济作基础"不同,朱谦之则受柏格森生命哲学的影响,认为"文化的根底","文化的本质"是"生活经验",是"经验之流"、"生命之流"。

研究者们通常把人类社会生活分为政治、经济和文化三部分。在《新民主主义论》中,毛泽东对此意义上的文化做了如下的规定:"一定的文化(当作观念形态的文化)是一定社会的政治和经济的反映,又给予伟大影响和作用于一定社会的政治和经济;而经济是基础,政治则是经济的集中表现。""一定形态的政治和经济是首先决定那一定形态的文化的;然后,那一定形态的文化又才给予影响和作用于一定形态的政治和经济。"②他提出,在讨论文化问题时不能忘记马克思主义的能动的革命的反映论的基本观点。毛泽东的这一文化界定着眼于文化的内涵和功能,突出了文化的时代性、阶级性,旨在说明对旧文化中反动成分的革除,离不开对旧政治、旧经济的变革,而对新文化的建设则离不开对新政治、新经济的建设。他在往后的文化建设的论述中则阐明了文化的民族性、继承性、开放性。我们应全面把握毛泽东关于文化的时代性、阶级性、民族性、继承性和开放性的思想。在研究文化问题和文化哲学时,我们不忘记毛泽东阐述的马克思主义的文化观。

至于20世纪20—40年代我国的其他哲学家的文化定义在此只能从略。

近20年来,我国学者对文化的定义也是多样的,每一个文化哲学家都有自己的定义,其代表性的主要有:

"文化是一定的民族根源其物质生活和社会实践而形成的反映其思维方式、认知模式、价值观念、民族性格等精神成果的总和及流变。"③

"文化的本质就是人的自我的生命存在及其活动,文化世界的本体就是人的自为的生命存在。"(李鹏程:《当代文化哲学沉思》,人民出版社

---

① 朱谦之:《文化哲学》,商务印书馆1990年版,第5、8、12页。

② 毛泽东:《新民主主义论》(1941年1月),载《毛泽东选集》第2卷,人民出版社1991年版,第663—664页。

③ 吕希晨主编:《中国现代文化哲学》,天津人民出版社1993年版,第5页。

1994 年版）"文化就是我们的存在"，"存在就是生命"①

"文化是人类在改造世界的对象性活动中展现出来的体现人的本质、力量、尺度的方面及其成果。简言之，文化便是人化，是人类所创造的'人工世界'及其人化形式的那一面。"②

"文化是标志作为目的人的发展过程及其成果的范畴，是从人作为主体的自我实现这个角度对社会历史的一种科学抽象。""文化既不是本体，也不是实体性存在。"③

"文化是指存在和隐帅于人能动地改造世界和实现自我的对象性活动及其方式和结果中的普遍而恒定的集体意向。"简约化的说法，文化"是普遍而恒定的集体意向"。④

"文化是历史地凝成的稳定的生存方式，其核心是人自觉不自觉地建构起来的人之形象。""文化不是与经济、政治、科技、自然活动领域或其他具体对象并列的一个具体的对象，而是内在于人的一切活动之中，左右人的行为方式的基本生存模式。"⑤

"文明是人类的一切创造。文化是人类创造物的特征、风格和样式。"⑥

"文化是人的相对稳定的生活方式，涉及到人的对象性活动总体。"⑦

"广义的文化是指人所创造的不同于自然的和自身生物的东西，如生产工具、社会制度、观念习俗等等。""狭义的文化是指观念文化，其中既包括风俗习惯、社会心理等自发形态文化，也包括艺术、科学、哲学等自觉的文化形态。"⑧

……

---

① 李鹏程：《论文化哲学的形而上学建构》，《光明日报》2007 年 10 月 30 日。

② 萧前主编，黄枬森、陈晏清副主编：《马克思主义哲学原理》，中国人民大学出版社 1994 年版，第 687 页。

③ 陈筠泉、刘奔主编：《哲学与文化》，中国社会科学出版社 1996 年版，第 66 页。

④ 刘进田：《文化哲学导论》，法律出版社 1999 年版，第 49 页。

⑤ 衣俊卿：《文化哲学》，云南人民出版社 2001 年版，第 10、26 页。

⑥ 杨善民、韩锋：《文化哲学》，山东大学出版社 2002 年版，第 9 页。

⑦ 邹广文：《"上下求索"的文化哲学》，《光明日报》）2007 年 10 月 30 日。

⑧ 马克思主义理论研究和建设工程重点教材：《马克思主义哲学》，人民出版社 2009 年版，第 242 页。

列出上述种种文化定义是想说明，对文化的定义是形形色色的，我们无须去求得一个一致赞同的定义。同时也是想为给非专门研究文化哲学的读学者提供一点资讯，以便从多方面思考文化，而不至于陷入片面性。

五、对文化的哲学追问，文化哲学与唯物史观

文化哲学发端于西方，学习、借鉴西方文化哲学是建设我国文化哲学的必要条件。但西方文化哲学从世界观上讲大都属于历史唯心主义，因此，我们在大胆吸取西方文化学、文化哲学中积极成果的同时，如何坚持和发展马克思主义的文化观是　个值得重视的问题。

现今哲学界虽然盛行对本体论思维方式的批判，对哲学的界定也有种种的不同，但有一点似乎是一种共识：哲学是一门刨根问底的学问，要追问和探究事物与问题的根本。所以哲学对文化的追问（或所谓"形而上"的研究）不能停留在"文化是人类生活"、"文化是生活方式"、"文化是生存模式"、"文化是生命存在"、"文化是集体意向"、"文化是人化"等层面上，因为对"人类生活"、"生活方式"、"生存模式"、"生命存在"、"集体意向"、"人化"等可以作出不同，甚至是完全对立的解释。对文化的哲学追问，亦即本体论的追问，要深入到提出"人类生活是什么"、"生活方式是什么"、"生存模式是什么"、"生命存在是什么"、"集体意向是什么"、"人化是什么"等问题。如哲学史所表明的，正是对这些问题的不同回答，形成了不同的文化理论，不同的文化哲学，其中存在着唯物与唯心之两大分野。科学的文化哲学不能悬在空中或建立在主观性上，而必须有坚实的基础。笔者以为，我国现今多数的文化哲学家，坚持用历史唯物主义指导文化学、文化哲学的研究，但也有些文化哲学家在形式上力图回避历史唯物主义与历史唯心主义的问题，而在实质上却是对传统的历史唯物主义持保留的态度。

马克思主义认为，实践是人类特有的生存方式。生产劳动是人类最基本的实践形式，是人类社会存在、发展的基础和动力。全部社会生活在本质上是实践的。物质生活的生产方式制约着整个社会生活、政治生活和精神生活的过程，人们的社会存在决定人们的社会意识，应从物质实践出发

解释观念的形成和人类历史。文化、精神具有相对独立性，它们对物质生产、政治生活和整个社会生活有巨大反作用。随着社会的发展和人的主体地位的提高，文化、精神的能动作用越发显现。否认这点就会陷入机械决定论和庸俗唯物论。但这种巨大的能动反作用，包括精神转化为物质的日常生活中常见的现象，包括知识经济时代和信息化时代的来临，都不能改变物质生产方式在整个社会生活中的基础地位，都不能否定"人类生活"、"生活方式"、"生存模式"、"生命存在"、"集体意向"、"人化"等必须以物质生产方式为基础。文化是具体的、历史的。不仅不同时代有不同的生活方式、生存样式，有不同的文化，而且同一时代、同一民族，因阶级、阶层不同，其生活方式、生存样式、文化模式也不同。列宁的"每一种民族文化中，都有两种民族文化"的观点是符合历史实际的、深刻的①。总之，马克思主义的历史唯物主义为我们提供了从社会实践去理解人类社会发展（包括文化发展）奥秘的钥匙，提供了正确研究文化和文化哲学的指针。

我国文化哲学论者普遍认为，文化有广义与狭义之分，而广义的文化就其存在的形式而言，大体可分为物质文化、制度文化（或行为文化）和精神文化。从理论上讲，多数文化哲学研究者都自认为自己研究的是广义文化，而非狭义文化，他们的文化哲学不同于政治哲学、科学哲学、宗教哲学等部门哲学，而是哲学在当代的新形态、新的范式。但从他们所论的文化哲学的实际内容看，他们所说的文化主要是制度文化和精神文化，如把文化理解为"行为规范体系和价值观念体系"。这是可以理解的，因为，无论是广义文化，还是狭义文化，它的核心则是价值问题，要有利于人的生存和发展。"文化上的每一个进步，都是迈向自由的一步。"② 无论何种文化哲学，它的研究旨在于人的解放，在于追求人的自由而全面的发展。至于如何不断迈向自由，实现人的解放，不同的文化哲学也有不同方案，马克思主义哲学同资产阶级哲学有着根本的分歧。

物质文化、制度文化和精神文化三者之间是什么关系？学术界有不

---

① 列宁：《关于民族问题的批评意见》（1913年10—12月），载《列宁选集》第2卷，人民出版社1995年版，第344、336—337页。

② 恩格斯：《反杜林论》，载《马克思恩格斯选集》第3卷，人民出版社1995年版，第456页。

同的见解。"按照一般的常识或朴素的哲学观点，物质文化和制度文化决定精神文化，而精神文化只是反作用物质文化和制度文化。"与此不同的观点则认为："在文化构成中，精神文化更具有重要性，因为它更好地揭示了人与动物的本质差别"；"物质文化和制度文化都是精神文化的外在表现和物化形式"，它们之间不是"决定"与"被决定"的关系，"而是水乳交融的内在结合的关系"①。这里所说的"一般的常识或朴素的哲学观点"，显然是指现在流行的马克思主义观点。因为受传统的马克思主义哲学的教育，"物质文化和制度文化决定精神文化"观点确实为我国一般学者所接受，确实已成为一般常识。但从人类认识史和哲学史看：人们的意识决定人们的存在的观点，精神比物质更根本、更重要的观点，是一种更为古老的、至今在世界上仍更流行的观点，是西方文化哲学根深蒂固的传统观点。马克思、恩格斯、普列汉诺夫和列宁等人对这种传统唯心论的观点进行过深入的批判，包括揭露其认识论根源和社会历史根源。对经典作家在这方面的论述，任何一个马克思主义学者都是了解的、甚至是熟悉的，在此毋须赘述。

这里有两个问题需要讨论：一是物质文化与精神文化（为讨论问题方便，略去制度文化）之间在客观上有无"谁决定谁"的关系，还仅仅只是"水乳交融的内在结合"的关系，或一般的相互制约的关系；二是如何理解"决定性"、"重要性"以及"谁决定谁"同"重要性"之间的关系。这些问题看似简单，其实是两千多年来哲学家们一直争论不休的基本问题。

先说第一个问题。笔者以为："决定"与"被决定"是就物质和精神两者的来源和内容上讲的，"重要性"是指物质和精神两者对社会发展作用的比较而言，这是两个不同性质的问题，不可混淆。从文化的来源和内容上讲，物质文化与精神文化之间在客观上存在"决定"与"被决定"的关系，物质文化决定精神文化，有什么样的物质文化，就有什么样的精神文化；精神文化源于物质文化，精神文化需要从物质文化中得到说明。物质文化确实"是精神文化的外在表现和物化形式"。既没有纯在的物质文化，也没有纯在的精神文化，它们之间互相渗透。它们之间确实是"水乳

---

①　衣俊卿：《文化哲学》，云南人民出版社 2001 年版，第 79 页。

交融的内在结合"的关系，但问题是精神文化并非是先验的存在，而是在物质文化建设过程中逐渐形成和完善的，是由其物质生活决定的。因此，就物质文化与精神文化何者为本原而言，前者为本原，为第一性，后者为派生的，为第二性，前者决定后者。在这里"决定"与"被决定"的关系既不可颠倒，也不可持相互决定的二元论的观点。这里的争论实际上回到以往历史上曾发生的"先有飞机之理，还是先有飞机"或"先有桌子观念，还是先有桌子"的争论。解决这一争论，必须坚持马克思主义的实践观点，坚持辩证的历史的唯物主义。

再说第二个问题。无论物质文化，还是精神文化，都体现了人的主观能动性，都是人的本质、力量、情感、意志等对象化的存在。就构成人与动物的区别而言，物质文化的意义一点也不逊于精神文化，甚至更优于精神文化。众所周知，劳动工具的制造是人区别动物的根本标志。进入文明社会后，就物质文化与精神文化两者的重要性、意义而言，则因情况的不同而不同，需具体分析，区分一般情形和特殊情形。对此列宁和毛泽东均有很好的说明。毛泽东说，实践和理论的矛盾，经济基础和上层建筑的矛盾，一般地说，实践、经济基础是矛盾的主要方面，表现为起主要的决定的作用。在另一种情形，"当着如同列宁所说，'没有革命的理论，就不会有革命的运动'的时候，革命的理论的创立和提倡就起了主要的决定的作用。当着某一件事情（任何事情都是一样）要做，但是还没有方针、方法、计划或政策的时候，确定方针、方法、计划或政策，也就是主要的决定的东西。当着政治文化等等上层建筑阻碍着经济基础的发展的时候，对于政治上和文化上的革新就成为主要的决定的东西了。"[1] 显然，毛泽东这里所说的在特定条件下的"主要的决定的作用"是指对社会发展的意义而言的，而不是指理论、文化本身的内容。还应指出，随着社会的发展，文明的进步，人的能动性，人的精神的作用，将越发增大，这是毋庸置疑的。但同样毋庸置疑的是，不管人的能动性有多大，但都要遵循客观规律，就社会发展而言，都不能违背社会客观规律去进行任意的历史选择和创造。

---

[1]　毛泽东:《矛盾论》(1937年8月)，载《毛泽东选集》第1卷，人民出版社1991年版，第326页。

我国有些学者强调他们所说的文化哲学，是"一种哲学的理解范式"，"是一种历史的解释模式"，"是研究人的存在和各种社会历史问题的一种独特视角，也是一种关于人和世界的文化批判视角"。他们认为，这种文化哲学研究摆脱了传统的主体—客体二元对立的立场和追求理性逻辑、普遍规律的形而上学范式；它强调文化的复杂性、丰富性、差异性、多样性、创造性，不再把所谓的"普遍规律"作为研究的旨趣，而是强调"历史发展的多样化道路"①。这种文化哲学强调以文化批判的视角研究人和世界的关系，强调通过文化批判实现变革现实和改变世界的目的，强调反对外在的机械自然进化论和线性决定论。这些见解自然有其合理性的一面；但它们否认文化哲学研究中存在着主观与客观的区分、否认对社会发展（或文化模式）普遍规律的探究等是值得商榷的。马克思主义的唯物史观认为，人类社会是以生产方式为基础的包括人的精神生活在内的复杂有机体，唯物史观决不是庸俗的、机械的经济决定论。把唯物史观歪曲为机械的、线性的决定论或宿命论，这是反对唯物史观论者惯用的手法，中外皆然。我国有些文化哲学家反对从外面强加给人的活动以所谓的"铁的必然性"，这完全正确。但他们在否定庸俗的、机械的形而上学决定论的同时，在强调"历史发展的多样化道路"的同时，并没有正面承认人类社会和人的活动自身有其不以人的意志为转移的客观规律（亦即承认人类社会是一个自然历史过程，有其内在的而非外在强加的客观规律），并没有指出辩证的历史决定论与历史发展道路的多样性理论是统一的。相反，他们强调，文化哲学的研究超越了传统哲学对"普遍规律"的寻求。这就令笔者产生了这样的疑问：你们的文化哲学承认社会发展有客观规律吗？你们的文化哲学与马克思主义的唯物史观是何种关系？

近30年来，在我国哲学界颇为流行超越主观与客观的二元对立的观点和超越唯心论与唯物论区分的观点。它们虽时髦，但并不是什么新的创见，而是一种陈旧的观点。且不说外国哲学，就我国而言，在20世纪20年代科学与人生观论战中，胡适就不赞成戴着"唯物"与"唯心"色彩的历史观，不赞成唯物历史观，主张不戴帽子的"秃头的历史观"，即多元历史观。梁启超则专门写过一篇《非"唯"》的短文，认为人生中的心物

---

① 参见《文化哲学：一种哲学理解的范式》，《光明日报》2010年9月14日。

相互关系是最复杂的、最矛盾的，不能用"唯"字来表达。笔者以为，只要是哲学的研究，就离不开进行形而上的追问。在哲学研究中，本体论是取消不了的。历史和现实表明，"唯"字很难回避，很难"非"掉，主观上非"唯"，而实际上却仍在"唯"。现今许多西方文化学者（如上面提到的《文化的重要作用》一书的作者们）实际上都以不同的方式回答这一基本问题，不过他们中的有些人并不是如此明确地提出这类问题。当然在西方学者中也有直截了当地提出物质和精神关系的，如施韦泽在《文化哲学》一书中就说："随着知识和能力的进步，文化问题对我们不是变得简单了，而是复杂了。我们必须解决精神和物质相互作用的关系。"[1] 如前提到，受叔本华和尼采的影响，施韦泽把生命意志视为世界观和人生观的根本。

我国有的文化哲学研究者深受西方文化哲学的影响，对文化不做形而上的追问，停留在文化的表层和主观性上面，否认文化的物质本源性和客观规律性。我国多数学者则认为，西方文化哲学虽然有值得我们学习、借鉴的方面，但也有明显的缺点。他们的通病是低估或否认人类实践活动在文化形成和发展中的作用，低估或否认社会的物质基础，忽视生产方式（生产力、生产关系）决定了各种文化形态[2]。西方学者试图用文化来解释人类历史和当代现实的危机，试图用文化批判、日常生活批判来解决社会问题和社会危机，而不触及资本主义的生产方式、基本制度，他们的文化观与马克思主义文化观有本质差异。我们应正视这种本质差异，要注意划清西方哲学文化观与马克思主义文化观的本质区别，对西方文化哲学取科学的、分析的批判态度。笔者以为马克思主义唯物史观亟须发展，但并不赞成去构建什么新的历史解释模式以取代唯物史观。相反，当代中国文化哲学的研究应坚持马克思主义唯物史观的指导，否则很容易走偏了方向。

（原题为《读"文化哲学"的断想》（2009 年 7 月），编入以文化哲学为主题的第九届"马克思哲学论坛"学术研讨会论文集《马克思主义文化哲学研究》（打印稿），收入本书的为 2010 年 10 月修订稿）

---

① ［法］阿尔贝特·施韦泽：《文化哲学》，上海人民出版社 2008 年版，第 327 页。

② 参见萧前主编，黄枬森、陈晏清副主编：《马克思主义哲学原理》，中国人民大学出版社 1994 年版，第 696—697 页。又见庄锡昌等编：《多维视野中的文化理论》，浙江人民出版社 1987 年版，第 16—17 页。

重视时代精神的研究与宣传

为了实现"两个一百年"的奋斗目标，必须弘扬中国精神。中国精神是民族精神和时代精神的统一。长期以来，我们注重了民族精神的研究与宣传，忽视了时代精神的研究与宣传。这一倾向值得关注和警惕。要从社会主义初级阶段这一实际出发，从实现社会主义现代化的历史任务和面向现代化、面向世界、面向未来的高度，重视对时代精神的研究与宣传，尤其是对自由精神的研究与宣传。时代精神要民族化，民族精神要时代化。

一、警惕忽视时代精神研究与宣传的倾向

中国共产党人是辩证唯物论者，在强调物质力量、实事求是的同时，亦十分强调精神力量、主观能动性的反作用，认为物质可以变精神，精神可以变物质，因此在注重物质文明建设的同时注重精神文明建设。进入21世纪，党的十六大提出了"坚持弘扬和培育民族精神"的任务。2007年，党的十七大则进一步提出，"用以爱国主义为核心的民族精神和以改革创新为核心的时代精神鼓舞斗志"，建设社会主义核心价值体系。2012年，党的十八大再次明确指出："大力弘扬民族精神和时代精神，深入开展爱国主义、集体主义、社会主义教育，丰富人民的精神世界，增强人民精神力量。"党的十八大以后，习近平总书记多次讲，为了实现"两个一百年"的奋斗目标，必须弘扬中国精神，这就是以爱国主义为核心的民族精神，以改革创新为核心的时代精神。

近几年来，随着中国精神的提出，有关部门推出的电视政论片，诸多名流学者发表的访谈和撰写的论著，以多种形式阐释和宣传"中国精神"，收到了很好的效果，发挥了正能量。这是必须首先肯定的。但也应看到，这类宣传普遍存在着如下不足：即只重视对民族精神的继承和弘扬，少有涉及时代精神内容；即使涉及，一般也只限于"改革创新精神"，少有论述其他内容，少有对当代世界先进文明精神的借鉴和吸取。

从有的学者对"中国精神"所做的专题研究综述看，许多研究者主要着眼于从中华民族悠久的历史、中国当代的社会实践等方面阐述中国精神的来源和基础，而少有从世界历史、时代发展趋势着眼论及对时代精神的借鉴和吸取，少有涉及自由、民主、平等、公正、法治等时代精神的内容①。由中共北京市委教育工作委员会组织编写的《中国精神教育读本》（人民出版社 2014 年版，20 万字）是一本阐释中国精神的优秀读物，颇受理论界和读者好评。该读本虽然讲到必须坚持民族精神与时代精神的统一，但遗憾的是对自由、民主等精神仍亦阙如。

中国精神是民族精神与时代精神的统一，两者互相交融，不可重一轻一。重视民族精神的研究与阐扬是完全必要的，在今天尤其如此。但忽视对时代精神的研究与阐扬的倾向则值得引起政治界、理论界和学术界的关注和警惕。

二、必须重视时代精神的研究与宣传

精神是物质的产物，社会存在的反映，而不是先于物质存在的绝对观念或神秘力量。民族精神是一个民族在长期历史发展中由其历史文化积淀、凝聚、传承而形成的，体现了一个民族的理想、智慧、意志、情感、性格和传统，是维系一个民族存在的精神支柱，推动一个民族发展的精神动力。一个民族失却了民族精神就不成其为民族，就会归于灭亡。民族精神永远需要继承和弘扬。时代精神则是整个人类一定时代的先进的社会形态的本质及其发展趋势在精神上最深层的反映，是社会现实运动的产物。

---

① 见王兆云：《中国精神研究的回顾与前瞻》，《未来与发展》2015 年第 4 期。

时代精神体现了人类社会新的发展方向、新的思维方式、新的价值目标和新的审美追求，引领和鼓舞着整个人类社会的发展，赋予各民族、各国家的发展以新的动力和活力。一个民族离开了时代精神的引领，那就会落伍于时代的发展，就有可能被"开除球籍"。民族精神虽然是一个民族历史积淀的产物，凝聚了历史文化的精华，但它是活的、发展着的，应随历史的发展而发展。一个民族倘若固守传统的民族精神，那它就落后于时代，最终为时代所淘汰。作为现时代的民族精神应时代化，具有新的时代精神。就处于人类社会发展前列的民族、国家而言，其民族精神和时代精神是合二为一的，可以分析而不可分割。

由于人类社会发展的不平衡性，在一定历史阶段，有的民族、国家走在人类历史前列，有的则相对落后于时代，这就产生了民族精神与时代精神的落差。当人类社会发展由民族历史转变为世界历史后，存在于同一时代的国家可以处在人类社会发展的不同历史阶段，从而民族精神与时代精神的落差就越发明显。

在15世纪之前，中华民族处于人类历史发展的前列，但在此之后，西欧英法德等国家率先进入资本主义，走在人类历史的前列，中国则仍停滞于封建社会。到了19世纪，中国则更明显地落伍于时代，逐渐沦为帝国主义的殖民地、半殖民地，面临亡国灭种的危险，由此也发生了民族精神与时代精神的分离。近代以降，先进的中国人，为了实现民族独立和社会现代化两大历史任务，赶上和超过发达国家，不仅需要振奋民族精神，而且尤其需要向西方发达国家学习，吸取西方先进的思想文化、科学技术，并以新的时代精神来变革和提升民族精神。这一历史时期的爱国志士倘若固守传统的"以夏变夷"的狭隘的爱国主义、民族主义，拒绝学习西方的先进思想和精神，那只能成为抱残守缺、顽固不化的封建遗老。这类遗老既不能维护民族独立，更不能实现民族的复兴和社会的现代化。尊孔尊王论者辜鸿铭在《中国人的精神》一书序言最后说：孔子的礼是"中国文明的精髓"。"以礼来自我约束，非礼毋言，非礼毋行。这就是中国文明的精华和中华民族精神的精髓所在。我在这本书中要加以阐明和解释的，也正是这点。"① 笔者始终认为，倘若孔子的礼真是20世纪中

① 辜鸿铭：《中国人的精神》，海南出版社2007年版，第21、23页。

国精神的精髓，那中国只能为帝国主义列强任意宰割、瓜分，万劫不复。在 20—21 世纪之交的中国，竟出现热捧《中国人的精神》的怪事，令人堪忧。

一个民族要生存发展，其民族精神必须与时俱进，必须时代化。以"科学、民主"为口号的五四新文化运动，是 20 世纪中国的第一次伟大的思想解放运动。资产阶级民主主义的新思想、新文化、新精神大规模输入，有力地促进了中华民族精神的时代化。1989 年，在纪念五四运动 70 周年时，笔者曾撰写《简论五四精神》一文，提出五四精神主要有爱国精神、民主精神、科学精神、创造精神和奋斗精神五个方面。在纪念五四运动 80 周年时，笔者又撰写《弘扬五四创造精神》，指出创造精神是五四精神的灵魂[①]。五四精神既是时代精神，也是当代中国的民族精神。

在五四爱国运动后，无产阶级的马克思主义的新思想、新文化、新精神在中国得到迅速传播，催生了中国共产党诞生。在 20 世纪上半期，中国共产党领导的革命虽然是在马克思主义指导下进行的，但其性质则是资产阶级民主主义，而不是无产阶级的社会主义。因此，无产阶级的马克思主义的新思想、新文化、新精神与资产阶级民主主义的新思想、新文化、新精神虽有矛盾、对立，但在其基本精神上亦有相容、相一致的一面。马克思主义的新思想、新文化、新精神吸取和继承了资产阶级民主主义的新思想、新文化、新精神，并赋予了新的内涵。爱国、科学、自由、民主、创新和奋斗等精神依然是中国人民所迫切需要的。以毛泽东为代表的中国共产党人继承和弘扬五四精神，为实现民族独立和社会现代化奋斗不已。爱国、科学、自由、民主、创新、奋斗等精神贯彻于中国共产党人的理论和实践中，成为中国共产党精神和现代中国精神的基本内容。

1949 年中华人民共和国成立，中国人站立起来了，民族独立的任务基本完成，社会现代化任务提到历史议事日程上。由于有利的国际条件和

---

① 详见拙文：《简论五四精神》，《思想教育研究》1989 年第 3 期；又刊《北京大学纪念五四运动 70 周年论文集》，北京大学出版社 1990 年版。《弘扬五四创造精神》，《中国社会科学》1999 年第 4 期。两文收入《百年中国哲学革命》一书，人民出版社 2015 年版。

中国现代社会的特殊性，更由于中国共产党的正确领导，中国的社会现代化走了不同于西方的社会主义现代化道路。在没有经过发达资本主义历史阶段的经济、政治、文化相对落后国家进行社会主义现代化建设，这是人类历史面临的一个跨世纪历史难题。要破解这一历史难题，如马克思所说的，必须要"占有资本主义制度所创造的一切积极成果"①。

马克思所说的"一切积极成果"，不仅是物质文明的成果，也应包括制度文明和精神文明的成果。对吸取和继承资本主义所创造的物质文明成果，不会有争论；但对借鉴和吸取资本主义的制度文明和精神文明的成果，意见就不那么一致了。因为资本主义的制度文明和精神文明具有资本主义的性质，是与社会主义相对立的。长期以来我们讲得多的是资金、生产设备、科学技术、管理方法、具体规章制度等的引进，而较少讲在制度文明和精神文明层面的学习和借鉴。其实资本主义的制度文明和精神文明也含有整个人类文明的带有普遍意义的内容，为继而代之的社会主义文明提供新的基础。在制度文明和精神文明上，在很长的时间里，我们更多的是注意到社会主义与资本主义之间对立的一面，而忽视了它们之间的联系、继承的一面。社会主义的制度文明和精神文明既不是从天上掉下来的，也不是在空地上建立的，而是在批判地吸取和继承资本主义的制度文明和精神文明的基础上建立的。我国没有经历资本主义的历史阶段，因此，在今天离开了借鉴和吸取西方资本主义的制度文明和精神文明，我们就无法建立起社会主义的制度文明和精神文明。我们要尊重自己的历史文化，不能妄自菲薄，失去自信力，但也不能妄自尊大，盲目自信，崇古尊圣，厚古薄今。我们固然应大力弘扬民族精神，但在日新月异的大变动时代，主要不是引导人们向后看，而是着力引导人们向前看，面向现代化、面向世界、面向未来，大胆地吸取和借鉴人类文明成果，尤其是当代西方资本主义的文明成果，激励人们奋发图强，建设中国特色社会主义，实现社会主义现代化宏伟目标，赶上和超过西方发达资本主义国家。

时代精神是比物质文明、制度文明和精神文明更深一层次的范畴，超

---

① 马克思：《给维·伊·查苏利奇的复信》（1881年2月底—3月初），载《马克思恩格斯选集》第3卷，人民出版社1995年版，第769页。

越了不同社会制度的对立，反映了人类社会发展的本质和趋势。就社会经济形态而言，我们已初步建立了社会主义基本制度，具有比资本主义制度的优越性，这是确定无疑的，不能自惭形秽。但就生产力、科学技术而言，就社会技术形态而言，我们还正处于由传统的农业社会向现代的工业化、市场化、信息化社会的转变过程之中，现代化的历史任务还没有完成。我们应如实承认在这方面落后于西方发达国家。社会主义核心价值观中的"自由、民主、平等、公正、法治"等内容，是同近代以来社会化的大生产，同工业化、市场化、信息化、全球化的历史趋势密切相联的。它们体现了当代的时代精神。它们并非源于中国传统的民族精神，而是对近代以来人类文明精华的吸取和改造。作为"后发型"现代化国家而言，人的现代化，尤其是人的精神现代化，应当优先于物的现代化。当代中国亟须提倡这些时代精神，在社会生活的各个方面贯彻和发扬这些精神，从而促进社会全面的现代化。我们应清醒地认识到，离开了上述时代精神就不可能完成社会主义现代化的历史任务。自然，这些精神到了中国，还需与中国特色社会主义的实际和中国历史文化相结合，形成具有中国特色社会主义的自由、民主、平等、公正、法治，盲目照搬、照抄西方国家的具体形式和具体做法不可取。

总之，我们应从中国仍处于社会主义初级阶段的实际出发，从完成社会主义现代化的历史任务的高度，重视研究与宣传时代精神，使时代精神与民族精神一起深入人心，内化为绝大多数社会成员的个人精神，贯彻于社会生活的各个方面，以推进中国社会现代化的进程。

三、全面理解时代精神

当代中国的时代精神应包含哪些内容？这是需要研究的一个理论问题。

中国民族精神包含哪些内容？党的十六大有一个明确表述：以爱国主义为核心的民族精神包含"团结统一、爱好和平、勤劳勇敢、自强不息"等内涵。当然，今天研究者可以不必拘泥于这一表述。如有的学者将民族精神概括为"贵和持中，自强不息"，有的学者则对"贵和持中"持有异议。至于时代精神，当下典型的说法是"以改革创新为核心的时代精神"。"核心"之外还有哪些内容，至今无一个公认的权威性的说法。有的学者表述为："以改革创新为核心的以人为本、和平发展、社会和谐、与时俱进的精神"①。有的著作则概括为改革创新、解放思想、求真务实、勇于探索和甘于奉献等精神②。

如何概括时代精神？我们是历史唯物主义者，时代精神是现时代矛盾运动的产物，是对现时代社会发展趋势和进步的精神生活的高度抽象和概括，而决非如黑格尔所认为的是绝对精神在现时代社会生活中的具体形态③。笔者认为，在科学抽象和概括时代精神时应遵循以下两个原则：一是依据当代人类社会发展的总趋势和文明成果（其中尤为重要的是代表人类最先进思想的马克思主义）④；二是依据当代中国现实发展的需要和社会经济、政治、文化发展的水平。

"丹青难写是精神"（王安石《读史》）。对时代精神的理解和概括自然是多种多样的，"见仁见智"，不必强求一致，也不可能完全一致。以笔者之见，当代中国时代精神大致可包含如下内容：科学精神（实事求是）、创新精神（内含批判精神）、自由精神、民主精神、平等精神、公正精神、法治精神、人道精神等。上述诸多精神是一个密切相关联的体系。对时代精神体系的内在结构，即层次与方面均需要做进一步深入研究。

---

① 刘建军：《概括当今中国的"时代精神"》，《光明日报》2014年8月18日。

② 中共北京市委教育工作委员会组织编写，吴潜涛等著：《中国精神教育读本》，人民出版社2014年版。

③ 黑格尔很可能是较早使用"时代精神"概念的哲学家。他是一位客观唯心主义者，认为绝对精神是世界的本质，人类社会不过是绝对精神在发展过程中的外化；时代精神是人类发展过程不同阶段具体的复杂的社会生活的"共同的根源"。"时代精神是一个贯穿着所有各个文化部门的特定的本质或性格，它表现它自身在政治里面以及别的活动里面，把这些方面作为它的不同的成分。"他颠倒了时代精神与时代的关系，夸大了时代精神的反作用。在他看来，是时代精神决定了时代的"整个实在和时代的命运"。他提出，哲学是对时代精神的实质的思维，是时代最盛开的精神花朵。《哲学史讲演录》第1卷，商务印书馆1997年版，第55—57页。

④ 马克思说："任何真正的哲学都是自己时代精神的精华"（《第179号"科伦日报"社论》（1842年6月—7月），载《马克思恩格斯全集》第1卷，人民出版社1956年版，第408页）。因此在研究和概括时代精神内涵时不能不考虑到马克思的这一名言。

四、大力宣传马克思主义自由观

从近代以来的人类历史看，从近代以来的中国哲学史、思想史看，在上述诸多时代精神中自由尤其重要，尤其可贵，尤其急需。为此，笔者曾写过《〈共产党宣言〉的价值指向》、《马克思哲学对德国古典哲学自由精神的继承和发展》、《人的自由，人的解放》、《"竞自由"——毛泽东自由思想散论》、《当代中国需要个性解放》、《创新与个性自由》、《奴性批判录》、《解放思想，解放人》、《确立独立自主人格，从"唯上、唯书"的思维方式中解放出来》等十余篇论文，为自由而呐喊，以期引起整个社会，尤其是政治界、理论界、学术界对自由的重视。笔者在此略作简述。

人类的历史本质上是人从自然界、人类社会和人自身争取自由的历史。社会是由个人组成，社会的活力取决于个人的活力，社会的发展最终取决于个人的发展。人类社会发展的速度与人的自由度成正比。人类社会发展首要的，也是最终的目的，不是别的，而是为了人的自由而全面地发展。马克思主义的"自由人联合体"的思想是马克思对德国古典哲学自由精神的继承和发展，是《共产党宣言》的价值指向。自由精神是马克思主义的基本精神之一。没有自由，就没有马克思主义，也就没有科学社会主义。

在改革开放以来的新历史时期，我们讲解放思想，讲改革，实质上是为了解放人，充分发挥每个人的聪明才智和积极性、主动性、创造性。我们发展生产力，发展教育、科学、文化、体育、卫生等事业，改革束缚人的发展的各种社会关系和制度，进行物质文明、制度文明、精神文明的建设，都是为了不断满足社会成员日益增长的物质文化生活的需求，不断提高人的各种素质，不断促进人的解放和人的发展，不断扩大人的自由，为着实现人的自由而全面发展的理想。自由既是发展的手段，又是发展的目的。坚持以人为本的科学发展观需要自由。

民主政治建设需要自由。自由是民主的前提、基础；自由需要由民主、法制来保障。自由与民主互为条件，但两者相比，自由更为根本。因为，只有国民具有独立自主的人格，能自由地表达自己的意志，民主才有可能。没有自由，就没有民主。没有自由的民主，是形式上的民主，假的民主，甚至成为专制的遮羞布。政治民主化离不开自由。严复的"自由是体，民主是用"的说法不无道理。由于历史和现实的原因，时至今日，我国国民的独立自主人格并没有得到普遍确立，奴化意识普遍存在，只是程度不同而已。因此，今天仍有如170多年前马克思所说的"必须唤醒这些人的自尊心，即对自由要求"的启蒙任务[1]，开展一个新的马克思主义的个性解放运动。

创新需要个性自由。创新不仅仅是科学技术的创新，而且包括社会科学和文学艺术的创新，社会制度的革命与改革。创新是人类能动性的集中体现，人类社会发展不竭的动力。从人类历史看，尤其是从认识史和科学史看，一个社会，乃至一个团体，其创新力的强弱、大小，取决于该社会、团体的自由度，取决于其成员的自由个性的发展。学术的发展与创新不仅需要民主，更需要自由。真理一开始总是掌握在少数人手里，经过斗争和实践的验证才逐渐为多数人掌握。这是真理发展的规律，也是学术发展的规律。因此，学术上的是非问题不是通过民主来解决，而是通过自由争论来解决，由实践来验证。学术民主的提法并不科学、准确。没有学术自由就没有学术创新与发展。提高中华民族的创新力，需要从培养独立自主的个性入手，需要在大力提高整个社会的自由度和建构创新制度上用气力。

社会主义市场经济的发展要求个人有更大的自由。没有劳动力的自由流动，就没有市场经济。市场经济的发展又反过来极大促进个性的独立和人的自由，促进人的发展。这更是学界同仁的一种共识，无须在此赘言。

总之，要完成社会主义现代化的历史任务，当代中国亟须自由精神，这是一个方面。另一方面，虽然在自由问题上，我们有了巨大的进步，自由度前所未有，这是我们亲身经历和体会到的。但也毋庸讳言，由于历史和现实的多种复杂因素，整个社会仍存在着对自由的忽视，自由精神仍须弘扬。

中国两千多年的封建专制制度，摧残个性，无有自由、民主传统。中

---

[1] 马克思：《摘自"德法年鉴"的书信》（1843年5月），载《马克思恩格斯全集》第1卷，人民出版社1956年版，第409页。

国伦理道德的优点是强调国家、民族利益至上，主张社会本位，其缺点则忽视个人和个性自由。如李大钊所言，儒家的修养，"不是使人完成他的个性，乃是使人牺牲他的个性。"① 五四新文化运动批判"三纲"，批判奴性，提倡个性解放，思想自由。然而在此之后，有的学者提倡"境界说"，强调个人完全服从社会和宇宙，"尽伦尽职"，以进到物我一体的天地境界，成为圣人。有的学者主张"新五伦观念"，强调"三纲说"为核心，个人应"绝对遵守其份位"，以维持社会的稳定。他们这种无个人自由的人生哲学的缺点反映了中国资产阶级的软弱性。在当今国学热、尊孔热、读经热中，许多学者没有认识到中国传统文化中存在着根深蒂固的奴化意识的缺陷，没有认识到中国传统文化中无有现时代的自由、民主精神。笔者认为，少儿读经，读《弟子规》，有背时代潮流，决读不成一个现代人。对中国传统文化进行创新的转化与发展，最重要的是立足当代世界和中国现实，大胆吸取现代的科学、自由、民主等精神，使之时代化，否则传统文化只能为时代所淘汰。

马克思主义是无产阶级和广大被压迫者争自由、谋解放的思想武器。但由苏联传入的马克思主义只注重世界观、方法论，却忽视了价值论，忽视了自由、人道、人权等内容。这种不足直接影响到对阶级斗争和无产阶级专政的片面理解，自由、人道、人权、人性、个性等成为禁语，以致广大国民长期对自由、个性、人道、人权、民主、法治等现代价值观念无有了解。这些思想观念的普遍缺失是导致社会生活中屡屡发生非人道现象的重要缘由。在改革开放新时期，民主、民主化的观念得到提倡，"没有民主就没有社会主义"已成为共识。然而自由依然是一个敏感的问题。今天，虽然自由列为社会主义核心价值观的内容，但马克思主义中的自由精神仍没有得到应有的重视。在自由、个性与党性的关系上，与党的七大相比，现今的某些认识和做法，不是前进了，而是后退了。我们距"又有集中又有民主，又有纪律又有自由，又有统一意志又有个人心情舒畅、生动活泼，那样的一种政治局面"甚远。

其实，自由是马克思主义、社会主义题中应有之义，决不是资产阶级

---

① 李大钊：《由经济上解释中国近代思想变动的原因》（1920 年 1 月 1 日），载《李大钊文集》（下），人民出版社 1984 年版，第 178 页。

的专利。社会主义社会理应比资本主义社会更为自由。我们所要建立的理想社会，不仅是富强的、民主的、文明的、和谐的，而且是自由的，是个性能得到自由全面发展的社会。我国缺乏自由、民主的传统，"唯上、唯书"的思维方式至今普遍存在。我国经济、政治、思想、文化，乃至家庭等社会生活的各个领域都需要灌注自由精神，都需要人的自我觉醒和独立自主人格的确立。哪有马克思主义怕讲自由的？如同理直气壮地宣传民主一样，我们也应理直气壮地宣传自由。讲自由，不等于自由主义，更不等于资产阶级自由化。

自由与民主一样，都是具体的、历史的，是同生产力的发展水平，同经济、教育、科学、文化发展水平密切相关的。没有抽象的、绝对的自由。要大力宣传马克思主义自由观。我们今天的自由受历史条件的制约，还有诸多不完善，在某些方面还不如资本主义，这是应承认的。但我们的自由是最广大人民的自由，而不是极少数富人的自由，与西方资本主义的自由有本质的不同，比它们优越得多，这是事物的本质，必须讲清楚。我们要警惕西方反动势力企图用资产阶级自由化来搞垮社会主义的阴谋，要注意划清马克思主义自由观与资产阶级自由观及小资产阶级自由观的界限。

时代精神是诸多方面互相交融的有机体系，除自由精神，其他精神也很重要，不可或缺。时代精神的民族化、民族精神的时代化是一个相当长的历史过程，需要做持久地、深入地、艰苦地研究。为了完成社会主义现代化的历史任务，我们在重视研究与弘扬民族精神的同时，还应面向现代化、面向世界、面向未来，重视对时代精神的研究与宣传。

（刊《理论动态》2016 年第 2088 期。《内蒙古师范大学学报》（哲学社会科学版）2017 年第 1 期。人大复印报刊资料：《中国特色社会主义理论》2017 年第 6 期）

创新六题阐释

实践是人类为满足自身需要的改造世界的物质活动。因此，实践活动本质上是创新活动。实践上的创新推动认识上的创新，认识上的创新反过来又推动实践上的创新。创新是人类自觉能动性的最高表现，是人类文明的灵魂。人类的历史就是一个不断创新的历史。唯有创新，人类才能不断进步、发展。自20世纪第二次世界大战结束以来，科学技术革命突飞猛进，经济全球化日益加快，各国之间的竞争日趋激烈。激烈的竞争是推动创新的强大动力。从人类历史长河看，创新呈加速度发展，愈来愈快。当今时代是一个创新的时代。一个重视创新的民族才能永葆生机、蓬勃发展。一个没有创新能力的民族，难以屹立于世界先进民族之林。一个国家在创新上落后于时代，就会陷于被动挨打的境地。在当代，创新成为时代精神的重要特征。党的十八大以来，创新已提升为时代精神的核心，位居新五大发展理念（即创新、协调、绿色、开放、共享）之首。哲学，作为时代精神的精华和文明的灵魂，它应把创新作为一个范畴，并把创新精神贯彻于自己的整个体系。令人遗憾的是哲学家们对创新缺乏研究，至今还没有一本哲学教科书把创新作为一个范畴加以阐释。

笔者是从研究"五四精神"开始关注创新的。1989年，在纪念五四运动70周年时，笔者撰写了《简论五四精神》一文，把创造精神与爱国精神、民主精神、科学精神、奋斗精神一起列为五四的五大精神。1999年，在纪念五四运动80周年时，笔者撰写了一篇专论《弘扬五四创造精神》。之后，又写过《创新与个性自由》、《创新与冒险》、《学习毛泽东的创新精神》、《学习邓小平的创新精神》。近年又撰写了《再论创新三题》

（"创新与批判精神"、"创新与学术自由"、"创新与传统文化"）。马克思主义哲学本质上是创新之学，是创新之认识论、创新之方法论、创新之逻辑学、创新之实践论。笔者在此仅就一般学者鲜有论及而又十分重要的有关创新的六个问题做一番综合阐述。

（一）创新应成为一个哲学范畴

创新的思想由来已久。我国古代先人早就提出"日新"的思想。《礼记·大学》说："汤之《盘铭》曰：'苟日新，日日新，又日新。'"《尚书·咸有一德》说："始终惟一，时乃日新。"《周易》的基本精神之一是主张变易、日新、与时偕行。《周易·乾卦·文言》说："终日乾乾，与时偕行。"《周易·系辞上》说："日新之谓盛德，生生之谓易。"先秦的"日新"思想对后世的影响既深且广。汉代《淮南子·缪称训》说："日滔滔以自新，忘老之及己也。"唐代刘禹锡说："以不息为体，以日新为道"（《问大钧赋》）宋代张载说："日新者，久而无穷也。"（《横渠易说·系辞上》）朱熹说："'日日新，又日新'，只是要常常如此，无间断也。"（《朱子语类》卷十六大学传二章）明代颜元说："汤，圣人也，用日新功。吾辈常人，当时新，时时新，又时新。"（《颜习斋先生言行录下卷·刁过之第十九》）中国古代哲人强调的"日新"，主要是有关道德和社会政治方面的内容，而对生产、生产工具和技术方面的创新涉及不多，因而对如何创新也无有更多的研究。但不管如何，"日新"确是中国古代的一个哲学范畴，"日新"思想对人生、对社会的影响是深远的。

在西方，古希腊哲学家亚里士多德曾论及创造，将创造定义为"产生前所未有的事物"①。但在很长的历史时期里，哲学家、思想家、科学家虽然也有论及创新的但都没对创新做专门的研究。从人类认识史上讲，对创新进行科学研究是同资本主义的发展和科学技术的进步相关联的，是随着创新的日益频繁、创新对社会发展的作用日益增大而展开的。马克思恩格斯在《共产党宣言》中指出："资产阶级除非对生产工具，从而对生产关

---

① 转引自俞国良：《创造力心理学》，浙江人民出版社1996年版，第11页。

系，从而对全部社会关系不断地进行革命，否则就不能生存下去。"①由于市场经济和竞争，资本主义社会和以往的社会不同，生产工具、社会关系处在一刻也不停的变革之中，资本为追求利润和在竞争中立于不败之地要求不断变革、创新。马克思恩格斯从资本主义的现代化大生产中，看到了科学技术对推动生产和社会发展的巨大作用。马克思在写作《资本论》过程中对近代以来的科学技术变革和进步进行了研究。

在 19 世纪末、20 世纪初，自然科学发生了革命，欧洲的一些心理学家、经济学家和科学家开始关注创新的研究。早在 1898 年，想象和创造力研究的先驱、法国心理学家波扬（F.Paulhan）就说过："迄今我们仅仅获悉了创造发明的一般状况。"②1912 年，奥地利经济学家熊比特在《经济发展理论》中提出了"创新理论"，并在 30 年代得到进一步的完善。熊比特经济创新理论的最大特色，是强调生产技术的革新和生产方法的变革在资本主义经济发展过程中具有至高无上的作用。熊比特的所谓创新，就是新技术、新发明在生产中的首次应用，是指建立一种新的生产函数，把一种从来没有过的关于生产要素和生产条件的新组合引入生产体系。他用创新来解释经济增长和社会发展，把创新看作社会进步的基本动力。熊比特的经济创新理论在当时未能引起重视。在 20 世纪 20—40 年代，科学创造心理学开始纳入科学的研究领域，参与研究的有心理学家、哲学家、科学家、科学史家、逻辑学家等，并取得了一些成果，其中以德国的心理学家、格式塔心理学的创始人韦特海默的《创造性思维》为代表（该书主要内容写于 30 年代，是在作者去世后的 1945 年出版的）。该书通过对儿童、成人和一些名人（如爱因斯坦）思维活动的分析，试图对创造性思维进行概括和总结。1950 年，美国心理学家吉尔福德大力提倡和积极研究"创造力"的概念，由此创新理论的研究进入了一个蓬勃发展的新时期，取得了显著的成果。继美国之后，在 60 年代，日本也出现了创造学研究的热潮，以提高国民的创新力和企业的竞争力。有的研究者称，20 世纪 60 年代以来，关于研究创造、发现、发明的心理学的专著和论文像雨后

---

① 马克思恩格斯:《共产党宣言》,《马克思恩格斯选集》第 1 卷, 人民出版社 1995 年版, 第 275 页。

② 转引自俞国良:《创造力心理学》, 浙江人民出版社 1996 年版, 第 3 页。

春笋般地涌现，各国出版的专著在 60 年代达 50 多种，70 年代增加到 70 多种①。

创新理论的研究同提高企业和国家的竞争力密切相联。

美国是获得诺贝尔奖最多的国家，美国的创新力是很强的，但美国人并不满足，他们十分注重创新理论的研究，十分注意反思在创新方面的不足。1957 年，一位精神病学家在一篇文章中指出，瑞士人按人口比例计算有比美国多得多的诺贝尔奖获得者。1964 年，一位历史学家在题为《美国是否忽视了有创造力的那些少数人？》的文章中指出："为潜在的创造力提供良好的机会，这对任何一个社会来说都是生死攸关的事情，这一点极为重要，因为按人口比例看是相当少的那种杰出的创造能力是人类社会最重要的财富……"美国著名心理学家 S.阿瑞提在《创造的秘密》一书中引用了上述两人的材料，并认为，美国社会中确实有存在着不利于创造力的文化因素。他说："现在在美国已经到了对我们那种促进创造力的方式方法进行重新考察的时候，这就好像在人造卫星上天之后要对我们的教育方法进行重新考察一样。"② 在读到上述文字时，笔者内心感触很深。美国人的危机意识是如此强烈，这也许正是他们不断创造的一个重要原因。

中华民族是一个勤劳、勇敢、智慧的民族，创造了灿烂的古代文明，为人类的发展做出了重大贡献。有人统计，明代以前，世界上主要的发明创造和重大科技成就大约有三百项，其中中国的发明创造占相当大的比例。只是到了明代末年起，在创新方面，我们民族开始落后于西方国家。自五四新文化运动开始，我国进入了思想大解放的时期，长期被压抑、束缚的创新力逐渐得到解放和发展。马克思主义科学世界观的传入给中华民族的创新力注入了新的活力。毛泽东提倡的实事求是的思想路线就是不断开创新局面的思想路线。以毛泽东为代表的中国共产党人开辟的以农村包围城市，最后武装夺取全国政权的中国革命道路是马克思主义发展史上的伟大创举。以邓小平为代表的中国共产党人开辟的中国特色社会主义道路是世界社会主义史上的伟大创举。毛泽东讲："人类的历史，就是一个不断地从必然王国向自由王国发展的历史。""人类总得不断地总结经验，有

① 周昌忠编译：《创造心理学》，中国青年出版社 1983 年版。

② ［美］S.阿瑞提：《创造的秘密》，辽宁人民出版社 1987 年版，第 462、463 页。

所发现，有所发明，有所创造，有所前进。"①中华民族应对人类发展做出更大的贡献。毛泽东、邓小平是伟大的创新者，没有理论上、实践上的创新，就没有中国革命的胜利，就没有今日社会主义的新中国。但我们也应承认，在 20 世纪 80 年代前，我国学术界对创新、创新力几乎无有研究，整个中华民族创新力在许多方面落后于发达国家。我们的思维方式、价值观念、文化因素、社会心理、习惯势力、教育制度、科研体制和诸多制度严重抑制、阻碍着创新力的发挥。我国学术界对创新的研究是在"文化大革命"结束后开始的。首先是心理学界对创新的心理学研究，其次少数搞思维科学的学者开始关注创造性思维的研究。遗憾的是直至今日，我国的马克思主义哲学研究者并没有把创新纳入自己的研究视野，更没有把"创新"作为一个范畴写进哲学教科书。

随着科学技术革命的迅猛发展，科学技术成为第一生产力，科学技术是决定综合国力竞争的关键因素，科学技术创新成了推动社会发展，提升国际竞争力的主要手段。1987 年，美国经济学家弗里德曼在研究日本的技术政策和经济绩效时率先使用了"国家创新系统"概念。到 20 世纪 90 年代初，一些学者对"国家创新系统"进行了研究，出版了一些著作。1994 年，联合国经济合作与发展组织启动了"国家创新系统"项目，对多个国家的创新体系进行了研究，并发表了一系列的研究报告。1996 年发表的《以知识为基础的经济》报告指出："国家创新体系的结构是重要的经济决定因素。"建构科学的有效的国家创新体系成为世界各国提高综合国力和竞争力的重要战略措施②。面对世界科技革命的迅猛发展和知识经济时代的来临，面对激烈的国际竞争和严峻的挑战，我国党和国家的领导人、科学家、研究创新的学者们，大力提倡科技创新、知识创新、制度创新，提倡创新精神，极力促进我国的国家创新体系的建构。江泽民指出："创新是一个民族进步的灵魂，是国家兴旺发达的不竭动力。如果自主创新能力上不去，一味靠技术引进，就永远难以摆脱技术落后的局面。

① 毛泽东：《学习马克思主义的认识论和辩证法（五）》（1964 年 12 月 13 日），《毛泽东文集》第 8 卷，人民出版社 1999 年版，第 325 页。
② 有关世界各国创新体系的情况可见曾国屏、李正风主编：《世界各国创新系统》，山东教育出版社 1999 年版。

一个没有创新能力的民族，难以屹立于世界先进民族之林。"①他又说："科学的本质就是创新。创新是一个民族进步的灵魂，是一个国家兴旺发达的不竭动力。整个人类历史，就是一个不断创新、不断进步的过程。没有创新，就没有人类的进步，就没有人类的未来。"②由此开始，创新才渐渐为国人所重视。

创新精神是当今时代的重要时代精神，创新已成为一个时代十分流行的话语。建设创新型的国家，已成为国人的一种共识和国策。现在讲得多的是科技创新、知识创新、制度创新。其实，最根本的应是思维创新，是提高整个民族的创新力。而这恰恰是现在的时论所忽视的。研究和宣传创新思维，提高整个民族的创新力，这是哲学工作者的任务。中国化的马克思主义哲学要不落后于时代，就要十分重视"创新"范畴的研究，为提高整个民族的创新力作出贡献。

把"创新"作为马克思主义哲学范畴不仅是时代的要求，而且也有马克思主义哲学的内在根据。从一般意义上说，哲学是智慧之学，求真之学，教人如何去认识世界，发现真理，发现事物的特性和规律，因此，哲学本身就是最普遍的创新之学。马克思主义哲学把自然界、人类社会和人的思维看成是一个由低级向高级不断创新的历史过程。它的使命不仅在于认识世界，更在于改造世界。它不仅是求真之学，也是实践之学。实践是主体的需要、本质和力量的对象化活动，是创造出客观世界中没有的人化客体，以满足人的主观需要。实践的本质就是创新。认识世界的过程是发观真理的创新过程，改造世界的过程更是创造出新的事物、新的世界的过程。马克思恩格斯说："对实践的唯物主义者即共产主义者来说，全部问题都在于使现存世界革命化，实际地反对并改变现存的事物。"③所以，马克思主义哲学从其内容、功能和使命讲，它本身就是最高的创新之学。创新精神同批判精神一样，贯彻于马克思主义哲学的各个方面。随着创新意

① 江泽民：《努力实施科教兴国的战略》（1995 年 5 月 26 日），《江泽民文选》第 1 卷，人民出版社 2006 年版，第 432 页。
② 江泽民：《科学的本质是创新》（2000 年 8 月 5 日），《江泽民文选》第 3 卷，人民出版社 2006 年版，第 103 页。
③ 马克思恩格斯：《德意志意识形态》，《马克思恩格斯选集》第 1 卷，人民出版社 1995 年版，第 75 页。

识的增强，有的研究者提出创新实践唯物主义，并力图以此建构当代马克思主义哲学新形态。

创新作为一个哲学范畴，它应包括认识上的发现和实践上的发明、创造。创新力既包括认识上的创新力，又包括实践上的创新力。我们在研究、阐释由感性认识向理性认识飞跃（其中包括直觉、灵感）过程时需要认识的创新，在研究、阐释由理论的观念转变为实践的观念及将实践的观念对象化过程时需要实践的创新。如何吸取心理学、思维科学、创造学、创新经济理论、认识史、科学史等方面的成果，对创新进行哲学上的研究，这是一个新问题，需要学术界共同的努力。对创造力和创造性思维，思维科学和创造力心理学已有专门的研究，在此仅对创新与批判精神、创新与冒险、创新与个性自由、创新与学术自由和创新与传统文化做一番哲学的思考与阐述。

（二）创新与批判精神

创新，无论是实践上的创新，还是理论上的创新，都是对原有的做法和已有成果的突破和否定。倘若认为现存的一切已很完美无缺，现有的理论已不可动摇，成为金科玉律，那就势必一切率由旧章，用不着再去改革创新，堵塞了认识与实践发展的道路。因此，创新的前提是对原有的做法和对已有成果的质疑和批判。离开了批判、否定，就无所谓有创新，正所谓"不破不立、不塞不流、不止不行"。批判精神是创新本质所固有的，是创新精神不可或缺的重要组成部分。

从认识论讲，人的认识来源于实践，由不知到知，知得少到知得多。但在实际认识过程中，人的大脑并不是白板，而是有后天获得的人类积累遗传下来的知识，包括概念、范畴、原理和认知方式。所以，实际的认识过程是人们在实践的基础上以已知去认识未知，从而获得新知的过程，从而实现人类知识的传承与发展。书籍是人类进步的阶梯，只有站在巨人肩上，才能看得更远。离开了前人已有的成果，离开了继承，自然谈不到创新。因此，任何科学研究的第一步是搜集、研读研究课题的已有资料和成果。但也应看到，已知很容易被凝固化、教条化，而社会、实践则永远在不断发展，实践与认识的矛盾推动着社会的发展和科学的进步。倘若墨守已知，盲从权威，迷信书本，以为上了书本的都是对的，那读书就会走向反面。爱因斯坦曾指出，科学家在研究时需要运用已有的概念作为思维的工具，很少怀疑这些概念所具有的客观的真理价值；"然而为了科学，就必须反反复复地批判这些基本概念，以免我们会不自觉地受它们的支配。"① 当然，真理愈辩愈明，真正科学的概念是不怕怀疑和批判的，也许经过批判后修正了适用的范围，从而更接近客观真理。经不起批判的概念则成为认识过程的一环而退出了历史。《科学研究的艺术》一书作者指出："已有的一大堆知识就使得头脑更难想象出新颖独到的见解"。"研究人员的职责之一是跟上科学文献。但是，若要不失独创精神和观点新鲜，阅读时必须抱批判、思考的态度。"他引用英国大文豪萧伯纳的话："读书使人迂腐。"又引用英国哲学家培根的话：读书时不可尽信书上所言，而应推敲细思。他认为：独立判断能力，对于科学家是特别重要的。"科学上为害最大的莫过于舍弃批判的态度，代之以轻信佐证不足的假设。"②

辩证唯物论认识论认为，已知在认识过程具有两重性：它既是获得新知的出发点，又可能成为获得新知的障碍与束缚。这是古今中外概莫能外的道理。问题在于要以科学的态度对待已知，既尊重，又不迷信。针对盲目迷信书本，中国古代大思想家孟子就说过："尽信《书》，则不如无《书》"（《孟子·尽心下》）。毛泽东曾多次引用过此话。针对死读书、读死书的情况，他在晚年亦说过，书要读，但读了书，不能消化，就会走向反面，越读越蠢，害死人。其实，受五四精神的浸润，毛泽东在青年时期就大力提倡创新精神、批判精神。他指出："现代学术的发展，大半为个人的独到所创获。……古今真确的学理、伟大的事业，都系一些被人加着狂妄名号的狂妄人所发明创造出来的。我们住在这繁复的社会，诡诈的世界，没有批评的精神，就容易做他人的奴隶。"③"没有批评的精神，

---

① 爱因斯坦：《M. 雅梅的〈空间概念〉序》（1953 年），《爱因斯坦文集》第 1 卷，商务印书馆 2012 年版，第 795 页。

② 贝弗里奇：《科学研究的艺术》，科学出版社 1984 年版，第 3、13、115 页。

③ 毛泽东：《健学会之成立及进行》（1919 年 7 月 21 日），《毛泽东早期文稿》，湖南出版社 1990 年版，第 368 页。

就容易做他人的奴隶"，此话说得多深刻啊！在转变成马克思主义者之后，毛泽东更是继承了马克思主义的创新精神、批判精神。他提倡科学精神，提倡多思，提倡对任何事情都要问一个为什么，反对迷信、盲从，反对奴隶主义。他尊重马克思、列宁，但不迷信马克思、列宁，强调马克思列宁主义要与中国实际相结合，要中国化，要发展。正因为他坚持实事求是的科学精神、批判精神，从而能将产生于西方的马克思主义创造性运用于半殖民地半封建的东方大国，取得了中国革命和建设的伟大胜利，创造了人类历史的奇迹，也为人类留下了珍贵的丰富的精神遗产。

何谓批判精神？没有明确的统一的界定。不同的时代、不同的世界观有不同的理解，不同的内容。在人类思想史上，首次高举批判大旗的莫过于德国启蒙思想家、哲学家康德，他以"三大批判"（即《纯粹理性批判》、《实践理性批判》和《判断力批判》）而称著于哲学史。他说："我们的时代是批判的时代，一切事物都须受到批判。宗教由于其神圣，法律由于其尊严，似能避免批判。但宗教法律亦也正以此引致疑难而不能得诚实之尊敬，盖唯只能经受理性之自由及公开之批判者，始能与以诚实之尊敬。"①康德所说的批判时代，实际是资产阶级启蒙时代，批判的主要锋芒是反对宗教与专制制度以及为其辩护的意识形态。如恩格斯所言，法国的启蒙思想家们不承认任何外界的权威，一切都受到了最无情的批判，一切都必须在理性的法庭面前为自己的存在作辩护或放弃存在的权利。由于德国资产阶级的软弱，他们的代表人物只能避开最敏感的宗教与政治问题，只能在抽象的思辨王国——哲学领域进行批判。启蒙思想家们的观点自然是形形色色的，但也有一些共同之点，即推崇理性、科学、自由、人权，反对迷信、盲从、独断、专制。他们的理性王国是资产阶级国家，他们的理性原则仍不够科学。尽管如此，资产阶级启蒙思想家的批判精神在当时起了非常革命的作用，而且对尔后产生深远的影响，成为马克思主义批判精神的思想来源。

马克思在创立自己学说过程中鲜明地、公开地树起了批判的旗帜。他说："新思潮的优点就恰恰在于我们不想教条式地预料未来，而只是希望

---

① 康德：《纯粹理性批判》，商务印书馆１９９３年版，第３页。

在批判旧世界中发现新世界。"①马克思的批判不只是停留在理论上、意识形态上，而且深入到实践上、社会生活上，把理论批判与实践批判结合起来。马克思哲学同以往一切旧哲学的根本区别在于，其任务不仅在于认识世界，而且在于改造世界。马克思批判的精神武器，不再是资产阶级抽象的理性原则，而是在批判地继承德国古典哲学基础上的唯物辩证法。他指出：唯物辩证法在对现存事物的理解中同时包含对现存事物的否定理解，"辩证法不崇拜任何东西，按其本质来说，它是批判的和革命的"②。辩证法的否定不是简单地否定一切的形而上学否定，而是包含肯定的辩证否定，是作为发展不可或缺环节的否定。马克思的批判对象，不仅是现有的存在，不仅是作为自己学说对立面的各种错误理论和错误思潮，而且包含自我，即自己的理论。他说："要对现存的一切进行无情的批判，所谓无情，意义有二，即这种批判不怕自己所作的结论，临到触犯当权者时也不退缩。"③确实，马克思正是在不断地进行自我批判过程中创立了新的世界观。就整个马克思主义而言，它不仅是在对不合理的现实世界和形形色色的错误思潮的批判斗争中发展的，而且也是在依据实践的新经验和科学的新成果，进行不断地自我反思、自我批判中发展的。马克思主义倘若没有后一方面的自我反思、自我批判，那就会僵化、教条化，失去生命力。自我批判精神是马克思主义所固有的品质，是保持马克思主义生命力的法宝。

马克思的唯物辩证法的批判精神，如列宁所说的，是由严格的和高度的科学性和革命性两者内在地不可分割地结合在一起的，是马克思理论的全部价值所在④。唯物辩证法的批判精神不仅适用于社会实践，而且适用于包括自然科学和社会科学的研究；不仅适用于马克思所生活的资本主义

---

① 马克思:《摘自"德法年鉴"的书信》(1843年9月)，《马克思恩格斯全集》第1卷，人民出版社1956年版，第416页。

② 马克思:《〈资本论〉第一卷1872年第二版跋》(1843年9月)，《马克思恩格斯选集》第2卷，人民出版社1995年版，第112页。

③ 马克思:《摘自"德法年鉴"的书信》(1843年9月)，《马克思恩格斯全集》第1卷，人民出版社1956年版，第416页。

④ 列宁:《什么是"人民之友"以及他们如何攻击社会民主党人?》(1894年春夏)，《列宁选集》第1卷，人民出版社1995年版，第82、83页。

社会，而且适用于社会主义社会及未来的共产主义社会。"世界不会满足人，人决心以自己的行动来改变世界。"①矛盾永远存在，批判精神永远需要。不能因为在社会主义初级阶段的特定时期曾发生过简单、粗暴、否定一切、不讲道理的"大批判"的错误，就认为马克思的批判精神只具有策略意义，而不是马克思主义辩证法的本质所在。不应把批判精神与建设心态相对立起来，更不应把批判精神与历史虚无主义混为一谈。习近平同志在哲学社会科学工作座谈会上的讲话中说得好："哲学社会科学要有批判精神，这是马克思主义最可宝贵的精神品质。"批判精神与科学精神、创新精神有着内在的、本质的联系。片面强调和合，片面鼓吹中庸，弱化批判精神，盲目为现存辩护，则有违唯物辩证法的本质，有碍于创新与发展，应加以纠正。

当今世界，科学技术革命迅猛发展，日新月异，正处于创新的时代、大变革的时代。为了提高中华民族的创新力，提高全党的创新力，提高马克思主义的创新力，提高科学研究的创新力，亟须学习和提倡唯物辩证法的批判精神，亟须恢复和弘扬马克思主义的批判精神。

（三）创新与冒险精神

创新不仅是人的理性思维活动的产物，而且同人的欲望、需要、热情、意志、冒险等非理性因素密切相关，其中尤以冒险为最。近期研究创新的论文甚多，但论及创新与冒险者寥寥。中国传统文化缺乏冒险精神，这直接影响着中华民族的创新力。为提高中华民族的创新能力，有必要大力提倡冒险精神。

创新，不论是自然科学、社会科学、文学艺术的创新，还是技术、制度、实践的创新，都需要冒险。创新者，不论从事何种工作，都需要有冒险精神。

创新需要冒险，险从何来？要冒什么样的险？

---

① 列宁:《黑格尔"逻辑学"一书摘要》(1914年9—12月),《列宁全集》第38卷, 人民出版社1959年版, 第229页。

首先，创新要冒失败之险。人的认识是一个复杂的、曲折的过程。任何一个新的认识都需要有由实践到认识、再由认识到实践的多次反复才能完成。这中间失败、挫折是不可避免的，有的要经过十几次、几十次甚至成百上千次的试验、失败才能完成。创新者要有不怕失败、不怕挫折的顽强意志和冒险精神。可以讲，没有失败就没有成功。失败就要付出代价，甚至流血牺牲。有的科学试验、探索、考察，因不确定的因素很多，要冒很大的风险。大陆漂移说创立者、德国地球物理学家魏格纳为了证明大陆漂移，曾四次冒险到极地进行考察，其中一次折断过一根肋骨，最后一次在与暴风雪搏斗后殉职于极地冰原。在科学史上，为科学事业献身、殉职的科学家不在少数。社会比自然更复杂，变革社会的试验就更要冒风险，失败所付出的代价就更大，流血牺牲更是常事。许多探索、试验往往以失败或无果而告终，只给后人留下教训，成为后人继续前进的起点。孙中山在辛亥革命前"十落十起"，愈挫愈奋。他在总结革命经验教训时说："知识皆从冒险猛进来。"他认为，变革社会的活动尤其需要冒险精神，他把伟人杰士改造社会的实践活动称之为"冒险也"。他十分赞赏美国人的冒险精神。他认为，美国进步、发展之所以很快，是因为美国人"皆具有冒险之精神"。[①] 从认识规律讲，没有冒险，就没有失败，也就没有成功。

其次，创新要冒传统习惯势力、权威反对之险。传统是一种巨大的保守力量。任何创新都是对已有理论、制度、秩序、做法的挑战和否定。否则，就不是创新。创新与原有的理论相对立，为传统习惯势力所不容。新的理论往往被视为谬误毒草，目为异端邪说，斥为离经叛道。新的理论在开始时只为少数人掌握，经过斗争才逐渐为多数人所承认，这是真理发展的规律。因此，创新者要有挑战权威的胆量和勇气。俄国数学家罗巴切夫斯基创立了非欧几何理论，却受到学术界权威的攻击和讥讽。非欧几何理论在罗巴切夫斯基生前始终没能得到学术界的承认和重视。被称为"欧洲数学之王"的高斯，在罗巴切夫斯基之前就有非欧几何的思想，但因怕传统习惯势力的反对，不敢公之于世，也不敢公开支持罗巴切夫斯基新的几何理论。爱因斯坦创立相对论，是物理学的革命。受传统的牛顿经典力学

---

① 孙中山:《孙文学说》(1918 年)，《孙中山选集》，人民出版社 1981 年版，第 160、163、185 页。

理论的束缚，相对论未能及时为人们所接受。在德国甚至有人成立反对相对论的组织，攻击相对论和爱因斯坦。在科学史上，也常有这样的情形，当一个科学家还未成名时往往受权威们的压制、打击，而当他成名成了权威时，又自觉或不自觉地压制新生力量的成长，成了创新的阻力。俄国化学家门捷列夫在发现化学元素周期律过程中，受尽了学术界权威们的压制、讽刺和打击之苦，但他到了晚年却反对新的科学发现，如对原子的复杂性和电子的客观存在持否定的态度。爱因斯坦反对玻恩提出的波函数"统计解释"是又一例证。从真理发展规律讲，不大胆，就不可能提出新的见解；不冒同传统习惯势力和权威斗争之险，就不可能坚持真理。

再次，创新要冒同保守势力和反动势力斗争之险。创新本质上是革命，是推动社会进步的利器。创新有利于社会的进步势力，不利于保守势力和反动势力。因此，创新会受到保守势力和反动势力的反对、打击和摧残。在欧洲，自然科学的发现触犯了宗教教条，遭到教会的激烈反对。西班牙医生、生理学家塞尔维特发现了人体的血液循环，结果被教会活活烧死。波兰天文学家哥白尼的《天体运行论》一书提出了日心说，反对托勒密的地心说。该书出版后立即遭到教会的查禁。意大利哲学家、天文学家布鲁诺因宣传日心说和进步的哲学思想，在罗马鲜花广场被教会用烈火烧死。意大利科学家、天文学家伽利略因坚持和宣传哥白尼的日心说，被教会判处终生监禁。社会科学的创新，社会实践的革命，更是直接触犯了反动势力的利益，革命家、进步的思想家遭到反动势力的迫害、摧残和杀戮，更是屡见不鲜。即使是在现代，哲学社会科学和社会实践方面的创新仍要比自然科学冒更大的风险。

总而言之，一句话，创新需要冒险，没有冒险，也就没有创新。

创新离不开冒险，冒险孕育着创新。因此，一个富有冒险精神的民族，它的创新能力也就强。在当今，美国的创新居世界各国之首。美国创新能力强的原因是多方面的，其中十分重要的一点是，美国是富有冒险精神的国家。

美国历史很短，只有二百多年，是一个由移民组成的年轻国家。在17—18世纪交通不十分发达、交通工具不十分安全的年代，背井离乡、漂洋过海到美洲的人是要有点冒险精神的。实用主义是美国的国家哲学。实用主义是唯心主义哲学，这是没有问题的。实用主义也有它的优点：注重利益，注重行动，提倡冒险。美国实用主义哲学家杜威说：实用主义的实在与理性主义的实在不同。"理性主义以为实在是现成的，永远完全的；实用主义以为实在还正在制造之中，将来造到什么样子便是什么样子。"实用主义的宇宙"是一篇未完的草稿"，"是还在冒险进行的"。①在美国，从大众文学、影视文化到政治家、政府文件都在提倡冒险精神。尼克松在《不战而胜》一书中说："冲突是创造之母。没有冒险，就不会有失败。然而没有冒险，也就不会有成功。我们永远不要满足于成功，我们也永远不要因失败而气馁。"②尼克松在他的另一本著作《超越和平》中又说："我们不应该宣扬以斗争和不顾一切的冒险本身为目的的行为。但是，我们应该承认，人生最重大的成就中至少包含有某些冒险、斗争和对立。"③尼克松虽不是哲学家，不懂得唯物论、辩证法，但他上述说法包含有真理性。1997年美国总统科学技术政策办公室编写了致国会的科学技术的双年度报告。在报告正文之前有总统克林顿致国会的一封短信。信的第一句话是："发现的激情与冒险的意识一直驱使这个国家向前。这些根深蒂固的美国品质激励着我们决心去探索新的科学前沿，鼓舞着我们在技术创新上有能力去做（can-do）的精神。"④美国国家科学技术委员会编写的《技术与国家利益》的报告中说到"美国在技术创新方面有无与伦比的能力"时列了五个方面的优势，最后的一条是"一种鼓励竞争、冒险和创业精神的社会风气和文化"。⑤确实，创新、冒险成了美国国民的品质和精神。这种创新、冒险的品质和精神值得我们学习。

中国数千年以农业为基础的自然经济，形成了一种因循守旧、怕担风险的社会心理。我国传统文化和风尚中缺乏冒险精神。梁启超在《新民说·论进取冒险》中说：进取冒险精神，人有之则生，无之则死；国有之

---

① 胡适：《实验主义》（1919年4月），《胡适文集》第2卷，北京大学出版社1998年版，第226页。

② ［美］尼克松：《1999：不战而胜》，中国人民公安大学出版社1988年版，第384页。

③ ［美］尼克松：《超越和平》，世界知识出版社1995年版，第207页。

④ ［美］总统科学技术政策办公室：《改变21世纪的科学与技术——致国会的报告》，科学技术文献出版社1999年版，第1页。

⑤ ［美］国家科学技术委员会：《技术与国家利益》，科学技术文献出版社1999年版，第12页。

则存，无之则亡。欧洲民族之所以强于中国，其富于进取冒险精神乃是最重要的一个原因。他认为，中国道家的"知白守黑，知雄守雌"、"不为物先，不为物后"和儒家的"无多言，多言多患；无多事，多事多败"、"危邦不居"等一套说教，"将使进取冒险精神，渐灭以尽"。① 梁漱溟在《中国文化要义》一书中也认为守旧、极少进取冒险精神是中华民族品性之特点。中国传统道德提倡谨言慎行、稳妥保险。时至今日，我们的家庭教育、学校教育和社会教育都缺乏冒险精神的培养。诺贝尔奖获得者、美籍华人科学家杨振宁教授在谈到中美教育比较时说，中国学生成绩很好，缺点是知识面不宽，胆子太小，觉得书本上的知识就是天经地义，不能够随随便便地加以怀疑。越念书胆子越小。这样的人，知识虽多，但不会有创新力。我国的科学家开始注意这一点。赵忠贤院士指出："中外人士都不否认'中国人聪明'，但也都感到中国人缺少'冒险'精神。这与中庸之道的'四平八稳'及力求'万无一失'观念有关，也与在这种熏陶中形成的不太容忍'标新立异'的习惯有关。"② 据有关部门调查材料显示：46.43%的科技工作者认为，制约科技工作者创新能力开发的个人因素是"缺乏冒险精神"③。笔者认为：提倡和培养进取、冒险精神，是一个有关民族品格、民族精神和民族创新力的大问题，值得引起领导者、教育家以及全社会的关注和重视。

梁启超说："自古英雄豪杰，立不世之奇功，成建国之伟业，何一非冒大险、夷大难，由此胆力而来者哉！"④ 确实，凡历史上有所作为的人无不都具有冒险精神和百折不挠的顽强意志。毛泽东青年时就"通身是胆"。他的"胆识"远超乎一般同学之上，为同学所肯定赞赏。他立志改造中国和改造世界，毁旧宇宙而得新宇宙。他与天奋斗，其乐无穷！与地奋斗，其乐无穷！与人奋斗，其乐无穷！他一生喜欢挑战和冒险，一生都在挑战、应战和冒险。他敢于到波涛汹涌的大海中游泳，搏击风浪。当有人劝阻他时，他却说："风浪越大越好，可以锻炼人的意志"。"你不要怕冒险，凡是不冒险，就不能成功，许多成就是经过冒险才得来的"。毛泽东身边

---

① 梁启超：《新民说·论进取冒险》（1902 年），《饮冰室合集·专集之四》。
② 赵忠贤：《关于"创新"的几点看法》，《理论前沿》1998 年第 14 期。
③ 孙健敏、张明睿：《提升创造力时不我待》，《光明日报》2007 年 1 月 18 日。
④ 梁启超：《新民说·论尚武》（1902 年），《饮冰室合集·专集之四》。

的工作人员深切地感受到，"他最大的快乐莫过于去冒风险"，"不停地挑战应战"，"是他性格的基础和核心"。① 当然，毛泽东并不提倡盲目地去冒险。他说，他讲冒险，主要是"要有勇气，不是盲目冒险"。冒险属非理性范畴。我们提倡的冒险，是建立在理性的科学分析基础上的，离不开理性的指导。离开理性指导的冒险就是盲目的冒险，就是鲁莽灭裂的蛮干。这是我们所反对的。

邓小平亦是个敢于冒险、提倡冒险的人。改革开放是一场广泛而深刻的革命性变革，是前无古人的伟大试验。改革开放不会一帆风顺，会有很大的风险，需要有极大的勇气和胆略。针对干部和群众中存在的怕担风险，怕走错了路，搞了修正主义、资本主义的思想，他一再鼓励大家，"要克服一个怕字，要有勇气。什么事情总要有人试第一个，才能开新路。试第一个就要准备失败，失败也不要紧。"② "改革开放胆子要大一些，敢于试，不能像小脚女人一样。看准了的，就大胆地试，大胆地闯。深圳的重要经验就是敢闯。没有一点闯的精神，没有一点'冒'的精神，没有一股子气呀、劲呀，就走不出一条好路，走不出一条新路，就干不出新的事业。不冒点风险，办什么事情都有百分之百的把握，万无一失，谁敢说这样的话？"③ 邓小平的这些话是有着鲜明的针对性，他希望我们的同志，思想再解放一点，胆子再大一点，改革开放和建设的步子再快一点。邓小平在提倡大胆地试、大胆地闯的同时也讲，步子要稳，要善于总结经验，不可蛮干。这样就把冒险精神和科学精神结合起来，防止重犯"人有多大胆，地有多大产"的主观主义错误。

当今时代，科学技术革命突飞猛进，经济全球化日益加快，各国之间的竞争日趋激烈。激烈的竞争是推动创新的强大动力。创新就要大胆，就要冒险。不大胆，不冒险，四平八稳，前怕狼，后怕虎，那就不可能有创新。言创新，而不言冒险，创新就很可能落空，甚至会变成一句套话。我

① 朱仲丽：《毛泽东王稼祥在我的生活中》，中共中央党校出版社1995年版，第206、207页。权延赤：《红墙内外》，昆仑出版社1989年版，第67、68页。
② 邓小平：《视察上海时的谈话》（1991年1月28日—2月18日），《邓小平文选》第3卷，人民出版社1993年版，第367页。
③ 邓小平：《在武昌、深圳、珠海、上海等地的谈话要点》（1992年1月18日—2月21日），《邓小平文选》第3卷，人民出版社1993年版，第372页。

们要冲破怕担风险、一味求稳的保守主义的社会心理，大力提倡冒险精神、探索精神和创新精神。只有这样，我们的民族才能有虎虎生气，才能不断开拓创新，在激烈的竞争中屹立于世界先进民族之林。

（四）创新与个性自由

为提高中华民族的创新力，我们不仅要从思维方式、思维方法等方面加以研究，还要从价值观念、文化传统、社会心理、社会制度和教育制度等方面进行反思。笔者以为直接影响中华民族创新力的最重要因素是个性自由。

国内外的研究者普遍认为，富有创新的人大致具有以下的个性特征：有强烈的好奇心和旺盛的求知欲；有极强的自主性、独立性和自觉性；有怀疑精神，不迷信他人，不盲从，不雷同，好独辟蹊径；有丰富的想象力和敏锐的直觉力；思维敏捷、灵活、流畅，好标新立异；有对事业和科学的献身精神；有克服困难、百折不挠的坚强意志和勇于探索的冒险精神；有广博的知识，善于向他人学习；等等。总之，大凡中外历史上有成就的科学家、发明家、思想家、文学家、艺术家，无不具有鲜明的个性特征，他们的新发现、新发明、新思想、新创造，他们不朽的传世艺术珍品，无不与他们的独特的个性有着密切的关联。可以说，无个性也就无创新。

世界是无限丰富多彩的，需要有无数的各色人才去揭示它的种种奥秘，反映和描述它的无尽丰采。人的个性、才能也是因人而不同，千差万别。每个人都有某一方面或几方面的特殊才能、天赋，都具有创新力。唐朝大诗人李白说得好："天生我材必有用"（《将进酒》）。创新理论研究的一个基本共识是，人人都有创新能力，但创新能力的实现则有赖于多种因素的综合。一切伟大的发现、发明、创新，都不是按预定计划制造出来的，而是带有很大的偶然性（只是在事后才发现其中隐藏着历史的必然性），是同发现、发明、创新者本人的兴趣、爱好、志向、直觉、想象力等个性品质有关。创新需要有广阔的思想自由，需要有个性自由。人类创新的历史，尤其是近代以来科学技术发明的历史证明：尊重个性自由的社会有利于调动人们创造历史的主动性、积极性，有利于创新的实现和发展；反之，一个抹杀个性、束缚个性的社会则抑制，甚至扼杀人的主动性、积极性和创造性，妨碍创新的实现和发展。资本主义社会的发现、发明和创新远远超过以往的社会，其重要的原因之一就在于它比以往社会有更大的个性自由。

一个社会是这样，一个团体也是这样。据报道，美国贝尔实验室成立至 2000 年，共获得 11 次诺贝尔奖、4 次图灵奖、9 次美国国家科学奖章、3 万余项专利。贝尔实验室何以总是创新，贝尔实验室的总裁认为："首先，要尊重个人的特长、兴趣和研究方向，不强求他们一定去做某一项目，科学家可以提出自己的研究课题，只要他的课题有研究价值就可以。其次，创造一个宽松的研究环境。贝尔实验室并不要求科学家们所做的研究一定能在市场价值上得到体现。""最后要有团队精神。"[1] 我国的研究者也认识到，"科技人员在科技活动中的个体性、自主性、创造性的特点"，要求充分重视科技人员的个性，以调动科技人员积极性。"英国学者查尔斯·汉普登·特纳在《国家竞争力》一书中写道：'美国社会鼓励个人发挥潜力，成为你自己'。'个人主义在美国被作为发明创造的思想根源'。西方学者认为，知识经济时代的到来，进一步强调了个人在知识发展中的独特作用。因此，尊重科技人员的个体性是科技社会关系的必然要求。科技人员作为科技社会关系的主体，在科技活动中往往形成自身的科研习惯、兴趣、志向等，这正是科技人员自主性的表现，如果忽视了这一特点，完全以计划管理的方式来开展科研，其结果只能是事倍功半。"[2] 我国有的科学家已提出，要改革目前我国科研的管理方式和拨款制度，增加科学家个人选题的自由度，加大对个人选题的投入。当然，科学研究中的自由，不仅体现在选题上，更主要的是体现在研究过程和成果的表达上，给研究者以充分的思想自由。这一点，对哲学社会科学的研究和文学艺术的创作尤其重要。

笔者在此不进行创新自由的全面反思，而仅从个性方面作一点说明。笔者认为，中国几千年的专制统治，使得个性自由丝毫无有。这种不尊重个性的习惯势力，至今仍在社会生活的各个领域中严重存在，极大地妨碍

---

① 蔺玉红：《贝尔实验室缘何总能创新》，《光明日报》2000 年 3 月 29 日。

② 江流、邓海燕：《科技创新与科技法制》（笔谈），《政治与法律》1999 年第 4 期。

了中华民族创新力的发展。

首先说家庭生活中对个性的泯灭。心理学、教育学、创新理论都表明，家庭教育对一个人的智力、创新力和道德品质的养成，至关重要。受传统的家长制的影响，在家庭生活中，许多父母不能以平等的态度对待自己的子女，尊重子女的人格、兴趣、爱好、特长。许多家长一味要求子女做一个听话、服从的乖孩子，很少教育和鼓励子女养成独立、自主、自强、创新的精神。少数家长望子成龙，对子女提出不切实际的过高的期望，经常责备子女，甚至打骂子女，侮辱子女的人格，结果给子女幼小的心灵造成极大的创伤。受家庭和学校的压力，有的孩子甚至发生心理障碍、精神性疾病，有的离家出走，有的自杀，也有个别的发展到暴力反抗父母，甚至杀害自己的父母，酿成家庭悲剧。在我国，家长制的遗毒很深，这严重影响到子女的身心健康和智力、创新力的发展。

其次说学校教育对个性的忽视。学校教育，尤其是中小学教育，对一个人个性和创新力的形成关系极大。但受传统的影响，我们的学校教育严重忽视学生个性和创新力的培养。牟丕志的《雷同》一文尖锐地指出：社会生活中普遍存在"雷同"的现象，其根子在于学校教育。文章引用了一位老教授对一所中学所做的作文调查材料。文章说：老教授在调查后惊讶发现，同学们作文内容的雷同现象比比皆是，尤其是命题作文。如《我做了一件好事》的作文，同学中写自己拾金不昧将钱包交警察的占51%；《记一位老师》的作文，同学们写自己认识的一位老师在身患癌症或白血病的情况下还坚守岗位，教书育人，直到"蜡炬成灰泪始干"的达63%。文章作者说："如果我们的学校就像砖厂一样，不断地培制模样相同的砖，那么带给社会的必然是令人乏味的单调和雷同，大家把相互摹仿当作主要工作，而窒息了人的想象力、创造力。"①社会生活中普遍存在的雷同现象的病根是否就在学校，这是可以讨论的。在笔者看来，高度集权的社会体制、强调统一的舆论导向和几千年"述而不作，信而好古"的文化传统是更为重要的原因。然而，文章对学校教育中忽视个性和忽视创新力的培养的批评是十分中肯的。

笔者还有一个材料，从另一侧面反映学校教育的问题。2001 年 11 月

---

① 牟丕志：《雷同》，《中华读书报》2000 年 12 月 6 日。

29 日,《光明日报》以《一位小学生家长的忧虑》为标题发表了一位家长的一封信。信对小学教育中存在的课业负担重和教学观念、教学方法等方面存在的问题提出了批评。这位家长尖锐地指出:"可以看到,孩子在上学之前,哪怕是在幼儿园阶段,都是个性纷呈,非常有活力,有智慧,可是上学之后,特别是三年级之后,单个的孩子消失了,都变成模式化的老师所谓的好学生的小大人了,个性的泯灭怎么会指望创造性呢?"① 这位家长的认识十分深刻。不改变传统的教育观念,不改革旧的教学方法,不尊重和发展学生的个性,怎么能培养出具有创造性的学生呢? 这是关系到中华民族是否有创新力的大问题,值得我们深思啊!

近几年来,我国教育界开始重视学生的个性发展和创新力的培养。有的教育工作者人胆地提出,应当改变以往的"听话的孩子是好孩子"的片面看法,认为"听话的孩子是有问题的孩子"。因为,听话的孩子缺乏独立思考和创新能力。1999 年 11 月,时任教育部副部长的周远清在全国研究生培养工作会议闭幕式上的讲话中说:"研究生培养应更加重视个性发展。从 1994 年开始提出重视学生个性发展,得到了各方面的认同,因为没有个性就很难有创造性。"② 教育部颁发的《关于加强和改进研究生培养工作的几点意见》(2000 年 1 月 13 日)指出:"现行研究生培养制度、培养模式等还不能完全适合人才的个性发展和创新力的培养。"今后研究生教育改革,"要重视和促进研究生个性的健康发展"。当然,要把重视学生个性发展,重视学生创新力培养的思想真正贯彻到从幼儿教育到研究生教育的全过程是一件十分艰难的事。

最后说整个社会对个性和创新力的忽视。我们的整个社会生活,从经济制度、政治制度到舆论导向、文化生活,都是在强调统一、一致、相同、求同,而不是鼓励创新、求异、宽容,强调个人服从社会、服从集体,而很少讲或不讲社会、集体也要尊重个人,尊重个人的兴趣、爱好和权利。迷信圣人,崇拜英雄,是中国几千年来的传统,根深蒂固。这种旧传统的后果之一是泯灭了个性,使个人失却了独立自主之人格,抑制了个

---

① 《一位小学生家长的忧虑》,《光明日报》2001 年 11 月 29 日。

② 周远清:《在全国研究生培养工作会议闭幕式上的讲话》(1999 年 11 月 27 日),《学位与研究生教育》2000 年第 2 期。

人的创造性和主动性。这种旧传统至今仍然广泛存在。笔者认为，尊重个人、尊重个性自由发展的思想至今没有得到社会普遍的认同，更没有成为人们行为的基本准则。马克思所追求的理想社会是每个人自由而全面发展的社会，而我们的时文却常把"自由"两字砍去，更不敢讲"个性自由"、"个性解放"。我们强调创新，却讳言个性的自由发展，其结果只能是南辕北辙。

（五）创新与学术自由

创新是人的主观能动性的最高表现，是自觉自由的创造性活动。只有当个人的个性处于充分自由发展之时才能迸发出最大的创新力，在创新上获得最大的成就。创新需要个性自由，无个性自由也就无创新。为此，笔者呼吁，为了提高中华民族的创新力，我们需要新的个性解放运动[①]。个性解放是一个历史过程，需要民主自由的社会条件。既有民主主义的个性解放，也有社会主义的个性解放。从自由个性到实际上的创新实现还需要学术自由的法律保障。

科学研究，无论是自然科学还是社会科学的研究，都是人类为了探求自然界和人类社会发展规律的一种创新的认识活动，以追求真理为旨归。科学真理，尤其是基础理论，在当时可能尚未显现其社会价值，但随着时间的推移，最终将有益于社会的进步，福泽于人类的发展。科学是人类争取自由的利器。科学研究的真理性与价值性是相一致的。追求真理是人类不断满足物质文化增长的需要，因而亦是人的社会本性，是人的一项不可剥夺的权利。随着社会的发展，人类追求真理、追求创新的自觉性日益增强，人类的创新能力迅速提升，创新成果则呈加速发展。科学研究、学术创新应愈来愈得到社会的重视。这是一方面。

另一方面，如前面所说，任何创新都是对现存事物、理论和观念的否定。因此，创新不仅会受到传统习惯势力、学术权威的阻挠，更会受到保

[①]　详见拙著：《马克思主义哲学自我革命》，中国社会科学出版社 2009 年版，第 246—250 页。

守势力和反动势力的反对、打击和摧残。科学研究的本质是创新。在欧洲，自然科学的发现触犯了宗教教条，遭到教会的激烈反对。社会科学的创新，社会实践的革命，更是直接触犯了当局的利益，革命家、思想家遭反动势力的迫害、摧残和杀戮，更是屡见不鲜。正是基于宗教、权力对科学研究自由的干涉、侵害，近代以来，首先在欧洲逐渐形成了"科学研究自由"、"学术自由"的概念。有的学者认为，宪法上有关学术自由的规定，最早出现于德国1849年法兰克福宪法草案："学术及其教学是自由的"。这一规定为1851年制定的普鲁士宪法第20条所采纳。此后，保障学术自由成为德国宪法的特色，被誉为德国的发明。进入20世纪，不少国家将"保障学术自由"载入宪法。联合国1966年通过的《经济、社会、文化权利国际公约》第15条有尊重"科学研究自由"的相关内容。据对世界142部宪法的统计，其中有34部规定了尊重或保障学术自由，占23.9%[①]。

中国共产党在民主革命时期就主张"保障学术自由"。1954年制定的新中国第一部宪法第九十五条就载明："中华人民共和国保障公民进行科学研究、文学艺术创作和其他文化活动的自由。国家对于从事科学、教育、文学、艺术和其他文化事业的公民的创造性工作，给以鼓励和帮助。"1957年毛泽东提出著名的促进艺术发展和科学进步的"百花齐放、百家争鸣"的方针。遗憾的是在实际的实施过程中，"科学研究的自由"、"双百方针"受到"左"的错误的干扰。在"文化大革命"时期修订的宪法，甚至将"科学研究、文学艺术创作和其他文化活动的自由"取消了。"文化大革命"结束后，拨乱反正，重新制定的宪法恢复了保障科学研究的自由和文艺创作的自由的相关内容。为更好地贯彻宪法规定的学术自由的原则，中共中央《关于科学技术体制改革的决定》（1985年3月13日）进一步明确指出："要真正做到尊重科学技术人才，就必须保障学术上的自由探索、自由讨论，使人们无所畏惧地去追求真理。提倡各种学派在百家争鸣中多作建树，反对滥用行政手段干预学术自由。学术上的是非，只能通过自由讨论和实践的检验，求得正确的认识，决不要再搞过去那种强

---

① 引自王德志:《论我国学术自由的宪法基础》,《中国法学》2012年第5期。该文作者对不同文字的词义上比较认为:"科学研究自由"、"学术自由"是同义语。

迫推行一种观点、压制不同观点自由讨论的所谓学术批判。"

在发展和繁荣哲学社会科学和文学艺术、推进社会主义精神文明建设方面，同样需要学术自由、创作自由。中共十二届六中全会通过的《关于社会主义精神文明建设指导方针的决议》（1986 年 9 月 28 日）在"马克思主义在精神文明建设中的指导作用"部分明确指出："社会主义在实践中，现代化建设和全面改革是极其复杂的创新事业，没有也不可能有现成的答案，理论上和工作上的不同意见是经常发生的。必须坚决执行'百花齐放、百家争鸣'的方针，支持和鼓励以科学研究为基础的大胆探索和自由争论，使马克思主义的理论研究大大活跃起来，使各项决策建立在更加民主和科学的基础之上。政策和计划的决定，要遵守民主集中制的原则。学术和艺术问题，要遵守宪法规定的原则，实行学术自由，创作自由，讨论自由，批评和反批评自由。"决议把实际工作中"政策和计划的决定"同"学术和艺术问题"上争论解决的原则做了明确区分。决议明确把"学术自由，创作自由"规定为"宪法规定的原则"，这大大强化了"学术自由，创作自由"的法律地位。倘若在社会生活和科学研究、文艺创作中违背了"学术自由，创作自由"，就等于违背了宪法规定的原则。中共十四大通过的报告在讲到"精神文明重在建设"时亦明确指出："应高度重视理论建设，保障学术自由"。笔者在此列举我国宪法和党的文件中有关保障学术自由的论述，旨在说明，"保障学术自由"是上了宪法和党的重要文件的重要原则，应认真加以贯彻实施，不因领导人的改变而改变，不因领导人的看法和注意力的改变而改变。

学术自由为什么重要？因学它反映了科学（学术）发展的规律。科学研究是一种自觉自由的探索性的认识活动，一个正确的认识要经过认识与实践的多次反复才能完成，其中必然还犯各种错误，付出各种代价，甚至献出个人的宝贵生命。科学研究中必然会有各种不同的认识、分歧和争论。如何解决各种不同的认识、分歧和争论？既不靠权威说了算，更不靠领导拍板算，也不能用民主表决来解决。科学问题的解决只能通过自由讨论、自由争鸣来解决，由实践来检验来解决。学术研究需要有民主制度来保障，要保障畅所欲言、言论自由的权利，要允许犯错误。要提倡民主，反对专断、武断、一言堂。因此，"学术自由"无疑需要民主政治来保障，反对学术专制。但与"学术自由"相比，"学术民主"则不是一个科学概念。因为如上面说到的,学术上的是非问题,不能用民主集中制、少数服从多数来解决。人类认识史、科学发展史表明,一个新的认识、科学真理,一开始往往掌握在少数(甚至一个)人手里。"历史上新的正确的东西,在开始的时候常常得不到多数人承认,只能在斗争中曲折地发展。正确的东西,好的东西,人们常常不承认它们是香花,反而把它们看作毒草。""因此,对于科学上、艺术上的是非,应当保持慎重的态度,提倡自由讨论,不要轻率地作结论。"① 从认识论、科学发展史和艺术发展史讲,不是少数服从多数,而是多数服从少数,真理一开始在少数人手里,只是经过斗争,通过实践和时间的考验,才逐渐为多数人承认、接受。这是认识发展的规律,也是科学和艺术发展的规律。"百花齐放、百家争鸣"、学术自由和创作自由反映了这一发展规律,因而是促进科学进步和艺术发展的正确方针。

近十多年来,随着创新作用的凸显,我国学术界对"学术自由"进行专门的研究,就"学术自由"概念的形成与界定、学术自由的本质和价值、学术自由与大学教育、学术自由的保障、学术自由的宪法基础、学术自由的相对性、学术自由与学术责任、学术自由与思想自由、学术自由与学术民主、学术研究无禁区与理论宣传有纪律等问题进行广泛的探讨和争鸣。尊重学术自由,保障学术自由,则有利于创新力的发挥和提高,有利于促进科学的发展和文艺的繁荣。提倡创新而讳言学术自由,那就会大大影响创新力的发挥。

笔者对"学术自由"无有专门研究,在此提出"创新与学术自由",旨在引起政治界、理论界、学术界对"保障学术自由"的重视,以有益促进创新的展开。

(六)创新与传统文化

中国是一个有五千余年悠久历史、文明从未中断的国家,在很长的历

---

① 毛泽东:《关于正确处理人民内部矛盾的问题》(1957年3月27日),《毛泽东文集》第7卷,人民出版社1999年版,第229、230页。

史时期，一直处于人类发展的前列，产生了众多的思想家、政治家、军事家、文学家、艺术家、发明家和科学家，为人类文明发展做出过重大贡献。只是到了明代末年，在创新方面开始落后于西方。1840年鸦片战争后，中国逐渐沦为半殖民地半封建国家，直至濒临亡国灭种的危险境地。但中国人民在逆境中奋起，尤其是在选择了人类最先进的科学思想——马克思主义作为思想武器后，在自己的先锋队——共产党的领导下，解放思想，实事求是，勇于创新，战胜了国内外的强大敌人和各种千难万险，取得了新民主主义革命、社会主义革命、社会主义建设和改革开放的伟大胜利，也为20世纪以来的人类解放事业做出了伟大贡献。中国人民创造了一个又一个的奇迹，令世界人民惊叹不已！因此，从五千余年的历史看，中华民族是一个富有创新精神的民族，中国文化是富有创新精神的文化。

源远流长、博大精深的中华文化中的创新因素主要有哪些？从哲学上讲，主要有：①自强不息的主体精神。这不仅是中华民族生存、发展的最根本的内因，亦是推动创新的内生动力。②经世致用、实事求是的精神。这是创新的唯物主义基础，也是推动创新的实践动力。③重视思维的作用。孔子提倡"再思"（《论语·公冶长》）。孟子讲："心之官则思，思则得之，不思则不得也"（《孟子·告子上》）。《管子·内业》讲："思之思之，又重思之"。韩愈讲："行成于思"（《进学解》）。④丰富而深刻的朴素辩证思维、形象思维和直觉思维。这些是创新思维的重要形式。⑤"变易"、"日新"、"与时偕行"、"革故鼎新"的文化传统。在20世纪，这些创新的积极因素为以毛泽东为代表的马克思主义者所继承和弘扬，由此产生出绝大的效果，形成了中国化的马克思主义——毛泽东思想和中国特色社会主义理论。毛泽东思想和中国特色社会主义理论是中国人民在20世纪的最伟大的两大理论创新成果。这两大理论不仅使中国社会发生翻天覆地深刻变化，而且对整个人类历史的发展产生了巨大的影响。

同世间一切事物具有两重性一样，中国传统文化同样具有两重性。我们在重视传统文化中有利于创新的积极因素的同时，不能忽视其中的不利于创新的负面因素。

近代以来，先进的中国人在向西方寻找真理过程中，进行东西文化比较，痛切批评中国传统文化的弊端。介绍西学第一人的严复，在比较中西文化时认为，中西文化最大的不同是，中国"好古而忽今"，西方"力今以胜古"①。李大钊在比较东西文明时认为：一为主静的，一为主动的；一为自然的，一为人为的；一为消极的，一为积极的；一为苟安的，一为突进的；一为因袭的，一为创造的；一为保守的，一为进步的；等等②。即便是文化保守主义的最著名的代表人物梁漱溟也承认："守旧、好古薄今、因袭苟安、极少进取冒险精神"为中国国民性公认的特点③。以上说法，大体不错，但只是处于落后境遇时的人对中国传统文化中消极因素的现象描述，而未涉其中的深层本质。

笔者以为中国传统文化中不利于创造的负面因素主要有：①高度集权的专制主义和"君为臣纲、父为子纲、夫为妻纲"的三纲主义，再加上"修身、齐家"，使得国人无独立自主人格，成为恭顺听话的奴才。奴化意识根深蒂固，窒息了个人的主动性、创造性。②轻视物质利益，以至发展到"存天理，灭人欲"，而需要则是人的本性，创新之母，发展之最深层的原动力。这是中国封建社会后期停滞不前的最主要的文化缘由。③"天不变，道亦不变"的形而上学，祖述尧舜，宪章文武，崇古尊圣，率由旧章，祖宗之法不可违，引导人们向后看，而不是向前看。④独尊儒术，罢黜百家，道统观念，尚同斥异，反对标新立异。⑤述而不作，信而好古，注经解经的学术传统和学风。⑥提倡"不争"、"戒斗"、"以德报怨"、"犯而不校"、顺从、苟安，无竞争意识。"程朱哲学，没有气，没有长角，不敢斗"（毛泽东语），可谓一针见血。⑦创新需要冒险，而中国传统文化提倡"知足不辱，知止不殆"、谨言慎行、稳妥保险，缺乏冒险精神。⑧先秦之后，墨学中断，几近绝学，逻辑学不发达，直接影响近现代科学的发展。中国传统文化的这些负面因素，不只存在于文化典籍中，而且通过世代教化，浸润和传承于国民的思维、人格和心理。虽然经

---

① 严复：《论世变之亟》（1895 年 2 月 4—5 日），《严复集》第 1 册，中华书局 1986 年版，第 1 页。
② 李大钊：《东西文明根本之异点》（1918 年 6—7 月），《李大钊全集》（修订版）第 1 卷，人民出版社 2013 年版，第 308—309 页。
③ 梁漱溟：《中国文化要义》（1949 年 10 月），《梁漱溟全集》第 3 卷，山东人民出版社 1990 年版，第 30、31 页。

过百年多的革命变革，经过新旧思想的屡次交锋、激荡，但上述负面因素还是广泛存在，成为当前创新的文化障碍。

为了提高中华民族的创新力，我们应充分认识中国传统文化中抑制创新的负面因素，采取各种措施，弘扬积极因素，消除负面因素。而现实的情况却令人堪忧。在尊孔热、国学热、读经热中，整个舆论界对孔子、中国传统文化的赞美声一浪高过一浪，而对其负面的消极因素则是轻轻一带而过而已，没有引起国人应有的注意。有些人甚至将封建社会末期的《弟子规》一类蒙学读物重新当作21世纪社会主义中国的教材。更有甚者要小学生"完全专注读经，不涉及科技知识"，规定每日领读《学庸论语》27遍，最终目的是全本背诵，称为"包本"。中学阶段则《老子庄子选》180遍领读，通过"包本"后再依次学《诗经》《易经》《书礼春秋选》及《黄帝内经》。有的私塾还让学生背诵《心经》《金刚经》等佛教经典。有的学校是完全复古型的，"不但学习的东西一味复古，连一些礼数也遵从古制。"① 热心提倡中小学生读经的诸位先生可扪心自问：如此读经，能读出一个具有独立自主人格和创新精神的现代少年吗？你们的孩子真的在如此读经吗？"救救孩子！"

我们应清醒地认识到，我国的社会主义现代化事业虽然取得前所未有的成就，但我国的社会仍处于社会主义现代化过程，距完成社会主义现代化的历史任务还有相当长的路程。现代化不仅是物的现代化，还有制度、精神文化的现代化，人的现代化。传统是一种巨大的习惯势力。千万不要低估五千余年传统文化中消极因素对现代化的负面作用。我们应站在21世纪的现代化、信息化、网络化、全球化的高度来认识中国传统文化的两重性，认识中国传统文化与现代化的冲突与一致。

我们强调文化自信，决不是盲目全盘肯定传统文化，更不是要从古人那里去找解决现实问题的答案或寻根求源。我们需要的是传统文化的现代化，亦即传统文化的创造性转化和创新性发展，以为社会主义现代化服务，而不是厚古薄今，更不是以古非今。我们主要引导人们向前看，面向现代化，面向世界，面向未来，积极创新，在新中国成立一百周年时全面实现社会主义现代化的历史任务。

---

① 见记者姚晓丹：《游走在灰色地带的私塾书院》，《光明日报》2016年10月12日。

（本文由《创新问题三则》［摘自《马克思主义哲学自我革命》，中国社会科学出版社 2009 年版］和《再论创新三题》［刊《理论动态》2017 年第 2097 期，又刊《毛泽东邓小平理论研究》2017 年第 9 期］合成）

编 后 记

一、今年是全世界无产阶级和劳动人民的伟大导师马克思诞辰 200 周年。笔者以本论文集《马克思主义的自我反思与创新》作为一束鲜花敬献给这位把自己的一生无私地献给了人类解放事业的伟大革命家、科学家和思想家马克思，以表达对他的崇高敬意和对他与恩格斯共同创立的马克思主义的坚定信念！

二、本书收录的论文除《列宁是怎样提出辩证法的核心和实质的——学习〈哲学笔记〉的札记》之外均是 1992 年来中共中央党校后撰写的。笔者来此之前在北京大学哲学系主要从事毛泽东哲学思想和中国现代哲学史的教学与科研，来党校之后因工作的需要将其拓展到马克思主义哲学和中国特色社会主义。邓小平提出的"什么是马克思主义？什么是社会主义？过去没有完全搞清楚"问题和在新的条件下怎样坚持发展马克思主义的问题成为笔者数十年来思考不止的一个跨世纪的重大课题。笔者针对当时理论界和实践中存在的问题，结合马克思主义理论发展的历史和社会主义实践发展的历史，从哲学视角对马克思主义进行自我反思、自我批判，希冀从中总结经验与教训，以有益于中国特色社会主义伟大事业，有益于当代马克思主义的创新发展。本书收录的论文并非是一时的应景之作，而是长期思考的点滴心得体会，有着鲜明的针对性和现实性，并力求做到科学性和党性的统一。在选编本书时，笔者重读以往写的文章，依然感到仍有其理论价值和现实意义。

三、本书是笔者的第四本论文集。在此前先后出版了《为毛泽东辩护》（当代中国出版社 1996 年版）、《从历史衡量毛泽东》（湘潭大学出版社 2010 年版）和《百年中国哲学革命》（人民出版社 2015 年版）。凡已收入以上论文集的有关对毛泽东思想的反思和对中国马克思主义哲学发展反思的论文均不再编入本书，以免重复。倘若读者对这方面的内容有兴趣，可参阅上述三书。

四、本书收录的论文，除《对社会主义社会资本两重性的思考》和《"文化哲学"的哲学透视》两文外，其余均在报刊上公开发表。为尊重历史，2002 年以前的论文除技术方面的处理外均无内容上的修改，按发表时的文本收入。从 2003 年起，笔者开始用计算机写作，格式始终一致。报刊编辑同志在发表时因篇幅等因素对拙稿电子版有所删节，并按自己的版式进行新的编排。笔者为了编辑本书方便，对所选录的 2002 年以后的论文均按笔者计算机所存稿付梓。

五、本书的出版得到人民出版社领导和马列编辑一部同志们的大力支持。孔欢同志在 2015 年已为笔者编辑了《百年中国哲学革命》一书，这次是编辑第二本书了。他对编辑工作的认真、细致和负责的精神令笔者感动、钦佩。在此一并向他们表示真挚的谢意！

许全兴

2018 年 7 月 1 日